JN319016

新制度大学院用

国際私法・国際金融法 教材

東京大学大学院法学政治学研究科教授

石黒一憲

2004

信 山 社

はしがき

本教材は、二〇〇四年度からの新制度大学院における私の講義に際して、国際私法（牴触法）理論のダイナミックな展開と国際ビジネス（とりわけ国際金融関連のそれ）との接点で生じる現実的諸問題への理解を深めるべく、(財)日本関税協会発行の『貿易と関税』誌に連載中の私の論文の中から、インタラクティヴな議論の素材となり得るものを選び、一冊にまとめたものである。私の講義では、①—⑮の論文を各自が事前に読み、それをベースにしつつ、更に掘り下げ、教室で参加者と十分な討議をすることに主眼を置く。

体系的な理解のためには、新世社刊の『国際私法』・『国際民事訴訟法』（石黒著）があり、それを踏まえることが、講義の必須の前提となる。また、問題の真の全体像の把握のためには、私の『国際摩擦と法〔新版〕』（信山社刊）が、その相対的な意味での平易さからも、最も効率的な導きの書となるはずである。

なお、以下の①—⑮の論文の刊行年以降の展開や、その他講義上必要と思われる諸問題については、別途資料配布等をしつつ補充するつもりだが、「今が今」の性急な議論にばかり目を奪われがちな、昨今の日本に蔓延る『記憶の短期性（＝過去に一体何があったのかに関する極度の無関心）』という重大な問題（！）に対して、明確なる「時間軸」を立て、その中で問題を複眼的・多面的に捉える訓練が重要であることに、最も注意すべきである。講義でも、その点を重視する。

本教材の刊行にあたり、何よりも信山社の村岡侖衛氏、(財)日本関税協会の鎌田泰二氏に、そして多大なご協力を頂いた東大法研受付の皆様に対して（更に、私のこの連載論文の執筆を強く勧めて下さった鈴木愼一郎氏にも）、心からの御礼を申し上げる。

石黒一憲

《内容目次》

連載

ボーダーレス・エコノミーへの法的視座

第五回 『国境を越えた執行』の諸相〔上〕

——『外国判決の承認・執行』と『執行共助』との理論的境界をめぐって——

石黒一憲
東京大学法学部教授

〔目次〕

第一章 序章

第一節 研究の動機

1 問題の全体的パースペクティヴ

筆者はかつて、国家管轄権の一般理論の構築をめざし、国際民事手続法上の諸問題といわゆる国家法の域外適用問題との理論的接合を試みた[1]。その際、極めて重要な理論的問題となったのが、いわゆる multiple or punitive damages の抵触法（国際私法）的評価であった[2]。

即ち、「外国公権力の域外的執行」はこれを許さずとする各国の伝統的立場を前提としつつ、アメリカの製造物責任訴訟などで典型的に問題となる懲罰的損害賠償（punitive damages）や、同じくアメリカの反トラスト訴訟等に於いて私人の請求する数倍賠償（multiple damages）につき、それが外国判決の承認・執行制度（民訴二〇〇条、民執二四条）との関係でいかに評価されるか（我国に於ける承認の対象となるか否か）、また、アメリカのそれらの法規範は、我国での訴訟に於いてアメリカの法が準拠法とされるとき、適用され得る法規範の中に含まれ得るものなのか否か、を種々論ずる必要があった。そして、その分析の結果として、そのいずれについても、原則としては[3]ネガティヴに評価する、との私見を示しておいた。

その後、懲罰的損害賠償を命じたアメリカ判決の我国に於ける承認・執行可能性が直接的に問題となった萬世工業事件[4]が生じ、さらに昭和電工がアメリカで起こされた同種の訴訟（一、〇〇〇件に及ぶとされる）の今後のなりゆきが、注目を浴びている。おそらく、遠からず、いわゆる三倍額賠償（treble damages）等をめぐっても、同様の問題が現実に生じて来るであろう。そしてまた、既に筆者が分析視角と結論とを共に示してあるような、外国判決承認・執行の局面のみならず、外国法の適用の局面でも、既に筆者が分析視角と結論とを共に示してあるような、この種の法規範の性格づけが、実際の問題となる日は近い、と考えられる。

前記の如きアメリカの法制度を抵触法的に把握する際の決め手は、民事と刑事との区分の明確さを伝統的に欠くアメリカ法に於ける、『法の実現における私人の役割』の問題である。既ち、官の側による法の執行（エンフォースメント）の不備を補完すべく、私人に十分な法制度的インセンティヴを与え、まさに私的法務総裁（private attorney general）としての役割を私人に期待する[5]、というこの種の法制度の基本が、問題となるのである。

いかに民事手続が用いられるとは言え、また、私人が請求して私人がこれを得るものであるとは言え、前記の如き制度の性格と機能に鑑みるならば、これを一般の民事法上の出来事であるとして単純に処理することは出来ない、というのが私見の骨子である。

ところが、総合研究開発機構（NIRA）の場における共同研究の過程で、かかる『法の実現における私人の役割』をさらに補完すべく、官の側がイニシアティヴをとって行動する法制度的パターンが、アメリカの法制度について存在することを知ることとなった。いわゆるパレンス・パトリエ（parens patriae）訴訟である。また、アメリカで懲罰的損害賠償を命じられた企業が、その保険カヴァーを求めてイギリスで訴を提起し、それに対抗して保険会社側が、懲罰賠償の保険によるカヴァーを嫌いがちなアメリカで訴訟を起こす、という興味深い法現象（国際二重起訴）についても検討がなされた[6]。

とりわけ本稿との関係で重要なのは前者である。パレンス・パトリエとは、"parent of the country" の意味であり、国家が私人及び私人の財産の保護をする固有の権限を有する、というところに立脚した法原理である[7]。具体的にNIRAの場で検討がなされたのは、アメリカ反トラスト法（連邦法）違反事件に対する各州の司法長官の提訴権限についてであった[8]。一九七六年に新設された 15 U. S. C. A. §15c により、州の司法長官が、自州内の自然人のために（on behalf of natural persons residing in such State）三倍額賠償請求をなし得る適格を有することが、認められたのである。

これは、「私人による法の実現という観点[9]」とは別に、と言うよりはそれを越えて、「官」の側が本来「民」のなすべきことをかわって実現する法制度であり、抵触法上、大いに注目に値する。そして、成文規定のある反トラスト法の場合以外にも、後述の如くパレンス・パトリエ訴訟はなされ得るのであり[10]、それらを含めて抵触法上の問題として論ずべき点がある。

だが、パレンス・パトリエ訴訟に見られた「官」の側のイニシアティヴに基づく私法的（?）請求には、他の類型もある。アメリカの刑事手続の

中で、罰金を含めた一般の刑罰を科すると共に、本来私人（被害者）のなすべき加害者への賠償請求を、いわばあわせて検察側がしてしまう、という興味深い制度である。それは、まさに「刑罰としての損害賠償[11]」としてのものであるのだが、私人独自の私法的請求とのリンケージに於いて、前記のパレンス・パトリエ訴訟の場合と同様の、悩ましい問題がある。これを抵触法上いかに評価すべきかを、やはり論じておく必要がある。

さらに、アメリカ連邦証券取引規制に於いて、違法行為から生じた利得の吐き出し（disgorgement）や、「得られた利益または免れた損失の額の三倍」まで課すことが出来るとされるいわゆる民事制裁金（civil penalty——但し、「民事」という英語はミスリーディングである）についても、同様の観点からの問題が、実はある。

そして、右の民事制裁金の問題と類似するアメリカのいわゆる民事没収（civil forfeiture——、但し、ミスリーディングであり、むしろ、あえて行政没収と訳すべきではないか思われる）については、国際刑事法サイドから、これをわが民訴二〇〇条ルートで承認・執行し得る（！）とする見解がある[12]。これに対しては、明確な反論を試みなければならない[13]。この民事没収の点は、アメリカで対をなす概念たる刑事没収と共に、マネー・ローンダリング規制に於いて、いわゆる国連麻薬新条約との関係が、大きな問題となっている。そして、アメリカの民事没収を命じた裁判をわが民訴二〇〇条ルートで承認・執行し得るとする前記の所説も、同条約五条で締約国に（具体的法制度の整備が）義務として課されている、外国没収裁判（刑事裁判）の承認問題との関係で、説かれたものである。

ここで、極めて重大な問題が生ずることとなる。

2 「承認」と「共助」

民訴二〇〇条（及び民執二四条）ルートでの処理は、あくまで外国の「民事」判決等（厳密には、外国の「民事」の国家行為——裁判か行政行為かは問わない[14]）を対象とする（承認要件論と区別された、承認対象論上の問題である[15]）。前記の論者も、「外国没収命令の執行は、外国判決（執行）の一形態である」としつつも、それが「国際司法共助としての没収」であることを明記している[16]。

外国刑事判決の執行と言っても、あくまで国家対国家の関係での「共助」として行われるべき筋合いのものであり、私人対私人の国際的私法生活の安全を旨とする外国民事判決等の「承認」の問題とは、理論的基盤を全く異にする[17]。このことを十分押さえておかねばならない。

国際的な執行共助の問題として本稿の関心事となるのは、私人の財産権に対する国家的介入の問題である。租税条約上のいわゆる徴収（徴税）共助の問題については、筆者なりの見方を既に公表してある[18]。いかに条約上に根拠を有する「共助」であるとは言え、財産権への介入を受ける私人の側からこれを見れば、具体的な課税要件・税率等が、我国の法秩序の中に於いて明確に示されていなければならない。だが、現実には、外国からのすべて要請国たる外国の租税法規の中にそれが定められているにとどまる。共助要請を拒絶する場合の自国の安全・公序等の不確定要件があるほかは、事柄の性質上、やむを得ないとしてこの点を不問に付し得るかは、極めて大きな問題である。わが憲法上定められた租税法律主義との相剋の問題がここにある。条約によって憲法規範を相対化することは、わが憲法秩序に於いてはなされ得ない（憲法の変遷を言うならば話は違って来るとも言えるが）。

国際的な刑事執行共助の場合、外国の共助要請に応じた側の国が強制力を発動する際には、いわゆる双方可罰性が問題とされるべきである。国際的な徴税共助の場合にも、これに相当する何等かの要件が、わが憲法上の前記原理との関係をクリアーするために、必要となるのではないか、とも思われる。だが、後述の如く、外国刑事没収裁判についての執行共助に際しては、この双方可罰性の要件を軽減してよいとする見方が強い。これをどう評価すべきかも、十分論じなければならない。

かくて、本稿の後半に於いては、我国による国際麻薬新条約の批准問題

とも絡んで重大な問題を提起する、国際的な刑事執行共助の問題を、出来る限り取り上げてゆきたい。何故かと言えば、外国の「民事」の判決等の承認・執行という国際民事手続法上の処理メカニズムからはじき出された、外国法制度（それに基づく判決等）に基づく、国境を越えた、即ち我国での執行については、まさに国対国の関係での合意（ないし執行国の一方的同意）に基づく「共助」の制度枠組がなければならない（だが、再びそこに於いて、民事か刑事か、あるいは行政的規制の問題か、という厄介な性質決定が問題となり、種々の混乱が、放置すれば生じ得る状況にある。本稿第二章に於ける抵触法的検討は、かかる問題に対しても一応の視座を示すものとなるはずである。また、とくにアメリカに於いては、他州の刑事判決や租税判決も、一般の民事判決と同様にこれを承認・執行し得るとの考え方が、とくに最近、有力に示され、それが他国のその種の判決（等）の承認・執行についても推し及ぼされつつある。これは既述の如き意味に於ける「承認」と「共助」との区別を、不当に相対化するものであって、断じて支持し離い[19]）。

この点で問題となるのは、（共助の枠組の中に於ける）「外国刑事判決の執行について意を用いることがなかった」とされる従来の我国の刑事法制に於いて、今後「外国没収命令の執行」を考える際の、「執行力付与手続」である。ある論者によれば、「国際司法共助としての外国没収命令の執行に当たっては、被請求国としては、その没収命令の適法性、確定性および執行力を確認すれば足りる」とされ、しかも、その際、「双方可罰性」の点は「不可欠の要件ではないように思われる[20]」とされている。かくては徴税共助の場合と同様の、わが憲法秩序との相剋の問題が、表面化するであろう。少なくとも、この点は十分議論を尽くすべき点と思われる。国際協調の名の下に自国の高次の憲法的要請を相対化させることは許されないはずだからである[21]。つまり、何故にわが国家公権力の強制をもって私人が財産権に対する介入を受けるかという、肝心の実体法的要件が、この場合、わが法秩序内にどこまで示されているのか、という点（罪刑法定主義）が問題の核心となる。憲法三一条が罪刑法定主義、言い換えれば実体的な刑罰法規の明確性のよりどころとされていることは、周知の如くである[22]。

第二節 本稿の射程と論述の順序

かくて、本稿では、外国で私人の財産権に介入する内容の判決等（国家行為としての給付命令）がなされた場合につき、当該外国の領域内にはそれを満足させる財産が十分にないとして、我国内にある執行対象財産に対し、当該外国の側から国境を越えて執行の腕がのばされる場合の問題を、極力広く取り扱うべきことになる。具体的には、既に別な機会に詳論したアメリカの multiple or punitive damages の問題（それらについては、本稿では必要な限りで再論するにとどめる）のほか、パレンス・パトリエ訴訟、刑罰としての損害賠償、証券取引規制との関係でのいわゆる civil penalty や disgorgement、そしてマネー・ローンダリングについてとくに重要となる civil forfeiture 等が、当面の検討の対象となる。但し、三倍賠償については、やはりアメリカのいわゆるRICO法（Racketeer Influenced and Corrupt Organization Act）の三倍額賠償が[23]、とりわけ大きな問題となる。純然たる組織犯罪の場合に限らず、日米企業間紛争に於いても深刻化しつつあるからである。だが、この点については、数倍賠償について一般的に論じた私見をもって答えることが、可能であろう。

基本的な問題関心は、どこまでが外国民事判決（等）の承認・執行の対象となるかという点にあるが、それを外れた問題についての「共助」を、わが憲法秩序の下に於いて、如何に制度的に組み立ててゆくべきかについても、これまでの筆者の研究を踏まえて言及しておきたい。そこを押さえなければすべてを論じ尽くしたことにはならないと、最近強く感ずるに至ったためである[24]。

さて、以下、第二章に於いては、まず前記のアメリカの諸制度につき、抵触法上の処理に於いて重要となる点をまず個別に示し、その上で私見を

2

示すこととしよう。何故アメリカの法制度に着目するかは、言わずもがなであろう。伝統的に民事と刑事との区分のあいまいなアメリカは、実に面白い「発明」を次々としてくれる。もとよりその「発明」の成果は、いわゆる比較法的手法により、我国の国内法制度へも影響を与え続けている。だが、仮りに我国が本稿で論ずるアメリカの諸制度を導入したとしても[25]、一国の公権力行使に基づく執行は、厳密にその国の領域内に限られ、(「共助」の形での)他国の同意のない限り、当該他国には及び得ないという、国家の執行管轄面での制約が[26]、厳守されねばならないし、「共助」をする際にも、自国内で(他国の要請に基づき)自国公権力が発動されるというその事柄の性質上、自国憲法秩序との関係を無視できないのである。このことは何度でもくり返して強調する必要が(とりわけ自国の安全保障とか国境の有する意義につき鈍感な我国では)あるのである。

第一章〔注〕

1 石黒・現代国際私法〔上〕(昭六一)の第Ⅱ部(一八八頁以下)がそれである。

2 同右・四九七頁以下。

3 ここで「原則として」とした趣旨については、同右〔注2所掲〕で論じてあるが、同「アメリカの懲罰的損害賠償制度と〝国境〟」NIRA政策研究四巻九号(平三――貿易と関税一九九一年一〇月号四〇頁以下に転載)所収論文の2で、一層細かく言及してある。

4 東京地判平成三年二月一八日判時一三七六号七九頁。石黒・同右〔注3〕論文、及びそこに所掲のものを見よ。

5 同・現代国際私法〔上〕五〇三頁以下参照。

6 Du Pont v. Agnew, 2 Lloyd's Law Reports. 585 (1987) ; 2 Lloyd's Law Reports. 240 (1988). いずれも Court of Appeal の判決であるが、前者の方が実際の保険契約の内容に細かく言及している。Coumadin という抗凝血剤の投与をイリノイでの手術後に受けた者が右薬物による被害を受け、一九七七年一一月に、この被害者がデュポン等に対して訴を提起した。その結果、デュポン等(のちのイギリスでの訴訟の原告)は懲罰賠償部分一、三〇〇万米ドルを含む二、六〇〇万米ドルの支払を命じられた。一九八六年三月二四日、デュポン等は、この懲罰賠償部分をも含めた保険塡補を求めて、保険会社側(複数)を相手に、イギリスで訴を提起した。それに対抗して保険会社側は、同年四月二八日、イリノイでデュポン側を相手に、懲罰賠償部分につき塡補義務のないことの確認と、デュポン側のイギリスの訴訟の差止(外国訴訟差止命令〔anti-suit injunction〕である)を求めて、訴を提起した。同時に、保険会社側は、イギリスに於いて、forum non conveniens の法理に基づくイギリスでの手続の中止(stay)を求めた。これに対抗してデュポン側は、アメリカに於いて手続の中止を求めると共に、イギリスでの訴訟に於いて、イリノイに於ける保険会社側の手続の差止を求めたのである(なお、いわゆる civil RICO に於ける三倍額賠償の保険による塡補可能性に関する後出・注23後段と対比せよ)。

かくて、問題の発端となったのが(反トラスト法上の)三倍額賠償か懲罰賠償かの差はあるが、紛争のパターンとしては、かのレイカー(Laker)航空事件(それについてはNIRA研究叢書『企業の多国籍化と法――国際紛争事例――』(近刊)に於ける村上政博助教授の論文の他、石黒・現代国際私法〔上〕二〇二頁以下)と酷似する法現象と言えるのが本件であると言える。もっとも、イリノイの裁判所は、保険会社側の申立を、ともに認めず、イギリス裁判所(Court of Appeal)も、一度は出されていた差止命令を破棄した。但し、イギリス裁判所は、本件に於ける保険契約準拠法は、一連の保険契約のリーディング・ポリシーが、ロンドンで発行されたLloyd's policy であること、そして他のポリシーがすべてそれと同一の条件の下に発行されていることを根拠に、イングランド法であるとしたが、イリノイ裁判所は、懲罰賠償の保険塡補可能性の点についてはイリノイ州法が介入することを前提としていた(この争点についてはイリノイ州法が最も重要な関連を有するし、他の法域の法が準拠法となるとしても、イリノイ州の公序が介入する、としていた)。もっとも、保険会社側から和解案が提示され、それにより最終的な決着を見たようである。

ちなみに、問題の保険契約の内容は 2 Lloyd's Law Reports 589 ff (1987) に示されているが、一部のポリシーはアメリカの保険会社が発行したものであった(Id. 591)。それらを含めて準拠法(proper law)をイングランド法とし

たイギリス判決の論理については Id. 592 ff 参照。

なお、一般的な情報ではあるが、一九九一年四月一日をもって、一九八〇年のEC(EEC)契約準拠法条約はイギリスについても妥当するものとなった(この点につき Davenport, Proper law now not so proper, Butterworths Journal of International Banking and Finacial Law, 157ff (April 1991).

そこには本条約に対する根強いイギリスでの批判が裏打ちされている)。保険契約については同条約の適用除外となっているが(Id. 158)、その適用除外の意味が、まさに本件の如き場合にいかなるものとなるかについては、Ibid の若干示すように(但し、一般的な指摘である)、問題が残されている、とも言える。

ところで、アメリカの法規制と保険との関係で興味深いのは、International Financial Law Review, 39f (August 1991) に報告されている In re : Insurance Antitrust Litigation (1991 WL 102975) 事件である。アメリカ第九巡回区控訴裁判所の判決であり、それ自体については別な機会に論及したいが、I. F. L. Rev., supra によれば、大略次の如きケースとされる。被告とされたのはアメリカの保険会社四社と、スイス法人一社、アメリカ法人のイギリス子会社六社を含む多数の再保険会社、及び、ロンドンの Lloyds を通して事業を営んでいたイギリスの再保険引受業者とブローカー(いずれも複数)である、とされている。被告等は共謀の上、アメリカの顧客に、いわゆる long tail insurance、即ち保険期間満了後に提起された訴についてもこれをカヴァーする旨の保険、及び、偶発的な環境汚染をカヴァーする保険(accidental pollution insurance――いずれも CGL、つまり general liability insurance)を提供しない旨合意したとされ、この点が連邦反トラスト法違反に問われている。原告は一九のアメリカ州(!)、及び、多数の私人とされている。とりわけ州がいかなる資格でこの訴訟を提起したのかが、本稿でこれから論ずる点との関係でも興味を引く。ともかく、それらの訴訟がカリフォルニア北部地区連邦地裁に併合され、一九八九年一〇月の一審判決では、被告等が勝訴したが、控訴審判決はこれを破棄差戻した。保険会社を連邦反トラスト法の適用から除外する Mc Carran Act の制約をクリアーした上で、アメリカ反トラスト法の域外適用を広汎に認めたものである。過度の訴訟社会アメリカとの関係に於ける保険事業の難しさを反映した事件という点では、既述の Du Pont v. Agnew と一脈通ずるものがあると言えよう。十分な検討に値するケースと思われる。なお、Du Pont v. Agnew 事件については、忽那隆治弁護士から種々の御教示を賜った。

7 例えば 67A Corpus Juris Secundum, 159 (1978) を見よ。

8 この点については、あくまで一般的な問題として、石川正弁護士の御教示を賜った。なお、石川正「米国の独禁法訴訟における原告適格(Standing)及び『独禁法上の被害』(Antitrust Injury)の概念の最近の展開について」三ヶ月章先生古稀祝賀・民事手続法学の革新上巻(平三)三六一頁以下に於いても、同・三七七頁以下のイリノイ・ブリック事件(一九七七年)では、「イリノイ州らが」三倍賠償を求めた事案だとされている。

9 石川・同右三六五頁。

10 インドで起きた、かのボパール事故についても、インド政府は、アメリカでの提訴に於いてまさにこのパレンス・パトリエ訴訟(アメリカの州と同様、理論的には外国政府も、自国内被害者のために、一定の要件の下にこれを提起し得る)を念頭に置いていた。この点については、Hawkes, Parens Patriae and the Union Carbide Case : The Disaster at Bhopal Continues, 21 Cornell International Law Journal, 181ff (1988)。なお、石黒「ボーダーレス・エコノミーへの法的視座:第三回 国際環境汚染と法」貿易と関税一九九一年九月号所収の二(1)を見よ。

11 佐伯仁志「刑罰としての損害賠償――アメリカ合衆国連邦法を素材として――」平野古稀論集下巻(平二)八五頁以下。

12 森下忠「国連の麻薬新条約と没収」曹時四二巻三号(平一)四六五頁。

13 この点は、石黒「国際倒産と租税――国際的な税の徴収共助制度との関係において――」ジュリスト九八一号(平三)八〇頁の注(18)で論じたところであるが、本稿に於いて一層包括的に論じておきたい。なお、同論文は、石黒・ボーダーレス社会への法的警鐘(平成三年秋に中央経済社から刊行)に収録される。

14 石黒・現代国際私法〔上〕四三三頁以下と、同・四七一頁以下とを対比せよ。

15 なお、同・前掲〔注3〕論文を見よ。

16 森下忠「国際刑事司法共助としての差押えと没収(二・完)」警察研究六一巻七号(平二)三四頁及び三三頁。

17 石黒・現代国際私法〔上〕四七二頁。

18 同・前掲〔注13〕論文、とくにその八〇頁以下。

19 この点については、同右・七九頁。

20 以下、森下・前掲〔注16〕(二・完)警察研究六一巻七号三四頁、三五頁。

21 この意味では、Honegger, Swiss banking secrecy, Butterworths Journal of International Banking and Financial Law, 350 (August, 1990) が、一九七七年の米・スイス間の刑事司法共助条約について述べているところが、一つの参考になる、とも言える。スイス連邦裁判所は、アメリカのSECからの、調査上の共助要請につき、これを刑事の問題と把握して右要請に応じた(Id. 346.

但しそこに示されているように、イギリスは、皮肉にも、同じ事件に関するSECからの調査上の共助につき、これを民事のものとして、条約上の共助ルートでこれに応じた。オネゲルは、もとより正当に、後者の立場をも、鋭く批判している。Ibid なお、この点では、石黒・前掲〔注13〕八〇頁の注(18)を見よ)。この点をも踏まえつつ、彼は、次のように述べているのである。

"The need for international cooperation in combatting business crime should not lead to false interpretaion and application of existing treaties, but rather to negotiation of new treaties." (Honegger, supra, 350.)

但し、これは、情報収集面での共助要請に関する問題であり、外国没収命令(判決等)の執行とは場面が異なる。スイスでは、民事・行政・刑事それぞれの区分(その区分は外国からの要請に応ずる側のスイスが独自に定める)に応じて、かの銀行秘密問題との関係が異なって扱われる。その観点からの検討が主としてそこでなされているわけではあるが、国際協調が声高に叫ばれる昨今、協調の実際的必要性は疑いなくとも、それを実現してゆく上では、自国法秩序に内在的なハードルを一つ一つ地道に越えてゆかねばならない。オネゲルの右の指摘は、条約の解釈という狭い枠組の中でのものではあるが、おそらくそれは、筆者に於けると同じような問題を意識してのものと思われる。

22 伊藤正己・憲法〔新版・平二〕三三九頁以下。

23 なお、佐伯仁志「アメリカ合衆国RICO法について〔上・下〕」商事法務一二二一号九頁以下、同一二二三号三三頁以下(平二)に於いては、RICO法は「組織犯罪者に影響された腐敗組織規制法」と訳されている。マフィア対策で出発し、のちのマネー・ローンダリング立法につながってゆく(なお、芝原邦爾「資金浄化(マネー・ローンダリング)行為の処罰――アメリカ合衆国連邦法を中心として――」前掲〔注11〕平野古稀下巻一五九頁以下、一六二頁)のが同法であるが、「特に通常のビジネスマンによる経済活動の上での詐欺行為に広く使われ」て来ているのが(佐伯・同上〔上〕商事法務一二二一号一三頁)、civil RICO と呼ばれる、私人による三倍賠償請求を認めた規定である。実際にも、IBM対日立、グールド社対三井金属工業・宮越機工等の訴訟(後者については、石黒・判例評論三八二号〔平二〕四六頁以下)等、知的財産権関係の日米企業紛争(右の両事件とも国際二重起訴状態となった。後者については、石黒・同右が批評の対象とした東京地裁中間判決平一・五・三〇判時一三四八号九一頁が出ている)に於いて、アメリカ企業は、まさにこの civil RICO に基づく請求もしていた。

ちなみに、このRICO法上の三倍額賠償が保険塡補の対象となるか否かについては、アメリカでも種々の議論がある。この点については、P. A. Batista, Civil RICO Practice Manual, 133-141 (1987)。もとより、そこでの結論は、本稿で問題とする抵触法上のこの制度の評価とは別次元のものだが、Id. 141 では、結論として、RICO法上の三倍額賠償(それは連邦反トラスト法上の三倍賠償規定――クレイトン法四条〔15 U. S. C. A. §15〕――を文字通りの形で踏襲したものである。Batista, supra, 135)は、懲罰賠償と異なり insurable である、とされている。

24 なお、国際倒産法上、とくに外国倒産手続の承認の局面に於いて、外国管財人が自国内に所在する倒産者の財産の引渡を求めて来る際、当該外国でその外国の租税等の公的負担が待ち受けている場合にどうするか、という問題がある。外国の官吏が直接、または間に藁人形を立てて請求して来れば遮断されるが、包括執行の名の下に管財人が来た場合にはどうか、という問題である。これを一々気にしていたのでは、(これらの公的負担の絡むのがむしろ国際倒産の常態ゆえ)外国倒産手続の承認など覚束ないという、過度に民事的な論理の下にすべての語られる傾向が、顕著である。例えば、この点につき別に一節を設けて論ずる M. Florian, Das englische internationale Insolvenzrecht, 135ff (1989) もそうであるが(但し、このディセルタチオン自体は、全体としてなかなか良く出来ていると感じている)、"Von Bedeutung war schließlich die

Überlegungen, daß es heutzutage keine Insolvenz mehr geben dürfte, an der nicht auch der Fiskus mit Forderungen beteiligt ist. Würde man in all diesen Fallen eine (internationale) Zusamenarbeit (der *Gerichte*) verweigern, so ließen sich grenzüberschreitende Insolvenzen nur noch durch getrennte Partikularverfahren in allen betroffenen Staaten abwickeln – eine schlechte Lösung." と述べる Id. 137 に於いても、「共助」の点に関する言及が全くない。そもそも、各国の租税等の公的負担に関しては、「承認」とは別の「共助」の枠組が整備されつつあるのであり、その点を前提とした立論がなされねばならない。要するに、私人対私人の国際民事訴訟やその延長線上の外国倒産手続の(民事としての)承認の枠組の中で、個々の裁判所ないし裁判官は、国家対国家の問題たる「共助」につき必要となる国家的同意を、相手国に対して与える立場にはない(但し、その旨の立法をすれば別であるが、所轄行政官庁ベースの「共助」問題の処理との関係が、困難な問題を提起するであろう)。「承認」と「共助」の制度枠組の相互関係を理論的に整理・解明しておくことは、かくて、極めて重要なのである。筆者の以上の如き立場に於ける立論は、石黒・前掲〔注13〕ジュリ九八一号論文で示したところである。

25 日米構造協議との関係で(なお、石川・前掲〔注(8)〕三六五頁)、我国が例によって腰くだけ的に妥協すれば、わが独禁法違反につき私人に三倍額賠償請求が認められる可能性もあるし、それとは別に(いわば、より内在的な)アメリカ法の〝影響〟により、我国に懲罰的損害賠償制度が導入される可能性もある(後者の可能性については、石黒・前掲〔注3〕論文で引用された小林秀之「懲罰的損害賠償と外国判決の承認・執行〔下〕」NBL四七七号〔平三〕二四頁参照)。だが、そうなったとしても、また、例えば今般の証券不祥事によりわが証取法が改正されて、アメリカと同様の利得吐き出し(disgorgement)の制度が導入されたとしても、〝国境〟との関係での問題につき抵触法のレヴェルで筆者の述べるところは、微動だにしない。それと対比すべきは、石黒・同右論文で批判した東京地判平成三年二月一八日(前出・注4)の論理である。承認対象論を素通りし、承認要件論に於いて公序要件(民訴二〇〇条三号)を持ち出す判旨の論理は、同右論文で同じく批判した実質的再審査禁止原則(民執二四条二項)との関係を含めて、極めて脆弱なものであり、遺憾である。

なお、アメリカの圧力に屈して、台湾では、アメリカ的な三倍額賠償制度が導入されている。まず、台湾の証券交易法一五七条の一の二項には、違反につき「其情節重大者法院得依善意従事相反買売之人之請求将責任限額提高至三倍」と定められるに至り(一九八八〔民国七七〕年改正による)、また、一九九一〔民国八〇〕年二月四日に制定された公平交易法第五章(「損害賠償」)の第三二条は、「法院因前条被害人之請求如為事業之故意行為得依侵害情節酌定損害額以上之賠償。但不得超過已証明損害額之三倍。」と規定している(これらの点については、東京大学大学院修士課程在学の陳一氏の御教示を得た)。アメリカの対日圧力は、いわばこのような〝実績〟の下に、なされているものなのであり、この点に注意を要する。

なお、韓国に於いては、一九七三年の商標法三七条(損害賠償の請求)の四項に、「法院は、証明された損害額を根拠に適当な賠償額を定めることができ、かつ、その金額は損害賠償の三倍を越えることができない。」との規定があった(なお、この点につき(財)日本関税協会知的財産情報センター・海外(香港・台湾・韓国)における不正商品取締り実態調査報告〔平三〕一二〇頁参照)。ただ、実効性もなく、かつ、実例もなかったということで、一九九〇年九月一日から施行された改正法に於いては、同項が削除されている。細かな最終的確認は得られていないが、この点については、同センター(CIPIC)企画課長石丸国美氏に現地への問い合わせをして頂いた。削除されたにせよ、この規定もまたアメリカの圧力によるものであったのか否か、また、同種の規定が韓国(そして現行規定としてこの種の規定が存在する前記の台湾)に於いて、他にもないのか、等々、興味を引くところである。

26 石黒・現代国際私法〔上〕二一七頁以下、四七一頁以下、同「イラク・クウェート資産関連の日・米・英の措置に関する抵触法上の問題」国際商事法務一八巻一一号〔平二〕一二〇五頁以下、同「経済制裁と国際私法――理論的処理枠組の構築へ向けて――」国際法外交雑誌八九巻三・四号〔平二〕三三五九頁以下、等。なお、この二つの論文も(若干改題の上)、石黒・前掲〔注13〕書に収録される。

第二章　問題となるアメリカの法制度と抵触法的分析視角

第一節　パレンス・パトリエ訴訟

1　制度の概観

(1)　既述の如く、クレイトン法（その四条——15 U. S. C. A. §15）の一九七六年改正により、15 U. S. C. A. §15c 以下に新設された、アメリカの反トラスト法上のパレンス・パトリエ訴訟が、まずもって注目される。だが、それは、アメリカで伝統的に認められて来たパレンス・パトリエ訴訟を前提に組み立てられたものであった。[27]

もともとはイギリス起源のこのパレンス・パトリエ理論（the parens patriae doctrine）[28]は、アメリカに於いて、以下の要件の下に、州が自州民の福祉（well-being）を守るために自らの名で訴を提起するための手段として用いられて来た、とされる。[29]既ち、①準主権的利益（a quasi-sovereign interests）が侵害されていること（その際、個々の私人の利益とは別の、州としての利益の存在が必要とされる）、②州内の者のうちかなりの者（substantial portion of the population）が侵害にあうこと、③私的救済（private remedy）では問題の解決にとって不適切（inadequate）であること、である。いずれもあいまいな要件であり、判例の流れの中でその一層の具体化がはかられているが、[30]それはここでの問題ではない。

いずれにしても、かくて州の独自の原告適格（standing to sue）が認められることになるのだが、個々の私人が自分で救済を得られる場合には、州の介入（state intervention）の必要はなく、パレンス・パトリエは認められない、[31]という意味で、前記③の要件は重要なものとなる。そして、この点が15 U. S. C. A. §15c の制定の際にも重視されていることは、後述の如くである。

ただ、このパレンス・パトリエ訴訟に於いては、一般に、確認請求や差止請求（claims for declaratory or injunctive relief）が問題となって来ており、損害賠償請求がどうなるかについては、極めて不確定な状況にあるようである。[32]即ち、パレンス・パトリエ訴訟に於いて損害賠償を請求し得る旨述べた判例はいくつかあるものの、一体誰が賠償を（実際に）得るのかについては判例はなく（Although the……court[s] stated that damages were available under parens patriae, no court has decided who is entitled to the damages.）、また、州がそこで賠償を得たとしても、直接の被害者が独自に訴える原告適格を別に有しているならば、被告が二重の責任（multiple liability）を負わされる可能性もある、などとされている。[33]

なお、念のため明確にしておかねばならない点がある。このパレンス・パトリエ訴訟とクラス・アクションとの関係についてである。法現象としては両者は類似するが、基本的には別物と考えねばならない。実際にも、パレンス・パトリエ訴訟がなされるについては前記の如き諸要件があり、そのハードルを越えられない場合のための別な選択肢（an alternative to parens patriae actions）として考えられているのが、（州を代表者とする）クラス・アクションである。[34]だが、クラス・アクションに於いては、実際にクラスとして組織された者のみが損害の補塡を受け得るため、救済として不十分である、ともされている。[35]

そこで示されたクラス・アクションに対するネガティヴな見方は、後述の15 U. S. C. A. §15c の制定理由にもつながるものなのだが、重要なのは、パレンス・パトリエにせよクラス・アクションにせよ、つまり、そこで用いられる手段が何であれ、賠償額の（多数の）被害者への分配（distribution of damages）については困難のあることが、指摘されていることである。[36]

(2)　ところで、州（具体的には州の司法長官）によるパレンス・パトリエ訴訟は連邦の反トラスト法に対する違反についてもなされ得るとされて来たが、そこで州側が損害賠償を請求し得るかは、既述の如く、微妙な問題となっていた。[37]そして、この点について明確にネガティヴな立場を示した判例の登場を契機として、クレイトン法が改正され、15 U. S. C. A. §15c 以下が新設されることとなった。[38]

まず、抵触法的分析と関係する限りで、条文を掲げておこう。[39]

"§15c. Actions by State attorney general

(a) Parens patriae ; monetary relief ; damages ; prejudgment interest

(1) Any attorney general of a State may bring a civil action in the name of such State, as parens patriae on behalf of natural persons residing in such State, in any district court of the United States having jurisdiction of the defendant, to secure monetary relief as provided in this section for injury sustained by such natural persons to their property by reason of any violation of sections 1 to 7 of this title.……..

(2) The court shall award the State as monetary relief threefold the total damages sustained as described in paragraph (1) of this section, and cost of suit, including a reasonable attorneys' fee.……..

(b) Notice ; exclusion election ; final judgment

(1) ……..

(2) Any person on whose behalf an action is brought under subsection (a) (1) of this section may elect to exclude from adjudication the portion of the State claim for monetary relief attributable to him by filing notice of such election with the court ……..

(3) The final judgment in an action under subsection (a) (1) of this section shall be res judicata as to any claim under section 15 of this title by any person on behalf of whom such action was brought and who fails to give such notice……..pursuant to paragraph (1) of this subsection.

(c) Dismissal or compromise of action

……..

(d) Attorneys' fees

……..

§15d. Measurement of damages

In any action under section 15c (a) (1) of this title …… damages may be proved and assessed in the aggregate by statistical or sampling methods, by the computation of illegal overcharges, or by such other reasonable system of estimating aggregate damages as the court in its discretion may permit without the necessity of separately proving the individual claim of, or amount of damages to, persons on whose behalf the suit was brought.

§15e. Distribution of damages

Monetary relief recovered in an action under section 15c (a) (1) of this title shall ——

(1) be distributed in such manner as the district court in its discretion may authorize ; or

(2) be deemed a civil penalty by the court and deposited with the State as general revenues ;

subject in either case to the requirement that any distribution procedure adopted afford each person a reasonable opportunity to secure his appropriate portion of *the net monetary relief*.

§15f. Actions by Attorney General

……..

§15g Definitions

……..

§15h. Applicability of parens patriae action

Sections 15c, 15d, 15e, 15f, and 15g of this title shall apply in any State, unless such State provides by law for its nonapplicability in such State."

以上が関係条文であり、気になるところには、アンダーラインとイタリック表示をしておいた。

要するに15 U. S. C. A. §15c を中軸とするこの改正は、アメリカ反トラスト法（クレイトン法）上の三倍額賠償を、州内の自然人のために、州の司法長官が行ない得る、としたものである。そして、本稿に於ける問題関心は、この法制度に基づく給付判決がアメリカで確定したとして、日本の執行対象財産を狙ってその承認・執行が日本で求められた場合の抵触法上の取扱如何にある。[40]

一般の、既ち、私人によるアメリカ反トラスト法上の三倍額賠償請求に関する抵触法的取扱については、既に別な機会に詳論してあるので、[41]ここではそれを前提とした上で、ダイレクトに当面する問題について、とりわけ反トラスト法上の右記の場合に重点を置き論及することにしよう。

2　抵触法的検討

重要なのは、反トラスト法上のパレンス・パトリエ訴訟が必要とされた背景である。反トラスト法違反の損害を受けたのが企業であれば、既存の三倍額賠償請求（やそのためのクラス・アクションの利用）は十分実効的であるが、多数の消費者による個々的には少額の損害（small individual damages to large numbers of citizen-consumers）については実効的な救済手段がない、という点が、この制度創設への基本認識であった。[42]このために反トラスト法違反をした者が不当利得（unjust enrichment）をそのまま保持することは許し難いとし、かくて、違反者に対して不法に得られた利益の喪失というペナルティ（the penalty of the loss of illegally-obtained profits）を科すべく、[43]この制度が創設された。それは、私人に私的法務制裁として公権力行使（法の執行）の一翼を担わせる通常の三倍額賠償の制度の実効性をさらに補完し、州の司法長官に対して消費者の擁護者（consumer advocates）としての役割を担わせるためのものである。[44]

実際に組み立てられた既述の法制度に於いては、一般のパレンス・パトリエ訴訟の場合（とりわけ賠償請求の場合）に見られた不明確な点をクリアーすることが試みられており、私人が opt out しない限り、私人独自の訴権は消滅（extinction）することが、明記されている。[45]しかも、"the right of the individual to receive his appropriate share of any recovery" が私人に保障されている[46]（だが、この点が前掲の §15e に於いて、"net monetary relief" とされている点に注意すべきである）。

私人の三倍額賠償請求を補完するというこの制度のかかる性格からすれば、その抵触法上の取扱は、[47]一般の treble damages の場合と同じでもよいではないか、とも言われ得ないではない。だが、筆者はそう考えない。パレンス・パトリエ訴訟自体が、まさに「官」の側が自分のイニシアティヴにより請求をするものだ、という点がどこまで（それだけで）決め手となるかは、後述の「刑罰としての損害賠償」に関する検討に於いても論及する。だが、これが一つの重要なファクターとなることはたしかである。けれども、むしろ着目すべきは、§15e である。つまり、かくて得られた賠償額の「分配」の局面での問題である。

"国境を越える執行" を問題とする本稿に於いて、執行後の「分配」の問題は、ちょうど筆者が国際倒産法上の外国倒産手続の承認の局面に於いて述べたような形で処理することが、一般には必要である。即ち、「倒産者の内国財産を、外国管財人に引き渡すについては、それが当該外国の租税債権等の公的負担の満足のためにあてられぬよう確保し、釘をさす形での法的手段が、外国倒産手続承認のためのわが国の立法的措置において講じられるべきである」[48]と筆者はそこで論じた。だが、アメリカ反トラスト法上のパレンス・パトリエの場合、かかる「分配」のためのメカニズムは、実に不明確なのである。

そもそも、既述の §15d に於いて、損害額の算定の際、個々の被害者の被った損害額についての具体的立証は不要とされ、かなり大雑把な算定が予定されている点も気になる。それはさて措くとしても、§15e の規定の仕方がもってまわっている。まず、§15e (2) で、賠償額を（後述のアメリカの証券取引規制［!］でも問題となる）民事制裁金、つまり civil penalty として州の歳入にあてることが予定されている。この点は、パレンス・パトリエ訴訟の全体的メカニズム自体が「官」の側の公権力行使としての色彩を強く持っている点をさらに裏付け、強化するものである。かくて、問題解決の上での残された重要なファクターは、どこまでそこに於いて "現実に" 私人の救済のために、それがあてられるべく予定されているか、の点である。この点は、立法理由の説明の中に、既に示されている。

不法に得られた利得の吐き出し（disgorgement［!］[49]）を旨とするこの制度に於いて、実際の被害者（?）への「分配」可能性は、相当ネガティヴに考えられていた。既ち、"[R]arely, if ever, will all potential claimants actually come forward to secure their share of the recovery," との現実認識が §15e の立法理由に於いて語られ、その点を前提としつつ同条(1)の裁量権が裁判所によって行使されることが期待されている。そして、しばしばかなりの部分に及び得るそれらの未分配の部分については、"The funds remaining should be used for some public purposes benefiting, as closely as possible, the class of injured persons." とされているのである。[50]

かくして、§15d について既に述べたこの訴訟に於ける賠償額算定上の若干 "imaginative"[51] な面は、§15e の「分配」の点について一層色濃く影を落としていることに、注目すべきである。つまり、既述の如く「多数の消費者による個々的には少額の損害」につき法の執行の度を高めるべく導入されたこの制度に於いては、民事制裁金（civil penalty）としてダイレクトに「官」の側の収入に賠償額があてられない場合にも、かなり抽象的な、集団としての被害者を長期的に救済（?）するような公共政策等の「官」の側の出費に、相当程度それのあてられることが、はじめから予定されているのである。[52]

抵触法上の問題解決に於いては、"国境を越えた執行" のなされたあとで、当該外国でその賠償額がいかに「分配」されるかの点は、いずれにしても重要なファクターの一つにはなる。この「分配」の点について右に述べたところと、この制度自体の「公権力行使」としての色彩とは、それがいかに私人の民事的（?）請求をサポートするものではあれ、抵触法上、この制度の全体的メカニズムを把握する上で、決定的と思われる。

結論として筆者は、この制度を、「私法的外装をまとった公権力行使[53]」の一つの発現形態として把握する。この制度に基づくアメリカの給付判決の我国での承認・執行は、実損部分を含めて（!）、なされ得ない。[54]

なお、反トラスト法上の成文規定に基づく以外の一般のパレンス・パトリエ訴訟の場合には、既述の如く damage の問題に関して不明確な点が少なく、今後のアメリカ法の発展に注目する必要がある。だが、少くとも基本的には、上に述べたところがあてはまる、と考えてもよいのではないか。ちなみにこの結論は、第二節以下の論述によって、さらに補強されるものとなろう。

第二章第一節〔注〕

27　前出・注7・10、及びそれらに対応する本文参照。

28　Hawkes, supra note 10, at 186 ; Larson, Notes : Civil Procedure —— The Right of a State to Sue as Parens Patriae —— Alfred L. Snapp & Son, Inc. v. Puerto Rico, 19 Wake Forest Law Review, 473 (1983).

4

30 29 但し、前出・注10を見よ。また、Hawkes, supra note 10, at 187, 192ff.

30 その概観については、Id. 187ff.; Larson, supra note 28, at 474ff. パレンス・パトリエは、例えば州と州との間で、原告たる州内の環境に影響を与える被告州の行為を抑止させる、といった脈絡でも用いられて来たが、それが拡張され、個別企業の行動に対する州民全体の被害の救済、という局面でも用いられるに至っているのである。

31 Larson, supra note 28, at 479.

32 Id. 480; Hawkes, supra note 10, at 192, 198.

33 前注引用のもの参照。なお、この点は、国家が外交的保護権を行使した場合の問題と酷似する。イギリス起源のパレンス・パトリエと、一般国際法上の外交的保護権との理論的リンケージ自体、興味深い研究テーマとなろうが、国家の外交的保護権と私的請求とのリンケージ（の欠如）については、国際環境汚染に即してこの点を述べた石黒「シュヴァイツァーハレ事件とライン川の国際汚染（2・完）」法学協会雑誌一〇六巻二号（平一）二七六頁、二七八頁以下（同論文第三章第二節第一款の三と六）を見よ。ちなみに、同論文は、若干の改訂の上で、「国境を越える環境汚染――シュヴァイツァーハレ事件とライン川」と題して、平成三年一〇月に木鐸社から刊行された。

34 Larson, supra note 28, at 481f.; Hawkes, supra note 10, at 198f.

35 Larson, supra note 28, at 481. また、州が独自の財産的利益を有していないと、クラスの代表者としての州の資格が否定される点もそこで問題とされ、かかる場合、残りの私人たる原告等は、金がかかり不便な訴訟をせざるを得ず、たかだか差止命令位しか得られないことになる、ともされている（Id. 481f）。

36 前出・注10で示したボール訴訟との関係についてこの点を述べたものとして、Hawkes, supra note 10, at 199.

37 Larson, supra note 28, at 480. なお、次注引用のものとも対比せよ。

38 U. S. Code Congressional and Administrative News, 1976 Vol. 3, 2574, 2577 (1976).

39 15 U. S. C. A., 1991 Cumulative Annual Pocket Part, 161ff.

40 これとは別に、日本の裁判所に於いて、当該問題の準拠法がアメリカのいずれかの法域の法であることを前提に、かかるパレンス・パトリエ訴訟を提起できるかという点も問題となる。手短かにこの点の結論のみを示しておこう。まず、当事者適格の問題は、手続問題として法廷地法によりつつ、必要な限りに於いて実体法の規範（この場合には実体準拠法たるアメリカの法）を参照することになる。アメリカの一般のクラス・アクションと同様に、この種の訴訟を日本で提起することに対しては、この点で既にバリアがある、ということになろう。なお、石黒・国際私法〔新版・平二〕九〇頁以下。だが、それにも増して、本文に於いてこれから論ずるように、パレンス・パトリエ訴訟の公権力行使としての側面に着目するならば、いかに自州内の自然人のための（on behalf of）ものであれ、また、被害者（？）たる私人への"分配"のメカニズムが別途用意されているとしても、かかる請求を我国で行なうことは、そもそも許されない、ということになるはずである。従って、actual damages の部分に限った請求をアメリカの州（司法長官）が日本で、パレンス・パトリエ訴訟として行なうことも、許されないと見るべきである。これは、もとより15 U. S. C. A. §15c をはなれた、一般のパレンス・パトリエ訴訟についても言える。ただ、州が純然たる自己の私法上の損害の賠償を行なうこと自体は、言うまでもなく認められる。

41 石黒・現代国際私法〔上〕四九七頁以下。

42 3 U. S. Cong. & Adm. News '76, supura note 38, at 2574. 企業を除外した点の理由についてはId. 2579を見よ。既存のクラス・アクションでは、実際上かかる訴訟の manageability の問題があり、また、とくにコストを度外視したノーティスの徹底の必要等から、その実際的な提起及び訴訟の維持には大きな困難がある、とされている。Id. 2576. この点は、前記の一般のパレンス・パトリエ訴訟の要件たる③（前出・注30に相当する本文を見よ）と関係する。但し、そこに於いて、クラス・アクションに於いては "distribution of any recoveries" についても大きな困難があった、とされている点（Ibid）には、本文でこれから述べる点との関係で、注意すべきである（なお、前出・注36及びその本文と対比せよ）。

43 Id. 2574.

44 Id. 2578.

45 Id. 2579.

46 Ibid.

47 なお、前出・注40に注意せよ。

48 石黒・前掲〔注13〕ジュリ九八一号八五頁。

49 U. S. Cong. & Adm. News, supra note 38, at 2583, 2585.

50 Id. 2585f.

52 そうした具体例についてはId. 2585f.を見よ。

53 石黒・現代国際私法〔上〕四七一頁以下。

54 外国法適用の場面でのその取扱については、前出・注40を見よ。

＊なお、本稿は本来、八年余続いたＮＩＲＡに於ける「企業の多国籍化と法」研究会の最終研究成果の一環として、他の研究員の論文と共にＮＩＲＡ研究叢書（前出・注6を見よ）に於いて公表されることを予定して執筆されたものである。だが、本誌一〇月号（本連載第四回）の論文と一体をなすものであり、かつ、国連麻薬新条約の批准等とも絡む、問題の緊急性に鑑み、一〇月号の場合と同様、ＮＩＲＡ側の御厚意により、これを本誌に転載させて頂くことにした。御尽力頂いたＮＩＲＡサービス・センター主幹塚本知行氏をはじめとするＮＩＲＡの方々に、心から感謝したい。

（平成三年八月二三日午前四時脱稿）

（以下、次号）

連載

ボーダーレス・エコノミーへの法的視座

第六回 『国境を越えた執行』の諸相〔下〕

――『外国判決の承認・執行』と『執行共助』との理論的境界をめぐって――

石黒一憲
東京大学法学部教授

〔目次〕

第二章 問題となるアメリカの法制度と抵触法的分析（続き）

第二節 アメリカの証券取引規制におけるdisgorgementとcivil penalty

1 不法利得の吐き出し（disgorgement）

(1) まず、いわゆる不法な利得の吐き出し（disgorgement）について。

アメリカの証券取引規制の違反によって行為者の得た不法な利得を、不当利得（restitution）ないしdisgorgementとして、[55] SECが請求する場合に、抵触法上のその取扱が問題となる。なお、かかる請求を私人が行なうかSECが行なうかは、アメリカ法の中で考えれば、別段の理論的区別を要しない、[56] とも言える。だが、私人がかかる請求をした場合の抵触法的な取扱については、とくにここで問題とする点はないと（一応）思われるが、SECがそれを行なう場合については、やはり気になる点がある。

この救済は裁判所の衡平法上の管轄に伴ってなされるが、その法的性格については、〔損失の〕補塡というよりはむしろ〔違反行為の〕抑止にある（The theory is deterrence rather than compensation.）との指摘がなされている。[57] そうした性格のものではあれ、私人が請求して私人がこれを得、また、そこに懲罰賠償や三倍額賠償の場合のような、一般の私法的処理の部分と区別された部分がない以上、当否の問題はあり得ても、この点の処理は当該外国法上の処理に基本的には委ねられる、というのが抵触法上の取扱となろう。だが、SECがこれを行なう場合はどうか。

この点について、ロス（Louis Loss）教授は次のように述べている。即ち、disgorgementによって得られた額は「通常は第三者機関に寄託され（are usually placed in escrow）、私人の訴に基づく判決があればそれに基づく支払にあてられ、そして、残額があれば財務省にゆく（, with any balance going to the Treasury.）。また、財務省は、侵害を受けた者をさがし出すことが可能でない（it is not feasible to locate members of the public who were harmed）限りに於いて、〔得られた額の〕受領者となることができる」と、されている。[58] ただ、裁判所は、disgorgementの額、及びそれを得る者の決定について広汎な裁量権を行使しているとされる。例えばSECが求めたdisgorgementの請求に於いて、当該の行為者が吐き出すべき全額を有していない状況下で、この者の債権者や、この者が内部情報を有している間にこの者と取引をした者に対して最終的な「分配」をなすべく、裁判所の監督下にあるreceiverに対して全財産の吐き出しをすればよい、とするなどのこともなされている。[59]

あらかじめ最も悩ましい問題について一言しておこう。前記の如き例でアメリカの裁判所の監督下にあるreceiverが日本の裁判所にあらわれ、アメリカ判決（原告はSEC）の承認・執行を求めたとする。どうすべきか。この点は、例えば一九九一年のBCCI事件や一九九〇年の（イラク・クウェート資産凍結問題にかかわる）Rafidain Bankの事件についてBank of Englandが、イギリスの一九八七年銀行法（Banking Act）九二条により申し立てた清算の場合と類似する。国際倒産法を正面に据えた前出・注48に相当する本文に述べたような処理は、最低限なされねばなるまい。だが、それで十分かが、さらに問題となる。SECによる利得の吐き出しの法的メカニズムをどうとらえるかが、そもそも問題だからである。

ここで生ずるのは、パレンス・パトリエ訴訟について既に本章第一節2で述べたのと類似する問題である。利得吐き出しは、いわゆるRule 10b-5の内部者取引規制について、少からず問題となる。[60] 内部者取引の場合に民事上の損失の補塡を受けるべき"被害者"がどこまで特定できるのか――そこが一つの重要なポイントとなる。

ちなみに、利得吐き出しを求めるSECの訴訟は、在外の証拠の収集を求める国際的な共助上も、種々の問題を提起しているが、あるケースに於いて、アメリカの司法省は（フランスに対して）次の如き"説明"を試みていた。

"In this case the United States Securities and Exchange Commission seeks to disgorge the profits gained from use of insider trading information 'non-public information.' We have been informed that the money recovered (disgorged), will be distributed to monetarily injured parties, not the United States. Accordingly, it is an action for money damages. …… This is not an administrative proceeding at the Securities and Exchange Commission. It is not a criminal proceeding. Rather, it is a civil action brought by the …… Commission."[61]

上記引用部分のアンダーラインを付した個所が、まずもって気にかかるが、それはともかく、一般の内部者取引の場合に置き換えてみると、それによる私人の損失を明確に観念し得ることが、この場合の吐き出し利得の私人への分配の、前提となる。だが、我国の内部者取引規制に於いても刑事罰による規制はあるが、損害賠償や不当利益返還については、規定されていない。[62] 欺罔された投資家への賠償や損失の補塡と言っても、厳密に詰めてゆくとけっこう難しいのである。

この点で興味深いのは、やはり国際司法共助、しかも刑事の執行共助との関係で、スイスで説かれていることである。即ち、スイスの一九八一年の刑事司法共助に関する連邦法（Bundesgesetz über internationale Rechtshilfe in Strafsachen ―― IRSG）は、その七四条二項に於いて、共助要請国の刑事手続外に於いて外国の権利者に返還するためにも（zur Rückerstattung an den Berechtigen auch ausserhalb eines Strafverfahrens im ersuchenden Staat）、共助要請をした外国に対して財産の引渡をなし得る旨、規定している。この点が、国際刑事法の側から大いに注目されているわけだが、[63] アメリカの証券取引規制上の disgorgement との関係はどうなるのか。双方可罰性の要件（Erfordernis der beidseitigen Strafbarkeit）との関係で、次の如きことが指摘されている。即ち、たしかにスイスは刑法を改正し、内部者取引を明確に可罰とした。だが、そこ（スイス刑法〔StGB〕一六一条）に於いては、被害者（Geschädigte）というものは存在しないとされている。スイス法上そうであるのに、外国〔アメリカ〕法上被害者としての法的地位を有する者のために、内部者取引からの利得（Insidergewinne）をスイスで没収し、外国〔アメリカ〕の当局に引き渡すことは、ＩＲＳＧ七四条二項によってもなし得ない（Dies ist abzulehnen.）、とされているのである。[64]

ここで出発点に戻り、前記のロス教授の指摘[65]に即して、かかる disgorgement の抵触法的評価について検討しておこう。欺罔された投資家への吐き出し利得の返還と言っても、大多数の場合にはかなりのフィクションが伴う。だからこそ、ロス教授の指摘のように、「侵害を受けた者をさがし出すことが可能でない場合」の取扱（財務省が当該利得を得る）が、あらかじめ予定されて来ているのである。裁判所の裁量により、"関係者"へのノーティス[66]がなされるとしても、まさに反トラスト法上のパレンス・パトリエ訴訟に於ける、「分配」の場合と同様のニュアンスが、やはりつきまとうであろう。

何よりもここでは、（通常の取扱として）エスクロ勘定にキープされた吐き出し利得について、私人は、独自に判決を得て、その勘定からの支払を受ける立場にある、とされている。[67] そうであるならば、何もＳＥＣによる利得吐き出し請求に基づく判決の承認・執行を認めて在日財産をＳＥＣに引き渡し、アメリカにキープさせておく必要もなかろう、との実質論も考慮に値するであろう。つまり、私人がアメリカで disgorgement を求め、そこで得られた給付判決を日本で承認・執行する、というルートを残しておけば十分ではないか、ということである。

かかる実質論はさて措き、アメリカの当該制度全体のメカニズムを考えた場合にも、既述の如き、欺罔された投資家への利得吐き出しということに多分に伴うフィクション性と共に、「官」の側がそれを得る蓋然性がそれとして色濃く残ること、そして、"deterrence rather than compensation" とする既述の如き指摘、[68] 等々からして、ＳＥＣによる disgorgement については、パレンス・パトリエについて既に示したと同様の意味で、我国に於ける（民訴二〇〇条ルートでの）承認・執行を拒絶すべきではないか、と思われる。

ちなみに、かかる結論をいわば側面から裏付けるのは、disgorgement を含めた既存の"武器"では内部者取引の抑止（deterrence）のためには不十分とするＳＥＣのその後の動きである。[69] 即ち、不法に得られた利得（または回避された損失）の三倍額までの民事制裁金（civil penalty）を（disgorgement とは別に[70]）科するべきだとするＳＥＣの要求であり、その方向で一九三四年証券取引所法が改正されたのは、周知の如くである。

2　いわゆる民事制裁金（civil penalty）

一九三四年のアメリカ証券取引所法（Securities Exchange Act ――以下、一九三四年法と言う）は、一九八四年の内部者取引制裁法（Insider Trading Sanctions Act）によって改正され、既述の如き、三倍賠償的な、[71] 三倍額までの民事制裁金制度が導入された。この点は、さらに一九八八年内部者取引・証券詐欺取締法（Insider Trading and Securities Fraud Enforcement Act）を経て、[72] 現在の一九三四年法第二一Ａ条となっている。[73]

同条(a)(2)が基本をなすが、「違反者に対する制裁金の額」は、裁判所によって「当該不法な購入・売却または伝達の結果として得られた利益または免れた損失の額の三倍」までの範囲で決せられる。かかる民事制裁金の請求はＳＥＣが行なうのであり（同条(a)(1)、同条(d)により、「本条により課せられた制裁金は（本条(e)項にしたがって）合衆国の国庫に支払われるものとする」とある。同条の(e)とは、前記の一九八八年法で定められた、違反に関する情報の提供者に対する報償金の制度であり、「本条にもとづき制裁金として賦課され、委員会または〔司法〕長官によって取り戻された金額から、その一〇パーセントを超えない範囲内で、委員会が適当と認める金額を」かかる者に支払える、とある。

まさに、既述の（ＳＥＣによる）disgorgement に関する議論の延長戦上に於いて、同じく違法行為の抑止（deterrence）を目的として、国庫に納付されるべき civil penalty が、しかも三倍額賠償（treble damages）制度とも類似する形で導入された、という点が重要である。この点は本節１の末尾に示したように、ＳＥＣによる disgorgement の抵触法的取扱に関する私見を、側面からさらにサポートするものとも言える。「官」が取り立てて国庫に収められるものが、「民事（civil）」の制裁金と呼ばれるのは、アメリカ的用語法であり、事柄の性格からして「行政的制裁金」とでも訳すべきところではある。だが、いずれにしても、かかる civil penalty につき、いかにそれが"civil"と名づけられたものであるにせよ（またそれに用いられる手続が民事手続であれ）、我国に於ける民訴二〇〇条ルートでの承認・執行はなされ得ない。この点は多言を要しないところのはずである。あとは、「承認」と区別された「共助」ルートでの処理が残り得るに過ぎない。[74]

第三節　刑罰としての損害賠償

1　制度の概観

「刑罰としての損害賠償[75]」という表現は、アトラクティヴではあるが既に一つの価値判断が混入しているので適切ではないかも知れない。むしろ、"刑事手続に於ける損害賠償"と言った方がよい。18 U. S. C. A. §3556, 3663, 3664 に示されたアメリカ連邦刑事法上の制度である。これについては、刑事法サイドから佐伯助教授の論稿がある。とくにここ数年、殆ど毎年のように、とくに §3663 につき細かな改正があるので、[76] とりあえず制度の大筋に沿って問題の抵触法的把握を試みる。

前記の §3556, 3663 はともに、"Order of restitution" と題する規定である。佐伯助教授はこれを「損害賠償命令」と訳しておられるので、ここではそれに従う。これらの規定は一九八二年に、「初めて独立の刑罰として規定」された。目的は「すべての被害者をできるだけ元の状態に戻すため」であり、連邦地裁に於いて、「他の刑罰と共に、又は……他の刑罰に代えて、被告人に犯罪の被害者に対する賠償を命じることができる」のである。手続は、純然たる刑事手続である。また、「〔刑事〕被告人が罰金と損害賠償命令を併科された場合に、被告人が支払った金銭は罰金に優先して損害賠償に充当される」取扱のようである。[77] そして、この場合の賠償すべき損害は実損（actual damages）に限られ、かつ、「精神的苦痛の賠償は認められていない」とされている。[78] ただ、すべてが刑事手続（刑事訴追）の中で処理されるため、被害者はもとより「当事者としての地位を持っていない」し、「損害賠償命令に不満があっても、上訴してこれを争う権利を持たない」ことになる。[79]

問題は、民事責任との関係である。被害者が「すでに補償を受けた損害、あるいは受けるであろう損害」はここでの損害賠償命令から除外され、他方、この制度によって「被害者に支払われた賠償額は、後の民事裁判に於ける賠償額から減額」される。これは、「被害者が二重に賠償を受けることを防ぐため」だとされる。ただ、佐伯助教授によると、常に民事賠償と連動するわけでもなく、民事で和解や請求権放棄を被害者がしていても、損害賠償命令が刑罰としてなされた事例、等があるとされている。[80]

この実に悩ましい制度の特質は履行及び執行面にもあらわれている。ここでの損害賠償は、被害者（またはその指定する者）に対して直接になされるか、または、Attorney General に対して、あるいは、被害者（またはその指定する者）に当該財産権を移転するために連邦民訴規則（28. U. S. C. A. §604(a)(18)）によって指定された者に対して、なされねばならない、とされている。[81] さらに、その執行は、合衆国により、罰金（fines）の場合と同じ刑事手続によるか、または（or）、民事判決（a judgment in a civil action）と同様の方法でなされ得るし、それとは別に（and）、賠償命令の名宛人となった被害者により、"in the same manner as a judgment in a civil action" ということで執行され得る、とされている。[82]

但し、以上の点は、純然たる伝統的犯罪の「被害者」たるにとどまらぬ、相当広汎な者を「被害者」とした上で、考えられている。即ち、被害者に対して損害を補塡した保険会社等も「被害者」にあたるとされる他、最も気になる点として、「市民全体が被害を受けた場合、市民に代わって慈善団体等を『被害者』として損害賠償を命じ得るかという問題もある」とされ、「いずれにしても、被害者が同意」すれば、かかる者への賠償が命ぜられる、とされている。[83] 同様の脈絡に於いて、「脱税犯に、訴追費用……と公選弁護人の費用を国に弁償することを命じた判決」もあり、陪審員への不正に対して、「事件を担当した検察官と法執行官の給料と支出……を政府に賠償するよう命じた判決」もある、とされる。また、「手数料を違法に得ていた住宅開発局職員に対して、開発局への……賠償を命じた原審判決を、公衆が被害者であり開発局は公衆に代わって賠償を受け取る地位にあるという理由で、肯定した判決もある[84]」とのことである。

2　抵触法的検討

(1)　これは実に厄介な制度である。俗に「鵺的な」という表現があるが、これは全くの鵺そのものである。どうしよう。だが、"国境を越えた執行"が試みられた場合のために、やはりその抵触法的取扱を明確にしておかねばならない。これに対し、"外国法の適用"の局面での処理は、比較的楽に処理できる。これはアメリカの刑事手続に伴ってなされるものであり、そもそもアメリカの検察官が日本でアメリカ法に基づく刑事手続を始められるわけはないし、損害賠償の部分のみを切り離して他国で審理することは、おそらくアメリカでは考えられていないであろう。前節で論じた問題につきＳＥＣが日本の裁判所で、アメリカのいずれかの法域の法が準拠法となることを前提として disgorgement を求める、ということはあり得なくはないが、これは前節で論じた点を踏まえて、拒絶されねばなるまい。だが、「刑罰としての損害賠償」については、その懸念は、おそらく無い。

本節で問題なる法制度につき、一番処理し易いのは、前出・注84の本文で示した場合である。訴追費用等や公務員の給料等を国に支払えといった restitution は、外国（アメリカ）の公的負担に関するものであり、その域外執行は認められない。これは明らかであろう。もとより、「共助」の枠組があれば別であるが。

だが、同じく前出・注84の本文で示されている点の中でも、「公衆が被害者」だとして「開発局」に「公衆に代わって」賠償させる、という場合はどうか。何となくパレンス・パトリエにも発想が近い。「開発局」を間に入れず、ダイレクトに「公衆」に対して支払え、という展開も、アメリカに於いてあり得るかも知れない。「被害者」概念がかかる形で拡散（！）するのは、アメリカの常と言い得るかも知れないが、前記の場合には、支払われた額は「開発局」の公的収入にあてられるのであろうし、やはり、これも、"国境を越えた執行"を拒絶すべきであろう。かくて、問題は、自然な意味での「被害者」について、民事賠償との強いリンケージを有するこの制度を、抵触法上どうとらえるかにある。

佐伯助教授は、「懲罰的損害賠償」を「民事」ととらえ、[85] また、後述のＲＩＣＯ法上の三倍賠償をも同じく「民事的救済手段」として位置づける。[86] それを前提としつつ、本節で扱う法制度を、明確に刑事の問題ととらえておられる。即ち、アメリカでの扱いに即しつつ、「損害賠償命令が被害者によって民事的に執行できることは、その刑罰的性格を変えない[87]」とし、「損害賠償命令は『政府機関に対しまたはその利益のために支払われる刑罰』であり、『現実の金銭的喪失の塡補』ではないから、破産手続によってその支払いを免除されない」（傍点は筆者）との扱いを「妥当」なものとしておられる。[88] 佐伯助教授は、かかる視角から「損害賠償命令は被害者に支払われる罰金であり、罰金が国庫に入らなければその刑罰機能を果たせないとは考えられない」し、「むしろ、損害賠償命令は、罰金以上に従来の刑罰目的に適合している可能性がある[89]」とされるのである。

私人が得るから公的なものではない、とは簡単に言えない、とする前記の立論は、まさに筆者が、懲罰賠償や三倍賠償の抵触法的位置づけの際に着目した点であり、[90] 興味深い。だが、当該法制度の性格づけは、目的ごとに異なってよい。ちょうど懲罰賠償や三倍賠償を保険制度との関係でいかに位置づけるかの論が、抵触法的処理に直結しないように。

(2)　さて、以上を前提として私見を述べる。「アメリカでは、〔刑事手続に於ける〕損害賠償命令の利点を企業犯罪の抑止にみる考えがある[91]」とされる。"国境を越える執行"の可能性は、そこから十分に推察できる。パレンス・パトリエや証券取引規制上の disgorgement の場合に即して既に本稿で論じたように、被害者概念があまりに拡散する場合には、承認・執行はネガティブに傾く（言うまでもなく、承認対象論上の問題である）。そうでない場合の扱いが、むしろ問題となる。

この制度に於いていわば古典的な意味での被害者への支払の命ぜられるのは、既述の如く、実損部分に限られる。そして、被害者側が別途行なう民事の賠償請求が、この制度による賠償命令の部分だけへこむ形になっている。この一般の民事賠償との強いリンケージを、いかに評価するかが問題となる。ただ、既述の如く、被害者が和解をし請求権の放棄をしても、それと別途、刑事手続に於ける賠償がなされ得る。だが、そうだとしても、それは実損部分の枠内でのみなされる（実損の内容をどうとらえるかは、いずれ

6

にしても牴触法上当該外国法秩序に委ねられた問題である)。そこに於いて破産手続外で行使される賠償請求権が別途認められるとしても、(92) この点は同じである。

被害者にとっては、かくて、いわば「官」の側に自分のなすべき賠償請求を肩代わりしてもらった形となる。かかる被害者が、"国境を越えた執行"を、我が民訴二〇〇条ルートで試みた場合、我国として、これを(民事の)「承認」対象外だと言うべきであろうか。筆者は必ずしも、そうは思わない。

たしかに、純然たるアメリカの刑事手続の中で、賠償請求権が確定される。しかも、その目的は、従来型の罰金等を越えた、違法行為の"抑止"にある。(93) だが、民事賠償とのリンケージが、あまりにも強過ぎる。既述の如き、いわば自然な意味に於ける被害者、またはその nominee と言うべき私人が承認・執行を求めて来た場合には、これを承認対象とし、承認要件の審査を行なうべきであろう。だが、とりわけ「被害者」概念の拡散化には、既述の如く注意を要する。この点については、承認対象論の段階に於いて、従ってまた民執二四条二項の制約を離れた場で、よくよく事柄の実相を吟味する必要があろう。

これに対して、「官」の側がかかるルートでの承認・執行を試みて来た場合には、これを拒絶すべきである。それを拒絶しても、「民」、つまり被害者の側の執行が遮断されるわけではないし、また、この場合の「被害者」は、「官」の側の藁人形でもない。(94) 自らの私法上の権利実現を、いわば「官」の側に利用されただけの存在である。「官」の側の執行は、その国の領域内にとどめておくべきである。

第四節　いわゆる民事没収 (civil forfeiture)

ここでは、いわゆるマネー・ローンダリング罪との関係でも問題となる、18 U. S. C. A. §981 の「民事没収 (civil forfeiture)」について述べる。(95) 前出・注12の本文(第一章第一節1)で示した点が問題となる。

アメリカの「民事没収とは、刑事手続とは関係なく、没収対象物 (property forfeitable) 自体に対して民事訴訟の形式をと」って科されるものであり、「対物訴訟」と解されている、とされている。(96) この点に着目してか、「米国法における民事没収 (civil forfeiture) をわが国で執行するような場合……には、民訴二〇〇条……が適用されることになろう」(97) とされている。国連麻薬新条約五条(98)との関係で、没収共助、即ち、「外国の没収命令 (order of confiscation) を国内で執行すること」が義務づけられている(同条四項)。(99) だが、執行の「共助」ではなく、「承認」ルートでの処理が可能だとされるのである。これは「民事」という言葉に幻惑された誤解と言うべきである。

18 U. S. C. A. §981 は、外国からの執行共助要請に関する規定をも含むが、ここでは、アメリカ独自に民事没収(以下、一々「いわゆる」とは言わない)を科する場合の問題を見ることとする。

これを「民事」の没収というのはアメリカ法的な用語であり、むしろ、刑事没収と区別された「行政的没収」とでも訳した方がよい。(100) いずれにしても、同条(a)(1)には、"[T]he following property is subject to forfeiture to the United States." とあり、没収をなすのは、純然たるアメリカの「官」の側である(なお、同条(b)(1)等をも見よ)。但し、気になる点が、やはりある。没収された物を保持するのは、同条(e)からして、基本的には「官」の側である。だが、「民」への「分配」が、一部の場合に予定されている。牴触法上問題となる点は、むしろここである。同条(e)は次の如く規定しているのである。

"§981

……

(e) ………, the Attorney General, the Secretary of the Treasury, or the Postal Service as the case may be, is authorized to retain property forfeited pursuant to this section, or to transfer such property on such terms and conditions as he may determine ——

(1) to any other Federal agency;

(2) to any State or local law enforcement agency ……;

(3) in the case of property referred to in subsection (a) (1) (c), to any Federal financial institution regulatory agency——

(A) to reimburse the agency for the payments to claimants or creditors of the institution; and

(B) to reimburse the insurance fund of the agency for losses suffered by the fund as a result the receivership or liquidation;

(4) in the case of property referred to in subsection (a) (1) (c), upon the order of the appropriate Federal financial institution regulatory agency, to the financial institution as restitution, with the value of the property so transferred to be set off against any amount later recovered by the financial institution as compensatory damages in any State or Federal proceeding;

(5) ……

(6) in the case of property referred to in subsection (a) (1) (c), restore forfeited property to any victim of an offense described in subsection (a) (1) (c); or

(7) ……

………………"

例によって、気になる個所にはアンダーラインを付しておいた。このように、同条(a)(1)(c)との関係では、いわば被害者への「分配」ないし「返還」が予定されているのである。そして、同条(a)(1)(c)には、犯罪から生じた収益ないし利得 (proceeds) の没収が定められている。

没収とは言っても、犯罪の"被害者"の賠償請求等のために「分配」すべき「不法収益」を押さえるのであるから、その限りで、我が民訴二〇〇条ルートでの承認・執行を考えてよい、という見方がなされ得るかも知れない。「刑事没収」(18 U. S. C. A. §982) ではなく、「民事」の没収なのだから、という主張も、そこでなされ得る。

だが、同条(e)の冒頭にあるように、この種の「分配」ないし「返還」は、官の側の裁量による。「官」の側がそれを保持することは十分に出来る(なお同条(f)をも見よ)。この場合の「没収」の全体的メカニズムは、明確な公権力行使に基づくものである。私人への「分配」等の道が一部に残るとは言っても、その制度自体の性格が、一挙に「民事」の側に雪崩れ込むとは、到底考えられない。

そもそも、没収物ないし没収した収益を、官の側で公的収入の形で保持することは、全市民のために広くそれを「分配」することを意味する。そうするか、それとも犯罪に近い立場にある人にのみ「分配」するかは、立法政策の問題であるにとどまる。牴触法上の問題把握の上では、かかる明白な公権力が私的財産に対して襲いかかってゆくメカニズムに、まずもって着目すべきであろう。パレンス・パトリエやアメリカ証券取引規制に於けるdisgorgement の場合には、「官」の側が「民」のために (on behalf of) かかる私的財産への介入をする、という"外装"がとられていた。また、懲罰賠償や三倍額賠償の場合には、「民」の側が、「官」による法のエンフォースメントの度を高めるべく、実質的には「官」のために、動いていた。だが、ここでは、まさに「官」の側が「官」のために動き、場合によって「民」の側がその分け前をもらい得るに過ぎないのである。かかるこの制度の性格からして、民訴二〇〇条ルートでの承認・執行は、拒絶されねばならない。18 U. S. C. A. §981 の(a)(1)(B)や(i)が、まさに外国からの共助要請との関係での規定を置いているように、(101) 一般の「共助」、即ち、刑事執行共助の問題として、この場合の"国境を越えた執行"に対処すれば十分であろう。

第二章二—四節〔注〕

55 L. Loss, Fundamentals of Securities Regulation, 751 (1988)
56 Id. 1006.
57 Id. 751.
58 Id. 1006f.
59 以上、Id. 1007.
60 Id. 751, 1006.
61 Friedli, Insider-Geschäfte: Praktische Erfahrungen in der Rechtshilfe, in: R. v. Graffenried (Hrsg.), Beiträge zum schweizerischen Bankrecht, 264f (1987).
62 我が証取法一八九条は、平成三年夏の時点で考えれば、証取法の中で、若干ギラついた規定である。そこで規定された会社の役員又は主要株主の、(当該会社の株券等に関する取引についての)当該会社への不当利益返還(短期売買差益の提供義務)は、アメリカ証券取引所法一六条(b)項を範としているとされ(田中誠二＝堀口亘・全訂コンメンタール証券取引法〔平二〕七一三頁)、内部者取引規制との内在的関連をも有する(神崎克郎・証券取引法〔新版・昭六二〕六二一頁注1参照)。だが、新設された同法一九〇条の二以下については、この種の持ち戻しの規定はない。
63 森下・前掲(2・完)〔注16〕警察研究六一巻七号二八頁以下。
64 N. Schmid, Schweizerisches Insider Strafrecht, 231 (1988). 但し、Frei, Beschlagnahme und Einziehung als Rechtshilfemassnahmen, 105 ZStrR., 328f (1988) は、スイスのIRSG七四条二項に即しつつ、同条に基づき麻薬取引から生じた利得を共助要請国に引き渡すことは同項の規定する払戻 (Rückerstattung) の定義に反するから出来ないとしつつ、内部者取引からの利得の外国官庁への引渡しは可能たり得る (könnten)、としている。Schmid の議論の方が筋が通るようにも思われる。
65 前出・注58、59の本文を見よ。
66 Loss, supra note 55, at 1007.
67 前出・注58の本文引用箇所を見よ。
68 前出・注57の本文を見よ。
69 Loss, supra note 55, at 1008 を見よ。
70 Id. 1009f.
71 なお、Id. 1009 を見よ。
72 その間の経緯について、簡単には、㈶日本証券経済研究所・外国証券関係法令集アメリカI〔改訂版・平二〕はしがき四頁、六頁〔荒井勇〕。
73 便宜、同上一五七頁以下の邦訳による。なお、この制度の創設により、既存の disgorgement とあわせて、最大限、不法な利得の四倍の吐き出しが命ぜられ得ることになる。なお、Ashe, Towards a civil penalty enforcement system in securities regulation, Butterworths Journal of International Banking and Financial Law, 291 (July 1990) 参照。なお、龍田節「証券取引の規制機関」ジュリスト九八九号〔平三〕三九頁は「課徴金」と訳しておられる。森田章「監視機関のあり方——SEC・SIBを参考にして」同右・四四頁をも参照せよ。
74 なお、本文で示した報償金制度は、いかにもアメリカらしい制度である。私人への給付と言っても、公的目的からのものである。報償金を誰にいくら払うかは、全てSECの専権(裁量)に属し、しかも、司法審査に服さない(同条(e)項)。かかる者(私人)が、国境を越えて、SECのこの決定は民事裁判だと主張して我国でのその承認・執行を求めて来ても、それを拒絶すべきは当然である。
75 佐伯・前掲〔注11〕論文参照。

76 18 U. S. C. A., 1991 Cumulative Annual Pocket Part, 89.
77 以上、佐伯・同上九一頁。
78 同上・九二頁以下。
79 同上・一〇一頁。
80 同上・一〇六頁。
81 18 U. S. C. A. §3663(f)(4), 1991 Cumulative Annual Pocket Part, 88.
82 18 U. S. C. A. §3663(h), 1991 Cumulative Annual Pocket Part, 88f. なお、以上につき、佐伯・同上一〇三頁。
83 佐伯・同上九五頁。
84 以上、佐伯・同上九八頁以下。
85 佐伯・同上一一〇頁。
86 佐伯・前掲(上)〔注23〕商事法務一二三二号一一頁。
87 佐伯・前掲〔注11〕一〇七頁。
88 佐伯・同上一〇八頁。
89 同上・一一二頁。
90 石黒・現代国際私法〔上〕五〇一頁以下。
91 佐伯・前掲〔注11〕一一三頁。
92 同上・一〇六頁。
93 同上・一一三頁は、「消極的一般予防の観点からは、犯罪の抑止に必要であれば現実の損害額以上の賠償を命じることも可能である」とする。そうなれば話は別、ということにならざるを得ない。だが、同上・九二頁以下にあるように、現状では、対象となる「損害の種類」は法定され、しかも、「限定列挙」になっている。賠償の対象が「有罪となった犯罪から生じた犯罪に限られるかどうか」につき、「被告人は不意打ち的な損害賠償命令を受ける危険がある」としても(同上・九三頁)、それは承認要件論のレヴェルで対処すればよいであろう。
94 石黒・現代国際私法〔上〕四七五頁以下、五〇七頁。
95 18 U. S. C. A. §981, 1991 Cumulative Annual Pocket Part, 140ff.
96 森下・前掲〔注12〕曹時四二巻三号四六四頁。
97 森下・同上四六五頁。なお、前出・注13参照。だが、森下・同上四七一頁では、国連麻薬新条約五条四項で問題となる「共助」としての外国没収命令の「執行」に於いても、アメリカの civil forfeiture を命じた判決の執行がなされ得る、としている。そうであるならばなおさら、「承認」ルートを「共助」ルートとは別に設定しておく必要はないはずである。なお、石黒・前掲〔注13〕ジュリ九八一号七九頁以下と対比せよ。
98 それについては、森下・同上四六五頁以下に仮訳がある。
99 森下・前掲〔注16〕(1)警察研究六一巻六号〔平二〕四頁。
100 ちなみに、竹花豊＝千野啓太郎「不法収益剝奪に関する各国の法制度(上)」警察学論集四四巻一号〔平三〕三頁以下では、薬物犯罪に関する「民事的没収」規定たる 21 U. S. C. A. §881 に即しつつ、これを「民事的没収——行政没収と司法没収」と表現しておられる。同上・五頁にあるように、アメリカに於いては、別に「行政没収 (administrative forfeiture)」、及び、「司法没収 (judicial forfeiture)」の概念はあるが、この場合の "civil" を「民事」と訳すのは、あまりにもミスリーディングである。
101 但し、本条(a)(1)(B)が、外国での犯罪につきアメリカで「民事没収」をする際に、双方可罰性の要件を置いていることに、十分注意すべきであろう。

第三章　不法収益等の「没収」と刑事執行共助

第一節　序説

本稿第二章に於いては、アメリカのユニークな法制度を素材として、いわば裏面から、我が民訴二〇〇条ルートでの"国境を越えた執行"がなされ得る範囲を、素描しておいた。それを越える問題は、まさに国家対国家の「共助」の問題であることを前提に、である。本章では、国際司法共助の中でも最も問題が尖鋭な形で顕在化する刑事の、しかも執行共助の問題をとり上げ、筆者の視角から、いくつかの問題点を指摘しておきたい。その際、国連麻薬新条約の批准問題との関係でも焦眉の問題たる、不法収益等の「没収」に関する執行共助の問題をとり上げたい。

　「共助」を論ずる際の前提は、外国の没収命令等が自国内では何らの効力をも有し得ない、つまり「承認」され得ない、ということである[102]。その上で、具体的な「共助」の制度をどう作り上げてゆくかは、各国の自由だと言うことになる[103]。だが、共助に応ずる側の国の、つまり自国の憲法秩序との関係に、十分留意せねばならない。条約による執行共助に於いても同じである。

　ところで、一九八八年一二月二〇日にウィーンで締結された国連麻薬新条約五条四項は、麻薬犯罪により生じた収益等が自国領域内にある国は、当該犯罪について裁判権を設定した締約国からの要請があった場合には、次のいずれかの措置をとらねばならないとされる。即ち、自国独自の没収をすべく手続を開始するか、または、要請国たる外国の「当該没収命令を要請があった限度で執行する目的で、自国の権限ある当局に提出すること[104]」である。問題は後者であり、「共助」としての「外国の没収命令の執行」が、そこで定められていることになる[105]。だが、同条約上は、被要請国が五条四項により収益等を没収した場合、それが「当該締約国の国内法及び行政手続に従って処分される」としており(同条五項(a))、別途しかるべき協定が他国と締結される場合に、他の締約国や政府間機関への「配布」ないし「分配」がなされ得る(同項(b))に過ぎない[106]。

　従って、同条約上は、収益等を外国(共助要請国)に引き渡すこと自体は、いわば後景に退いており、外国の命令に呼応して自国公権力が発動される、という法的メカニズムを、とりわけ我が憲法上いかに評価するかが当面の問題となる。これは、国際的な徴税共助に関する筆者の問題関心を[107]引き継ぐものである。

第二節　双方可罰性の要件をめぐって

　国際刑事法の領域で多くの著作をものして来られた森下忠教授は、一九七三年(発効は一九七七年)のアメリカ・スイス間の刑事司法共助条約七条一項や、一九八二年のアメリカ・イタリア間の刑事司法共助条約五条に着目される。強制処分についての共助に於いても、双方可罰性の要件を課していないからである。とりわけ、後者については一般的にその旨を宣明したものとして、「最も進歩的」との評価を下しておられる[108]。そのような背景から、「共助」としての「外国の没収命令の執行」――この表現は実に紛らわしい(!)ので、以下に於いては、『外国没収命令についての「執行共助」』に用語を統一する。――にあたって、双方可罰性の点につき、次のように論じられておられる。

「〔この場合に〕双方可罰性……が不可欠の要件とされるであろうか。この点につき触れた文献を知らないので、確信はできないが、この要件は、必ずしも必要とされないのではなかろうか。……民事没収を別としても、いわゆる刑事没収……について、双罰性は不可欠の要件ではないように思われる[109]。」


　理解し難い点には、傍点を付しておいた。双方可罰性の要件がいらない、ということの意味は、日本の法秩序の中に、(改正刑法草案七八条のような独立没収の規定を含めて?)[110]没収を正当化する法規範がなくてもよい、ということを意味する。そのような場合に日本の公権力が発動することに、我が憲法上問題がないのか。この点が問題となる。

　森下教授の議論の出発点には、「司法共助にあっては、双方可罰性……


は、原則として要求されない。けだし、司法共助は、犯人または手続関係人の利益のためにも行われることがあるからである。この点で、司法共助は、犯人の訴追と処罰を目的とする犯罪人引渡しとは異な[111]る、との認識がある(傍点筆者)。だが、「没収」は、その実質に於いては「処罰」そのものであり、強制処分が伴う場合に何故このように言えるかが問題である。この意味では、「外国の刑事事件のための物の引渡し」をも定めている点で森下教授が大いに注目するスイスの場合に[112]ついて、若干細かく見ておく必要がある。

　まずもって重要なのは、一般論として外国から刑事の司法共助要請(Rechtshilfgesuch)があった場合、スイスは、自国法に基づき、スイス刑法上の犯罪があり、かつ、スイス法上の措置を発動し得るかにつき、独自に審査をする権限(Befugnis)を有するが、それは同時に義務(Pflicht)でもある[113]、との強烈な認識があること[114]である。アメリカとの前記の共助条約(組織犯罪関係の規定は例外)の場合を含めて、双方可罰性の要件は厳格に貫かれており[115]、それが外されるのは、当該の者の利益になる司法共助の場合に限られる[116]。強制的措置(Zwangsmassnahmen)としてなされるものである以上、専らそれはスイス法により執行されねばならないのである[117]。これを我国に引き直した場合には、前出・注22の本文に示したように、罪刑法定主義と憲法三一条の問題、ということになるはずである。

　第一章第一節の末尾(前出・注20に相当する本文を見よ)に述べたように、森下教授は、外国没収命令の執行共助にあたっては、「被請求国としては、請求国において発せられた没収命令が確定し、かつ、執行力を有することを確認すれば、あとは国内法の定めるところに従って没収命令を執行することになる」とし、「ここでは、『既判力の不可触性の原則』……が適用される」とする[118]。そして、かかる国内的な「執行力付与手続」に於いては、双方可罰性の要件を外した上で、外国「の没収命令の適法性、確定性および執行力を確認すれば足りる」としておられるのである[119]。

　かくては、我国の法体系上、明確な国家権力介入のための具体的要件なきまま、まさに我が刑罰権の行使に於いて、私的財産権の没収がなされ得ることになる。外国から執行共助要請があった場合には自国の公序・安全等にかかわらぬ限りに於いてそれに応ずる、といった程度の白紙委任的な法規定(共助規定)があったとしても、そのような不明確な構成要件による国家公権力の刑事的介入は、国際的な徴税共助について既に示した私見に於けると同様の意味で、憲法適合的なものとは到底言えないはずである。森下教授は、「仮に、いわゆる刑事没収〔共助〕について双罰性が要件とされるとの立場を採ったとしても[120]」、としておられるが、双方可罰性の要件は、強制処分が絡む以上、我が憲法秩序に於いては外せない、と見るべきである。

　既に示しておいたように、各国は、それぞれの憲法秩序の下で、独自に刑事執行共助の法的枠組を作るであろう。たしかに条約による執行共助の場合、刑法を含めた我国の一般の法規に条約は優先する。だが、基本的人権と直結する問題について、憲法規範を条約で空洞化することは、我が憲法秩序に於いて許されないはずである。国際協調を錦の御旗として掲げても同じである。

第三節　いわゆる麻薬二法案の検討

　平成三年一二〇回国会に於いて、厚生省からいわゆる麻薬二法案が提出された。いずれも国連麻薬新条約の批准に向けてのものである(同法案は平成三年一〇月二日に成立)。本稿との関係で重要なのは、そのうち『国際的な協力の下に規制薬物に係る不正行為を助長する行為等の防止を図るための麻薬及び向精神薬取締法等の特例等に関する法律案』である。衆議院

法制局長和田文雄氏の御厚意で入手し得た同法案『参考資料』(厚生省)に基づき、本章に於ける検討のしめくくりとして、執行共助関係の規定を見ておくこととする。

　同法案第六章は、「没収及び追徴の裁判の執行及び保全についての国際共助手続」と題し、第五六条から第七〇条までの、比較的詳細な規定を置いている。

　まず、前節の議論との関係で注目されるのは、「共助の実施」について定めた五六条一項である。そこでは、「薬物犯罪等に当たる行為に係る外国の刑事事件に関して、当該外国から、条約に基づき、没収若しくは追徴の確定裁判の執行又は没収若しくは追徴のための財産の保全の共助の要請があったときは、次の各号のいずれかに該当する場合を除き、その要請に係る共助をするものとする」とある。

　共助拒絶事由としては、「共助犯罪」、「没収の確定裁判の執行の共助又は没収のための保全の共助」、「追徴」に関するそれらについて、いずれも「日本国の法令によれば」刑罰を科し得ず、また、没収・追徴、あるいはそれらの保全をなし得ない場合が、まずもって挙げられている(同条一項一号、三号、四号)。つまり、双方可罰性の要件が、堅持されている。正当である。

　その他の共助拒絶事由として、同条一項二号は、「共助犯罪に係る事件が日本国の裁判所に係属するとき、又はその事件について日本国の裁判所において確定判決を経たとき」とする。これも穏当なところであろうか。

　注目すべきは、没収・追徴の確定裁判の執行共助につき、その所有者や担保権者、あるいは追徴の裁判を受けた者が、「自己の責めに帰することのできない理由により、当該裁判に係る手続において自己の権利を主張することができなかったと認められるとき」(同条一項五号)とあることである。共助拒絶事由として、当該外国裁判に於ける手続的保障の点を掲げたものと思われ、それが我が民訴二〇〇条二号(解釈によって拡張したそれ――立場によっては三号)の手続的保障の要件に相当するものである点[121]が、注目される。

　さて、具体的な共助手続であるが、外務大臣ないし法務大臣が外国からの共助要請を受理(五八条)したのち、外国没収・追徴裁判の執行(「共助」としてのそれである!)をなし得る場合か否かにつき、検察官の請求により、裁判所が審査をすることになる(五九条)。

　その際、五九条五項が、この「審査においては、共助の要請に係る確定裁判の当否を審査することができない」と定めているのが、最も注目すべき点である。これは、言うまでもなく、外国民事判決承認・執行制度の根幹をなす、実質的再審査禁止原則(民執二四条二項)と全く同じものであり、文言も民執二四条二項と同じである。前節で強調したように、本法案でも既述の如く堅持されている"双方可罰性"の要件は、被共助要請国たる我国の憲法的要請との緊張関係をつなぐ"懸け橋"となる。その上でなら、かかる処理は、(この緊張関係をどう見るかにつき、いわゆる抽象的双罰性の問題[122]も含めて、さらに検討を深めてゆく必要が十分にあるが――とくに双方可罰性の具体的審査の仕方に対して、基本的人権擁護の観点から、いかなる要求がなされてゆくべきかの問題である)それなりに一応納得のゆくものとなり得るであろう。既述の如く、手続的保障の要件が別途必要とされていることからしても、あくまで国家対国家の(既述の五八条を見よ)関係に於ける「共助」(!)の理論枠組の中で問題をとらえつつ、具体的な制度の組み立て方が、外国民事判決承認要件と似かよったものとなりつつあることは、実に興味深い法現象である。ちなみに、かつて筆者は、国際的な税の徴収共助につき、一方では租税法律主義との関係を重視しつつも、かかる共助「によってわが憲法秩序の下で……私的財産権に対する強制的介入がなされる以上、一般の外国民事判決の承認・執行の場合と少なくとも

同等の(あるいは一層厳格な)要件が課されて然るべきではないか」と論じていた[123]。

　なお、徴税共助の場合には各国の課税管轄権(とりわけそのゆき過ぎ)にどう対処すべきかが大きな問題となるはずだが、麻薬犯罪絡みの没収等の共助に於いては、国家管轄権上の、(海賊行為等について妥当する)普遍主義が妥当してもおかしくない、と考えれば、国際管轄の点が本法案でとくに問われていないことも、それなりに納得がゆく。

　また、本法案五九条の裁判所による審査に際しては、同条六項で、利害関係人がその審査手続への参加を許されていないときには、共助をなし得ないものと定めており、手続的保障への姿勢は慎重であって、評価できる。

　そして、六一条は、共助をなし得る旨の「決定」が確定した場合には、「当該没収又は追徴の(外国)確定裁判は、共助の実施に関しては、日本国の裁判所が言い渡した没収又は追徴の確定裁判とみなす」としている。なお、六七条に於いては、裁判所による審査に於いて、必要があれば「事実の取調べ」をなし得るとされ、六八条は、検察官としても、保全の関係で取調べ等をなし得ることが定められている。民訴二〇〇条、民執二四条二項になぞらえて言えば、承認要件審査のための事実の確知の問題にあたる[124]。五九条五項との、あり得べき微妙な関係も、民事の「承認」の場合と類似することになろう[125]。

　論ずべき点は無数にあると思われるが、以上述べたところからして、筆者として、抵触法的見地からは本法案につき、大筋に於いて満足(というよりはホッと一安心)している。

第三章〔注〕

102 Frei, supra note 64, at 313.
103 なお、もとより「共助」は、証拠収集等の面でも問題となる。例えばスイスの銀行秘密との関係で、民事・刑事・行政の三分野ごとに分けつつ、共助に関してスイスがいかなる法制を有するに至っているかについては、Honegger, supra note 21, at 344ff. また、没収やその前提となる差押に関する各国の刑事司法共助制度の概観については、森下・前掲〔注16〕警察研究六一巻六号三頁以下、同七号二〇頁以下〔平二〕。
104 以下に於いては、便宜、森下・前掲〔注12〕曹時四二巻三号四六六頁の仮訳による。
105 森下・同上四七一頁以下。
106 森下・同上四六七頁。
107 前出・注18につづく本文を参照せよ。なお、石黒・ボーダーレス社会への法的警鐘〔平三〕一五五頁以下参照。
108 森下・前掲〔注16〕(1)警察研究六一巻六号一四―一五頁。
109 森下・同上(2・完)警察研究六一巻七号三五頁。
110 森下・前掲〔注12〕曹時四二巻三号四七二頁参照。
111 森下・前掲〔注16〕(1)警察研究六一巻六号一三。残念ながら、芝原邦爾・刑事司法と国際準則〔昭六〇〕二五四頁以下も、かかる見方に立っている。
112 森下・同上(2・完)警察研究六一巻七号二七頁。
113 Weiss, Die Einziehung in der Schweiz liegender Vermögen aus ausländischem Drogenhandel, 102 ZStrR. 195 (1985).
114 なお、Honegger, supra note 21, at 347.
115 Schmid, supra note 64, at 230–233.
116 Frei, supra note 64, at 316.
117 Ibid.
118 森下・前掲〔注16〕(2・完)警察研究六一巻七号三三頁。
119 同上・三五頁
120 同上頁
121 石黒・現代国際私法〔上〕五五〇頁以下。
122 森下・同上(1)警察研究六一巻六号一四頁、等を見よ。なお、同・前掲〔注12〕曹時四二巻三号四七七頁は、国連麻薬新条約に基づく外国没収命令についての執行共助について双方可罰性を問題とするとした場合、「当事国が条約三条一項に定める犯罪を国内法上処罰しうるとしておれば」要請国・被要請国

の刑罰法規は「重要な部分において重なるので、双方可罰性の要件を備えるものと解される」とする。だが、analoge Strafnorm の存在は双方可罰性の要件をクリアーする上での Möglichkeit をもたらすのみであり、内外規範の Identität までは必要ないとしても、実際に可罰的であるか否かが、この要件の審査にあたっては必要なはずである。Schmid, supra note 64, at 230.

123　石黒・同上四九四、四九六頁。

124　石黒・同上五一五頁以下。

125　石黒・前掲〔注3〕論文二を見よ。

＊なお、本稿は本来、八年余続いたＮＩＲＡに於ける「企業の多国籍化と法」研究会の最終研究成果の一環として、他の研究委員の論文と共にＮＩＲＡ研究叢書に於いて公表されることを予定して執筆されたものである。だが、内容的には本誌一〇月号（本連載第四回）の論文と一体をなすものであり、かつ、国連麻薬新条約の批准等とも絡む、問題の緊急性に鑑み、一〇月号の場合と同様、ＮＩＲＡ側の御厚意により、これを本誌に転載させて頂くことにした。御尽力頂いたＮＩＲＡサービス・センター主幹塚本知行氏をはじめとするＮＩＲＡの方々に、心から感謝したい。

（平成三年八月三日午前四時脱稿）

Prof. K. Ishiguro
Nach Paris
Nov. 14, 2001.

連載

ボーダーレス・エコノミーへの法的視座

第十二回　国際金融の牴触法的考察 (1)

石黒一憲
東京大学法学部教授

〔目次〕

一　問題の全体像

本連載も、ようやく十二回目となる。まだまだ入口でもたついているような気がしてならないが、ともかく力の続く限り、いろいろなテーマにつき、自分の頭の配線を頼りに、書き続けてゆきたい。

以下に於いて、国際金融の世界で起きている、もろもろの国際的法律問題の、全体的なサーヴェイを試みておきたい。私は、一九八一－八二年の間、スイスのバーゼルに留学した。ちょうど、米・イラン金融紛争が深刻に受けとめられている時期であり、ふとしたことから（石黒・金融取引と国際訴訟〔昭五八〕のはしがき参照）、国際金融の牴触法的側面の研究に深入りすることとなった。

「国際金融」の「牴触法的側面」と言われても、何のことか……という読者のために、一枚の「配線図」を示しておきたい。

次頁の図を御覧になって、どんなイメージをお持ちになるか、私としては興味深いところだが、ともかく、これが、私の考える国際金融の世界である。この平面的な図にもう一本座標軸を立て、個々の問題をどこまでも深く追求してゆく——それが私の目指し、また、ある程度まで従来からやって来たことではある。だが、むしろ第一段階として重要なのは、個々の問題の相互のつながりをどう把握するかにある——いつしか、私はそう確信するに至った。だから、今回は、その点を示すことに力点を置く。おそらく、そのようなアプローチをとることに対しては、もっと個々の問題を掘り下げて欲しい、という不満が出るであろう。それは私にとって、最も都合のよいリアクションである。私は、はっきり言って仲間が欲しい。こう言った実に面白い、宝の山のような学問分野が広がっているのに、私と同じような問題関心の下に、新天地を開拓してくれる（入植してくれる）仲間が、なかなか出て来ない。日本というのは、つくづく不思議な国だな、とも思う。その日本が、これからかわってゆくことを期待しつつ、私のこれまでの、国際金融に関する研究の、痛々しい（?）軌跡を示す前記の配線図に基づき、問題を概観することとする。

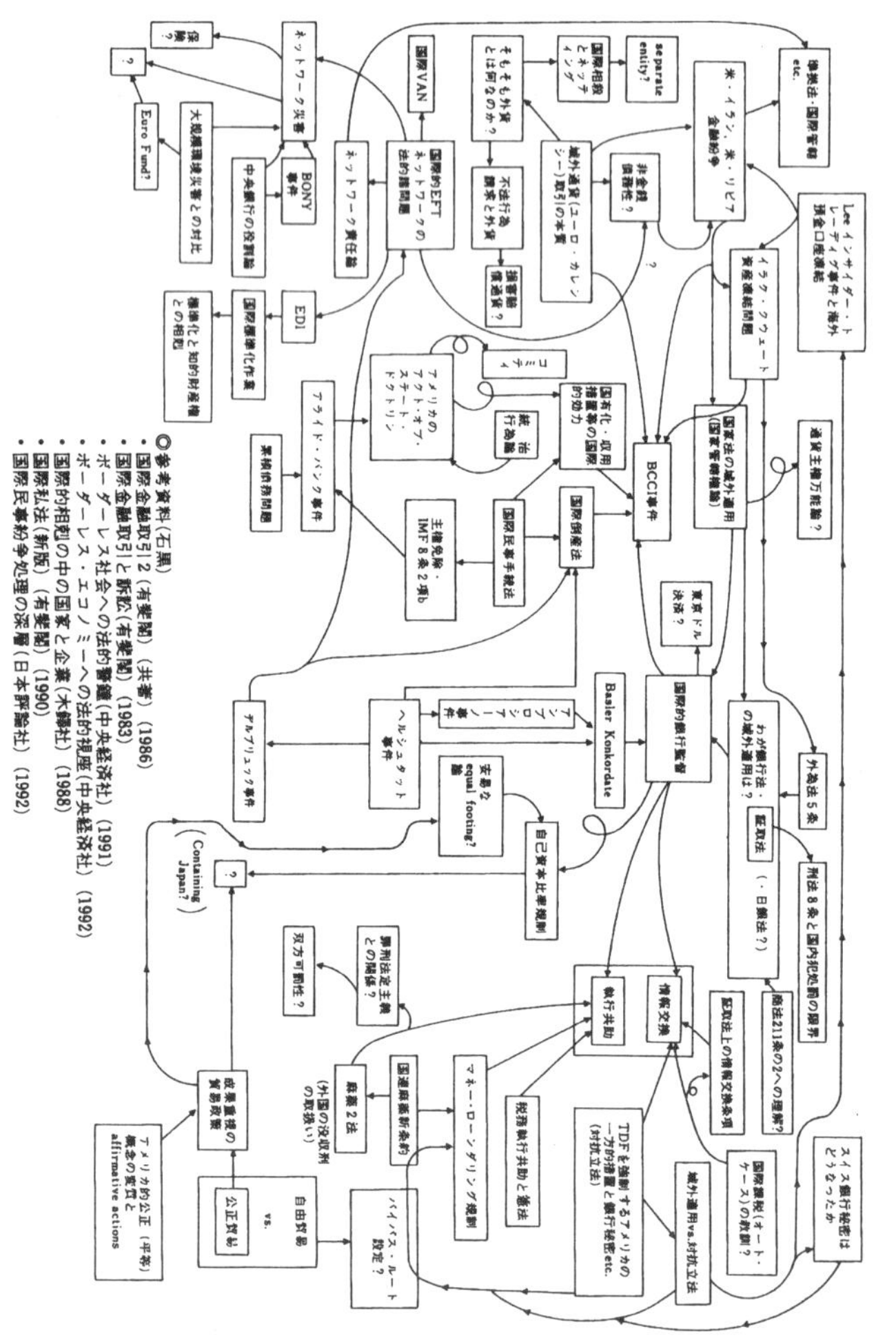

◎参考資料（石黒）
・国際金融取引2（有斐閣）（共著）（1986）
・国際金融取引と訴訟（有斐閣）（1983）
・ボーダーレス社会への法的警鐘（中央経済社）（1991）
・ボーダーレス・エコノミーへの法的視座（中央経済社）（1992）
・国際的相剋の中の国家と企業（木鐸社）（1988）
・国際私法（新版）（有斐閣）（1990）
・国際民事紛争処理の深層（日本評論社）（1992）

但し、この図には、はじまりもなければ終わりらしい終わりもない。やはり、自分自身の研究のプロセスに従って説明するのがやり易いので、そうすることとする。

二　国際金融紛争と資産凍結措置の域外適用

(1)　米・イラン、米・リビアの金融紛争——概観——

面倒なので、なるべく二つの事件をまとめて書く。前記の「配線図」では左上の隅の方になる。

まず、米・イラン金融紛争であるが、発端は、イランにあるアメリカ大使館での、例の人質事件。米・イラン両国の関係が極度に悪化し、アメリカは、イラン資産を凍結する旨の大統領の命令（行政命令）を出した。一九七九年秋のことである。そこでいう資産凍結の、いわば地理的範囲は、必ずしもアメリカ内部にはとどまらない。実際にも、右措置は、「アメリカの管轄（ジュリスディクション）に服する人々」に対してそれを及ぼす、との文言になっていた。この種の措置の場合の管轄は、理論的には極めて広く及ぶというのが、いわゆる域外適用、とりわけアメリカに於けるそれの、常態である。域外適用とは何か、ということは、（ちょうど数日前、独禁法と証取法との、それぞれについての域外適用を論じた論文計二本を脱稿したところであり）いずれ改めて詳しく論ずる。ともかく、他国内での出来事についても、アメリカが自国の強い国家的関心に基づき、自国法の規制の下にこれを置き、アメリカ内部でそれに従った処理をする、というのが、ここでいう域外適用の意味である、と言ってよい。前記の「配線図」に於いて、「米・イラン、米・リビア金融紛争」から「イラク・クウェート資産凍結措置」を経て、「国家法の域外適用（国家管轄権論）」へと矢印が向かっていることに、注意して頂きたい。国家がどこまで自国法（この場合は資産凍結措置）を「域外適用」し得るのかは、国際法上の国家の管轄権問題の一環である。ただ、実際の米・イランの金融紛争としてこれから論ずるケースでは、一方当事者が米銀であり、その在欧支店での取引であって、かつ、米ドルが取引に用いられていた、等のアメリカ社会との現実的関連性が比較的強かった、と言える。必ずしも、この場合の「域外適用」が、国際法上許容されるギリギリ、あるいはそれを越えたもの、というわけではなかったことには、一応注意を要する。

その米銀は、ユーロ市場の中心たるロンドンで、イラン系の銀行と取引をしていた。ユーロ預金といい、短期のインターバンク取引である（定期預金の形をとる）。何もなければ当該米銀に預けられた米ドルが返済され、新しい取引先へ流れてゆくことになる。だが、資産凍結措置が米銀の母国アメリカで発動された。そして、米銀海外支店は、明確にこのアメリカの資産凍結措置の対象とされた。当該米銀は、期日が来ても、イラン側銀行に預かった米ドルを下手に返せない。返せばアメリカ国内で様々な、強度のサンクションを受ける。だが、イラン側は争った。アメリカ国内ではともかく、問題の取引はロンドンでなされたものであり（但し、同種の紛争はフランスでも起きたようである）、すべてがアメリカの論理で処理されるはずはない、等々。——そこで問題となったのが、「ユーロ預金契約の準拠法」である（なお、石黒・金融取引と国際訴訟一六頁以下、六四頁以下）。

「準拠法」とは何か、ということも、考えてみれば、説明しなければいけないことの一つなのだ。この調子でゆくと、果たして一回で前記の図を全部説明し終えるか、不安だが、要するに、どこの国（法秩序）の法を適用するか、という程度の問題と、今は押さえておいて頂きたい。これが準拠法選択の問題であり、実は、同じ取引についても、正確に言えば、どこで裁判をするかにより、準拠法選択のためのルール（最狭義での国際私法〔牴触法〕のルール）が、国ごとに異なっている。但し、外国法を適用して、という問題は、「私法」ないし「民商事」の問題についてのみ言えることである。外国の刑法をズバリ適用してある人を罰する、などということが平気でなされるのでは、罪刑法定主義も何も、あったものではない。また、外国（例えばアメリカ）の証券取引規制法規を日本の大蔵省や取締当局がズバリ適用して規制する、といったことも考えられない。とは言え、それに近いような事態もないではない。それが、前記の「配線図」で言うと、何となく右上のあたりと関係する。それはそれで、論じておかねばならない重要な問題である（本連載のうち一九九一年一〇～一二月号に掲載した分が、この点を、主として外国判決承認制度との関係で扱っている）。

さて、米・イラン金融紛争に戻る。考えてみれば、単純な紛争である。イラン側銀行がロンドンで、米銀現地支店に米ドルを、短期定期預金の形で預けた。米銀が、期日になっても返さないので、イラン側（預金者）が訴えた。それだけの話である。だが、こうした単純な紛争で、約三〇億米ドルの処遇が争われていた。しかも、「準拠法」次第で、結論が大きく左右される、というのである。

実際の訴訟はロンドンで提起されたが、この訴訟をイラン側がアメリカ国内で提起したら、どうなっていたか。容易に想像できるように、アメリカの裁判所は、何が何でも、自国大統領の行政命令たる、イラン資産凍結措置を適用せねばならない。「凍結」されているのだから、払戻請求は認められない。両当事者間の取引の準拠法がどこの国の法であろうと同じである。当該問題の準拠法が、アメリカ以外の国（法域＝法秩序）の法になるならば、右凍結措置は発動されない、などというのんびりした状況ではない。ちなみに、そのような強い政策目的をもった法規は、当事者が契約でその適用を回避できない、という意味で「強行法規」であることは確かだが、準拠法（ある紛争事実関係の民商事的〔私法的〕部分に適用される法――外国法がそこで登場し得る）の如何にかかわらず適用される、という意味で強度の強行性を発揮する。これを、「絶対的強行法規」という。日本の中だけで考えていると、法規範を「任意法規」と「強行法規」とに分けるだけで済むが、国際的な事案では、強行法規を、さらに二分しなければならないのである（本稿末尾の＊のところを見よ）。

さて、右の如き、考えてみれば当たり前に近い事情から、この場合に、イラン側がアメリカ国内で訴を提起するのは実に不利である。だが、幸い、そんなことを考えずとも、自然に、ロンドンで取引したんだから、ロンドン（イングランド）で訴訟を起こす、という程度のことで、訴を提起する国（フォーラム＝法廷地国）が決定され得た。国際的な民事訴訟をどこの国で起こすかという「国際裁判管轄」の問題は、かくて、実際の米・イラン金融紛争に於いては、さほど尖鋭化しなかった。だが、実際の取引のなされていた国が、政変等によりおかしくなったら、どうか。同じく米銀現地支店と取引していたとせよ。取引の相手方は、支店と本店ということで、当該米銀の本店のあるアメリカのどこかの州で訴を起こすことを考え得る。事実、そんな大事件も生じている。ところが、実際にアメリカで訴訟をしてみると、separate entity doctrine などという訳の分らない理論が登場したりもする（沢木敬郎＝石黒一憲＝三井銀行海外管理部・国際金融取引2〔法務編〕〔昭六一・有斐閣〕七六頁〔石黒〕）。アメリカでは、米銀の海外支店の負った債務の履行をアメリカの本店の方で請求しても、本店は責任を負わなくてよい、といった考え方も一部にある。それが右のドクトリンである。同一法人なのにおかしい、と思うのは私のみではない。だが、これもアメリカで訴訟する際、とくに銀行相手の訴訟の際の一つのリスクと言える。妙な考え方だと思うが、実は、日本のある最高裁判決（私の国際私法〔新版・平二――有斐閣プリマ・シリーズ双書〕という著書で、いわゆる債権質の準拠法に関する最高裁判決、というのをお調べ頂くと、すぐ出て来る判決である。ということで済まそうと思ったが、けっこう索引から引くのは面倒ゆえここに示す〔自分でやってみて分った〕。問題の判決は最判昭和五三年四月二〇日民集三二巻三号六一六頁であり、ここで問題としている局面については、沢木他・前掲〔法務編〕七五頁〔石黒〕、石黒・金融取引と国際訴訟二五四頁を見よ）は、同じような

考え方をしている。但し、局面は相殺である。前記の「配線図」の左端のまんなかあたりで、「separate entity?」の下から、「国際相殺とネッティング」を出発点とする矢印が突き上げている。そのあたりの問題である。右判決の事案では、バンコック銀行の東京支店と香港支店が登場する。取引当時在日していた華僑の、香港での事業との関係で、右銀行（外国銀行！）香港支店が融資をし、右華僑が債務保証をした。従って、バンコック銀行はこの者に対して保証契約上の債権を持った。そして、右の融資の見返りに東京支店に、右の華僑によって預金がなされていた。バンコック銀行はそれを担保にとったつもりであったが、それが認められなかったため、両当事者間の右の対立債権間での相殺を、バンコック銀行側は主張した。だが、最高裁は、日本の銀行法上の規定（外国銀行支店は銀行とみなす、という今の規定では四七条二項）を根拠に、あたかも、東京支店と香港支店とを、別法人であるかの如く扱った。東京支店の預金を香港に実際に送金しなければ相殺できない、としたのだが、議論として実におかしい（銀行監督という行政的規制のための規定を根拠に、民事法上の相殺の問題を処理するのは筋違いである）。もっとも、これは、日本法が準拠法となることを前提とした議論である。相殺の問題については、グローバル・セットオフと言って、同一当事者間で対立債権があっても、間に（右のケースのように）国境があるとどうするか、ということがイギリスでも議論されている。ほかに、異種通貨間相殺（マルチ・カレンシー・セットオフ）、つまり、対立債権があっても、一方が米ドル、他方がスイス・フランのとき、どういった条件で相殺するか（換算時点の問題も含む）、また、そもそもこういった相殺が可能か、といった問題もあるが、これも、各国民商法に委ねられた問題である。日本国内に全く閉じたことだけをやっていたとしても、現にいろんな国の通貨が使われている。その間での相殺をどうするのか――こんな基本的なところがグレーなまま、日々の取引がなされている。つくづく、日本というのは変な国である。

変といえば、私も十分変である。どうしてこうも話がズレてゆくのか。頭が十分整理されていない、ということなのだろうか。ともかく、話を、元に戻す。

米・イラン金融紛争の話をしていたのだ。国際裁判管轄の問題をあまり考えなくてよいほど自然な形でロンドンでの訴訟が考えられるに至った、ということを書いてから、話がズレたのだ。ともかく、フォーラム（法廷地）はイングランド、とフィックスされた（forum fixing――これをしないと、抵触法上の議論は空廻りする）。イングランドの裁判所が準拠法をどう選択するか。それが大問題となる。アメリカのイラン資産凍結措置は、何らイングランドでは妥当していない。それは他国の「絶対的強行法規」（その意味は既述）であるにとどまる。さて、どうなるか。

実際の米・イラン金融紛争では、そして、その後の米・リビア金融紛争でも、米銀側は次のような主張をした。つまり、ロンドンでの米銀側との当該インターバンク取引の準拠法はアメリカのどこかの州の法だ、と主張したのである。もっとも、「州の法」と言っても、ここでは、当該州で妥当しているアメリカの法規範という意味である。従って、州法と連邦法とが、そこではワン・セットとして考えられている。こうすることによって、アメリカの全州で妥当する連邦法たる、前記の資産凍結措置も、準拠法所属国（国といってもここでは州――要するに、一つのまとまりをなす、他から領域的に区別された法域、が問題なのだ）の法規範として、ロンドンの裁判所で適用されることを、米銀側は主張したのである。

ただ、ここでさらに厳密に考える必要がある。アメリカの資産凍結措置が、準拠法所属国（法域）の法規範として適用される、とは言っても、それでは、刑罰的規定はどうか。イギリスの裁判所がダイレクトにアメリカの刑罰規定を適用できるのか。既述の如く、それは出来ない（本誌一九九一年一二月号で論じた国際的な刑事執行共助の問題は別。また、英米法系の諸国に特異的な、コミティ〔礼譲〕からする発想〔いずれ論ずる〕も、ここでは措く）。要するに、他国の資産凍結措置のうち、私契約（一般的に言えば私法的法律関係）に影響を及ぼす部分のみが、理論上は法廷地国

で適用され得る法規範の中に含まれる、というにとどまる。そして、資産を「凍結」する、ということの中には、「払わなくともよい」という規範が含まれている。それによって、米銀側は勝てることになる。これに対して、イラン側は、当該取引は、ロンドン（いわゆるシティ）での取引であり、準拠法はイングランドの法だと主張したのである。

ただ、ここで一言しておかねばならないことがある。当該紛争は、インターバンクの取引、つまり契約にかかわる。そして契約の準拠法の決め方については、我国も含めた相当広汎な諸国で、いわゆる当事者自治の原則が認められている（わが法例七条一項参照――この原則に対する体系立った説明については石黒・金融取引と国際訴訟二二一頁以下、同・国際私法〔新版〕二八三頁以下）。イギリスでもそうである。従って、基本的には、契約の両当事者が、明示的に準拠法条項を、当該契約中に設けておけば、それで準拠法がフィックスされることに、一応なる。だが、この事件では、電話等で分秒を争って取引がなされる「ユーロ預金」取引の常として、準拠法条項などはなかった。これに対して、ユーロ債やユーロ・シンジケート・ローンでは（殆ど?）常に準拠法条項がある。もっとも、厳密には、準拠法条項らしい条項があったとしても、本当にそうかをさらに突き詰めて検討すべき場合もある。日本の損保業界の、英文外航積荷保険契約上の、いわゆる英法準拠約款をめぐっては、この種の問題がある（石黒・後掲現代契約法大系論文二五六頁以下。簡単には、同・国際私法〔新版〕二八三頁以下）。

ともかく、米・イラン間の前記契約に準拠法条項はなかったし、その点では、米・リビア金融紛争に於ける米銀側・リビア側（リビアン・アラブ・フォリン・バンク）間の取引関係に於いても、同じく準拠法の定めはなかった。

イギリスでの（イギリスの国際私法〔抵触法〕による）オーソドックスな処理によるときには、米・イラン金融紛争に関する前記の訴訟に於いても、（米・リビアの場合の後述のイギリス一審判決に於けると同じく）イングランド法が準拠法となったはずである。契約の両当事者による明示の準拠法指定がないならば、預金がキープされている地（the place where the account is kept）の法が準拠法となる、というのがオーソドックスな、そこでのルールと言える。

それを前提に考えると、ロンドンの裁判所は、すべて自国法（法廷地法）をベースに考えてよいということに、基本的にはなる（もっとも、

◎ なお、以上のオーソドックスな法の適用関係を図示しておこう（石黒・ボーダーレス社会への法的警鐘106頁の図である）。

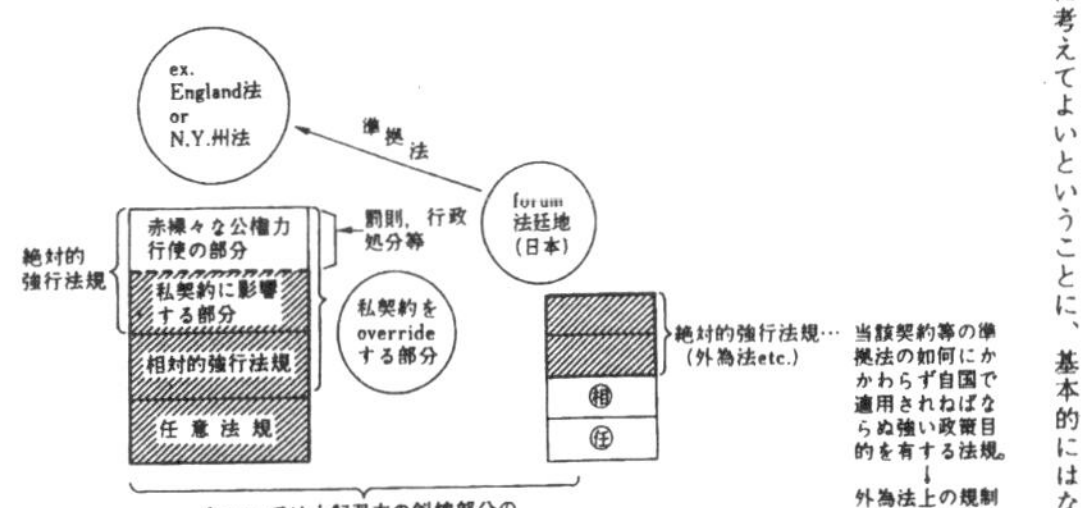

〔上の図では後述の「第3国の絶対的強行法規の介入問題」は捨象してある。〕

その先に若干特異とも思われるルールがあり、厄介だが、それはここでは措く。石黒・ボーダーレス社会への法的警鐘七七頁を見よ）。そうなると、アメリカの資産凍結措置は、法廷地国の法でも準拠法所属国の法（右の如く、ここではそれら両者が一致する）でもない、第三国の法（絶対的強行法規）にとどまることになる。オーソドックスに考えると、それがロンドンの法廷で適用されることはない、ということになる（一九九一年春に発効した一九八〇年のEC契約準拠法条約七条の問題は、のちに一言する）。そうなると、単純な定期預金の払戻請求となってしまい、期日が来たのだから払え、ということになる。かくてイラン側が勝つ、と素直に考えればなるはずである。

ところが、米・イラン金融紛争をめぐる水面下の確執の中で、意外な問題が、イングランド法の解釈の形をとって、持ち上がっていた。これは、準拠法問題の重要性と共に、日本の国際金融界でも、十分議論して頂きたい点である。ただ、論点は米・リビア金融紛争にも共通するものであり、項を改めて、この点を論ずる。

(2) 域外通貨（ユーロ・カレンシー）取引の本質
――非金銭債務性の主張をめぐって――

これは、前記の「配線図」で言えば、「米・イラン、米・リビア金融紛争」の四角い枠に、下から入り込んでいる二本の矢印についての問題である。

政治決着で終わった米・イラン金融紛争の際に水面下で盛んに議論され、米・リビア金融紛争に於いて顕在化した論点とは、次の如きものである。要するに、右の紛争に於けるが如き、ユーロ市場での（ホールセールの）インターバンク取引からは、金銭債務は一切発生しない、という主張である。米銀側はこれを強く主張していた。それによれば、たとえ取引形態が定期預金の形をとるとしても、期日が来たから払戻せ、といった請求は、一切できない、ということになる。何故かかる主張がなされるに至るのか。そこを考えると、実に根の深い問題に突きあたることになる。

いかなる取引から金銭債務が発生し、または発生しないかは、もともと各国民商法（即ち、準拠実質法――法律関係の中身を定める、という意味で実質法という。〔狭義の〕抵触法が準拠法たる特定国〔または州〕の実質法を指定する、という形になる）の定めにより、異なり得る。だが、前記の如き非金銭債務性の主張は、ユーロ・インターバンク取引が本質的にそうした性格のものなのだとのユーロの実務家の声を背景とする。そして、経済学の立場からも、同じようなことが、しばしば主張されている。

ユーロ市場（ちなみに、私はこの場合の「ユーロ」をあえて「域外」と訳して来ている。「ユーロ・カレンシー」とは、要するに、通貨所属国外で取引の対象とされる通貨のこと、即ち、「域外通貨」。「ユーロ市場」とは、「ユーロ・カレンシーの市場」、即ち、「域外通貨市場」ということになる）に於けるインターバンク取引を観念的にとらえれば、たしかに次のようにも考えられる。即ち、例えばロンドン（東京でもよい）でA銀行・B銀行間で三〇〇〇万米ドルの取引があったとする。ロンドンでのアカウント調整が、然るべくなされる。だが、かかる域外通貨市場でのマネーの動きは、国際的なEFT（エレクトロニック・ファンド・トランスファー）のネットワークを介して、必ず最終的には、通貨所属国（この場合にはアメリカ）の中での決済があって完結する。ちょうど、日本の中での銀行間のマネーの流れが、中央銀行たる日銀の下での最終的決済によって完結するように――といった感じの議論がなされるのである。かかる視角からはロンドン（等の域外通貨市場）でのマネーの、従ってまたアカウントの移動は、鏡の中の出来事、言い換えれば実体のないものとして把握される。つまり、域外通貨市場（ユーロ市場）での前記の如きインターバンク取引に於いて、当該域外通貨市場（例えばロンドン）で調整されるアカウントは、単なる mirror account に過ぎず、それに対応する通貨所属国内でのアカウントこそが、実体を伴ったもの、とされる。別な視角から言えば、ユーロ・ダラーとは言っても、ドルはドルなのであ

10

って、米ドルは一歩も通貨所属国たるアメリカから出てはゆかない——そのような主張がなされるのである。

そのような主張を背景として、次のステップで説かれるのは次のことである。即ち、例えばロンドンで米銀現地支店がイラン側銀行から米ドルを預かった場合、米銀側は、通貨所属国たるアメリカ内部での、当該の金額についてのアカウント調整をする、という内容の債務を負うのみだ、とされる。ロンドンでのアカウント調整は、アメリカでの実体の伴ったそれを受けた、従たるものにとどまる、というのである。

このような一連の主張の下に、米・イラン、米・リビア金融紛争に於いて米銀側は、債務の内容が単なるアカウント調整を内容とする債務であって金銭債務ではない、と主張していた。この点は、米・リビア金融紛争に於いて、後述の如く、ロンドンの裁判所の判断を、具体的に受けるところとなった。

だが、かかる主張によって何がかわるのか。その点を見ておく必要がある。実は、イングランド法上、かなり大きな違いが出て来るのである。まず、問題の債務が金銭債務だということになると、イングランド法上、いわゆる不可抗力免責は認められない。何が何でも、ともかく払え、ということになる。だが、それが非金銭債務だと、支払う側がアメリカで罰せられる、等の事情を、裁判官が然るべく裁量権を行使して、考慮することができる。従って、事情次第で、米銀側は支払わなくともよくなる、とされるのである。なお、日本の民法でも、四一九条二項に、金銭債務の場合には不可抗力免責を認めない、とする規定がある。そこで言う不可抗力とは何か（アメリカの資産凍結措置により、支払うとアメリカで罰せられる、というのが不可抗力と言えるか、等）の点は、別途、十分な検討を要するが、イングランド法と似た建前になっていることが、若干注目される。

次に、多少テクニカルな点だが、ロンドンでのユーロダラー取引についてのアカウント調整は、実体がなく、国際的なEFTネットワークを介したアメリカでのアカウント調整と最終的な決済（いわゆるCHIPS〔チップス〕やフェッド・ワイヤーによるそれ——そのメカニズムについては沢木他・前掲〔法務編〕一五九頁以下〔二沢宏良〕の非常に分り易い図を見よ）こそが、かかる場合のユーロ・インターバンク取引の核心だ、と主張することには、イングランドの国際私法との関係で、重要な意味がある。省略しようと思っていたが、やはり一言しておこう。要するに、右の主張からは、かかるインターバンク取引から生ずる債務の履行地は、アメリカ、とりわけユーロ・ダラー取引の決済の大半が集中するCHIPSの所在する、ニューヨークだ、とする帰結が導かれ得る（「国際的EFTネットワークの法的諸問題」のところから、「非金銭債務性？」のところへと、前記の「配線図」の中で矢印が向かっていることに注意せよ）。ところが、イングランドの国際私法上は（別に各国の国際私法に広く見られるルール、というわけでは全くないのだが）、契約準拠法がどこの国の法であれ、履行のなされるべき国に於いてその履行がunlawfulとなる契約はinvalidとされる、とのルールが、ともかくもある。そうなると、問題の取引契約の履行地がアメリカで、アメリカでのアカウント調整が債務の内容をなすならば、それはまさにアメリカで（資産凍結措置により）禁止されていることゆえ、この契約はinvalidとなる、との帰結に至る。イングランド法が準拠法となるにしても、かかる若干特異なイングランド国際私法上のルールにより、米銀側としては、ロンドンでの支払請求の訴を切り抜け、アメリカの前記措置との抵触を避けたい、との意向が強く示されるのである。

（いやはや、書き始めてみると、いろいろと問題が出て来て、進みの遅さが誠に気になる。これは、とても一回で済みそうもない。どうしよう。）

経済学上の議論は別として、米銀側、というか、国際的な活動をする銀行界の利害としては、アメリカの各種の措置の域外適用とぶつかりあう立場に立ちたくない、という本音があるのは、容易に推察し得るとこ

ろである。だが、必ずしもそれだけではない。米・イラン金融紛争で支払が請求された額は、約三〇億米ドルにのぼるが、かかる巨額の米ドルの支払（あるいはそれについての強制執行）がなされることにより、為替相場が乱高下する。それを何とか避けたい、ということで前記の如き米銀サイドの主張を裏づける議論を展開する有力な外国の学説もある（なお、石黒・金融取引と国際訴訟一〇頁以下で批判的に紹介したように、かかる立場に於いては「債務者（預入先銀行）の破産に際して、ユーロ預金債権は、一体金銭債権として配当にあずかれるのか」について、ネガティヴな帰結が導かれている。そうなるとBCCI事件などに於いて、BCCI側に預金を預け入れていた銀行の立場はどうなるのか——そういった問題も考えておかねばならぬ。資産凍結リスク・倒産リスク・収用リスク、等々の多様なリスクの中で、国際金融の抵触法的考察がなされてゆかねばならないのである）。ただ、米・イランの場合に比して、米・リビアの場合には、約三億ドル程度の支払が問題になっていたにとどまるし、あまり釈然としない論じ方のようにも思われる。

(3) 米・リビア金融紛争と英国裁判所の判決

a. 準拠法選択とその周辺

一九八七年九月二日、米・リビア金融紛争に関して、ロンドンの裁判所の判決（一審判決）が下された。準拠法はイングランド法とされ、前記の非金銭債務性の主張は、正当に排斥され、そして、約三億米ドルをキャッシュで支払え（後述のb．を見よ）、との米銀側敗訴の判断が示されたのである。

まず、準拠法についての判断は、オーソドックスなものと言え、「アカウントがキープされている地」の法として、イングランドの法が準拠法とされた。その際、銀行間メッセージ伝送の関係でのコンピュータ・センターの所在地と、預金を預け入れた金融機関の拠点の所在地とがズレていても、後者によって準拠法を決めるべきだとされた。この考え方も正しいと思われる。前記の米銀側主張は、要するに米ドルは世界中どこで取引されても、アメリカの中に終始あり、アメリカに常にユーロ・ダラー建て取引の重点（center of gravity）がある、と言うに等しい。そこから、準拠法はアメリカの中の特定の法域の法だとしたり、準拠法はともかく、債務の履行地はアメリカの中にあるとしたり、といった帰結が導かれている（そうなってしまうと、ひとたびアメリカが資産凍結等の措置をとり、それを域外適用すると、世界中の米ドル建て取引に対してダイレクトに影響を及ぼし得る、ということになってしまう。もとよりこの点は各国国際私法の規律内容に依存するところではあるが。また、海外での米ドル建て取引についても取引対象たる米ドルは常にアメリカ国内にある、とする点を推してゆけば、それらを在外資産としてではなく、まさに在米資産として収用する、といった病理的展開も、今後は考えられないではない）。

けれども、実際の取引に於いて、米ドルを取引するならばどこで誰を相手に取引してもよい、というわけではない。現地政府のレギュレーションとの関係もあるし、全体的な資金の運用・調達プランとの関係、相手のオファーするレート、相手への与信状況等を勘案しつつ、実際の取引がなされるのである。世界中の域外通貨市場（ユーロ市場）での米ドル建て取引がすべて鏡の中の出来事、とは到底言えないはずである。

なお、アメリカの法が準拠法となる、とする米銀側主張に対して、ロンドン一審判決は、実にうまく答えている。即ち、米・リビア間の当該インターバンク取引は、ちょうど米・イラン金融紛争が世界中の注目を浴びた時期に契約の節目を迎えていた。そのような時期にリビア側が、アメリカ内部の法域を準拠法とするような意思を有していたはずはなく、この点での両当事者の意思は合致していない（国際私法上の当事者自治の原則については既述）、としたのである。

ところで、準拠法の問題と関係して、国際契約法上の極めて重要な問題について一言しておかざるを得ない。一九八〇年EC契約準拠法条約七条一項に示されたような、第三国の絶対的強行法規の介入問題につい

てである。同条約は一九九一年春にようやく発効したが、右条項について、イギリスは留保をしている。理論的に正しい選択だと、私は考えるが、ともかく同項は、法廷地国でも準拠法（契約準拠法）所属国でもない第三国の絶対的強行法規であって、その第三国が当該契約関係と密接な（最も密接な、とは条文上なっていないことに注意せよ）関係を有する場合、法廷地裁判官はかかる第三国の絶対的強行法規に「効力を与えることができる」、とする。裁判官の裁量により、それを考慮し得る、とする規定である。

この規定の理論的背景（いわゆる強行法規の特別連結論との関係、等）については省略するが、一九八七年のスイス国際私法典一九条は、類似の規定を、より広い射程の下に設けている。参考までにその条文を左に掲げておく。

スイス国際私法典一九条〔外国の強行的規定の考慮〕

「1　スイスの法的見解によるとき、一方当事者の、保護に値し、かつ、明らかに優越する諸利益がそれを命じ、かつ、当該事実関係がその法と密接な関係を示すときは、本法によって指示される法のかわりに、他〔国〕の法規定であって強行的に適用されることを主張するものが、考慮され得るものとする。

2　かかる規定が考慮さるべきか否かの決定は、その目的及びそれによりもたらされる結果に基づき、スイスの法的見解において正当とされる判断のために、なされるものとする。」

実はECの前記規定と、スイスのこの規定とでは、微妙なニュアンスの差もあるが（右の傍点を付した部分）、それはともかく、この種の規定が置かれた理由というか、それがまさに念頭に置くシチュエイションがいかなるものかを考えるとき、ヨーロッパの人々の頭にすぐ浮かぶのが、米・イラン、米・リビアの金融紛争なのだ、ということは注意されてよい。私が一九八一―八二年に、スイスに、国際契約法の研究をしに留学した頃、まさに米・イラン金融紛争をめぐる大議論が、各地で展開されていた。ユーロ・インターバンク取引の非金銭債務性という実質法（民商法）上の主張も、第三国絶対的強行法規の介入（ここで「介入」というあいまいな言葉を用いるのは、ズバリそれを適用する以外にも、それを考慮するにとどめる、といった裁量的契機がそこに伴うからである）に関する、ここで示した議論も、アメリカの強制的措置の域外適用に巻き込まれた銀行の立場に対する、ある種の思い入れを前提にするもの、とも言える。

もとよりこれらの問題は、理論的にも極めて重要なものなのだが、当時私が情報を収集したドイツ・スイスでは、約三〇億米ドルの処遇と、アメリカの強圧的措置のユーロ市場への影響という、まさに米・イラン金融紛争にどう対処すべきか、といった角度からの議論が、盛んになされていた。

だが、前記の如きEC条約やスイスの規定には難しい問題が伴っている。実は、さっき説明は省略する、と書いたばかりの「強行法規の特別連結論」について、IMF協定八条二項bとの関係を含めて、やはり一言しておかねばならなくなってしまった（私の議論は、回教寺院の構造のように（?）先にゆくほど、上にゆくほど細かく枝分かれしてゆくような面がありはしないか。自分でもいやで仕方ないが、読者はもっといやだろう。けれども、やはり必要なことなのだ）。

実は一九四〇年代はじめ頃のドイツで、強行法規の特別連結（Sonderanknüpfung）論という、ドグマの色彩の強い議論が提唱された。国際私法（抵触法）が準拠法を定めるといっても、（簡単に言えば）公法的色彩の強い各種の強行法規の適用関係を決するには、「国際私法」は必ずしも適してはいない。各国のこれらの法規（但し、別扱いすべき法規のメルクマールないしカタログは、論者ごとにバラバラ）の適用関係は、国際私法とは別の論理で決せられる。つまり、これらの強行法規は特別なルールにより連結される。——これが、簡単に言った場合の、強行法規の特別連結論である。だが、それでは、関係諸国の「強行法規」の適用

関係をどうするか、そうした諸国たるA国・B国が矛盾した法規制をしていた場合（A国法が契約を履行せよと言い、B国法がそれを履行するなと言い、共に刑事制裁で臨んでいた場合）にどうするか、といった具体的な効果面での詰めは、この理論が説かれ出してから半世紀を経た今でも、十分でないように思われる。中には、関係諸国の「強行法規」はすべて適用せよ、といった極論もあるが、到底プラクティカルな解決とは思えない。

だが、国際契約法で考えると、契約の両当事者が合意をしさえすれば、当該契約関係と関係の深い法域（国家法秩序、または、州などのその支分法秩序）の強行法規の適用が容易に回避されてしまうことになる。これはやはりおかしいのではないか、ということになる。私自身は、法例七条一項の解釈論として、契約の両当事者の意思で準拠法を決めるといっても、そこで問題となるのは客観的・規範的意思だとして、当事者意思の客観化を試みている（石黒・金融取引と国際訴訟一二二頁以下、一二六頁以下）。だが、とりわけ両当事者の主観的意思の合致があればそれで終わり、とする従来の根強い見方からは、強行法規の特別連結論が魅力的なものとなるのである（かつての特別連結論の提唱者にも、そのような見方が背景としてあった）。

この特別連結論の法律効果面での混迷から、法廷地裁判官の裁量によって脱しようとしたのが、EC契約準拠法条約やスイス国際私法典の、前記の規定なのである。だが、ここで米・イラン、米・リビアの金融紛争に戻って考えたとする。米・リビアの場合にそうだったように、アメリカの資産凍結措置が米ドル以外の通貨の引渡をも禁止していたとしよう。また、実際に凍結され、その引渡がロンドンで争われたのが、多様な通貨により構成される金融資産であったとする。アメリカは資産凍結措置の域外適用をする。それに対して、リビア（イラン）側が、支払わねば罰するとして、支払を強制する法規（絶対的強行法規）を域外適用したとする（リビア〔イラン〕に当該米銀の拠点があったとすれば、もっと現実味が増す）。アメリカとリビア（イラン）とが、ほぼ同程度に事案と密接に関係している場合、法廷地裁判官はどうすべきか。

準拠法は法廷地たるイングランド法であり、右の双方の国の絶対的強行法規を共に無視する、という選択がありうる。その場合の処理は、EC契約準拠法条約七条がなかった場合と同じである。実際の事件にはアメリカがかかる強制措置を発動したのみだったようだが、対立する双方の国の矛盾した強制措置があり、前記の如くどちらが一層密接とも一概に言えぬとき、裁判官はどうすべきか。アメリカかリビア（イラン）か、そのいずれを選ぶのか。——要するに、そこには相当政治的な判断が介在しかねないし、しかも、そこで選んだ第三国の絶対的強行法規をズバリ適用するのか、それとも考慮するにとどめるのか、といった点にも法廷地裁判官の裁量が働く、ということになる。それではあまりに法的安定性（予測可能性）を欠くのではないか。——それが、イギリスやドイツが、このEC契約準拠法条約七条一項に対する留保を行なった理由と言える。契約準拠法をビシッと決め、準拠実質法の解釈・適用の中で、これらの事例に於ける米銀側のハードシップを適宜考慮し得るかを、場合に応じて考えてゆく、というオーソドックスな処理に、やはり回帰すべきところなのである（もっとも、そこで、金銭債務に不可抗力免責がないとされる日本やイングランドの法が準拠法として登場すると、かかる第三国絶対的強行法規の「事実上の影響」をどうやって考慮し得るかが、既述の如く問題となる。なお、石黒・金融取引と国際訴訟六一頁）。

ところで、一九八〇年EC契約準拠法条約七条一項が作成されるよりずっと前に、強行法規の特別連結論が、若干特異な形で定着するに至ったもの、とも見得る条約規定が作成されていた。それが、IMF協定八条二項bであり、次の如く規定する。

IMF協定八条二項b

「加盟国の通貨にかかわる為替契約であって、この協定の趣旨に沿う

11 ② 国際金融の抵触法的考察（1）（2）（3）

その加盟国の為替規制に違反するものは、いかなる加盟国の領域内においても執行され得ないものとする。」

これは、かつてのIMFの理想を前提とする条約規定である。ブレトン・ウッズ体制崩壊後の今、かかる危険な規定がいまだ条約規定として残っていることに、一体日本の国際金融界は、どれだけ注意を払っているのか。また、そもそも関心を有しているのか。さらに、大体その存在を、どこまで知っているというのか。

ともかく、右規定は、IMFの理想の実現のため各国が共同歩調をどこまでもとることを前提に、ある加盟国がそこで規定されたようなexchange control regulations をした場合には、すべての加盟国がそれに協力しよう、という考え方を示したものである。だが、文字通りにこの規定を受けとると、例えばわが外為法の規制に違反した為替契約（exchange contract）は、条文上「いかなる加盟国……においても」執行され得ない（unenforceable）とあるので、日本でも執行され得ないことになる。つまり、この規定は、わが外為法違反の取引契約（それが「為替契約」だとして）の効力をダイレクトに規定していることになるのかどうか。もしイエスということになると、最判昭和四〇年一二月二三日民集一九巻九号二二三〇六頁、最判昭和五〇年七月一五日民集二九巻六号一〇二九頁等は、一体どうなるのか。つまり、そこでは、わが外為法への違反があっても「契約は有効である」とされ、「契約に基づく……債権について給付を命ずるにあたって裁判所は無条件の判決をすべきであって、〔外為法上の〕許可を条件とする条件付判決をすべきではない」（前記最判昭和五〇年）とされている。そこには別段、IMF協定八条二項bがあるので、判決は下せるが執行はできない、といったニュアンスはない。それどころか、右の各判例は、弁済をしたくないという身勝手な当事者が、苦し紛れに外為法違反を持ち出す、といったニュアンスの事案に関するものであり、今更、外為法違反を言い出して支払を拒むのは信義則に反する（最判昭和四〇年はそう明言する）、とのスタンスでの判決である（これらの判決については、イラク・クウェート資産凍結問題に即して、のちに再び言及する）。

もっとも、これはIMF協定八条二項bの方がおかしいのである。各国の外為規制との関係で、それに対する違反が私契約に及ぼす影響は各国法ごとに異なってよい。それを十把一からげに「執行され得ない」と規定することは問題である。

問題と言えば、IMF協定八条二項bの問題は、実に多い。「加盟国の通貨にかかわる為替契約」とあるが、「かかわる（involve）」とはどの程度のことを言うか。「為替契約」とは何なのか。いかなる場合に「その加盟国の為替規制」が「この協定の趣旨に沿う」ものとされるか。「執行され得ない」とは具体的にどうしてはいけない、ということか。――これだけ訳の分らない条約規定は珍らしい、とも言えるが、IMF事務局側は、加盟国は自国の公序（public policy）に反してもこの条項を適用せよ、と強硬である。この規定は、条約によって各国法を統一しても、各国で解釈がバラバラなため法統一の実が挙がらない規定の典型とされる（各国実質法〔民商法〕統一と国際私法〔抵触法〕との理論的関係に関して、この条項の有する意味あい、については、石黒・金融取引と国際訴訟五二頁、同・現代国際私法〔上〕二〇頁以下、沢木他・前掲〔法務編〕五九頁以下〔石黒〕等。簡単には石黒・国際私法〔新版〕六頁以下）。

実は、アメリカのイラン資産凍結措置の場合について、ロンドンでの訴訟との関係をも含めて、この条約規定の取扱が、関係国内で大きな問題となっていた。入口での問題につき一言すると、この場合のアメリカの措置のように自国の安全保障を理由とするものについては、とくにそれがIMF協定の趣旨に沿うものかが、大きな問題となっていた。そして、同協定八条二項のaでは、加盟国は通貨に関する規制をする際にIMFの許可を受けるべきことになっている。だが、当該の規制に関して、規制をする国からの通知がなされてから三〇日以内に、当該規制がIMFの精神に反する旨の決定がなされないと、当該規制はIMFの精神に反しないものとみなされる、とされているのである。アメリカのイラン

資産凍結措置の場合にも、IMFは、かかる沈黙による意思表示（?）をしたにとどまる（石黒・金融取引と国際訴訟五二頁）。

実は、米・リビア金融紛争に於いては、とくに米銀側がこのIMF協定八条二項bにこだわって争った形跡が、どうもないようである。これは、英米に於いて、右条項が比較的狭く解釈されていることと、おそらく関係する。条約解釈は国ごとに異なり得るし、右条項については、実際にも、国ごとの解釈のバラつきが大きい。いずれにしても、支払請求をする側に立つとき、「執行され得ない」との法律効果を伴うこの条項は、要注意ということになる。既述の如く、ブレトン・ウッズ体制の崩壊という、この規定にとっての大前提の崩落もあり、また、IMF加盟国間で相互に経済制裁等の一環として為替規制や資産凍結等が行なわれ得る状況下で考えたとき、同条はもはや削除して一般の抵触法的処理に委ねた方がベターと私は考える。だが、資産凍結等をしたときこの条項を自己に有利に使い得ると考えるアメリカの思惑もあり、実に不安定な状況のまま、この規定はいまだ存続している。

ともあれ、既述の「強行法規の特別連結論」との関係に戻れば、IMF体制の下で皆協力しあおうね、とのスローガンの下に、EC契約準拠法条約七条一項にも示されていた密接関連性要件を、「自国通貨にかかわる」との文言にそれなりに吸収しつつ、このIMF協定八条二項bが作成されたことになる。かかる特別連結論のネックたる法律効果面での不安定性を、「執行され得ない」として一本化したわけだが、その当否に大きな疑問があることは、一部既に述べたところである。

さあ、これでやっと、米・リビア金融紛争ロンドン一審判決の準拠法選択に関する問題を、一応クリアしたことになる。

b．キャッシュによる約三億米ドルの支払?!

以上述べて来たもろもろの背景の下に、「アカウントのキープされている地」の法としてイングランド法が本件契約準拠法になるとする、オーソドックスなロンドン一審判決が下されたことになる。この事件の当時には一九八〇年EC契約準拠法条約はまだ発効していなかったが、いずれにしてもイギリスが同条約七条一項につき留保をしていたことは、既述の通りである。

さて、米・リビア金融紛争に関するロンドン一審判決は、イングランド法を準拠法としつつ、米銀側の支払義務を認めたのみならず、具体的な支払方法まで指示している。要するにキャッシュで約三億米ドルもの金額を支払え、とされたのである。同じ理屈で米・イラン金融紛争が裁かれたとしたら、約三〇億米ドルのキャッシュによる支払が、命ぜられることになる。

「キャッシュ（現金）で支払え」というところにユーロの実務家の反発が集中した。三億米ドルものキャッシュをどうやって米国外で調達せよ、というのか。あまりにも非現実な、おかしな判決ではないか。そもそも、ユーロ・インターバンク取引に於いてキャッシュによる支払など、コストがかかるしリスキーだし、誰も念頭に置いていないのではないか、等々の批判である。

だが、キャッシュによる約三億米ドルの支払を支持したのは、この事件でリビア側に立って鑑定書を出した、ハーバード・ロー・スクールのスコット（H. S. Scott）教授であった。スコット教授は米銀側が重視する国際的EFTシステムの法的側面に関する世界的権威者である。そのスコット教授が、米銀側の情緒的（?）な主張を斥け、"It is my belief that a customer should always have the right to withdraw his deposit in cash." と述べた。そして、資産凍結のなされているアメリカ国内からリビア側への支払のためキャッシュを持ち出すことなど出来ないし、一体どうやって米ドル現金をロンドンに持って来いと言うのか、という見方に対しては、次の如くスコット教授は論じた。即ち、米ドル紙幣は、FRBの調査によれば、その五〇パーセント以上がオフ・ショア市場で現実に流通しているし、ヨーロッパではスイスの銀行が米ドル紙幣の主

たる供給源となっており、またその供給が銀行のビジネスの一環として組み込まれている。だから、別段非現実的なことではない、と。

他方、スコット教授は、ロンドン（域外通貨市場）に於けるアカウント調整はミラーの中での出来事であり云々、といった議論に対しても、次の如く反論した。

最も重要なこととして、アメリカでのアカウント調整が、（グロスではなく）ネットでの決済尻の調整であるにとどまる、ということに注意すべきである。いわゆるユーロの慣行としてニューヨークのCHIPS等による最終決済が多く行なわれるが、そうするのは何ら必然ではなく、アメリカを通さずに、アメリカ外でのアカウント調整で当事者間の決済を済ませてしまうことは可能である。仮りに最終的な決済尻の調整がアメリカ国内に持ち込まれたとしても、そこから海外での個々の取引を逆探知することは実際上不可能であろう――スコット教授は大略以上の如く述べていたのである。

実は、アメリカでユーロ・ダラー取引の最終決済が行われるのが一般に最も多いパターンだとしても、それは必然ではなく、云々といった点は、米・イラン金融紛争でも問題になっていた。いずれにしても、ユーロ市場での米ドル建てのインターバンク取引に於ける債務の内容は、アメリカに於けるアカウント調整であり、そのアメリカの国内が凍結措置によって押さえられているので、履行不能となる。しかも不可抗力だから、米銀側はかくて免責される――というような主張は、EFT法の大家たるスコット教授の鑑定書により、みごとに、そして正当に、崩されるところとなった。

スコット教授の鑑定書をも踏まえつつ、ロンドンの一審判決がキャッシュによる支払を命じたことについては、イギリス特有の事情も手伝っていたが、それはここでは措く。ともかく、以上のような米・リビア金融紛争の争点は、米・イラン金融紛争とも共通するものであり、まさに、「域外通貨（ユーロ・カレンシー）取引の本質」にも絡む問題なのである。

ところで、米・リビア金融紛争に関するロンドンの一審判決で敗訴した米銀側は、直ちに控訴した。他国裁判所の命令でリビア側に支払うことが、アメリカの資産凍結措置に反したものとして刑事制裁も含めたサンクションの対象となるのか、それとも免責されるのか――そこが問題となる。規制するアメリカの側からは、他国国家機関の命令があればOK、とするのでは、自国内をいくら固めても空しい営為となる。けれども、規制対象者（米銀）が矛盾する国家的命令の狭間で進退谷まるときはどうか。

実は、冒頭に掲げた「配線図」の右上のところに「域外適用 vs. 対抗立法」とある（いずれ論ずる）ように、進退谷まろうがどうなろうが自国規制をあくまで貫く、というのが通常のアメリカのリアクションなのである。それを前提としつつ、国連麻薬新条約、そしてその成果を受けての、米英主導型の最近のIOSCOの場に於ける各国証券規制当局間の共助体制の構築作業が、進められている（前記「配線図」の右端まんなかあたりの「バイパス・ルート設定?」のところを、周辺の矢印の向き等と共に見よ）。それはそれとして、いずれ論ずるが、ここで米・リビア金融紛争に戻る。

ロンドンの一審判決後、控訴中に、意外にもアメリカは、当該米銀に対して係争中の金額をリビア側に引き渡してよいとする、スペシャル・ライセンスを与えたのである。そのため米銀側は控訴を取下げ、かくて一審判決は確定した。

少くともこれまでのところ、この種の国際金融紛争についてアメリカは、域外適用をする際に、一般の場合よりも若干控え目にとどめる、等の配慮を一応はしている。米・イラン金融紛争の際に米ドル資産のみを押さえる（凍結する）としたのもその一環だし、米・リビア金融紛争の際は、対象通貨は米ドル以外にも広げたが、右のスペシャル・ライセンスを与えた、等。だが、いつまでもそう、とは言えまい。それらの事件と法現象としては極めて近い関係にある事例とも対比しつつ、全体的な構図の中で考える必要がある。

一回で前記「配線図」の説明をすべて済ますつもりが、とんでもない結果となってしまった。まあ、そんなに肩肘張らずに、残された諸問題を、順々に潰してゆくことにしよう。

（平成四年四月一八日脱稿）

＊ なお、本稿で取扱った問題の中で、米・イラン金融紛争については、石黒・金融取引と国際訴訟（昭五八・有斐閣）五頁以下、沢木他・前掲〔法務編〕三一七頁以下〔貝島資邦〕、桝田淳二「国際的貸付契約――米国・イラン金融戦争に関連して」現代契約法大系八巻〔昭五八〕一八四頁以下、等。米・リビア金融紛争については、石黒・国際的相剋の中の国家と企業（昭六三・木鐸社）二二三頁以下、及び、同・ボーダーレス社会への法的警鐘（平三・中央経済社）七五頁以下、を参照せよ（参考文献等についてもそれらを見よ）。また、国際契約法上の重要課題たる、（法廷地国及び）第三国の絶対的強行法規の介入問題（一九八〇年EC契約準拠法条約七条やIMF協定八条二項b等の問題をも含む）については、同・前掲金融取引と国際訴訟三一頁以下、四三頁以下、同「国際金融取引と国際私法」金融取引法大系三巻（昭五八・有斐閣）二八一頁以下、同「国際運送保険契約」現代契約法大系八巻（昭五八・有斐閣）二五一頁以下、二五三頁以下、等。それらの要約は、同・国際私法〔新版〕（平二・有斐閣）二八三頁以下（第四章第一節の「国際債権法」、とりわけその二八八頁以下）、参照。

＊＊ 本稿の基本的執筆意図は、あちこちに分散していた私の国際金融法に関する論述を一本化し、再整理して示す、というところにある。そんな作業にどれだけ意味があるのかと、今月号の半分位を書き終わったあたりまで、実のところ思っていたのだが、たしかに自分の頭の中ではつながっていても、他の方々がそれらをサーチし、組み立てるのは、殆ど無理であろう。部品を砂漠の各地に沈めて自己満足（?!――何を言ってるんだ！ そんなものあればこんなに苦しみはしない！）にひたり、やがて消えてゆくのもよいが、やはり、自分で一度、本当に組み立てられるのか点検しておくのも、必要な営為、それなりに意味のある営み、なのかも知れない。案外足りない部品に気づくかも知れないし。そして、全然違ったものを作りたくなるかも知れない……。どっちに転んでも、まだまだ走り続けねばならないのか、と思うと気が重いが、ともかくがんばるつもりだ。

◇ ◇ ◇

「ボーダーレス・エコノミーへの法的視座」のいままでの掲載

第一回	本連載についての予告	91年7月号
第二回	新世代通信網構築と国家戦略――電気通信分野に於ける国内競争と国際競争のアンビバレンス!?	8月号
第三回	国際環境汚染と法	9月号
第四回	アメリカの懲罰的損害賠償制度と"国境"――東京地判平成三年二月一八日判例時報一三七六号七九頁を契機として――	10月号
第五回	『国境を越えた執行』の諸相(上)――『外国判決の承認・執行』と『執行共助』との理論的境界をめぐって――	11月号
第六回	『国境を越えた執行』の諸相(下)――『外国判決の承認・執行』と『執行共助』との理論的境界をめぐって――	12月号
第七回	GATTをめぐる自由貿易と公正貿易との相剋――ウルグアイ・ラウンド以後の摩擦の構図への序章	92年1月号
第八回	ドイツ統一の法的構造(上)	2月号
第九回	ドイツ統一の法的構造(中)	3月号
第十回	ドイツ統一の法的構造(下の1)	4月号
第十一回	ドイツ統一の法的構造(下の2・完)	5月号

連載

ボーダーレス・エコノミーへの法的視座

第十三回　国際金融の牴触法的考察 (2)

石黒一憲
東京大学法学部教授

〔目次〕

二　国際金融紛争と資産凍結措置の域外適用（つづき）

(4) イラク・クウェート資産凍結問題

a．はじめに

前号では、米・イラン、米・リビアの国際金融紛争をもとに、国際金融紛争の具体的なイメージづくりに努めた。引き続き、本号では、まず、一九九〇（平成二）年夏のイラク・クウェート資産凍結措置の場合（詳しくは石黒・ボーダーレス社会への法的警鐘〔平三〕八九頁以下）を扱う。

問題の発端は一九九〇年夏の、イラクのクウェート侵攻にある。その関係で、イラク資産の凍結のほか、イラク側に資産の渡ることを怖れて、イラク側にコントロールされていると思われるクウェート側金融機関等の資産も凍結された。もっとも、この事件の場合、一連の各国の措置の共通の根として、国連安保理決議がある。それが、米・イラン、米・リビアの場合と大きく異なる。

まず、基本的な資料の整理をしておこう。石黒・前掲ボーダーレス社会への法的警鐘では、文字通りの一次資料に基づく検討がなされている。その後、一連の安保理決議と共に、アメリカ・カナダ・EC・フランス・ドイツ・イタリー・日本・スイス・イギリスのとった措置を集めた資料集として B. R. Campbell/D. Newcomb (eds.), The Impact of the Freeze of Kuwaiti and Iraqi Assets on Financial Institutions and Financial Transactions (Graham & Trotman 1990) が出た。石黒・前掲法的警鐘一一〇頁注(5)で若干妙だと指摘したアメリカの行政命令の番号（同右・九五頁）は、オリジナルにミス・プリントがあったようで、同右・九五頁の「行政命令一二二七四号」は「行政命令一二七二四号」と訂正する。なお、石黒・同右ではアメリカの規制につきジェネラル・ライセンス一―一〇号をもとに分析したが（同右・九六頁）、その後一三号まで出たことが Campbell/Newcomb (eds.), supra から知られる。同様に石黒・同右に於けるイギリスの規制は一九九〇年八月七日までのものにつき分析済だが、やはりその後も若干のものが出ている――等々、といった事情はあるが、石黒・同右に於ける分析は、すべてが動いている中でなされたものであり、それなりに意味を有するはずである。やがて、右の欧文資料集等を踏まえ、総合的な研究が出るであろう。それまでの橋渡しをした、というところだ。

なお、国際金融ということでは必ずしもないが、イラク・クウェート問題それ自体の資料としては、E. Lauterpacht/C. J. Greenwood/M. Weller/D. Bethlehem (eds.), The Kuwait Crisis : Basic Documents (Cambridge Grotius Publications Ltd. 1991) が出ている。その中にも若干各国の規制に関する資料があるが、こちらは国際紛争の国際法的分析のための基礎資料集としての色彩が強い。

さて、そろそろ、国際金融取引とイラク・クウェート資産凍結問題との具体的接点に関する検討にはいろう。

まず注意すべきは、既述の安保理決議の法的性格である。珍しく我国が、一九九〇（平成二）年八月七日の閣議了解（「イラクに対する制裁措置の実施について」）に基づき一連の措置を講じたのも、右の安保理決議の存在があってのことと言える。同年八月六日の国連安保理決議第六六一号（イラク制裁決議）の中から、ここでの問題に関係する部分を引用しておこう（石黒・前掲法的警鐘九一頁以下の仮訳と対比せよ）。

"Resolution 661 (1990) :
Adopted by the Security Counsil at its 2933rd meeting on 6 August 1990

The Security Council,

……………………

4. Decides that all States shall not make available to the Government of Iraq or to any commercial, industrial or public utility undertaking in Iraq or Kuwait, any funds or any other financial or economic resources and shall prevent their nationals and any persons within their territories from removing from their territories or otherwise making available to that Government or to any such undertaking any such funds or resources and from remitting any other funds to persons or bodies within Iraq or Kuwait, except payments exclusively for strictly medical or humanitarian purposes and, in humanitarian circumstances, foodstuffs ;

5. Calls upon all States, including States non-members of the United Nations, to act strictly in accordance with the provisions of the present resolution notwithstanding any contract entered into or licence granted before the date of the present resolution :

……………………"

ちなみに、この種のマテリアルが Campbell/Newcomb (eds.), supra に

も詰まっているので是非現物を御覧頂きたい。ともかく、右の安保理決議の5には、若干注意すべきである。つまり、イラク制裁（クウェート救済）の実効性を高めるため、既に締結済の契約に対しても各国規制が遡って適用さるべきことが、そこで示されている。実は、かのココム（COCOM）規制との関係で、アメリカの輸出管理法上の規制（アメリカの各種法規の中でも最も過激な域外適用を伴うそれ）が、非常にしばしば既締結済契約の履行をストップさせる形で働いていた。アメリカでは、やはりそれは問題だとして、いわゆる「契約の神聖さ（sanctity of contract）」の問題が議論されていた（石黒・国際的相剋の中の国家と企業〔昭六三〕九、九七頁）。だが、ほかならぬ国連安保理が、やはり同様のスタンスで国際取引への介入を考えている。規制の実効性を重んずれば、どうしてもそうなってしまうのである。そのことの含みに、一応留意しておく必要がある。

ところで、右の安保理決議第六六一号は、国連憲章第七章（「平和に対する脅威、平和の破壊及び侵略行為に関する行動」）に基づくものであり（The Security Council, …… Acting under Chapter Ⅶ of the Charter of the United Nations, ……とある）、従ってそこでとられる措置は、基本的に加盟国を拘束する（なお、同決議は "all States shall prevent……; shall not……" といった文言を有する）。

b．日本の支払規制

ここで我国のとった措置につき、支払規制を軸に、一応のところを示しておく。まず、同年八月三日に、全銀協から各銀行宛に、「クウェート関係の預金口座に係る真正な権利者の確認について」（平二外業第一二九号）が出された。これは大蔵省側からの「口頭による申入れ」を受けたものであるが、全銀協の「注」として、右の「口頭申入れ」のあとに、「海外に所在する支店および現地法人についても同様とする」とあった。

海外現法の外為法上の取扱については後述する。

その後、八月七日に、同じく全銀協から「イラク、クウェートの両国に対する新規貸出等の自粛について」（平二外業第一三〇号）が出されたのち、八月一〇日付官報（号外特第一九号）で、正式の外為法に基づく措置が公布され、即日施行された（大蔵省告示一三三―一三五号）。

ややこしいことは石黒・前掲法的警鐘九二頁以下に譲るとして、支払規制たる告示一三四号の概念図を左に示しておく。あらかじめ断っておくが、この告示一三四号に関する図は、もともとは国際商事法務一八巻一一号（平二）に掲載し、それを石黒・前掲法的警鐘九四頁に転載したものである。だが、図の左上の矢印が一本欠けていた（「邦銀等現法」と「㋑㋗側の者」の間は←○―から←○→にかえた方がよい）ので、再度ここにそれを示す。けれども、本当にこれで正しいかは、実際の規制と首っ引きで当時の私と同じような徒労感に満ち満ちた作業をして下さる方々の御判断に委ねたい（○印は支払OK、×印はダメ）。

ところで、一九九〇（平成二）年の夏の終わり頃、私は、石黒・前掲法的警鐘に収めた論文との関係で、日本のかかる支払規制との対比に於いて、アメリカ及びイギリスの規制の概念図も作成していた。ただ、それらについては、よく分らないところもあり、活字化するのを控えていた。既述の如く私の分析は、比較的早い時期に、各国規制と同時進行的に行なわれていたものであるが、私に出来たのはそこまでだった、ということをありのままに示す意味もこめて、不完全な概念図を左にあえて示しておくこととする。それからあとのリファインする作業をして下さる方々の登場を、切に願ってのことである。

c．イギリス・アメリカの規制

まず、イギリスの規制だが、その概要は石黒・法的警鐘九九頁以下に示した。――ということで図だけ示して先に進もうと思ったが、ついでに、一九九〇年八月七日のバンク・オブ・イングランドのノーティス（対イラク・対クウェートとも同日付――原文は Campbell/Newcomb (eds.),

supra, 313ff）の骨子を私なりにまとめたメモも、図のあとに示しておこう（対イラクの規制については、対クウェートの場合との差がある場合につき、当該メモの欄外に記す形をとる）。

何が何だか分らないではないかとのお叱りは覚悟の上である。著者としては、あくまで石黒・法的警鐘と対比してお考え頂くための一つのよ

［日本の規制告示134号による］
支払規制

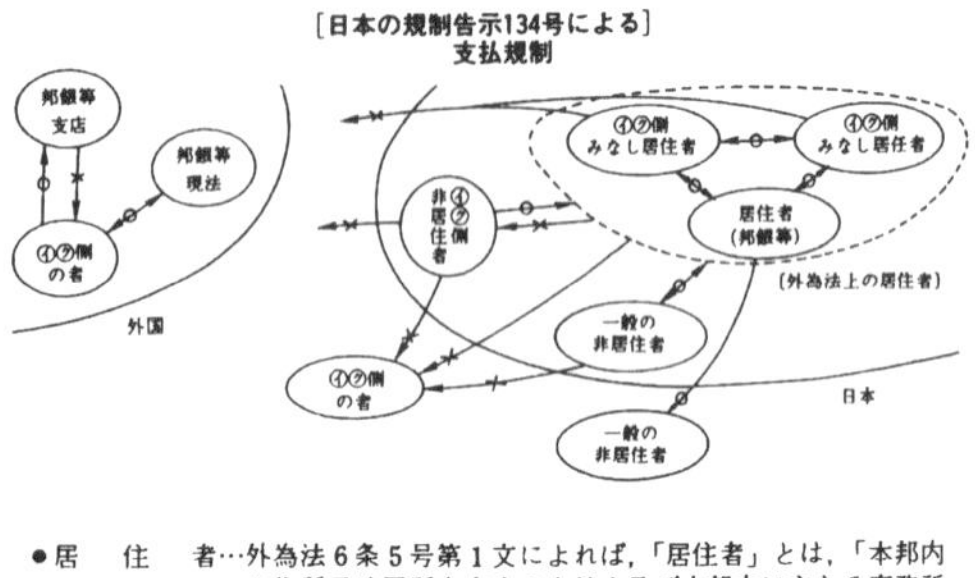

●居住者…外為法6条5号第1文によれば，「居住者」とは，「本邦内に住所又は居所を有する自然人及び本邦内に主たる事務所を有する法人」をいう。
●みなし居住者…同条同号第2文に，「非居住者の本邦内の支店，出張所その他の事務所は，法律上代理権があると否とにかかわらず，その主たる事務所が外国にある場合においても居住者とみなす」とある。
●非居住者…「居住者以外の自然人及び法人」を言うものとして同条6号で定義されている。
●㋑㋗側の者…イラク・クウェート側の者。

［イギリスの規制］

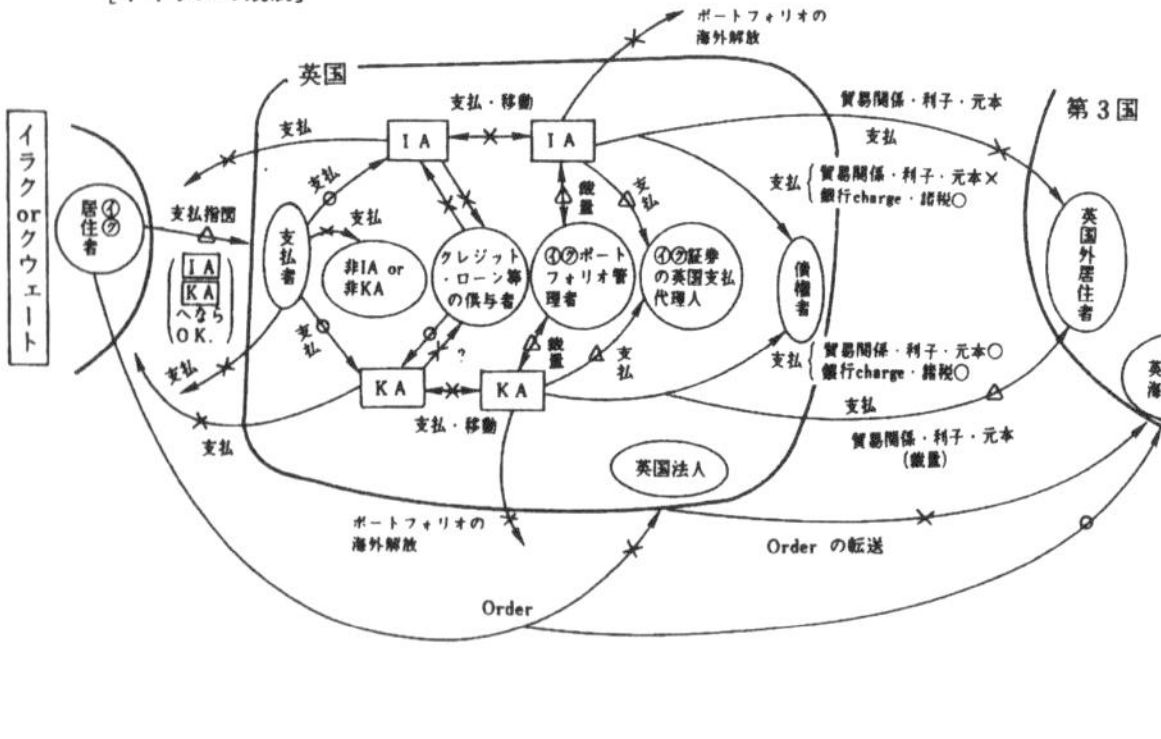

IA…イラク勘定
KA…クウェート勘定
○×…日本の規制の場合と同様
△…バンク・オブ・イングランドの裁量

英国の規制についてのメモ

◎BOE Notice (Aug.7,1990)：

〔対クウェート〕：

- ● 4項—— 英国内の（法人を含めた）すべての者及び英国内外いずれに居ようと英国内に通常居住し，かつ英国のcitizensである者。←このdirectionに服する者
- ● 5項——●クウェート居住者の定義……クウェート内のすべての事業体（business）の支店は，クウェート居住者たる法人とみなす。
  ●クウェート居住者たる法人のクウェート外の支店により，もしくは，クウェートにhead officeを有する事業体の支店により与えられたordersは，かかる支店の所在地にかかわらず，クウェート居住者のために与えられるものである（are given）。
- ● 6項—— 英国内で設立され，日々の支配・管理が英国内でなされる法人は，クウェート政府によって支配的利益が保有されていない限り，英国居住者として扱われる。
- ● 8項—— 英国内で設立された会社（companies）及び英国内にhead officeのある事業体（businesses）の英国外の支店は，クウェート居住者からのordersに今後も従ってよいが，このdirectionsに服する者によって受領されたordersを英国外の支店に移転し，実行することを可能とする許可は，通常は与えられない。

[6項・8項→] 対イラク規制にはない!!

- ● 9項—— 英国内で，銀行法等によりauthorizeされた機関に保有されたクウェート居住者の勘定（ポンド・外貨・金塊）は，"Kuwaiti Accounts"と呼ばれる。
- ●10項—— クウェート政府またはクウェート居住者により，またはこれらの者のために4項の者に対してなされたorderによって要求されるいかなるpaymentも，許可なき限り禁止される。かかる支払（ポンド・外貨を問わず）に対する許可は，それが「クウェート勘定」に対してなされるものとしてなされる。
  英国外に保有されている勘定へのかかる支払への許可は，通常は与えられない。
- ●11項—— change……in the personsは通常ダメ。
- ●12項—— "Kuwaiti Accounts"からの支払が許可される場合
  - (b) 輸入ライセンス＋船積等の既になされた証拠があれば，英国を仕向地とするgoodsに対する支払OK。
  - (c) クウェート貿易に関して取消不能L/Cにより支払をした英国の銀行への償還のための支払。
  - (d) 英国内での他のKuwaiti Accountsへの支払。
  - (e) クウェート居住者による英国居住者からの借入にかかる利息・元本の支払。
  - (f) クウェート居住者の所有またはチャーターした船・航空機の運行に関係する英国居住者への支払。
  - (g) 保険プレミアムの英国居住者への支払。

対イラク22条：対クウェートにはない"Roll-overs"の規定あり。——8/4前にイラク居住者に対してローンを行なった本規制に服する（英国の）者がroll-overを希望するときはBOEに。その条件変更はチェックされる。

[(b)(c)→] 対イラクでは"BOE will consider…"（対イラク：11項）

[(d)→] "Iraqi Account"間のtransferや支払は通常不許可（対イラク：9項及び12項(a)）

[(c)→] 対イラク19項：8/4前の開設分は許可，but "Iraqi Account"からのdebitは他項による許可を前提。

[(e)→] 〔クウェート〕英国外居住者への支払は13項でBOEの裁定

[(e)(f)(g)→] 対イラクでは（英国居住者云々の部分除いた形で）原則〔通常〕不許可 対イラク：12項(b)(c)(d)

  - (h) 英国内の銀行へのchargesの支払。
  - (i) 英国の諸税の支払。
  - ((j) 相続関係・信託（8/2前））

[(i)→] 対イラク13項(b)では諸税支払は，"over-draftにならぬ限り"との限定あるが，銀行チャージと共に許可される，とある。

- ●13項—— BOEの裁量による"Kuwaiti Accounts"からのdebit。
  (c)……12項(e)(f)(g)(j)における英国外居住者への支払。
- ●14項—— 合理的な額のポンド現金の英国内でのクウェート居住者への供給OK。
- ●15項—— クウェート居住者たる会社・事業体の英国支店の，英国内居住者へのサラリー・年金支払OK。
- ●16項—— クウェート居住者たる会社・事業体の在英支店からの，他の支払をするための申請は，BOEが考慮する。
- ●18項—— "Kuwaiti Accounts"へのcredits or loan及び当該勘定での当座貸越しのため必要なすべての許可は与えられる。
  12項(e)でカヴァーされる場合をのぞき，かかるloansのための"Kuwaiti Accounts"からのpayments by debitについては許可が必要となる（will be）。
- ●19項—— クウェート政府またはクウェート居住者へのシンジケート・ローン及び信用供与（syndicated loans and credits）のエイジェント・バンクには，返済元本・支払利子をシンジケート内のparticipantsに配分するため必要ないかなる許可も与えられる。但し，必要なファンドが英国外から受領される場合に限る。
- ●20項—— 為替手形。
- ●21項—— 金貨・金塊の放出（parting with）——それらがどこにあろうと（wherever located）——名義変更（change in the persons!?）のためには許可が必要。
- ●22項—— 証券の定義。
- ●23項—— 証券について21項と同様，許可必要。
- ●24項—— クウェート居住者のための証券ポートフォリオの裁量的管理に従事する者からの申請を，BOEは考慮する。但し，ポートフォリオの英国による監督からの解放（the release of portfolios from the U.K. Control）については，通常許可は与えられない。
- ●25項—— クウェート居住者の名で証券が登録されている場合，英国外の者へのcapital monies, dividents or interestの支払を要求するorderには，許可なく従ってはならず，かかる支払は"Kuwaiti Accounts"に対してなされるならば許可される。このdirectionsに服する者がクウェート居住者の勘定のために無記名証券を保有している場合も同様。その他のケースはBOEへ。
- ●26項—— クウェート居住者により発行された証券のtransfersについては，クウェート居住者により，またはその者のために与えられたorderにより，かかる証券をpart withし，または名義書換することをこの命令に服する者が要求された場合を除き，許可なしにできる。
- ●27項—— クウェートの証券のために英国内の支払代理人がかかる証券につき利子・配当・償還金を支払い，または，証券を買付けるための許可についての申請はBOEへ。
- ●28項—— 8/2前の取引は完結してよい（oil 除く）。
- ●29項—— 輸入ライセンスと船積証明あれば"Kuwaiti Accounts"から支払をする許可が与えられる。

[14項→] 対イラク14条でも。但し，イラク・クウェートディナールの扱いは対イラク14条で限定。

[16項→] 対イラク16項では，current natureの支払はよいが，capital natureのは通常許可せぬとある。

[18項・19項→] 対イラク18項は通常不許可

[19項→] 対イラク21項：左に加えて，「申請はBOEへ。"Iraqi Account"を利用した支払は通常与えられない」と付加。

[21項→] 対イラク23条では，かかる許可は通常与えられない，とある。

[24項→] 全く同じ規定が対イラク26項にある!!

[25項→] 対イラク27項も殆ど同じ！

すが、（縁）としてこれを提示しているにとどまる。ただ、実に気になるのは、次のことである。一研究者たる筆者が、限られた情報の中で、マネーの流れにどこでストップがかかるかを気にしつつ、右の如きメモや図を書いてみた（アメリカの場合が次につづく）。筆者よりもずっと細かな情報は、おそらく国際金融の最前線に立つはずの各邦銀に於いて、保有しておられるはずだ。——だが、本当のところはどうだったのか。それが実に気になる。だから筆者たる私は、あえて不完全な図やメモを示し、その点検をそれら専門の方々（もとより大蔵省内の担当セクションの方々や国際弁護士を含む）にお願いしたいのだ。

さて、次はアメリカである。一九九〇年夏の終わり頃に於いて、私は、大統領の行政命令の下で出されたいくつかのジェネラル・ライセンス（GLと略す）をベースに、全面ブロックされたイラク資産とは異なるクウェート資産の取扱につき、（不完全ながら）図を描いていた。それを左に、コメントと共に示す。分らないところは、正直に⑦マークを付してある。クウェート資産が最も自由に取扱われた場合にどうなるかが、私の関心の中心にある。BA とは、ブロックド・アカウント、つまりアメリカの国家的命令によりブロックされたアカウントのことである。

要するに、GL第三～五号によって、クウェート資産が投資等の目的でかなり自由に動けるようになったことの具体的イメージを抱くための不完全な図、という程度にこの図も押さえて頂ければ十分である。ともかく当時の私はこの程度しか出来なかったし、文章化された石黒・前掲法的警鐘九五頁以下と、是非対比して頂きたい（とくに、米英の規制の概念図については精度七～八割の図としてお考え頂きたい）。

さて、以上を前提としつつ、抵触法的見地からのものも含めた若干の検討を行なっておこう。各国規制の狭間にあって、とくに邦銀がいかなる立場に立つかがポイントになる。

d．邦銀の立場!?
——わが外為法の規制と邦銀の海外での活動

一九九〇（平成二）年八月一五日付の朝日新聞朝刊の「気流」欄に、次のような記事が載っていた。

「大胆すぎた？ イラク資産凍結

米英に遅れまいとの一心でついてきただけのつもりが、気がついたら最も危ない最前線に立っていた——イラクによるクウェート侵攻をきっかけに日本政府が早々と打ち出した両国資産の凍結措置が「実は、国際私法上、かなり問題をはらむ応急手当てだったのではないか」と、金融界で波紋を呼んでいる。……〔外為法関係の〕省令を改正し……法的な裏付けを整えたにもかかわらず、海外の支店まで網をかぶせたことについて、金融関係者の間に「海外で訴訟が起こされたら負けるかもしれない。井の中のカワズで、日本は大胆にすぎたのではないか」と懸念する声が広がってきたからだ。……というのも、海外支店にまで日本の法律が及びうるかどうかについては、国際私法上いまだにはっきりした原則が確立していない。実際……〔米・リビア金融紛争において〕英国の裁判所は米銀敗訴の判決を下し……た経緯がある。……こうした体験から英国は今回の資産凍結措置でも、周到に適用範囲を国内のみに限定。一方、米国はイラク制裁の意気込みを示すため、米銀海外支店にも資産凍結を適用する姿勢を貫いてはいるが、取引していいクウェートの金融機関と、イラク側の息のかかった同国の金融機関とを区別している。……日銀内には「文字通り外国の法人である邦銀の現地法人まで日本の法をたてに支払いを拒ませるのは無理。政府の措置を現法まで含むと解釈したら、混乱は避けられない」と心配する声が強い。……」（傍点は筆者）

右の記事の中で、英米の規制の国際的射程については、ほぼ右の通り

〔米国のGeneral License Nos. 3～5による，ブロックされたクウェート口座(BA)の，米国規制における取扱い——米銀海外支店のBAに関する投資・支払・資金移動を中心に——〕

最も自由な場合のクウェート資産（ブロックド・アカウント）の日米英三国を例とした場合の取扱い

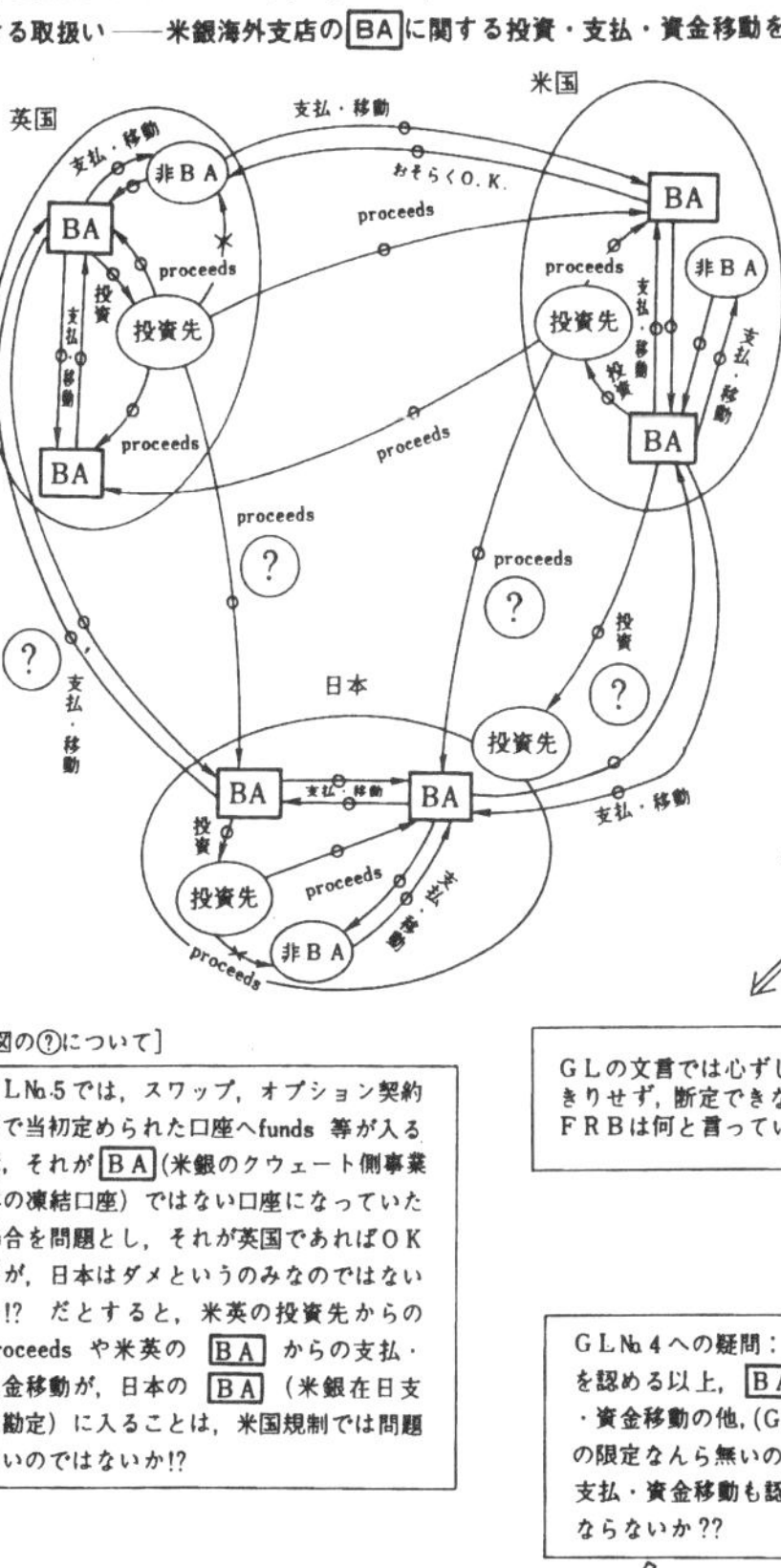

GL No.4 により当該クウェート側事業体（米国内にlocatedつまり（恐らく）拠点があるという意味）が米国で登録をした場合。

⇩

いかなる支払・資金移動もBAへ，またBAから，なし得る。

⇩

GL No.3 で，投資先の限定はないので，左の図如くなるかどうか⑦

◎[上図の⑦について]

GL No.5 では，スワップ，オプション契約等で当初定められた口座へfunds 等が入る際，それがBA（米銀のクウェート側事業体の凍結口座）ではない口座になっていた場合を問題とし，それが英国であればOKだが，日本はダメというのみなのではないか!? だとすると，米英の投資先からのproceeds や米英の BA からの支払・資金移動が，日本の BA （米銀在日支店勘定）に入ることは，米国規制では問題ないのではないか!?

GLの文言では必ずしもはっきりせず，断定できない。FRBは何と言っているか??

GL No.4 への疑問：GL No.3 で投資を認める以上，BA 相互間の支払・資金移動の他，(GL No.3 で投資先の限定なんら無いので）非BAへの支払・資金移動も認められることにならないか??

⇩

GL No.4 は、投資(No.3)・8月2日前の契約履行(No.5)以外の目的での一層自由な any payment or transfer をも認める趣旨か？

だが、「国際私法」云々のところは実におかしなことが書かれている。とくに、「海外支店にまで日本の法律が及びうるか」云々のところは、これが答案であれば「不可」をつけたくなるところである。まず、英米の規制方針から若干の点を確認してゆこう。イギリスが、在外支店を規制対象外としていることは前記の BOE Notice（Aug. 7. 1990）の第八項からも知られる。これに対してアメリカでは、一九九〇年八月九日の行政命令一二七二四号（対イラク）、同一二七二五号（対クウェート）が、共に殆ど同じ文言の下で、"the United States persons, including their overseas branches" の所有または支配の下にあり、またはその下に置かれる財産を凍結する、とされている（石黒・前掲法的警鐘九五頁——行政命令の番号については既述の如くオリジナルにミス・タイプがあったようだが、同右頁には若干の脱落もあるようである）。石黒・同右九六頁に記したように、域外適用という点では、イラク・クウェートの場合とイランやリビア関係の場合とで、アメリカの措置の基本はかわらない。

本稿に於けるアメリカの措置についての前記の概念図は、「保護のための凍結」というクウェート資産関係の比較的（かなり?）自由な動きを示すためのものであるが、これに対してイラク資産は、完全なブロック状態にある。理屈の上で、イラク・クウェート共に同じ形で凍結しておきつつ、ジェネラル・ライセンスで、対クウェートの分は個別に、あるいは類型的に規制を外してゆく、という方針がとられたのである。

以上を前提に、前記の「気流」欄の記事に戻るが、たしかに邦銀の立場は微妙たり得た。米・イラン、米・リビア金融紛争の際の米銀と同様の立場に、例えば邦銀ロンドン支店が立つ、といった展開も、考えられなくはなかったのである。わが大蔵省は極力米英の規制当局の方針にあわせようとしたが、米英が矛盾した動きをとったその局面で紛争が起きたらどうなるか。——おそらく、その場合には規制をともかく外してしまえ、ということで切り抜ける、という実務的感覚だったのだろうが、規制の基本的趣旨からしてそれでよいかが別途問題となろう。また、こうした受身の舵取りがいずれにしても破綻する場合を考えると、日本の規制があり、現地国の規制がない、という場面を設定できる。その場合の邦銀の立場は、たしかに前号で米・イラン、米・リビアの金融紛争について論じた米銀の立場に似ている。どんな牴触法上の問題が生じて来るかは、前号を参照されたい。例えばイラク・クウェート側当事者から邦銀への、現地での支払請求を考えればよい（なお、石黒・前掲法的警鐘一〇二頁以下）。

だが、ここでは、外為法による規制という形がとられた我国の場合について、若干の点を確認しておく必要があるので、そちらを見ておこう。つまり、外為法違反の契約の私法上の効力についてである。実は、民法のイロハを学ぶときに出て来る最判昭和四〇年一二月二三日民集一九巻九号二三〇九頁、最判昭和五〇年七月一五日民集二九巻六号一〇二九頁といった重要判例をそのまま読むと、ここでの問題処理が、妙なものとなり得るからである。

即ち、それらの判例では、外為法違反があったからといって契約の履行が妨げられるわけではなく、裁判所は無条件の判決をすべきであるとか、外為法に対する違反は当該行為の私法上の効力に影響を及ぼさない、などとされている。契約の履行を拒むために外為法違反を持ち出すなどということは、信義則（信義誠実の原則）に反する、ともされている。

右の点がそのまま維持されるならば、例えばロンドンで、イラク・クウェート側の者から邦銀に対して支払請求の訴が提起された場合にも、邦銀側がわが外為法を持ち出して、その違反ゆえに支払を拒絶する、とすることは、若干難しくなる（但し、イングランドの牴触法上は、「契約準拠法の如何を問わず、履行のなされるべき国に於いてその履行が unlawful となる契約は invalid とされる」との妙なルールが別にあるので〔石黒・前掲法的警鐘一〇九頁〕、それとの関係が問題となり得る）。

そもそも、前記の如きわが最高裁判決の立場は、若干奇異なものとして海外で受けとられている。即ち、私自身も大変御世話になった Ph.

Wood. Law and Practice of International Finance, 132f (1980) には、次の如くある。

"However it is not always the case that the local courts will frustrate the contract by applying their own exchange control laws. In the remarkable case of *Tomita v. Inoue* (19 Supreme Court Civil Case Reporter, 2306 [Supreme Court, December 23, 1965]) the Japanese Supreme Court enforced an international loan contract which violated the Japanese Foreign Exchange and Foreign Trade Control Law and said …… Clearly the court thought it more important to prevent the unjust enrichment of the borrower than to uphold the technical regulations. However, most local courts are not as helpful as that. ……"

ウッドの著書に於いて紹介されたのは前掲最判昭和四〇年一二月二三日であるが、前掲最判昭和五〇年にせよ、これらの事例は、たまたま外為法違反があったことを奇貨として当事者が支払を免れようとした、というものであり、そこに於ける判旨も、もともと射程が限定されたものであった、とも見得る。

だが、これらの事例は我国の外為規制が大きく緩和される前の、厳しい時期のものであり、その時期に前記の如きリベラルな判決が出ていたことは、かなり気になることである。ただ、ともかく、当面するイラク・クウェート資産凍結の場合、もとを辿れば既述の安保理決議に至るという、極めて公益性の高い規制であり、一般の有事規制の場合と同じく、あるいはそれ以上の高次の政策目的が、明確に背景としてある。かかる場合にも、前記の如き特殊な事案とこれを同視した判決が下されるとは、思いにくい。けれども、実際にその趣旨の判決が我国でまだ出ていない、ということは、それ自体として大きな不確定要因となる。いくら事案が異なるとして前記最高裁判決のケースと distinguish しようとしても、これが海外の法廷に於ける日本法の趣旨への理解をめぐる争いとなると、相当厳しい争いとなるであろう。前記判決があまりにも一般的な説示をし過ぎている点も気になる点である（国際弁護士のリーガル・オピニオンも、書きにくいところであろう）。

ともかく、イラク・クウェート問題を契機に、外為法違反の私法上の効力に関する我国での議論に、再度注意が向けられるべきであろう。

それから先の問題に対する牴触法的検討は、ここでは省略する。書いていて、何だかつまらなくなって来た。イラク・クウェート資産凍結問題との関係でも、ノラリクラリ型の日本的対応でその場をしのぐことが出来た。この事件の"教訓"は、邦銀の国際的事業展開に何らいかされていない。それどころか、いわゆるバブル経済の崩壊とかで、国際金融取引なんかよりも国内に火がついた。だから……といった鳩豆共和国に住む以上、このつまらなさは仕方ない。

せめて、外為法五条のこと位は書いておこう。前記の新聞記事にあった誤解のうち、この点ははっきりさせておかねばならない。同条は、次の如く規定する。即ち、——

「この法律は、本邦内に主たる事務所を有する法人の代表者、代理人、使用人その他の従業者が、外国においてその法人の財産又は業務についてした行為にも適用する。本邦内に住所を有する人又はその代理人、使用人その他の従業者が、外国においてその人の財産又は業務についてした行為についても、同様とする。」

これは実に不完全な規定である。だが、たまたまこの規定があったので、右に言う「代理人、使用人その他の従業者が、外国においてその法人の財産又は業務についてした行為」をふくらます解釈が、従来より大蔵省サイドからなされている。即ち、「本邦内に主たる事務所を有する法人の海外支店の行う取引又は行為」についても右の文言があてはめら

れ、かつ、外為法による「政令・省令等においても右のような考え方に基づ」いた取扱になっている（福井博夫編著・詳解外国為替管理法四六頁）。

この規定があるおかげで、イラク・クウェート資産問題に於ける我国の措置は、邦銀等の海外支店に適用し得るものとなる。だが、海外現法は、外為法では規制できない建前になっている。海外支店と海外現法とで、そんなに違うのかが問題となる。そんなに違わないはずだ、という考え方が、アメリカの一般の法規の域外適用（それよりも幾分狭く、金融資産凍結絡みの場合の、アメリカの規制の域外適用範囲が設定されて来ていることは、前号で示した。）の場合にも示されているし、私見の基本にも、かかる見方がある。

我国に自己の営業所等を置かぬ香港三越に対する関係で我国の国際裁判管轄が及ぶとしたある地裁判決は、「一方が他方の一〇〇パーセント出資の子会社であり、子会社の役員の全員を親会社の従業員が兼務している場合には、事実上子会社は親会社の指示によって動くことになり、実質的には親会社と子会社の関係は、本店・支店の関係に近づくことになる。……」と述べた（東京地裁昭和六二年六月一日判時一二六一号一〇五頁）。親子間に右の如き極端に一体的な関係がなくとも、実質的に考えてゆこうとするその思考プロセスは、民事の国際裁判管轄の場合（なお、石黒・国際民事紛争処理の深層〔平四〕八二頁）のみならず、国家管轄権の及ぶ範囲を考えてゆく上では、ごく自然なものなのである。

ところが、こうした眼で、大蔵省国際金融局の実務担当者の筆による福井・前掲書の論述を辿ってゆくと、実に不可解な論理にぶつかることになる。「およそ海外に手を出せない!?」と言うに近い朝日新聞の前掲「気流」欄の記述の混乱ぶりも同根であり、この点を、やはり問題とせざるを得ない。

福井・前掲四三—四四頁の外為法五条に関する解説の冒頭近くには、次の如くある。

「『代理人、使用人その他の従業者』……が居住者である場合は、それらの者が外国において行った行為についても、属人的に本法が適用になることを明らかにし、我が国の法律の適用についての一般的な原則である属地主義の例外をなすことを明らかにしている。これが本条の第一の意義である。……」（傍点は筆者、つまり石黒。）

右の説明の、「属人」・「属地」の語はミスリーディングである。「属地主義」が一般原則でそれを越える立場が「例外」だとする議論も、どこまで国家管轄権の一般理論（石黒・現代国際私法〔上〕一八七頁以下）を踏まえた立論か、実に疑わしい。同右・四四頁は、同条により「非居住者が外国において行った行為……についても本法が適用になること」の「意味」をとくに問題とし、「これらの者の行った行為の法的効果は、すべてその〔居住者たる〕法人に帰属するあるいは法人が享受する」点が考慮された、としている。つまり、そこでは「居住者たる法人が自らの手足ともいうべき使用人、従業者を使うことによりその法的効果は享受しつつ形式的には本法の適用をまぬがれることとなる……ことを防ぐ必要」から本条が設けられた、とされている。我国の国家管轄権の及び得る範囲を考える際に、外為法上のテクニカルな「居住者」概念をベースに考えることに、あまり意味はないとは思われる。また、「帰属」とか「享受」といった右に傍点を筆者が付したようなポイントにこだわる必要も、あまりないと思われる。福井・同右四五頁が、「本条は、属人的に法が適用になる趣旨から対外取引を人の行為としてとらえたものと思われる」としておられるところも、どうしてあえて「属人的」などという危うい用語法を用いるのかが分らない。

外為法は、ここで問題としているような局面との関係では、法廷地国の絶対的強行法規として、牴触法上は整理される。公法的規制として、その場所的適用範囲は、伝統的な属地主義といわゆる効果理論（さらに

は連結点理論——石黒「国際環境汚染と法」貿易と関税一九九一年九月号四一頁以下）との緊張関係に於いて決せられる。だが、外為法五条の文言は不十分なものであるにせよ、福井・前掲が、そして大蔵省が目指して来た規制方針は、国家管轄権論上は、実にリーズナブルなものであり、あえてこれを「属人的」に説明することは、かえって無用な誤解のもとになる。国家管轄権をあらかじめ海外支店の行為まで広げておき、その上で「海外支店の独立性を考慮」し、「特別に制限を免除する措置を講じて」来た（以上、福井・前掲四七頁）、というのも、わが外為政策の然るべき発露としてリーズナブルである、と言える。むしろ、海外支店と海外現法とで全く区別をしてしまうという点が、国家管轄権論上は不自然、かつ不十分である、と言うべきところなのである。

右の如く言った場合の常識的（?）なリアクションは、次の如きもののはずである。「外国法人の外国での行為を日本の法規で規制するのは当該外国の主権を侵害し、国際法違反を構成するはずだ!」とのリアクション——だが、そう簡単に言うのならば、刑法二条は何なのか。まず、それに答えてほしい。何よりも、ほかならぬ外為法二〇条七号、同二一条一項二号は何なのか。そこでは、「非居住者による本邦通貨をもって表示され又は支払われる証券の外国における発行又は募集」が「資本取引」とされ、当該非居住者に於いて「大蔵大臣の許可を受けなければならない」とされている。しかも罰則つきである（同法七〇条一一号）。

かかるユーロ円規制が将来緩和されるにせよ、されないにせよ、ともかく、外国での非居住者（端的には我国に拠点のない外国法人）の行為に対し、外為法の強い規制が及んでいる。そこにはもはや「属人」とか「属地」とかいった言葉による説明を拒むものがあるはずである。そして、国家管轄権の問題をそれらの古すぎる言葉づかいから解放する必要を、私自身はこれまで何年も説いて来たのである（例えば石黒・国際的相剋の中の国家と企業一五二頁以下、同・金融取引と国際訴訟〔昭五八〕三七頁以下、等）。一言で言えば、右のユーロ円債の規制には、主権を「属地」と「属人」とに分け、それぞれを不当に絶対化しつつ、他国法人の他国での行為への規制やいわゆる域外適用問題に対して、殆ど腫れ物に触るが如き対応を示して来た我国の、一般の誤てる理解が裏打ちされている。円が自国通貨として自国の「通貨主権」に服するがゆえに何でも規制してよい、とはならないのであり、そこらあたりから、一連の議論相互の連続性を点検せねば、との気運の高まるとき、はじめて「国境」というものの真の位置づけへの一般の認識が深まることにもなろう。それまで待つ必要が、やはり今の日本では、あるのであろうか。

(5) 小括

以上、あちこち寄り道しながら、「資産凍結」絡みの問題を論じて来た。米・イラン、米・リビアの紛争パターンが、十分にイラク・クウェートの場合にも繰り返され得る理論状況にあったことは、それなりに御理解頂けたのだろうか……、などと一々気にしていたのでは先に進めない。前号冒頭にも掲げた配線図でゆくと、左上隅のあたりを「Lee インサイダー・トレーディング事件と海外預金口座凍結」を残して、一応説明し、さらに、「イラク・クウェート資産凍結問題」から右に長く伸びた矢印の先の「外為法五条」を説明し終えたことに、一応なる。また、「外為法五条」にゆく矢印と交差する変形矢印で上に突き出た「通貨主権万能論?」の点も、(4)末尾のユーロ円規制のところで、サラッと触れたことになる。

さて、これからどこにゆくべきか。日本の各種法規の域外適用へ、そして右の Lee の事件や、「域外適用VS.対抗立法」等にゆくゆき方もある。だが、それについては、わが独禁法・証取法の域外適用に関する筆者の論文が、まだ活字にならない、という非論理的な理由から断念し、別な道を選ぶことにする。「国有化・収用措置等の国際的効力」とそこに至る一群の問題である。

三 金融機関・金融資産に対する国有化・収用措置等の国際的効力

(1) 問題の所在――ある"告白"とともに――

二で論じた「資産凍結」は、他国に対する経済制裁措置の一環としてしばしば用いられるものである。だが、紛争の度が進めば、単なる「凍結」を越えて、当該他国側から当該資産を奪い取るための措置が講ぜられることになる。戦時の敵性資産の取扱を考え、数次の世界大戦等に於ける我々の世界の実体験を想起すればよい。

但し、それらの措置がとられる前提として「戦争」が必要となるわけではない。戦時・平時の別なく国有化・収用措置はとられ得るし、とられてしまえば、その国際的効力についての射程が問題となる。

本稿三の見出しに「金融機関・金融資産に対する」と書いたことに、理論的な意味はない。金融を論じているからそう書いたのみのことである。ただ、姿の見えないマネー(金融資産)については、おもしろい理論的問題があるので、好都合だ。

なお、抵触法上の取扱に於いては、「没収」と「収用」、さらには「国有化」等の、それぞれの法的色彩の差も、どうでもよい。要するに国家公権力が赤裸々に、あるいは私法的外装を伴いつつ(後述)、私権に介入し、所有名義の変更を宣言し、それに基づく実力行使をしようとするのである。

数次の敗戦を経験したドイツでは、この種の問題についての議論の蓄積が、それなりにある。海外にまで膨張したドイツ系の企業(その資産やさらにはその法人格・株式等)が現地国の国有化・収用措置の対象となった場合、その外国(現地国＝具体的な措置を講じた国)の中での問題処理はともかく、ドイツの領域内にある当該企業の資産はどうなるのか。

また、当該外国(現地国)での法的地位(＝権利〔Recht〕)の変動を、ドイツとしていかなる要件の下に認める(承認する)べきなのか。――これらの点に関するドイツの抵触法理論の展開は、後述の如くいまだ十分なものではないが、実務の直観にも支えられつつ、(多少単純化した場合)次のようなテーゼが示されて来た(石黒・前掲法的警鐘一一六頁以下、一二八頁以下、一三二頁以下、同・国際的相剋の中の国家と企業一八八頁以下、同・金融取引と国際訴訟三〇五頁以下、同・現代国際私法〔上〕四七一頁以下、及び、それらに所掲のもの参照)。

即ち、『当該措置の当時その国の領域内に所在した財産との関係での法的地位の変動は原則としてドイツで当然承認され、右の当時その国の領域外に所在した財産についてのかかる変動はドイツで承認されない』とのテーゼである。そこから派生して、海外でドイツ系企業に対して国有化・収用措置がなされた場合、当該企業の法人格自体がかかる措置の対象になったとしても、ドイツ国内にある財産との関係では、当該法人格が(延いては旧所有者の権利が)残存することになる。この場合、当該企業の法人格が分裂するのだとして、分裂会社(Spaltgesellschaft)の概念が理論上設定された(かかる考え方はドイツのみのものでは必ずしもない。石黒・前掲法的警鐘一四六頁)。

ただ、「分裂会社」の理論(Spaltungstheorie)それ自体(なお、石黒・同右一三四、一四六頁)の細部に至る詰めの問題は別として、外国の公権的措置が自国内にまで及ぶことを拒絶するその姿勢は、正当なものである。国家管轄権論上、独禁法等の域外適用がいわゆる「立法管轄権」の問題とされるのに対し、かの「執行管轄権」の問題が、ここでの問題と深く関係する。

ただ、ここで、筆者の研究生活上の、一つの明確な屈折点につき、"告白"をしておかねばならない。一九八三(昭五八)年刊の石黒・金融取引と国際訴訟三〇五―三〇六頁で、私は、分裂会社の理論に言及し、こう論じていたのである。

『〔外国に親会社があり日本に子会社があるとし、当該外国で国有化・収用措置等がなされ、その際、外国親会社の有する資産としての日本の子会社の株式の取扱が問題となったとする。〕当該外国での収用ないし国有化による所有名義の変更を主張して当該外国側が収益力の高い日本の子会社の直接支配を試みたときの紛争について、わが国の裁判所はいかに対応すべきなのか。……〔この場合〕子会社の株式自体は日本に所在する財産であるとして日本所在の財産たる子会社株式には当該外国収用法の効力は及ばない、と解することは出来ないではない。破産法三条三項(会社更生法四条三項)の趣旨をも類推すれば、たしかに日本子会社の株式はその本拠地たる日本に所在すると言い得ないではない。だが、その株式の所有者の方に収用ないし国有化を契機としていわば包括承継が生じたことまでも否定し得るのか。日本所在の株式の所有者たる当該外国親会社の法人格および従来の代表機関は観念上右財産(〔日本子会社の〕株式)との関係では残存し、例えばB国から安全な他国にその本拠地を変更することにより、従来通り日本子会社の支配を続行し得る、などという極めて技巧的な解釈も、全くなされ得ないわけではなかろうが(なお、とりわけ1 H. Wiedemann, Gesellschaftsrecht. 845f.: 848 [1980])、いかにも苦しい。当該外国を本拠として活動して来た当該外国法を設立準拠法とする前記親会社の収用に対しては……当該外国との圧倒的な牽連性の強さからして、もはや私法的レベルで打つべき手立てはなく、当該外国の収用(・国有化等の)措置は、私法的権利義務関係にかかわる限りでほぼ全面的にわが国で承認されると言うべきではないか(但し手続的保障の要件や国際公法上の問題は残る)』

右に長々と引用した私見に於いては、同書三〇七頁以下の「外国国家行為の承認論からのアプローチ」からの検討が十分ではないと共に、「国家の執行管轄権的制約」からの検討が欠けていることを、私は苦渋と共に認めざるを得ない。同書「はしがき」に示した「今の私にはこれしか出来ない。血のにじむ十指で崖をよじのぼるように、疲れ切った自分の身体をとことんいじめぬきながら書き続けていた時期をふり返り、……」との思い。――やはり、限界は常に、そして誰にでもあるものだ。自分で気づいただけ、幸せと言うべきかも知れない。

正直なところ、「国家の執行管轄権の及ぶ限度」、つまり「他国との国境を越えた当該他国の同意なき公権力行使の禁止」の問題は、昭和六一年刊の『現代国際私法〔上〕』(二一七頁以下、四七一頁以下)以来の私の問題関心と言うべきなのかも知れず、同・ボーダーレス社会への法的警鐘第五章(一二三頁以下)所収の論文で、私なりに問題の再整理を一応なし得たところである。

右に引用した『金融取引と国際訴訟』に於ける論述では、当該措置国内にその当時所在した財産についての権利変動と、そうでない財産についてのそれとを区別していず、その点に於いて不十分であるし、かつ、前者についての権利変動に関しても、『現代国際私法〔上〕』四八二頁以下に記したように、その我国での承認については、一層厳格に論じなければならない(同・前掲法的警鐘一三二頁以下にまとめて示してある)。

やはり、『現代国際私法〔上〕』で、国際民事手続法上の諸問題を徹底して論じ、他方、国家管轄権の一般理論の構築を目指したその前と後とでは、分析のメスの深さは、違っていて当然ということであろうか。

(2) 従来の一般の処理定式?――アメリカのアクト・オブ・ステート・ドクトリンとの関係に於いて――

以下、他国の国有化・収用措置の承認をめぐる英米独三国の処理定式と日本の状況について順次論じてゆくが、各国の状況を左にあらかじめ図示しておく。

左の図にも、実にいろいろな問題の含みがある。完全な処理定式など、

あるいは(私のものも含めて)全く存在しないのではないか、とも思われる。細かな分析は石黒・前掲法的警鐘一二三頁以下及びそこに所掲のものに委ねつつ、ここでは、問題の骨子を示すにとどめる。

従来、米英独の三国に共通する処理定式がなかったかと言えば、むしろそれらしいものがあることはあった。だが、その理論的基盤の急速に崩れつつあるのが現段階であると、私は見ている。ほぼ共通の処理定式と言えるものとは、ドイツの場合に即して、三(1)の、"告白"がはじまるより少し前のところで示しておいたものである。即ち――

『外国で国有化・収用等の措置がとられた場合、当該措置の当時その外国の領域内に所在した物(無体物を含む)についての権利ないし法的地位の変動は原則として自国内で当然に認めるが、それ以外の物についての権利変動は認められない。』

〔他国の国有化・収用等の措置の国際的効力についての英米独の取扱い〕

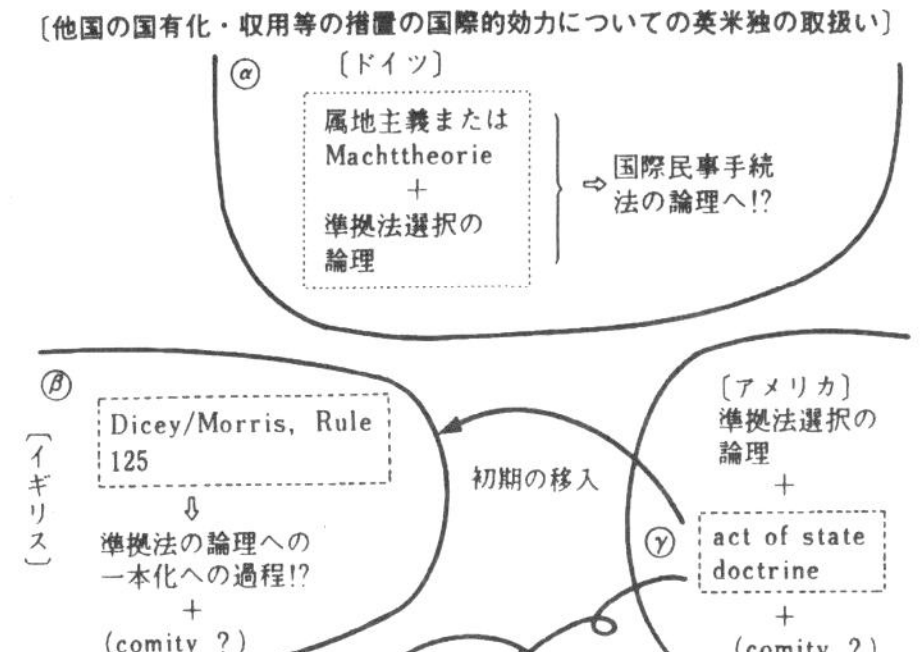

〔留意点〕
- ⓐⓑⓒは略一致する内容を一見有するが，理論的根拠が微妙に異なる。
- 「執行管轄権的制約」(いわゆる属地主義の消極的効果)の問題は各国共通(但し，最近アメリカで州際問題を軸に不当な相対化への流れあり)。

右には若干単純化して定式化してあるが(イギリスの場合は、前記の図にも記したDicey/Morris, The Conflict of Laws, 969 [11th ed. 1987] のRule 125に、右の点が定式化されている)、かかる処理定式を示すと、「なるほどなるほど」と、妙に納得してしまい易い。だが、ちょっと待ってほしい。何故このように処理すべきだとされているのか。そこをはっきりさせねばならない。

まず、イギリスの場合から見てゆく。前記の定式は、一九二一年のあるイギリス判決にまで遡るものだが、そこでは一八九七年、一九一八年といった時期のアメリカの、いわゆる国家行為理論(act of state doctrine)に関する判例がダイレクトに引用されていた(石黒・前掲法的警鐘一二六頁以下)。即ち、右のイギリス判例には、"Every sovereign state is bound to respect the independence of every other sovereign state, and the Courts of one country will not sit in judgment on the acts of the Government of another done within its own territory."との直接的引用の形をとって、アメリカ判例の強い影響があったのである。

右の英文引用部分を読むと、なおさら「なるほどなるほど」になってしまい易い。だが、そう簡単ではない。

すべての前提として確認すべきは、一国がその領域内で行なった事柄を他国が尊重せねばならず、それに反したことを当該他国として行ってはならない、などといった一般国際法上のルールは、何ら存在しない

(!)、ということである(石黒・前掲法的警鐘一二七頁、一四二頁注(32)。そのことを前提に、一般の外国民事判決の承認制度も組み立てられている。それについては同・現代国際私法〔上〕三八一頁)。

それならば、右の英文引用部分から導かれ得るところの、一般受けし易い前記のテーゼは、どこから来るのか。

ここから先は次号で論ずる。

〔平成四年五月三日〕

連載

ボーダーレス・エコノミーへの法的視座

第十四回　国際金融の牴触法的考察　(3)

石黒一憲
東京大学法学部教授

三　金融機関・金融資産に対する国有化・収用措置等の国際的効力

(2)　従来の一般の処理定式?――アメリカのアクト・オブ・ステート・ドクトリンとの関係に於いて――(つづき)

前号では、次頁の図を掲げて説明している途中であった。

そこでは、次のテーゼが、何ら一般国際法上のルールを示したものではないことまでが示され、そこで本号へのバトン・タッチがなされていた。即ち――

『外国で国有化・収用等の措置がとられた場合、当該措置の当時その外国の領域内に所在した物（無体物を含む）についての権利ないし法

的地位の変動は原則として自国内で当然に認めるが、それ以外の物についての権利変動は認められない。』

――とのテーゼである。

前号で述べたように、イギリスでは一九二一年の判例以来、右の定式の下での問題処理がなされるようになったが、そこでは、いわゆるアメリカのアクト・オブ・ステート・ドクトリンの、まさに形成期に属するアメリカ判例（一八九七年、一九一八年のもの）が引用されていた。

〔他国の国有化・収用等の措置の国際的効力についての英米独の取扱い〕

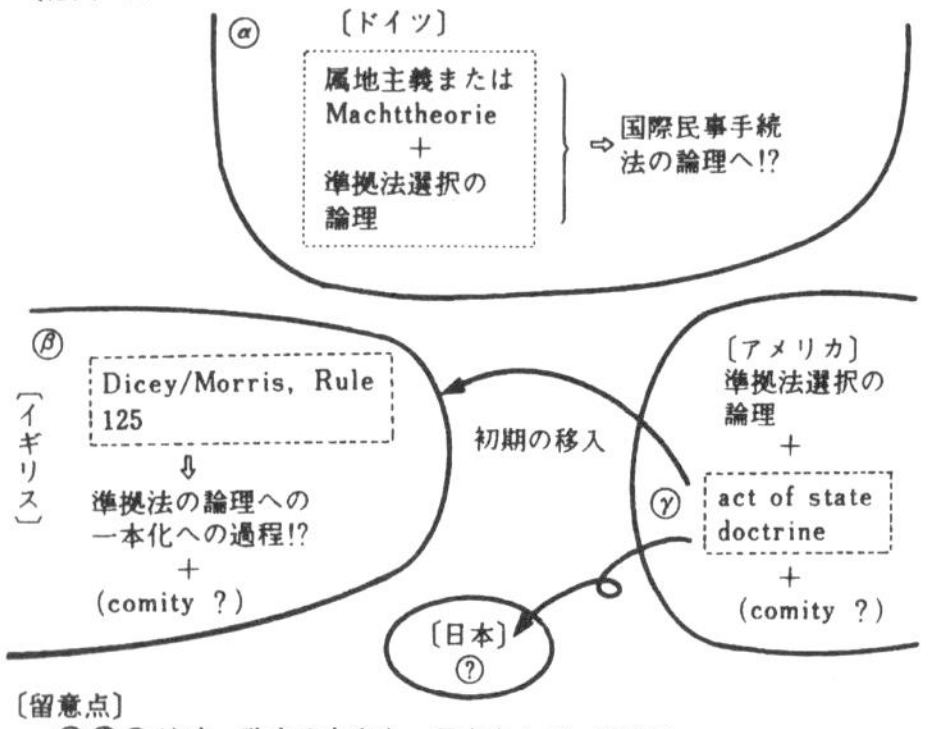

〔留意点〕
- ⓐⓑⓒは略一致する内容を一見有するが，理論的根拠が微妙に異なる。
- 「執行管轄権的制約」（いわゆる属地主義の消極的効果）の問題は各国共通（但し，最近アメリカで州際問題を軸に不当な相対化への流れあり）。

さて、以上を前提として本号の論述をはじめることにする。

アメリカの初期のアクト・オブ・ステート・ドクトリンに関する判例の直接的影響の下に、イギリスでの『外国国有化・収用措置等の自国内に於ける効力』問題の処理定式が形成されたのは、若干不幸なことであった。当時のアメリカでは、まだ、前記テーゼに対応するアクト・オブ・ステート・ドクトリンの理論的根拠は、さして明確なものではなかった。それがアメリカに於いて明確化されるのは、実に一九六〇年代に入ってからのことになる（石黒・現代国際私法(上)二四二頁以下、同ボーダーレス社会への法的警鐘一二七頁）。

簡単に言えば、アメリカ特有の三権分立に対する見方が、このアクト・オブ・ステート・ドクトリンの背後にはあるのである。つまり、司法府がいわば勝手に、行政府（政府）の対外政策上の困惑を想定し、司法審査を控える、というのがアメリカのアクト・オブ・ステート・ドクトリンの本質なのであり、この点は十分な注意を要する。それだけ述べても、まだ不十分であろう。従って、さらに説明をつづける。

例えば日米安保条約などの憲法適合性が争われる事件で裁判所が、問題の高度の政治性ゆえに判断回避をすることがある。いわゆる統治行為論である。実は、そのアメリカ版が、アメリカのアクト・オブ・ステート・ドクトリンなのだ、と言った方がよい状況にあるのである（石黒・現代国際私法(上)二四一頁以下、及びそこに所掲のもの参照）。

もともと、「統治行為」については、「英（act of state）、米（political questions）……」（田中二郎・新版行政法上巻〔全訂第二版・昭四九〕三頁）の如く呼び方は様々であったが、イギリスの「アクト・オブ・ステート」という表現に於ける「統治行為」論が、「外国の統治行為（foreign act of state）」をも含む形のものとなり、それがアメリカに移入されて、

母国イギリスとは異なり極端に肥大化した、という事情がある。ところが、『外国の国有化・収用措置等の自国内に於ける効力』の問題の処理定式としては、かかるアメリカのアクト・オブ・ステート・ドクトリンがイギリスに移入された、というのであるから、複雑な経緯と言うべきである（石黒・現代国際私法(上)二四二頁と同・前掲法的警鐘一二七頁とを対比せよ）。

そこから先の、アメリカのアクト・オブ・ステート・ドクトリンについての評価は、発展途上国の累積債務問題の渦中で生じたアライド・バンク事件などに即して、後述するつもりであったが、やはりここで一言のみしておこう。

アメリカのアクト・オブ・ステート・ドクトリンの本質は、外国政府との関係で自国の政府（行政府）を embarrassment に陥らせないようにしよう、との司法府の勝手な自己抑制にある。「勝手な」と書いたのは、まさに、アメリカでは立法府・行政府ともに、アクト・オブ・ステート・ドクトリンによる司法府の勝手な自己抑制を不当として来ているからである（このあたりが日本の統治行為論をめぐる理論状況とは逆であり、興味深い）。

まさにこの理論の右の如き基盤を明確化した、いわゆるサバチーノ事件についてのアメリカ連邦最高裁判決（Banco Nacional de Cuba v. Sabbatino, 376 U.S. 398〔1964〕）では、外国政府が自己の領域内で行なった収用については、その慣習（一般）国際法違反性が問題となっていても司法審査を控える、とされた。そこで米国議会は直ちに一九六四年に、サバチーノ・アメンドメントと呼ばれる立法をし、裁判所の不当な自己抑制を是正しようとしたが、裁判所側の態度は、なかなか改まらないのである（その間の事情については、例えば、Restatement of the Law, Third, The Foreign Relations Law of the U.S., §444〔1987〕のコメントを見よ。なお、石黒・現代国際私法(上)二四二頁以下）。

木を見て森を見ざるの弊を避けるべく、この辺でアクト・オブ・ステート・ドクトリンを一度突き放しておこう。要するにこのドクトリンによるときには、当該外国の領域内に、国有化・収用等の措置がなされた当時所在した物についての争いは、アメリカの裁判所で門前払となる。つまり、司法審査が控えられるのである。理由は、くどいようだが行政府の（当該外国との外交政策上の）困惑を勝手に想定した司法府の自己抑制にある。何ら国際法（一般国際法）上の要請ではない。また、サバチーノ事件連邦最高裁判決自身が認めているように、アメリカ合衆国憲法からこのドクトリンが直接導かれるわけでもなく、単にそれは「憲法的基盤（constitutional underpinnings）を有する」と言い得るにとどまる（376 U.S. 423――「基盤」という訳は、はっきりしすぎてよくないかも知れない）。

そもそも、行政府の対外政策上の困惑を問題とするならば、なぜ当該措置国の領域内に右措置の当時目的物があったか否か（否ならばアメリカで司法審査がなされる）で区別するのか――とくにアライド・バンク事件等で後述する（つもりであった!）が如き、微妙な「債務の所在地」概念（石黒・現代国際私法(上)二五〇頁以下）が右の点を左右するあたりが、この理論の根拠とされる右の点との関係で、実に気になるのである。

以上の如き、アメリカのアクト・オブ・ステート・ドクトリンの理論的根拠の明確化がなされるよりもずっと前に、このドクトリンのイギリスへの移入がなされていたことは、既に述べたところである。そこで三(2)の冒頭に戻って考えて頂きたい（今月号の冒頭の図と『　』内のテーゼ参照）。

これは何も一般国際法から導かれる原則でも何でもない。それらしく見えるだけである。だったら、どうやってこのルール（?）を理論的に基礎づけ得るのか。

イギリスはこの種の悩みの中にある。一方では、アメリカのアクト・オブ・ステート・ドクトリン自体、イギリスの統治行為論の落とし子でもある。そして、アメリカでのこの法理の展開の早い段階で、イギリスはその移入をしてしまった。先祖返り的なこのドクトリンの本質は一九六〇年代のアメリカ判決でようやく解明された。もともとのその根は、決してイギリスにとって異質なものとも言い切れない……。

実は、一九八二年にイギリスのハウス・オブ・ローズは、アメリカのアクト・オブ・ステート・ドクトリンと同様の法理を採用したとも言い得ないではない司法審査の抑制（judicial restraint or abstention）を行なった。Buttes Gas and Oil Co. v. Hammer, 〔1982〕A. C. 888. に於いてである。アメリカ側は、アメリカの右の法理の採用がなされたと言うが（Restatement, Third, The Foreign Relations Law of the U. S. supra, 382f 〔§443 Reporters' Notes 12〕）、イギリスの学説は、至って冷静にこれを受け止めている。即ち、Dicey/Morris/Collins, The Conflict of Laws, 110ff（11th ed. 1987）では、一見アメリカ的とも思われがちな前記の判決、そして、"act of state" という表現が外国の行政的・立法的行為をも意味し得る、という事実を踏まえつつも、Id. 111 に於いて、次の如くされている。即ち――

"In the nineteenth century it was held that the court could not enquire into a sovereign act done within the territory of the foreign State, and this principle was expressed by the United States Supreme Court in a much quoted dictum which was in turn adopted by the Court of Appeal in England: "Every sovereign State is bound to respect the independence of every other sovereign State, and the courts of one country will not sit in judgment on the acts of the government of another done within its own territory." <u>This Principle is sometimes used as an alternative ground for a result which can also be reached by the application of the ordinary rules of the conflict of laws</u>. Thus ………."

――とされているのである。右のアンダーラインを付した部分で、通常の牴触法理論による説明が十分可能だ、とする方向に論点をシフトさせてゆき、そしてそれを踏まえて「財産に影響する政府の行為（Governmental Acts Affecting Property）」についてのイギリス牴触法上のルールとして、本稿がここで問題とする外国の国有化・収用措置等の国際的効力の取扱が、明確に牴触法上のルールとして、次の如く呈示されているのである（Id. 969）。

"**Rule 125.** ―― A governmental act affecting any private proprietary right in any movable or immovable thing will be recognised as valid and effective in England if the act was valid and effective <u>by the law of the country where the thing was situated (*lex situs*) at the moment when the act takes effect</u>, and not otherwise."

Id. 969–979 でもその方向からの議論がなされており、この点については、石黒・前掲法的警鐘一二六頁以下の分析を参照して頂きたい。

このあたりの問題の展開は、自分なりに〝謎解き〟をして来た私としては、下手な推理小説よりもずっと面白いのだが、果たして読者諸兄に於かれては、如何か。

だが、実は、まだ謎解きの途中なのだ。

右の如く、イギリスでは、ダイシー＝モリスの Rule 125 に示された処理定式を、『物権問題は目的物の所在地法（lex situs）による』との、広く各国で認められ、イギリスでもそうであるところの準拠法選択のルールから説明しようとすることが、試みられている。同じルールはわが法例一〇条にも、「①動産及ヒ不動産ニ関スル物権其他登記スヘキ権利

ハ其目的物ノ所在地法ニ依ル②前項ニ掲ケタル権利ノ得喪ハ其原因タル事実ノ完成シタル当時ニ於ケル目的物ノ所在地法ニ依ル」との文言に於いて、示されている。

準拠法選択のルールということになれば、実際に外国法がかかる目的物所在地法として法廷地国（自国）で適用された場合、そこから真に忍び難い事態が発生するときには、やはり国際私法上の公序（public policy）が問題となる。そして、イギリスの前記ルールに於いても、かかる public policy の留保の下にそれ（前記ルール）のあることが、明確化されていた（Dicey/Morris/Collins, supra, 974f. なお、石黒・前掲法的警鐘一二八頁）。

さあ、ここでいよいよ問題となるのが、外国で国有化・収用等の対象となるであろう財産権のカタログである。有体物については所在地が確定できる。だが、無体物——そう、金融資産たる債権はどうなのか!?

実はイギリス抵触法上、無体物を含めた「物の所在地」一般の決定のためのルールが、いまだに想定されている。Dicey/Morris/Collins, supra, 907 [Rule 115] がそれであり、そこには次の如くある。即ち——

"**Rule 115.** —— The *situs* of things is determined as follows:

(1) Chose in action generally are situate in the country where they are properly recoverable or can be enforced.

……………"

債権（chose in action）につきその所在地を問題とするという、このイギリス国際私法上の（あえて言えば）"古めかしい"ルールに対しては、言いたいことがいろいろとある。例えば、「債権を訴訟上の物（chose in action）と把握するイギリスの伝統からは、債務の所在地（lex situs of the debt）は債務者の住所と一致するという法例一二条の［混乱の極とも言うべき］立法趣旨に示されたのとまさに一致する考え方が生まれ、かつてはそれが一連のアサインメント（債権譲渡等）の［準拠法］問題の規律のメルクマールとされていた……。だが、債務者の居住地（residence）が複数ある場合の困難等もあり、より適切な当該債務の準拠法（プロパー・ロー）による規律への移行がなされるに至っている」（石黒・金融取引と国際訴訟二四〇頁）と、私は論じていた。そこでは J. H. C. Morris, The Conflict of Laws, at 307f (2nd ed. 1980); Cheshire/North, Private International Law, 546ff (10th ed. 1979) を引用していたが、Dicey/Morris/Collins, supra [11th ed. 1987], 908 でも、このルールの"古めかしさ"が、それなりに認識されている。即ち——

"Most of the cases dealing with the situation of choses in action are not concerned with the conflict of laws, and it does not follow that if a particular type of chose is regarded for one purpose as situate in a particular country it will be held there situate for another purpose. The rules in the following paragraphs are thought to have general utility but they are not always applicable."

——と、そこにはある。また、例えば「債務（debts）」は債務者の居住地に所在する、とのサブ・ルールにつき、債務者が複数の居住地を有していたときどうするかが、既述の如く問題となる。その場合、債権者（the creditor）がそれらのいずれかの地を指定しておれば、その地に債務が所在する、とすべきだとされ、かかるリファインメントが、Id. 909 で前向きに評価されている。だが、そこでは、次のような表現（!）が用いられているのである。

"This refinement is important in connection with bank accounts where (as in English law) under the proper law of the contract between banker and customer the bank's obligation to repay is per-

formable primarily at the branch where the account is kept, and accordingly in such a case all accounts kept at a particular branch are to be held there situate." (Ibid.)

以上二箇所にわたる英文引用部分（いずれも Dicey/Morris/Collins, The Conflict of Laws, 11th ed. からの引用）の"含み"について、まとめてここで示しておこう。

まず、「債権（債務）の所在地」という考え方が「通常の抵触法的処理」（ここでは、「準拠法選択」の問題）と大抵の場合にかかわりがない、との見方が示されている（その意味するところは、Morris; Cheshire/North を引用しつつ、石黒・金融取引と国際訴訟二四〇頁を抜き書きしたところに回帰する）。そして、そのような限定的意味あいを有するにとどまる「債務の所在地」概念につき、当該債務の準拠法（契約のプロパー・ロー!）との実に微妙な関係の中で、「リファインメント」にかかわる英文引用部分（右の後半の方の Dicey/Morris/Collins, supra, 909 の引用部分）が示されていたことになる。

一言で言おう。準拠法選択の論理に忠実たらんとすれば、債権（債務）につき所在地を問う、というのは、実におかしなことである。債権（債務）の準拠法の決め方は、契約であれば契約準拠法（イギリス流の言い方をすれば、proper law of the contract）を、当事者の意思を基軸として決してゆけばよい。かかる無体物につき一々所在地（situs）を問題としてゆくのは、抵触法理論の基本と整合性を欠く営為である、と言わざるを得ない。

外国の国有化・収用等の措置の国際的効力に関するダイシー＝モリスの前記 Rule 125 の解説（Dicey/Morris/Collins, supra, 971）では、同書の前記 Rule 115 (1) が引用されており、そこで債権等の無体物の所在地を決めるのだとされているが、そこには右に述べたような、根本的な問題が内在しているのである。

もう一つ、イギリス抵触法上の処理定式に於いて気になるのは、国有化・収用等に関するダイシー＝モリスの Rule 125 の示すところと、米・リビア金融紛争に関するロンドン一審判決の論理との、整合のさせ方である。即ち、米・リビア金融紛争に関するロンドン一審判決は、アメリカの資産凍結措置の法廷地国（イギリス）での適用可能性を、契約準拠法（proper law of the contract）の決定という枠組の中で論じていた。かかる純然たる準拠法選択の論理と、債権債務の所在地を問題とする（アメリカのアクト・オブ・ステート・ドクトリンの影響の下に定着してしまった）ダイシー＝モリスの Rule 125 の論理とは、本来異質なものである（Restatement of the Law, Third, The Foreign Relations Law of the U. S., § 443 Reporters' Notes 1. は、アクト・オブ・ステート・ドクトリンは大抵の場合、抵触法の特則 [a special rule of conflict of laws] として見られ得る、と実にラフなとらえ方をしている。気に入らない。もっと厳密に物事をとらえるべきであろう）。

かかる異質な論理の接合は、"[governmental] acts affecting the content of contractual rights" と "[governmental] acts which affect the ownership of the rights" との区別という、実に危うい概念操作によってなされている（Dicey/Morris/Collins, supra, 971. 石黒・前掲法的警鐘一二四、一二九頁さらに同右・一一六頁）。

だが、履行ないし支払の禁止（Leistungs-oder Zahlungsverbot）を内容とする資産凍結措置等も、債権の一部収用に類する面を有する。ドイツでは、国際収用法上、かかる広い収用概念が設定されている（石黒・同右一二四頁）。イギリス抵触法上の右の如き区別は、さしたる必然性がないように思われるし、疑問である。

かくて、イギリス抵触法上、外国の国有化・収用措置等の国際的効力の問題を（アメリカのアクト・オブ・ステート・ドクトリンの不当な影響を

脱しつつ）、準拠法選択の論理で説明しようとする動きははっきり示されているものの、理論的な詰めが不十分な状況にある、と言わざるを得ない。

(3) ドイツ国際収用法上の取扱と「属地主義」の克服

気楽に、これ迄書き、またしゃべって来たことをまとめる程度で、と思ってもそうはならない（なり得ない?）ことの辛さよ! どんどん深みにはまってゆく自分が見えるようでいやだが、書き進むほかはない。

既に私自身としては何度か論じたところだが（最初はあるいは、石黒「国際金融取引と国際私法」鈴木＝竹内編・金融取引法大系三巻［昭五八］所収二八八頁あたりを書いていた頃か。なお、石黒・法的警鐘一二四頁以下、及びそこに所掲のもの参照）、ここでドイツの国際収用法（internationales Enteignungsrecht）上のオーソドックスな議論を辿っておこう。Soergel/Kegel, BGB Bd. 8 (11. Aufl. 1984) 482ff を見ておく。

『外国の収用は、その収用国がそれに対して Macht を有するところの目的物に関する限り、［ドイツに於いて］承認される。……当該目的物に対して Macht を有していない他の外国［第三国］の収用や、そもそも何ら Macht を有していない亡命政府（Exilregierung）の収用を、かかる Macht を有する外国が承認するならば、右と同様のことにな［り、かかる（つまり前者の）外国の収用がドイツで承認され］る』——Id. 489f には、大略右の如き原則が掲げられている。

なお、右に「亡命政府」云々とある点については、英米特有の発展を遂げている「コミティ」概念に即しつつのものとして、石黒・法的警鐘一二八頁、一三五頁を見よ。Soergel/Kegel, supra, 490 は、自国がかかる Macht を有している場合につき、収用国たる外国に連帯して（solidarisch）当該外国の措置を承認する場合（アメリカの旧東側諸国に対する一九六〇年代の措置が例とされる）もあるが、それはあくまで（政治的配慮からの?）例外であり、友好国の収用の承認の際にも Macht こそが問題だ、としている。

問題はそこで漠然と掲げられた Macht とは何か、ということなのであるが、そこがまさにあいまいなままである。もっとも、かかる理論（Machttheorie と呼ばれる）は、その後に於いても、むしろ「属地主義（Territorialitätsprinzip）」との関係で議論されている（例えば B. Großfeld, Internationales Unternehmensrecht, 252ff [1986]. これに対して Soergel/Kegel, supra, 489 は、「属地主義」による説明を、精確でない［unscharf］としているが、Machttheorie についても同じことが言えよう）。

要するに言葉はどうでもよいのだが、右の『』内に引用した Soergel/Kegel, supra, 489f の後段の説示には注意を要する。そこで示されていたことは、収用国に目的物が所在せず、その国が Macht を有していなくとも、目的物所在地国たるA国、従ってそこで言う Macht を有している国が当該他国の収用を承認するならば、ドイツとしてもそれを承認する、ということである。

かかる受身の議論は、『ドイツ型抵触規定観』に於いて象徴的に示される"準拠法選択の論理"と同根のものである。即ち、ドイツ国際私法上、A国法が当該問題の準拠法となるならば、A国には論理必然的に国際裁判管轄があるものと扱い、かつ、A国で下された裁判は、何ら外国判決承認要件を定めたドイツ民訴法（ＺＰＯ）三二八条を経由することなく、まさに準拠法選択の論理からして、当然にドイツ

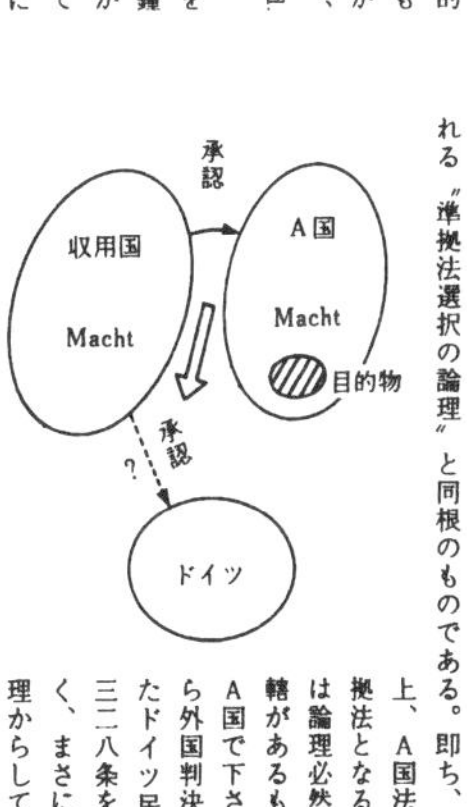

で承認される。——かかる準拠法・国際管轄・外国裁判等の承認の三問題の一体的（三位一体的）把握は、ドイツに於ける"準拠法選択の論理"を徹底させた場合にしばしば顕在化するものの、その当否は極めて疑問とすべきものであった（石黒・国際私法と国際民事訴訟法との交錯［昭六三］一八〇頁以下、同・国際私法［新版］一八三頁以下、等）。

いわゆる Macht（ここでは収用対象物を把握する物理的な権力、という程度の意味で押さえればよい、とも思われる）を有する他国が第三国の収用措置を承認するならば、ドイツもこれを承認する、との既述の論理に欠けているのは、既述の如く、かかる場合の「承認」は何ら承認国の一般国際法上の義務ではない、ということ——言い換えれば、かかる「承認」を承認国憲法秩序の中でどう正当づけるか、という問題があること（石黒・法的警鐘一一七、一二八、一三二、一三四頁、等。とりわけ同右・一二八頁）である。

ともあれ、ドイツで外国収用措置の効力が承認されるための要件として重視されているのは「執行（Vollzug）」ということである。即ち、収用国が、単なる収用法の制定を越えて、対象物の占有を（実際に）取得したときにのみ、それが承認され得る（……könne nur anerkannt werden, wenn der enteignende Staat über den bloßen Erlaß des Enteignungsgesetzes hinaus den Besitz an der enteigneten Sachen ergriffen habe.）、とされている（Soergel/Kegel, supra, 495）。

もっとも、この点では、イギリスでも、非常に微妙ながら同様のことが考えられている、とも言える。左に、Dicey/Morris/Collins, supra, 977 の関係箇所（Rule 125 の説明中の部分である）を引用しておこう。

"[W]here the original owner retains possession and brings the property to England, the position is more difficult. In such a case the issue will not be one of recognition, but of enforcement. If the decree is penal, neither the foreign government nor its nominee can enforce a title founded upon the decree, because there is an "international rule whereby one State will not enforce the …… penal laws of another State. …… It is submitted …… that there is a principle that the English court will not entertain an action for the enforcement of a foreign public law, and that in consequence the court will not enforce, at the suit of the government or its nominee, a decree expropriating property, even if the property is situate in the foreign country at the time of expropriation."

さて、右の点を前提として（なお、石黒・法的警鐘一三七頁）、ドイツの場合の検討に戻る。ドイツの場合の前記定式に於いて、いかなる場合に「執行」があったとされるかも微妙な価値判断を伴い得るが、ドイツに於いても、基本的には、当該措置の当時その国に目的物が所在していたか否かが、承認の可否を左右することになる（第三国が Macht を有していた場合の既述の問題は、ここでは捨象して考える）。

ごく単純に考えれば、左図の対象物aについてのみ、ドイツでの、当該収用国の措置による法的地位（権利）の変動の、承認がなされることになる。しかも、ドイツ国際私法上の公序（改正前のＥＧＢＧＢ三〇条）が、この場合の承認の可否について持ち出されてもいた（Großfeld, supra, 255ff）。この点もイギリス抵触法上の処理（既述）と類似する。

ところで、必ずしもドイツに限った議論とは言えな

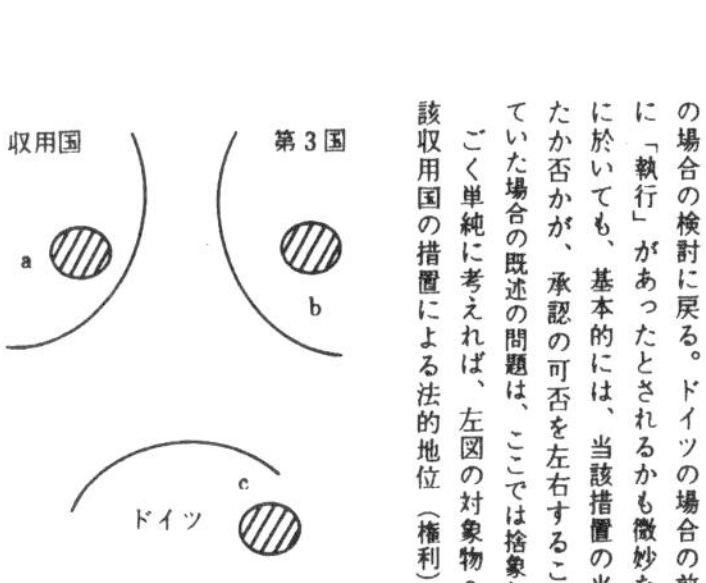

〔a～cは収用対象物〕

いのだが、（石黒・法的警鐘一二五頁以下、一三二頁以下）、前記の図でaについてのみ権利変動を承認し、b・cについて収用国が手をのばそうとしてもそれを拒絶する、という両面での処理は、ともに「属地主義」の語で、しばしば説明されていた。前者を「属地主義の積極的効力」、後者を「属地主義の消極的効力」と言うことが多い。

だが、「属地主義」という言葉を用いたところで、一般国際法から、直ちに右の前者、つまり、これまで議論正面に据えて来たいわゆる「属地主義の積極的効力」を、承認国の（一般国際法上の）義務として導けないことは、再三述べて来た通りである。ただ便利だから用いられるというにとどまる「属地主義」の語に、一定の解決を正当化する力はない。そこから、イギリスの場合について見たのと同じような展開が、学説サイドからなされることになる（石黒・法的警鐘一二八頁以下を見よ）。

やはりドイツでも、準拠法選択の論理によって、従来の（実は判例主体の――石黒・前掲金融取引法大系三巻所収論文二八八頁参照）処理定式を説明しようとする試みがなされている。そこで再び問題となるのが、「執行（Vollzug）」が承認要件となっていること（既述）、そして、やはり（イギリスについて既述の）債権等の無体物の取扱である。後者の点につき、再びSoergel/Kegel, supra. 497ffをベースに考えてみよう。

そこでは、まず、債権（Forderung）の収用は、通説によれば（nach verbreiteter Meinung）債務者が収用国に、自然人であれば住所、法人であれば本拠を有していた場合にのみ承認される、とされている（Id. 497）。その際、Id. 498では、当該債権（契約債権を考えよ）の準拠法を（国際私法上の当事者自治の原則の下で）当事者が如何に合意したかはMachtとかかわらない（Machtを強めもせず、弱めることもない）、とされている。出所不明のMacht概念が、準拠法選択に関する通常の牴触法的処理を、ここでは拒んでいるのである。だが、右に於いて債務者の住所または本拠がメルクマールとされるのは、通常はその国が、またはその国のみが、債権の満足を受けさせるMachtを有していることを根拠とする、とされる。けれども、むしろ、債務者の財産が所在している限り、その限度でその所在地国はかかるMachtを有しているはずだ、等の見方も当然出て来る（Id. 500）。もっとも、そうなると、複数国で同一債権が多重に（vervielfacht）収用を受け、債権者が二重もしくはそれ以上に（doppelt oder öfter）履行せねばならなくなったりし得る（Ibid）。

だが、債務者の住所地や本拠地の所在する国での債権収用のみを承認しようとする通説に対するアンチ・テーゼが、右の如く示されるに至る背景には、明確な（?）債権者保護の狙いがある。債権は債務者の財産の所在する国ならどこにでも所在する（überall dort belegen, wo…）、と言うことの意味は、債権収用措置の効力を、当該収用国所在の債務者財産との関係でのみ認め、その他の諸国にある債務者財産との関係では（右収用措置の効力を）否定する、との点にある。従って、収用措置の対象債権を有していた旧債権者は、当該収用国の外にある債務者財産に対して、従前通りかかってゆける（"Die Forderungsenteignung wirkt nur für den Rechtsverkehr im enteignenden Staat, während dem bisherigen Gläubiger der Zugriff auf das außerhalb des Enteignungsstaats belegene Schuldnervermögen verbleibt." ――Sonnenberger/Kreuzer, Münchener Kommentar zum BGB, Bd.7 EGBGB, 2134 [2. Aufl. 1990]）、とされるのである。

このあたりは、「戦争」の二文字をインプットして考えないとピンと来ない面があるのかも知れない。戦争の混乱と自国の権益の保護という不定型のエゴとを、法理論というオブラートで包もうとする営為、と言うべきかも知れない。エンドレスな議論がこの先も続き得るのだが、この辺で軌道修正をする。

ともかく、準拠法選択の論理ですべてを説明しようとする傾向がドイツでも生ずるが（石黒・法的警鐘一二八頁以下）、右に見た債権の所在地概念をめぐる混乱を含めて、とてもすべてを準拠法選択の論理では説明できない。前記の、承認要件たる「執行（Vollzug）」の点も、準拠法選

択の論理とは全く異質なものを含んでいる。

ここで注目すべきは、「準拠法選択」と共に牴触法上の問題処理のもう一つの柱をなす、「外国裁判等の承認」の側の論理によって、当該収用国内の権利変動の「承認」を考えようとする見方が、ドイツで示されて来ていることである（石黒・同右一二九頁以下、一七九頁以下、同・国境を越える環境汚染〔平三〕一五二頁以下の三、とりわけ一五七頁以下参照）。

ここで、外国の国有化・収用措置等の国際的効力をめぐる議論は、理論上の最も重要な転換を、経験すべきことになる。

(4) 国際民事手続法的アプローチ

外国の国有化・収用措置等の国際的効力、とりわけ、当面ここで問題としている場面たる、当該措置当時その外国の領域内に所在していた「物」についての権利変動の、「承認」を、国際民事手続法的にアプローチして処理する、というアイデアは、具体的には次のような処理を意味する。即ち、一般の外国民事判決承認（我国の民訴二〇〇条、ドイツであればZPO三二八条）の場合と極力パラレルに考えてゆく、ということになる。国際裁判管轄・手続的保障・公序、等の承認要件が、さしあたり問題になる（相互の保証の要件はここでは措く）。但し、右の(3)の末尾で引用した著者の論文等に於いて個別に論じ、批判したように、現在のドイツでも、その方向で議論すべきだ、そうするのが筋だ、とのアドバルンはけっこうあがっているが、今一つピリッとする議論が出ていない。そこで、これから先は、一つの試案ということで、私なりの処理定式を示して御批判を願う、ということにせざるを得ない。私にとっては、けっこう苦痛なのであるが、致し方ない。

国際法務の実務レヴェルでの処理としては、石黒・法的警鐘第五章（その要約として同右・一一四頁以下）の各国での処理状況を踏まえ、適宜処理すれば足る、とも言える。だが、それで当面の火の粉は払えても、それがどれだけ理論的な省察・精査に耐え得るものかを確かめねば、人間の精神のあり方として、実に居心地が悪いはずだ。だから、ともかく先に進まねばならない。

さて、典型的な国有化・収用措置を考えると、私的な財産権やその集積としての企業（法人格）等がターゲットとされる。単なる法規範の定立にとどまらず、個別の財産権が当該措置国によって一定の手続の下に把握され、権利変動が当該措置国の国家的お墨つきの下に宣言される。そのプロセスは、裁判や一般の行政行為による権利変動と連続的なものである。

とくに、ある企業の包括的清算が国家の命令（国家自身のイニシアティヴ）の下になされる場合の問題は、国際倒産法上の問題とも言えるし、いわゆる国際収用法（そんなものを一般の牴触法と別世界の問題であるかの如く考えること自体、疑問なのだが）上の問題とも言える。ドイツで国際収用法上の議論がなされる際に、破産手続の問題は私権形成的措置だからとして、そこでいう収用に含まれない、ともされるが（Sonnenberger/Ebenroth, Münchener Kommentar, supra. 623）、例えば外国の金融監督当局が銀行法の規定に基づき開始させた銀行倒産の手続などは、少くとも限界線上の微妙な問題を含む。倒産と収用は、本来連続的なもの、とも言える。

ところが、外国倒産手続の承認については、我国で民訴二〇〇条の準用説がけっこうあることからも知られるように、国際民事手続法的アプローチが広くなされている。どうして外国の国有化・収用措置の場合に、同じようなアプローチをとり得ないのかが問題となる。

私の素朴な疑問も、一つには、右の点から発していた。なぜ、外国の国有化・収用措置等の承認に際しては、目的物が当該措置国の中に、そして当該措置の当時に於いて所在していたとなると、当然右措置に基づく権利変動が承認されるのか（ここで、準拠法ルートでの処理で登場する、

国際私法上の公序が、最後の安全弁として介入し得る、ともされるが、なぜ準拠法ルートでの「公序」なのか。つまり、なぜ、例えばわが民訴二〇〇条三号の「公序」でないのかが、やはり気になった）。

一般の外国判決等の承認の場合には、右と同一の目的物が裁判をした国に裁判の当時所在していたとしても、何ら当然承認ということはなされない。わが民訴二〇〇条所定の各号の承認要件が、ハードルとして存在する。それらをすべて越えたときにのみ、当該外国判決等が我国で承認される。

それなのに、純然たる国家的利益に基づく私権への介入の際には、前記の如き意味での「当然承認」が予定されている。それは何故なのか。

国家対国家の問題として、かかる当然承認をなすべき一般国際法上のルールがあるならば話は分る。だが、「過去に於ける信仰（belief）はともかく」（石黒・法的警鐘一二七頁）、かかる一般国際法上のルールの不存在は、現時点では、すべての議論の出発点とされている。要するに「信仰」の基礎が脱落したあとの理論的手当てがないまま、砂上の楼閣の如く、前記のテーゼが漠然たる砂の海に漂っているのみ、なのではないか！――私はそう直観したのである（石黒・現代国際私法[上]四七一頁以下、とりわけ四八二頁以下）。

そこまでの考え方の流れを、果して御理解頂けるかどうか。それがまず問題である。

さて、右の諸点を前提しつつ、今度は自分が収用対象財産を当該措置国（外国）に有していた、と仮定する。一般の国際民事手続法上のルートで外国判決承認を考える際のハードルが、外国の国有化・収用措置等の承認の際に、ことさらに外される理由は、右の如く見当たらない。そして、かかる外国国家行為（一般の民事の判決等も、収用等も、すべてここで言う「国家行為」概念――アメリカのアクト・オブ・ステート・ドクトリンとは関係ない――の中に含まれることに注意せよ）を承認せねばならぬ、との一般国際法上のルールはない。承認する、ということは、承認国憲法秩序の中に於ける、承認国の主体的判断である。その主体的判断に於いて、私権への介入が、国家的に肯定される。その具体的根拠は、実定法的にどこに求められることになるのか。――そう考えると、一般の牴触法的処理に、やはり突きあたる。

牴触法的処理といっても、ルートは二つある。準拠法選択のルートと、外国裁判等の承認（より一般的に言えば外国国家行為承認）のルートとである。後者は、アメリカのアクト・オブ・ステート・ドクトリンとは全く異なる、牴触法学の本流をなす二本柱の、一つである。そもそも、牴触法上は、「判決（Urteil）」かその他の「裁判（Beschluß; Entscheidung）」かで区別することも、裁判（Gerichtsentscheidung）か行政行為（Verwaltungsakt）かで区別することも、さしたる理由はない。それらを「国家行為」と一括して、その手続法ルートでの承認を考えるべきことになる。

準拠法選択の論理のみで国際民事手続法上の諸問題、とりわけ国際管轄や外国裁判等の承認等を、すべて割り切ろうとすることは、既述の如く理論的には不可能ではない。だが、具体的な「手続」を伴う私権の創設・変動等に向けた国家行為の場合には、国際管轄・手続的保障を基軸とする国際民事手続法ルートが設定され、徐々に体系的独自性を確保して来ている。

準拠法ルートで問題を処理しようとした場合、当該措置国内に目的物があったとしても、次のような諸点はどうなるか。即ち、十分な手続的保障なきまま私権の収奪を受けた私人に対し、承認国たる我国の憲法秩序の下で、単に当該措置国法が我が国際私法上当該財産権に関する準拠法所属国になるのだから、というのみの理由で諦めろ、と言い得るのか。手続的保障の欠如の点を国際私法上の公序（法例新三三条（旧三〇条））でカヴァーしようとしても、同条適用の要件たる事案の十分な内国牽連性（それがなければ公序を適用できないとするのが通説である）の点を、十

分クリアできるのか。また、右の点をかかる要件にそもそもかからしめるべきなのか。他方、有体物の所在地を準拠法選択の基準（連結点）とする際にも、国際物権法上、単なる偶然的な所在地の法を適用することへの反省がそれなりにあるのに、この点との対比をどう考慮するべきなのか。また、債権、とりわけ契約債権について、仮りに従来の国際私法上の当事者自治の原則への素朴な理解を前提とすると、両当事者が、事案と全く牽連性のない第三国の法をも、契約準拠法として有効に指定できることになる。たまたまかかる状況下で、右の点を奇貨としてその第三国が行なった収用措置が、当然に承認される、というのはいかがなものか。他方、当該措置の寸前に、両当事者が契約準拠法を変更していたらどうなるのか。また、単一の契約の各部分ごとに契約準拠法の分割指定を行ない得る、との立場との関係をどう考えるか、等々。

さらに、Soergel/Kegelにも（既述の如く）示されていたように、有体物の所在地国と当該収用地国とが相互に異なる外国だったとして、当該所在地国がその国自身の判断として他国の収用措置の承認の可否を判断する際、それが自国に於ける承認の可否を決定づける、という風に準拠法の論理を徹底させてゆくのかどうか。

このように、準拠法選択の論理で問題を処理する、といっても問題は芋づる式にどんどん出て来る。とりわけ、準拠法選択の論理で従来の処理定式（いわゆる属地主義の積極的効果の面でのそれ――石黒・法的警鐘一二五頁以下）を説明する、とするドイツ・イギリスに於いて、契約準拠法との関係が度外視されているあたりにも、この点の問題性の一端が暗示されていた、とも言い得よう。

やはり、国際民事手続法上の外国の民事の国家行為の承認問題に引き寄せた処理をする方がベターである。

だが、そこで承認対象となるのは、右の如く「民事」のそれに限られる。非民事の外国国家行為（裁判等）は、わが民訴二〇〇条ルートでの承認対象から外される。

本連載に於いて一九九一年一〇月号が、アメリカの懲罰的損害賠償をも命じた判決につき、右部分のみにつき承認対象外とする議論をし、つづく一一、一二月号が「『国境を越える執行』の諸相」と題して、一連の非民事的なアメリカの裁判の（民訴二〇〇条ルートでの）承認対象性を一々検証したのも、右の民事・非民事の区別が、今日極めて重要だからであるにほかならない。

しかるに、ここで私は、非民事たることに疑いのない外国の国有化・収用措置につき、その我国に於ける（民訴二〇〇条ルートでの！）承認を考えている。これは矛盾ではないのか！――そうお考え頂けたとすれば、議論を次のステップに進めることができる。

私は、右に「承認を」考える、と書き、「執行を」とは書かなかった。そこが次のステップに於ける議論の出発点となる。

(5) 外国の「既に執行済」の非民事的国家行為の承認

本稿三(2)の半ばあたりでダイシー＝モリスのRule 125の現物を引用した。もう一度それを御覧頂きたい。そのルールの最後に、", and not otherwise." とある。たったそれだけの英語だが、そのごく短いところに、「属地主義の消極的効果」と呼ばれる重要な考え方が示されている（石黒・法的警鐘一三二頁以下参照。そこでの分析の前提をなすのは、同・現代国際私法[上]四七一頁以下である）。

要するに、当該の収用等の措置の当時、その外国の領域内に所在しなかった物に対して、当該措置国が手をのばし、それを掌握しようとしても、かかる試みは、拒絶されねばならない、ということである。もとより、かかる外国の域外的措置（域外的な公権力行使！）を認める旨の、承認国側の国家的同意があれば、当該措置国のかかる試みについての免責的効果は生ずる。だが、承認国憲法秩序に於いて、当該措置国たる外

国の思惑に沿った私権の変動が認められるためには、承認国側が独自に同様の公権的措置をとった場合に必要な、実体・手続両面にわたる制度的保障がなければならぬ。この場合にも承認は、一般国際法上の義務ではない。承認国が主体的に承認をする（国家的同意を与える――個々の裁判官がその立場にあるかを考えよ！）のである以上、そのことを、承認国憲法秩序の中で、積極的に基礎づけるための具体的な法規範が必要なはずである。

私は、まさにこの点を、『現代国際私法(上)』四九四―四九六頁に於いて強調していた。そして、同右・四九六頁で、次の如く論じていた。

「この場合当該外国の具体的執行行為は他ならぬわが国の裁判所の手を借りてなされるわけで、その際には当該外国の執行行為が仮りに事実としてなされても国家対国家のレヴェルで免責されるというのみでは十分でなく、わが国の裁判所自身が、純然たる国家（ただしこの場合には外国である）公権力の行使行為（それに対してわが国がad hocに同意していたとしても）によりわが憲法秩序の下で私人の財産権に対する制約をなし得るための、積極的根拠が必要なのではないか。筆者が、実際にわが国の裁判所において外国公権力の域外的な行使が認められるためには、わが国裁判所で適用され得る具体的なわが国における法規範の定立が必要であると上に述べたのはこの趣旨であり、さらにどのような法規範の定立が必要であるかは、個別事項ごとに考えてゆくべきことになろう（例えば外国課税権行使に関しては、租税法律主義との関係が問題となる、等）。けれども、わが国においてそのような外国自身の公権力行使を認めることはそもそも問題であり、本来、当該外国に代わってわが国がその種の行為を行なうという、国際的な共助のルート（犯罪人引渡や、その具体的制度の組み立て方に問題が残っているにせよ既述の徴税共助、等）で事を処すべきことは言うをまたないであろう。」

右の『現代国際私法(上)』に於ける論述を受け継ぐものが、石黒・法的警鐘第六章、とりわけ一五五頁以下の「条約上の徴税共助条項と租税法律主義との相剋」であり、また、貿易と関税一九九一年一〇―一二月号の前記論文であったわけである。

仮りに、外国の「未執行の」非民事的国家行為の（承認のみならず）「執行」までを認めるとなると、ここでの議論の前提が崩れる。右の『現代国際私法(上)』の論述も、かかる動きを牽制することに主眼があった。(5)のテーマを論ずる前提として、やはりこの点を潰しておかざるを得なくなった（この点は、石黒・現代国際私法(上)四九一頁以下、同・法的警鐘一三一頁以下、一五三頁以下、一六〇頁以下で論じてある）。

批判すべきは、Restatement of the Law, Third, The Foreign Relations Law of the U. S., §483 に対するコメントである。まず、ルールを左に示しておく。

"§483. Recognition and Enforcement of Tax and Penal Judgments

Courts in the United States are not required to recognize or to enforce judgments for the collection of taxes, fines, or penalties rendered by the courts of other states."

右のルールに対するコメントは、"Nonrecognition not required but permitted."との指摘から始まる。Id. 611 のコメント冒頭を、つづけて示す。

"This section states a principle that has long been accepted both in international and in United States practice. However, the rationale for the rule has been questioned, particularly with respect to tax judgments, see Reporters' Note 2. No rule of United States law or of

international law would be violated if a court in the United States enforced a judgment of a foreign court for payment of taxes or comparable assessments that was otherwise consistent with the standards of §§481 and 482." (Id. 611.)

まず、右の最後にある §§481 and 482 とは、一般の外国（及び他州の民事）判決承認に関するルールである。それはよい。右のコメントで最も気にかかるのは、租税等の公的負担を負わされる立場の私人への憲法レヴェルでの配慮が、全く欠落していることである。同じアメリカの中での他州の租税判決も、不承認とされて来たこととの不都合は分るが、その「州際」の論理を直ちに「国際」に持ち込むことからする理論的混乱を、まずもって直視し、かつ、右の憲法的視座を堅持することによって、事の当否を判断せねばならない。ここには、租税法律主義も罪刑法定義も、その影すらないのであって、かかるいかにもアメリカ的な（?）定式の我国への"輸入"――いずれ誰かが言い出すことはまちがいない――は、出来るはずがない。民事の外装の下にわが憲法秩序を骨抜きにすることは、断じて許し難い。

次に、右の英文コメントにも引用されていたReporters' Notes 2. を、若干長いが、これも重要ゆえ引用しておく。現物を読み、行ったり来たりして一歩一歩考えてゆかないと訳が分からなくなる、と考えるからだ。

"2. Rationale for the rule.

The rule with respect to judgments stated in this section appears to be related to the rule of conflict of laws that one state will not enforce a claim based on the penal or revenue laws of another state. …… The normal rule that once an obligation has reduced to judgment a second court dose not look behind the judgment …… has not been applied to revenue, penal, or fiscal judgments. The rule appears to reflect a reluctance of courts to subject foreign public law to judicial scrutiny (compare the rationale for the act of state doctrine, §443, Comment a), combined with reluctance to enforce law that may conflict with the public policy of the forum state. As applied to judgments of criminal courts, the rule appears also to reflect distrust of foreign criminal procedures. ……

Although the rule as commonly stated treats tax and penal judgments alike, the considerations concerning foreign tax judgments are different from those for penal judgments. In an age when virtually all states impose and collect taxes and when instantaneous transfer of assets can be easily arranged, the rationale for not recognizing or enforcing tax judgments is largely obsolete. ……" (Id. 613.)

まず、右の最初のアンダーラインを付した部分の前後について。これは、わが民事執行法二四条二項にも示された「実質再審査禁止原則」の制約を脱したところで、外国公権力の域外的執行のための「執行吏（bailiff; Büttel）」として承認国国家機関が機能しないための健全な精査（石黒・法的警鐘一三二頁）がなされること――それ自体にクレイムをつけたものであるが、筋違いである（同・現代国際私法(上)四七三頁以下をも見よ）。

次に、外国の公法的・刑事的な法規を適用（というよりはそれに基づく執行を）せずとする従来の一般の正当な理解は、右のコメントに於いて、単なる reluctance や distrust によって説明されているが、これは十分でない。しかも、これらの点が、アメリカの既述の如き、極めて屈折した act of state doctrine と結びつけて理解されているあたりに、アメリカ的発想の限界も感ずる。

そして最後に、"In an age when …instantaneous transfer of assets …… the rationale …… obsolete."と来るのは、大体のお定まりのパターンなのだが、そこで欠落しているのは、まさにそうした発想の下に着々

と整備されている国際的な各種の「執行共助」のための制度枠組との関係である。国家と国家の間の真のレシプロシティに基づく共助制度と、民事裁判所にいきなり承認要請の来る、私人間紛争処理の手段たる一般の外国民事判決承認制度とのバランス論や、既述の憲法論など、そこにすべて欠落している論点ばかりが目立つ。将来の輸入業者は、せめてこうした一連の基本的問題にも目配りをしてから、その"輸入"の是非について考えてほしいものである。

ここで深呼吸！――をしても、さして楽にはならない。疲れた。

ともかく、ここで本来(5)で論ずべき問題に、ようやく立ち戻ることになる。

外国公権力の域外的執行を認めず、とする伝統的な各国の強い姿勢は、公権力行使は他国の同意なき限り当該他国に及び得ず、とする「執行管轄権」上の制限に基づく、普遍的な要請でもある。私としては、さらにそれに、承認国憲法秩序の問題をも付加し、従来の一般の理解を補強したわけではある。

ここで(5)の問題設定に戻る。問題は、当該措置国の「公権力行使」によりその国の中で既に生じた権利変動――そこで、実際に当該の公権的措置が具体的に実施され執行（Vollzug !）を受けていたとして――を、他国として無視し続けることが、果たして得策なのか、という点にある。これが(5)の問題関心の骨子である。

あらかじめ一言すれば、右に言う「公権力行使」とは、抵触法上の問題把握に於けるそれである。つまり、必ずしも国有化・収用等の外国国家機関の赤裸々な公的目的による行動のみではない。懲罰的損害賠償や三倍額賠償、「全州民のため」になされるパレンス・パトリエや、SECの利得吐き出し（disgorgement）の請求、等々、「国境を越える執行」が実質的な（つまり私法的外装を伴った）域外的公権力行使性を理由に拒絶される場合には、常にこの(5)の点が問題となる！

ともかく、一度当該外国で執行がなされてしまったとすれば、そこで新たな権利状態（法的地位）が生まれる。その抵触法的保護を別途はかっておかないと、それがかつて外国の赤裸々な（あるいは隠れた！）公権力行使としてなされたのだという、過去の経緯ゆえに、国境を挟んで矛盾した法律関係が直ちに発生してしまうようになる。

過去のいきさつがすべてではない。抵触法の論理は、かかる国際的な法的処理の不一致に、最も敏感に反応する。また、それは本来そうであるべきものでもある。

だとして、その先をどうするか。私はここで、民訴二〇〇条の解釈に於けると同様に、承認対象論と承認要件論とを区別する。

(2)で論じた従来の一般の処理定式に於いては、当該措置当時、その国の中に目的物があればよい。それだけで権利変動が承認される。これでは、一般の私人間紛争処理に比して、外国の公権力行使による権利変動を優遇し過ぎだ。少くとも、承認要件を、民訴二〇〇条よりもゆるめる理由はないはずだ。

むしろ、問題は「承認対象論」の方にある。石黒・法的警鐘一三三頁、一三六頁以下で私は、同・現代国際私法(上)四八一頁の次のような論述に依拠した。即ち――

「有体物にせよ債権にせよ、その外国にそれをめぐる法律的な諸関係の重点（center of gravity）がはっきりと所在するものに限って、当該外国の収用・国有化等の措置に基づく執行がなされ得るのであり、その上で執行が実際にもなされた場合に、それ以後の私権の変動が他国で承認の対象となる……と考えるべきではないか。」

――私は、右の如く考えている。純然たるドグマの呈示ではないか、

と言われれば、その通りである。だが「財産権の場所的位置づけに関するフィクションを避け」、かつ「同一の財産権に対する複数国での収用措置があった場合の複雑な事態を極力回避しようとする意図」から、右の如く考えた次第である（同・法的警鐘一三七頁）。御批判頂ければ幸である。ともかく、これだけ事態が紛糾する場合には、やむを得ない緊急避難のつもりで、さすがに私もドグマに頼りたくなるのである。

だが、右の承認対象論上の考慮の応用事例について、ここで一言しておく。同・法的警鐘一三九頁に示したように、仮りに、アメリカが、ユーロ・ダラーとは言っても、米ドルは一歩もアメリカを出ず、海外での米ドル取引（ユーロ・ダラー・トランザクションズ）は、所詮鏡の中の出来事だ、としてこれらを凍結し、さらに、敵性資産的に考えてこれを（在米資産として！）没収・収用等したとする。そこで生ずる私権の変動をどうすべきかについては、右の措置対象たる「当該財産権がアメリカ国内に〔前記の如き意味で客観的に〕位置づけられるとは言えない」（同右頁）し、「執行」が実際になされたと果たして言えるかも問題である（最初から空き箱なのに、中身を消して見せたのです、と主張する手品の如し）。従って、承認対象外となる。

ちなみに、承認対象論・承認要件論いずれによるのであれ、不承認となった権利変動の取扱は、一般の外国民事判決の不承認の場合の扱いと同じである。

とは言っても、その先に、解明すべき一つの重大問題がある。右の場合の「不承認」の帰結は、承認国抵触法による主体的判断に基づく。その場合、不承認となったあとの事実関係の展開の中で、当該財産権の抵触法的処理が再度、新たに問題となったとする。今度は承認国の準拠法選択ルールが問題となったとせよ。その場合、準拠法が当該外国の法とされたらどうなるのか?

つまり、下図で①のあと②の如くなったらどう処理するのかが問題となる。もっともこれとは別に、法廷地国（フォーラム）たる我国で準拠法が左図の②'の如く第三国法となり、その第三国で右の外国の措置が①'の如く承認されていた場合にどうなるかも、やはり問題となる。

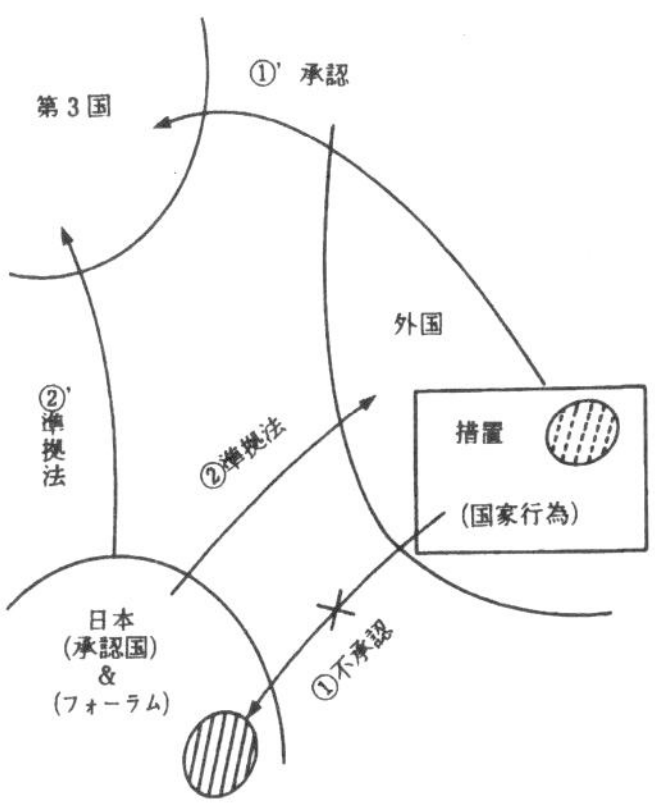

外国国家行為承認という国際民事手続法ルートでの処理と、準拠法選択ルートでの処理とが交差・交錯する。私の見方からは、仮りに右の②に於いて当該措置国法が準拠法とされた場合にも、既に①で不承認との主体的な抵触法上の判断が下されている以上、そこで「不承認」とされた法的判断の部分は、②の準拠法たる当該措置国法の規範から捨象され、残余の法規範のみで、②の準拠法選択の必要を生じた事案を処理する、ということになる（石黒・国境を越える環境汚染一六三頁以下で、①'、②'の場合とあわせて論じてある）。

これでよいかどうかは御判断を頂きたいが、ともかく必死に考えた末、私はそう考えている。その先の問題は、私にはまだ見えない。

(6) 小括

急に「小括」ということになる。実は不本意である。といっても、身体がもたないから仕方がない。妻と娘が本気で心配しはじめたので、そろそろ筆を擱く。

私があちらこちらで論じ、そのたびに少しずつ歩を進めて来た諸問題を、同じ地平に置いて配線をつなぎ、接続試験をする作業としては、一応最低限の論述をなし得た。といっても、剝き出しの構造物をエレガントにつつみ、「ああ、ここでの議論があんな大問題につながってゆくのか！」との印象をもたらし得る問題たる、「アライド・バンク事件と発展途上国の累積債務問題」については、論じ得なかった（と言っても、この大事件を知らない国際金融マンが多いのだ……）。これは、アメリカのアクト・オブ・ステート・ドクトリンがいかに国際金融界にとって脅威たり得るかの問題である。この事件については、もはや（名称としては）存在しない、かの三井銀行のスタッフとの共著『国際金融取引2〔法務編〕』（昭六一）三三三頁以下（一沢宏良）、五三三頁以下（石黒）、石黒・現代国際私法㊤二四一頁以下、二四七頁以下、そしてそれらを踏まえて、同・法的警鐘一三三頁、一三八頁以下で、論じておいた。

他方、本稿では、イギリスでの処理について、米・イラン、米・リビアの金融紛争に於ける純粋に準拠法選択的な処理定式と、ダイシー＝モリスの Rule 125 の処理との不整合をも、私は問題としていた。それでは私はどう考え、特に米・イラン、米・リビアの場合の準拠法選択アプローチ（私もこれをとる）と、国有化・収用措置等の場合の国際民事手続法的処理とを、接合させているのか。この点に一言のみしておくことにする。

実は私は、当該措置が「抽象的な規範定立の段階にとどま」り、「基本をなす私権制約的措置の適用範囲の調整」をするにとどまっているか（そうならば準拠法ルートで処理する）、それとも当該措置に於いて「特定の私人の個別的権利〔法的地位〕に向けられた手続が、それなりに存在していたと言える」か（そうならば手続法ルートで処理する）、といったかなり危うい（?）とも思われ得る処理を考えている（同・法的警鐘一三六頁、一三八頁以下。——同・現代国際私法㊤以来の考え方であるが、さらに辿れば、同・国際私法と国際民事訴訟法との交錯、とりわけその二〇二頁〔論文として公表されたのはもともと昭和五五年〕以来の私の基本的な牴触法観が、そこにはある）。

いずれのルートでゆくべきかを、「手続と呼ぶべきものがそこにあるか」という一点にかからしめるのは、たしかに危うい。けれども、それを「手続」と呼ぶかどうかも、所詮は利益衡量の問題だとして、さらに一歩を進めれば、若干肩の荷がおりた気にはなる。ハンス・ケルゼンの純粋法学に於ける「根本規範」の理論的位置づけほど深刻に考えなくともよいかな、という気もし始めた今日この頃である。外の空気が吸いたくなる。もっとも今夜は強風——青嵐だ。

さて、本稿では、さらに「コミティ」という英米特有のあいまいな法理についても、論じておきたかった。アライド・バンク事件に於いても、この点が問題となったし、国有化・収用措置の国際的効力についても、この点が、最近の極めて疑問とすべきハウス・オブ・ローズの判決との関係で、問題となる（石黒・法的警鐘一三四頁以下、及びそこに所掲のもの参照）。だが、コミティの問題は、いずれそれ自体を扱って論文を執筆した方がよさそうな状況にある（七月二〇日締切りの『法曹時報』用の論文で、国際倒産法上の問題とも絡ませつつこれを論じようか）。

大体、アメリカでは、かのアクト・オブ・ステート・ドクトリンとの関係で、同様のケースが全く逆に判断されたりしていて、理論として一貫しない。つまり、途上国での政変後、前の統治者が貯め込んだアメリカ所在の資産に、新政府が手をのばす、ということがよくある。これが国対国の共助（執行共助！）で処理されるならばともかく、そうではない。つまり、イラクが前国王の全資産を、従ってまたニューヨークの銀行アカウントも含めて収用し、アメリカで訴訟をしたときに、アメリカの裁判所はこれを拒絶した。即ち、——

"[W]hen property confiscated is within the United States at the time of attempted confiscation, our courts will give effect to acts of state only if they are consistent with the policy and law of the United States." (353 F. 2d. 51 [1965]).

——とされた。右のアンダーラインのようなこと（Restatement of the Law, Third, Foreign Relations Law, §443 Reporters' Notes 4 [P.375]）を民事裁判所が考えること自体に対して、私は複雑な思いを抱く。司法の独立は、そこで如何に考えられることになるのか、ということである。

右の判決の考え方は、Restatement supra, 375 にあるように、"However, the courts may give effect to an act of state even as to assets in the United States, where it serves the policy aims of the United States to do so." ということにつながる。実際にも、マルコス資産問題につき、フィリピンのアキノ政権がマルコスの在米資産に手をのばした際には、これが事柄の本質に於いて、明確な域外執行であるにもかからわず、これを認めた判例が出ている（Ibid.）。Republic of the Philippines v. Marcos, 806 F. 2d 344 (1986) などがそれである。マルコスの行為が private acts だから、別段これは "an attempt by a foreign government to seize property outside its territory" ではない（Restatement supra, 375）というのが、どこまで理由になるのか、極めて疑問である。同じ理屈を、反米的な外国政府が行なった場合にどうなのか、ということである（なお Id. 380 をも参照せよ）。

ともかく、アメリカのアクト・オブ・ステート・ドクトリンや、英米のコミティの考え方には、英米特有の、言い方をかえればヨーロッパの大陸法系諸国の問題処理とは相当異質なものが、少なからず含まれている。執行共助と憲法につき論じつつ私が感じていたのと同様、語学的な意味でアクセスし易い英語圏ということで英米ばかりを見ていると、とんだところで足をすくわれかねないのに……、との思いを新たにする（一刻も早く葬り去るべき我国のリーディング・ケース〔?〕たるアングロ・イラニアン石油事件については石黒・現代国際私法㊤二四四頁以下、同・法的警鐘一二八頁、一三七頁以下を見よ）。いずれ改めて、また正面から論じてみたい。

「徒然草」的連載のはずだったが（連載第一回目参照）、「徒然草」というのはこんなに重苦しい読み物だったのか!?

（平成四年五月四日脱稿）

◇　◇　◇

〈本連載七月号掲載分（第十三回）の訂正〉

87頁上段　右から14行目

誤　左に、

正　右に、

〈九月号の予定〉

第十五回　わが国独禁法の域外適用への基礎的考察

連載　ボーダーレス・エコノミーへの法的視座

第十五回　わが独禁法の域外適用への基礎的考察

石黒一憲
東京大学法学部教授

目次

一　はじめに

書かねばならぬことが起こった。緊急事態発生だ。だから、「国際金融の牴触法的考察」は中断する。これが片づいたら、すぐ書く。書きます。「蟹」だ。「蟹」について書かねばならなくなった。蟹の域外適用だ。何だかわからないでしょう。来月、おそらく分かります。悪しからず。

草々

「平成四年七月一四日夜」

二　わが独禁法の域外適用への公正取引委員会のスタンス

昭和六二年六月、公正取引委員会事務局の下に、独占禁止法渉外問題研究会（宮崎勇座長）が組織され、平成元年一〇月までの間、「ダンピング規制と競争政策」、「独占禁止法の域外適用」の二つのテーマについて、検討がなされた。私も一委員として検討に加わり、とくに後者のテーマにつき、基調報告めいたものをさせて頂いた。この研究会の報告書は、公取委事務局編「ダンピング規制と競争政策　独占禁止法の域外適用」（平成二年二月・政府刊行物）として公表されている。そして、その六七頁には、独禁法の域外適用に関する「研究会の意見」として、次の如く記されている。

「外国企業への独占禁止法適用基準についてのOECD加盟各国における立場が、実質的にみて大差がないものとなってきている状況からみても、外国企業への我が国独占禁止法適用基準を、属地主義あるいは効果主義と分類することにより説明することは必要ではない。外国企業の行為への我が国独占禁止法の適用についての公取委の審決は、属地主義と効果主義のどちらの考え方を意識して行われたものでもなく、外国企業の行為が、我が国独占禁止法上の違反行為規定（「不当な取引制限」等）の構成要件に該当するかの検討を行うことによってなされてきたものである。ただし、これまでの審決においては、違反行為を構成する具体的な行為……が日本国内で行われた場合に、我が国独占禁止法を外国企業へ適用してきたようである。

しかしながら、外国企業が日本国内に物品を輸出するなどの活動を行っており、その活動が我が国独占禁止法違反を構成するに足る行為に該当すれば、独占禁止法に違反して、規制の対象になると考えられる。外国企業の支店あるいは子会社が日本国内に所在することは、独占禁止法適用上の必要条件ではない。したがって、国内市場の競争を阻害する行為については、我が国独占禁止法違反を構成するに足る事実があれば、外国所在企業も独占禁止法による規制の対象となると考えることが妥当である。……」

ちなみに、同報告書六二－六三頁には、「属地主義と効果主義の歩み寄り」との見出しを有する部分があり、「現時点においては、独占禁止法の外国企業への適用についての各国の立場は、属地主義・効果主義として区分することが困難な状況になってきていること」、つまり二つの主義の流動化現象が生じていること、他方、米・EC等が効果主義をとっていること、等が示されている。

上記の公取委研究会報告書は、今後の公取委の、独禁法の国際的適用に関する基本方針を示したものであると言える。前記引用部分をどう見るかについては、この報告書の全体的な脈絡の中でこれを評価する必要があるが、要するにそれは、実質的に、いわゆる域外適用を今後は公取委が行なってゆく旨を、静かな形で宣言したものである、と言ってよい。属地主義でも効果理論でもなく……というあたりは、多少薬が効き過ぎたような印象を禁じ得ないが（後述）、この研究会で私が行なった報告との関係に於いて、前記引用部分を把握して頂きたい、との気持ちが私にはやはりある。

昨今の独禁法適用強化に向けたアメリカの対日圧力と、日本国内の「対米配慮型」の対応の中で、かかる「適用強化」が、日本国内に閉じた問題にのみ、しかも、ともすれば日本の取引社会に内在的な「不公正（?）」を除去するためにのみ説かれる傾向がある。だが、かかる「適用強化」は、日本市場をターゲットとした外国企業の行為に対しても、同様に説かれねばならないはずである。対日圧力によって独禁法六条の「規制」を「緩和」することの当否はともかく、いわゆる独禁法の域外適用は、それ自体として厳正に、前記研究会報告書に示されているような形で、なされてゆかねばならない。日米摩擦の深刻化以前に、平成元年秋にこの報告書が実質まとまっていたことは、重要なことである。また、独禁法以外の、ともすれば（一般に！）国際的適用範囲のあいまいな我国の各種行政法規のいわゆる域外適用問題を考える際にも、本報告書は重要な意味を有する。いずれにしても、私自身がこの研究会で行なった報告を、ここに文章化して示しておこうと思い立ったのは、主として上記の如き事態の推移の中で、（政治的配慮からする法執行上の曇りへの）若干の懸念が生じ、徐々に大きくなりそうな気配を感じたがためである。

三　いわゆる「域外適用」の前提問題
――なぜ議論がここまで紛糾するのか？――

(1)　「域外適用」・「立法管轄権」という言葉自体のあいまいさと種々の混乱

「域外適用」という言葉は、そもそも若干ミスリーディングなものと言える。域外適用（extraterritorial application）ないし域外管轄権（extraterritorial jurisdiction）の語に対する概念は、属地的適用（territorial application）ないし属地的管轄権（territorial jurisdiction）ということになる。だが、「域外適用」といっても、国家法を当該国家の領域の外で適用するわけではない。「域外的＝国際的」な問題を自国法の射程にとりこんで、自国領域内でそれを規律しようとするのが、いわゆる「域外適用」である。他国たるB国の領域内でA国の官吏が、A国法によって認められたA国公権力の行使を、B国の国家的同意なしに行なうことは、B国主権の侵害になる。だが、これは、一般の域外適用（即ち立法管轄 [legislative jurisdiction]――この語もミスリーディングである）の問題とは区別された「執行管轄権（enforcement jurisdiction）」の問題である。すべてが厳格に国境をもって画されるのは「執行管轄権」の面での問題である。それと、外国での外国事業者の行動を、どこまで自国内で、自国法に基づき（公法的に）規制できるかという「域外適用」問題とは、区別されねばならない。

ところで、国家法の属地的適用にこだわるいわゆる属地主義の内部でも、主観的属地主義と客観的属地主義（それらの概念規定はここでは省略する）とが区別され、とりわけ後者によって、各国の国家管轄権行使の範囲が拡大するようになって来ている（そのプロセスについては、Jennings, Extraterritorial Jurisdiction and the U. S. Antitrust Laws, The British Year Book of International Law 1957, at 156ff [1958]）。そして、かかる属地主義内部での主義の緩和、即ち緩和された属地主義と純然たる効果理論との連続性に、むしろ着目すべきことを、私は前記研究会に於いて強調したのである（なお、Marcuss/Richard, Extraterritorial Jurisdiction in U. S. Trade Law, 20 Columbia Journal of Transnational Law, 442 [1981] 及び、Akehurst, Jurisdiction in International Law, The British Year Book of International Law 1972–73, at 193 [1975]）。即ち、私が強調したのは、何故、自国内で行為のごく一部のみが行われたことをもって、当該行為の全体についての自国の国家管轄権行使が認められるのか、その根拠は何なのか、といった点である（実際にも、わが刑法上の国内犯処罰規定の解釈上、上記の如き観点からして、効果理論によるよりも属地主義によった方が、国家管轄権が一層拡大され得るという〝捩れ現象〟が生じ得ることについては、その後、各国の環境規制との関係を含めて、石黒「ボーダーレス・エコノミーへの法的視座(3)――国際環境汚染と法」貿易と関税一九九一年九月号四三頁以下で論じた。なお、同論文は『ボーダーレス・エコノミーへの法的視座』〔平四・中央経済社〕第Ⅰ部第3章に収められている）。

自国内での行為が、行為の全体に対してネグリジブルな意味あいしか有しないとき、それにもかかわらず自国の国家管轄権行使が当該行為の全体に及ぶとするのは、必ずしも当然のことではないはずである。それの正当化根拠としては、やはり、自国と当該行為（その全体）との関連性（nexus）あるいは自国の何らかの利益（interest――但し、客観化されたそれ）の存在が、必要なはずである。それらを精査することなく、徒に行為（の一部！）のなされた場所にのみ着目することは、かえって問題だとも言える。国内での行為が極小化し、遂にゼロになったときに登場する管轄権原理が効果理論であり、かくて、効果理論と属地主義との連続性にむしろ着目するならば、どこまで効果理論のみを特別扱いし得るかは、かなり疑問なのではないか、と思われて来る。

要するに、従来属地主義によって半ば当然視されていた管轄権行使についても、当該行為の extraterritorial な部分を、その territorial な部分が自国内に存在することを理由に、自国の属地的管轄に引き込む側面が、含意されていた。ところが、属地主義内部での議論の詰めが十分になされぬままに、アメリカ反トラスト法の適用上効果理論をとった、かの Alcoa 事件が登場し、それを通して「属地主義 vs 効果理論」という、一般にアピールし易い問題設定がなされてしまった。だが、さらに考えてみれば、何故「行為（地）」のかわりに「効果（effects）」に着目するのか、といったことも問題である。反トラスト法（独禁法）だから競争制限〝効果〟という言葉が即座に出て来るが、その他の各種法規の域外適用の問題一般を考える際には、「効果」という言葉ではあまりしっくり来ない場面もある。理論的には、「効果理論」から、（牴触法 [conflict of laws] 理論にとって一層なじみ深い）「連結点理論」へと視点を移して論じた方がベターと言える（石黒・前掲貿易と関税一九九一年九月号四一頁以下）。

かくて、議論を整理し、分かり易くするためには、「域内（territorial）」か「域外（extraterritorial）」かという言葉にこだわることをやめ、自国行政法規によりどこまで国際性のある事案を自国に於いて規制し得るか――自国法規の「国際的適用」とその限度――という形で問題をとらえ直す必要がある。但し、これは "extraterritorial application" という英語自体が極めてミスリーディングであることとも深く関係する。

(2)　一般国際法上の管轄権原理をめぐる混乱

(a)　概観

一般国際法上の国家管轄権に関する議論は、半世紀以上前の Lotus 号事件にかなりのウェイトを置きつつなされているが、この事件に於いても The Permanent Court of International Justice は、"The territoriality of criminal law…is not an absolute principle of international law…," としており、むしろ、かなり各国の広い管轄権行使を認める方向を示唆していた。

現在の国際法上の通常の見方によれば、（やはり刑事の場合を念頭に置きつつ）国際管轄権は、さしあたり次の如く分類されている（I. Brownlie, Principles of Public International Law, 299 ff [Third ed. 1979]）。

① territorial principle
② nationality principle
③ passive nationality principle
（＊但し、②では residence 等をも管轄行使の根拠としうるものとされ、かつ、③では純然たる nationality のみが問題とされるが如くであり、気になる。）
④ protective or security principle
⑤ universality principle

但し、Id. 305f が認めるように、"Each individual principle is only evidence of the *reasonableness* of the exercise of jurisdiction." ということであり、上記の個別の原理の絡み合う状況が示され、そこから、Id. 306 に於いて、"genuine or effective link" を根拠とする、統一的な principle の設定が、ともかくも目指さるべきことになる。そこからも、「自国内での行為」という象徴的な出来事から直ちに自国の国家管轄権行使を肯定してよいか、という既述の問題が再び想起されてもよいように思われる。

いずれにしても、ここに於いて、"jurisdictional rule of reason" という、いわゆるアメリカ反トラスト法の域外適用にも馴染みが深く、かつ、F. A. Mann の一九六四年の論文（Mann, The Doctrine of Jurisdiction in International Law, 111 Recueil des cours, 1964–Ⅰ [1964]）に立ち戻る立場が、支持されるべきことになる。

言い換えれば、前記①～⑤の個別原理は、それ自体で一人歩きできるような性格のものではなく、自国国家管轄権行使は、個別の場合ごとに、それなりの具体的諸事情を勘案することにより、その合理性がたえず検証されてゆかねばならない。

例えばここで、nationality principle は絶対か、という問題を立て、国際課税の場合（ＮＩＲＡ編・多国籍企業の法と政策〔昭六二〕九八頁以下〔中里実〕参照）を見ておこう。国籍原則は主権、とりわけ対人主権と絡んで、とかく絶対視され易い面がある。これは不動産についての所在地国の排他的な（国際）管轄が当然視され易いのと、共通した問題である。

国際課税上、全世界所得（world-wide income）に対する課税がなされるのは、多くの国々では、日本を含めて、residence が自国内にある者についてである。もとより、residence の認定基準の如何によっては、何故この場合、世界中どこで発生した所得かを問わずに当該国の国家管轄権が当然及ぶかが問題となり得るが、それはここでは、とりあえず措く。それらの国々に対しアメリカは、全世界所得課税を国籍（citizenship）に着目して行なっているのである。だが、自国民に対する国家管轄権（課税管轄権）は絶対とは言えない。事実、Mann, The Doctrine of Jurisdiction Revisited After Twenty Years, 186 Recueil des cours, 1984–Ⅲ, 30 (1985) は、課税管轄権の行使についても、"some reasonable link between the State and the person, property or transaction" を求める立場（Id. 29）から、上記のアメリカの主義に対して若干の疑問を呈している。国際課税の場合には「居住」から推知される自国との密接関連性が、一般にはメインに据えられている点で、他の場合と若干ニュアンスが異なるが、原則として出生地や親の国籍によって、いわば機械的に決せられる国籍よりも、居住の実際の方が、国家管轄権行使の根拠として、一層合理性がある、と一般には言えよう。

例えばわが所得税法二条3項に言う「居住者」について見てみると、「国内に住所を有し、又は現在まで引き続いて一年以上居所を有する個人」とあり、それだけの我国との nexus で全世界所得を当然課税対象とするのは、問題があり得る（とくに右の「又は」以下）。それゆえ、「居住者」をさらに「非永住者」と「非永住者以外の居住者」とに区別することがなされている。つまり、そこで言う「非永住者」とは、「居住者のうち、国内に永住する意思がなく、かつ、現在まで引き続いて五年以下の期間国内に住所又は居所を有する個人」を言い、かかる「非永住者たる居住者」については、国内源泉所得に課税対象を原則として限定することがなされている（同法七条1、2号）。これなど、まさに牴触法（conflict of laws）に於ける連結点（point of contacts）の考え方に即した、それなりの配慮と言え、方向としては妥当と思われる。

(b)　F. A. Mann の一九八五年論文と若干の留意点

国家管轄権問題の理論的側面をそれなりにリードして来たのはマン（F. A. Mann）であるが、彼の新しい方の論文（Mann, supra [1985]）には様々な面があり、その評価には慎重を要する。

まず、「立法管轄権（legislative jurisdiction）」という言葉について一言する。この言葉は、英語自体が、「域外適用」の語に於ける（既述）と同様、極めてミスリーディングである。この点につき Mann, supra [1985], 21 は、"International law, therefore, employs the term "legislation" in a very wide sense indicating regulation rather than merely enactment." としているが、もとより正当である。立法管轄権は、"jurisdiction to prescribe" と表現される場合もあるが、同様にミスリーディングな用語法である。我国では「言葉」に幻惑されてか、種々の混乱が見られる。「立法」するのみで国際法が介入することはないから、一般国際法上「立法管轄権」への制限はないのではないか、といったプリミティヴな誤解を想起せよ。「立法」をし、かかる（公法的）規範を「適用」することまでが「立法管轄権」の概念に包摂されるのである。

さて、この関係で「執行管轄権（enforcement jurisdiction）」の語について、マンはどう言っているのか。Mann, supra [1985], 34ff, 38ff は幾つかのタイプに分けつつ、執行管轄権の問題を論じている。

① "the use of physical force by *or on behalf of* a state in the territory of another State"
② "the exercise of sovereign authority in a foreign State without the use of force"…… "the service of document by post" 等。
③ "investigations carried out by *or on behalf of* a State in a foreign country"
④ "the question whether a State can *enforce its public law by proceeding* in the courts of another State"…自国租税債権の取立を求めて外国で訴を起こす、等。
⑤ "the conflict of enforcement jurisdiction"

私には、マンの上記の問題分類があまりしっくりとは来ないが（私見については、石黒・現代国際私法〔上〕〔昭六一〕二二七頁以下）、上記①～⑤のうち、アンダーラインを付した部分は、重要である。"on behalf of" の語をどう解すべきか、また、④がアメリカの懲罰賠償・三倍賠償制度の牴触法的取扱と深くかかわること、等々、多くの問題がここから派生する。

ただ、Id. 45 は次の如く述べている。即ち――

"As a matter of international law derived from the practice of States and general principle of law, no State is in general entitled to require the commission of a criminal offence or an illegality within the territory of another State."

本当にそう言ってしまってよいかは、極めて疑問である。例えば一九八〇年のイギリスの対抗立法（通商利益保護法）はどうなるのかが、すぐに問題となる。そして、マンは、Id. 98 で、とりわけイギリスの対抗立法につき次のように論じている。

"From the point of view of international law there cannot, in present circumstances, be any objection to … the fact that such *[blocking] legislation* was thought necessary. It constitutes an act of *self-defence* or *reprisal* or *sanction* against *the international wrong* inherent in the assumption of excessive jurisdiction by other States. … *The United States* specifically protested against this [clawback] provision, but its legality cannot be in doubt. On the other hand there exists strong reason for regretting the necessity for such *retaliation*."

要するに、一九八五年のマンのこの論文の基調は、その "Epilogue" (Id. 95ff) に端的に示されているように、アメリカの（反トラスト法に限らぬ）域外管轄権行使のゆき過ぎをもはや許すことは出来ぬ、との観点から、かなり大胆にその国際法違反性を suggest しようとしたところにある。つまり、十分な先例が仮りになくとも、彼自身を含めた academic writers の主張が国際法上の原則に昇華される可能性のあることに基づき、種々の〝主張〟がそこでなされている。全体的印象としても、ＥＣやドイツ（旧西ドイツ）等々もアメリカ同様の（効果理論による）域外管轄権行使を（いわゆる域外適用を）しているのに、殆どそのような〝事実〟は捨象され、「アメリカのやっていることはすべて悪い」といわんばかりの主張が目立つ（もっとも、Id. 110 は、復仇・報復といった観点から、アメリカのイラン資産凍結措置を支持しているが、その裏には、ユーロ・カレンシー取引〔域外通貨取引〕の本質に関するマンの、問題ある立場がある。それとの整合性へのある種の配慮の下に、かかる指摘がなされているように思われる。なお、石黒・金融取引と国際訴訟〔昭五八〕五頁以下参照）。

他方、〝妥当性〟を欠くから国際法違反になる、といった形の議論も目立つのであり、Id. 95 では、やたら国際法違反を連発するこの論文に対する批判を、ある程度予測しての叙述もある。即ち――

"It may, secondly, be asked how it is possible to refer so frequently to (allegedly prevalent) rules of international law when there is so little firm evidence of their existence, when, in particular, they lack the anthority which decisions of international tribunals tend to confer. It is, indeed, regrettable that no State has invoked judicial remedies of an international character to test the validity of the practices which the United States, *almost alone* among the nations of the world, observes."

かくて、この一九八五年のマンの論文の中の主張には、かなり割引して考えた方がよいように思われる点が少くない。例えば、Id. 56f は、米・スイス間の国際的トランスファー・プライシング事件たるMarc−Rich 事件（石黒・前掲[上]二〇五頁以下）を念頭に置きつつ、かのBarcelona Traction 事件ICJ判決と住友商事事件米国最高裁判決（Sumitomo Inc. v. Avagliano, 457 U. S. 176 [1982]）とから、各事案の個性を度外視して、直ちに次のような命題を導く。即ち——

"The State of the parent is without jurisdiction in respect of a foreign subsidiary even if it is wholly owned. Both are distinct entities subject to distinct jurisdictions."

法人格の差を絶対視するかかる立場はあまりに硬直的である。これでは国際的銀行監督に関する後述のBasler Konkordate などはいかに評価されることになるのか、といった点がすぐに問題になってしまう。むしろ、かかる見方と対比すべきは、例えばシベリア・パイプライン事件に於けるECからのコメント（Jackson/Davey, infra, 930ff）である。そこでは、バルセロナ・トラクション事件なども引かれつつも、"other basis of jurisdiction" として効果理論との関係が問題とされ、輸出管理法に基づくアメリカの（シベリア・パイプライン事件に於ける）措置が、効果理論（及び保護主義）によっても正当化され得ないことが、具体的に示されている（Id. 932f）。この方がオーソドックスな議論と言うべきであろう。

ところで、マンは、上記引用個所につづき、"The principle that a foreign subsidiary is free from control by its parent's sovereign prevails even where under the domestic law of the parent's State wholly−owned subsidiary is or may be treated as a mere branch of the parent. This is so in certain countries, for instance, for purposes of taxation. But…." ともしている（Mann, supra [1985], 58）。これも強引な議論のように思われるし、なぜそこまで一般化した議論がなされ得るのか、疑問である。

かくて、親会社・子会社間の問題につきマンが説くところは相当疑問であるし、多国籍企業への法的規制という諸国で広く認識された問題関心からも、無理があるように思われる。

だが、つづいてなされている次の指摘（Mann, supra [1985], 59）には、傾聴すべきものがあろう。もとより、直ちにこれを一般国際法上の厳格なルールとは解し得ないように思われるけれども。

"International law, so it may be suggested, does not allow pressure to be brought upon a domestic corporation, the parent, in order to compell a foreign corporation, the subsidiary, to act in a foreign country in a manner unlawful under its own law."

ちなみに、これは "indirect enforcement jurisdiction"（Id. 47ff）の延長線上の議論であり、そこでの基本的問題設定は、次の如くなされている。即ち——

"Is the State free to enforce rights in its own territory exclusively or primarily for the purpose of bringing about an act or ommission in foreign territory, i.e. in order indirectly to enforce its jurisdiction abroad?"

これは極めて重要なポイントである。外国にある文書の提出等を求めて、当該企業（ないし企業グループ）の国内拠点に対して、法的制裁を

伴う圧力を加えることは、一見国境を越えた主権の行使ではないかの如くだが、常識的に判断され得るように、その意図するところは殆ど同じであり、少くともあまりフェアなやり方ではない。いわゆる域外適用を正面切って行なわなくともこの手段が使えるということで、我国でも、ともすれば実際の規制の重点がこの方向に傾きがちな面がないではない。だが、当該事案に自国の立法管轄権が及ぶことが、すべての前提として必要であるし、むしろ正面から域外適用（域外管轄権の行使）をし、それに基づき文書提出を外国の企業に求めるための方策（後述）を、別途考えてゆくべきであろう。

なお、Mann, supra [1985], 86 ff は、"restrictive practices" との関係で効果理論に言及し、Id. 88ff で、ティンバレン事件、マニングトン・ミルズ事件等に於けるアメリカの balancing of interests のアプローチを批判している。だが、マンの所説には、その "Epilogue" 中の Id. 97f にあるように、アメリカでの balancing of interests がアメリカの利益に傾きがちなことに対する反情（強い反感）が裏打ちされている。けれども、Lowenfeld, Public Law in the international Arena : Conflict of Laws, International Law, and Some Suggestions for their Interaction, 163 Recueil des cours, 1979−II, 328f, 411, 335（1980）にあるように、そこでの（governmental）interests の評価の仕方は、アメリカ抵触法革命の（Currie 的な法廷地利益偏重の）それとは一線を画したものとされているのであり（石黒・前掲[上]一九七頁）、F. A. Mann 本来の抵触法的アプローチ（Mann, supra [1985], 31 に凝縮されている）と、上の balancing of interests 的アプローチとは、本来相容れないものではないはずである。このことを、ここで再確認しておくべきであろう。

四　わが独禁法の国際的適用（いわゆる域外適用）を考える上で「事物管轄権」、「対人管轄権」、「手続管轄権」等の概念を用いることの当否について

国によって国内法上の基本的な管轄原理ないしその枠組が違うのに、域外適用と言えばアメリカ、そしてそれに反対して来たイギリス、という英米法系での議論を主として参照しつつ、我国で域外適用問題が取扱われて来た。そこに伴う英米、とりわけアメリカの管轄権原理の特殊性から来るバイアスをとり除いた上で、我国での議論を、自然な形で再構築する必要がある。無用の言葉の氾濫が、我国での域外適用論議には、いまだに見られるのである。

(1)　「事物管轄権（subject matter jurisdiction）」と我国での問題処理

R. C. Casad, Jurisdiction in Civil Actions（1983）の 1−1ff（"Fundamental Concepts and Terminology"）は、jurisdiction を、以下の三つに区分している。即ち——

① Jurisdiction of the Subject Matter
② Jurisdiction of the Person
③ Jurisdiction over Property

——の三つである。Id. 1−2 にあるように、"Before a court can adjudicate a civil action, Anglo-American law has traditionally declared, the court must have (1) jurisdiction of the subject matter, and (2) jurisdiction of the person, if the action is *in personam*, or jurisdiction of the

res or property, if the action is *in rem* or *quasi in rem*. An understanding of these fundamental concepts is essential." ということになる。言うまでもなく、そこでは、対人訴訟（action in personam）、対物訴訟（action in rem）、準対物訴訟（action quasi in rem）というアメリカの訴訟類型が前提とされている。

そして、subject matter jurisdiction とは——

"A court is said to have jurisdiction of the subject matter of an action if the case is one of the type of cases that the court has been *empowered to entertain by the sovereign from which the court derives its authority*. The term "*competency*" is sometimes used to refer the same concept." (Id. 1−2.)

——と説明されている。要するにそれは、一国内の権限分配の問題として把握されている。松下満雄・アメリカ独占禁止法二六五頁以下の次の指摘も、少くともその前半はこのことを示すものと言える。即ち、「事物管轄権（subject matter jurisdiction）……は、アメリカ反トラスト法の適用範囲がどこまで及ぶのかについての基準である。……事物管轄権の範囲とは、議会の立法権がどこまで及ぶのかの基準であり、立法管轄権（legislative jurisdiction）または制定的管轄権（prescrictive jurisdiction）と呼ぶこともある」と、そこにある。もっとも右の後半は、Casad, supra にあった "competency" に関するかなりあいまいな用語法が、legislative jurisdiction 等の用語に、いわば反映しているものとも見得る。その若干微妙な認識を前提として、かの Alcoa 判決の判旨を見ておく必要がある。

"The only question open is whether *Congress* intended to impose the liability and whether our own *Constitution* permitted it to do so : as a court of the United States we cannot look beyond our own law. Nevertheless, it is quite true that we are not to read general words, such as those in this [Sherman] Act, without regard to *the limitations customarily observed by nations* upon the exercise of their powers ; limitations which generally correspond to those fixed by the "*conflict of laws*." We should not impute to Congress an intent to punish all whom its courts can catch, for conduct which has no consequences within the United States." (148 F. 2d. 443.)

上記引用部分はティンバレン事件控訴審判決（549 F. 2d. 597）が引用するものであるが（なお、例えば J. H. Jackson/W. J. Davey, Legal Problems of International Economic Relations, 1085f [Second ed. 1986] を見よ）、かかる Alcoa 事件判決の右の説示は、二つの点で重要である。即ち、まず、国家管轄権の問題をそれ自体として、というよりはむしろ合衆国憲法の下で、かつ、議会との関係でとらえるというアメリカ特有（!?）の考え方が端的に示されていること。次に、効果理論が、conflict of laws の伝統的な考え方（アメリカに於ける抵触法革命が判例に投影されたのは一九六四年以降であることに注意せよ）と深く関係するものであること（第二の点については、後述する）。そして、これら二つの点が、明確にレヴェルを分けつつ論じられていることに、最も注意すべきである。

既述の Casad, supra に於ける「事物管轄権（subject matter jurisdiction）」の語は、要するにアメリカ国内での（国家機関への）権限分配の問題であり、一般国際法との関係での、いわゆる域外適用をなし得る限度の問題（即ち立法管轄権の及ぶ範囲の問題）とは異なる。それら双方をあわせて「事物管轄権」と表現することは、無用の混乱のもとになる点で、疑問な用語法と言うべきである。

ちなみに、伊従寛編・日本企業と外国独禁法四四頁では、「実体管轄権」と「手続管轄権」とが対比され、「実体管轄権は、国の立法権の及ぶ範囲を画する総論的な問題」であるのに対し、「手続管轄権は特定の裁判所が関係人に対して裁判権を行使し、判決を下すことができる条件が整っているか否かの各論的な問題」であって「手続管轄権は裁判地と送達の二つに分けて考えられる」とある。そこでなされる「実体管轄

権」と「手続管轄権」との区別は、国家管轄権論上は、やはり無用の区別と言うべきである。独禁法の域外適用問題を論ずる際、「〇〇管轄権」の名で"言葉"が氾濫している現状は、極めて遺憾である。

(2)　「対人管轄権（in personam or personal jurisdiction）」概念の不要性

我国での問題処理に於いて「対人管轄権」の語を用いることは疑問である。「対人管轄権」とは、「対人訴訟（action in personam）」に於ける管轄権という意味であり、対人訴訟・対物訴訟（そしてアメリカで派生した準対物訴訟）という訴訟類型上の区別を前提とする（英米の国際法や反トラスト法の教科書等も、自国の伝統的な訴訟類型を前提として書かれている。それをそのまま我国の場合にあてはめると妙なことになる）。我国では管轄は訴訟類型（給付・確認・形成訴訟の三分類）によらず、一本化されて決定されるのであり、そもそも発想が異なるのである。

もっとも Mann, supra [1985] 69 は、一九六八年のEEC管轄・執行条約で法人の本拠地国の専属的国際裁判管轄が認められていることに注目し、これを一般国際法上も重視する。各国の同一法人に対する競合的な国家管轄権の行使から生ずる問題を何とか"整理"しようというのがマンの全体的な意図とも見得るが、ただ、EECの前記条約は、何をもって法人の本拠というかの点を各国国際私法に委ねており、その結果、設立準拠法所属国（設立地国）と事実としての本拠地国との競合管轄が生じ得る状態にある（石黒・前掲[上]二七〇頁）。マンは、この点を見落としている（もともと彼はさほど国際民訴法に強くない）。

設立準拠法国（カナダ）の管轄の優位を認め、支配株主所在国たるベルギーの外交的保護権を否定した、かのバルセロナ・トラクション事件（同上二〇五頁）でも、単なる設立地の所在にとどまらず、種々の事情が勘案され、カナダと当該会社との恒久的な関連性が示されているのである。"ある国の法人"に対してはその国のみが国家管轄権を及ぼし得る、などという抽象論・一般論では済まないのである。

国家管轄権の競合はむしろ通常の事態と言うべきであり、その行使は、種々の連結点（points of contact——「行為地」に限らぬ）が自国内に存することに基づき（nexus）、又は自国の規制に向けられた客観的な interest の程度・態様により、jurisdictional rule of reason からしてその当否が判断される。

Mann, supra [1985] のように、国家管轄権論上随所に国際法的制約を設けると、アメリカ側からの域外適用に対する他の諸国の対抗立法は、アメリカの違法な行為を前提とした報復としてしか、理論的に説明できなくなりそうであるが（既述）、これは実に不幸な展開である。各国のプラクティスの変化に応じて国際法理論も変化してゆく、という点をドグマで押さえ込む面が、マンに於いては強すぎるように思われる。

また、clawback 等の対抗立法上の措置が講ぜられた場合の問題が、伝統的な国際民事訴訟法上の、外国判決"不承認"の場合の取扱や、国際二重起訴絡みの状況に於いて、いくらでも生じ得るのだ、ということにも注意すべきである（マンには、一般の民事的問題を刑事・行政の問題と同視しようとする傾向が強いが、Mann, supra [1985] に於いて、一層この傾向は顕著になったような印象を受ける）。外国にある外国企業に対しては国家管轄権を行使し得ない、などというドグマは、明確に捨て去るべきであり、他方、何をもって一般国際法の禁止する intervention にあたるかも（なお、石黒・前掲[上]四九〇、五一二、五九三、六一六頁、等）、冷静に判断されてゆかねばならない。アメリカの特殊な管轄権原理、しかもアメリカでも過去のものとなった power theory 的な意味で、被告の presence 又は submission がなければ自国の国家管轄権を及ぼせない、などとすることは、理由がないのである。

「対人管轄権」（とか「手続管轄権」）などという概念を"輸入"することなく、素直に「立法管轄権＝域外適用問題」を論ずべきであり、その際、アメリカの対人管轄的配慮を、既述の nexus ないし interest の判断の中に発展的に解消しているのが、我国の国家管轄権原理である、と見るべきであろう。

ちなみに、我国の行政法規の国際的適用に於いて、「対人管轄権」的な配慮が"別枠で"なされてはいないことを、若干の例に於いて示しておこう。例えば、国際課税に於いて、外国法人課税は、source of income とPE（permanent establishment）とに依存する。だが、恒久的施設（PE）概念は、実は相当空洞化して来ており、所得源泉地の決定方法と共に、一般の conflict of laws 上の判断に類する判断枠組の中で、外国法人課税が自然な形でとらえられる方向に向かいつつある。つまり、外国法人課税に於いては、我国内に当該法人自身の拠点（支店・営業所）がなくとも、我国との nexus（内国牽連性と言ってもよいし、我国内での doing business の程度——但し租税法の場合にはかなり類型化されたそれ——と言ってもよい）によって、直截にわが課税権行使を認めているのである。PEの認定・源泉地の決定につき、牴触法的見地から改善を要望している点は少くないが、「対人管轄権」的発想を別枠で問題としているわけでないことは確かであり、独禁法の場合も、これと基本的に同様に処理してよいと思われる。

また、例えば、外為法二〇条7号によるユーロ円規制の場合（同法二一条1項をも参照——違反は七〇条11号の罰則つき）には、見方によれば、一般の効果理論よりもさらに徹底した管轄行使が定められている。それは、通貨主権（monetary sovereignty）万能の古い考え方に基づくものとも言えるが、ともかく、そこでも、何ら対人管轄権（ないし手続管轄権）を別枠で問題とすることは、されていない。何故、独禁法の場合だけ、「○○管轄権」という言葉のみが氾濫するのか。そこを考え、議論を思い切ってスリム化すべきである。

五 独禁法以外の法領域に於ける域外適用問題との対比

注目すべきは一九八六年四月三〇日のICCのレポート（ICC Committee on Extraterritorial Application of National Law, International Chamber of Commerce, Policy and Programme Department, Document No. 225-4/11.）である。その pp. 2-53 の "Overview of Industry and Trade Experiences" では——

A. Competition Policy
B. Banking
C. Securities and Foreign Exchange Regulation
D. Trade Policy and Export Cartels
E. Ocean Shipping
F. International Aviation
G. Taxation
H. Telecommunications

——の各分野に於ける、国家法の域外適用問題の実情分析がなされている。それと共に、Id. 54ff では、"Costs of Extraterritoriality to International Commerce" が、Id. 58ff では "Legal Principles" が、それぞれ論じられている。その後者では、jurisdictional rule of reason に至るプロセスが、Mann, supra [1985] のようなアメリカ批判の感情論（?）に陥ることなく、冷静に論ぜられている。Id. 66ff は、"Divergent Experiences with Jurisdictional Conflicts and Their Causes" が、Id. 70f では "Political and National Security Considerations" が論ぜられている（同報告書は、のちに D. Lange/G. Born, The Extraterritorial Application of National Laws [Kluwer 1987] として出版されている）。但し、この報告書は、言ってみれば被規制者の論理としてのものであり、提言の部分には多少身勝手なものを、私自身は感じている。

以下、同報告書につき、若干述べる。まず、Id. 4ff の "Competition Policy" に基づく域外適用の個所について。軸となるのは効果理論である。効果理論に基づく域外適用に熱心な国として米・EC・（西）ドイツが挙げられている。他に、スイス、オーストリア、スウェーデン、オーストラリア、日本、ギリシャもそれを認めてはいるが、ただ、それらの国々については "…but seldom do so in practice." とある（Id. 17）。効果理論から rule of reason への流れも論ぜられているが、アメリカとカ

ナダ・オーストラリア・（西）ドイツとの共助協定（Id. 17）により、"…sometimes moderate…jurisdictional disputes" になるとの認識（Id. 69）も示されている。

なお、Id. 69 は、①国際的銀行監督に於ける Basler Konkordate（一九七五年及び一九八三年）、②二国間租税条約（OECDモデルに基づく）、③国際通信に於けるITU体制やCCITT勧告、等の国際協調によって、jurisdictional disputes の減少が見られることを強調する。だが、それぞれに問題がある（あるいは将来問題が生じて来得る状況にある）ことにつき、一言する。

まず、Basler Konkordate について。そこでは、支店・子会社等の形で銀行の進出した国（所在地国）と母国との、solvency, liquidity 両面での責任分担が、定められている。もとよりそれに強制力はなく、かつ、第一次、第二次の Konkordat を比べると、後者の方が所在地国・母国の監督上の責任（イコール権限）が一層重複している。現在までのところは、国際協調の成果が著しいとは言えるが、concurrent jurisdiction から conflict of jurisdiction に至る火種は、例えば東京ドル決済システム等についても、既にないではない。

次に、二国間租税条約については、とくにアメリカが租税条約によらずに、自国法の域外適用（一方的措置）により域外的課税権行使をする例が目立っている。Auto Cases に於けるIRSとトヨタ・日産等との間の紛争や Marc-Rich 事件等、紛争は既にかなりの程度尖鋭化している。

国際通信についても、ITU・インテルサット等の非競争的体質（?）と米英（そして日本）の競争導入・民営化の圧力の中で、種々の紛争の生じ得る状況にある。もっとも、当面はアメリカ通商法三〇一条の如き報復条項にコンフリクトの重点があるが、上記傾向は、要するに情報通信産業が一般の企業の活動の側に歩み寄ることを意味する。グローバルな協調枠組の崩壊に伴い、種々の域外適用絡みの紛争が、これから生じて来る、というところであろう（インテルサット側とアメリカの新規参入事業者との関係では、Laker 航空事件と同様の紛争の生じ得る状況も、現出していた）。

ICC Report, supra [1986], 67 でも、"[T]here is evidence that extraterritoriality disputes are spreading to other fields, such as taxation and securities regulation." とあるが、それは事実であろう。SECが海外銀行口座の凍結命令を求めたりしつつ、まさに世界の警察をめざして来ていることに、注意すべきである。租税の場合の Auto Cases と対比しつつ、二国間の共助枠組が、この場合にどれだけの意味を有し得るか、精査すべきでもあろう。なお、上記引用個所で、国際課税や証券取引規制に於ける域外適用問題については、独禁法の場合の議論の投影、という形での議論がなされていること、言うまでもない。まさにそれは、国家管轄権の一般理論（石黒・前掲[上]一八八頁以下）の個別的発露としてのものなのである。

ちなみに、ICC Report, supra [1986] を若干補充すべく、国際的銀行監督の場合について、[西] ドイツでの議論のなされ方を見ておく際に注目すべきは、次のことである。即ち、例えば K.A. Bauer, Das Recht der internationalen Bankenaufsicht, 58ff (1985) なども、[西] ドイツの国際的銀行監督権限（という形での国家管轄権の行使）につき、Kollisionsrecht, 即ち牴触法（conflict of laws）からアプローチしており、しかも、基本的には、独禁法の域外適用の場合の効果理論との関係を、重視している。もとより正当である（ヘルシュタット銀行事件以来、国際的銀行監督の問題が大きくクローズ・アップされ、Basler Konkordate への伏線をなすに至るのであり、そこでは、純然たる「国内」のみをターゲットとした銀行監督では不十分極まりない、との認識が、前提とされている）。

六 書類の送達方法をめぐって——我国に自己の拠点を持たない外国企業との関係——

(1) 独禁法六九条の2についての疑問

同条は民訴一六二、一六九、一七一、一七七条のみを準用するが、理屈を言えば、民訴一六四条の交付送達の原則、一六五～一六八条の規定等も準用すべきところ、落ちている。一体いかなるポリシーで独禁法六九条の2が作られたのかが問題となる。

多少苦しいことを承知で、かつ、六九条の2が限定列挙だとした上で活路を見出だそうとすれば、昭和五七年に追加された民訴一六九条の2項に注目する余地も、あり得ないではない。「送達ハ送達ヲ受クベキ者ガ雇用、委任其ノ他ノ法律上ノ行為ニ基ヅキ就業スル他人ノ住所、居所、営業所又ハ事務所ニ於テ之ヲ為スコトヲ得」と、そこにある。文言からして、この2項は自然人（とくに共働きのサラリーマン等）を考えたものとは思われるが、他の企業の在日拠点を手足としてあえて国内に自己の拠点を置かぬ外国企業（国際租税法上のいわゆるオデコ事件——東京地判昭和五七・四・二二判時一〇四〇号一一頁、東京高判昭和五九年三月一四日行裁例集三三巻四号八三八頁——などを想起せよ）につき、民訴一六九条の2項を使う余地は、一〇〇パーセントない、とまでは言えまい（「就業」の話が必ずしも論理必然的に自然人に対するものとも言い切れまい）。仮りにこの点をクリアーできたとすれば、民訴一七一条2項により、一六九条2項の言う「他人又ハ其ノ法定代理人、事務員若ハ雇人ニシテ事理ヲ弁識スルニ足ルベキ知能ヲ具フル者ガ書類ノ交付ヲ受クルコトヲ拒マザルトキハ」その者に渡せばよい。だが、一七一条3項の差置送達は、いずれにしてもできない、ということになろうか（外国会社の在日代理店等の場合、案外受けとってくれそうな気もする）。

もっとも、民訴一六九条の2項につき、民訴法プロパーの議論がそこまで進んでいるか、という問題がある。

(2) 代理店宛の送達

いわゆる三重運賃事件（松下・前掲アメリカ独禁法二九八頁以下、石黒・前掲[上]二一五頁）のような場合、民訴一六九条に言う「送達……ヲ受クヘキ者ノ……居所、営業所又ハ事務所」に、外国会社の在日代理店が、全くあたらないと言い切れるかには、疑問がある。菊井＝村松・全訂民訴法Ⅰ（昭五三）九四〇頁によってリファーされるその七六頁以下の、民訴九条に関する解説には、次の如くある。即ち、事務所とは、「営業とはいえない範囲の業務が継続的に行われる中心場所で住所でないもの」とあり、営業所とは、「ある範囲の営業の中心をなす場所で、商人の本・支店、会社の本・支店」等のほか、「主たるものである必要はないが、ある程度独立して業務または営業をなしうるものでなければならないから、他から指揮監督を受けて単に業務を執行するにとどまる程度の事務所または営業所、例えば鉄道の駅、会社の出張所程度のものは該当しない。代理店は、契約締結の媒介をなすにとどまるからこれに該当しない……」とある。

だが、これらは、（主として）日本の中に一層適切な送達場所がある場合の論述であると思われる。それが全くない外国会社宛の送達は著しく事情を異にする。なお、同上・六二頁の民訴四条3項の土地管轄規定に関する叙述の中で、「外国会社の日本における代理商は会社の機関ではないから、本条でいう業務担当者には該当しない」とあることとの関係で一言すれば、自己の支店・営業所を一切日本に有しないボーイング社を被告とする民事訴訟に於いて、同社の子会社が日本に存在することをも我国の国際裁判管轄肯定の一要素とした最近の下級審判決のあることに、注目すべきであろう（いわゆる香港三越事件に於いても同様の考え方が示されている）。

国際裁判管轄決定上、当該外国会社の我国への進出形態が支店・営業所設置型か子会社設置型か、といった点よりも、実質的なその応訴上の不便と、我国との nexus、原告側の利害、等々の総合考慮の方が重要であり、送達についても同種の配慮を持ち込むべきところ、必ずしも十分な議論が民訴法上なされておらず、硬直的な取扱が目につく。民訴九条につき、菊井＝村松・前掲七七頁が、「ある施設が本条の事務所または営業所に該当するかどうかは……実質を判断して決すべきである」としている点を、数歩進めるべきところであろう。諸般の情勢に鑑み、公取委自身が先例づくりに力を貸すべきか、とも思われる。

(3) 三重運賃事件についての疑問

あの事件で、「被審人らは……代理店には当該謄本を受領する権限がなく、また、事実上受領されていても被審人代表者の追認がなければ[送達は]無効である」と主張した。

だが、兼子＝松浦＝新堂＝竹下・条解民訴法（昭六一）四一五頁以下によれば、判例上、「送達が名宛人とすべき者を誤り、あるいはその方法に瑕疵があるなどして違法であっても、結局送達すべき書類が正当な名宛人……に到達し、これらの者がその内容を了知した場合には、瑕疵が治癒され、その時から送達は有効になる」とされている。そうだとすれば、あのケースで公取委は、被審人らが事実上代理店経由で書類を受領していたと自認する以上、引き下がる必要はなかったのではないか（兼子他・前掲四一五頁には、「送達は、その実施の際には、適正手続の保障のため……努めるべきであるが、事後的には、現実に関係人が書類を受領していれば、その権利を害するおそれがない限り、なるべく有効と解するのが、むしろ手続の安定と相手方の信頼保護へ要請に合致する」とある。また、同上・四一六頁には、「治癒されるのは、送達機関、名宛人、送達の方法に関する瑕疵であ……る」とある。もっとも、例えば新堂幸司・民事訴訟法［第二版］二七二頁と対比せよ）。いずれにしても、硬直的な処理は、ここでも行なうべきではない（なお、この点についての日独の民訴法の規定の差につき、石黒・前掲[上]五四六頁以下）。

(4) 現状打開への道

(a) 解釈論

OECD, Competition Law Enforcement, 43 (1984) にも、送達がネックになってわが独禁法の域外適用がうまくゆかない旨の指摘があるが、これは全く本末顚倒であり、何とかせねばならない。独禁法六九条の2の民訴法規定の準用の仕方は、既述の如くかなり不備であり、そこで示された民訴規定が限定列挙でないことを運用指針などで示した上で、解釈論上、民訴一七五条や一七八条以下の公示送達（さらには一七二条の郵便に付する送達!）の規定の適用を肯定し、それを判例によって追認してもらうゆき方もあろう。もとよりそれなりのリスクもあるが、判例が逆の立場を示したこと自体をバネとして立法化に移る戦略も別にあろう。

公示送達・郵便に付する送達についての問題は、石黒・前掲[上]二二四頁以下で扱ったが、そこで論じた「擬制的国外送達（fiktive Auslandszustellung）」重要性は、注目されてよい。もっとも、この点の私の論述は、何ら民訴学者の目にとまっていないようである。

(b) 立法論

例えば、国税通則法は、独禁法六九条の2と異なり、とくに民訴法の規定を準用することなく、とくにその一四条で、「外国においてすべき送達につき困難な事情があると認められる場合には……」という形で、そこに「外国においてすべき送達」（民訴一七五条が念頭に置かれているのであろう）が含意されることを示している。かかる方法が一般の行政法規にかなり例を見出せるものであるならば、その点をも追い風としつつ、独禁法六九条の2についても、一応問題となる規定を例示したにすぎぬとの前記の解釈論に再び立ち戻ることが、可能でもあろう。

だが、この独禁法六九条の2は、いずれにしてもあまりに不体裁であり、これを改正すべきことに、疑いはない。例えば、特許法などは、一五条でわざわざ「在外者の裁判籍」まで定める一方で、一八九条以下で、送達につき細かな規定を置く。もっとも、一九〇条では、民訴一七五条をあえて準用せず、かわりに一九二条（特許法）で「在外者に特許管理人がないときは、書類を航空扱とした書留郵便に付して発送することができる」とし、しかもその場合には「発送の時に送達があったものとみなす」としている。

通常数か月以上（場合によって一～二年かかる国もある）を要する民訴一七五条の外国に於ける送達を、かかる形でバイパスし、郵便に付する

送達（民訴一七二、一七三条）のテクニックを国際的に活用しようとするこの発想は、石黒・現代国際私法[上]二二四頁以下で論じた点を踏まえた上でしか正当化し得ないものであるが、特許問題の性格を考えれば、十分に理由のある立場として基本的には支持すべきである（但し、あまりにも赤裸々ゆえ、民訴一七五条も準用する、とした方がスマートではある）。

独禁法の域外適用の場合にも同様の配慮が必要なことは、現下の情勢に鑑み、言うまでもない。早急な法改正による国際的送達規定の整備が急務である。

〔後記〕

以上の私の研究会報告（文章化に際して、その後の状況への言及は極力控えたつもりだが、多少は加筆せざるを得ない点もあった）は、本稿冒頭の公取委事務局編の報告書の随所に、かなりの程度盛り込まれているように、私自身は感じている。そもそもかの松下満雄教授がむしろ年少組（？）に属する委員構成の中で、何故私の参加が求められたのかを考えると、要するに公取委としては、域外適用問題に一歩を踏み出す転機を求めていたのだろう。属地主義と効果理論とは紙一重であり、云々といった私の報告の基調は、だから効果理論ばかりを特殊視する理由はなく、決断の一歩（但し、効果理論は、公取委事務局編・前掲報告書六三頁に示されているように、日本光学工業事件〔昭和二七・九・三公取委審決・審決集四巻三〇頁〕の審決案に於いて、「独占禁止法は、日本国内又は日本の国際通商に影響を与える限りその適用を妨げられない」との形で、明確に採用されていた。なお、同上・六六頁）を踏み出して下さい、と力説するところにあった。本稿冒頭に「薬が効きすぎた……」と書いたのもこの点であり、公取委の（厳密には独禁法渉外問題研究会の）「意見」に於いて、効果理論への直接的言及が十分でないことは、やはり気になる。だが、全体をお読み頂ければ、この点は明確になるはずである。

私としては、公取委を先頭として、霞が関の官庁街が、国家法の域外適用問題、言い換えれば国家管轄権の一般理論について、明確かつ一貫した政策スタンスをとってくれるよう、強く希望している（一九九二年四月のアメリカ司法省による反トラスト法域外適用強化方針の発表と、その後の事態のあり得べき展開に対する私見については、目下ある事件にターゲットを絞りつつ検討中であり、次回はそれについて書くつもりだ）。

なお、本稿は、㈶トラスト60に置かれた国際金融・貿易法務研究会の第一回報告書（平成四年七月）に提出した原稿である。当初からの約束事ではあれ、ここにそれを転載させて頂くにつき、同財団の水沢愼副理事長、今川哲夫研究部長をはじめとした、同財団の実にすばらしいスタッフの方々に、心から感謝したい。

◇　◇　◇

〈本連載八月号掲載分〔第十四回〕の訂正〉

79頁上段右から12行目

誤　罪刑法定義

正　罪刑法定主義

〈一〇月号の予定〉

第十六回　ズワイ蟹輸入カルテル事件と域外的差止命令――国家管轄権論的考察

連載

ボーダーレス・エコノミーへの法的視座

第十六回　ズワイ蟹輸入カルテル事件と域外的差止命令――国家管轄権論的考察

石黒一憲
東京大学法学部教授

〔目次〕

一　はじめに

(1)　本稿の意図

前号は、「わが独禁法の域外適用への基礎的考察」と題し、域外適用問題の基本について若干論じた。本号では、それを前提しつつ、極めて実践的な問題をベースとした理論分析を行う。

「ズワイ蟹輸入カルテル事件」――そう、この事件に私が偶然遭遇したのは、まだそう暑くならない頃、つまり今年の春頃だったか。東京大学法学部内でのある研究会に於いて、松下満雄教授の報告を拝聴したときだった。当初、何かの学内委員会があって（？）私はそれに出席出来ないはずだったが、それが延期になったのだったか。経緯は忘れてしまったが、とにかく私は、多少時間があいたので、文字通りフラッとその研究会に出席した。次の予定が詰まっていたので、「済みません、中座します……」とか何とか、松下教授に申し上げた上で出席した記憶がある。右研究会での松下教授の報告は、直接にはＧＡＴＴウルグアイ・ラウンドに於けるアンチ・ダンピング・コードの改訂問題等に関するものだったが、たしか、「その前に……」ということで（？）、松下教授は、のちに、松下満雄「日本を狙い撃つ米独禁法の域外適用」エコノミスト一九九二年七月二一日号五八頁以下に於いて公表されたテーマにつき、報告をされた。アメリカ通商法三〇一条を補完するための同国反トラスト法域外適用の強化の問題、である。この問題については、同教授を中心とする産業構造審議会のレポートづくり（『一九九二年度版・不公正貿易報告書』として一九九二年七月一五日にジェトロから出版された。編者は通産省通商政策局となっている）に於いても、一つの重要課題とされ（同右・八八頁以下では、「競争法の過度の域外適用」として、この点が扱われている。「過度の」とあるところが重要である。後述）、私自身、最後までこの点の細かな詰めに協力していたため、大いに興味があった。

だが、他方、私は、多少前に小野昌延先生還暦記念・判例不正競業法（平四）八五五頁以下に掲載された「トレード・シークレットと国境」という短い論文を脱稿していた。そこでは、殆ど専ら、日米企業間紛争に於ける（即ち、基本的に民事の領域に於ける！）「域外的差止命令」の問題を扱っていた。知的財産権絡みの日米企業間紛争に於いて、金銭支払よりも、（ＩＢＭ対日立の事件に於けるような）差止命令の国際的側面での問題の方が、一層深刻な問題を提起するように思えてならないからである。周知の如く、ＩＢＭ対日立の事件では、アメリカで提起された民事訴訟に於いて、日立側の、日本に於けるコンピュータの研究開発・製造・販売の広汎な差止が、請求されていた。当該差止命令は、アメリカ国内では、衡平法（エクイティ）上の救済として発出され、裁判所侮辱の重い制裁によって担保される。日本国内でのかかる差止命令の承認・執行は、民訴二〇〇条の、外国（の民事の）判決の承認・執行制度の枠内で処理されることになる（もっとも、裁判所侮辱の制裁は、いずれにしても日本での承認・執行の対象外である。石黒・現代国際私法[上]四六七頁、及び、同・前掲小野還暦八六九頁）。とりわけトレード・シークレットのように属地的制約のないものにつきアメリカで出された差止命令が、あまりにも広汎なものであるとき、日本に於ける産業政策・競争政策の面からの配慮を、かかる承認・執行の局面で如何に具体化してゆくか――そこに、右の小野還暦論文集に於ける小論の、主たる問題関心があったのである。

私のかかる「域外的差止命令」に関する問題意識は、前記の某研究会での松下教授の報告によって、さらに別な方向で、殆ど爆発的に発展することとなった。松下教授の報告に際し、まるで学生や助手の頃に戻ったように、一言たりとも逃がすまいと必死にメモをとり、質問をし、後の予定で中座する際に、関係資料につき松下教授御指導の川島助手、そして私のゼミにも出ていてくれた博士課程の東条氏に、例によって「教えて！　頼む！」と耳うちし、部屋を出た。――それから今日に至るまで、私の頭は「蟹だ、蟹の域外適用だ！」の声で響き渡っていた。まさに、バーゼルのあのペータース・キルヒェの鐘のように！

その後、いろいろと調べまわったが、実に怖ろしい事件である。だから、「国際金融の抵触法的考察」についての連載を中断し、「蟹」について書くことにしたのである。

(2)　アメリカ反トラスト法新執行方針（一九九二年四月三日）について

「蟹」の事件は、右の新執行方針の中で、実は明示されている。それを確認したのは、前記の松下教授の報告後であるが、右執行方針（Justice Department's April 3 Statement of Enforcement Policy, Department of Justice Policy Regarding Anticompetitive Conduct that Restricts U.S. Exports. 62 ATRR 483 [Issue No. 1560]）のコピーは、私のゼミの実に優秀なＯＢの一人たる阿達雅志君（住友商事――彼は実に反応が速く、シャープである。夏休みゆえ少々のんびりこの論文を書いていてよかった。八月八日、「蟹」についての彼からの追加資料が送られて来た！）が、留学中のアメリカから、直ちに郵送してくれていた。実は本稿は、実に多数の方々の御助力・御教示によって初めて執筆が可能になったものなのだが、諸般の事情で、

それらの方々の御名前等を、感謝の念と共にここに記すわけにはゆかない。どうもそのようである。残念だが、仕方がない。

さて、右の新執行方針だが、それ自体については、山田弘「米国の輸出を制限する反競争的行為に対する米国司法省の反トラスト法の執行方針の変更について」国際商事法務二〇巻五号（平四）四八三頁以下に、日本政府やわが公取委のそれに対するステートメントと共に、紹介されている（ただ、前記司法省ステートメントが「蟹」事件に言及している点は、残念ながら（？）省略されている）。また、松下・前掲エコノミスト一九九二年七月二一日号五八頁以下には、右「米司法長官の声明は……外国企業が外国において行った行為が米国消費者には直接の影響を与えなくとも、米国企業のその国への輸出を阻害する場合には、これに対して米独禁法を適用するということである」（同右・五八頁）とか、「それは、米政府が日本市場の閉鎖性を打破する手段の一環として独禁法の適用を行うことを宣言したこと」に「新たな意味がある」（同右・五九頁）との指摘もある。要するにそういうことなのである。さらに、本連載の一九九二年一月号で私自身この方針（正式発表前）につき論じ、石黒・ボーダーレス・エコノミーへの法的視座（平四）二二頁以下にこれを転載した（その他、同「コミティ批判」法曹時報四四巻八号〔平四〕の注116に相当する本文以下の叙述を参照せよ。なお、本稿は右の法曹時報論文に引き続き執筆されたものである）。

そこで、本稿では、面倒なので専ら「蟹」に焦点をあて、右の新執行方針につき、以下に、まずその原文を掲げておくこととする。気になるのは、次の部分である。即ち――

"Although the Department had brought few cases based solely on harm to exporters in recent years, it did not hesitate to bring such cases when there was evidence of a violation. For example, in 1982 the Department sued eight Japanese trading companies for fixing the prices they paid Alaskan seafood processors for crab to be exported to Japan. The case was settled by a consent decree. U.S. v. C. Itoh & Co., et al., 1982–83 (CCH) Trade Cases p 65,010 (W.D. Wash. 1982)."

このように、「ズワイ蟹輸入カルテル事件」は、アメリカからの輸出に対する相手国内での競争制限行為という、右の司法省方針の最も根幹をなす部分で、直接的に例示されている。

たしかに、これから示すように、「蟹」の事件は一九八二年の同意判決ゆえ、一九八八年のアメリカ司法省の国際取引ガイドライン（松下・前掲エコノミスト五八頁には、そこ〔右のガイドライン〕に於いて、「外国において行われた外国企業による行為が米国における価格を引き上げ、米国消費者に悪影響を及ぼす場合以外には、司法省としては域外適用を行わない方針であることを宣言した」とある）より前のものである。だが、一九九二年の新執行方針の基本は次の点にある。即ち――

"This statement of enforcement policy supersede a footnote in the Department of Justice's 1988 Antitrust Enforcement Guidelines for International Operations that generally had been interpreted as foreclosing Department of Justice enforcement actions against anticompetitive conduct in foreign markets unless the conduct resulted in *indirect* harm to U.S. consumers. The new policy represents a return to the Department's pre-1988 position on such matters."

――ということであり、その意味でも、「蟹」のケースを注意深く検討しておく必要があるのである。

また、前記の新執行方針中の「蟹」のケースへの言及部分にも示されていたように、この事件は同意判決によって処理されている（詳細は後述）。被告側が正面から司法省と争った場合に、果たしてこれから示すような広汎な差止命令が、アメリカの裁判所から出されるかどうかの問題は、たしかにある。だが、抵触法的見地からの検討をする際、外国で

トされる命令のうち一番広汎な内容のものを前提し、予防法学的意味も兼ねてその国境との関係での意味あいを論じておくことの方が、はるかに実践的でもある。

以上を前提としつつ、歪んだ「蟹」の顔の接写へと移りたい。

二 ズワイ蟹輸入カルテル事件と域外的差止命令

(1) 事件とその背景

日本は、㈳日本水産物輸入協会の一九八九〜一九九一年分の公表された統計を見ても、国別ではアメリカから最も多くの水産物を輸入しており、日本全体の輸入数量の約二〇パーセントがアメリカからのものになっている。こうした傾向はほぼ従来からのものであったが（但し、当時の国別輸入第一位は韓国。アメリカは第二位であった。もっとも蟹に限定すればアメリカからの輸入が圧倒的に多かったようである）、「米合衆国司法省反トラスト局は、昭和五五年（一九八〇年）八月以来一八ケ月間にわたって、わが国が輸入したアラスカ産加工水産物に関し、その取引が米合衆国独占禁止法に違反した疑いがあるとして、関係輸入業者に対し関係書類の提出を求めるとともに、シアトル地区の大陪審が喚問するなど、その被疑についての調査が行われた。……この調査の結果、昭和五六年（一九八一年）一二月にいたり米合衆国反トラスト局通商課の調査スタッフは、日本企業八社の間で一九八〇年産のずわいがにの輸入にあたり、米国加工業者に支払う価格の決定に談合があったとして、大陪審に対しシャーマン法にもとづき刑事訴追を勧告すべきであると反トラスト局長に上申した。……これに対し、関係八社は代理弁護人を通じ違反事実はなかった事などその実情を反トラスト局に説明するとともに、関係日本政府〔官庁〕も在ワシントン日本大使館を通じ本被疑事件に対する日本政府の見解を提示した」のである（以上、引用は、㈳日本水産物輸入協会・アラスカ産水産物の公正な輸入取引のために〔正確な刊行年月日は不明——但し、本件同意判決後に、まさにこの判決との関係での必要上、刊行されたものである。後述〕の一頁)。

このケースは同意判決事例であり、後述のワシントン州西部地区連邦地裁判決（1982–83 Trade Cases p.65010）の冒頭でも、"without trial or adjudication of any issue of fact or law herein" ということで本判決が下された旨、明記されている（なお、そこでは当事者がいわゆる対人管轄権を争う権利を放棄した旨も記されているが、後述の如く本判決第九項では、本判決の有効期間中に本判決をめぐって生じ得る諸問題については裁判所の管轄がリテインされることが明記されている。一言すれば、かかるアメリカ国内民事手続上の扱いにより国家管轄権の問題がバイパスされるいわれはない。この点、十分注意すべきである）。だが、私自身の調査の結果のみを左に示せば、次のようになる。

まず、当時は、日米漁業協議や日米水産物貿易協議に於けるアメリカ産水産物の輸入拡大に向けてのアメリカの強い要望もあって、既に日本が輸入拡大のため相当な努力をしている頃であった。アメリカの水産物輸出市場の中で日本はその半分以上を占め、水産物貿易については、アメリカは大きな対日黒字を有していた。

だが、本件の前提として注意すべき点がある。即ち、一九八〇年の日本に於ける水産物市場は、全般的に市況が低迷し、とくに蟹は高級嗜好品であり必需品でないことから消費減退の影響を最も強く受け、一九八〇年のズワイ蟹の（輸入の際の）買付価格は前年比で若干落ち込んでいた。但し、右の市況低迷の原因としては、水産物の輸入に際しての、海外に於ける投機的な意図による実需を無視した買付による全般的な魚価高があり、それが消費者の魚離れや消費減退を生み、在庫の増大をもたらしたようである。当時社会問題化した、かずのこをめぐる状況（一九七九年）が、これをよく示している。

こうしたことから、一九七九年九月に、㈳水産物輸入協会が、通産省・水産庁の後押しで設立され、輸入秩序の維持・過当競争防止がはか

られることになった。そして、右協会には蟹委員会が置かれ、本件に於いてアメリカで被告とされた八社（伊藤忠商事、極洋、三井物産、日本冷蔵、日本水産、新興産業、大洋漁業、東食）を含めた関係各社が、右協会の活動に加わっていた。

アメリカ司法省は、右協会の蟹委員会こそが談合の場だと断じているが、若干注意すべき点がある。つまり、司法省の調査は、当初、漁民から水産物を購入し製造・加工し、究極的に加工製品をアメリカ及び外国に販売する加工業者を中心に、なされていた。だが、調査の過程で、右の加工業者各社から日本側輸入業者の方に、調査上の重点がシフトして行ったようである。

ちなみに、本件訴訟（但し、Civil Action とアメリカではこれを呼ぶが、司法省が反トラスト法に基づき提起する非刑事の訴訟ということなのであり、これを単に「民事訴訟」と翻訳することから、種々の誤解がはじまる。——石黒・ボーダーレス・エコノミーへの法的視座一三一頁以下の同書第Ⅱ部参照）に於ける右の如き意味での民事の告訴状（Complaint —— 一九八二年六月三〇日にファイルされた）には、被告側行為による〔競争制限〕効果として、次の如く記載されている。即ち——

"a. the prices paid for processed tanner crab has been fixed and depressed at artificial and non-competitive levels;

b. Alaska processors have been deprived of the benefits of free and open competition in the purchase of processed tanner crab; and

c. competition in the purchase of processed tanner crab has been restrained."

なお、右の民事告訴状は、㈳日本水産物輸入協会・前掲二八頁以下に全文掲載されており、右の引用はその三五頁に拠った。同右・五頁以下の第二章は、本件同意判決に関する英文と和訳文、右の告訴状のほか、司法省が告訴状と同日に裁判所にファイルした競争的効果報告書(Competitive Impact Statement) 等の原文、等も収録されている。まさに本件同意判決の趣旨と、同右・五三頁以下のその第三章に示された「米国の反トラスト法について」の部分を、被告各社内で周知徹底させろ、とする本件同意判決自体の命令（後述）に基づいて作成され、関係者に配布されて来ているのが、右の文書なのである。

ともかく、司法省側は、アラスカの漁民との関係ではなく、専ら右の加工業者（複数）からの日本側被告各社の買付につき、日本国内で、（主として）右協会の場で談合があった、としているのである。なお、前記の競争的効果報告書によれば、"In recent years, the defendants have purchased, directly or through their U.S. subsidiaries, large quantities of processed Alaska seafood, including processed tanner crab, from Alaska processors for importation to Japan." とある（前記協会・同右四二頁)。司法省側の告訴状に於いても、新興産業が単にシアトルに buying office を置くにとどめていたほかは、被告各社ともアメリカに子会社（うち六社は一〇〇パーセント出資子会社）を、それぞれ置いていた、とされている（同右・二九頁以下)。

さて、司法省側は日本国内で談合のあったことを強く主張するが、一つの参考として、ここで別な見方を念のため示しておく。たしかに、前記協会の蟹委員会では、ズワイ蟹についての現地の生産予想、国内の市況分析、及び、これに対応した販売対策（?——実に気になる)、等についての検討がなされたようではある。だが、被告各社がアメリカの加工業者（この加工業者への日本側の出資等がどうなっていたかも気になるが、未調査である）を通して蟹を購入する、という図式で考えた場合、即ち、日本側輸入業者の漁民からの直接購入がないとの前提で考えた場合、漁民と右加工業者各社との間の原魚値決め交渉で決まった価格が、いずれにしてもベースとなる。日本側輸入業者の行動を云々する前提として、アメリカ加工業者の行動がいかなるものであったかが、問題となるはずなのである（ちなみに、司法省はアラスカ加工業者四社及びアラスカの蟹漁民組合による価格設定についても Civil Action を提起している、ともされる。

——前記の阿達君からの情報。この点は今後検討することとする)。もっとも、日本側被告各社が全く同一価格を呈示して加工業者からの購入をした、ということになれば、実におかしなことではあるが。ただ、いずれにしても、被告各社がそれぞれ他社の買付価格を知ること自体は、談合がなくとも可能であろう。日本側輸入業者の売却相手たる荷受機関からの情報入手も可能であろうし、また、アメリカ加工業者は東京に事務所を有していたようでもあり、種々の形で、右業者を介しての情報入手等も不可能ではない。もっとも、この辺になると、まさに裁判所の事実認定がないと、何とも言えない。

ともかく、既述のかずのこ事件等を通して魚価の問題が社会問題化した当時の日本で、前記協会が設立された裏には、水産庁や通産省の指導（らしきもの）があったことは確かなようである。ところが、司法省側は刑事訴追を考えていた。そこで、日本側は外交ルートで、被告各社の行動は、いずれにしても日本側行政機関の指導（行政指導）によるものであり、刑事訴追だけは勘弁してほしい、という形での対応をしたようである。そして、その旨の鑑定書もアメリカ側に提出された（その引用等は不可、とのことである）。

右鑑定書を含めた日本側の努力によって刑事訴追は免れたが、そのかわりに司法省は本件民事訴訟（Civil Action ——但し、非刑事訴訟と訳した方が、国家管轄権論との関係で問題が少いことは既述）を提起した。司法省の民事告訴状の骨子は、以下の点にある（前記協会・前掲書三三頁以下から引用)。即ち——

"The defendants are members of the Japan Marine Products Importers Association ("JMPIA"), a trade association located in Tokyo, Japan, whose membership includes the major Japanese seafood importers. The JMPIA operates through a number of committees, including a crab committee (dealing with both tanner and king crab). During the period of time covered by this complaint, the JMPIA's crab committee met periodically and operated as a forum for discussions concerning the importation to Japan of processed Alaska crab.…… During the period of time covered by this complaint, the activities of the defendants as described herein have been within the flow of, and have substantially affected, the interstate and foreign commerce of the United States.……

VIOLATION ALLEGED

…… Beginning at least as early as 1979, and continuing thereafter, the exact dates being unknown to the plaintiff, the defendants and co-conspirators engaged in a combination and conspiracy in unreasonable restraint of the aforementioned interstate and foreign trade and commerce in processed Alaska tanner crab, in violation of Section 1 of the Sherman Act (15 U.S.C. §1).

…… The unlawful combination and conspiracy consisted of a continuing agreement, understanding, and concert of action among the defendants and co-conspirators, the substantial terms of which were to depress and fix the price paid by the defendants and co-conspirators for processed Alaska tanner crab. …… In furtherance of the aforesaid combination and conspiracy, the defendants and co-conspirators did those things that combined and conspired to do, including, among other things:

a. using the JMPIA as a forum to discuss, agree upon, and coordinate prices to be offered to and accepted from Alaska processors for processed tanner crab; and

b. discussing, agreeing upon, and coordinating among themselves the conduct of price negotiations with, and the price offers to be made to, and accepted from Alaska processors for the purchase of processed tanner crab."

そして、救済方法として求められたのは、以下の点である（前記協

会・同右三五頁)。即ち——

"…… That the defendants, their officers, directors, agents, employees and successors and all other persons acting or claiming to act on defendants' behalf be *permanently* enjoined and restrained from, in any manner, directly or indirectly, continuing, maintaining, or renewing the violation alleged in this complaint, or from engaging in any other combination, conspiracy, contract, agreement, understanding or concert of action having a similar purpose or effect, and from adopting or following any practice, plan, program, or device having a similar purpose or effect."

右の引用部分（救済方法についてのそれ）の冒頭は、アメリカでは普通のことかも知れないが、最近のわが公取委は、ある種の対米配慮（!?）からか、わが独禁法上の排除措置としても、当該会社の全社員（!?）への独禁法遵守を命ずる等、エンフォースメント面でのアメリカナイゼーションに躍起のようでもある——といった横道（?）での議論はともかくとして、"This is America." と言いたくなるような徹底して広汎な網が、差止命令によってかけられることになる。実に漠然としていながら、実に怖ろしいサンクションが加えられるこの種の恒久的（!）差止命令が、民事の外装の下に、しかしながら赤裸々な公権力行使の下に（裁判所を介して）発せられたとき、それが国境を越えて如何なる意味を持つのか。段々に本稿は、この核心的論点に向けて進みつつある。内心は、すぐにもワープ・ボタンを押したいのだが、そんなものはわが机にはない。残念である。

なお、小規模ワープをしようと思い、その実面倒なので書かなかっただけだが、前記協会・同右三二頁以下には、司法省の告訴状の内容として、アメリカ産加工ズワイ蟹の主たる市場はアメリカと日本であり、一九八〇年には、その三分の二が日本向け輸出のために加工された、とある。そして、二〇社を越える日本の会社が、主として在米子会社を通して (principally through their U.S. subsidiaries) それを購入し、その金額は約四八〇〇万米ドルに及ぶ、とされている。被告八社は、アラスカの最も重要なズワイ蟹加工地域からの日本の会社の購入分の、五〇パーセント超を購入していた、ともされている。この辺の数字の押さえ方も、何となくピリッと来ないが、ともかくつかまえ易い八社を選んで告訴した、ということであろう。先に進みましょう!

基本的に残念なのは次のことである。即ち、日本側がアメリカ側に刑事訴追を断念させたということで文字通り一息ついてしまい、これから示すような同意判決案に「同意」してしまったことである。もっとも、前記協会・同右一五頁以下（英文)、二六頁以下（和訳文）には、本件同意判決（終局判決）に対する「附属文書」がついている。その法的性格は、司法省サイドから、本件同意判決の内容に関する被告側の懸念に対し、司法省としての解釈を示す、という点に尽きる。だが、その内容は、本件同意判決の核心部分に関するものではなく、もっと突っ込んだ争い方が出来なかったのか、という気がする。この「附属文書」の内容については若干後述する。

(2) 本件同意判決の内容

既述（二(1)の末尾近く参照）の司法省の民事告訴状の求める救済方法は、情報交換等がどこでなされるかを問わず、それらを差止める、というものであった。だが、原・被告間の交渉を経て最終的に同意判決の中で示された差止命令は、既述の如く、専ら日本国内でなされる行為をもターゲットとしている。というか、むしろ純粋に日本国内での出来事の方に、明らかにウエイトが置かれているように思われる。その意味で、司法省の本音が、一層尖鋭化されて本件同意判決の内容となっている。一九九二年四月の、アメリカ司法省による前記反トラスト法新執行方針の中で本件が明示的に挙げられていたことの含みには、まさに右の点があるようにも思われる。いずれにしても、そう解した方が、通商法三〇

一条や日米構造協議をめぐる議論に示されたアメリカの対日要求との関係が、クリアーになる。

本件同意判決は一九八二年一〇月二〇日に下され（entered）、その第一二項にあるように、それから一〇年後に失効する（shall expire ten [10] years from its date of entry）。即ち、執筆を始めた今日（平成四年八月五日）も、まだ同判決の拘束は解けていない。本稿が掲載される一〇月、何もなければそれが失効する。それもあるので一〇月号への掲載を考えたのだが、いつも貿易と関税は前月末に刊行されるので、多少気にはなっている。というのも、本判決の第九項は、"Jurisdiction is retained by this Court for the purposes of enabling any of the parties to this Final Judgment to apply to this Court at any time for ……, for the modification of any of its provisions, for the enforcement of compliance with its terms, and for the punishment of violations of its terms." としている。パニッシュメントも怖いが、モディフィケーションについて、前記第一二項もその射程内に入るのか否か。同意判決ではあれ、右に any of the parties とあるし、AT&Tのいわゆる分割の場合のような修正同意判決のイメージもちらつく。また、本判決の第一二項は、"Entry of this Final Judgment is in the public interest." としているから、結局は、右の点についても裁判所の判断次第ということになるのかどうか……。まあ、くよくよしていても仕方がないので、先にゆくこととする。

具体的な差止の対象たる諸事項は、本判決第四項に示されている。ただ、そこでまず不自然なのは、「ズワイ蟹」ではなく、"processed seafood from any U.S. person or persons" の購入に関する情報交換等が差止めの対象とされていることである。そこで言う「加工水産物」の定義は、本判決の第二項(B)で、「アラスカ州内またはアラスカ沖で」云々とあるが、「蟹」がいつの間にか、魚介類全般に化けている。どうしてこうなったのか。「ズワイ蟹」に限定した告訴状だったのに……。交渉過程が是非とも知りたいところである（和解志向型紛争処理パターンのネガティヴな側面とも見得る）。

さて、差止（行為の禁止）の内容だが、便宜、前記協会・前掲二〇頁の邦訳によれば、まず、第四項(A)として、「合衆国の者（単複）から加工水産物を購入するについて、価格、値幅またはその他の条件を固定、維持、確立もしくは固守するため、他の輸入業者または輸入業者グループ〔「輸入業者」の定義は第二項(D)で、「各被告をはじめ、日本で再販するために合衆国の者（U.S. persons）から加工水産物を購入する者」とある〕と協定、取り決め、合意、共同行為または共謀を行い、これを固守、維持、促進し、あるいはこれに参加し、またはこれを強制すること」が禁止されている。第四項(B)は、同様の観点から、他の輸入業者またはそのグループとの情報交換が、当季価格・将来価格、アメリカ側からの購入の際の交渉の戦略、時機または進め方に関して禁止され、同項(C)では、「他の輸入業者または輸入業者グループとの会合で……〔同項(B)に記載のいずれかの事項がいずれかの輸入業者により討議されることを承知し、またはその旨通知を受けていた場合において、これに出席または参加すること」が禁止されている。

だが、その意味するところは、第四項による差止（禁止）の枠外となる行為（Permitted Activities）を限定的に（しかも迂回〔circumventing〕目的のものは別だとしながら）列記した第五項に於いて、一層明確になる。その(A)では、ある被告と他の者との間の売買に際しての連絡・交渉、(B)ではある被告とその親会社または子会社との間の取引や連絡等、(C)では合弁事業の操業、経営もしくは営業に必要な取引または連絡が、除外されている。あたり前とも思われ得る点が、わざわざ明示的に除外されている点が怖くもある。第五項(D)は、"if such conduct, action, activity or communication is required by statute, law, rule or regulation having the force of law in the jurisdiction in which such conduct, action, activity or communication takes place." ――ということであれば、禁止を解除する、とする。この点は、二(1)の末尾で一言した「附属文書」と関係する。被告側の右の(D)についての懸念は、「日本政府の『行政指導』に従って行われた行為は、『法的効力を有する規制により義務づけられた』ものか否か」、の点について示されたが、司法省は、右「附属文書」

に於いて、司法省としてはどちらにでも動けるのだぞ、と言うにとどめている（前記協会・前掲一六頁、二六頁以下）。右の(D)自身、日本国内での被告等の行為が本件同意判決による差止の対象になっていることを明確に示しているが、私がとりわけカチンと来たのは、第五項(H)と(I)である。そこには、次の如くある（同右・二二頁）。即ち――

「(H)　日本の水産庁の職員が招集し、議長もしくは副議長を務める会合であって、ある特定の期間に日本市場に輸入される加工水産物製品の総量の推計を参加者が討議する場合、これに参加すること。ただし、個々の企業が各自の輸入計画について討議しない場合にかぎるものとする。

(I)　一被告の加工水産物の購入に関する情報を日本政府もしくはその機関、部局に提供すること。ただし、かかる情報を伝える際、他の輸入業者に漏洩しないこと。」

他国の中に公的な腕を深く突っ込んで奥歯をガタガタ言わせる本件同意判決（という名の域外的差止命令）のこの部分につき、「別にいいではないか」とお感じの方がいらっしゃるとすれば、もはやこの先をお読みになる必要はないのではないか、と言いたい。いずれにしても第五項に於ける例外列記はひどく限定的な気がする（人により受け取り方は違うだろうが）。

だが、それだけではない。違反摘発のためのメカニズムを、本件同意判決は、ちゃんと有している。しかも、それが極端な人間不信の念に支配されているようにも思える。アメリカの中ならそれでもよいのかも知れぬが、「域外的」部分についても同様、とされているところが、大いに気になる。つまり、こうである（さっきから気になっていたのだが、やはり念のため一言する。別段、本件同意判決の内容が特殊だというわけなのではない。むしろ逆であり、ごく通常のアメリカ的規制方針ということで、以下の諸点をもお考え頂きたい）。

本判決第六項は、判決日（登録日）から五年間、各被告は、他の被告と直接・間接に一切連絡をとらずに、前記協会や他の場所での会合であって本判決の対象事項が討議されるものを逐一明記し、討議の詳細な内容・会合の日付・出席者の氏名と所属会社とを記載し、宣誓供述書を作成して、毎年、アメリカ司法省に提出せよ、とする。各被告の提出文書にくい違いがあれば、司法省として本件同意判決への違反の疑いありとして、調査に乗り出す、ということであろう。

そして、まさに、本判決第八項は、インスペクションにつき、次の如く明記する。即ち、アメリカ司法省側の書面による要求があれば、本判決の内容をなす事項につきワシントンDC（司法省）宛に六〇日以内に書類を提出せよとし、司法省側の査問にも応じよ、としている。但し、査問（interview というソフトな言葉が用いられてはいる）のため各被告の officers, employees and agents が海外渡航を義務づけられるものではない、ともする。そして、かかる査問の要求・通知は、本判決第一〇項によるアメリカ在住の各被告の代理人（its agent for service of process in any proceeding for the purpose of the construction, implementation, modification, enforcement of compliance, on punishment of any violation of this Final Judgement と第一〇項にはある）宛になし得る、としている。ちなみに、右の代理人は、本判決の有効期間を通じ、アメリカ国内に置かれねばならない（第一〇項）、とされている。本来、この種の送達は外交ルートでなされるべきが筋のところ、同意判決という形で、一〇年間という本判決の有効期間中、ある種のバイパス・ルートが設定されることになる。石黒・前掲曹時論文二(2)bで論じたところ（とくにその注95に相当する本文以下の部分）と対比して考えるべき点である。なお、この査問については、前記「附属文書」の中で、被告側の懸念に対し、査問を受ける者がアメリカに "resides or is present" であれば、アメリカ国内でもそれをなし得る旨、司法省側は答えている（日本で行なう際には、日本政府がこれを認めることが前提となる、とされている。前記協会・前掲二七頁。あたり前である）。"一時的滞在" に関するアメリカの理解（実務）が気になるところである。石黒・前掲曹時論文で引用した Weinberg, Against

Comity, 80 The Georgetown Law Journal, 68 (1991) の "transient jurisdiction" に関するアメリカ連邦最高裁の最近の判決（Burnham v. Superior Court, 110 S. Ct. 2105 [1991]）と、F.A. Mann, Further Studies in International Law, 6ff (1990) とを対比せよ。こうした論点も、同意判決がともかくも出たのだから、ということでバイパスされ得る（アメリカの論理ではそうなる）のかどうか。一言のみすれば、理論的には、同意判決の有無にかかわらず、後述の国家管轄権の問題は、常に厳然と存在する。国家対国家の図式で考えるべき国家管轄権の問題について、私人（本件被告）が相手国の管轄行使に同意したか否かの点は、relevant ではない（別な角度から後述）。これも一般の常識（?）が誤解を生み易い一つの点である。

なお、本判決第八項（Inspections）(A)の(1)の末尾では、実に微妙な問題が扱われている。即ち、右の第八項の部分では――

"Nothing in this paragraph Ⅷ (A) (1) shall require any defendant to take any action in Japan which is prohibited by the Government of Japan pursuant to provisions of Japanese law, provided that the defendant has exercised good faith efforts to obtain permissions of the appropriate person or governmental authority but such permission has not been secured."

――とされている。その内容は、実は、アメリカ側からの在外文書提出命令をブロックする他の諸国の対抗立法の効果を減殺するための、アメリカ側の super-measures の登場、という図式――即ち、石黒・現代国際私法(上)一九九頁以下が「対抗立法とその果てにあるもの」と題して論じた諸点と、軌を一にする（とくに同右・二〇七頁のアメリカ内国歳入法典〔IRC〕九八二条(b)(2)と同右・二〇八頁の対外関係法第三リステートメントの考え方と対比せよ。なお、右の後者については、さらに、Restatement of the Law, Third, The Foreign Relations Law of the U.S., §442 [Request for Disclosure : Law of the U.S.] (2) を見よ。本判決第八項の(A)(1)の末尾として右に原文を引用した部分の考え方は、これと符合する）。

本件被告各社は、本判決の有効期間一〇年の満了をひたすら耐えて待ち望む、即ち、強風のおさまるまで姿勢を低くしてただ待つことに、専念すればよい、と考えていたかも知れない。そうした観点からは、本件同意判決の中に埋め込まれているもろもろの道具が、相当な国家管轄権論上の"鈍器"であることも、見過ごされがちである。だから私としては、もっと先に進みたい気持ちを押さえて、あえて右の点にも一言したのである。

さて、本判決のうち、右の第八項（Inspections）と並ぶその第七項（Compliance）についても一言せざるを得ない。何でもコンプライアンス・プログラムを作る、否、作らせたがる国だな、という気持ちが先に立ってしまうのだが（石黒・ボーダーレス社会への法的警鐘〔平三〕三三頁、六四頁以下、同・ボーダーレス・エコノミーへの法的視座〔平四〕一〇七頁以下、等参照）。

第七項の骨子は、以下の通り。即ち――

"[E]ach defendant is ordered and directed to :

(A) Within thirty (30) days after the date of entry of this Final Judgment and annually thereafter for ten (10) years, furnish a copy of this Final Judgment …… to its president or chief executive officer, and to each of its officers, directors, agents and employees (whether located in Japan or the United States) then responsible, in whole or in part, for making pricing decisions for, or purchases of, processed seafood ;

…………

(C) Attach to each copy of this Final Judgment furnished pursuant to paragraphs Ⅶ (A) and (B) hereof a statement in Japanese advising each person of the nature, scope, and prohibitions of the U.S. antitrust laws and that it is the policy and the intent of the defen-

dant to comply with the requirements of the antitrust laws and the Final Judgment. Such statement shall also include an instruction that each agent and employee is required to comply with the Final Judgment, describe the consequences, including possible civil or criminal penalties, to the defendant, and its agents and employees, of a failure to comply…… ;

…………

(E) File with this Court and serve upon the plaintiff, within sixty (60) days from the date of entry of this Final Judgment, a statement as to the facts and manner of its compliance with paragraphs Ⅶ (A), (C) and (D) hereof, and the measures that it has taken to assure compliance with paragraph Ⅶ (B) hereof."

今月号に於ける原文（英文）引用が、各部分につきそれぞれ若干長過ぎるのでは、との点が気にかかるが、これから論ずる国家管轄権論上の問題（間接的域外執行の問題性！）の前提として、本件同意判決を細かく見ておくことが、やはり必要と思われてのことである。面倒なら読みとばして頂いても構わない。だが、これと似たような内容のアメリカの判決による法的金縛り状態を、あなた自身が体験することになったらどうなのか！　そこが問題である。他人事だと思えば、世界の破滅も軽い溜息くらいにしか聞こえまい（今日は八月六日だ）。

ともかく、右の最後の部分が、前記協会をして『アラスカ産水産物の公正な輸入取引のために』との文書を作成せしめることになった直接の理由であろう。一九八二年中に右文書は、急いで作成されたものと思われる。同右・一四、二五頁の本判決の日付は、空欄のまま印刷されている。

(3) 小括

以上、分量としては短いながら実に多様な問題を内包する本件同意判決を、若干細かく見て来た。これをどう評価するかは、あるいは感受性の問題とも絡むのかも知れないが、いずれにしても本判決が、日本の水産業界の行動を、この一〇年間にわたり、相当奥深いところで縛って来たのである（幸いなことにこの一〇年、本判決に対する違反等は問題とならなかったし、私人の提起する被告等への損害賠償請求もなかったようである）。

アメリカ反トラスト法の実務から見れば、至極あたり前の consent decree ではないか、というリアクションも考えられる。また、反トラスト（独禁法）の域外適用、つまりは立法管轄権の及ぶ範囲を、一般国際法上画する原理たる効果理論ないし連結点理論との関係で言えば、本件では被告等が直接、または十分に自らが支配・監督（owned or controlled）する子会社、しかも多くは一〇〇パーセント出資のそれを通して間接的に、アメリカ国内で実質的に事業活動（doing business）を営んでいた。そして、その競争制限的効果は、少くとも相当程度直接的に、アメリカ国内で生じていた、とも言える。むしろ、効果理論をとらなくとも、行為地がアメリカの中だったとして、属地主義でもアメリカ反トラスト法の国際的適用（立法管轄権の行使）が正当化される、とさえ言われ得るのかも知れない（情報交換等は日本国内でなされたとしても、それらを行なった被告等自身、あるいはその alter ego が、実際に右の日本国内での行為を踏まえてアメリカで買付行為を行なった、と考えよ）。

立法管轄権があるならば、もはや御手上げではないか……。――そうか?!　本当にそうなのか?!

そこから先が問題なのだ。

三　域外的差止命令と国家管轄権論
――間接的域外執行の諸問題

(1) はじめに

——前記の司法省新執行方針との関係に重点を置きつつ

まず、若干問題を単純化し、かつ、図を示してから議論を始めよう。

左の上の図が、ズワイ蟹輸入カルテル事件であり、差止命令の矢印がアメリカ国内と日本とに分岐していること（但し、日米以外の第三国での情報交換等も、前記判決第四項からは禁止されることになり得るが、この点は捨象して考える）に注意して頂きたい。以下、本稿では、左の分岐した矢印のうち、日本国内に向けられた部分による差止命令の、国家管轄権論的検討を行なう。

これに対して下の方の図は、一九九二年四月のアメリカ司法省反トラスト法新執行方針の関係で今後懸念される展開を示したものである。

まずあらかじめ一言しておくべきは、左の下図の局面である。日本国内の系列取引等をターゲットとしてアメリカの官の側による反トラスト法の域外適用がなされる際の問題（「民」の側のそれの問題については、石黒・現代国際私法[上]四七一頁以下参照）は、効果理論的に考えても、多く

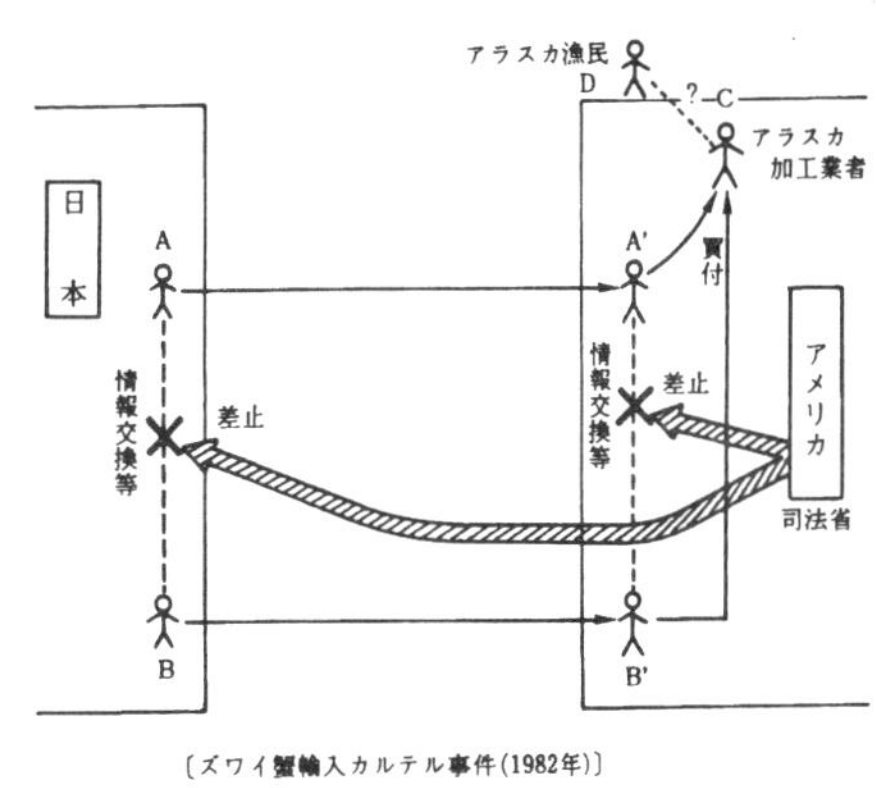

［ズワイ蟹輸入カルテル事件(1982年)］

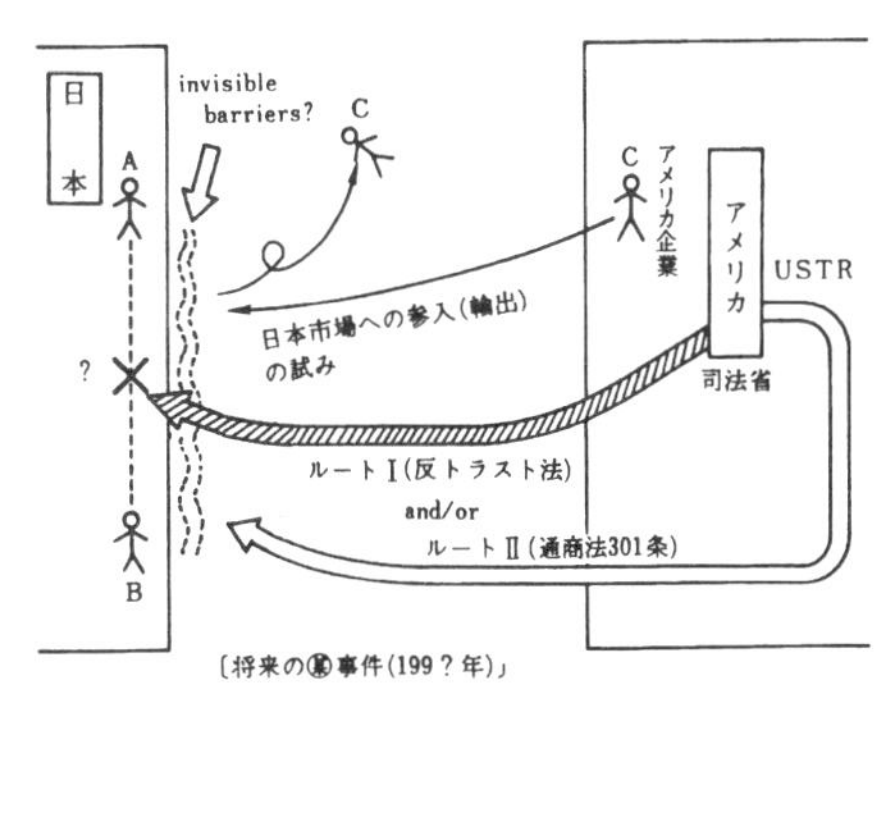

［将来の㊮事件(199？年)］

の場合には一般国際法上支持され得ぬ立法管轄権（規律管轄権と言うも同じ）の行使と評価され得るであろう。その意味で、文字通り「過度の域外適用」（通産省通商政策局編・前掲不公正貿易報告書〔一九九二年版〕八八頁以下）ということになる。そして、同右・九三頁が「過度の域外適用が行われる場合には、必要に応じて、国際司法裁判所等も活用した客観的な問題解決を図っていくことが適当であろう」としている点は、評価すべきである。ちなみに、この点では、F.A. Mann, Further Studies in International Law, supra, 80 の次の指摘が参考とされるべきであろう。即ち——

"It is, indeed, regrettable that no State has invoked judicial remedies of an international character to test the validity of the practices which the United States, almost alone among the nations of the world, observes. It is surprising, because in all probability there exist tribunals which would have jurisdiction : the fear that the optional clause which the United States has signed as a result of the Connally Amendment prevents the International Court of Justice from assuming jurisdiction is likely on closer investigation to be open to doubt. ……"

なお、前記の如き意味でのアメリカ反トラスト法の（過度の）域外適用が、効果理論（そして連結点理論）によって支持され得ないことについては、マンが Id.10 に於いて、"The purely commercial effect …… should be insufficient to confer …… any international right to prescribe conduct abroad. Mere commercial effect, it is submitted, provides an insufficient link with the legislating State. …… It would accordingly be unreasonable to expect foreign parties to adapt their conduct to the commercial interests of a State with which they have no legally relevant contact." と明確に論じている点が、一つの参考とされるべきであろう。

ちなみに、マンの所説を引用する以上は、最低限必要なコメント（なお、前号での私の論述をも参照）がある。即ち、マンは、旧稿（Mann, The Doctrine of Jurisdiction in International Law, 111 Recueil des Cours, 100 ff [1964]）では、かのアルコア事件を直接的に批判しつつ、"[I]t is submitted that 'effect', whether intended or merely foreseeable or unexpected, does not constitute a sufficiently close connection with the importing country so as to permitt the assumption of legislative jurisdiction by the latter ; from the point of view of public international law the Alcoa decision cannot, therefore, be justified. ……" としていた（Id. 104）。

だが、実は彼は、相当程度、効果理論への（実質的な）歩み寄りを見せている。即ち、Mann, Further Studies in International Law, supra, 3ff の論述（もともとは 186 Recueil des Cours, [1984 Ⅱ], 9ff [1985] として公表されたものであり、"The Doctrine of International Jurisdiction Revisited After 20 Years" とのタイトルを有する）に於いては、"The last and most difficult exception [to the territorial principle] concerns the cases which have no territorial or personal link with the legislating State : ……" (Id.9ff としてこの点を論じている。（なお、国家のインタレストではなくあくまで客観的な連結点をベースにこの点の問題を処理すべきだとするマンの所説については、石黒・前掲書時論文でも一言した））。

マンの辿り着いた（一般的定式としての）最終的な立場は、——

"In each case the overriding question is : does there exist a sufficiently close legal connection to justify, or make it reasonable for, a State to exercise legislative jurisdiction ? …… We must be patient and not expect too much too quickly. We are protected against …… danger if we consider ourselves as a small item in a long and slow historical process."

——というものなのである（Mann, Further Studies, supra, 13。なお、Id. 70f には、"When on numerous occasions the British Government rejected and protested against the theory of effects, it did not intended to deny that there were some effects of foreign anti-competitive action, which international law allowed States to treat as a violation of their own law." との重要な指摘もある）。

(2) 立法管轄権と執行管轄権、そして間接的域外執行

まず、基本として押さえておくべきは、以下の点である。即ち、いわゆる国家法の域外適用については、当該の事案を自国の立法管轄権の下に置くことが、国際法との関係でどこまで許容されるかの問題と共に、この点が肯定された場合に、具体的に如何なる国家的命令をなし得るのかの問題が別にある、ということである（後述）。

ここで、「ズワイ蟹輸入カルテル事件」を図示した三(1)冒頭の図に戻って頂きたい。そして、その図を数分間凝視して頂いた上で、マンの前記の二つの論文と共に国家管轄権の問題を論ずる際の極めて重要な論文たる、エイクハースト（アクハーストと言う人も多いが、地名と人名の読み方はまちがったって当たり前と、母から教えられた。Das gilt auch für Ausländer. と思うので、まあ、どっちでもよかろう）のものの、次の指摘を、これまたじっくりお読み頂きたい。Akehurst, Jurisdiction in International Law, The British Year Book of International Law 1972–1973, 210f (1975) の論述である。

"[A]lmost all the [diplomatic] protests [against the extraterritorial application] are against the type of orders made by United States courts at the end of the case. …… United States courts have good reasons for making far-reaching orders in antitrust cases. …… But having good reasons for doing something is not necessarily the same as having a legal right [ie. international right] to do it. …… In the past. United States courts have tended to look at the question in terms of judicial jurisdiction : jurisdiction to try the case entails jurisdiction to make any orders which are in any way related to the facts of the case. It is submitted that this approach is wrong ; the real question is one of legislative jurisdiction. The power of courts in private law cases to order foreigners to perform [or refrain from doing certain] acts abroad is a reflection of the rule that the international law in principle imposes no limitations on the legislative power of States in private law. But international law does limit the legislative power of States …… with respect to laws conferring sovereign or prerogative powers on the States. …… International law does not permit a court order to be given a greater extraterritorial reach than a statute, otherwise a State could evade limitations on its legislative jurisdiction by empowering its courts to make far-reaching orders."

さて、議論を始めよう。私は、現代国際私法[上]二一七―二一九頁に於いて、マンやエイクハースト等の論述を踏まえつつ、次の如く論じていた。即ち、「多くの場合、アメリカによる域外的な立法管轄権の行使自体がゆき過ぎであると他国より評価されるため、そのような立法管轄権の行使に伴って発せられる……命令……もやはり問題視されることになるという面がある。その限りで、このような域外的な命令を発することの当否は、当該場合についての立法管轄権の問題に吸収されるべきものとなる。そして、国家が固有の立法管轄権を有するならば、それを行使するために必要な限度でのみ執行管轄権（enforcement jurisdiction）を有すると言われる場合にも、このような脈絡において、文書提出や召喚〔そして差止！〕を命ずること自体についてそのようなことが説かれている」のである（なお、私自身は、執行管轄権の問題を国境を越えた公権力行使の問題に純化して考えて来ている。その方が概念規定をめぐる混乱が少いからである）。在外文書提出命令等と共に、まさにここで扱う域外的差止命令も、同じ文脈の中でとらえられるべきであり、従って、かかる命令が一般国際法上「どの範囲で認められ得るかについては、前記の如く、正当な立法……管轄権行使のために必要な限度で、という限定が付されるべきだし、一層厳密に言うならば、開示ないし提出〔そして差止！〕を求められる文書（または情報）〔そして行為〕の基礎にある事実関係について当該国の立法……管轄権の及んでいることが、一般国際法に対する違反を生ぜしめないために必要」なのである。

これを「ズワイ蟹輸入カルテル事件」に即して具体的に示すならば、次のようになる。即ち、一連の日本側輸入業者のアラスカでの（過去の）買付行為につきアメリカの立法管轄権が及ぶとしても、具体的な remedies の内容として、アメリカ側（「官」の側である）がどこまでの行為を差止められるかは、別問題である。つまり、まずもってそれは、前者についてのアメリカの立法管轄権（それの認められることがすべての前提である！）の行使に必要な限りでのものに限られるし、前記のエイクハーストの言の如く、規制の必要性をアメリカ反トラスト法をベースに考えるのみで十分なはずはない。この点は、国家管轄権のレベルでとらえられねばならないし、その際、より正確に言うならば、日本国内での日本側輸入業者の情報交換等の行為（それがあったとして）を差止めることそれ自体についての、アメリカの立法管轄権の有無が、問題の核心なのである。このように、問題は二段階に分けて論じられねばならない。

ここまで議論を進めると、真の問題の所在が、前記三(1)冒頭の二つの図で、基本的には何ら異ならないことが御理解頂けるはずである。即ち、日本国内での系列取引等につき司法省の新執行方針による反トラスト法的規制が懸念されているが、そこでの問題と「ズワイ蟹輸入カルテル事件」について私が問題とする点は、実はほぼ同じなのである。日本国内での日本の事業者の行為をあれだけ広汎に、しかも一〇年の長きにわたって差止めることに対して、直観的に私が抱いたある種の息苦しさは、理論的には、右の点に帰着する。

次には、これを若干別な角度から考察してみよう。マンが、「間接的執行管轄権（indirect enforcement jurisdiction）」の問題として論じている点である（但し、「間接的域外執行」と言った方が誤解が少い）。Mann, Further Studies, supra, 32f は、次のような問題提起をしている。即ち——

"[W]hatever may be said about legislative jurisdiction, enforcement jurisdiction is strictly territorial : a State having legislative jurisdiction cannot enforce rights, particularly its own prerogative rights, in the territory of another State. It can in principle enforce them in its own territory : …… There remains, however, another question of an exceptional character : is the State *free* to enforce rights in its own territory *exclusively or primarily* for the purpose of bringing about an act or omission in foreign territory, i.e., in order *indirectly* to enforce its jurisdiction abroad ? It must be assumed that the State in fact has legislative jurisdiction to punish or to tax or to make the demand in issue —— for if this is not so any enforcement must be illegal. But on the basis of the assumption made for the purpose of the present discussion, can the State enforce its rights within its own territory to achieve its ends in a foreign country ? …… The prime example in which this question arose in recent years is the injunction restraining the defendant from doing or ordering him to do something in a foreign country. Such an injunction would be enforced (for instance by contempt of court proceedings) in the State in which it is granted, though its effect would take place abroad."

もとより、かかる問題設定（なお、石黒・ボーダーレス・エコノミーへの法的視座〔平四〕六八頁、及び、それにつづく論述を参照せよ。本稿は、右の論述を今一歩具体化したものとしても位置づけられ得る）に対するマンの所説も、かかる「間接的域外執行」は各国の自由になし得るところではなく、立法管轄権（legislative [as opposed to *in personam*]

jurisdiction）上の制約の中で、これを論ずべきだ、とするところに落ち着く（Id. 34。なお、他方でId. 39は租税を例に、"If the Internal Revenue Service cannot directly levy execution into …… Uruguayan property, it surely cannot do so indirectly by obtaining an injunction against the Montevideo bank's head office in New York."としてもいる。この点については、石黒・同右六七頁以下と対比して考えよ）。

もっとも、このマンの論文を読む際には、いくつか注意すべき点がある。その一端については、前号（貿易と関税一九九二年九月号）の三(2)(b)でも一言したし、本稿でも多少示して来たが、いずれさらにまとめて論ずる際の備忘録として、ここに列記しておこう。若干横道に議論が外れるので、次の一行あけのところまで、お急ぎの方はお進み頂きたい。

マンの基本的な見方のうち疑問とすべきは、まず、①民事と非民事を一緒くたに論ずる点である（Mann, Further Studies, Supra, 4, 16, 34, 36, 49f——これに対しては、石黒「国際金融取引と国際私法」鈴木＝竹内編・金融取引法大系三巻〔昭五八〕二七五頁で一言しておいた）。この点は、例えばF.A. Mann, Foreign Affairs in English Courts, 135 (1986) などでも示されているが、それらの議論は、容易に崩せるので、いずれ別な機会のために、とっておく。

次に、②"[N]o State is in general entitled to require the commission of a criminal offence or an illegality within the territory of another State."とマンは言う（Mann, Further Studies, supra, 31）。これは過度な一般論であるし、Ibidも、既にして例外を認めている。Id.31fの例はあまりに極端であるし、Id.36では、illegalityと並んで"a mere breach of contract in the foreign country."も命じてはならぬとあるが、そんなことはないはずである。右の如く言うならば、天野製薬とノボの例の事件で、天野側が「本件〔勧告〕審決に拘束されるとして本件契約条項の破棄ないし不履行の挙に出ることがあるとしても……〔それは〕あくまで〔天野〕自身の意思による一方的な契約の破棄ないし債務不履行として評価されるべきものであって、審決の強制によるものということはできない」云々とする、わが最判昭和五〇年一一月二八日民集二九巻一〇号一五九二頁のもともと危うい論理は、さらに危うくなり得る。だが、そんなことはない。むしろ、この種の問題は、抵触法的処理の宿命と見るべきものであり、何ら異とするにあたらない（なお、石黒・現代国際私法〔上〕五〇九頁以下、五一一頁以下、とりわけ五一三以下を見よ。さらに、この点ではAkehurst, supra, 168をも参照せよ。また、Mann, supra [111 Recueil des Cours (1964)], 153が、"Nor does international law require a State to refrain from exercising its lawful jurisdiction merely because under the municipal law of some other State a certain act is made illegal."と正論を吐いていたことにも注意せよ）。

他にもいろいろあるが、マンの基本的考えへの疑問の③として、前号でも一言したところだが、Mann, Further Studies, supra, 41が、"The State of the parent [corporation] is without jurisdiction in respect of a foreign subsidiary even if it is wholly owned. Both are distinct entities subject to distinct jurisdictions."としている点がある。同旨はId. 43でも繰り返し述べられているが、但し、これもマンの好むin principleといった限定を付して論ずべきが本来のはずであり（彼の論理に於いては、ということである）、その実、Id. 44では、"The principle of the separate personality of parent and subsidiary is subject to qualification in the case in which the parent lawfully exercices its corporate rights to impose upon the subsidiary a course of action consistent with the law of the parent's and the subsidiary's sovereign. …… This would be so even if the [American] parent company exercised its English corporate rights at the request of the Government of the United States."とある。但し、右にリクエストとあるところが重要であり、リクエストならよいがコマンドでは駄目だとされ（Id. 45）、その辺の境目はthe precise factsに依存する（Id. 44）、というのがマンの立場である。マンは、法人格の異同にあまりにも拘泥する一方、同一法人の本店と支店とが別々の国にある場合についても（Id. 34ff）、あまりにカテゴリカルに、本店所在地国の管轄を主たるもの、支店所在地国の

それを従とし、国家管轄権の問題を論じている。このあたりも、実に気になる点であるが、既述の如く、いずれ別な機会に論じよう。

疲れて来ると、横道に入りたがるのが私の癖だが、今日は、ちとばかり深入りし過ぎた。一度も御目にかかることが遂にないまま、巨星マンがこの世を去ったことへの残念な気持ちが先に立ってのことかも知れぬが、話をもとに戻し、「ズワイ蟹輸入カルテル事件」に対する国家管轄権論的評価をつづける。

かくて、論じ方はいろいろあるが、たまたま日本側輸入業者のアメリカ国内での（あるいは、アメリカからの）買付行為につきアメリカの立法管轄権が及ぶからといって、いわばそれを奇貨として日本国内での日本の事業者の行為につき深く主権的ロング・アームを差し込み、日本の業界の首根っこを自由に押さえる（押さえ続ける）ことは、出来ないはずである。それが国家管轄権論的に正当化され得るのは、第一に、後者の行為についてのアメリカとのclose connectionが、客観的に見て十分なものか否かの判断にかかる。「アメリカ産水産物の輸入にかかわる」行為だという理由が、十分か否かの問題である。第二に、いずれにしてもそれは、右の前者の行為（アメリカでの買付行為）についてのアメリカの立法管轄権の行使にとって必要な限度を越えたものであってはならないはずである。なお、右の第二の点について一言補足しておく。「間接的域外執行」としての差止が、仮に一般国際法違反でないとしても、そのゆき過ぎは別途問題たり得る。この意味では、マンが、"misuse of [sovereign] rights"を問題としていることが、注意さるべきであろう（Mann, Further Studies, supra, 36. なお、Id. 13は、"Sometimes it is said that the limits imposed by international law …… are 'the principles of prohibition of abuse of rights and arbitrary action'; this is not essentially different from the test suggested here, for arbitrariness is substantially the same as unreasonableness."としてもいる）。立法管轄権のあることを奇貨としたその濫用は、もとより許されない。

さて、ここで二(2)で論じた本件同意判決の内容に即してもう一度考えてみることが、必要となる。本判決の第四項中の差止（禁止）事項には、「アメリカの者から〔アラスカ産〕加工水産物を購入するについて」との限定が付されている。購入の対象物と売主の二点について、アメリカとのリンケージがある、と一応ここでは押さえておこう（あとで引っくりかえす）。だが、例えば第四項(C)が、「他の輸入業者または輸入業者グループとの会合で第四項(B)に記載のいずれかの事項がいずれかの輸入業者により討議されることを承知し、またはその旨通知を受けていた場合に於いて、これに出席または参加すること」までが差止（禁止）されることはどうなのか（第九項で「条件違反に対する処罰（punishment）」が考えられていることに、再度注意せよ。なお、Mann, Further Studies, supra, 36が、本来管轄権行使に問題がないはずの場合であっても"But if the State imposes steadily increasing fines …… does it, indirectly, bring such pressure to bear upon …… as to be guilty of the indirect enforcement of its rights ……? This depends on the circumstances, but may well be so and in that event would …… [be] misuse of [sovereign] rights."としていることにも若干注意せよ）。

少くともこの部分は、再犯予防的な色彩が強すぎるし、アラスカでの買付に際しての競争秩序維持にとって、直接必要なことでもないはずである。かかることまでを規制するアメリカの立法管轄権は、アメリカ国内での出来事のみをかくて規制するならともかく、日本国内での日本の事業者たる被告等の行動については、否定すべきである、と私は判断する。

なお、右に「再犯予防」的と書いたが、これは本判決第四項のみならず、本件同意判決を貫く、規制上の基本方針となっている。つまり、過去に於いて違法行為があった（実はその旨の認定は、同意判決ゆえ、何らなされていない）からということで、将来起こるかも知れぬ同種行為をあらかじめ差止め、そのためのコンプライアンス・プログラムの作成・遵守までを命ずる、ということである。かかる本判決の基本スタンス（それは司法省のそれでもある）が、国家管轄権論から見て如何に評価されるべきかが、最も基本的な問題である（つまり、時間という座標軸をもう一本立てて、国家管轄権〔立法管轄権〕の問題を考える必要が、あるのである）。違法行為の結果が今も残存しており、その悪用・転用への具体的危険が実際にある場合の差止、ではないのである。反トラスト法的規制の実効性を高めるためには必要なことであっても、国家管轄権論からの評価は、この点、極めて慎重を要すべきことになる。「アメリカの者から〔アラスカ産〕加工水産物を購入するについて」の問題である、という既述のアメリカとのリンケージも、右の文脈でこれを理解するとき、果たしてそれが、かかる抽象的危険についての専ら再犯予防的な域外的差止命令を、アメリカ司法省が（裁判所を介して——その点の問題についてはエイクハーストの所説を引用しつつ既に述べたところ参照）発する上で、十分なものかが問題となる。

この点に関連して、Mann, Further Studies, supra, 34がdamagesとinjunctionとで区別して論じている点が参考となる。例によって彼の説明の仕方はあまりうまくないのだが、損害賠償なら国家管轄権の問題が生じないが、外国での行為の差止となると話は別であり、an excess of [indirect] enforcement jurisdictionとなり得る、ということが書かれているのである。Ibidに私の前記の論述をインプットすれば、彼の説く事柄の趣旨は、一層明確になるはずである。

さて、本件同意判決の内容に再び戻る。本判決第五項に於ける「禁止（差止）の例外」の書き方が厳格に過ぎる点は、右の「再犯予防」の観点からする問題性に加えて、やはり"excess"と評価さるべきである。とくに、「ここまでは許す」的発想で、直接自国とのリンケージ（連結点理論における密接関連性テストの問題である）を欠く他国内での他国事業者の行動に口をはさむこと、そして、その違反を罰則の脅威をもって監視すること自体、アンリーズナブルである。具体的には、例えば、第五項(F)に於いて、「当事者の身元も、個々の取引きに関連した情報も公開されず、かつ他の輸入業者によって通常確認できないような方法でデータが集積されている」（それならばよいとするのが(F)である）のでないデータ交換機関に、被告の購入等した加工水産物の数量についての情報を「提供すること、およびかかる集積情報を受取ること」は、この第五項(F)の違反となる、とされる。だが、そもそも司法省の民事告訴状にも、かかる形で違反行為がなされたとの主張すら、何らなされていない。もし、かかる違反が万が一あったとしても、日本の加工水産物に関する日本でのデータ処理のあり方を、将来にわたって規制する権限は、アメリカにはないはずである。本件事案との関連性が全くない事項を、ついでに規制しようとした疑いも、右の如く残る。かかることもまた、アメリカの立法管轄権の範囲外（間接的域外執行として一般国際法違反）と考えるべきであろう。第五項(H)が、本稿で既に述べたように、"[p]articipation in a meeting called and chaired or vice-chaired by an official of the Japanese Fisheries Agency ……"をも規制していることについても、全く右と同様のことが言える。

本判決第六項の"Report on Meeting"や第七項の"Compliance [Program]"、第八項の"Inspections"なども、「過去の出来事を理由に将来を縛る」的発想の問題性、即ち、既述の如き「再犯予防的・反復防止的な目的での域外的差止命令の問題性」が、一層増幅して指摘されるべきである。

以上の問題点を、まとめよう。仮に日本側輸入業者の一九八〇年のアラスカでの買付行為につき、アメリカ反トラスト法違反の事実があったとする。そして、右買付行為をめぐる事実関係につき、アメリカの立法管轄権が及んでいたとする。そのことに対して金銭的制裁や罰則を加えることは可能である。即ち、右の行為に対するいわば後ろ向きの（まさに過去の事実を直接のターゲットとした）規制は、立法管轄権の行使に必要な範囲でなされ得る。だが、専ら過去の事実が反復されることを防止すべく（即ち、専ら再犯防止的見地から）、将来にわたる、他国内での他国事業者の行為（より正確に言えば、それ自体としてはアメリカとの密接関連性の乏しい行為！）の差止を、単に抽象的危険（ないしは「再犯のおそれ」）があるという根拠で、「官」の側が命ずることは、合理的な立法管轄権の及ぶ範囲を越えており、一般国際法上許容され得ない。

——私は、以上のように考える（なお、「日本企業の海外進出と現地での環境保全」につき論じた石黒・ボーダーレス・エコノミーへの法的視座〔平四〕六五頁以下と対比せよ。そこでは、在外日系企業の外国での行為に対する日本の規制の域外適用が問題とされていた。そこで設定された日本社会との実質的牽連性と、外国での環境保全への国家管轄権レベルでの関心の高まり、という二つの条件をインプットした上で、本稿で論じた点をどう考えるかが、私にとっての次の課題となる。この点は再度環境問題を論ずる際の楽しみの一つとして、とっておきたいと考える）。

なお、再度ここで一言しておくべきは、「ズワイ蟹輸入カルテル事件」が同意判決によるものだ、という点である。既述の如く、この点は、右の議論と関係しない。同意したのは私人たる被告各社である。私人たる被告日本企業は、日本に於ける実質的な外国公権力行使（マンの間接的域外執行論を想起せよ）を認める国家的同意を、与える立場にはない（ちなみに、Mann, Further Studies, supra, 362も全く同旨であり、"[N]ot only the judge, but also the defendant is disentitled to permit the exercise of sovereign acts in the forum to the foreign State, the plaintiff."としている）。

また、アメリカのanti-boycott regulationsに関する事例についてだが、かつて、3M社（アメリカ親会社）とそのイギリス子会社（3M United Kingdom Ltd.）に対してアメリカ商務省によって開始された手続に於いて、consent decreeがなされた。その結果、右のイギリス子会社もアメリカ側への報告義務等を負った。だが、イギリス政府は、右会社はイギリス法人であり、アメリカが同法人に対して、右同意判決に基づきアメリカ外〔イギリス〕での行為につき種々の義務を負わせることは、イギリスの〔国家〕管轄権の侵害（infringement of jurisdiction）であるとし、一九八一年三月三一日付けで、アメリカ政府に対し、右イギリス法人を前記同意判決の拘束から解放するように求めたのである（Mann, Further Studies, supra, 42.）。

「ズワイ蟹輸入カルテル事件」に於いても、本来、日本政府として右と同様のリアクションをすべきところであった。まさか、"civil action"の"civil"の語（その意味は既述）に幻惑されたわけではあるまいが（?）、残念である。

四　結語？

結語（EPILOGUE）と書くのは、実は私自身としては抵抗がある。本稿を通して、国家管轄権論についての私の関心が、第二のステージに入ったことを、強く感ずるがためである。

既述の如く、本稿執筆に先立ち、私は、「コミティ批判」と題する論文を、法曹時報平成四年八月号のために執筆した。その二(2)Cでは、「アメリカ法のいわゆる域外適用とコミティ」について論じてある。関係する他国の主権への配慮を、個別事案についての国家管轄権の行使を決定する際に、十分行なうべきことは、本来一般国際法上の要請たるべきところである。ところが、アメリカでは、それが実にあいまいなコミティ概念の中に落とし込まれて議論される傾向が強い。そのことを、そこでは強く批判したつもりである。

だが、その種のバランシング・テストは、本稿で扱った点、即ち、国家管轄権の行使に際して、具体的救済方法（remedies）としてどこまでの点を命じ得るかの問題についても、一般国際法上の問題として、十分なされねばならない。

この点で参考となるのは、右の法曹時報論文でも引用したMeessen, Conflict of Jurisdiction under the New Restatement, 50 Law and Contemporary Problems, 47ff (1987) の論述である。メーセンのコミティ論が安易に過ぎる点、等は右論文で既に批判した。それはここでの問題ではない（従ってこの点は捨象しつつ論ずる）。若干注目すべきは以下の点（突き詰めて言えば、メーセンの論文の中にちりばめられたキー・ワード）である。本稿でこれまで論じて来た諸点と重ねあわせて、次のステップでの問題を考えて頂きたい。

まず、マンの強い影響をも受けつつ立法管轄権に関する合理性

(reasonableness) の原則に (基本的には) 立脚するメーセンは、"[R]easonableness …… suggest[s] refraining from taking measures not really necessary to reach the policy goal chosen." としている (Id. 57. 右のポリシー・ゴールのところを、例えばアメリカ反トラスト法プロパーの、つまりその域外適用が問題となる当の国内法規のレベルでのみとらえることの問題性に対しては、既に本稿で論じた)。また、"in a manner less intrusive into foreign sovereignty" ということで管轄行使をすべきことを、Ibid はメンションしてもいる。そして、前記の合理性の原則に対応するものとして、メーセンは、ドイツの国際的合併規制との関係で、principle of proportionality に言及する (Id. 66. なお、Id. 58 をも参照)。そこに示されているように、これはドイツの憲法 (基本法) 上の要請とされてはいる。だが、まさにこれは、国家管轄権論上の要請と見るべきものであろう。実際にも、世界的なタバコ・メーカーたる Rothmans と Philip Morris が絡む、ロンドンを舞台とする国際合併事件に対し、ドイツのカルテル庁がクレイムをつける事件が一九八〇年代前半に生じた (Id. 66)。ドイツ側の要求は当初広汎なものであったが、イギリス政府の抗議を踏まえ、ドイツ側が、実際にドイツの国内タバコ市場に影響を及ぼす限りで必要な措置を講ずることで譲歩し、この事件は決着した (Ibid. なお、そこでメーセンは、このケースは false conflict の事例だとするが、これは前記法曹時報でも指摘した彼の不用意な用語法の例であり、ここでは無視すべきである)。

そこで想起すべきは、Id. 63 が引用する、かのバルセロナ・トラクション事件ICJ判決に於けるフィッツモリス判事の次の言葉 (1970 ICJ. 105) である。即ち、そこでは――

"It is true that, under present conditions, international law does not impose hard and fast rules on States delimiting spheres of national jurisdiction …… It does however …… involve for every State an obligation to exercise moderation and restraint as to the extent of the jurisdiction assumed by its courts in cases having a foreign element, and to avoid *undue encroachment* on a jurisdiction more properly appertaining to, or more appropriately exercisable by, another State."

――とされている (なお、右の最後の部分は、アメリカ司法省の前記新執行方針に対し、日本政府が、「米国企業の輸出機会を阻害する外国での反競争的行為については、行為地国の競争当局が、その競争法に基づき責任をもって対処することが基本である」との懸念・要請をアメリカ側に伝えて来ていること〔山田・前掲国際商事法務二〇巻五号四八四頁〕と対比すべきである。但し、右に傍点を付した「基本」の語の中に、前号で論じた諸点がインプットされていることに注意せよ。また、「責任をもって」とあるが、多少この言葉も気にはなる)。

「蟹」事件に戻って考え、前記のタバコ事件 (それ自体については、またいずれ改めて論じよう) でのイギリスとドイツとのかけひきと対比した場合、日本としては、右の undue encroachment の観点、ないし、前記の proportionality の観点、等を含めた上での、国家管轄権論の見地からのタフなネゴシエイションを、司法省側の Civil Action に対しても、十分なすべきであったと思われる。基本的に対等な国家間の争い事に際しては、右のタバコ事件に於けるイギリス政府の行動のように、また、かのシベリア・パイプライン事件 (なお、Messer, supra, 54) におけるヨーロッパ諸国の、アメリカに対する執拗な抵抗のように、十分な理論武装の下になされる国家的リアクションが、是非とも必要である。

とくに昨今のアメリカでは、対外関係法第三リステートメントに示された立法 (規律) 管轄権に関する合理性の原則 (そこに於けるバランシング・テスト) を、はるかに踏み越えた主張がなされて来ている。即ち、例えばアメリカの環境保護論者の強い主張に於いては、次のようなことが説かれている (Developments in the Law : International Environmental Law, 104 Harvard Law Review, 1616f [1991].)。

"Public international law has traditionally limited its concern to environmental harm that spreads from one state to another ……. Environmentalists contend that extraterritorial regulation should apply not only to these harms but also to environmental harms contained within the territory of a single state ……."

そして、かかる見地から、右のリステートメントへの不満が、"The Restatement …… provides no basis for approaching extraterritorial environmental regulation because it adheres to the territorial view traditionally accepted in international law. First, it does not apply to purely internal affairs of foreign countries ……" との形で示されているのである (Id. 1616)。右に言う territorial の語は extraterritorial に、そして、同じく extraterritorial は super-extraterritorial (!) に、それぞれ置き換えられるべきであろう。ここで、右の多分にヒステリックな主張をもとに描き得る、一つの仮定的シナリオが提示され得る。「これは必ずしも環境保護の場合に限った主張ではない。もろもろの"アメリカの苛立ち"が、右の如き極端な、国際法を無視した主張を生み、そして、一九九二年四月の、前記司法省新執行方針へとつながって行った。……」――そこから先の展開は、大体察しがつくはずである。

環境保護関連の国家的規制については、既にGATTとの重大な緊張関係が問題になって来ている。私は、東京大学法学部に於ける一九九二年度夏学期の学部・大学院合併ゼミで、「国境を越えた環境汚染」と題し、GATT・域外適用、等々に関する参加学生との熱い討論の場を得た。そこで得られた一つのヒントは、GATTあるいはEEC条約といった貿易枠組との牴触を避ける上で必要とされ得る「より自由貿易阻害的でない規制方法」の有無、という視点である。反トラスト法関連では、貿易枠組との関係もさることながら、相手国の主権との関係が、ダイレクトに問題となる。その際にも、右と同様の観点からのアプローチがなされ得るはずである。それとメーセンが言及する proportionality という既述のキー・ワード――それらを軸に、今後の研究を一歩一歩進めてゆきたい、と考える。

〔平成四年八月八日脱稿〕

◇ ◇ ◇

「ボーダーレス・エコノミーへの法的視座」のいままでの掲載

連載

ボーダーレス・エコノミーへの法的視座

第二十二回 円建て外債とわが商法(会社法)規定の適用関係 ――KEPCO社債権者集会事件への疑問(上)――

石黒一憲
東京大学法学部教授

〔目次〕

一 事件の概要と本稿の結論

(1) はじめに

本稿に限っては、まず結論を呈示しておく必要がある。本稿では、韓国電力公社(KEPCO)が本邦で起債した一九八五年の第一回円貨債券、一九八六年の第二回円貨債券(発行総額はそれぞれ、二五〇億円・二〇〇億円)につき、一九九二年六月一九日になされた債権者集会(社債権者集会――後述する)の決議の効力が、疑問視される。実に気が重いが、致し方ない。ちなみに、京都大学法学部(商法)の龍田節教授も、結論的に筆者と同種の疑問を抱いておられるようであり、いずれにしても理論的・実務的な徹底的検討(再検討!)が、右社債権者集会の決議の効力、及びその背景事情につき、至急なされねばならない。

これは大問題である。後述の如く、この場合、なぜあえて社債権者集会が開催されたのかと言えば、KEPCOの民営化政策(韓国)の結果として、右二回分の債券の要項上、(潜在的)デフォルト状態が発生し、KEPCOの格付けがダウンした。KEPCOがその後米国市場での起債を計画したところ、右の点が足枷となり、計画実施のためには、右デフォルト状態の解消が必要となったのである。そこで、前記二回分の円建外債につき「債券の要項の変更」のために社債権者集会が開かれ、決議がなされた。それをもって当該格付け機関はKEPCOの格付けをアップさせ、一九九二年七月、KEPCOはニューヨークで、三億米ドルの普通社債の発行を行なった。ここで遡って前記社債権者集会の決議の効力が争われるとした場合、クロス・デフォルトはどうなるか……、といった大きな懸念が生ずる。だが、いきなり誰かが訴訟を起こすことによる大混乱を防止するには、筆者なりの立場を理論的に示すしかない。そう思って筆をとった次第である。

前記円建外債の準拠法は日本法とされていたのであり、後に詳論するように、KEPCOの民営化プロセスの中で考えた場合、わが商法(会社法)上、外国会社たるKEPCOについても商法三二七条の裁判所の認可があってはじめて、決議の効力が生ずる。本件では、外国会社には商法四七九―四八五条の二までの「外国会社」規定以外の会社法規定は一切適用されない、との誤てる、またその実排外主義的な(後述)認識の下に、右の決議の認可は不要とされた。非訟事件手続法上の国内土地管轄規定の欠缺を理由とすることもまた、理論的に支持し難いことは、後述の通りである。

商法三二五条の社債権者集会決議の認可請求は、「決議ノ日ヨリ一週間内ニ」せねばならぬが、期間経過後の認可請求も有効であると解されているのであり[(1)]、早急にその手続を踏むべく裁判所側と協議(再協議?)することが必要不可欠と思われる。

本件は、本来「事件」と呼ぶにふさわしいものかも、既にして問題たり得る性格のものだが、問題の、根は実に深く、かつ、多岐にわたる。以下、一つ一つ筆者の見地から「謎解き」を試みる。但し、その結論及び重要なポイントは、一〇年前に刊行された『金融取引と国際訴訟』という著書の中で、極力多面的に示しておいたところのものであり、その意味では若干残念なものとして、筆者は、本件の経緯を把握している[(2)]。

(2) KEPCOの組織体的性格と事件の概要

本件の経緯と右の(1)に略述した法的処理については、本稿に於いてその論理を厳密に精査するところの、浜田邦夫弁護士のいわば当事者的立場での論文[(3)]、そして、基本的には同旨の結論を示した大和証券の瀬越雄二・吉川純両氏の共著論文[(4)]とを、まずもって参照されたい。

a KEPCOとは?――その民営化プロセスの法的把握の必要性

KEPCO(韓国電力公社)の組織体的性格を、まずもって明らかにしておかねばならない。というのは、こうである。本件円建外債が本邦市場で起債される際、社債関係の契約準拠法は日本法と明示されていた[(5)]。その場合、KEPCOはどう見ても株式会社とは言えない、ということになれば、会社法(株式会社法)上の規定は、いずれにしても適用され得ないからである。

この意味では、昭和四七(一九七二)年に証券取引審議会専門委員会のまとめた円建外国債等の「債券の要項」モデル試案について、大蔵省証券局(当時)の出口博昭氏が次の如く指摘していることに、注意すべきである。即ち、そこでは、「発行主体が外国政府等会社以外である場合には、たとえ〔契約〕準拠法を日本法と定めてみても商法の社債権者保護規定の適用を受けることができない」ため、右のモデル試案を作成したのだ[(6)]、とある(傍点は筆者)。直接には同年にサムライ債第一号(条約に基づくものは別)としてオーストラリア国の円貨債発行がなされるにあたり、右のモデル試案が作成されていたのである[(7)]。

ただ、一点注意すべきは、KEPCOにつきわが会社法上の社債権者集会規定の適用がないとする今回の処理、及びその正当化をはかろうとする浜田氏、そして、瀬越=吉川両氏の論文は、KEPCOを、右の出口氏の言う「会社以外」ととらえた上でのものではない、ということである。[8] 即ち、浜田氏の論述は「KEPCOは、韓国電力公社法に基づき設立された特殊法人であるが、その資本は株式の形態をとり、その全額を韓国政府が保有していた」[9]、とした上でのものであり、また、瀬越＝吉川両氏も[10]、「純粋な公的機関」のサムライ債を前記の出口氏と同様の角度でまず扱った上で、「民間サムライ債」と「公的企業のサムライ債」とを分け、右の最後の類型の中で、KEPCOの今般の問題を扱っている。即ち、そこでは、「サムライ債の発行者の中には実質的に政府等の公共セクターが資本の全額乃至その大半を出資する公的企業であっても株式会社形態を採るものも少なくなく、KEPCOもその一例である。このような株式形態の公的企業を、解釈上、商法の外国会社に含めることは不可能ではなく……」と述べられている。[11]

わが国内法（社債法）上の取扱については、鴻常夫教授が次の如く述べておられる点を、参考とすべきであろう。即ち、鴻教授は、「一般には私企業の形態ともいうべき株式会社組織をとる公企業もあるから……社債と……公企業債とは必ずしも排斥し合うものではない」とされ、「いずれにせよ、これらの債券を法律学上いかに取扱うべきかは、それぞれを規整する特別法、従ってまた、それぞれの企業の実質的性格にもとづいて」考えるべきであろう、としておられる。[12]

国際私法（牴触法）上は、かかる国内実質法（社債法ないし会社法）上の受け皿を前提としつつ、KEPCOの根拠法（韓国法）上の組織と我国の株式会社との同質性（Gleichwertigkeit）を、あくまで牴触法的見地から、チェックしてゆくことになる。その間の理論的操作は、外国で成立した物権の我国物権法上の位置づけに関する、同質性（等価性）のチェック[13]と同様であり、完全な一致までは必ずしもそこでは要求されないことに注意する必要がある。

ただ、KEPCOについては、結論的には、その限りで浜田氏、瀬越＝吉川両氏の前記取扱の通りでよいと思われるが、若干注意すべき点がある。本件第一回・第二回円建外債の発行当時、KEPCOは株式会社組織をとっておらず、いわば民営化前のわが電々公社[14]のような組織だったからである。

KEPCOの民営化について、浜田氏は、「一九八九年に、韓国の国営企業民営化政策の一環として韓国電力公社法が一部改正されたほか、同年六月にKEPCOの株式の二一％が民間に放出され」[15]たとし、瀬越＝吉川両氏も、「韓国政府は八九年にKEPCOの設立根拠法である韓国電力公社法を改正し、政府の出資比率を一〇〇％から五一％に引下げ……実際、同年六月、二一％相当の政府保有株式を民間に放出」[16]した、としておられる（傍点は筆者）。実際のKEPCOの成り立ちは若干複雑であり、一九六一年七月一日に、まず、韓国の三つの電力会社が合併し、KECOという会社（Korea Electric Company, Ltd.）が出来た。そのKECOが一九八二年一月一日に、a public corporation となり、一九八九年の民営化に至るのである。そして、民営化後のKEPCOを規律する改正韓国電力公社法（一九八九年三月二五日法律第四〇九三号）には、「株式」に関する第五条があり、公社の資本（第四条）はこれを株式に分割すると規定され、六条には政府の株主権行使の規定がある（第一五条は株式に対する配当の規定）。また、第一九条には、「他の法律との関係」と題して、「公社に対してはこの法と政府投資機関管理基本法に特別な規定がある場合を除いては、商法中株式会社に関する規定を適用する」とある。これだけのことがあれば、本件で問題となるKEPCOのわが会社法（社債関係諸規定）への、前記の如き牴触法的埋め込みは、（日韓両国の法制度相互の比較を前提として）問題なくなし得るであろう。

だが、これらの規定は、本件第一回・第二回債発行時の、改正前公社法には、存在していなかったのである。即ち、（KEPCOの創設が一九八二年ゆえ、多少の年月のズレが気になるが、ともかく）一九八六年五月一二日法律第三八三二号としての韓国電力公社法を見てみると、公社を法人とする第二条、政府全額出資による資本金の額を定めた第四条（これは八九年法にも、政府出資を五一％とする点を除いて受け継がれている）はあるが、株式の規定は全くない。この八六年法第一六条は、他の法律との関係につき、「この法に規定されない公社の組織及び経営等に関する事項は政府投資機関管理基本法による」とのみあり、そこで一九八三年一

二月三一日法律第三六九〇号たる政府投資機関管理基本法を見てみると、第八条の投資機関の定款記載事項の中に、「株式または出資証券に関する事項」・「株主総会または出資者総会に関する事項」とある（一項）。だが、第八条二項は、「第一項の定款記載事項のうち、当該投資機関の性格によって該当しない事項はこの記載を必要としない」とある。前記の八九年改正前の公社法と対比すると、まさに右の「該当しない」にあたりそうである。

本件KEPCOサムライ債は、その第一回分が一九八五年五月二四日に、第二回は八六年五月二〇日に発行されたものであり、手持ちの資料はなお不十分であるが、本件債券発行当時のKEPCOをわが商法上の株式会社と同質的な（同種の）ものと把握することは、できそうにない。そうであるならば、日本法が契約準拠法とされていても、初めからわが商法上の社債権者集会規定の適用はなかったのだから、よいではないか、とも言われそうだが、そうは言えないように思われる。

本件円建外債発行時点では、KEPCOが右の如き性格の組織体であったとしても、実際に二一％の政府保有株式が民間に放出された一九八九年六月に[17]先立ち、同年の改正公社法の施行（同法は付則①により、公布された日から施行されることになっている）により、KEPCOは、日本法を契約準拠法とする本件社債契約（債券の要項）の定めを介して、わが商法上の社債権者集会規定の適用を受けるに至った、と考えるべきであろう。そして、実際の政府保有株の放出に伴い、後述のデフォルト事由が発生したのである。その時点に於いては、既にKEPCOは右の如き立場にあったと考えるべきである。

わが商法（社債法）上も、「会社以外の法人……が起債をなす」際の「取締の必要が指摘されている」とされ、「立法論としても……必要に応じ公（債）債権者保護規定を設け」るべきだとされている。[18] 社債権者の団体的保護を重視するわが商法上の前記諸規定の趣旨に鑑みても、国境を越えた海外での民営化＝組織変更と同時に、わが商法規定の（準拠法条項を介した）射程が、いわばふくらみ、そして、論理的にはその時点以降に生じた株の民間放出によって生じたデフォルト状態の解消に関する問題も、かくて射程を拡大された日本の法によって規律されることになるのである。

その意味に於いて、前出・注（9）（10）（11）に相当する本文で示した浜田氏、及び、瀬越＝吉川両氏の所説は、結論的に（その限りでは）正当と考える。即ち、本件との関係でKEPCOを、わが商法上の株式会社と同種のものを把握することに、問題はないと考える。ただ、その先に落とし穴がある（後述）。

b　デフォルト事由（潜在的デフォルト状態？）の発生とその後の処理

本件第一回・第二回KEPCO円建外債（サムライ債）の債券の要項は、この点につき同様のものゆえ、第一回債の債券の要項第二八項の定めを、左に引用する。即ち、そこには——、

「28．大韓民国またはその他の国の行政命令または法令によると否とを問わず、次の(イ)ないし(チ)に掲げる事由のいずれかが発生し継続している場合、受託会社は、(i)本要項第二九項に規定する本債券の債権者集会の決議に従い、または(ii)本債券の未償還額面の二分の一を越える本債券を有する債権者の……書面による代表受託会社に対する請求に基づき、本債券は期限の利益を失い直ちに支払われる旨をKEPCOに対し書面により宣言するものとする。

……………

(チ)　KEPCOが、大韓民国により直接または間接に全額出資された法人でなくなった場合。

受託会社による上記宣言がなされるときまでに、かかる債務不履行事由がすべて解消されなかった場合は、本債券は、かかる宣言によって、未償還残高全額につき期限の利益を喪失し、経過利息とともに直ちに額面価額で支払われるものとする。……」

右の(チ)のデフォルト事由の書き方からして、一九八九年の政府保有株

二一％の放出が、まさにそれにあたることになる。そして、同二九項には、「受託会社は、本債券の未償還額面総額の十分の一以上にあたる本債券を有する債権者から共同または単独で……書面による請求を受けたときまたは自ら必要と認めたときは、本要項第二八項に定める事由または本債券の債権者の利害に重大な関係を有すると受託会社が認めたその他の事項を議題とする債権者集会の招集を行うものとする」とあったが、社債権者集会は、その後、KEPCO側の米ドル債発行上の必要性が顕在化するまで、何ら開催されなかった。

即ち、日債銀が第一回・第二回の本件サムライ債の代表受託会社であったが、「各受託会社は、各々受託会社会議を開催し、その決議に基づき、本債券の各債権者に対し『KEPCOの信用力には当面大きな変化はない』こと、また『本件を議題とする債権者集会を招集しない』が、『本債券の債権者は、債券の要項に定める債権者としての権利を引き続き有効に有し、また行使することができ』る旨の公告を同年六月三〇日付で行った」[19]にとどまるのである。けれども、本件「第一回債券およびKEPCOが一九八七年発行したユーロ円債について格付けを行っていた日本公社債研究所は、本潜在的不履行状況を理由としてその格付を一九八九年六月に監視銘柄扱いとし、さらに一九九〇年六月にこれを保留扱いに変更し」、それが一九九二年のKEPCOの米国市場での起債計画の妨げとなったのである。即ち、「米国の引受業者および格付機関からの指摘で本潜在的不履行状況および格付保留が解消しない限り、米国での起債が難しい」ことが判明し、KEPCO側からの要請で、一九九二年六月一九日に[20]、受託会社側が本件（社）債権者集会を開催することになったのである。右集会では、前記のデフォルト事由を定めた(チ)に相当する条項を、第一回債・第二回債ともに「KEPCOが、大韓民国により直接または間接に五一％以上出資された法人でなくなった場合」と変更する旨の決議がなされた。それを前提に、本稿冒頭で述べたように、三億米ドルのKEPCOによる米国市場での起債がなされたわけだが、右社債権者集会決議について、わが商法三二五－三二八条所定の、裁判所の認可及び公告は、何らなされなかった。

同法三二七条は「社債権者集会ノ決議ハ裁判所ノ認可ニ因リテ其ノ効力ヲ生ズ」と規定する。契約準拠法は日本法であり、本件との関係でKEPCOを日本の株式会社と同視すべきことは、既述の如くである。浜田氏をはじめとする関係者は、「本債券の債権者集会の決議事項およびその決議につき、商法に基づくわが国裁判所の許認可は必要でないという結論に到達した」[21]ために右の如き扱いをしたようであるが、問題はその論拠である。

c　本稿に於ける論述の順序について

以下、本稿では、まずもって浜田氏の論拠の逐一を精査し、同様に、瀬越＝吉川両氏のそれも、克明に辿ってみたい。その上で、外国会社にはわが商法上の社債権者集会規定は適用されないとする、それらの諸氏の立論と同根の問題を、商法二一一条の二をめぐる問題（海外子会社による日本の親会社の株式の取得の問題）に示された法務省サイドの見解を突き崩すことを通して、指摘する。その過程では、前記の裁判所の許認可に関するわが非訟事件手続法上の国内土地管轄規定の欠缺と、国際裁判管轄との関係につき、（我国で一般の関心の薄い問題ゆえ）ドイツの国際民事手続法上の議論を踏まえつつ、論ずる必要が出て来る。これはわが裁判所側の、対外門戸開放的な意味あいでの問題でもある。

それら一連の検討を踏まえ、かつ、筆者の論拠を一層堅固なものにすべく、我国での取扱いの現状と比較すべきドイツ・スイスに於ける問題状況について、既に一〇年前に『金融取引と国際訴訟』に於いて論じていた諸点を、さらに敷衍しておきたい。

二　日本の株式会社法は日本企業のためだけにあるのか？

(1)　KEPCO事件と社債権者集会決議の認可

a　浜田氏の論理と問題点

以下、KEPCO社債権者集会決議に関して、裁判所の許認可は、わが商法規定にもかかわらず不要、とする立場に於ける論理をまず辿る。その際、決議の認可の問題に焦点をあてることとする。

まず、実際に深く本件にタッチされた浜田氏の論理を見ておこう。基本的には、以下の同氏の指摘をどう考えるかに尽きる、とも言える。即ち、浜田邦夫弁護士は——

「わが国には、サムライ債に直接適用される特定の制定法は存在しない。商法……の社債に関する規定は、わが国の株式会社が発行した債券についての規定であって（鴻常夫・社債法二頁）、日本の株式会社ではない発行体が発行するサムライ債について当然に適用されるものではない」[22]。（傍点は筆者）

——と断じておられる。だが、何故そうなるのかについての理由は、そこでは何等示されていない。また、そこで引用された鴻教授の著書の当該頁は、「社債の発行主体」について一般的な形で述べたものであるにとどまり、「商法は株式会社の場合についてのみ規定を設けているにすぎないが、これは株式会社が社債を発行する場合にはとくに社債応募者ないし社債権者の保護が必要だからであって……必ずしも他の会社やさらにそれ以外の法人……が公（社）債を発行することを認めない趣旨であることには当然にはならない。……」との同頁の論述は、あくまでわが国内法上の一般の取扱を論じたものにとどまる。少くとも、そこに於いて「株式会社」と言えば日本のそれ（内国法人）のみを意味する、といった意味あいは何ら示されていないはずであり、引用として不適切なはずである。

なお、浜田氏の所説として示した前記引用部分の末尾には、「当然に」とある。たしかに、（民営化後の）KEPCOのような外国会社に、当然にわが商法の適用があるとは言えないが、本件では社債契約準拠法が日本法とされているし、理論上も、かかる明示の準拠法選択は、本件の諸事情の下で、（私見に於いても）十分支持される。

国際私法（法例七条一項）を通して日本法が契約準拠法として指定された上で、なお、決議認可を不要とするのは、前記引用部分冒頭に傍点を付しておいた、出所不明のドグマである。そして、そのドグマは、後述の如く、崩れるほかない運命にあるのである（商法上の外国会社規定との関係については後述する）。

ちなみに、この点で心強いのは、筆者と結論的に同旨を説く、龍田節教授の所説である（担信法に関する江頭教授の所説については後述する）。即ち、龍田教授は、証券の国際取引に関する著名な論文の中で、「外国社債に対する商法の適用」に言及され、次のように論じておられる。即ち——

「日本で募集する外国社債について、日本の商法による旨の準拠法指定がなされた場合には、少なくとも社債に関する商法の規定は全体として適用されることになるだろうか。一律にそうはいえないと考えられる。たとえば、社債の発行決議に関する規定（商二九六条）および社債の発行限度に関する規定（商二九七条）はむしろ組織法的な規定と考えられ、そのように性質決定づけられるこれらの問題については会社属人法、したがって発行会社の設立準拠法が依然として適用されるものと解される。これはいわば当事者自治の範囲外の問題の一例である。[23]」

「社債権者集会についての準拠法は、理論的には債券準拠法によるべきであり……投資者保護の見地からはこのように解すべきであろう。[24]」

——と、龍田教授は説いておられる（以上、傍点は筆者）。わが商法（会社法）上の規定を、「組織法的な規定」と、そうではない契約準拠法の射程内の規定とに区分した上で、「社債権者集会」の問題を後者と位置づけておられるのは[25]、正当である。龍田教授が、右引用部分の最後の個所で「理論的には」と若干の躊躇を示しておられるかに思われる理由は、

決議の許認可に関する諸規定の立法論的当否を意識されたものか、とも推測される。この点は最後までつきまとう問題だが、非効率ゆえ不適用、と単純にゆくはずはない。商法三二七条は、「社債の公衆性に鑑み……この点〔決議の効力〕の判断を裁判所の監督に委ね、その後見的作用を期待した趣旨」のものであり、かつ、担保付社債信託法五七条（決議につき裁判所の認可なしに効力が発生する、とする）と右の商法規定とを「立法論として……統一的に規律すべき」だとされる際、「商法の制度のほうが優れているので、商法の制度に統一すべきであるとする見解が多い」とされる。もっとも、「すべての決議につき裁判所の認可を有効要件とする本条〔商法三二七条〕のような考え方……は再考の余地があり、フランス法やスイス法を参考として、社債権者の権利を制約する旨の決議について」のみ認可を発効要件とすべきであろう、とされてはいる[26]。だが、本件と同様の状況下で、仮りにKEPCOの将来を悲観して期限の利益喪失を求める社債権者が居たとすれば、本件の如き社債権者集会決議は、その者にとっては自己の権利を制約するものにほかならない。一々決議の認可を求めることが非効率だと言っても、「少数社債権者の故意または非道な反対により社債権者団体の利益を害すること」の防止[27]ばかりを考えているわけにもゆくまい。たしかに商法三二七条には「時間的迅速性を欠くおそれがあり、実際的」[28]かどうかの問題はあろうが、その立法論的当否は、いまだ「さらに検討がなされるべき」[29]段階での問題と言える。

そもそも、昭和一三年の商法改正で社債権者集会制度が導入されて以来、今日に至るまで、昭和五九年発行の「ナムコのケース〔無担保転換社債〕を除きほとんど〔実際に社債権者集会が開催された〕例を見ない[30]」、とされているほどの日本市場の異常さ（！）の方に、むしろ問題がある。純粋な国内事件としても殆ど例を見ないところに、いきなり外国企業を起債者とするKEPCO事件が持ち上がったことから生ずる、各方面での混乱と困惑とは、まさしくわが国際金融市場の法的脆弱性を示すもの、とも言える。法的問題の解決を〝なあなあの世界〟で先送りして来たツケが一気にまわって来たのだからといって、実定法規定を無視するのは、全くスジが通らないことのはずである。

かくて、すべての問題は、商法上の社債権者集会規定は外国会社に不適用とする、前出・注（22）に相当する本文に示された浜田氏のドグマ〔二(1)a冒頭部分参照〕の問題性へと回帰する。だが、この点の背景等については、商法二一一条の二の取扱に示されたわが法務省サイドの同様のドグマと、商法四八五条の二をめぐっての若干の混乱に即して、後述する。

さて、ここで浜田氏の論理に戻る。前記のドグマを受け、そこではさらに、（若干既に示したところだが）次の如く論じられている。即ち同氏は――

「前述のとおり、本債券につき商法の規定が当然に適用になるものではないが、わが国の投資家（債権者）保護の観点から上述の裁判所の許認可に関する規定が強行法としてサムライ債の債権者集会についても適用になるか否かを考察する必要がある。[31]」

――としておられる。そして、「要するに、現行商法の解釈およびその準用の合理性・必要性ならびにサムライ債の債券の要項の解釈に必要とされる国際的整合性ないしバランスから考えると、商法の当該規定は日本の株式会社が国内で発行する社債については強行法規ではあっても、サムライ債についてまで準用されることを要請する公序とまではいえ」ない、としておられる[32]。

右に於いて論拠とされる点は後述するとして、右の論理展開自体につき、まず一言する（もっとも、マーケットがこうなっているのだから法律の方が合わせるべきだという論じ方は、企業の意識的・無意識的エゴをも法制度的に認知せよ、といった極端かつ身勝手な主張と結びつき易く、それ自体として警戒を要する）。後述の如く、ドイツの社債権者集会規定[33]は、自国内に拠点なき企業のドイツでの起債につき不適用とされている。だが、基本的にそれをマルク建て外債についても適用してゆくべきだとして、その

立法論的当否が強く疑問視されて来ているところの当該規定を[34]めぐる、抵触法（国際私法）的な取扱は、以下の如く解するのが正しい（スイスでの特殊な立法趣旨との関係での若干屈折した議論〔解釈論〕については、後述する）。即ち、マルク建て外債の準拠法（契約準拠法）がドイツ法となるならば、社債権者集会規定を含むドイツ法の関係規定全体が本来適用される。けれども、社債権者集会規定の適用につき、前記の如き明文上の制限がある。そこで、かかる制限をも含めたドイツ法が全体として指定される（即ち、それへの送致〔Verweisung〕がなされる）ことになる結果として、右規定は適用され得なくなってしまう。これがオーソドックスな理解であり、ドイツでの議論の出発点である[35]。わが国際私法上も、論理の展開過程は、もとより同じはずである。

ところが、前記引用（前出・注（31）の本文を見よ）の浜田氏の論理に於いては、ドイツの実定法上の適用制限規定に相当するドグマ（外国会社にわが社債権者集会規定は不適用とするそれ）が設定されつつ、一度はそれによって排除された商法規定が、再び「公序」の名に於いて「準用」され得るかの如き論理が示されている。「準用」と言うのも理論的にはおかしい。後述の商法上の外国会社規定の位置[36]づけがあいまいゆえの用語法かとも思われるが、前記の〔崩れるべくして崩れる〕ドグマにあくまで頼る姿勢は、前後の文脈からして堅持されているようである。ならばそれで既にカタがついているはずである。「公序」という場合のその理論的位置づけもあいまいであり[37]、外国法が当該問題（事項）の準拠法（lex causae）となる場合であっても、およそ我国が法廷地である限り、当該規定が（法廷地国の絶対的強行法規として）適用される、というならば話は分る。けれども、準拠法（lex causae）は日本法だ、というのが本件に於けるすべての前提なのであり、全く不可能な論理と言うほかない。

善解すれば、前記のドグマの実質的根拠を示すための議論、と思われなくもないが、ともかく「公序」によるわが商法規定の「準用」をも、否定すべきだとする、その論拠を見ておこう。

浜田氏は、まず、裁判所の認可を一々求めることは、「現在の成熟しかつ急速な展開を遂げるわが国の企業財務や金融市場の状況から考えると、はなはだ実務的でない規定」だとし、それがゆえに我国で「正式の社債権者集会がほとんど開かれたことがな」かったのではないか[38]、との「推測」をされ、同論文の注の中では、その旨、断じておられる。だが、そこで、「現実と遊離している」当該規定の問題性は、「破産状況の発行会社から社債元利金の回収を図る場合」を例に、指摘されている。たしかに、その場面での問題はあろうが[39]、これはKEPCOのケースについてはあてはまらない。既述の如く、KEPCOに関する（その言うところの）潜在的不履行状況は一九八九年六月に発生したが、関係者はそれを、実に一九九二年六月一九日まで、三年間も放置しておいたのである（！）。そうであるのに右の如き主張をすることがクリーン・ハンドの原則に反する、などと言うつもりは毛頭ないが、本件の場合にあまり正面切って言い出すことに、関係者として内心落ち着かぬものが、あって然るべきところであろう。

次に、浜田氏は、次の如く論じておられる。即ち――

「前述の裁判所による許認可手続は、非訟事件手続法……第一三五条ノ一七および同条〔一三五条ノ〕一九によるが、同法上では外国会社が発行体である場合を想定した規定はない。これは商法が明定した場合を除き同法[40]により設定された株式会社等を対象とした法律である以上当然ではある。」（傍点は筆者）

――としておられる。右の指摘も、抵触法理論から厳密にこれを見て行なった場合、問題がある。非訟から訴訟へと、まず眼を転じた場合、現実には、我国の一部裁判官の非国際性を示す、問題がある事例が、ないわけではない[41]。けれども、一般に外国会社に対して自国裁判手続の利用を一切閉ざすが如きことは、外国法人の認許（民法三六条）や友好通商航海条約上の内国民待遇規定の問題からしても、本来なし得ない。抵触法上、いわゆる国際民事訴訟法関連でなされて来ていることは、国際的非訟事件についても、同様に貫かれねばならない[42]。

ただ、国際的非訟事件の場合に限った、問題ある考え方として、いわゆる並行理論（Gleichlauftheorie）というものが、あることはある。外国法が相続準拠法〔実体問題の準拠法〕となる場合には、自国の国際裁判管轄を否定する、という考え方である。ドイツでかつて根強く説かれていたこの理論については、「国際私法〔準拠法選択〕と国際民事訴訟法との交錯」という問題枠組でとらえた場合、論ずべき点が多々ある。また、筆者はそれについて多々論じても来た[43]。もとより、ネガティヴな意味に於いてである。要するにわが非訟事件手続法は、わが商法（一般にはわが民商法）が適用される場合のみのための規定であり、外国法の適用を前提とした右手続法の利用はあり得ない、ということに帰着し得るところの、前記引用の浜田氏の論理は、並行理論を（若干屈折させた形で）国際商事非訟事件に拡大したものとも把握され得る。だが、その当否は、もとより疑問であるし、当該問題は「契約」と性質決定され、契約準拠法たる日本法によるべきだ、とする前提からは、かくて、並行理論との関係も断ち切られることになる（むしろドイツでは、準拠法が自国法となるならば当然に自国の国際的非訟裁判管轄が肯定される、といった議論もある。これもある種の並行理論である）。ちなみに、最後の並行理論の牙城であった相続関係の問題についても、ドイツでのこの理論に対する批判は極めて強い[44]。

むしろ浜田氏の前記指摘（前出・注（40）の本文参照）に於いて、引用部分中に傍点を付した部分は、決議認可に関する土地管轄規定の欠落、即ち、非訟法一三五条ノ一五に於いて、当該事件は「社債ヲ発行シタル会社ノ本店所在地ノ地方裁判所ノ管轄トス」とある点との関係で、これを把握すべきところであろう。KEPCOは外国会社であり、日本国内に「本店」は所在しない。同法上、国内土地管轄が人の住所で定められる場合、その住所が日本にないか、それが知れざる場合の規定はある（同法二条）。だが、法人の場合はどうか。案外、このあたりでKEPCO事件の処理が暗礁に乗り上げた[45]ように、思われなくもない。だが、国内土地管轄の問題と国際裁判管轄とは、国際的非訟事件の場合にも、本来分けて考えられるべきである。事案の強い内国牽連性（「訴訟」に関しては、本件サムライ債につき我国の国際裁判管轄を非専属的に合意する契約事項のあること、既述の通り）からして、我国に国際裁判管轄のあることは、本件に於いて疑い得ないところである。それから先の問題は、ドイツ国際非訟法上の議論等を踏まえ、後述する。

さて、前記の「公序」に基づく「準用」を否定する浜田氏の論述に於ける、第三の論拠は、商法上の外国会社規定に関する、例の理解である。即ち――

「商法上の外国会社に関する〔同法第二編〕第六〔章〕規定も、第四八三条で株券、債券のわが国における発行・移転につき準用規定を置いているが、この中に社債権者集会についての裁判所の許認可規定は含まれていない[46]。」

――との点である。この点は、商法四七九―四八五条の二の「外国会社」規定の理論的位置づけ、就中、昭和二五年の商法改正で追加された四八五条の二（「外国会社の地位」）をどう見るかの点と深くかかわる。同条がなぜ「他ノ法律ノ適用ニ付テハ」としているのか。この点を厳密に考え、商法（会社法）規定の個々的性格を、既述の龍田教授の所説（前出・注（24）に相当する本文での引用個所、及びその直後の筆者のコメントを見よ）と同様の視角から考察してゆくことにより、自ら答を出し得るところの問題である。詳細は後述するが、この点も、KEPCO事件の処理を正当化する根拠とはなし得ない、との結論のみを、ここでは呈示しておこう。

以上が、KEPCO社債権者集会決議を裁判所の認可（商法三二七条）にかからしめる必要なしとする浜田氏の論拠なのであるが、その他の気になる若干の点についても、あわせてここで言及しておこう。

まず、同条にもかかわらず、「本〔社〕債権者集会の決議の効力はすべての〔社〕債権者に及ぶ」とする浜田氏は、「本決議の無効を主張する〔社〕債権者は、商法三二六条に列挙される社債権者集会の決議の裁

判所の必要的不認可事由……のいずれかを主張・立証する必要があると考えられる[47]」としておられる。三二六条がこの点につき「適用」される、とズバリ言われているわけではないが、前記ドグマにより商法（会社法）上の社債権者集会規定は、外国会社たるKEPCOに関して一律不適用になる、というのが浜田氏の論理なのであり、なぜここで三二六条が突然登場することになるのか、釈然としない。法律関係の明確化を、この場面では志向しておられるのであろうが、それらの趣旨をもあわせて規定された決議の裁判所による〔許〕認可規定の、（準拠法条項を介した）適用を、前記ドグマのみで排除することの当否の問題が、このあたりにも見え隠れしているように思われる。

なお、右の点との関係で、浜田氏は、「サムライ債の債権者集会の決議に関しては、前記モデル試案作成の当時から、その効力は当然のことながら裁判所の認可にかからしめられるものではなく、また債権者全員の利益を擁護するものであり、かつ公序良俗に反するものでない限り、債券の要項に特定することにより全債権者を拘束しうるような決議をすることができると解されている（出口・前出……八頁）」としておられる[48]。本稿に於ける前出・注（6）所掲の大蔵省の出口氏の論稿が、そこで引用されているのである。たしかに、円建て外国債等の「債券の要項」モデル試案についての出口氏の解説に於いて、「外国政府債、国際機関債等は……わが国商法の社債権者保護に関する規定の適用はないので……[49]」、あるいは、「発行主体が外国政府等会社以外である場合には、たとえ準拠法を日本法と定めてみても商法の社債権者保護規定の適用を受けることができないため……[50]」とあるとき、「等」が何をさすかは、厳密に考えれば若干不明確とも見得る。だが、本稿でも既に一応示唆しておいたように、右引用部分の「できない」の語は、「会社以外」ゆえに「できない」という脈絡で用いられており、「等」も「会社以外」の発行体（起債者）を意味している。もとより「会社」と言えばそれだけで一切「外国会社」は排除される、といった不当なドグマをぶちこめば、別ではあるが。

要するに、前記モデル試案についての出口解説を引用しつつ論ずる浜田氏（前出・注（48）の本文）の所説[51]に於いては、やはり「会社」と「会社以外」との区別が十分慎重になされていない点が、大きな問題となる。

次に、前記ドグマからして、決議の認可が不要とされたため、商法三二八条で必要とされる決議の公告も、本件では（KEPCO名義では）なされていない。この点につき浜田氏は、公告義務違反に対する制裁としての「商法〔四九八条一項二号〕の行政罰である過料が明文の規定なく外国の発行体に適用されるとは考え難く、また文理上も裁判所の認可を必要としないと解釈した本……決議には上記商法の公告規定は適用がないとKEPCO側で判断した」、としておられる[52]。

この判断も疑問とすべきである。対比すべきは外為法[53]二一条一項のユーロ円債の発行・募集に関する資本取引規制であり、同法七〇条一一号の刑事罰は、右の論理に於いては「明文の規定」があるから可能、ということになるのかどうか。だが、むしろこの点は、刑法的な「国内犯処罰」の問題（刑法八条、一条）[54]との関係でとらえるべきであり、内国牽連性が極めて強い本件では、公告をしないという[55]国内での「不作為」[56]も、過料の対象とすることに、何ら問題はないと言うべきである。（以上平成五年一月二一日）

b 瀬越＝吉川両氏の論理と問題点

前記の、浜田氏の論理への批判的検討を受けて、ここではまず、既に若干言及したところの瀬越＝吉川両氏の所説につき、その論理展開を辿っておく。だが、その前にこの両氏の共著論文のスタンスにつき、一言しておこう。両氏は、各国に於ける国営企業の民営化への流れの中で、「今後、KEPCOの社債権者集会と類似の民営化に帰因する社債権者集会が開催される可能性はどの程度あるのか[57]」に、まず着目する。実際の契約条項の例を随所にちりばめた論述がなされているが、「一九七〇年一二月にサムライ債第一号であるADB債が発行されてから本年〔平成四年〕七月末までの間に四〇六件のサムライ債が発行されている。その内、一四八件が所謂国営企業によるサムライ債である」とされる。そ

して、その中で「政府の出資比率の減少をデフォルト条項にデフォルト事由としてあげている例は一一銘柄、五つの発行会社に及ぶ」[58]とされている。筆者には、この点をデフォルト事由に挙げないものが、筆者の予想をはるかに越えている点に、かえって若干の危惧を抱くが、以下、両氏の論理を辿ることに専念する。

瀬越＝吉川両氏も、二(1)aで論じた浜田説の所説と結論的には同じところに落ち着くものだが、まずもって、「純粋な公的機関」、即ち、「如何なる意味においても株式会社とみなし得ない」起債者とそうでないものとが、極めて明確に、そして正当に区別されて論じられている点に、注目すべきである。[59]

問題は、「民間サムライ債と商法」[60]と題する個所についてである。ただ、その書き出しに注意すべきである。日本法を準拠法（契約準拠法）として指定する条項のほか、実際のサムライ債の契約条項として、「担保設定制限条項に基づき本社債のために担保の提供を要する場合には、受託会社は、担信法が適用される限り、その規定に従い、信託証書を作成して、社債権者のために当該担保権を取得し、その管理実行に当る」との条項が置かれていることを踏まえ、そこには、次の如くある。即ち

――

「前記の（契約）準拠法の指定及び上記条項を根拠として、民間サムライ債については、後述の裁判所による許認可も含め、商法、担信法の社債権者集会に関する規定を肯定する見解もかなり有力である。しかし、商法、担信法の社債権者集会に関する規定の適用の前提として、会社法の領域での当事者による準拠法選択の可否とその効果についての考察が必要となる。」[61]（以上、傍点は筆者）

――とそこにはある。前出・注（24）に相当する本文で示したように、龍田節教授はまさに右の見解をとるし、後述の如く担信法につき江頭憲治郎教授は右に示された立場をとっておられるように解される。瀬越＝吉川両氏の論文に於いては、担信法に関する江頭教授の所説と共に、光栄にも筆者の立場が若干引用されているが、参考までに引用すれば、一九八三年刊の著書の中で、筆者は次の如く論じていた。即ち[62]――

「一連の議論の出発点としてここで念のために確認しておくべきは、社債権者集会や受託者（トラスティー）をめぐる諸問題に関する国際私法上の性質決定である。実は本邦企業によるユーロ・ダラー債の発行についても、社債権者の団体的取扱をめぐる問題が法人属人法の射程内の問題（法人の内部関係の問題）とされるならば、その保護はまずもって日本商法上の社債権者集会の規定によるべきであり、またそれに伴い、例えば社債権者集会の決議も裁判所の認可によって効力を生ずる（商法三二七条）などのことにもなる。だが、社債権者の団体的取扱は、それが信託受託者・社債権者集会いずれの法律構成によりなされるにせよ、社債の契約的側面の問題として性質決定されるべきであり、この点は国際的な起債の慣行とも合致する。つまり、当該問題も、個々の社債権者と起債者との間の契約関係の一環として把握され、社債に関する諸契約の準拠法が一括してイギリス法とされる場合には、本邦企業による起債に際しても日本法上の社債権者集会の規定の適用は問題とならず、専らイギリス法によりこの点が規律され、それが故にまた信託的構成のメリットが十二分に発揮されることにもなるのである。同じ理由で西独法が社債に関する諸契約（社債契約）の準拠法となるならば、西独の社債権者集会規定が適用されるはずであるが、西独の当該規定はわが商法の規定と異なり、一定の内国牽連性をその適用の要件としている――なおその限りではスイス債務法上の社債権者集会の規定も同様である（ＯＲ一一五七条・一一六四条以下）――ため、適用すべき直接の法規がないという、極めて不安定な状況が生ずるのである。本邦企業の西独（やスイス）における起債が、単なる利率の低さや手続の簡易さ以外に、右の如き点をも十分勘案した上でなされているのかは、一つの問題である。」

右の末尾部分のドイツ・スイスの状況については後述するが、それら

両国の、明文による社債権者集会規定の場所的適用範囲の制限（立法論的当否につき批判が強い）に対し、専ら外国会社にはわが会社法の適用なしとするドグマで答えていたのが、既述の浜田氏の所論であった。この点は、瀬越＝吉川両氏に於いて、どう考えられているのか。

前出・注（61）に相当する本文の引用部分中の後半を受けて、両氏は、（若干前出・注（5）に於いて言及した点ではあるが）「通説を支持し、社債発行に関し当事者による準拠法指定の有効性を承認するとしても、商法の社債権者集会の規定への民間サムライ債への全面適用には、次の二点で疑問が生ずる」とされる。そこで言う二つの点とは――

「①準拠法指定と内国会社を前提とする社債権者集会に関する規定の準用とは別個の問題ではないか？

②商法の社債権者集会に関する規定の全てを当事者による準拠法選択を許す契約法の領域〔と〕考えることは妥当か？　特に集会の招集に裁判所の許可を求める第三一九条、決議に関する裁判所の認可につき規定する第三二五条ないし第三二八条は裁判法たる性格も帯びるのではないか？」[63]（傍点は筆者）

――とされている。ここで、右の①②につき瀬越＝吉川両氏がさらに説明しておられる点に言及する前に、若干理論的なところを整理しておいた方がよいであろう。

まず、右の①で「準用」とある点だが、日本法への契約準拠法指定により、「会社内部の組織・管理運営等に関する事項」、即ち、いわゆる会社の内部関係（それは会社の属人法による）はともかくとして、「社債発行について」[64]の債権法的諸問題に関して日本法が適用される際、そこでいう日本法の中に社債権者集会関係諸規定が含まれる（龍田教授も筆者もそう考えている）か否かが、ここでの問題である。それを否とした場合にはじめて、一般の抵触法的処理とは別次元での、外国法人への規制・監督面での、いわゆる外人法（Fremdenrecht）上の問題が生ずる。後者は、抵触法（Kollisionsrecht）と一応区別された実質法（materielles Recht）上の問題となる。そして、かかる外人法上の問題として、商法四七九条－四八五条ノ二までの、「外国会社」規定（一定の商法規定の「準用」をするほか、右の観点からの別途の規定を置く）[65]があるのである[66]（但し、商法四八二条の立法趣旨については、興味深い点がある）。抵触法と外人法との概念上の区分[67]は、この場面では明確に維持して論ずる必要がある。

さて、前記①に関する瀬越＝吉川両氏の説明であるが、次の如くである。即ち――

「まず、上記の①についてであるが、準拠法が日本法と指定されても、その直接の効果は商法中の外国会社に関する規定の適用に留まる。けだし、商法は外国会社に対し内国会社に関する規定を一般的に準用せず、立法者が必要と認める条文を個別的に準用する立場をとるからである。そして社債関係では、第四八三条により、第三〇六条第一項……、第三〇七条……、第三〇八条……の各規定が準用されるのみで、社債権者集会に関する規定（第三一九条ないし第三四一条）は準用されない。従って、準拠法指定のみの効果として、商法の社債権者集会に関する規定の適用を認めることは困難と思われる。」[68]（傍点は筆者）

――とされている。問題はその論理である。両氏は、商法が外国会社用の規定を特別に創設しない限り、わが商法は外国会社につき一律不適用とされるかの如くである。そして商法四八三条があるので、社債金額全額の払込完了前の債券発行禁止（同法三〇六条一項）、記名社債の移転（三〇七条）、記名式社債と無記名社債の移転（三〇八条）のみにつき商法規定が「準用」されるにとどまる、とされる。

だが、商法四七九条以下の外国法人規定は、当該事項の準拠法（lex causae）――それが会社の属人法であれ社債契約の準拠法であれ――が外国法であったとしても、規制・監督面から、外国法人につき一定の規定を適用する、という外人法上の規定である。例えばサムライ債につき契約準拠法として外国法が指定されたとしても、最低限四八三条の規定は適用す

べきだ、というのがその趣旨である。[69] かかる外人法上の規定に、当該事項（本件では社債契約）の準拠法が（抵触法〔国際私法〕を介して）日本法とされる場合の、個別日本法規定の適用範囲を限定する機能を営ましめる根拠ないし理由が、瀬越＝吉川両氏の所説に於いては、何ら示されていない。[70] そして、理論上、右の如く考えることは全く理由がない、と筆者は考える。[71] 我国の場合、後述のドイツ・スイスとは、社債権者集会規定の国際的適用をめぐる制度的前提が異なるのである。

もっとも、瀬越＝吉川両氏のような考え方は、昭和二五年の商法改正で追加された商法四八五条ノ二に即して示されることが少くない。だが、後述の如く、同条追加の趣旨は別なところにある。また、同条に関する従来の解説・説明の類には、若干厳密さを欠く点がある。この点を理由として瀬越＝吉川両氏の結論を支持することも、出来ないと思われる。

以上、多少長くなったが、かくて、瀬越＝吉川両氏が「商法の社債権者集会の規定の民間サムライ債への全面適用」を「疑問」ないし「困難」とする際に言及される前記①の点（前出・注（63）に相当する本文引用部分を見よ）には、（商法四八五条の二に即して後述する点を含めて）理由がない。「準拠法が日本法と指定されても、その直接の効果は商法中の外国会社に関する規定に留まる」とする両氏の既述の立論は、抵触法的な理論的根拠を欠くものであって、「わが国には、サムライ債に直接適用される特定の制定法は存在しない。商法……の社債に関する規定は、わが国の株式会社が発行した債券についての規定であって……日本の株式会社が発行するサムライ債について当然に適用されるものではない」[72]とする浜田氏の所説と同様、それは単なる出所不明のドグマを呈示したものでしかない。そこには、何等（なぜそう解すべきなのかという）実質的論拠が示されていない。その当否は疑われて久しいものの、ドイツ・スイスの社債権者集会規定の国際的適用範囲の制限については、後述の如く、（極めて理論的根拠が薄弱なものではあれ）ともかくも実質論がそれなりに呈示されていた。かかる明文規定に直面しつつ、いかにドイツ・スイスの学説や金融実務が、そこから何とか抜け出そうともがいているか。そこを直視することによって、我々の進むべき道は自ら明らかになるものと、筆者は考える。

なお、右に論じた瀬越＝吉川両氏の前記①の点に続く、前記②、即ち、「商法の社債権者集会に関する規定の全てを当事者による準拠法選択を許す契約法の領域〔と〕考えることは妥当か？」との点は、いわば補足的な論点と言える。即ち、前記①の点で、既に両氏の結論は出ているのであるが、「民間サムライ債の債券の要項は、一般の準拠法指定条項の他に、社債権者集会につき日本国商法の関係規定に従うべき旨も定められていること」[73]を、それでは如何に解すべきかが、前記②の点と関係する。抵触法理論（国際契約法）上は、日本法を準拠法として指定しつつ、さらに、「本社債に関する社債権者集会は、日本国商法……の規定に従う」といった規定を別に置くことは、屋上屋を架するが如きものであって、そもそも疑問と言うべきところだが、それは措く。瀬越＝吉川両氏は、かかる社債権者集会に特化した条項は「一種の実質法〔的〕指定とみな」すべきだとする。即ち、「商法の規定と同一の手続的・実体的要件により社債権者集会を行うべき旨の当事者間の合意として、契約自由の原則の妥当する範囲でその効力を認めるべきであろう」[74]とされる。その上で、わが商法上の、社債権者集会絡みの裁判所の許認可規定の「裁判法たる性格」を問題とされるのである（但し、かかる性格「も帯びる」としておられる）。即ち、両氏は、商法「第三一九条（裁判所の許可に関する部分）及び第三二五条ないし第三二八条の各規定に関する実質法的指定は、私人間の合意による裁判手続創設と同様の結果を生じさせる。従って、私見としては、裁判所の許認可が社債権者保護の観点からは有効であることを考慮しても、なお、実質法的指定としての効力は否定的に解し、民間サムライ〔債〕の社債権者集会に関しても、裁判所の許認可は不要と解する」[75]、としておられるのである（傍点は筆者）。

例によって、右の論理を精査する。「私人間の合意による裁判手続創設」と「実質法的指定」（materiellrechtliche Verweisung）とを結びつける議論は、実はドイツの場合につき、ミュンヘン大学のホップト（K.J. Hopt）教授が行なっている。[76] だが、議論の方向は、瀬越＝吉川両氏とは全く逆である。即ち、マルク建て外債につき、ドイツの明文規定が、ドイツに拠点なき起債者の場合、いくらドイツ法を契約準拠法として指定（抵触法的指定〔kollisionsrechtliche Verweisung〕）しても、当該社債権者集会規定を不適用としてしまう（後述）、という不都合を回避する必要（Bedürfnisse）から、当事者の意思としてドイツの当該社債権者集会規定が、契約内容としてインコーポレートされているものと、まず考えるのが同教授である。その上で、ドイツ裁判所の管轄（国際裁判管轄）も、合意されれば訴訟事件については問題なく肯定される（Auch die Zuständigkeit deutscher Gerichte zur Streitentscheidung kann ohne weiteres prorogiert werden.）、とされる。問題はむしろその先である。即ち、同教授は――

"Schwieriger ist die Frage, ob auch Einberufungs- und ähnliche Befugnisse deutscher Gerichte nach dem Recht der freiwilligen Gerichtsbarkeit wie etwa §4 SchVG privatautonom begründet werden könnten……."

――としておられるのである[77]（アンダーラインは筆者）。即ち、当事者自治（実質法上のそれ）によって非訟事件の領域でのドイツ裁判所の権限が基礎づけられ得るかの問題は、より難しい問題だ、としておられるのである。実は、右引用部分（後述するがSchVGとは、ドイツの公社債の法的規律を取扱う特別法であり、社債権者集会規定もそこに含まれている）に続き、同じ頁で、社債に関するドイツの行政庁の監督の問題も同様の視角から取扱われている。だが、若干歯切れが悪いながらも、ホップト教授としては、何とかこれらの困難を乗り切りたい、との方向性を堅持しておられる。

なぜこの点がドイツに於いて問題となるかの出発点は、再三言及し、かつ、詳しくは後述するところの、ドイツ社債権者集会規定（§1 SchVG）の不備にある。当該条文の解釈では、ドイツに拠点なき外国企業の起債につき、ドイツ法を契約準拠法としたところで、同法上の社債権者集会規定を不適用とする明文規定を崩せない、と判断した同教授が、別の道を模索する過程で言及したのが右の点なのである。このような議論の全体像を見失わないことが、まずもって必要である（スイスの場合と対比しつつ後述）。

以上を踏まえつつ、瀬越＝吉川両氏の、前記②の論理[78]の評価へと移る。「実質法的指定」を通した「私人間の合意による裁判手続創設」はなし得ないのではないか、というのが両氏の主張である。両氏は、社債権者集会に関する商法規定との関係で、この点を説いておられる。当該規定で問題となる裁判所の許認可は、非訟事件手続法上の手続を通してなされる。既述の如く、浜田氏も、若干屈折した論理の下に於いてではあれ、「非訟事件手続法……上では外国会社が発行体である場合を想定した規定はない」としておられた。[79] だが、前出・注（40）に続く本文に於いて述べたように、また、ホップト教授も説くように、むしろ問題は、管轄（しかも、突き詰めて考えた場合には専ら国内裁判管轄）の点にある。「手続」自体は、あるのである。

その意味で、法的制度としての別居制度を欠く我国に於いて、かかる制度を有する外国実体法（準拠法〔lex causae〕）[80]を適用しつつ如何に我国で裁判を行い得るか、といった問題とは、ここでの問題は異なるのである。しかも、既述（前出・注（40）に続く本文参照）の如く、本件では、瀬越＝吉川両氏がここで着目する、社債権者集会に特化した日本法指定条項をまつことなく、社債に関する契約準拠法は、日本法とされている[81]のである。当該問題を契約準拠法の射程内と（正当に）判断する両氏に於いては、lex causae（当該事項の準拠法）が外国法である場合に自国の管轄（国際裁判管轄）を否定するといった、既述の並行理論的問題も、生じ得ない。両氏の前記①のドグマが崩れれば、「実質法的指定」に頼る必要も理由もなくなる。そうすれば、あとは非訟法上の土地管轄規定の不備を、訴訟・非訟を問わずに我国の国際裁判管轄が肯定されることに疑いの余地のない本件との関係で、いかに考えるべきか、という後述の点に、すべては帰着する。筆者は、もとよりそう考えるのが筋であろうと考えている。

瀬越＝吉川両氏の問題設定、つまり、実質法的指定（即ち契約上の合

意）を通して裁判手続（非訟のそれ）が創設され得るか、という問いかけ自体は、どことなく禅問答のようで面白いが、いずれにしても本件では、適切な問題設定とは思われない。

　ところで、瀬越＝吉川両氏は、「民間サムライ債と担信法」と題して、とくに一項を設けておられる。[82] まず、その部分の書き出しは、「担信法の場合、その適用から外国会社を除外するとは規定していない」、というものである。だが、「その適用から外国会社を除外」していないのは、商法も同じである。むしろ、明治期の法典編纂作業に於いて、「民法、商法、法例がほぼ同じ顔ぶれにより……審議・作成された」際、その「第一の眼目は言うまでもなく条約改正問題にあり、そのためには外国人・外国法人関係の規定の整備が、いわば必須の前提をな」していた。[83]（そして、民法三六条に於いて外国法人の認許、即ち、外国法人格の承認がなされ、同条二項は、法人関係の抵触法的規律を「会社ノ属セシ国ノ法律」によらしめることを前提としつつ〔!〕、ただ、認許された外国法人は日本に成立する同種の者と「同一ノ権利シカ有セヌゾト云フ制限的ノ積リデ」〔梅博士〕置かれた規定である）。[84] かかる歴史的背景の中で冷静に考えた場合、わが商法（会社法）の適用から外国会社は除外されている、などという途方もない考え方が何故出て来るのかが、大きな問題となろう。

　さて、担信法に関する瀬越＝吉川両氏の理解であるが、「学説上に、担保物件が日本国内に存在するという場合という限定条件付きながら、外国会社の発行する社債への適用を認める見解が有力である」とされ、「これらの見解に従えば、日本国内の物件に担保権設定した後に於いては、民間サムライ債の社債権者集会に関しても担信法の規定が全面的に適用されることになる。ただし、サムライ債の殆どが無担保で発行されているという実情から」して、これは「稀な場合に限定される」[85]と、しておられる（傍点は筆者）。

　そこで両氏が引用しておられるのは、江頭憲治郎教授の、次のような見解である。即ち――

　「外国の会社が日本で物上担保附社債を募集する場合、本条〔担信法二条〕により信託契約を締結しようとしても、担保物件が日本にない限り、本条が要求する信託会社による受託は不可能であろう。したがって、担保物件が日本にある場合にのみ本条に従い物上担保を設定することが要求され……るものと解すべきである。[86]」（傍点は筆者）

――と、江頭教授はしておられ、これを瀬越＝吉川両氏は、前記の如き意味に於いて引用するのである。簡略なものながら、江頭教授の所説は、右の両氏の言われる意味のものとして、筆者にも解される。[87]

　江頭教授が商法上の社債権者集会の国際的適用につきどう考えておられるのかにつき、筆者は知りたく思うが、いまだ然るべき御論稿を見出し得ていない。だが、右の両氏の見解に戻ると、両氏が完全には江頭説に同意しておられるわけではなく、単に担信法の外国会社への適用「可能性がある」とするにとどめておられる点には注意を要するが、「これらの見解に従えば[88]」商法と担信法とで、外国法人に対するその適用上のアンバランスが生じてしまう。この点を一体どう考えるべきかについて、今一歩突き詰めて欲しかったと思われる。

　瀬越＝吉川両氏は、以上のような「民間サムライ債」に関する論述に続き、「公的企業のサムライ債と商法・担信法」とのタイトルの下にKEPCOを「株式形態の公的企業」と把握し、これまでの検討結果をそれにあてはめておられる。[89] だが、同論文の「むすび」として両氏は、「今回のKEPCOの社債権者集会の開催に際し議論の対象となった裁判所の許認可の要否等、未だ決着していない問題も少くない。これらの問題の解決には会社法、特に外国会社に対する準用規定の整備、会社以外の者が発行する債券をも含めた統一的手続法の創設等の立法的措置が必要」だとしておられる[90]（傍点は筆者）。当面の問題を「未だ決着していない問題」としておられる点に示されているように、前記の浜田氏の論述よりも瀬越＝吉川両氏のそれは、若干慎重なスタンスの下にものされている。ただ、例えばそこに龍田教授の、既述の商法（社債権者集会）規定の適用関係に関する論文（『証券研究』！）が引用されていない点は、両氏が証券実務にタッチしておられることからも、若干残念なことであった。

担信法につき江頭教授、商法につき龍田教授の論文が共に引用されていた場合、両氏の立論がいかなる方向で深まることになっていたであろうかが、若干興味を引く。

c　小括

　以上、あくまでも浜田氏、瀬越＝吉川両氏の論理展開に忠実に、KEPCO社債権者集会事件の問題点を洗ってみた。結論的に、わが商法が準拠法とされながら、社債権者集会決議につきわが裁判所の認可は不要と解されたのは問題であり、商法三二七条からして、本決議の効力は、いまだ発生していない（!）、ということになってしまう。

　ただ、右の二論文を通して浮かび上がって来た問題の根は実に深い。両論文の基調をなすドグマをはじめとして、ここで若干視野をKEPCO問題から広げ、以下の(2)(3)(4)の論点を、それぞれ潰しておくこととする。もとより、それら、及び三によって本稿のこれまでの論述の一層の基礎づけを行うことが、意図されている。

〔注〕

(1) 上柳克郎＝鴻常夫＝竹内昭夫編・新版注釈会社法(10)（昭六三）一六七頁（神田秀樹）。

(2) 石黒・金融取引と国際訴訟（昭五八）二七八頁。なお、「マルク建て外債と西独社債権者集会規定の適用の有無」について論じた同右・二七七頁以下、「円建て外国債の場合」の同右・二七八頁以下、等と対比せよ。簡単には同・国際私法（新版・平二）三五四頁以下、とくに三五七頁以下。

(3) 浜田邦夫「外国発行体の円貨債券（サムライ債）に関する債権者集会の開催に関する諸問題(上)(中)(下)」商事法務一二九五号二八頁以下、同一二九六号二〇頁以下、同一二九八号一八頁以下（平四）。なお浜田弁護士は、青木邦夫弁護士と共に、ユーロ債の法的側面につき、前掲注（2）冒頭所掲の昭和五八年刊の著書執筆の際に、種々お教えを頂いた、いわば私の先生と言うべき存在の方である。

(4) 瀬越雄二＝吉川純「サムライ債に関する社債権者集会について」公社債月報平成四年九月号一四頁以下。

　なお、右論文の所在等については、東京大学大学院法学政治学研究科に於ける筆者の平成四年度冬学期演習の参加者たる修士課程（専修コース）の森下哲朗氏（住友銀行）、星正樹氏（三洋証券）の御教示を得た。またKEPCO関連の韓国の資料の入手については、星氏、及び、やはり右演習の参加者たるキム・ビョン・イル氏（韓国財務部課長補佐）に、さらに、当該円建外債や既述の米ドル債関係の実際のドキュメントの入手につき、右の各氏、及び㈶トラスト60の今川哲夫研究部長の御尽力を得た。右演習では本件を項目の一つとして検討し、近々、それらの成果は右研究科から専修コースの研究報告書として出版の予定である。また、平成四年一二月の、㈶トラスト60に於ける国際金融・貿易法務研究会に於いての、本件に関する筆者の仮報告に際しては、落合誠一教授から、非訟手続関連での有益な御示唆を賜った。右演習・研究会の参加者・関係者諸氏には心から感謝したい。最後に、ミュンヘン大学のK.J. Hopt教授から後に引用する同教授の論文抜刷を頂戴したことによって筆者としては大いに意を強くした面があるのであり、同教授にも心から感謝している。

(5) 準拠法条項の原文を左に示しておく。KEPCOの第二回円建外債（一九八六）の発行に際しての「債券の要項」第32項の文言は次の通りである。即ち――

　「KEPCOによる本債券の発行に関する授権ならびに本要項第24項に定める担保権の設定、効力および実行にかかる事項を除き、本債券ならびに本債券の債券および利札の様式および内容、ならびにそれらに基づいて生ずる本債券の債権者を含む全当事者の一切の権利および義務は、すべて日本国の法律の定めるところに従うものとする。」（傍点は筆者。なお、同33項は国際裁判管轄条項であり、KEPCOに対する訴〔訴訟〕は日・韓両国で提起され得ることが合意されている。）

　第一回円建外債についても同様の条項が置かれているが、右引用部分中「……を除き」の部分につき、最低限のコメントをしておこう。国際私法上は、発行者（企業＝いわゆる法人）の属人法（通説に従い設立準拠法がそれであると筆者も考えている。石黒・前掲注（2）金融取引と国際訴訟二六二頁以下）によって規律されるべき事項は、もとより契約準拠法の射程外に置かれる。法例一〇条の物権の問題として性質決定（国際私法上のそれである――石黒・前掲注（2）国際私法〔新版〕七〇頁以下）された場合も同様である（その意味で、右の準拠法条項には格別の問題はないように、一応思われる）。問題は各準拠法の射程（それによる規律事項）の限界をどう定めるかにあり、例えば、本邦企業のユーロ市場での転換社債発行との関係で、かつてなされたわが商法改正（単位株制度の導入）をめぐっては、極めて深刻な理論的・実務的問題が発生していた（石黒・同右〔金融取引と国際訴訟〕二六九頁以下、同・同右〔国際私法〕三五六頁以下）。

　ただ、浜田・前掲注（3）論文(中)・商事法務一二九七号二一頁に次の如くある点は、別途の考察を要する。即ち、そこでは、「本邦企業のユーロ円債の発行に際し社債の準拠法として日本法を指定する場合があるが、最近の例では……商法の第三二九条から第三四一条（社債権者集会に関する規定）……を注意的に排除した指定をしている。その代わりに、ユーロ市場で採用されている英法スタイルの社債権者集会に関する規定を社債の要項および財務代理人契約……で規定している」とされている。ちなみに、瀬越＝吉川前掲注（4）二三頁は「商法の社債権者集会に関する規定の全てを当事者による準拠法選択を許す契約法の領域〔と〕考えることは妥当か？」と問い、裁判所の許可・認可に関する商法三一九、三二五―三二八条は「裁判法たる性格も帯びるのではないか？」（傍点は筆者）、とする。そう考えるべきでないことは、ドイツ・スイスでの議論（石黒・前掲注（2）所掲のものをとりあえず適宜参照せよ）を踏まえて後述するが、基本的にはこの点も含めて契約準拠法の射程内となる。その場合、前記の浜田氏の指摘に関しては二つの問題が生ずる。

　まず、本来、契約準拠法の射程内の問題の一部のみを切り取る契約条項（準拠法条項）の有する理論的意義である。契約の一部分のみにつき準拠法指定をすることが可能かという、いわゆる分割指定・部分指定（石黒・前掲注（2）国際私法〔新版〕二八三頁以下）の可否の問題である。各国国際私法上の立場は、必ずしも一致していないし、我国でも同様である。

　次に、社債権者集会決議に関する許認可を定めたわが商法（会社法）規定――強行法規である――の国際的射程の問題がある。浜田・前掲注（3）論文(中)商事法務一二九七号二〇頁以下は、かかる許認可規定が「わが国の投資家（債権者）保護の観点から……強行法としてサムライ債の債権者集会についても適用になるか否か」を、KEPCO事件との関係に於いて別途考察している。同右・二二頁は「公序」の文脈でこの点をネガティブに解しているが、ユーロ円債の場合に関する前記の浜田氏の指摘とあわせて理論的に整理すれば、次の如くなる。

　まず、商法（会社法）中に置かれている裁判所の許認可に関する規定は、当該事項の準拠法（lex causae）が外国法であってもその適用を主張するほどの強い強行性を有するか否か、即ち、それは絶対的強行法規であるのか否かが、まずもって解明されねばならない。この点が肯定的に解された場合には、わが国が法廷地である限り、当該規定は適用されることになる（当事者の契約上の排除は効果なし）。外国がフォーラム（法廷地）となる場合には、lex causae がその国の国際私法によって如何に決定されるかに即して、然るべく判断されることになる（場合によって、いわゆる第三国の絶対的強行法規の介入をめぐる例の問題となる。石黒・前掲注（2）金融取引と国際訴訟四三三頁以下）。

　ただ、我国が法廷地となるとして前記のユーロ円債の場合を考えた際、右の諸規定の絶対的強行法規性を肯定したとしても、それをどこまで国際的事象に適用すべきかの具体的価値判断が残る。これは、当該の個々の規定に示された法政策をどう見るかの問題である。例えば、純然たるユーロ市場での出来事についてまで、当然に当該規定を適用してゆくべきか否か、といったことである。だが、ユーロ円債の国内還流を前提として、日本企業（発行者）と日本の社債権者との間で右の許認可をめぐる紛争が生じ、それを日本の裁判所が判断する立場になったらどうなるのか。この辺が、実は一番ややこしい問題となるはずである。遡って、裁判所の許認可規定を排除した上でなされる前記ユーロ円債に於ける日本法の指定の意味ないし実務的当否も問題となり得る。他面、かかる許認可が社債権者保護を重要なその目的とするとして考えた場合、KEPCO事件と同様の本邦での円建外債（サムライ債）発行に際し、社債契約準拠法を外国法としておけば、直ちにそれら商法規定の適用が排除される（当該規定の絶対的強行法規性を否定する）、ということでよいのかは、やはり問題であろう。

　ともあれ、本件（KEPCO事件）では、本邦での日本法を契約準拠法とした円建外債の発行が問題ゆえ、頭の体操（といってもけっこうドスのきいた問題提起であることは御理解頂きたい）は、この位にする。ここで書きたいこと（実は筆者がこの十年余あちらこちらで書いて来たことである）は山程あるが、場面をもっとクリアーにした上で論じないと、無意味に近い。以下、KEPCO事件に戻ることとする。寄り道はやめよう。

(6) 出口博昭「円建外国債等の『債券の要項』モデル試案について」商事法務六〇一号（昭四七）三頁。

(7) 浜田・前掲注（3）論文(上)商事法務一二九五号三二頁。

(8) 外国法人の認許に関する問題は、ここではとくに論じなくてもよいであろう。なお、龍田節「国際化と企業組織法」竹内昭夫＝龍田節編・現代企業法講座2（昭六〇）二五九頁以下に於いて、「抵触法と外人法の問題」（同右・三一九頁）が随所で扱われている際、石黒・前掲注（2）金融取引と国際訴訟二五六頁以下を御参照頂けなかったことは、若干残念に思っているが、とにかく、明治期の法典編纂作業に於いて、当時の日本の置かれた国際情勢からして、外国法人の問題を規律し忘れていたはずはないのであり、その点を、起草過程から具さに検討して来た筆者としては、外国法人に対する日本商法（会社法）の適用は同法四六九条以下の規定を除いて一切ない、といった法務省等（及びそれに巻きこまれた〔?〕一部商法学者等）の見解は、先人の労苦の真意を知らぬ無責任なものと思えて仕方がないのである。

(9) 浜田・前掲注（3）論文(上)商事法務一二九五号二八頁。

(10) 瀬越＝吉川・前掲注（4）一二頁以下。

(11) 同右・二四頁。

(12) 鴻常夫・社債法（昭三三）五頁。

(13) 石黒・前掲注（2）金融取引と国際訴訟三二六頁以下、三四八頁、等。

(14) なお、出口・前掲注（6）四頁にもあるように、日本電信電話公社法六二条九頁は、公社の電々債発行に際して、商法三〇九―三二一条を準用するにとどめていたし、右公社法八五条は、他の法令との関係で、「公社を国の行政機関とみなして、これらの法令を準用する」ともしていた。

(15) 浜田・前掲注（3）論文(上)商事法務一二九五号二八頁。

(16) 瀬越＝吉川・前掲注（4）一六頁。

(17) 同右・一六頁、浜田・前掲注（3）論文(上)商事法務一二九五号二八頁。

(18) 鴻・前掲注（12）三頁。なお、瀬越＝吉川・前掲注（4）一二五頁も、「会社以外の者が発行する債券をも含めた統一的手続法の創設等の立法的措置が必要」だとしている。なお、社債法の法体系上の位置づけに関するものではあるが、上柳＝鴻＝竹内編・前掲注（1）新版注釈会社法(10)一二頁（鴻常夫）をも参照。

(19) 浜田・前掲注（3）論文(上)商事法務一二九五号二八頁以下。

(20) 以上の経緯につき、同右・二九頁。

(21) 同右(中)・商事法務一二九七号二一頁。

(22) 同右(上)・商事法務一二九五号三〇頁。

(23) 龍田節「証券の国際取引に関する法的規制」証券研究四一巻（昭四〇）一二一頁以下。

(24) 同右・一二三頁以下。

(25) なお、同・会社法（平一）四〇四頁も、これを踏まえたものと解される。もっとも、同・前掲注（8）二六八頁は、「商法四七九条以下」を除く「会社法の他の規定は原則として日本の会社だけに適用される」とするが（傍点は筆者）、右の「原則として」の部分に、本文で示した点が含意されている、と解すべきであろう。なお、証券取引法上の規定についても本文で示したような形での、個々の規定の抵触法的区分が必要である。石黒「証券取引法の国際的適用に関する諸問題」証券研究一〇二巻（平四）一二頁。同・前掲注（2）国際私法（新版）三五一頁をも参照せよ。

(26) 以上につき、上柳＝鴻＝竹内編・前掲注（1）新版注釈会社法(10)一七一頁以下（神田秀樹）。なお、落合誠一「社債法全面改正問題の若干の検討――社債の管理を中心として」商事法務一〇九六号（昭六一）五頁参照。

(27) 浜田・前掲注（3）論文(上)商事法務一二九五号三三頁。そこには、こうした色彩が若干強く出過ぎているかの如きニュアンスも、ないではない。
(28) 江頭憲治郎「無担保社債の管理について」文研論集（生命保険文化研究所）八〇号（昭六二）一八九頁。
(29) 落合・前掲注（26）五頁。
(30) 瀬越＝吉川・前掲注（4）一五、二六頁。なお、後出・注（32）所掲の浜田氏の指摘も同様。
(31) 浜田・前掲注（3）論文(中)商事法務一二九七号二〇頁。
(32) 同右・二一頁。
(33) 石黒・前掲注（2）金融取引と国際訴訟二七七頁以下を、さしあたり参照せよ。
(34) Hopt, Änderungen von Anleihebedingungen —— Schuldverschreibungsgesetz, §796 BGB und AGBG——, in : J. F. Bauer/K. J. Hopt/K. P. Mailänder (Hrsg.), Festschrift für E. Steindorff, 347 (1990).
(35) Id. 351. それから先の展開については後述。
(36) 石黒・前掲注（2）金融取引と国際訴訟二五七頁以下。
(37) この点については、前出・注（5）で一言した点が関係する。
(38) 浜田・前掲注（3）論文(中)商事法務一二九七号二一頁。
(39) 江頭・前掲注（28）一八九頁も、同様の場合を念頭に置いての論述である。
(40) 浜田・前掲注（3）論文(中)商事法務一二九七号二一頁。
(41) 石黒・前掲注（2）国際私法〔新版〕一九七頁以下。
(42) 国際的非訟事件の理論的位置づけについては、石黒・国際私法と国際民事訴訟法との交錯（昭六三）九六頁以下で詳述した。
(43) 同右著書が全体としてこの問題を追及したものとも言える。同・現代国際私法(上)（昭六一）二七四頁以下、五七〇頁以下、同・前掲注（2）国際私法〔新版〕一八三頁以下等をも参照せよ。
(44) H. J. Sonnenberger (Redakteur), Münchener Kommentar zum BGB, Bd. 7, 135 ff [Sonnenberger] (2. Aufl. 1990) を見よ。
(45) なお、問題の枠組への一つの理解として、伊東乾＝三井哲夫編・注解非訟事件手続法（昭六一）九四頁以下（三井哲夫）。
(46) 浜田・前掲注（3）論文(中)商事法務一二九七号二一頁。
(47) 同右・二〇頁。傍点は筆者。
(48) 同右頁。
(49) 出口・前掲注（6）二頁。
(50) 同右・三頁。
(51) 浜田・前掲注（3）論文(上)商事法務一二九五号三二頁も同様。
(52) 同右(中)・商事法務一二九七号二二頁。傍点は筆者。
(53) 石黒・国際的相剋の中の国家と企業（昭六三）一五二頁以下。
(54) 同・前掲注（25）証券研究一〇二巻一一頁以下、及び、同・ボーダーレス・エコノミーへの法的視座（平四）七〇頁以下。さらに、この点では、田代有嗣「海外子会社の運営に伴う法律問題」別冊商事法務四〇号・海外子会社の管理（昭五三）五六頁以下。
(55) なお、石黒・前掲注（25）証券研究一〇二巻一八頁と対比せよ。
(56) 以上、浜田・前掲注（3）論文のネガティブな面のみをとり上げて来たかの如くで気が重いが、同右(中)・商事法務一二九七号二二頁以下で「受託会社の中立性」に関し、本件処理上若干腰が引けていた受託会社のスタンスを暗に批判しておられる点は、極めて重要である（但し、同右・二三頁が、八九年の受託会社会議の判断を正当化している点は若干疑問）。また、同右(下)・商事法務一二九八号一九頁の指摘も、極めて重要である。即ち、上場されていた本件KEPCO債につき、そもそも「債権者集会に関する〔東京〕証券取引所の規程が存在しない」点を問題視され、「明確な規程」の整備を促しておられる点である。社債権者集会問題を直視せぬ実務対応の問題性は、後述の国際的非訟事件に関する管轄規定の不備と同様の、わが国際金融市場の構造的問題の一端を示すものと言える。もっとも、同右頁の言及する（KEPCO同様の民営化に絡む）エア・カナダ債の場合の処理（「任意償還」によるデフォルト問題の「回避」）を、「巧みな方法」と評するのみでよいかは、大きな問題である。なお、エア・カナダ債のケースについては、瀬越＝吉川・前掲注（4）一七頁以下をも参照せよ。
(57) 瀬越＝吉川・前掲注（4）公社債月報平成四年九月号一五頁。
(58) 同右・一七頁。

(59) 同右・一九、二二頁（本文中の引用は後者の頁）。
(60) 同右・二二頁以下。
(61) 同右・二二頁。
(62) 石黒・前掲注（2）金融取引と国際訴訟二七八頁。瀬越＝吉川・前掲注（4）二七頁の引用する石黒・前掲注（2）国際私法〔新版〕三五八頁は、もとより右を受けたものである。
(63) 瀬越＝吉川・前掲注（4）二三頁。
(64) 以上、同右頁。
(65) 石黒・前掲注（2）金融取引と国際訴訟二五六頁以下を見よ。
(66) 同右・二六三頁以下。
(67) 但し、それを「分けずに扱」うことをもって「国際私法のタブーを犯した」とまで言って頂かなくともよいと思う（引用は龍田・前掲注（8）現代企業法講座2二二一九頁）。もとより同教授も両者の「峻別の必要性」を認めておられる（同右頁）。その上でのある種の比喩的表現と解すべきであろう。
(68) 瀬越＝吉川・前掲注（4）二三頁。
(69) なお、龍田・前掲注（23）証券研究四一巻二二頁、石黒・前掲注（2）国際私法〔新版〕三五八頁、等を見よ。ちなみに、外国法が社債契約準拠法とされた場合に、商法四八三条とは別に、一定の商法規定が、（別に商法に限らぬが）法廷地国の絶対的強行法規として当該契約関係に介入する余地は、牴触法理論上、もとより肯定される。この点は、当該規定の背後にある法政策・政策目的の強度によって判断されることになる。法廷地国の絶対的強行法規の介入問題一般については、石黒・前掲注（2）金融取引と国際訴訟三一頁以下。また、この種の問題についての、各国法の適用関係を図示したものとして、同・前掲注（25）証券研究一〇二巻五頁、同・ボーダーレス社会への法的警鐘（平三）一〇六頁。
(70) なお、その関係でやはり一言しておくべきは、果して法人（会社）関係の問題についての牴触法的規律を、明治期の立法者がし忘れていた（一般にそう解されているようである）か否かである。明確に否、即ち、明治期の民商法、そして法例（国際私法）の制定過程に於いて、法人の牴触法的規律はそれなりになされていたのである。末弘博士の強調された外国法人概念の相対性理論がかかる立法過程を十分踏まえずに説かれてしまったことへの批判も含めて、石黒・前掲注（2）金融取引と国際訴訟二五六頁以下を是非御一読頂きたい。
(71) 既述の如く、浜田・前掲注（3）論文(中)商事法務一二九七号二〇頁以下は、外国会社にはわが社債権者集会規定の適用なしとするドグマの呈示とは別に、当該規定の「強行法」ないし「公序」としての「準用」を否定する際に、商法四八三条に言及していた。それが瀬越＝吉川両氏の論理とは異なるものであることに、注意する必要がある。
(72) 浜田・前掲注（3）論文(上)商事法務一二九五号三〇頁。それが契約準拠法が日本法であることを前提とした立場であることに、再度注意せよ。
(73) 瀬越＝吉川・前掲注（4）二三頁。
(74) 同右頁。なお、牴触法的指定と実質法的指定（後者は、契約条項を細かく契約書に書き込むかわりに、特定国法を全体としてインコーポレートするものである）との差異については、石黒・前掲注（2）国際私法〔新版〕二八三頁、及び、同「国際運送保険契約」現代契約法大系八巻（昭五八）二四七頁以下、とくに二五六頁以下。
(75) 瀬越＝吉川・前掲注（4）二三頁以下。なお、同右二四、三一頁は、ここで、筆者の見解（但し、石黒・前掲注（2）国際私法〔新版〕三五八頁のみである）を引用しておられる。
(76) Hopt, supra note 34 (Fschr. E. Steindorff), at 350, 352. 但し、同教授の当面の問題解決に関する全体的枠組については後述する。
(77) 以上、Id. 352.
(78) 瀬越＝吉川・前掲注（4）二三頁以下。
(79) 浜田・前掲注（3）論文(中)商事法務一二九七号二一頁。
(80) 石黒・前掲注（42）国際私法と国際民事訴訟法との交錯六三頁、一五六頁以下、同・前掲注（43）現代国際私法(上)二八〇頁、等参照。
(81) 瀬越＝吉川・前掲注（4）二三頁。
(82) 同右・二四頁。
(83) 石黒・前掲注（2）金融取引と国際訴訟二五七頁。なお、前出・注（70）参照。

(84) 同右・二五九頁以下。
(85) 瀬越＝吉川・前掲注（4）二四頁。
(86) 上柳＝鴻＝竹内編・前掲注（1）新版注釈会社法(11)（平一）二三六頁以下（江頭憲治郎）。「渉外関係」とのサブタイトルの下での論述である。
(87) ただ、江頭教授の所説に於いて、担保物件が日本にないと、何故信託会社の受託が「不可能」とされるのかは、理論的に若干突き詰めて考える必要がありそうである。担信法四条は、社債に附することのできる物上担保のカタログを制限するが、そこでは、「証書アル債権質」といった類のものも含まれている。「証書」を日本国内に移せば担保物件が「日本にある」ということになるのだろうか。だが、それが（象徴的な意味を越え）どれほど理論的意味を持ち得るのか、等々といった点も気になる。いずれ、別な機会に、それから先の問題を考えてみたいと思う。
(88) 瀬越＝吉川・前掲注（4）二四頁。
(89) 同右頁。但し、そこで「これらの公的機関は……国家又は国際機関等の純粋公的機関と同様の条項を採用し」云々とある点は、一層厳密に解する必要がある。主権免除関係の問題を意識しておられるのだろうが、契約条項に何と書こうと（イミュニティの放棄問題の理論的処理は別として）、この点は法廷地国の側の理論（国際法・国際私法〔牴触法〕上のそれ）で決まる問題である。安全弁としてソヴリン・イミュニティ関連の条項を置いたことは、何ら決定的たり得ない。なお、石黒・前掲注（43）現代国際私法(上)二三四頁以下、同・前掲注（2）国際私法〔新版〕二〇三頁以下、等。
(90) 瀬越＝吉川・前掲注（4）二五頁。

（次号で完結）

◇　◇　◇

「ボーダーレス・エコノミーへの法的視座」のいままでの掲載

第一回	本連載についての予告	91年7月号
第二回	新世代通信網構築と国家戦略――電気通信分野における国内競争と国際競争のアンビバレンス⁉	8月号
第三回	国際環境汚染と法	9月号
第四回	アメリカの懲罰的損害賠償制度と〝国境〟――東京地判平成三年二月一八日判例時報一三七六号七九頁を契機として――	10月号
第五回	『国境を越えた執行』の諸相(上)――『外国判決の承認・執行』と『執行共助』との理論的境界をめぐって――	11月号
第六回	『国境を越えた執行』の諸相(下)――『外国判決の承認・執行』と『執行共助』との理論的境界をめぐって――	12月号
第七回	GATTをめぐる自由貿易と公正貿易との相剋――ウルグアイ・ラウンド以後の摩擦の構図への序章	92年1月号
第八回	ドイツ統一の法的構造(上)	2月号
第九回	ドイツ統一の法的構造(中)	3月号
第十回	ドイツ統一の法的構造(下の1)	4月号
第十一回	ドイツ統一の法的構造(下の2・完)	5月号
第十二回	国際金融の牴触法的考察・1	6月号
第十三回	国際金融の牴触法的考察・2	7月号
第十四回	国際金融の牴触法的考察・3	8月号
第十五回	わが独禁法の域外適用への基礎的考察	9月号
第十六回	ズワイ蟹輸入カルテ事件と域外的差止命令――国家管轄権論的考察	10月号
第十七回	金融サービス貿易とGATT(上)――国際金融の牴触法的考察・4	11月号
第十八回	金融サービス貿易とGATT(下)――国際金融の牴触法的考察・5	12月号
第十九回	情報通信とサービス貿易――グローバリズムの崩壊過程での一考察・(1)	93年1月号
第二十回	情報通信とサービス貿易――グローバリズムの崩壊過程での一考察・(2)	2月号
第二十一回	情報通信とサービス貿易――グローバリズムの崩壊過程での一考察・(3)・完	3月号

連載

ボーダーレス・エコノミーへの法的視座

第二十三回 円建て外債とわが商法（会社法）規定の適用関係 ――KEPCO社債権者集会事件への疑問（下）――

石黒一憲
東京大学法学部教授

〔目次〕

二 日本の株式会社法は日本企業のためだけにあるのか？（つづき）

(2) 商法二一一条の二と海外子会社

浜田氏、瀬越＝吉川両氏の、前号で論じた所説に共通するのは、一般に外国会社にはわが株式会社法の適用はなく、ただ、商法上の外国会社規定のみがその例外をなすという、実は排外主義的（？）なドグマである。これは、商法上の社債権者集会規定だけに限られない問題である。我国では、「内なる国際化」の一環とも思われるこの種の問題につき、従来、必ずしも全体を見渡した十分な議論がなされて来なかったように思われる。わが会社法規定の国際的適用範囲の明確化は、急務中の急務であるが、ここで、平均的日本人の意識下に（ひょっとして一層広汎な形で）根強く巣食うかの如き前記のドグマが、偶然（?）水面に顔をあらわしたとも言うべき、別な論点との関係で、問題点の一層の解明を試みたい。商法二一一条の二をめぐる問題である。

同条は子会社による親会社株式の取得を規制する。自社株買いを規制する商法二一一条を受け、それを補完すべく、昭和五六年改正で新設された規定である。新版注釈会社法に於ける蓮井良憲教授の論述（二一一条の二への解説）を、まず引用する。

「海外子会社（日本法上の株式会社または有限会社が外国法上の会社に過半出資している場合の当該外国会社）は、わが国の法規制のもとになく、日本商法上の『子会社』（本条、準用規定を含む）には該当しないと解される（田代有嗣「海外子会社は商法上の子会社か」月刊監査役一六九号〔昭五七〕一九以下）から、海外子会社がわが商法によって設立された親会社の株式を取得すること自体は禁止することはできないが、日本の親会社における株式の議決権の行使は禁止される（二四一Ⅲ。河本……・法セ三四六号一一六、元木・昭五六改正五五、稲葉昭和五六改正一一七）。……」[91]

右の新版注釈会社法に於ける蓮井教授の文献引用からも知られるように、田代・元木・稲葉といった法務省の有力者が「海外〔子〕会社はわが国の法規制のもとになく……」といった、ＫＥＰＣＯ事件に於ける浜田氏、瀬越＝吉川両氏と同様のドグマを支持して来ていた。右に引用された河本教授の短い論文も、この点についてはそれら法務省サイドの声に沿ったものであることは、明らかである。

ただ、ここでも筆者にとって実に有難いのは、龍田節教授（そして落合誠一教授）の正当な指摘が既になされていることである。即ち、龍田教授は――

「日本企業の海外子会社が親会社の株式を取得するのは違法である。それによって日本の親会社の資本充実が害され、支配の公正・株主の平等・株式取引の公正も、日本の親会社について危うくされるからである。……子会社に限らず、日本企業が二五％超の資本参加をした外国会社は、その日本企業の株式を所有しても議決権はない（商二四一条三項）。……」[92]

――とされ、法務省サイドの稲葉氏が「むしろ逆の説明をする」ことを問題視しておられるのである。[93]

外国会社にわが会社法の規定は適用されないとするドグマは、ここでは規制上のループホールをもたらす形で機能している。例によって、何故そうなるのかという論理を、まず辿る必要がある。

商法二一一条の二が新設された昭和五六年商法改正につき、改正条文の逐条解説をされた元木伸氏（当時法務省民事局参事官として右改正を担当しておられた）の論述を見ておこう。同氏は、同条につき次の如く論じておられる。即ち――

「海外子会社による株式取得　海外子会社はわが国の法規制の下にないから、海外子会社がわが国の法によって設立された親会社の株式を取得することまでは禁止することはできない。しかし、その海外子会社が、わが国の法によれば禁止されている場合について親会社の株式を取得したときは、その株式については、その子会社は、株主としての権利……は行使し得ないものというべきである。」[94]（傍点は筆者）

――とそこにはある。またしても出所不明のドグマである。しかも、そこには論理としても矛盾があるように思われてならない。即ち、前段のドグマによって「禁止できない」ならば、なぜ株主権を「行使し得ない」と言えるのか。「株主権の行使」については、我国の法規制が海外子会社にまで及ぶとするならば、「海外子会社はわが国の法規制の下にない」とする前段のドグマは、既に崩れていることになるのではないか（なお、株主権の行使地は日本国内だから規制できる、ということで区別するつもりだとするならば、そこには執行管轄権と立法〔規律〕管轄権との混同が

ある）。元木氏の論述に於いては、当該問題につき、日本商法上の法規制をどこまで国際的に及ぼしてゆくべきか、という抵触法的視座が欠落している。前出・注（92）に相当する本文に於いて引用した龍田教授の所説に於けるように、実質論をもっと正面に出して、既に自己矛盾に陥っているドグマを、「理論」に置き換えるべきである。

ところで、この点の理論的不徹底さは、法務省側の実務相談の類にも示されている。問題設定自体が若干トリッキーな気もするが、以下にその一例を示す。

「〔質問〕　当社の海外子会社（五一％出資）であるＭ株式会社に当社の株式を保有させることは許されますか。……

〔回答〕　結論を先に申しますと、まず、貴社が一〇〇％子会社に自己の株式を取得させることは、自己株式の取得にほかならず許されないものと考えます。次に、貴社が一〇〇％未満五〇％を越えて出資している海外子会社に貴社の株式を取得させることは、一概に申し上げられませんが、事実関係のいかんによっては、同様に自己株式取得の禁止の規定に抵触することになるものと考えます。……」

「商法二一一条ノ二第一項が海外子会社に適用されるかどうか……の点については、海外子会社は外国法に準拠して設立された会社ですから、わが国の法規制は及ばず、したがって、商法二一一条ノ二第一項も適用されないこととなります。……この点については、当該海外子会社が一〇〇％子会社であっても同じことです。なお、子会社がもつ親会社株式については議決権を行使することができないこととされています（商二四一Ⅲ）が、海外子会社の有する親会社株式についても、議決権の行使については、商法の適用があるものと考えられますから、同様に解すべきでしょう（稲葉・改正会社法一一七頁）。

このように、海外子会社が親会社の株式を取得することについて、商法二一一条ノ二の規制は及びませんが、そうであるからといって、これが無限定に許されることにはなりません。すなわち、海外子会社による親会社株式の取得という事象について親会社を主体に考えてみた場合には、……商法二一〇条の適用の余地が残っているからです。つまり、前述のとおり、子会社の親会社株式の取得が商法二一〇条に抵触するかどうかについては、一〇〇％子会社以外の子会社による場合には、はっきりしなかったので、昭和五六年改正において商法二一一条ノ二が新設され、……したがって、子会社による親会社株式の取得の適否の問題についてはすべて同条によってまかなわれることになったのです。

一方、海外子会社については同条の適用はありませんが、……商法二一〇条の立法趣旨からして、経済的状態または効果において自己株式の取得と異なるところのない子会社による親会社株式の取得につき、同条の適用ないし類推適用をすべきか否かの問題が旧法下におけると同様残っているからです。……」[95]（傍点は筆者）

注意して右の実務相談への回答を読む必要がある。基本的には前記のドグマによって、海外子会社への商法二一一条の二の不適用が明示されている。だが、商法二四一条三項については「商法の適用がある」とされている。この点の矛盾と前記ドグマの自己崩壊については、既に論じたところと同じである。だがその先がある。要するに、この回答の対象たる設問自体が、親会社が海外子会社に前者の株を取得させることの当否を問うかたちで、既に設定されていたこととの関係である。そして、「親会社を主体に考えてみた場合」には、商法二一〇条で、その「させる」行為を規制しよう、という考え方が示されている。だが、「子会社による親会社株式の取得」という「事象」、即ち、その「適否の問題」については、「すべて同条〔二一一条ノ二〕によってまかなわれることになった」との論述との関係はどうなのか。

そもそも、海外は規制できないだろうから国内を、といった発想自体、いわゆる域外適用問題の理論的・体系的検討をなおざりにして来た我国では、随所に散見される若干歪んだ考え方である。右の実務相談にしても、なぜもっとダイレクトに商法二一一条の二から問題に斬り込めないのか、というもどかしさがある。というのも、右の実務相談への回答の

末尾には、次の如くあるからなのである。即ち――

「海外子会社による親会社の株式取得は、自己株式の取得と同様の弊害をはらんでいること、その弊害は親会社の株式を取得する子会社の設立準拠法が日本法であろうと外国法であろうと同等のものであることと等に照らせば……」[96]

――との正当な指摘（前記の龍田教授の指摘と対比せよ）がそこにはある。

外国会社にはわが株式会社法は適用されない、というのは、ドグマというよりは、単なる思いこみに過ぎない。それは、「日本社会の内在的発展による〝国際化〟」[97]のプロセスの中で、明確に葬り去られるべき迷信の類であると言ってよい。

なお、右の実務相談は、商法二一〇条の適用ないし類推による規制を考える際、刑法規定に言及している。[98]外国で設立された会社には日本法は適用できない、といった思いこみは、ひょっとしたら国家の執行管轄権が国境を越えて海外に及び得ないとする点[99]との混同によってもたらされたものかも知れない。立法管轄権（いわゆる域外適用）の問題と執行管轄権の問題とを明確に区別し、かつ、一般民事の問題と公権力行使との、限界づけに関する冷静な分析を行なうことは、いずれにしても不可欠である（筆者はこの領域に於いて、これまで少からぬ数の論文等を公にして来ている）。

さて、ここで、親子会社問題に造詣が深いとされる（やはり法務省サイドの）田代有嗣氏の論稿へと眼を転じよう。[100]前記ドグマに関連して最も多くの頁数を割いているのが田代氏のものとも思われるからである。だが、「海外子会社は日本法の適用対象となるか」・「自国法の適用範囲（国際的適用）一般」と題した部分[101]には、種々の疑問がある。

まず、「民事法は、その領域が広く、すべての事項が明文法で規定されているとは限らないので、自国民事法の国際的適用範囲というものが、必ずしも、明確とはいえない面もあり、そうなると、解釈問題となってくる」[102]との基本認識は一応正しい。だが、「規制対象事項ごとにいちいち自国法の適用範囲を決定することは、現実の問題としては煩瑣にたえないし、容易でない」ためその「困難性を回避」する方向で考える、[103]というあたりから議論がもつれて来る。例えば「外国居住の外国人（純粋外国人）は、原則として自国法の適用対象とはならない」とか、「会社にも国籍がある」とか、「会社の国籍を決定するものは、これを構成する（究極的）『自然人』というべきものである」といった点が、[104]殆ど何らの文献引用もなく示される。一々それらをコメントする必要はないと判断する。

だが、田代氏特有の言いまわしは別として、「総括」の部分では、「ある事項の規制を海外子会社にも及ぼすべきかどうかは、当該規制の必要性と実効性とに応じて立法されるべき」であり、「解釈上」も「規制の実質、規定の表現等を総合勘案して、ケース・バイ・ケースに判断すべきであろう」[105]との正当な判断（但し、規制の必要性と実効性とは分けて考える必要がある）へと、一応立ち戻っている。その次に、田代氏は、抵触法上の問題に言及しておられ、再び独自の用語法の氾濫が見られるが、「総括」としては、「『法は不能を強いない』という法諺がある」とされ（本当か?）、「日本親会社の『海外子会社』について、当該外国法（設立準拠法国法）と日本法が重複適用される場合に、その間に『反対方向抵触』が生じたときは、原則として、所在国法かつ設立準拠法国の法である当該外国法がもっぱら優先して適用されることになるものと考えられる」[106]とある。国際私法（抵触法）理論に関する文献引用等は殆ど皆無であり、筆者としてもそんな気軽なことが出来たら……、との若干の羨望の念さえ生ずる。国際民訴法に関する著名な事件の紹介のところや、国際租税法に関する部分がそれに続き（新聞記事の引用ばかりが目立ち、気になるがそれは措く）、いよいよ自社株取得の問題に至る。但し、商法二一一条ノ二の新設前のものゆえ、問題は専ら二一一条本体に即してとらえられている。[107]けれども、タイトルには「『海外子会社』の『日本親会社』株式取得」とあるので、それをここで扱うのである。

田代氏が、関連する諸問題を以下の四つにまとめておられる点は、それ自体として極めて重要である。即ち、「(1)『日本親会社』の外国領域

内での自己株式取得、(2)『海外子会社』の『日本親会社』株式取得の問題は、他方においては、(3)『外国親会社』の日本領域内での自己株式取得、(4)『日本子会社』の『外国親会社』株式取得の問題と密接なかかわり合いを有することになるが、これらは、相関関係的に考察」すべきだとされている。[108]同氏のこの論文執筆の一つの背景としては、昭和五二年に「騒がれた米国『ＩＢＭ』社の、日本での自社株公開買付事件」があるように思われる。同氏はこのケースにつき、「国際化の未熟な日本では前例のないことであったために、一つの混乱を捲き起こしたようである」[109]と評しておられるが、ＫＥＰＣＯ社債権者集会事件は、単位株制度実施に伴うユーロ転換社債市場での（正確にはそれに関連した日本国内での）混乱[110]や、右のケースと同様の、「国際化の未熟な日本」を象徴する事件として、位置づけられることになろう。

右のＩＢＭのケースにしても、当該規定の趣旨、絶対的強行法規性（その意味は既述）の有無、等をベースに判断してゆくべきことにかわりはないが、当面する、商法二一一条に基づく（その当時としての）「海外子会社」による「日本親会社」の株式取得への規制について、田代氏はどのように説いておられるのか。同氏は、一〇〇％子会社たることを前提としつつ、当面する問題を「日本法の国外適用」の問題として位置づけて論じている。[111]「国際的適用」と言った方が適切だが、まあよい。同氏は、「国外（域外）適用」とも言っている。同氏特有の用語法から来るバイアスをとり去った上で示せば、そこでは、「『一〇〇％子会社』が『海外子会社』であっても、それは実質……日本会社であって、これを『内国』……会社と区別する必要はない。国際化社会の今日ではむしろ『内国』……会社も『外国』……会社も同一規制に服せしめる必要がある」から、「『海外子会社』による『日本親会社』株式取得も、それは商法二一〇条の規制対象であり、許されない」[112]としておられる。

結局、この田代氏の分析で重要なのは、前出・注(105)に相当する本文で引用した部分であり、その観点から「規制の必要性」を正面に据えた論述が、新設された商法二一一条の二についても、本来なされて然るべきことになる。その場合には、既述の如き龍田教授の正当な理解へと立ち至るはず（あるいはそうあるべき）だ、と筆者には思われる。

法務省サイド（あるいは以前そうであった方々）の立論をフォローする際には、ときとしてある種の徒労感を抱くことがある。けれども、それはともかくとして、本稿二(2)を通して言えることは、外国会社にはわが商法（株式会社法）は適用なしとするドグマについてはやはり何らの理論的省察も加えられていず、ただ、田代氏の前出・注(105)に相当する本文に示されていた点を軸に、今後その猛省を期待する、という点に尽きる。実にむなしい。

(3)　商法四八五条の二をめぐって

ＫＥＰＣＯ社債権者集会事件に於いても、既述の如く、外国会社に関する商法四七九条以下の規定の取扱が、決議認可不要とする結論との関係で、言及されていた。この点については、商法学者の側にも冷静に考えて頂きたい点がある。むしろ、問題は商法四八五条の二をめぐる若干の混乱にある。典型的には、次のような論述である。

「外国会社に対する法の適用

二五年改正法において、外国会社は、他の法律に別段の定めのある場合を除き、日本において成立する同種の又は最も類似する会社とみなされるとの新しい規定が設けられた（四八五条ノ二）。これは、その外の法律については、私法上においてのみならず、公法上においても、外国会社を内国会社と同一に取扱うことを明らかにするものであって、外資導入および貿易増大に便宜を与えようとするものである。しかし、この規定は、商法以外の他の法律に関係するものであり、また解釈上疑問が多く、立法論としては、ここに規定するのは適当でない。……法文の文理解釈としては商法全部が外国会社に適用がないこととなるが……ここに他の法律というのは、事物の性質上会社編を除く他の法律の意味に解し、その他の商法規定は、この規定では

除外されないので、わが国際私法上商法の他の部分の規定の適用があると解されるときは、その適用があると解釈する方が適当である。[113]」
（傍点は筆者）

右に引用した田中誠二教授の体系書は、当面する問題につき比較的詳細に（!?）言及しておられる点では、好感が持てる。龍田教授のもの[114]は別として、会社法の教科書・体系書に於いて、我国では純粋な国内問題ばかりが取扱われる傾向がないではなく、商法上の外国会社規定への論及すら無いものが、何故か目立つのである。

ともあれ、右の田中誠二教授の論述に戻る。まず、「商法……の外の法律については、私法上において……外国会社を内国会社と同一に取扱うことを明らかにする」のが同条だ、といった位置づけはおかしい。かかる取扱は、既に民法三六条の外国法人の認許に於いて、「商事会社」を含めて同条二項が「認許セラレタル外国法人ハ日本ニ成立スル同種ノ者ト同一ノ私権ヲ有ス」と規定していることにより、既に手当てがなされている。民法・商法、そして法例に至る明治期法典編纂作業の流れの中で、やはりこの点を再確認する必要がある。[115] 昭和二五年商法改正にかかる四八五条の二の新設をまたずして、この点は明治期に於いて既に処理済であったが、主として「公法上」の取扱を一層明確化すべく同条が新設されたものと考えるべきである。

少くとも、商法四八五条ノ二が、外国法人につき商法会社編の一般の規定の適用を、いわば創設的に排除し、専ら四七九条から四八五条の二のみを適用するために設けられた、とは言えないはずである。そうしたことが「外資導入および貿易増大」という四八五条の二の立法趣旨に沿うはずはない。

次に、同条の「文理」からして「商法全部が外国会社に適用がないこととなる」とは、筆者には到底思われない。田中教授が説くように、この規定は「商法以外の他の法律」、しかも、一般の外国会社については民法三六条二項との関係で「私権」享有と異なる場面での法適用のためのものに、純化してとらえるべきである。

さらに、田中誠二教授は、わが国際私法上、商法の他の部分の（即ち会社編を除く）規定の適用があると解されるときは、その適用があると解釈する方が適当である、としておられるが、国際私法上の指定（Verweisung）は、別に、商法の編別でなされるわけではない。証取法と同様、会社法の中にも種々の性格の規定が混在している。そして、会社編中の社債権者集会の規定などは、まさに契約準拠法として日本法が指定された場合、その送致（「送致」もドイツ語では Verweisung と言う）範囲内に含まれること、これまで述べて来た通りである。だとすれば、田中誠二教授に於いても、今一歩その論述を進めねばならぬはずである。

このあたりのことを、大隅健一郎＝大森忠夫両教授による昭和二五年改正の解説書に即してみておこう。大隅＝大森両教授は、次のように説いておられる。即ち――

「〔外国〕会社に対しては、とくに内国会社の設立・組織・活動などを規律することを目的とするわが商法の規定が適用されないことはいうまでもない（但し第四八二条及び第四八三条参照）。しかし、会社に適用されるわが国の法律であっても、とくに内国会社を規律することのみを本来の目的としない法律は、特別の事情がない限り、内国会社と同じく外国会社にもまた適用さるべきが当然である。本条が……と定めたのは、この趣旨を明らかにするものにほかならない。……『他の法律』の適用についてはとは、前述したように『商法以外の法律』の適用についてはという意味であって、例えば諸種の税法・独占禁止法・証券取引法などはその例である。……なお外国会社は商法の適用上は会社とはみなされないが、しかしそれは全く商法の適用をうけないという意味ではなくして、とくに会社に関する規定は別として、その他の一般の商法の規定は原則として外国会社にも適用せられる。[116]」
（傍点は筆者）

やはり、右の大隅＝大森両教授に於いても、問題の把握の仕方が、いささか厳密さを欠いている。右の引用の第一文の線で、まず問題を押さ

えるべきである。第二文で「とくに内国会社を規律することのみを本来の目的としない法律」は、終始「商法以外」として把握されているが、会社編にその種の規定が全くないことの論証は、どこでなされているのか。「外国会社は商法の適用上は会社とはみなされないが……」とあるが、民法三六条二項の位置づけはどうなるのか。民法三六条二項を補完するのが商法四八五条の二なのだとして、両者をパラレルにとらえる視点が、やはりここでも欠落している。明治期の穂積・富井・梅の三博士や商法の起草者は、これをどう評されるであろうか。

前記の田中誠二教授の論述と同様、大隅＝大森両教授に於いても、まさに龍田節教授が正当に行なっておられるように[117]、会社法上の諸規定を、「組織法的な規定」とそれ以外とに分け、その上で、（当事者自治原則も含めた）国際私法的処理との関係を論ずべきであったと言えよう。

こうした昭和二五年商法改正の際に示された、（無意識的にではあろうが）よくよく考えれば排外主義的な、ある種の誤解が、KEPCO社債権者集会事件に於いて示された浜田氏、瀬越＝吉川両氏の前記のドグマ、そして商法二一一条の二にも示された法務省サイドの理解（思いこみ）と一体をなしつつ、今の日本を支配しているかに思われる。国際私法や国家管轄権論への無理解もある。不平等条約改正のための明治期の先人の労苦を、我々はいかに受けとめて来たのであろうか。つくづく申訳ない気がする。少くとも、KEPCO社債権者集会事件を契機として、一人でも多くの方々（内外を問わず!?）の眼が、外国会社には日本の株式会社法は適用されないという、我々がいつの頃からか引きずって来て今日に至っているドグマの当否と、実質的根拠の存否の点について、向けられることを念願する。かくも基本的な問題につき、殆ど議論らしい議論がなかったこと自体、異常であるし、筆者の、歯をくいしばって、骨身を削って書いて来たもろもろのものも、いわば虚無の空間に漂うのみだったのであるから。

ここに再び宣言する。前記のドグマはかくてもろくも崩れ去った、と。

(4) KEPCO事件と非訟事件手続法上の問題

さて、右の如くプロヴォカティヴな宣言を一応しておいて、残された論点に戻る。瀬越＝吉川両氏の所論との関係でも、わが非訟法上の土地管轄規定の不備につき、一言しておいた。浜田氏のものも含めて、この点への明示的な言及は必ずしもないのだが、非訟法一三五条の一五は、「社債ニ関スル〔非訟〕事件」の管轄裁判所を規定し、社債権者集会決議の認可も含めて、「社債ヲ発行シタル会社ノ本店所在地ノ地方裁判所ノ管轄トス」と定めている。KEPCOは外国会社であり、「本店」はもとより日本国内にない。従って、管轄裁判所がないから裁判（認可）できない。だから、やはり、前記のドグマは、ゾンビの如く復活する――と考えるかどうかの問題である。だが、国際裁判管轄と国内裁判管轄（国内土地管轄）とを区別して論ずる必要がある。

先に国際民事訴訟の場合の問題につき一言しよう。国内土地管轄の総和が国際裁判管轄の及ぶ範囲だとするいわゆる逆推知説と、別な考え方との対立の中で、……といった話をここで繰り返すのはやめるが[118]、国内土地管轄を論ずる前に、密接関連性基準を基軸とした国際裁判管轄の問題が、まずある。本件社債権者集会に関する訴訟について我国の（訴訟・非訟を問わぬ）国際裁判管轄を否定する人は、まず居ないだろう。会社の内部組織関係の訴訟については、国際的専属管轄を主張する人も居ようが[119]、本件はそうした類型ではなく、かつ、「訴訟」を念頭に置いた、既述の国際裁判管轄の非専属的合意条項もある。右条項がなくとも、我国の国際裁判管轄は、（非訟事件についても）十分に肯定され得ること、右に示した通りである。だが、そうは言っても、国内土地管轄規定が欠落している。どうすべきか。

実は、同じことは訴訟事件の国際裁判管轄についても生ずる。ちなみに、今般の民訴法全面改正への気運の高まりの中で、いわゆる緊急管轄との関係での規定を、国内土地管轄との関係を含めて置いてみるのは如何か、という立法案の呈示を、筆者自身若干行なっている[120]。だが、解釈

論として既に、わが民訴二四条につき「本来わが国の裁判権に服する事件でありながら、管轄に関する法規定に欠缺があり、管轄を有するわが国の裁判所を見出せないときには、私人の裁判を受ける権利を保障するためにも、本条に基づく管轄の指定を認めるべきである」との、正当な指摘が、民訴学者の側からなされている[121]。

さて、以上を前提としつつ、ドイツ国際非訟法上の問題処理につき、参考までに若干見ておこう。まず、この問題が"Internationale Zuständigkeit trotz fehlender Normierung der örtlichen Zuständigkeit"というタイトルの下に扱われ、しかもそこで、訴訟と非訟とが共に同じ基本的考え方によって処理されていることに、注意する必要がある[122]。そして、その際、単に国内土地管轄がないというだけで、国際裁判管轄肯定への価値判断をくつがえしてはならない、との正当な指摘がなされている[123]。もとより、訴訟・非訟を問わず、我国に於いても同様の立場が堅持されねばならない。

問題は、むしろ、いかなる法的テクニックで国内土地管轄規定の欠落を埋めてゆくかにある。ZPO三六条やFGG五条の類推（Analogie）[124]により、上級裁判所による管轄の指定を行なうべきだ、といった主張をはじめとして、このあたりはヴァラエティがある。

ここでわが非訟法に戻る。管轄の指定については四条が、「数箇ノ裁判所ノ土地ノ管轄ニ付キ疑アルトキ」に、「関係アル裁判所ニ共通スル直近上級裁判所申立ニ因リ決定ヲ以テ之ヲ為ス」とある。その決定に不服申立をなし得ない点も民訴二四条と同じだが、あくまでこれは、国内土地管轄について争えぬ、とするのみで、国際裁判管轄の存否自体は、もとより争える。この非訟法四条を用いるのが、一つのゆき方である。

なお、人の「住所」が非訟法上の管轄の基準となるときには、同法二条三項で、日本国内に「最後ノ住所ナキトキ又ハ其住所ノ知レサルトキハ財産ノ所在地又ハ最高裁判所ノ指定シタル地ノ裁判所ヲ以テ管轄裁判所トス」との規定がある。外国法人の社債権者集会決議につき認可する場合に、自然人に関するこの二条三項を類推し、最終的に処理することも、不可能ではないであろう。だが、三項にゆく前に、二条一項に於いて、「日本ニ住所ナキトキ……ハ居所地」によるとの規定がある。起債者が我国内に自らの拠点を有する場合には、その所在地を「居所」的に解することも、全くなし得ないではなかろう（後出・注(160)に相当する本文で示す点と対比すべきか、とも思う）。

いずれにしても、本件では、いかなる意味に於いても東京都が、我国内で最も適切な地であると言える（債券の要項中の種々の規定からもそう言えよう）。管轄の指定につき実際に裁判所側の意向を確かめるなどのことは、本件でなされたのかどうか。裁判所の方が閉鎖的だったのかどうか。その辺が知りたいが、ともかく、国内土地管轄規定の欠落を理由に、国際裁判管轄の行使を怠り、さらにそのことを通して、国際私法を介した日本法への準拠法指定（つまりは実体法からの指示）を拒絶する、というが如き展開は、到底許されることではない。

なお、日韓両国間には、裁判を受ける権利に関する内国民待遇を定めた規定は、ないようである（外務省の方々にもお調べ頂いた）。だが、例えばアメリカ企業の民間サムライ債につき本件と同様の事態が生じたとする。日米友好通商航海条約四条一項には、「いずれの一方の締約国の国民及び会社も、その権利の行使及び擁護については、他方の締約国の領域内ですべての審級の裁判所の裁判を受け……る権利に関して、内国民待遇及び最恵国待遇を与えられる」とある。この意味での出訴権は訴訟のみならず非訟事件をも包含すると考えるべきであり、そうなると、国内土地管轄規定の欠如を理由に門前払いを食らわすことは、条約違反となる。それを回避するための解釈論的営為が、一層裁判所側に求められる、と言うべきであろう。そして、その種の営為は、条約上のかかる内国民待遇条項の有無にかかわらず、国際民事手続法上の論理から、広く（本件を含む）求められるべきなのである。

いずれにしても、本件の場合、関係者がそれぞれの場で少しずつ非国際的だったために、そのマイナスの相乗効果が全体として生じてしまった、ということかも知れぬが、そのあたりのことはすべて、起債する前に固めておくべきところのはずである。法務省・裁判所サイドとしても、外国人弁護士問題などは氷山の一角に過ぎないのであり、日本の司法制

度の国際性を高める努力を、早急に、かつ、一層広汎に行なうべきであろう。

三　ドイツ・スイスに於ける外国企業の起債と社債権者集会規定の適用の有無
――現状と展望、そして日本に於ける問題処理への重要な示唆――

(1) はじめに

日本という狭い井戸の中でKEPCO社債権者集会事件を語るのは、実に息苦しい。一〇年前に鳴らしておいたはずの警鐘[125]に再び手をのばし、その後の動きをフォローすることによって、既にその自己崩壊を宣言したところの、日本の閉鎖的ドグマ（既述）に、最後のとどめをさしておきたい。

筆者は一〇年前に次の如く指摘していた（若干、前出・注(62)につづく本文での引用と重なるが、まあお許し頂きたい）。即ち――

「例えば西独で本邦企業……が起債したマルク建て債については、転換社債についても一連の社債契約の準拠法はほぼすべて西独法となる。ところがすぐ頭に浮かぶ西独の社債権者集会の規定は、非居住者たる〔ドイツに拠点なき〕本邦企業の起債の場合には、たとえ西独法が準拠法とされても……適用されない扱いとなっているのである。かかる場合、英米法上の信託法理も大陸法系諸国に伝統的な社債権者集会の規定も適用されず、わずかに契約上の信託受託者（Treuhander）により社債権者の一括取扱の図られているのが現状であるが、受託者の権利義務につきすべての場合に対応し切れるほどの十全な契約条項が置かれているわけではなく、他面、例えば Treuhander の権利義務につきイギリス法を実質法的に指定する……などのことも行われていないようであり、法律関係は極めて不安定なのが実際のところである。……本邦企業が……マルク建て債……を起債した例……に関して……契約内容変更の必要が生じたと仮定した場合、そこでいかなる処理がなされ得る（得た）かは問題である。ターン（J. Than）も指摘しているように、現在の西独の扱いにおいては、社債権者集会規定の類推適用……をする必要はあってもそれはなされ得ず、他面、西独のプラクティスにおける契約上の受託者の権利義務は英米法上のトラスティーに比してかなり限定的であり、かつ社債権者の代理人としての十分な地位も有しておらず、したがって自己の権限で社債権者の権利に対して介入することも出来ないとされるのである。……〔かくて〕西独の社債権者集会規定は……わが商法の規定と異なり、一定の内国牽連性〔のあること〕をその適用の要件としている――なおその限りではスイス債務法上の社債権者集会の規定も同様である（OR一一五七条・一一六四条以下）――ため、適用すべき直接の法規がないという、極めて、不安定な状況が生ずるのである。本邦企業の西独（やスイス）における起債が、単なる利率の低さや手続の簡易さ以外に、右の如き点をも十分勘案した上でなされているのかは、一つの問題である。[126]」

右に於いては、ドイッチェ・バンク本店法律顧問（現在は、Stellvertr. Chefsyndikus）のコーラー氏（Dr. K. Kohler）に教えて頂いたJ. Than氏の論文[127]をベースに論じたが、同じコーラー氏の御紹介で、これから扱うホップト（K. J. Hopt）教授との御縁が出来、同教授の論文からさらに最近のスイスの状況を知り、それらすべてを、KEPCO社債権者集会事件に関する本稿の結び（序破急で言えば急?）に書き記すことのできることは、筆者にとってこの上ない喜びである。

さて、まず、ドイツの状況から論ずる（以上、二月二日）。

(2) ドイツの場合

無記名債務証券（Schuldverschreibung auf den Inhaber）についてはBG

B七九三条以下に規定があるが、社債権者集会絡みの問題を含めてこれを規律する特別法が、ドイツにはある。債務証券の占有者の共通の諸権利に関する法律（Gesetz betreffend die gemeinsamen Rechte der Besitzer von Schuldverschreibungen vom 4. Dez. 1899 ―― 略称はSchVG）である。[128] 問題その一条一項である。そこには、"Sind von jemand, der im Inland seinen Wohnsitz oder seine gewerbliche Niederlassung hat, im Inland Schuldverschreibungen mit im voraus bestimmten Nennwerten ausgestellt, die nach dem Verhältnis dieser Werte den Gläubigern gleiche Rechte gewähren, und ……, so haben die Beschlüsse, welche von einer Versammlung der Gläubiger aus diesen Schuldverschreibungen zur Wahrung ihrer gemeinsamen Interessen gefaßt werden, nach Maßgabe dieses Gesetzes verbindliche Kraft für alle Gläubiger der bezeichneten Art." とある。要するに、債権者集会の決定の拘束力が全債権者に及ぶ条件を定めたものであるが、すべてが右のアンダーラインを付した部分にかかっている。即ち、社債で言えば、起債者がドイツ国内にその住所または営業所を有することが必要であり、そしてドイツ国内で起債のなされたことも、同条、及びこの法律の定めた諸メカニズムの適用の前提となる。

ドイツの実務では、「社債の契約条件を、実際上不可能な全社債権者の同意、をとりつけることなく変更する可能性」が、とりわけ大きな問題となって来ている。[129] そのためには、右条項の制約が問題となる。ドイツに拠点なき外国企業の場合、右法律の規定する社債権者集会のメカニズムが使えないからである。ドイツ・マルク建て外債（DM-Auslandsanleihen）の場合に、この点は深刻な問題たり得る。

かかる明白な実務上の必要性からして、SchVGの適用を、少くともマルク建て外債についても拡張すべきことには疑いがないとされ、ドイツ債務法改正絡みの状況下に於いても、同法の適用を内国の起債者にのみ制限することはもはや時機を得たものでなく、明らかにそれを拒絶すべきだ、とする諸提案がなされて来ている。[130] それでは同法の立法趣旨はいかなるものであったのか（後述のスイスの場合と対比せよ）。

ホップト教授の論稿の中に、前記の条項の立法理由の骨子につき、原文が示されているので、便宜それを見ておこう。[131] それによれば、前記条項の適用制限の理由は、まず、外国と関係のあるかかる法律関係はその全体に於いて内国の法の下に置かれるわけではなく、内国の社債権者（等）によってドイツの法規定に基づきもたらされる（ドイツの）措置や決定は、通常それが効力を発揮せねばならぬであろうところの外国に於いて、承認されることを期待できないであろう。それに加えて、大多数の場合、内国にある社債券（一般的には債券）の数、及び多数決を行なうに必要な額（Betrag）を決定することは不可能であろう。――これが、前記条項に於ける国際的適用範囲制限の理由とされている。

一見して、右の如き公的説明に説得性が欠如していることは、筆者には明らかと思われる。後段の理由は理由になっていないと思われるし、前段は、ドイツの裁判等の外国での承認・執行可能性の問題である。民事裁判については、わが民訴二〇〇条やＺＰＯ三二八条に示されている、外国判決承認・執行制度の問題として考えればよいはずだし、少くとも、民事と行政・刑事とを区別して論ずる必要がある。承認・不承認は当該外国の抵触法が決めることであるし、共助に関する条約があれば、非民事の領域でも、外国での執行が必ずしも不可能とは言えなくなる。

ところが、既述のドイツでの議論の大勢とは別に（そして、後述のスイスの流れとも異なり）、ホップト教授は、かかる立法理由を基本的に支持される。[132] そこでは、その後スイスがドイツと同様の、後述の如きＯＲの規定を有するに至り、それがこれまでのスイスの通説によって支持されて来たことが、補強的論拠として挙げられている。

ホップト教授がそう考える理由は、十分なものとは思われないが、その議論の中身をみておこう。同教授は立法論として同法の射程をマルク建て外債一般に拡張することに反対される。同教授がとくに懸念されるのは、ドイツ立法者の規制権限（Regelungsbefugnis）の踰越、という点である。非居住者マルク建て外債（その意味は既述）に関しドイツの裁判所・行政庁の行なう規制（§§4. 5. 6. 13 SchVG）について、「ドイツの立法者は外国の裁判所及び監督官庁の管轄を基礎づけることはできない

であろうし、その限りでは、単に外国法を指定（verweisen）することのみをなし得る。これに対して、起債者が外国に本拠を有するにもかかわらず、通常〔マルク建て〕外債についてそうであるように、ドイツ市場及びドイツ通貨への十分な影響がある場合には、ドイツ裁判所・監督官庁の管轄を定めることが可能となるであろう」、とホップト教授はまず論じ、次の二つの論点へと移った上で前記立法趣旨を（「従って〔also〕」として）支持される。[133] だが、右の点には、種々混乱があるようである。右引用部分の後段は、国家管轄権論上の、効果理論に基づく立法管轄権の行使、及び、民事の国際裁判管轄に関する通常の理解を踏まえたもののようにも読め、その限りで正当である。だが、前段は理解し難い。民事の領域での準拠法選択のことを念頭に置いておられるのかどうかも、若干不明確である。国内土地管轄と国際（裁判）管轄との混同をしておられるのでないか、との疑念もある。少くとも右の点が前記立法趣旨を支持し得る論拠となり得るはずはない。

次の論点も若干歯切れが悪い。§15 SchVGは（社）債権者の代表者（Gläubigervertreter）に、起債会社の社員（株主）総会への参加等の広汎な権利を認めているが、かかることを「外国の会社・法人にまで拡張することは、外国の会社法・企業法への神経質な介入であって、既にしてそれが国際法違反であるとは言えないまでも、ドイツ国際私法の基本思想と一致しない。いずれにしても、かくまで踏み込んだ内容の規定は、外国の会社法・企業法の下で承認されないであろうことを覚悟せねばならぬだろう」としておられる。[134] だが、国際倒産法上のいわゆる普及主義との関係で、外国での活動をも広汎に認められた管財人の法的地位は、右の社債権者代表のそれに類するものである、と言えよう。右のような問題があることを理由に管財人の権限を国内に限定することは、自国内に拠点なき外国企業の倒産に関しては一つの立場とは言えようが、だからと言って社債権者集会規定（それは破産債権者の団体的取扱に関する規定と近い関係にある）自体を、一律不適用とする帰結が、当然に導かれ得るのか否か。また、かかる内国代表者の外国に於ける法的地位は、いずれにしても当該外国抵触法の定める事柄であり、その不承認のリスクは、この場合に限ったことではない。

ホップト教授が前記立法趣旨を支持する第三の理由は、「前記特別法には破産法・刑法及び一般公法上の規定が含まれており、これらの諸規定（同法一八条以下、二二条以下、二三a条以下）を外債にまで一般的に拡張することは、外国公法の領域にまで立ち入ってこれを統轄する（hineinregiert）結果となるのでなし得ない。これに対して、これらの規定をマルク建て外債に拡張し、ドイツ裁判所の管轄及びドイツ犯罪構成要件の介入を認めることは、排除されない」、という形で示されている。右に於いては、基本的に民事とされる破産法と、非民事の法領域とが、明確に区分されていない。右引用部分の前段の言葉づかいは若干あいまいであるが、当面するマルク建て外債（ドイツに拠点なき起債者のそれ）については規制してよい、というのが教授の結論である以上、問題はそれでカタがついているはずである。

以上三点を根拠として、ホップト教授は、ドイツ立法者の規制権限を越える（die Regelungsbefugnis des deutschen Gesetzgebers überschreiten）ことになる点に重点を置きつつ、前記の如き立法趣旨は、会社法的及び破産法的に見て、全くもって正当（, so ist das gesellschafts- und konkursrechtlich durchaus sachgerecht）だ、としておられる。そして、その後のスイスの立法も同じ道を歩んで来たのだから……、とされる。[135] この議論は、どう見ても説得性に欠けると思うが、どうであろうか。

さて、現行法の解釈につき、ホップト教授の示しておられる点を、次に見てみよう。右の立法論的検討を踏まえ、前記特別法の全体について、その類推適用はやはり問題だ、とされる。つまり、（社）債権者集会、多数決制、及び（社）債権者代表に関する規定の類推のみが問題となるが、これも学説によって正当に否定されているとして、同教授は、前記のターン氏の論文（それのみ）の引用をされる。但し、ホップト教授は、その理由づけとして、前記条項の文言及び立法過程（に於ける前記の公的説明）を持ち出すことは、それ自体としては適切だが、決定的ではないとされる。ようやく今日に至り、かくも広汎かつ重要な問題と認識されるに至ったもろもろの必要からもたらされる、目的論的な諸議論に対し

ては、右の点は決定的ではなく、決定的なのはむしろ、次の点だとされる。即ち、「かくも広汎な類推を、多くの点で制限的で、今や間もなく制定後一〇〇年を迎えようとする特別法であって多くの個別的規律を含むものに対して行なうことは、全くもってのぞましくない」との点だとされる。かかる類推により、「マルク建て外債は一つの法律の中に無理に押し込められ（……wurden damit in das Prokrustesbett eines Gesetzes gezwängt）」、マルク建て外債に関する国際取引の実務にとってもふさわしくないことになってしまうであろう、としておられるのである。[136] この種の形式論が、説得力を一体持ち得るのか。これはドイツでも日本でも同じであろうと思われるが、どうなのか。かくて、同法の民事的部分の、一部（既述）についての部分的類推も、[137] 否定されるのである。

筆者が何故ホップト教授のこのあたりの議論を克明に辿ったのか。それは、ホップト教授が、非居住者マルク建て外債につき、ドイツ法が契約準拠法として指定されてもSchVG自体が自らの適用を否定することの、現実的不都合を他の人々と共に十分認めながら、法制度としては立法論・解釈論双方から現行法の従来の運用を支持され、そうして自らの道を自ら狭めつつ、その上で、これから略述するが如きまわり道を、[138] あえて選んでおられるからなのである。右のネガティブな結論に至るまでの同教授の論理に対し、一々説得性に欠ける点があるように思われてならぬことは逐一示した通りであり、それ故なおさら、教授のこれから先の議論が、筆者には迂路に思えて仕方がないのである。

さて、右の如きネガティブな帰結を得た上で同教授は、「そうであってもSchVGが〔非居住者マルク建て〕外債に対して何らの影響をも与えない、ということは意味しない」とし、同法に方向づけられた（an SchVG orientieren）契約条項を個々的に用いたり、[139] 同法の一部を実質法的に指定することを通して（とくに後者）、同法が契約条項の解釈上意味を有することになり得る、とされる。さらに、同教授は、最も重要な点かも知れぬとしつつ、SchVGが、ドイツ約款規制法（ＡＧＢＧ）による内容的規制の枠組の中で、ein gesetzliches Leitbild を提供することの可能性を説くのである。[140] つまり社債契約上の条項も、ＡＧＢＧで言うところの約款であることは明らかであるとし、[141] 本来不適用とされたはずのSchVGを、いわばＡＧＢＧという別の法律の中に極力深く埋め込むことを通して、現下の要請に答えてゆこう、というのがホップト教授の巧みな解釈論なのである。[142] ドイツ法が契約準拠法として指定されればＢＧＢと共にＡＧＢＧも、その指定範囲（送致範囲）の中に含まれると言える。その上での立論である。

ただ、かくて契約条項によるいわば自治的規律をベースとすべきだとする同教授の立論に於いて、倒産絡みの状況が「特別な場合」[143] として基本的に射程外に置かれている点が若干気にかかる。契約条項による具体的処理が外国抵触法上どう評価されるかはここだけでの問題ではないし、そこから生ずる危険は、必ずしも例外的なものであって少い（gering）[144] とは、言い得ないと思われる。このあたりのホップト教授の立論は、若干楽天的に過ぎるようにも思われる。[145]

ともあれ、同教授の議論の基調は、非居住者マルク建て外債についても極力SchVGの趣旨を、実質的に及ぼしてゆくべきこと、そしてまたそれにあわせた契約書ドラフティングが、予防法学（Kautelarjurisprudenz）[146] 的見地から重要だ、との点にある。その際に、若干屈折した論理過程を経てはいるが、それは日本と異なるドイツの当該規定があることによるものだ、との位置づけになる。

ドイツもこうなのだから、日本も、外国会社に対して商法上の社債権者集会規定不適用の立場を堅持してよいではないか、とのリアクションも、とくに日々の仕事に忙殺される日本の実務家からは聞こえて来そうだが、法の比較とは、そんな単純な日常的割り切りを、拒絶したところにしか成立し得ないものであろう。今は亡き田中英夫教授の御姿が偲ばれる。

(3) スイスに於ける新たな展開

スイスの社債権者集会規定についても、ドイツと同様の、適用範囲の限定がある（ＯＲ一一五七条一項）。債務者（起債者）がスイス国内に住

所または営業所を有することが、その適用要件となっている。ところが、スイスでは、スイス法が契約準拠法とされた場合、前記規定にもかかわらず、スイスの社債権者集会（社債権者団体）[147] 規定が適用されるとする議論があり、かつ、一九八三年、一九八八年には、ジュネーヴ州の判決が、それを認めている。[148] ホップト教授は、これをドイツの場合に置き換えると、全体としてのドイツ法が契約準拠法として指定されるのだから、当該規定に適用範囲の制限があるならば、それをも含めて指定がなされ、結局、右規定は適用されないことになるはずだ、としておられる。[149] たしかに筋としてはそうなのだが、実は、スイスの場合、前記のスイス債務法一一五七条一項の立法趣旨が、かなり屈折したものだったのである。それゆえ、その屈折をうまく使って、新たな光を導こうとする（我国としてもその方向性に於いて十分見習うべきもののあるところの）努力が、判例・学説に於いて、なされているのである。そして、最近の社債権者保護への動きが、さらにその方向を加速させつつあるようにも、思われるのである。その点まで含めた上で、スイスの動向を見る必要がある。

さて、まず前記条項の立法趣旨だが、その骨子を、バーゼルのヴォルフ氏の論文に於ける公的解説原文の引用を便宜参照しつつ、見ておく。そこには次の如くある。即ち――

「スイスの立法者には、我々の法領域と何ら結びついていない債務者のために免責の可能性（Entlastungsmöglichkeiten）を作り出す何らの理由もない。その上、かかる〔免責〕決定がなされたとしても、それが外国で承認されるかどうかは、疑問であろう。それが承認されないとした場合、債務者は、その住所地たる外国において、スイスでなされた免責決定にもかかわらず、完全な履行をさせられることになり得る。従って、〔スイスの側の、免責に向けての前記〕目的は達成されないことになり得るし、法的状態は、そうしたことによって一層不確実なものになるであろう。……だが、だからと言って、社債〔の契約〕[150] 条件において債務者が自らスイス法の下に服することは、排除されない。」

右に傍点を付した最後の点が、新たな発展の契機となるのであるが（後述）、その前に、右の点を除いた諸点につき、コメントをする。右の公的解説に於いて、スイス裁判の外国での承認可能性について触れた部分は、ここだけの問題ではなく、それを理由に同条一項の処理を基礎づけることは、やはり出来ない。むしろ、注目すべきは、外国起債者について免責してやる必要は、外国起債者については無いではないかという、排外主義的な考え方が、そこにあることである。免責がスイス債権者の不利（Nachteil）に働く、という観点[151] を表に出すことがメインであって、外国でのスイス裁判の不承認の点は、付け足しのようにさえ思える。[152]

だが、右の如き排外的思想は、前記公的解説に於いて、必ずしも貫かれていない。前記引用部分の最後に傍点を付した部分である。原文で言えば、"Damit wird aber die freiwillige Unterstellung des Schuldners in den Anleihensbedingungen unter das schweizerische Recht nicht ausgeschlossen." とあるのである。スイス法の下に服するならば免責を認めてやる。つまり、免責の前提となるＯＲ一一五七条以下の適用を認めてやる、ということになる。条文の文言には無いが立法理由中に示されたこの点を軸に、論争が始まっていたのである（一〇年前の『金融取引と国際訴訟』では、さすがにそこまでは知らなかった。ホップト教授と、同教授に筆者の存在を告げてくれたコーラー氏に感謝したい）。即ち、スイス・フラン建て非居住者外債に対しても、契約準拠法をスイス法とすればＯＲ一一五七条以下を適用し得る、とするツィンマーマンの議論がまずあり、[153] それに対して、ヴォルフが、前記の立法理由を根拠に反論した。だが、興味深いことに、ヴォルフもまた、ＯＲ一一五七条一項の前記適用制限規定は、契約当事者の意思〔がそうしたものであろう、ということ〕により（nach dem Willen der Parteien）、置かれたものだ、との理解を示し、従って、スイス法を両当事者が準拠法と定めれば、ツィンマーマン的な理解が可能となるが、[154] それではスイス債権者が害される、との議論をしているのである。さらに、まさに右の点を突いてツィンマーマンの再反論がなされ、ヴォルフ自身、立法者の意思への理解として自分と同じ立

場に立っているのであるし、自分のように考えないと、社債権者保護に欠ける、との主張がなされたのである。[155]

こうしたスイス内部での議論を踏まえ、ホップト教授が引用するジュネーブ州の二判決が、右の両者の論争の共通項とされた前出・注(150)に相当する本文引用個所末尾の、傍点を付した立法理由の線で、下されたのである。

だが、それだけではない。外債に関する投資家保護（Schutz der Anleger）[156]の必要性からスイスの銀行界でとりかわされた、情報開示に関する協約（一九八七年五月一日発効）[157]を追い風として、次のような主張もなされている。即ち、実際の外国起債者の債務不履行事例を背景として右の協約がとりかわされたのであり、[158]問題はOR一一五六条（情報開示）[159]のみにとどまるもの（右協約はそうである）であってはならない。投資家保護を重視する見地から、外国の起債者に対して契約上、特別住所（Spezialdomizil）をスイス国内に設けることを義務づけ、かつ、スイス法と準拠法とするべきだ。――といった主張である。そして、その見地から、一九八三年のジュネーヴ州裁判所の、前記判決の方向を、支持するのである。[160][161]

以上述べて来たように、ドイツとスイスとでは、表面的には同様に読める規定の立法趣旨が、微妙にくい違っている。ホップト教授は、まだスイスの最上級審（連邦裁判所）の判断が下されていないから……、[162]とのニュアンスで、かかるスイスの動向を否定的に受けとめておられるようにも思われるが、注目すべき転換点にスイス法が立っていることは、否めないところであろう。そしてそのスイスの目指す方向（ホップト教授とて目指す方向は、実は同じなのである）は、龍田教授や筆者の理解に於ける日本法の立場（わが株式会社法は日本の会社のみに適用される、といったドグマを斬り捨てた上でのそれ）である、ということになろう。そのことの意味を、十分考える必要がある。

四　結語

本稿では、まず、韓国電力公社（ＫＥＰＣＯ）社債権者集会事件の実際の処理への、批判的検討を行ない、関連諸問題にも言及し、最後に社債権者保護の観点からは若干不幸な（日本と異なる）規定を有するドイツ・スイスが、如何にして日本の本来の立場に近づこうともがいているかに着目しつつ、日本という、薄暗い、じめじめした古井戸の中に、強く光を照射した。今の日本を支配する法的なDunkelheitは、決して明治の先人が望んだものではない。彼等はそこから抜け出そうと、当時としては最大限の努力をした。それは不平等条約改正に向けての、必要な努力でもあった。そうした明治の立法者が、外国法人、あるいは法人それ自体の牴触法的規律をし忘れていた、といったような当時の時代背景を無視した思いこみが、すべての元凶であるとも言える。[163]この意味では、末弘博士の概念の相対性論も、若干的外れであったのである。[164]明治期の先人の労苦に真に報いるために、我々は今一体何をなすべきなのか。「わが株式会社法の国際化」、そして、「わが国際金融市場の法的脆弱性の克服」を考える上で、最も根本的な問題が、「ＫＥＰＣＯ社債権者集会事件」という、たった一件の事件の中に凝縮されていることを、我々は一層強く自覚すべきである。

筆者は、自力で穿ち得た、針の先ほどの穴から、見える限りの部分に対しては、本稿を通して、（再び！）一筋の光をあてたつもりである。その種の光が、多様な光のプリズムをなし、かつ、各所から発する明るく厳しい学問的な光によって、日本全体が強く照らし出される日を、筆者は、明治を偲びつつ、静かに待ちたいと考えている。

（平成五年二月三日脱稿）

〔注〕

(91) 上柳＝鴻＝竹内編・前掲注(1)新版注釈会社法(3)（昭六一）一七二頁以下（蓮井良憲）。

(92) 龍田・前掲注(8)現代企業法講座2三二一三頁。但し、そこで同教授が「域外適用」の問題を若干気にしておられる点（なお、同右・三〇七頁をも参照）については、多少リラックスして考えてよいはずである。石黒・前掲注(25)証券研究一〇二巻一頁以下。

(93) 龍田・同右三二七頁以下。なお、落合誠一教授も、「外国の子会社による日本の親会社株式取得の効力については……商法二一一条ノ二の適用を認めうる」としておられる。落合誠一＝近藤光男＝神田秀樹・商法Ⅱ――会社（平四）二五一頁（落合）。なお、同書二四七頁以下には、「国際会社法」と題したまとまった論述が、落合教授によってなされている。

(94) 元木伸・改正商法逐条解説（改訂増補版・昭五八）五五頁以下。

(95) 以上、稲葉威雄＝宇佐見隆男＝筧康生＝永井紀昭編・実務相談株式会社法(上)（昭六一）七八三頁以下（須藤純正）。

(96) 同右・七八六頁以下（須藤）。

(97) 石黒・前掲注(69)ボーダーレス社会への法的警鐘二九六頁以下。

(98) 稲葉他・前掲注(95)七八六頁（須藤）。

(99) 例えば石黒・同右（法的警鐘）一二三頁以下、一五一頁以下、同・前掲注(54)ボーダーレス・エコノミーへの法的視座一三三頁以下、同・現代国際私法(上)一八八頁以下、二一七頁以下、四七一頁以下、等。

(100) 田代・前掲注(54)別冊商事法務四〇号一六頁以下である。

(101) 同右・一八頁以下。

(102) 同右・一九頁。

(103) 同右頁。

(104) 同右・二〇頁以下。

(105) 同右・二六頁。

(106) 同右・三二頁以下。

(107) 同右・四三頁以下。

(108) 同右・四三頁。

(109) 同右・四三頁以下。

(110) それについては、石黒・前掲注(2)金融取引と国際訴訟二六九頁以下。

(111) 田代・同右五九頁以下。

(112) 同右・六一頁。

(113) 田中誠二・再全訂会社法詳論下巻（昭五七）一三二四頁以下。

(114) 龍田・前掲注(25)会社法三九九頁以下。

(115) 石黒・前掲注(2)金融取引と国際訴訟二五六頁以下、とくに二六〇頁。また、民法三六条二項が外国法人の「権利能力」のみに関するが如き理解（田中誠二・改正会社法解説〔昭二六〕二二一頁）は、条文の文言に反するし、石黒・同右に示したように起草趣旨とも乖離している。

(116) 大隅健一郎＝大森忠夫・逐条改正会社法解説（昭二六）五七七頁。

(117) 龍田節・前掲注(23)証券研究四一巻二二頁。

(118) 石黒・前掲注(43)現代国際私法(上)二五六頁以下、同・国際民事紛争処理の深層（平四）五頁以下、二一頁以下、同・前掲注(2)国際私法（新版）一八三頁以下、二〇五頁以下、等。

(119) 但し、石黒・同右(上)二七〇頁。

(120) 同「国際裁判管轄――立法論的考察?――(上)」ＮＢＬ五一二号（平五）四三頁以下。緊急管轄については、さしあたり同・前掲注(43)現代国際私法(上)二七一頁以下。なお、同・前掲ＮＢＬ五一二号四三頁三段目の四行目に「生ずること」とあるのは、もとより「生じないこと」の誤りである。

(121) 新堂幸司＝小島武司編・注釈民事訴訟法(1)（平三）二四一頁以下（宮川聡）。

(122) J. Kropholler, Internationale Zuständigkeit, in : Handbuch des Internationalen Zivilverfahrensrechts Bd. 1, 252ff (1982).

(123) Id. 253.

(124) Id. 254.

(125) 石黒・前掲注(2)金融取引と国際訴訟二七七頁以下。

(126) 同右二七七―二七八頁。

(127) Than, Anleihegläubigerversammlung bei DM-Auslandsanleihen ?, in : N. Horn (Hrsg.), Europäisches Rechtsdenken in Geschichte und Gegenwart (Fschr. H. Coing), 521ff (1982).

(128) RGBl. 1899, S.691 ; BGBl. Ⅲ 4134-1. なお、Hopt, Änderungen von Anleihebedingungen ―― Schuldverschreibungsgesetz, §796 BGB und AGBG

――, 42WM (Wertpapier Mitteilungen/Zeitschrift für Wirtschafts- und Bankrecht), 1733 (1990). ちなみに、同論文は、Hopt, supra note 34 (Fschr. Steindorff) を要約的に示した内容のものとなっている。

(129) Id. (Fschr. Steindorff), 345.

(130) Id.347. 法政策的に争われているのは、むしろ、スイス法（OR一一五七―一一八六条）にならい同法をBGBの中に統合するか否かの点であるとされる。Ibid. 但し、ホップト教授自身は、あまり説得力のある論じ方でないこと後述の如くだが、若干これらの流れとは異なる、屈折した見方の中で、本文に示した実際上の必要性を満たそうと模索される。

(131) Id. 349.

(132) Id. 348 には、"Wenn der deutsche Gesetzgeber im SchVG also an den Sitz des Emittenten anknüpt, so ist das gesellschafts- und konkursrechtlich durchaus sachgerecht." とある。だが、右に「破産法的に見て」とある点は、どれほどドイツ国際倒産法の発展を踏まえたものか疑問である。そもそも、後に一言するように、ホップト教授のこの論稿は、起債者の倒産絡みの状況を直視したものとは、必ずしも言えない。Id. 377 を見よ。

(133) Id. 348.

(134) Ibid.

(135) Id. 348f.

(136) Id. 349.

(137) Id. 350. 同教授は、同法の部分的類推についても、全体としてパッケージをなす法律の一部分のみをピックアップしての類推は、恣意的だから駄目だ、とするのみである。分るには分るが、形式論に過ぎる。

(138) Id. 352.

(139) Id. 350. なお、以下のホップト教授の考え方は、Than, supra note 127, at 537ff と軌を一にするものである。同教授のこの論文の以下の部分は、ターン氏の示した方向を、個々の問題ごとに詳しく論ずる、といった意味あいをも有する。

(140) Hopt, supra note 34, at 350. そして、本文中の前出・注(139)につづく実質法的指定に関する議論との関係で、非訟事件に関する管轄の点（前出・注(76)につづく本文該当個所を見よ）が論じられているのである。Id. 352.

(141) Id. 364. そこでもターン氏の論文が引用されていることに注意。

(142) そのプランの要約は Hopt, supra note 128, at 1736f にも示されている。

(143) Id. (supra note 34), at 377.

(144) Ibid.

(145) ちなみにルクセンブルクに於いて、同国法を準拠法とする社債につき、起債者が破産した際の受託者（同国には厳密な意味での信託制度はないと言うべきだし、事件当時ははっきりと無かった）の法的地位をめぐり、かつて国際金融界に波紋を投げかけた大きな問題が生じていた。Dupont, Bondholder representation under Luxembourg law, International Financial Law Review, Sept. 1987, at 26f. この事件（Four Seasons Overseas NV v. Finimtrust [1971]）、及び、当時とその後の同国の法改正と、信託法理との関係については、伊勢素子「ルクセンブルグにおける社債信託」石黒一憲〔研究代表者〕・国際金融取引と信託法理〔平成二年一月・㈶トラスト60刊〕四頁以下、望月治彦「ルクセンブルクの社債『信託』は本当に信託なのか」同右一七頁以下参照。また、同右・二四頁以下には一九七一年一月二一日の前記判決、及び改正法の翻訳が、花田敏幸＝望月＝伊勢の三名の共訳として掲載されている。三名とも当時学部学生であったが、レヴェルは相当に高い。右報告書は、筆者の平成元年度演習の成果をまとめ、㈶トラスト60から刊行して頂いたものである。

ホップト教授の議論と右事件とが、どうしても筆者の頭の中では重なってしまう。契約条項のみで本当に大丈夫だと言い切れるのか。「例外」は「例外」のままでありつづけるのか、等々。

(146) Hopt, supra note 34, at 382.

(147) 鴻常夫・社債法の諸問題Ⅰ（昭六二）二三七頁以下。同右・二四〇頁に一一五七条一項も邦訳されている。

(148) Hopt, supra note 34, at 351.

(149) Ibid.

(150) Wolf, Zum Aufsatz von Dr. Fritz Zimmermann betreffend : Internationale Emissionsprospekte in der Schweiz Rechts-, Gerichtsstands- und Bürgschafts-

Klauseln, 68 Schweizerische Juristen-Zeitung, 41 (1972).

(151) Ibid もこれを強調する。

(152) 自国の法規制を外国に及ぼさないことによって、とくに在外の外国人の権利保護の機会を実質的に奪ってしまう、ということの問題性が、この点との関係で直視されるべきである。例えば、自国の法規制を外国に及ぼすこと（不正確な言い方である）は問題だからそれをしない、と言う際に、しばしば「属地主義」という言葉が持ち出される。ドイツの行政法規の国際的適用が、とりわけ国際的な環境汚染との関係で強く説かれる際に、「属地主義」の語をめぐっていかなる暗闘がくり広げられているかの一端は、石黒・国境を越える環境汚染（平三）一五〇頁以下でも示した。その他、同・前掲注(54)法的視座五八頁以下、同・前掲注(69)法的警鐘一七八頁以下、等。本稿二で論じた諸点の背後にも、この種の暗く歪んだ影が、果たして無いと言い切れるのか。そこが問題である。なお、一見関係ないようだが、石黒・情報通信・知的財産権への国際的視点（平二）二二三頁の〔追記〕をも見よ。やはり従来の日本には、無意識裡に内外国」を排除しようとする、暗い一面があったとは言えないか！

(153) Zimmermann, Internationale Emissionsprospekte in der Schweiz Rechts-, Gerichtsstands- und Bürgschafts-Klauseln, 68 SJZ, 1ff (1972).

(154) Wolf, supra note 150, at 41.

(155) Zimmermann, Internationale Emissionsprospekte in der Schweiz Rechts-, Gerichtsstands- und Bürgerschaftsklauseln, 68 SJZ, 75 (1972). 前出・注(153)とは別論文である。

(156) Merz/de Beer, Umfassendere Informationspflichten bei Notes-Emissionen, SAG 1987, at 137.

(157) SAG 1987, at 146f.

(158) de Beer, Die neue Konvention XIX über Notes ausländischer Schuldner, SAG 1987, at 143.

(159) 鴻・前掲注(147)二四〇頁以下。

(160) de Beer, supra note 158, at 144.

(161) ただ、そこに於いて、Id. 145 に、日系企業によるある種のマニピュレーションが、とりわけ（vor allem）問題とされていることにつき言及のあることには、注意を要する。その点をも見据えた前記協約だ、ということである。ちなみに、浜田・前掲注(3)論文(下)商事法務一二九八号二一頁に次の如くあることが、右の点との関係で若干気になる。即ちそこには――

「わが国と法制が類似するスイスにおいて発行されるスイス・フラン債については、以前は債権者集会に関する事項は債券の要項中に規定されていなかったが、カナダのドーム・ペトロリアムのスイス・フラン債のデフォルトについて債権者集会が一九八六年に開かれたのを一つの契機として、その規定がされるようになってきている。ことにわが国企業のスイスでの起債に際し、最近非常に詳細な債権者集会に関する規定を設ける例が出て来ている。」（傍点は筆者）

――とある。詳細になったのは社債権者集会規定のみなのかどうかが、若干知りたくもある。いずれにしても、右引用部分中の社債権者集会関係のスイスの状況については、本文で示した諸点を十分踏まえて、これを考察する必要がある。

(162) Hopt, supra note 34, at 351.

(163) 再三引用した石黒・前掲注(2)金融取引と国際訴訟二五九頁以下を見よ。

(164) 同右・二五六頁。

〔了〕

＊次号以降、二回に分けてアメリカ通商法三〇一条に関する理論的問題を扱い、つづいて、世銀のグローバル債（円建て債）の法的構造と問題点について、可能であれば八月号で論及したい（既に脱稿済である）。

連載

ボーダーレス・エコノミーへの法的視座

第二十九回 国際財務の法的諸問題

石黒一憲
東京大学法学部教授

〔目次〕

〔はじめに――一枚の古い写真〕

自分の書いた論文が、年月と共に、どの程度のスピードで腐ってゆくものか、じっと見ているのは辛いものである。だが、書き上げた論文が他の執筆者の都合で公表されずに、何年もたつ――それをじっと見ているのは一層辛いことである。その間何度も関連する法改正があり、内外の状況もかわり、BCCI事件まで起きる。よくあることさ、と言えばそれまでだが、出版も契約のはずである。何年も前に校正刷が来て、それを直し、それからまたなしのつぶて。再校らしきものが来たら、全然数年前に私が直したところは直っておらず、しかも、送って受領済となっていた初校ゲラが紛失したのでまた送ってくれなどと。それからまた「年」という時がたつ。出版不況で寄せ書きの本の出版自体があやしくなる。そうした非学問的な妨害に今までじっと耐えて来たが、もうしびれが切れた。この頃あまり怒らぬようにしているが、静かに、「解約」という言葉を口にした。

本稿の脱稿時点は、昭和六二年一〇月二日。ドイツ・スイスの国際私法改正の調査に出かける数日前に、滅茶苦茶忙しい中で、必死で書き上げたものであるが、期限を守ったのは私一人だったらしい。それから六年！　私の研究も随分進んだつもりだが、この論文を前提としての進歩、としての側面が強い。まるでミッシング・リンクのように、本論文が公表されていないことが実にわずらわしく、情けなかった。上記の経緯で多少の改訂はしていたが、債務不履行をしているくせに、頁はふやすな、注が多過ぎる、などと昨今の出版人らしいことは口にする。それらもろもろに対する怨念を消し去ってエレガントに立ちまわるのが紳士なのだろうが、あいにく私はいわゆる紳士と俗物とをほとんど同視している野人である。

この論文は昭和六三年あたりには公表されて然るべきものだったのであり、どうか昔の写真を見るようなつもりで昭和六二年一〇月二日を基本的に執筆の基準時点とする本論文を、哀れと思ってサラッと流し読みして頂きたい。上記の経緯で、今更基準時点をずらすことは、あえてしたくない。本論文をさらに進めた検討は、別な形で行なって来たし、その作業はこれからも続く。私の研究者としての良心は、そういった形で別に示すべきだと、今は思う。

（平成五年八月三一日）

一、国際財務と法
――抵触法（conflict of laws）の機能について――

国際財務とかかわる法分野は関係諸国の公法・私法の双方にまたがるものであり、かつ、それらの法的規律は国ごとに異なる。また、実際の紛争処理については行政・司法に関する法目的の実現（enforcement of law）の面での各国制度の差異が問題となる。そこから生ずる一連の国際的法律問題の処理を担当するのが、伝統的には国際私法（private international law）と呼ばれてきた法分野である。そして、この国際私法に関する各国の法的規律の内容も、国ごとに異なるのが現状である。ところで、この国際私法という法分野の呼称は若干ミスリーディングであり、最近の国際私法研究の重点は、各国公法・私法の両面にまたがって生ずる法律問題の全体像をとらえることに置かれている。その意味では、各国法の矛盾・抵触から生ずる法律問題を処理するための法という意味での、抵触法（conflict of laws）という、英米で主として用いられる呼称の方が、この学問分野の実際の姿に一層即したものと言える。

本稿では、かかる抵触法的見地から、国際財務と深くかかわる法律問題について論及する。だが、問題の全体像をとらえることは、紙数の制約上、もとよりできない。幸い、筆者はこの点についてこれまでかなり論じてきており[1]、個別的諸問題についてはそれらを参照していただければ幸いである。

以下、本稿では、国際財務とかかわる国際的取引活動に対する、国家的規制・監督の問題を、まず扱いたい。すなわち、第二節に於いては、国際的な場合で問題となるディスクロージャーや内部者取引（insider trading）規制（ただし、本稿の脱稿は一九八七年一〇月二日であったため、その後のわが証取法改正等について校正段階でこれを補う上でかなりの制約のあることを御了承いただきたい）、および、多国籍化する銀行に対する規制・監督について若干論ずる。第三節では、国際租税法上の問題、とくに、各国課税当局間の国際的な情報交換・徴収共助にウエイトを置きながら、この種の国際協調の現状と問題点につき論じ、他方、一国の法規の域外適用とそれに対する他国の対抗措置等との関係で、国際的紛争にまきこまれた企業が直面する複雑な法律問題の一端について、いくつか実例を示しつつ論ずる。これらは、金融機関を含めて、企業側が国際財務・会計戦略を練る際に、規制者たる国家との関係で常に念頭に置くべき法的諸問題ということになろう。

つづく第四節では、多少視点をかえ、右記のような全体的な問題状況の中で進行しつつある国際的なM&Aブームにつき、TOBの問題に焦点をあて、対ミネベア国際的TOB事件等に言及する。その上で、ゲッティ・オイルの買収に関するテキサコ・ペンゾイル間のアメリカ国内での重大な争訟を素材として、それに対して、若干の法的シミュレーションを行い、そこから派生するであろう国際的法律問題につき、抵触法的検討を加えることにしたい。この事件の主役たるテキサコを日本の企業に置き換えたらどうなるのか。そこから国際的企業買収に絡む抵触法的諸問題の一端が、多少なりとも明らかになると思われるからである。

国際財務に関する法的諸問題は、それにかかわる経済学的諸問題と同様、いずれも相当高度の分析手法を必要とする。また、契約締結交渉、契約書のドラフティングの段階から、紛争の発生、その最終的処理に至るまでには、抵触法学の（家族法を除いた）ほとんど全領域にわたる検討課題が関係してくる[2]。企業間紛争という局面でのその氷山の一角を示すのが、第四節の役割である。

ただ、本稿では、とくに第五節に於いて、具体的な企業間紛争の処理方法として基本的な二つの選択肢をなす、訴訟と仲裁のうち、仲裁について、若干述べておきたい。いわゆる三菱自動車事件アメリカ合衆国最高裁判決を契機に、仲裁条項の効用に対するあまりにも楽観的な見方が、わが国内で一部になされているようでもあるので、多少釘をさしておきたい点がある、と考えるからである。

二、金融取引に関する各国法規制の国際化

(1) ディレギュレーションとディスクロージャー

各国の金融規制緩和の流れの中にあって、むしろ注目すべきは次のことである。すなわち、一連のディレギュレーションによって、ますますディスクロージャーへの要請が強まる傾向にあるということである[3]。規制緩和が新たな規制を生ぜしめるということにもなるが、たとえば銀行にとっても、規制緩和は半ば当然のこととして、競争（市場）原理に基づく自然淘汰の可能性を意味する。近年のアメリカにおける銀行倒産の急増は、経済学的見地からは競争原理による当然のなりゆきとして評価され得るものであろうが、すべてをマーケットに委ねることの危険性も考えねばならない。われわれは、政府による規制の失敗、そして市場原理（マーケット）の失敗が共に生じ得るという冷厳な歴史的事実を踏まえ、基本的価値決定を行っていかねばならない。

いずれにしても、市場原理が有効に機能する前提となるのは、適切な情報がマーケットに対して十分にディスクローズされていることであり[4]、その際、一般企業にも増して銀行（および証券会社）に対しては、一層のディスクロージャーが要求されることになる[5]。この点について、かのペン・スクエア銀行の事件が重要な契機となっていることは、言うまでもない[6]。

他面、（銀行を含めた）多国籍企業に対する国際的規制の必要自体は、とくに一九七〇年の、かのITTの事件をきっかけとして[7]、多国間協議（国連、OECD等）の場で問題とされてきており、かくて右の問題は、多国籍企業のグローバルな活動に対する自由と規制という、一層大きな問題の一環をなすものとして、位置づけられることにもなるのである[8]。

現在、広い意味での金融サービスを含め、GATTの場でサービス貿易問題についての包括的討議がなされつつある[9]。そこで最大の問題となっているのは、サービス貿易の分野での各国の参入障壁の除去、および各国規制のトランスペアレンシーの問題であると言ってよい。金融の分野は他分野に比して、相対的には各国の市場開放が進んだ分野であると一応は言えるが、だからと言ってその種の国際協調の今後の展開を手放しで喜ぶ気になれないのは、おそらく筆者のみではないはずである。

(2) 証券取引に関する法規制の域外適用

たとえば、かのボウスキー（I. Boesky）事件[10]に象徴されるような、インサイダー取引は、国際金融取引のグローバル化傾向に伴い、まさに国際化、ないしグローバル化してきている。それによって、ディスクロージャーの問題とも深くかかわる内部者取引（insider trading）に対する規制もまた、国際化を余儀なくされている。だが、このインサイダー取引に関する各国の規制の程度・態様等は、各国の一般の法規制と同様、個々バラバラであり[11]、そこに於ける各国法規制の、細部に至るまでの統一は、もとより現状に於いて達成されていない。そこから、各国が自国と深いかかわりを有する取引に関する、自国法に基づく情報の開示を、外国にある外国企業に対しても求めることが半ば不可避的に必要となってくる。それを二国間ベースの情報交換協定によって行う道も、後述の如くないではないが、相手国の同意をとりつけることのできない場合は現実には少なくない。そこで問題となるのが自国法規制のいわゆる域外適用（extraterritorial application）である[12]。

自国法規の域外適用に対して最も熱心なのは、言うまでもなくアメリカであり、証券取引規制についてもかなり強硬な態度で臨んできている[13]。アメリカは、自国投資家の保護と自国証券市場の保護についての強い利害にもとづき、一九三四年の証券取引法（Securities Exchange Act）のセクション10(b)、およびその下でのいわゆるRule 10b-5（そして tender offer に関する同法のセクション14(e)）[14]などを主軸としつつ、関連法規の広汎な域外適用を認めている。その際、自国内で規制対象たる行為が行われた場合（the conduct principle）のみならず、行為自体は外国で行われたものであっても、自国内にその効果（ないし影響）が及ぶ場合（the effects principle）について、アメリカは自国法規制を貫徹することに積極的である。

要するに、アメリカの投資家がアメリカで外国証券を購入する場合や、アメリカの証券につき外国でなされた不適切な取引により、アメリカの証券市場がネガティヴな影響を受ける場合を含め、広汎に自国法規をもって規制すべく[15]、域外適用がなされるのである。もとより、この点は国際的な企業買収（とりわけ株式公開買付〔TOB: tender offer〕）の場合でも同様であり[16]、後述するミネベアに対する国際的TOB事件に象徴されるようなM&Aブームの国際的波及の中で[17]、わが国の企業がこのような域外適用の嵐の中に巻き込まれる可能性は、十分にあるのである。

ただ、ここで最も注意さるべきは、とくにアメリカに注目しつつ先に述べた証券取引規制の域外適用問題が、一国の法規がどこまで域外的（国際的）に適用され得るかという、一般的な理論的問題（国家管轄権の問題）[18]の枠内で把握さるべきことである。言い換えれば、それは、とくに第二次大戦後各国で盛んな議論を呼びつつ現在に至っている独禁法の域外適用の問題と、基本を同じくする性格のものなのである。

自国市場に効果ないし影響が及べば、自国証券取引規制の域外適用が認められるとする既述の効果理論（the effects principle）[19]もまた、独禁法の域外適用問題を軸として展開されてきたものである。独禁法の場合と同様、アメリカの証券取引規制の域外適用についても、それがしばしば他国法規、とりわけ秘密保持義務（たとえば銀行のそれ）などとの衝突を生じ、若干後述するように、複数国の赤裸々な主権の行使の狭間にあって、当該企業が進退きわまるといった状況が、徐々に現実のものとなってきている。

そこで、効果理論に基づく域外適用との関係でも、他国の規制との衝突等の種々のファクターを衡量するバランシング・テストが必要だとする見方（国家管轄権行使についての合理性の原則〔rule of reason〕）が有力化しつつある[20]。だが、それがどこまで現実的な歯止めになるかについて、これまで国家管轄権の問題に多少なりともかかわってきた筆者自身は、かなり疑問を持っている[20-a]。

ともあれ、独禁法の場合を中核としつつ、租税法・証券取引規制・輸出入管理法規（いわゆるCOCOM規制を含む）・資産凍結措置、等々に関する各国法規の域外適用は、今日ではアメリカのみならず、程度の差はあれ、他国でも広くなされている。のみならず、依然として厳しい姿勢をもって自国法政策の貫徹にこだわるアメリカに対して、少なからぬ諸国が対抗措置（blocking measures）を講じてきており、事態は一層深刻化しつつある。

そのような中にあって若干注目されるのは、国際商業会議所（ICC）が一九八四年に「国家法の域外適用に関する委員会（ICC Committee on Extraterritorial Application of National Laws）」を設置し[21]、一九八六年四月三〇日に、同委員会のレポートおよび政策声明を公表したことである[22]。そこでは、業種別実態の概観を踏まえた上で[23]、域外適用およびそれ

に対する他国の対抗措置によって示された各国主権の赤裸々な行使に対して、まさに被規制者の側の論理が端的に示されている。「国内法の域外適用は、国際通商投資活動を妨害し、財源資産の不適正配置を招き、生産効果に支障をきたしている。これを要するに、国内法域外適用は世界の繁栄を侵害するものである」[24]というのが、その真意であろう。だが、日々グローバル化する企業活動の中で、各国の法規制をたくみに逃れてビジネスが営まれることの弊害は無視し得ず、国家的法規制が域外適用の方向に向かうこと自体は、もはや不可避であることも認めねばならない。ここでも、規制者側の論理と被規制者側の論理とのしかるべき調整を目指しつつ、理論的検討（とりわけ筆者の専攻する抵触法〔conflict of laws〕的なそれ）がさらに深められねばならない。[25]

ところで、効果理論を基軸とする各国国家管轄権の拡大化傾向と、それによってもたらされる各国法規の域外適用の過程では、実に様々な法的問題が顕在化する。たとえば、いわゆる対抗立法の典型とされる一九八〇年のイギリスの通商利益保護法（Protection of Trading Interests Act）は、国際航空運送に関する、かのレイカー（Laker）航空事件に於けるその発動[26]によって大きな関心を集めた。だが、実は同法に基づく措置が最初に発動されたのは、先物取引に関するケースについてであった。すなわち、アメリカの商品先物取引委員会（CFTC）からイギリスのあるブローカーに対する情報開示が命ぜられ、それに対する協力をしてはならない旨の前記対抗立法に基づく命令がイギリスによって出されていたのである。[27]

(3) 銀行に対する規制・監督の国際化

わが国内に於ける銀行・証券の垣根論争[28]はともかくとして、二四時間体制下のグローバルな金融取引が実現しつつある今日、わが国の銀行・証券会社はともに、海外に於いては（一層実態に即して言えば、「海外との関係においては」と言うべきであろうか）[29]きわめて自由な活動をしている。[30]だが、金融取引のグローバル化とセキュリタイゼーションの進展に伴う銀行のオフバランスシート取引の急増は、新たな規制の必要を認識させるに至っている。[31]いわゆる銀行の自己資本比率規制の問題[32]などはその一環と言える。細かな技術的問題はともかく、一九八七年一月八日の「アメリカ合衆国連邦銀行監督機関およびイングランド銀行の一次資本充実度評価に関する合意提案」が、いわゆるリスク・アセット・レイシオの考え方に基づきつつ、オフバランスシート取引によってもたらされる種々のリスクの管理にかなりのウエイトを置いていること自体は、正しい方向を示したものと言えよう。ただ、すでに指摘されているように、各国の金融制度にはそれぞれ固有のバック・グラウンドがあり、[33]一つの尺度ですべてを規律し尽くすことには限界のあることも、深く認識されねばなるまい（これは各国法〔法制度〕の基本的平等の観念に立脚する、伝統的な抵触法学の基軸をなす考え方でもある）。

他方、金融取引のグローバル化を支える基本的インフラストラクチャーは、言うまでもなく、まさにグローバルな規模で運営されている高度情報通信ネットワークである。だが、そのグローバルなネットワークの中で、基幹コンピュータのソフトウェアにわずかなバグがあったのみでも、一九八五年一一月にニューヨークで起きたバンク・オブ・ニューヨーク事件[34]のような大きなネットワーク災害が発生し得る。この種の事故を完全に防止することは、技術的に見ても、ほとんど不可能であろう。[35]筆者自身は、国際的なEFT（Electronic Fund Transfer）取引といわゆるシステム・リスクの問題につき、グローバルな法的リスク・マネージメント・プランを求めるべく、中央銀行の役割の再検討という視点に立ちながら、若干の提案をしている。[36]

ところで、一九七四年のヘルシュタット銀行の倒産事件を契機として、スイスのバーゼルにある国際決済銀行（BIS——ドイツ語ではBIZ）の場で、各国の当局（authorities）が銀行の監督上相互に協力すべき旨の、いわゆるバーゼル・コンコルダート（das Basler konkordat）が、一九七五年一二月に出された。[37]そこでは、多国籍化している各国の銀行につき、その本店所在地国と海外の支店・子会社（またはジョイント・ベンチャー等）の所在地国との間での責任分担について、ある種のガイドラ

インが示されている。注目すべきは、そこに於いて、流動性（liquidity）のみならず支払能力（solvency）[38]の点についても、各国当局の責任が定められていることである。このコンコルダートについては、一九七八年一〇月に、銀行本体と子会社等との連結（consolidation）ベースでの監督方式の導入が勧告された。さらに、一九八二年七月の、イタリアのアンブロシアーノ銀行のルクセンブルク子会社の破綻などを契機として、一九八三年六月に、バーゼル・コンコルダートの改訂がなされた（その後のBCCI事件絡みの動きについては、いずれ別の機会に論ずる）。

改訂前、および改訂後のバーゼル・コンコルダートの骨子を、日銀金融研究所研究第二課長黒田巌氏（本稿執筆当時）の手による表を引用し、上に示しておく。

バーゼル・コンコルダートに於ける各国の監督責任

		支店	子会社	合弁会社
solvency	旧コンコルダート	母国	所在地国（正） 母国（副）	所在地国(正) 母国(副)
	新コンコルダート	母国	所在地国(共同) 母国(共同)	所在地国(正) 母国(副)
liquidity	旧コンコルダート	所在地国	所在地国	所在地国
	新コンコルダート	所在地国(正) 母国(副)	所在地国（正） 母国（副）	所在地国(正) 母国(副)

(正)＝第一義的責任　(共)＝共同責任　(副)＝副次的責任

〔出典〕黒田巌，後掲論文（『金融研究』6巻4号〔109頁〕所収）Ⅱ 2の第9表

ここで、改訂後のバーゼル・コンコルダートの原文に即して若干検討したい点がある。まず、そこに示された原則は、銀行監督にあたる当局（banking supervisory authorities）の責任に関するものであって、中央銀行の最後の貸し手としての側面（lender-of-last-resort aspects of the role of central banks）の問題についてのものではないとされている点が、多少気にかかる。それはおくとして、そこに示された基本ポリシーにつき一言すれば、一方では連結ベースでの銀行監督を重視しつつ、様々な形態により当該銀行が他国に進出した際、進出先の国の監督義務をも認めるという複線的思考がベースにあることが分る。その背後には、進出先の国で生じた出来事が母国にはね返り、またその逆のリアクションも生じ得るとの現実認識があるのである。そして、少なからぬ場面で、関係国間の、監督的規制ないし、流動性・支払能力の面での責任の重なり合うことが認められている。これは何を意味するのか。

身近な例として、わが国のいわゆる東京ドル決済システム（Tokyo Dollar Clearing System）に基づいて考えよう。わが国に於ける米ドル建て決済の多くは、某米銀の在日支店内での口座振替によってなされ、そこを通じて最終的にはアメリカでの決済がなされてきている。この場合、当該米銀（在日支店）は邦銀側に対して一定の信用供与をすることになるが、東京でのドル決済の規模が巨額化してきているため、まさにバーゼル・コンコルダートが懸念するような事態が生じ得る。その場合のリスクは、当該米銀の母国、すなわちアメリカ側の銀行監督上の関心事となる一方、もとより当該支店所在地国たるわが国の関心事でもある。改訂後のバーゼル・コンコルダートによれば、当該米銀在日支店につき、ソルベンシーに関してはアメリカが責任を負い、リクイディティについてはわが国が第一義的責任を、アメリカ側が副次的責任を、それぞれ負うことになる（この場合、当該在日支店の流動性面での危機が米ドルについてのものである場合、米ドルは外国の通貨だからということでわが国の当局が救済を怠ることは、もとより問題である）。ただ、そのようなリスクの発生をあらかじめ防止するための銀行監督上の規制が日米双方で食い違う（牴触する）場合には、どうなるのか。この点を若干理論的に詰めて考える必要があると思われるのである。

アメリカ側が東京ドル決済システムにかかわる米銀在日支店に対して、当該米銀のアメリカの本店を通じて一定の規制を試みるのは、実質的にみてアメリカのその種の規制の域外適用であると言える。つまり、本稿

でこれまで示してきた各国法規制の域外適用とそれに対する対抗措置と[39]の間の矛盾・牴触が、この場合にも理論的には十分生じ得るのである。

この点を多少鮮明ならしめるべく、ドイツにおける国際的な銀行監督の場合について一言しておこう。

ドイツでは、かのヘルシュタット銀行の事件を契機として、銀行監督（Bankenaufsicht）の強化が強く意識された。[40]その際、ドイツの銀行の国際的活動[41]のうち、きわめて多くの部分がルクセンブルクで営まれていることに基づき、ドイツの各民間銀行が、そのルクセンブルク所在の子会社との連結ベースでの種々の情報提供をドイツ側当局に対してなすべきことが、まず、合意された。[42]さらに、国際的銀行監督のための法改正への動きもあった。こうした事態の推移に対して、少なからぬ利害関係を有するルクセンブルク側からは、かかる協定は同国の主権を侵害するものであるとの反論がなされた[43]（その後の動きについては、いずれ改めて論ずる）。

ただ、自国主権が侵害されたとの主張がなされること自体は、現実のわれわれの世界に於いてさして珍しいことではないが、真に主権の侵害があったか否かは、一々理論的に精査しなければならない。[44]また、先に示したドイツ側当局の動きは、バーゼル・コンコルダートに基づく各国の協力の前提をなす問題でもあり、理論的にも重要なポイントである。

だが、ルクセンブルク側の示したような主権侵害の主張には、理由がない。[45]問題の核心は、一般国際法（慣習国際法）からもたらされる二つの問題、すなわち、国家管轄権の一般理論と、他国に対する干渉の禁止（Einmischungsverbot）の問題とにある。そして、ドイツの国際的銀行監督の法的側面を論じた最近のバウアー（K-A. Bauer）の分析の示すとおり、この点を、独禁法その他の各種法規の域外適用問題とパラレルに検討する必要がある。[46]

〝域外適用vs対抗立法〟という図式が悲劇的な形で定着し、さらに他国の対抗的措置の効果を減殺し、あるいは覆すための手段までが整えられつつあるのが、われわれの世界の現状なのである。[47]他国所在の子会社等の活動につき連結ベースでの情報提供がある国の当局から求められた場合、それが子会社等の所在地国法上の秘密保持義務等に反していたとしても、それだけでは後者の国の主権が侵害されたとはいえないのである。

三、各国法規制の対立と国際協調

——国際租税法上の問題との対比に於いて——

(1) 国際的内部者取引規制に関する各国当局間の情報交換への動き

まず、国際的インサイダー・トレーディング規制との関係では、一九八六年五月二三日、大蔵省証券局とアメリカのSECが、日米両国が「おのおのの証券法を執行するにあたって日米両当局間で監視・検査情報を交換するため」[48]の覚書を締結したことが注目される。その覚書の抄訳によれば、これは「国際証券市場の秩序を損なうような者を公表し、告発することはすべての国の利益に最もかなう」との基本認識に基づくものとされる。それはたしかにそうなのであるが、問題は、肝心の内部者取引規制に対する日米両国の基本的スタンスの差である。

周知のように、わが国では内部者取引規制の必要性を強く指摘する声にもかかわらず、証取法五八条一号の「違反を理由に、刑事責任を問われた例もなく、民事責任を問われた例もない。それどころか、行政当局も、五八条一号をもって内部者取引を規制することには、消極的である」[49]とされてきていた。そのようなわが国内での実情と、前記のSECとの覚書との間には、当時において相当のギャップがあったことは、認めねばならない。

ここで対比すべきは、アメリカとスイスとの、同じく国際的内部者取引規制をめぐる関係である。周知のように、国際的インサイダー・トレーディングはスイスの銀行口座を介して行われることが少なくない。そして、両国の間では、実際にSECが、スイスに所在する情報の開示を

求めて、在米子会社に強制的措置を発動するといった事件[50]が生じていた。両国間には、一九七七年の刑事事件に関する共助（Mutual Assistance in Criminal Matters）の条約が結ばれていたが、それが機能するためには、内部者取引がスイス法上も刑事罰の対象とならねばならない。ところが、スイス法上の当時の取扱いがそうしたものではなかったため、前記条約によるSEC側への国際的情報交換（一般の秘密保持義務を定めたスイス国内法上の規定をバイパスしてなされるそれ）は、なし得なかった。

そこで、スイス政府は内部者取引を明確に刑事罰の対象とすべく、法改正に乗り出したのである。その裏には、スイスの各銀行がこの種の国際的（対米）紛争の激化（とりわけアメリカ側の命令に従わないことにより、アメリカ市場からの実質的締め出しというサンクションを受けること）[51]を大いに懸念していることがあることは、言うまでもない。[52]

国家法の域外適用に関する前記のICC委員会の報告書（そのⅡ・C.）が指摘するように、アメリカ証券取引規制の域外適用による深刻な紛争の数自体は、独禁法の場合などに比すれば、かなり少ないと、一応は言える。これについて、証券取引規制特有の何らかの事情があるのか否かは、筆者はいまだつかめていない。[53]

だが、これについては、たとえばイギリスに於いても、内部者取引が明確に刑事罰の対象となったのが、ようやく一九八〇年になってからである、[54]といったことも、あるいは多少なりとも関係しているのではないかと思われる。[55]つまり、グローバルな高度情報通信ネットワークの急速な整備に伴い、各国はようやく最近に至り、国際的なインサイダー・トレーディングの規制の必要を認識しつつある。その際、内部者取引規制に対し、従来から最も熱心であったアメリカの経験が、ある種のパラディグマ（paradigma）として機能していることは疑い得ないであろう。そこで、現段階では、むしろ各国の情報交換の形をとった国際協調の側面が、大きくクローズ・アップされている、ということとなのではないか。

だが、各国がそれぞれ自国固有の法的風土の下に、独自の法規制を完備させたとして、その段階でも、国際協調による摩擦回避という美しい[55-2]側面にのみ、われわれが着目し得るかには、予断を許さないものがある。

国際的情報交換という点で、証券取引規制の場合よりも一層の経験的蓄積のあるのは、実は、国際租税法の場合である。そこで、国際財務の問題にも深くかかわる国際課税に関する問題状況を、以下に於いて若干検討しておきたい。

(2) 二国間租税条約における情報交換条項の機能とその限界

各国課税当局間の国際的情報交換は、すでに一九六〇年代からなされてきていたとされる。[56]一九七七年のいわゆるOECDモデル租税条約[57]二六条は、実際に二国間租税条約を締結する双方の国の課税当局の間で、各締約国の国内租税法令を実施するために必要な情報を交換するべきものと定める。しかも、同条により交換される情報は、必ずしも一方または双方の締約国の〝居住者〟に関するものには限られないことが、[58]そこで定められている。もちろん、そこで交換された情報については、基本的なその秘密としての取扱いや具体的なその使用方法等についての細かな定めもあるが、本稿執筆当時実際にわが国が締結していた三六か国との間の二国間租税条約[59]のほとんどは、この種の情報交換条項を有している。情報交換についての定めを欠くのは、そのうち、オランダ、スイスとの間のもののみである。[60]

また、手許にある一九八五年の文献によれば、アメリカが結んだ三四か国との租税条約のうち、情報交換条項がないのは、旧ソ連との間のもののみとされる。[61]そして、一九八二年中に、アメリカの内国歳入庁（IRS）は、租税条約を締結した相手国に対して、合計約五〇万の文書を送り、約八〇万の文書を受領したとされる。もっとも、その受領文書中の九〇%が、[62]カナダからのものであったとされていることには、若干注意を要する。

それでは、国際的な租税回避の防止を主眼とする、この二国間ベースでの国際的情報交換についての、全体としての評価はいかなるものであったのだろうか。一九八二年に出された、国際的情報交換に関するOE

CD租税委員会報告書は[63]、その冒頭で現実の情報交換が、各国の（国内）法制上、または実務上の種々の障害のため、予期したほど進展しなかったことを、率直に認めている。

もっとも、同報告書は、まさにそのような実態を踏まえた上で、この制度の一層の活性化のために努力すべくまとめられたものではある。そして、この種の国際協調への努力は、今後も続けられていくであろう。

国際的情報交換という〝手法〟の有効性と限界について、一般的にもまた、本節第1項で述べた国際的インサイダー・トレーディング規制に関する最近の動きとの関係でも、数多くの点で、その先例となるのが、この国際課税の場合の経験であろう。

筆者としては、この種の国際協調への努力に対し、いたずらに水を差すつもりは毛頭ないが、ここで、きわめて象徴的な意味を有する、一つの事件をとり上げてみたい。

ここで一言するのは、日本のトヨタ自動車本社を巻き込んだケースである。[64]アメリカの内国歳入法典（IRC）四八二条の定める価格操作（transfer pricing）が、親会社たる日本のトヨタ自動車とその在米子会社間でなされたとして、アメリカのIRSが[65]、一九八二年八月、その双方に対して、文書提出命令（いわゆるsummons）を出した。

この場合、この種のアメリカからの文書提出命令の常として、トヨタ側が提出を命じられた文書は膨大なものであり、それ自体が対象企業にとって大変な重荷となる。ところが一層問題なのは、当のアメリカ側、とりわけIRSが、これから述べるようなきわめて強硬な一方的措置による圧力（unilateral pressure）[66]によって集めた情報の多くを処理することが、不可能（unable）な状況にある、とされていることである。[67]ガバメンタル・リソーシィズがきわめて不十分であることがその理由とされるが[68]、このあたりのコスト・ベネフィットの分析が十分なされず、ただいたずらに自国法制度の伝統に甘んじて、外国に対してこの種の強硬措置が次々と発動される点に、今日のアメリカの国際的孤立化傾向の根本にあるものの一端が示されている、と言える。[69]

ところで、ここで問題とすべきは、日米租税条約二六条には既述の情報交換条項がありながら、何故、アメリカ側がそれによらず一方的措置を発動したかの点である。この点につき、IRSの一方的な文書提出命令を支持したアメリカの裁判所（カリフォルニア中部地区連邦地裁）は、日米租税条約に基づく日本側に対する情報提供要求が不調に終わったとしているのだが[70]、どうもそのあたりに、若干釈然としないものがある。[71]また、裁判所は、IRS自身が外国（日本）の裁判所に対して証人尋問要求書（letter rogatory）を発する資格がないからということをも理由として、IRSが一方的措置を講じたことを正当化しているが[72]、これも考えてみれば、妙な理屈である。なお、アメリカ側が、外国に対する文書・情報提供につき、仮りに相手国との間に条約があったとしても、そのような条約によるルートを唯一のものとは考えず（常に、と言っては言い過ぎかもしれないが）、極力自国国内法に基づく一方的対外強硬措置を温存しようとする傾向にあることは、ここに限ったことではない。[73]

いずれにしても、こうした事件を前にしたとき、すでに述べたように、はたして国際的内部者取引規制についての、アメリカを軸とする各国との国際的情報交換協定が仮りに結ばれたとして、それではそのあとすべてがうまく運ぶのであろうか、という疑問を抱くことは、それほど不自然なことではないはずである。

ところで、アメリカ側でこの種の一方的措置により、外国企業に対して情報の開示ないし提供が求められた場合、それに従わないとどうなるのかにつき、いくつか実際の例をあげておこう。

トヨタ自動車事件と同様、IRSに国際的トランスファー・プライシングの疑いをかけられ、一九八二年三月に文書提出を命ぜられたスイスのマーク・リッチ社（Marc Rich & Co. A.G.）は、アメリカ側の求める情報を提供すること自体、スイス刑法の定める事業上の秘密保持義務に違反するという困難な立場にあった。スイス側当局は、さらに対象文書を没収するという具体的対抗措置を講じた。ところが、これでアメリカ側が引き下がったかと言えばそうではない。スイス法が何と言おうと、アメリカの裁判所の命令に従わないことは、裁判所侮辱にあたるとして、アメリカの裁判所は同社に対して一日五万ドルの支払を命じた。[74]また、同社のアメリカ所在のいくつかの銀行口座を凍結した。[75]ちなみに、このケースは一九八四年一〇月に最終的決着を見て、マーク・リッチ側はアメリカ政府に対し、一億五、〇〇〇万ドルを支払うことに合意したが、右記の裁判所侮辱による罰金（contempt fines）[76]の総額は、その時点までで二、一〇〇万ドルに及んでいたようである。

ちなみに、一日五万ドルという額は、残念ながら、今日のアメリカでは、さして驚くに値しない金額である。たとえば、ノバ・スコティア銀行（Bank of Nova Scotia）の事件[77]では、同銀行のケイマン諸島、バハマ等に所在する支店に於ける、同銀行の顧客との取引につき、同銀行のマイアミの事務所に対して、一九八三年三月、文書提出命令が送達された。ケイマン諸島やバハマには銀行秘密に関する法規があり、同銀行は窮地に陥ったが、ここでも、アメリカの裁判所は、一日二万五、〇〇〇ドルの裁判所侮辱による罰金を科している。また、一日に科される額ということで一言すれば、多少ケースとしての性格は異なるが、ドイッチェ・バンクなどは、ドイツ法上の銀行秘密義務との板ばさみにあいつつ、アメリカの裁判所への文書提出に応じないことにより実に一日一五万ドルに至るまでの罰金を科されていた。[78]

(3) 国際的な租税徴収共助への流れ

前項に論じた各国課税当局間の情報交換以上に、企業側にとって大きな関心の的となるであろう問題は、アメリカで徴収すべき税金を、日本側当局が日本でとりたててアメリカ側に渡す、といった国際的徴収共助の問題であろう。[79]わが国が締結した二国間租税条約の中で、この徴収共助についての規定を有するのは、アメリカ、韓国、タイ、パキスタン、フィンランド（その後さらに若干の国）との間のものである。[80]

もっとも、一国の課した罰金や税金を外国でとりたてることが、当該外国の同意なしになし得ないことは、すべての議論の出発点として、明確にしておかなければならない。理論的には、国家の執行管轄権（enforcement jurisdiction）の問題である。[81]

わが国は、すでに昭和四四年に「租税条約の実施に伴う所得税法、法人税法及び地方税法の特例等に関する法律」を定め、その八条で具体的なわが国内での相手国の租税の徴収の仕方を定めている。筆者は、同法のこの点についての規定に多少疑問をもっているが、それは別稿に譲ろう。[82]

ここで多少一言したいのは、わが国と若干の国（ただしアメリカを含む）との間でも条約上規定されているこの租税徴収共助の考え方が、アメリカの強い意向を受けて、多国間ベースでとり上げられるに至ったことである。ちなみに、既述の情報交換条項と異なり、もともと、徴収共助の規定は、OECDモデル租税条約にはなかった（国連のモデル租税条約においても同じ）。

具体的な多国間の国際的徴収共助の枠組作定作業は、ヨーロッパ評議会（Council of Europe）とOECDとの協力の下に進められてきていた。ここでは、一言するにとどめるが、一九八六年には、税務に関する行政的相互共助条約草案（Draft Convention on Mutual Administrative Assistance In Tax Matters）が出されている。そこでいう行政共助の内容としては、複数国間でのいわゆる同時調査（simultaneous tax examinations）、および海外での税務調査への参加（participation in tax examination abroad）を含めた形での情報交換や、文書の送達（service of documents）の他に、ここで問題とする徴税共助（assistance in recovery――保全措置を含めたそれ）が含まれている。とくに徴税（徴収）共助については、他国租税債権の自国内での徴収につき、他の一般の債権に対する自国租税債権の優先劣後の問題との関係を、この場合にいかに調整するかが大きな問題となる（とくに倒産手続との関係において、深刻な問題が生ずることは言うまでもない）。また、一般の情報交換レベルでの問題とともに、他国からの要請をいかなる場合に拒絶し得るかとか、納税者の法的保護（秘密保護の問題を含む）等、重大な問題が多々ある。だが、まだまだ、理論的見地（とりわけ牴触法的見地）から突き詰めて検討すべき諸課題が山積しており、他方、わが憲法秩序の下で、共助の名の下にどこまでのことがなされ得るのか、また、そのような多国間協定ができたとして、現実にそれがいかなる〝機能〟を有し得るのか、等々、早急に関係者間の調整（単なる政治的妥協やかけひきではないそれ）のなされることが切望される。[83]

四、国際的M&Aブームと法

(1) コノコ（Conoco Inc.）事件について

筆者が強い興味を持つのは、後述の対ミネベア国際的TOB事件のような形での、まさに国際的なM&A絡みでの法的紛争事例、とりわけ敵対的TOBについての牴触法（conflict of laws）的検討である。[84]ただし、限られた紙数の中で、ここでは若干の事例研究的な検討にとどめざるを得ないのが残念である。

ここでまず言及するコノコ事件[85]には、多少事案の国際性（渉外性）があり、実質的には、いわば米・加間でのTOB（tender offer――以下TOBの語を用いる）合戦といってもよい。だが、むしろ興味深いのは事件の結末であり、友好的TOBばかりが注目されるわが国に於いては、ここでこのケースにつき一言する意義が十分にあると思われる。コノコ事件は一九八一年五月から一〇月にかけてのものであり、当時としてはアメリカ最大規模の企業買収事件であった。[86]当時全米第九位の石油会社であったコノコに対して、まずTOBをかけ、その株式の二〇%の取得を申し出たのは、カナダのかのドーム石油（Dome Petroleum Ltd.）であった。だが、このドーム石油によるTOBは、いわばコノコ事件の前史たるにとどまる[87]（ドーム石油の関心はコノコの保有する別会社の株式の方にあったからである）。

同年五月末から六月中旬にかけ、前記TOB問題終結後のコノコの株式取得交渉を、同社との間で行ったのは、カナダのシーグラム社（Seagram Company Ltd.）である。コノコはシーグラムには知らせず、別途Cities Service Companyとの合併を検討しており、六月一七日、コノコの取締役会はシーグラムの申出を拒絶した。直ちにシーグラムはその在米子会社を通じて、市場でコノコの株式の取得を開始し、アメリカ法上の所定の手続を経て、同年六月二五日、コノコの株式のうち三、五〇〇万株（最低買付数二、八〇〇万株）につきTOBを開始した。コノコの取締役会は同月二九日、シーグラムのTOBの申出を拒絶したが、その間、コノコはデュポン（Du Pont）社と交渉を行い、同社との合併の合意に達し、七月六日、その旨の発表がなされた。この合意に基づき、デュポンは七月一五日、コノコ株に対するTOBを開始したが、その翌々日、当時全米第二位の石油会社のモービルが、別途、コノコ株式の過半数を取得すべく、コノコ取締役会の拒絶にもかかわらずTOBを開始した。このTOB合戦の流れの中で、三者によるコノコ株一株当たりの買付価格が急上昇していったことは言うまでもない。

ただ、ここで言及しても所詮中途半端になるので、一切省略するが、TOBに関するアメリカの連邦法・州法上の様々な規定が、TOBを進める上で、ある場面では障害となり、また、ある場面では種々の戦略上有効な手段となる。[88]このコノコ事件でも、モービルが敗退した主原因たるHart-Scott-Rodino Act上の問題を措くとしても、各州で様々な訴えが当事者間で相互に提起されていた。

ここで注目したいのは、むしろコノコ事件の結末である。結局、このTOB合戦に勝ったのは、ホワイト・ナイトとして登場したデュポンであったが、デュポンは実に微妙な立場に追い込まれた。すなわち、もともとデュポンによるTOBの条件は、コノコの株式のうち四〇%をキャッシュで買い付け、コノコの残余株式はデュポンの株式と一定比率で交換するというものであった。[89]そのため、最終的にデュポンは、シーグラムが買い付けていた相当数のコノコ株と引き換えに、シーグラムに対し、自社株を提供することになった。その結果、コノコを吸収合併した後のデュポンの総株式数の約二〇%を、新たにシーグラムが取得することになったのである。[90]コノコを助けるべくホワイト・ナイトとして登場したデュポンにとって、また、シーグラムにとって、この〝結末〟をいかなる企業戦略（?）に基づくものかは分らぬが、同年一〇月二日、シーグラムとデュポンは、一〇年間の現状固定契約（standstill agreement）を

結んだ。すなわち、その期間中、シーグラムによるデュポン株式の取得を二五%までとし、シーグラムによるデュポン株の他への売却を制限し、両社は相互に相手方の取締役会に代表を送る、等々がその内容である。

シーグラムが最初からデュポンを狙っていたとすれば、このドラマの展開は実に面白いものだったと言えよう。と同時に、その種の筋書を裏で書いていた者が万が一いたとしたら、きわめて興味深いことであろう。また、その種の筋書を書くことは、ある程度までは可能のようにも思われ、それが内部者取引と即座に結びつくことも容易に想像し得るであろう。

だが、一言すべきは、アメリカに限らず外国で友好的TOBのつもりで事に臨んだ日本企業が、第三者の敵対的TOBとの競合の中でいかなる立場に置かれるかについて、このコノコ事件一件をフォローするだけでも、様々な法的教訓が導かれるであろう、ということである。そのあたりの〝法的戦略〟がわが国の企業においてどの程度練られているのかが、興味深い問題として残るのである。コノコ事件に於いても、わずか数か月のうちにすべてが終わり、その間、実に多種多様な法律問題（複数の訴訟を含む）が発生していた。短期間のうちにそれらに十分対処できるだけの法的理論武装なしに、いわば何となく国際的M&Aブームに巻き込まれるのは、あまりに無謀である。

(2) 対ミネベア国際的TOB事件[91]

ここでは、長野地裁上田支部での記録閲覧等により知り得た事実関係、および、そこでの法的争点につき若干述べておく。

事件名は転換社債発行無効、株主総会決議無効確認請求書（長野地裁上田支部昭和六一年（ワ）第一五号）、原告はトラファルガー・グレン・リミテッド（以下、TGLと略称）、およびグレン・インターナショナル・ピー・エル・シー（以下、グレンと略称）、被告は㈱ミネベア、および㈱啓愛社である。この事件自体は昭和六一年五月六日、一審判決が下される前に訴が取り下げられて終了したのだが、後述のように、被告側から原告側に対して訴訟費用担保提供の申立がなされ、その提供を命ずる決定が同年四月三日に同支部によってなされていた。

原告側の請求は、昭和六〇年一二月二〇日のミネベア定時株式総会での「かねもり」との合併契約書の承認決議と、ミネベアによる転換社債発行に関するものであるが、その前に、半ば公知の事実でもあるが、事件の概要につき、一言しておこう。

一件記録によれば、原告TGLは、原告グレンと訴外トラファルガー社（カリフォルニア州法人、昭和五九年九月設立）とが、他社への投資、他社の経営・支配等を行うべく、英領バージン諸島の法律に基づき、昭和六〇年一一月二二日に設立した会社である。TGLは同年一二月一三日からミネベアの額面普通株式一、〇〇〇万株を所有し、同月二一日、右株式の登録機関たる某邦銀（青山支店）で名義書換をすませている。

他方、グレンは、連合王国（U.K.）の法律に基づき昭和五七年七月五日に設立された、TGLと同種の目的を有する会社であり、昭和六〇年八月頃より、ミネベアの額面普通株式四一〇万株余りを所有し、同年一二月一九日、TGLと同様に名義書換の登録をしている。グレンは、日本企業の欧州での盛んな転換社債等の各種証券発行に伴い、欧州の市場等で日本企業の転換社債、ワラント、および株式等を取得していた。グレンとトラファルガーは、日本企業への投資にあたっては極力協力し、とくにミネベアに対する投資についてはパートナーシップを組み、その一環として、トラファルガーは、グレンから大量のミネベアのワラントを買い受ける権利（オプション）を取得した。そして、この段階で、グレンおよびトラファルガーによる対ミネベア経営支配の意向ありとのプレス・リリースがなされていた。

昭和六〇年一〇月二五日付の書簡で、両社の組成するパートナーシップ（当時TGLはまだ法人化されていなかった）の名で、ミネベア取締役会に対し、全株式取得の意向、およびTGLを存続会社とするミネベアの吸収合併の意向が伝えられ、それが拒絶された場合にはTOBをかける旨も伝えられた。

なお、グレン・TGLは、前記名義書換済株式の他に、新株引受権と

して一、一二五万株分（スイス・フラン建新株引受権付社債による）、二、九六六万余株分（同上、米ドル建て）、一、七〇〇万余株分（同上、英ポンド建て）を有し、さらに三、五七〇万株に転換可能な米ドル建ＣＢを有していた。仮りにこれらの権利がすべて行使された場合、昭和六〇年九月三〇日現在のミネベアの発行済株式総数の約二七％をグレン・ＴＧＬが取得することになると原告側は述べている。

原告側は、原告側の申出（とりわけＴＯＢに関するそれ）に対する防御戦略（defensive tactics）としてすでに行われた、ミネベア主力取引銀行二行の私募による総額一六〇億円の無担保転換社債発行自体を、著しく不公正なものとしてその発行の無効を主張した。また、「かねもり」との合併についても、ＴＧＬの株主たるトラファルガー社が米国証券取引業協会会員のトラファルガー・セキュリティーズ・リミテッドに依頼し、「かねもり」との合併がミネベアにとって有害無益たることの結論を得たこと、また一・八対一という合併比率がミネベアの側に、したがって現在のミネベアの株式にとって著しく不利益であること、等を理由に、ミネベアの合併決議自体が無効だと主張した。

だが、この訴えが〝本気で〟提起されたものかを疑わせるのは、むしろ次の点である。すなわち、被告たるミネベア側は、既述のように、訴訟費用担保提供の申立書を、昭和六一年三月一一日付けで裁判所に提出した（昭和六一年（モ）第三八号）。ＴＧＬもグレンも、日本に住所・事務所および営業所を有せず、かつ、申立日現在において英領バージン諸島および連合王国は、民訴手続に関する条約（昭四五条約第六号）の締約国ではないことがその理由とされた（民事訴訟法一〇七条参照）。

そして、ミネベア側の申立どおり、同年四月三日、長野地裁上田支部の決定がなされたのに対して、同月一一日、それを不服として東京高裁への即時抗告（昭六一（ラ）第二〇八号）がなされた。だが、原告側は、同月一一日の口頭弁論期日までに担保提供を行うことがきわめて困難であること、等を理由として同月一八日に期日を変更してほしいと申し立てたりもしていた。そして、そうこうしているうちに、原告側が訴を取り下げたのである。

興味深いのは、被告側の出していた担保提供命令申立書の内容である。被告側代理人は、前記の点に加え、鋭い分析の下に、原告側のプレス・リリースやその後の行動に関し、原告側のＴＯＢ提案は（そして、暗に、あるいは間接的な表現により、本訴の提起もまた）ある種のマスコミ操作の手段であったと指弾しているのである。

以上が、マスコミによって多少情緒的に伝えられた対ミネベア国際的ＴＯＢ事件の、具体的な訴訟記録から見た〝真相〟だということになる。全体的なＴＯＢに要する費用との関係では、誠に微々たる訴訟費用の担保提供に対する原告側の上記のような対応が、（具体的な本訴請求の仕方の不自然さを別としても）一つの象徴的な意味合いを有しているように、筆者には思われる。

だが、たとえばアメリカからの、金融面での対日門戸開放要求の中の一つの重要な柱として、日本の金融機関の買収（ＴＯＢを含む）に対する種々のバリアの撤去、および、規制の透明性があげられていること[92]、なども考えねばならない。今後、第二、第三のミネベア事件が起きてきたときに、外国側が種々の〝法的戦略〟の下に、本気で争った場合にどうなるのか。

他方、これまでは、当事者が複数国にまたがっていても、実質的には一国のマーケットの中でＴＯＢ（そしてＭ＆Ａ一般）の問題が処理されてきたような一般の印象も、わが国内ではあろう。だが、各国のＴＯＢ（そしてＭ＆Ａ一般）に関する法規制もまた、相互に矛盾・牴触しており、株の上場・流通も、グローバル化の一途をたどっている。そのような状況下では、文字どおり複数国にまたがるＴＯＢ（やＭ＆Ａ）の法律問題が、多種多様な形で、また公法・私法両領域を含めた形で、生じてくるであろう。そのための牴触法的検討の重要さは、いまさら言うまでもないと思われる。[93]

(3) テキサコ vs ペンゾイル事件を素材として

――基礎的な牴触法的シミュレーション――

Ｍ＆Ａブームの国際化の流れの中で、Ｍ＆Ａから派生する法的紛争もまた国際化するであろう。ゲッティ石油の買収をめぐって生じた、かのテキサコとペンゾイル間の訴訟合戦とテキサコの法務倒産といった、一連の深刻な事態の推移[94]（その詳細につきここで論ずることが、紙数との関係でできないことが残念である）につき、筆者はその国際的な、言い換えれば国境を越えた波及（とりわけわが国への影響）に注視していた。いままでのところ、そのわが国への波及は表面化していないが、そのようなあり得べき展開をも予測しつつ、理論的分析の度を深めておく必要がある。

周知のように、全米第三位の石油会社であり、全世界の企業番付でも一〇位以内にランクされていた超大企業テキサコは[95]、一九八七年四月一二日に、わが国でいう会社更生手続に相当する（ただし、具体的な法律効果は相当異なることに注意せよ）[96]、アメリカ連邦破産法[97]のいわゆるチャプター11に基づく手続の申請を、ニューヨークで行うに至った。[98]

テキサコがこの申請を行ったのは、同年四月六日の連邦最高裁判所判決が[99]、テキサコに有利な一九八六年一月一〇日のニューヨーク南部連邦地裁判決[100]、および大筋においてそれを支持した連邦第二サーキット控訴裁判所の同年二月二〇日の判決[101]を覆す判断を示し、テキサス州での裁判に当面の処理を委ねるべきだとしたことによる。

一九八四年一月三日のゲッティとの基本的合意[102]（agreement in principle）に基づき、ペンゾイルはゲッティの買収を実行しようとしていた[103]。だが、同月六日、一転してゲッティのテキサコによる買収が両者間でペンゾイルを度外視した形で合意されたのである。周知のように、これに対するペンゾイル側からの主要な訴は[104]、当初デラウエアの州裁判所に提起された[105]。だが、ペンゾイルはデラウエア州での訴訟が不利と判断し、のちに自らの本拠地たるテキサス州に法廷地（forum）を移すべく、デラウエア州でのテキサコに対する訴訟を一方的に取り下げた[106]。

テキサス州の州裁判所は、陪審審理に基づきつつ、ペンゾイルからの不法行為に基づく主張をほぼ認め[107]、通常の損害賠償（actual damages）として七五億三、〇〇〇万ドル、いわゆる懲罰的損害賠償（punitive damages）として三〇億ドル、利息分を含めて計一一〇億ドルを超す額の支払をテキサコに命ずる判決を下した（控訴審判決で多少減額がなされている）。

このあたりの訴訟の展開はきわめて複雑であるが、テキサス州の州裁判所が自州法ではなくニューヨーク州法を準拠法とした上で、右判断を下していることが重要である。[108]

細かな時点の先後関係は別として、この段階で、テキサコ側は、連邦制に絡む問題（federal question）があるとして、州裁判所から連邦裁判所に争いの〝場〟を移そうとした。つまり、わが国の仮執行宣言つき判決（民訴一九六条）のような形で、テキサスの州裁判所の右記判決に基づき、ペンゾイルはテキサコの財産に対して執行をなし得ることになる。だが、テキサス州の民事訴訟規則上、その執行を阻むためには、テキサコが同州判決で命ぜられた支払額、利息等の総額を下まわらないだけのボンドを積まねばならない。

テキサコは、このようなテキサス州法の規定が、連邦（合衆国）憲法に違反すると申し立てたのである。と同時に、テキサコは、そのようなフェデラル・クエスチョンを判断してもらうためのフォーラムを自己の本拠地であるニューヨークに設定した。連邦裁判所の側の一・二審判決は、前記のテキサコ側の主張を認めた。だが、テキサコは、このフェデラル・クエスチョンをテキサス州の州裁判所において何ら持ち出していず[109]、いきなり連邦裁判所で争った。

この最後の点が、連邦裁判所と州裁判所との権限関係という、連邦制に内在する基本問題と深くかかわり、連邦最高裁の逆転判決を導くこととなったのである。

連邦最高裁判決は、いわゆる〝Younger abstention〟の法理に立脚する。この法理は、一言で言えば、州が独自の司法制度を維持・運営する上で有する重要な利害を考慮し、ある種の礼譲（comity）的配慮から、連邦側の個別州の法制度への介入を極力差し控えることを内容とするものである。[110]

この法理は、もともと州の刑事手続との関係で説かれ[111]、民事手続に関する本件でも、それが維持されたわけである。要するに、それは、制度

的にテキサス州最高裁判所において、テキサコ側が同様の主張をなし得るのに、それをしない段階で、連邦裁判所側が一方的にテキサス州法の連邦憲法違反を理由に介入することは、州の独自の判断に対する不当な介入にあたるから差し控える、というものである。もとよりテキサス州の州裁判所も、合衆国憲法に拘束されるわけで、そこでの判断を当面静観するべきだ、というのがこの連邦最高裁判所判決の真意である。したがって、連邦最高裁は、テキサコの主張の当否自体については何ら実体判断を下していず、また、テキサコが現段階で（now）、テキサスの州裁判所において、同州法の連邦違反を主張して実際に争い得るか否かの点、等も判断していない。それは、連邦裁判所側の一・二審判決を、Younger abstention の法理に基づき破棄する点に、射程を限定したものなのである。[112]

前記のようなテキサコ vs ペンゾイルの紛争には、実はこの他にもきわめて多数の法的論点が内包されている。たとえば、すべての出発点たるペンゾイル・ゲッティ間の〝agreement in principle〟[113]が法的拘束力を有するか否かについても、種々の問題がある。テキサスの州裁判所による、ニューヨーク州法に基づく懲罰的損害賠償の言渡しなどについても、同様である。[114]

だが、むしろここで一言したいのは、「日本企業が米国においてＭ＆Ａに関与する場合……法律問題に十分配慮し対処しないで事を進めると、テキサコと同様に『企業の存亡』にかかわる事態に巻き込まれるおそれのあること」[115]についてである。

そこで、以下には、事件の主役をテキサコから日本企業に置き換えた上で、実際にこの事件で生じていた法律問題が、日米の国境を介して日本企業にいかなるインパクトを与え得るかについて、基本的ないくつかのポイントを指摘しておこう。

日米企業間紛争の基本的図式に置き換えた場合、テキサコ vs ペンゾイル事件からは、いくつかの牴触法的なポイントを析出することができる。まず、ペンゾイル・ゲッティ間の合意（agreement in principle）の法的拘束力、不法行為の成否、損害賠償の範囲、懲罰的損害賠償の可否、賠償額の具体的算定、等のいわば実体法的問題がある。州際（interstate）事件たるこの事件の主役を、テキサコから日本企業に置き換えた場合、国際的（internatioanl）な、したがって国際私法的な事件となる。そこであらためて問題となるのが準拠法である。実際の買収交渉も国境を越えてなされていたとすれば、不法行為の準拠法の候補となる法域の数は拡大する。ところが、準拠法の決め方は、アメリカでは州ごとに微妙に異なるし、また、もとより国ごとにも異なる。[116]

そこで重要となるのが、法廷地国（州）の決定（forum fixing）である。それが決定されれば、法廷地国（州）の準拠法選択規則（choice-of-law rules）に基づき準拠法が決定されるからである。

テキサコの立場にある日本企業としては、ペンゾイル的立場の米国企業による訴提起の先を越して、自らに相対的に有利な法廷地を選んでそこで逆提訴することも、一つの戦略である。[117]

ただ、テキサコ vs ペンゾイルの事件を日本からながめていると、ペンゾイル、テキサコがともに、自らの本拠地たるテキサス、ニューヨークにそれぞれ forum を設定することが、比較的容易になされていることに気付く。わが国では、国際裁判管轄決定上、被告の住所地主義が大原則として強調されるが、アメリカでは必ずしもそうではない、といった基本的ニュアンスの違いも、そこには感じとられるであろう。[118]

これに対して、米国側当事者によってあらかじめアメリカのどこかで設定されてしまった forum がすでにあるとき、日本企業はそこで応訴することの他に、別の forum を自ら設定しようと思うかもしれない。テキサコは自己の本拠地たるニューヨークで訴えたが、連邦制に絡む既述の問題を捨象し、日本企業が同様の行動をとったとすれば、この場合の対抗訴訟は、日本で提起されることになる（ただし、他にも適切な場所があるかもしれないことに注意）。この場合の両訴訟の関係は、日立 vs ＩＢＭ事件と同様の、国際二重起訴の問題となる。[119]

国際二重起訴（もとより三重以上の多重起訴もあり得る）の問題を別としても、アメリカでの訴訟において、既述のテキサス州裁判所の下したような内容の日本側敗訴の判決が下されたとする。判決の確定をめぐる

微妙な問題を捨象して単純化すると[120]、判決を下した州のみならず、他州、および他国（日本を含む）[121]でのその効力が問題となる。外国（他州）判決承認の問題である。

だが、ここで、テキサコ vs ペンゾイル事件では、（わが国にはない）懲罰的損害賠償という英米法上の独特な制度が関係していたことを想起すべきである。通常の損害賠償はともかくとして、この懲罰的損害賠償を認めた部分は、はたしてわが国で承認され、それによりわが国内で執行がなされ得るのだろうか。

もとより、外国判決承認（民訴二〇〇条、民事執行法二四条）においては、準拠法たる外国法の適用におけると同様、わが国にはない法制度（ないしはその下での外国裁判所の判断）をすべてシャット・アウトするといった偏狭な立場は、とられていない。だが、典型的なアメリカの懲罰的損害賠償や、アメリカ独禁法上の三倍額賠償（treble damages ――一般的には multiple damages）などについては、一般の損害賠償問題と切り離した上で、若干別の考察が必要ではないか。

結論のみをここで示せば、筆者自身は、これらの制度に内在する〝私人の訴えによる公権力行使の肩代わり〟の側面を重視し、次のように考えている。すなわち、まず、それらについては、外国判決承認の対象外とする。他方、わが国で仮に、それらを認めるアメリカの法規が準拠法として登場してきたときには、外国刑罰法規等に準じて、わが国で適用され得る外国法規範の内にはそれらを含めない（したがってわが国では、それらに基づく請求はなし得ない）――そう考えているのである。[122]

もとより、ここでは問題点の網羅的な指摘は考えていないが、次に一言すべきは、テキサコの法務倒産との関係である。この場合のテキサコを単純に日本企業に置き換えたとしても、その本拠地たる日本での会社更生手続が、あれだけのインパクトをペンゾイルに対して与え得たかは問題である。現在のアメリカ連邦破産法チャプター11が[123]、債務者自らの申請による場合、この者に何かと好都合にできていることを無視し得ないのである。また、州際事例ということでテキサス vs ペンゾイル事件では、〝連邦〟破産法に基づく手続の開始がアメリカ全土に広く法的拘束力を及ぼすが、国境を越えた日米間紛争になると、基本的に事情が大きく異なることになる。ある国の倒産手続が別の国で効力を有するか否かは、条約でもないかぎり、後者の国の独自の判断にかかる。たとえばわが国の破産法三条、会社更生法四条は、自国倒産手続の国際的効力、外国倒産手続の承認の両面で、厳格な属地主義をとっており（ただし、一定限度でのその硬直緩和への努力はなされている）[124]、倒産法（その国際的側面を含む）もまた、国際裁判管轄や外国判決承認制度等とともに、国ごとに制度のたて方が異なるのである。

ちなみに、日本の倒産手続の効力をアメリカにも及ぼすためには、わが倒産法上の右記の制約をクリアした上で、アメリカの連邦破産法三〇三条(b)(4)に基づき、外国の管財人による非自己申立手続（involuntary cases）を使うか[125]、同法三〇四条の外国手続に付随する手続を申請する、という道が、あることはある。[126]

なお、テキサコ vs ペンゾイル事件のこれまでの展開の中で、ついにＳＥＣが、ペンゾイル側にかなり不利な形で登場したことは[126-a]、周知のとおりである。日米間のＭ＆Ａ絡みの問題についても、ＳＥＣをはじめとするアメリカ側当局からの種々の措置の域外適用のなされることも、十分にあり得るであろう。[127]

このように、テキサコを日本企業に置き換え、事実関係等に適宜変容を加えたりした場合に析出される問題は、すべて、牴触法学（国際私法学）の研究上の要をなす重要問題ばかりである。

筆者は、かつて〝国際金融取引における債権の管理・保全〟について論じた際、次のように述べた[128]。すなわち、――

「国際金融取引が、通信回線の国際的ネットワークによって瞬時に世界中をとびまわるマネーという生き物を扱う動態として把握されるならば、そこで生ずる種々の債権をいかに管理・保全し、また発生した紛争をどこの国の法廷で、どのような形で処理していくかという国際私法・国際民事訴訟法絡みの種々の法理論的テクニックないし戦略も、また、動態的なものとして認識され、活用されていかねばならない。とくに、ここでその一端を垣間見た国際民事訴訟法上の種々の法技術（それらに

ついては石黒『現代国際私法(上)』において、数百頁を費して細かな、そして体系的な検討をしておいた）を縦横無尽に駆使し、その場その場のシチュエイションに応じて最も効率よく、短期間に最良の成果を生み出していくためには、相当に理論・実務の両面で洗練された国際的頭脳集団の存在が不可欠であろう。多国籍企業における高度の国際租税戦略におけるとほぼ同様の頭脳投資の必要性が、この点について一般に広く認識されるのは一体いつの日のことであろうか」と。

国際的なM＆Aブームの波及の中で生じたテキサコvsペンゾイル事件は、まさしく右記のような視点からの法的理論武装が、企業の側にとっても急務であることを如実に示す素材として、重要なものなのである。

五、国際的企業間紛争処理と仲裁
——三菱自動車事件アメリカ合衆国最高裁判決[129]をめぐって——

(1) 三菱自動車事件と仲裁条項の効用!?

昭和六一年五月二六日日経朝刊（マンデー日経）『ザ・トラブル』欄には、「米独禁法違反、どこで裁くか 三菱自と米社紛争 連邦最高裁は日本で仲裁認める 世界初の判断へ」と、例によって多少情緒的な報道がなされていた。

この事件の登場人物等と契約関係は、下の図のとおりである。

下の左側の図のように、日本法人たる三菱自動車（Mitsubishi Motors Corporation）は、クライスラー社（Chrysler Corporation）の全額出資にかかるCISA社（Chrysler International, S. A. ——スイス法人）と三菱重工とのジョイント・ベンチャー（J. V.）である。アメリカ合衆国（連邦）最高裁判決中の説示によれば、このJ. V. の目的（の一つ?）は、クライスラーのディーラーを通して、三菱・クライスラー双方の商標を付したそれらの製造車を、アメリカ合衆国の、大陸部分の外で販売することにあった。[130] プエルトリコに本拠を有するプエルトリコ法人Soler社（Soler Chrysler Plymouth, Inc.）は、一九七九年一〇月三一日に、前記右図(I)の契約をCISA社と結んだ。そこでは、三菱自動車の製造した車を、Solerがサン・ホアンを含む地区で販売する旨定められていた。同日、前記(II)の契約がCISA・Soler・三菱自動車の三社間で結ばれ、そこでは前記(I)の契約を援用しつつ、三菱車のSolerへの直接販売を定め、かかる販売の条件等を細かく定めていた。この(II)の契約中に、三菱・Soler間の本契約にかかわる紛争を、日本の国際商事仲裁協会（Japan Commercial Arbitration Association）の定める規則に基づき、そこでの仲裁により最終的な形で処理すべきことが定められていたのである。[131]

〈出資関係〉

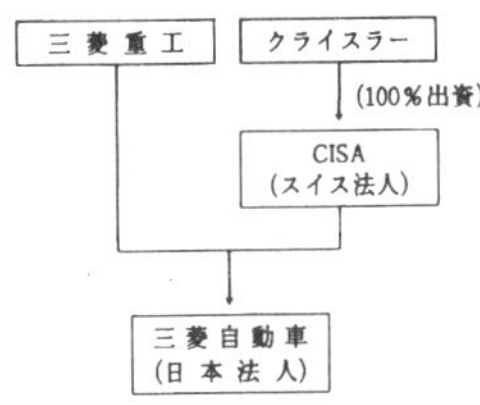

〈契約関係〉

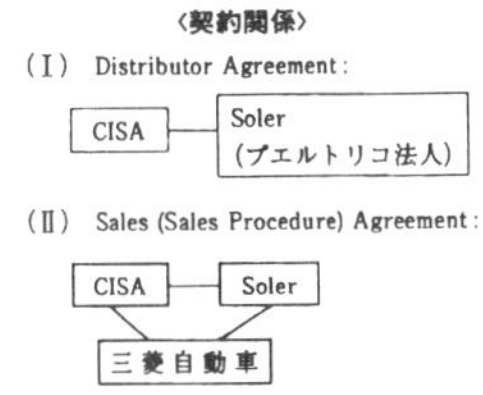

紛争は、一九八一年はじめから春にかけての状況の変化の中でSolerが前記契約に定められた販売台数を達成できなくなって行ったことから生じた。三菱自動車とCISAは、Solerの種々の申出を拒絶し、一九八二年三月、三菱自動車はプエルトリコ地区連邦地裁において、前記(II)の契約に基づき、仲裁により紛争解決がなされるべき旨の命令を求めて訴えた（その直後、三菱は、日本の国際商事仲裁協会に対して日本での仲裁手続の開始を求めた）。[132]

Solerはアメリカの右記連邦地裁で、逆に三菱およびCISAを相手に反訴を提起し、種々の点を争ったが、その中にアメリカの連邦反トラスト法に基づく訴訟原因（cause of action）が含まれていた。Soler側は、三菱とCISAの間に市場分割の共同謀議があり、その一環として、Solerからの、アメリカの他の地域での三菱車の販売の申出が拒絶されたりしたのだ、などと主張したのである。

ここで、連邦反トラスト法上の問題が仲裁で処理され得るかという本件のメイン・イシュー[133]が浮上することになった。地裁判決は、反トラスト法によって与えられた権利に関する問題は仲裁になじまない、との一般論を踏まえつつも、本件の場合には（II）の契約の国際的性格からして、反トラスト法上の請求についても仲裁条項に従い、仲裁によって処理すべきものとした。

だが、この点に関しては、連邦第一サーキット控訴裁判所判決[134]が地裁判決を破棄し、他の点とともに上告がなされることになった。[135]

一九八五年六月二日の連邦最高裁判決[136]は、本件に於ける連邦反トラスト法上の請求の仲裁による処理の可能性について、次のように判断した。[137] 国際礼譲（international comity）その他の理由、国際商事紛争処理に関する予測可能性の重視の観点、等を強調しつつ、国際契約たる本件契約の性格に鑑み、結論として、この点についての処理を、外国たる日本での仲裁手続に委ねるべきものとしたのである。その際、連邦最高裁は、連邦反トラスト法上の三倍額賠償の問題にも言及し、その点も含めて日本での仲裁に委ねたことが注目される。[138]

そこで、面倒なアメリカ連邦反トラスト法上の三倍額賠償請求をクリアする便利な道具としての、仲裁条項の効用が、わが国において、一部に情緒的にとらえられる傾向も、本判決を契機に、若干見られるに至ったのである。

だが、問題はそう単純なものではない。

(2) 三菱自動車事件アメリカ合衆国最高裁判決の真の狙い

この合衆国（連邦）最高裁判決を一読して、筆者がまず奇異に思ったのは、次の点である。すなわち、先に略述した本判決の多数意見は、同裁判所がかつて下した国際裁判管轄の合意に関する、一九七二年のかのBremen v. Zapata 事件判決[139]を援用している。だが、Bremen v. Zapata 判決には、全く一般論の部分と、事案の特性に照らした個別的考察の部分とがあるのに、[140] 三菱自動車事件判決では、前者の部分のみしかないような印象を、筆者は受けたのである。

そう思って細かく見ていって、突きあたったのが、多数意見に付された次のような内容の脚注であった。[141]

すなわち、同判決の脚注19には、本件で問題となる前記の図の(II)の契約中に、スイス法を準拠法とする旨の条項があるが、多数意見は、この準拠法条項によりアメリカ法の適用が（反トラスト法を含めて）全面的に排除される可能性を、まず問題とする。だが、本件に於いて三菱側代理人は、前記条項にもかかわらず、反トラスト法上の請求についてアメリカ法が適用されるとの前提で、日本での仲裁手続がなされる旨、口頭で述べたことを、多数意見は指摘する。そして、仲裁条項にきわめて好意的な多数意見の判断は、そのようにして、アメリカ法上の（三倍額賠償をも含めた）請求に十分考慮が払われつつ日本での仲裁手続がなされるべきことを、あくまで前提とした上でのものなのである。

多数意見の本音ともいうべき部分を、次にあえて英文のまま示しておこう。

"We merely note that in the event of the choice-of-forum and choice-of-law clauses operated in tandem as a prospective waiver of a party's right to pursue statutory remedies for [American] antitrust violations, we would have little hesitation in condemning the agreement as against public policy."[142]

このような多数意見の論理には、種々の理論的疑問もある。だが、それはともかく、脚注に隠された（?）、この連邦最高裁判決の本音をあわせ考えたとき、わが国の一部に広がった仲裁条項の"効用"への信頼に対しては、大きな疑問符が付されるべきであろう。

国際的な企業間紛争処理上も大きな二つの選択肢をなす仲裁と訴訟（裁判）とについて、仲裁のメリットとしては様々なことが言われてきた。[143] だが、仲裁のデメリットも考えねばならず、[144] 少なくとも、仲裁条項があったにせよ、様々な形で訴訟が起こり得ることは、右に示した点からも推察される。その他、仲裁人の選定を誤った場合等において、仲裁のメリットとされる一審制による迅速性が、逆に大きなリスクとなって浮かび上がるであろう。他国での執行を考える際にも、外国判決の承認・執行の場合には、たとえばわが民訴二〇〇条に示されたような承認要件が、ある程度のバリアとして敗訴当事者を守る形となる。だが、仲裁の場合には、外国仲裁判断の承認および執行に関するいわゆるニューヨーク条約（昭三六条一〇）が相当多数の国々によって批准されており、しかも、そこでの承認拒否事由はかなり限定的であり、前記のような意味でのバリアとしての効用をどこまで期待し得るかが、問題となる。また、コスト面でも、本当に仲裁の方が安上がりなのかどうか、筆者には多少疑問にも思われる。

別に仲裁より訴訟の方がベターだと言うつもりもないが、白黒をはっきりさせて筋道を通すという訴訟にも、それなりのメリットはあるのである。[145]

六、国際財務に於ける法と経済

筆者はかつて、「法的観点の裏づけのない国際取引は橋無くして崖に一歩を踏み出すが如きものである」[146]と書いた。これは国際財務に関する企業活動にも、もとよりあてはまる。

本稿の目的は、再三述べたように、必ずしも国際財務とかかわる法的問題の全体像をスケッチすることにあったわけではない。いくつかのトピックを扱いつつ、一層の法的検討の必要性を一人でも多くの方々に認識していただくために、本稿は書き始められたものである。だが、おのずから、本稿は、本文に付された後出・注の(1)で列記した筆者の諸論稿を補う形のものとなっていった。

おそらく、国際私法（牴触法）学の取り扱う法律問題は、実定法学の中でも最も難しい部類に属するものばかりであろう。

国際財務の経済学的、経営学的、会計学的側面での高度な諸技術は、国を異にする当事者間の"取引"としてそれがなされる以上、まずもって法的に正確に"表現"されたものでなくてはならない。だが、さらに、それが相互に基本的法観念を異にし得る関係各国の法秩序の中で、いかなる意味を有するかが検証されねばならない。

国際私法（牴触法）学の研究対象の中で重要な一分野たるべき"国際財務"の法的側面は、常に動態的考察を必要とする。もとより、座標軸をあらかじめすべて固定した上で問題を考察するという、純粋な国内法的"感覚"は、ほとんどここでは通用しない。だが、それが故にまた、国際私法（牴触法）学の研究者にとって、この無限の光を発しつづけるような国際財務の領域は、まさに研究の宝庫なのである。

その光の細かなプリズムの中で、法律学と経済学とが常に協調し、お互いを高めあうことによって、はじめて"国際財務"の真の姿が、われわれの前に立ち現われるはずである。

〈注〉

(1) 石黒『金融取引と国際訴訟』（一九八三）、同『現代国際私法(上)』（一九八六）、沢木敬郎＝石黒＝三井銀行海外管理部『国際金融取引2（法務編）』（一九八六）、石黒「金融のグローバル化への法的視座」（日銀金融研究所『金融研究』六巻四号、一九八七）、同「最近の国際取引活動における法と経済」（月刊ESP一八一号、一九八七、五八頁以下）等（右記二論文は石黒『国際的相剋の中の国家と企業』一九八八に所収）。同『ボーダーレス社会への法的警鐘』（一九九一）、同『ボーダーレス・エコノミーへの法的視座』（一九九二）、同「証券取引法の国際的適用に関する諸問題」『証券研究』一〇二巻（一九九二）一頁以下、等。また、国際私法（牴触法）学の全体像の概観については同『国際私法』（新版・一九九〇）参照。

(2) たとえばスワップ取引との関係でも、また、エレクトロニクス化による決済量の急増との関係でも注目されている、いわゆるオブリゲーション・ネッティングの問題については、石黒・前掲『金融研究』六巻四号二五頁以下およびそこに所掲のもののほか、Kerr, "UK/US proposal on swap capital requierment", *IFLRev.* (*International Financial Law Review*) 21 (May, 1987) 参照。

(3) J.E. Shockey/L. B. Spencer, Jr. (Co-Chairmen), *Disclosure of Financial Information For Banks and Bank Holding Companies*, 105ff. 217f. 248ff. 252f (1983).

(4) Id. 243f. 252.

(5) Id. 218.

(6) Id. 105. 249 等。

(7) NIRA編『企業の多国籍化と法I』（一九八七）二七六頁（小寺彰）。

(8) S.J. Gray *et al*, *Information Disclosure and the Multinational Corporation* (1984) が問題の全体像をコンパクトにまとめた形で示している。ちなみに Id. 60f には情報開示についてのコストとベネフィットとの比較という視点も示されている。なお、後述の懲罰的損害賠償（やディスカヴァリ）についても、その経済的効果という視角からアメリカの実情を強く批判する Cole, Jr., "Punitive Damages: A Relic That Has Outlived Its Origins", 37 *Vanderbilt L. Rev.*, at 1154–1158 (1984) の論述には、興味深いものがある。

(9) そこにおける日本のスタンスを含めて、この点については石黒『国際通信法制の変革と日本の進路』（NIRA経済政策研究シリーズ19、一九八七、二八〇頁以下。同・「研究展望」GATTウルグアイ・ラウンド（一九八九）、および、同「企業活動のグローバル化と尖鋭化する国際経済摩擦——その法的側面」（日本計画行政学会〔JAPA〕・総合研究開発機構〔NIRA〕共催国際シンポジウム『国際社会における国家と社会』への提出ペーパー。その後、前出(1)相剋に所収）、同・前出(1)の法的警鐘、法的視座参照。

なお、アメリカの戦略については前記論稿に引用したものの他、USTR, "U.S National Study On Trade In Services" (1983); U.S. Congress, "Office of Technology Assessment, Trade in Services": Exports and Foreign Revenues — Special Report (1986) などにも注意すべきである。

(10) その簡単な事実関係の紹介は、例えば長谷川俊明「続・国際化社会における戦略的訴訟観のすすめ⑤」『NBL』三七六号（一九八七）二二頁以下にもある。

(11) *Butterworths Journal of International Banking and Financial Law*, Vol. 2 No. 2, 54–67 (June 1987) には、豪・加・仏・西独・香港・伊・日本・スイス・蘭・英・米の各国における内部者取引規制の概要が示されている。なお、Id. Vol. 2 No. 3, 143f (August 1987) に示されているように、一九八七年五月二日、ECにおいて、内部者取引規制に関する新たな指令（Directive）が提案されていた。また、内部者取引についての国際的協力体制の現状については、関俊彦「インサイダー取引規制の国際化」『証券研究』一〇二巻（一九九二）一六七頁以下。

(12) 国際的法規制の域外適用とそれに対するリアクションから生ずる困難な法律問題に関する文献はほとんど枚挙に暇がないが、例えばC.J. Olmstead (ed.), *Extra-territorial Application of Laws and Responses Thereto* (1984); W.J. Habscheid (Hrsg.), *Der Justizkonflikt mit den Vereinigsten Staaten von Amerika* (1986) に所収の諸論稿などを参照せよ。

なお、わが国では域外適用問題についての種々の理論的混乱とともに、域外適用に対する不必要に抑制的態度が従来目立っていたが、この点については、例えば石黒『現代国際私法(上)』一八八頁以下、同・前掲(1)相剋三頁以下、九五頁以下、一四三頁以下、二三九頁以下、等。

(13) Olmstead (ed.), supra, 107ff (Fleischer, Jr.).

(14) Id. 108ff (Fleischer, Jr.).

(15) Id. 109.

(16) Id. 114ff (Fleischer, Jr.).

(17) なお、M. Katz/R. M. Loeb (Co–Chairmen), "Acquisitions and Mergers 1986 — Tactics", *Techniques and Recent Developments* (1986) がある。

(18) それについては石黒『現代国際私法㊤』一八八頁—二五三頁およびそこに所掲のもの参照。また、Mann, The Doctrine of International Jurisdiction Revisited after Twenty Years, in: 186–Ⅲ Recueil des Cours, 11ff (1985) 参照。さらに、石黒『貿易と関税』一九九二年九月、一〇月号所収論文をも見よ。

(19) 一九七二年の、独禁法の域外適用に関する国際法協会ニューヨーク総会決議は、第五条で、若干射程を限定しつつも効果理論を認めている。

(20) ただし、証券取引規制の場合について Olmstead (ed.), supra, 113 (Fleischer, Jr.) で触れられている抵触法的分析については、石黒『現代国際私法㊤』一九七頁の注38に相当する本文を参照せよ。

(20—a) この点については石黒「コミティ批判」『法曹時報』一九九二年八月号所収論文参照。

(21) その紹介はＩＣＣ日本国内委員会『ICC Report』(邦文)、三二一号七頁以下、同・三二二号八頁以下（ともに一九八六年）になされているが、訳語の不適切さや誤植がかなり気になる。

(22) ＩＣＣの同レポート（英文）のⅢＡに、"域外適用が国際通商に及ぼすコスト" という視点からの考察のあることが注意さるべきである。なお、同レポートは D. Lange, G. Born (eds.), "*The Extraterritorial Application of National Laws*, (1987) として刊行された。

(23) 銀行・証券業および外為管理については、同上『ＩＣＣレポート』(邦文) 三二一号二八頁以下にあるが、わかりにくい訳ゆえ Lange/Born (eds.), supra note 22, at 12ff を見よ。

(24) 同上（邦文）三二一号四〇頁（意味は辛うじてとれるが、実に不出来な邦訳である）。ちなみにこれは同じく一九八六年四月三〇日の、"ICC Policy Statement on the Extraterritorial Application of National Laws and Policies." のⅢ末尾に相当する。

(25) ただし、とりわけ一九八〇年代に入ってからの状況はきわめて深刻である。そこから直ちに解決策が見出されるとは思われないことも、残念ながら事実である。この点はＪＡＰＡ＝ＮＩＲＡ・前掲石黒報告（同・前掲(1)相剋一九頁以下）で示した。

(26) Habscheid (Hrsg.), supra, 6f (Stürner), 65ff (Lange); Olmstead (ed.), supra, 191f (Collins), 223ff (April) および石黒『現代国際私法㊤』二〇二頁以下。

(27) Harding, "Some Practical and Legal Aspects of Financial Futures", *Butterworths Journal*, supra, Vol. 1 No. 1, 36 (1986). および、前掲『ICC Report』(邦文) 三二一号三五頁（ちなみに、英語の原文では二六頁の注62にあたる。Lange/Born, supra note 22, at 16 参照）。なお、ＣＦＴＣが自国国内法に基づく海外への文書提出命令にかなり固執していることについては、Bettelheim/Carey, "Regulating foreign options internationally", *IFLRev.* 17 ff (Sept. 1986).

(28) なお、それについては、例えば証券業界から出されたものとして、金融制度研究グループ「銀行・証券の分離政策」（一九八七）がある。

(29) それについては日銀金融研究所『金融研究』六巻四号（一九八七）所収の諸論稿参照。

(30) 例えば大和証券経済研究所編『金融の証券化』（一九八七）一二二頁以下をはじめとして文献は多い。例えば、金子栄作『二つの証券化』（一九八九）。

(31) 黒田巖「金融のグローバル化と制度的対応を巡る論点」前掲『金融研究』六巻四号所収論文Ⅱ1、2、およびそこに所掲のもの参照。

(32) それについては村上堯「自己資本比率指導に関する英米合意提案について」『金融』一九八七年三月号一二頁以下。なお、同誌同号二〇頁以下にはこの英米合意提案の邦訳があるが、原文については、*Bank of England Quarterly Bulletin*, 87 ff (Febr. 1987) ただし、石黒・前掲(9)ＧＡＴＴ一三、二三頁参照。

(33) これは各国のペイメント・システムについても同様に指摘し得る。ＢＩＳ編（日銀考査局監訳）『主要国のペイメントシステム』（一九八六）参照。

(34) 石黒・前掲(1)『国際金融取引2〈法務編〉』二〇〇頁以下。

(35) 技術サイドでは、データ伝送制御の一環として種々の誤り検出方法が示

されているが（例えば、福永邦雄「コンピュータ通信とネットワーク」一九八七年、七四頁以下、一八四頁以下、等）、ソフトウェアのトラブルを過小評価することはできない。同旨、今井賢一『情報ネットワーク社会』一九八四年、七二頁以下。

(36) 石黒・前掲『金融研究』六巻四号所収論文のⅡ（同・前掲(1)相剋、八〇頁以下）。

(37) 邦文のものとしては、黒田・前掲（31）論文Ⅱ2。なお、最近のものとして前田重行「銀行の国際的活動の規制」『証券研究』一〇二巻（一九九二）二〇一頁以下が詳しい。

(38) 改訂後のバーゼル・コンコルダートのⅣの冒頭のパラグラフには、"[L]iquidity and solvency questions can shade into one another." との、もとより正当な基本認識がある。この点は中央銀行の役割論を考える上でも重要である。石黒・前掲『金融研究』六巻四号所収論文Ⅱ七参照（同・前掲(1)相剋、九二頁）。

(39) もっとも、この点が、まさにバーゼル・コンコルダートによって示されたような銀行監督についての国際協調によって、今のところはさほど顕在化していないことは、事実である。だが、改訂前のそれと改訂後のそれとを比較した場合、所在地国と母国との責任が一層オーバーラップしてきていることに注意すべきである。また、liquidity や solvency の問題だけが銀行監督上の問題ではないことにも注意すべきであろう。さらに、米・リビア金融紛争（それについては石黒・前掲(1)相剋、二二三頁以下、同・前掲(1)法的警鐘七五頁以下）の経緯からしても、アメリカ側が自国の規制を及ぼし易くするための方策として、東京ドル決済を、米銀在日支店を単に通過地点とし、直接ニューヨークで行っているかの如き外装の下に行うに至ることが、考えられる。

(40) K.-A. Bauer, *Das Recht der internationalen Bankenaufsicht*, 166 (1985).

(41) 閣下稔＝鶴田廣巳＝奥田宏司＝向壽一『多国籍銀行』（一九八四）八〇、一〇一、一〇五頁（奥田）。

(42) Bauer, supra, 166 ff. この紳士協定的色彩を有する合意は、一九七八年、そしてやや射程を広げて一九八一年になされたが、その原文は Id. 217 ff に示されている。

(43) Id. 167, 201.

(44) 石黒『現代国際私法㊤』一八九、二〇九、二一七頁以下、五九二、六二五、六四一頁およびそこに所掲のもの参照。

(45) 同旨、Bauer, supra, 207, 210.

(46) Id. 58 ff, 134 f, 201 ff.

(47) 石黒『現代国際私法㊤』一九九頁以下、同・前掲(1)相剋三頁以下、九五頁以下。

(48) その簡単な紹介は、『大蔵省証券局年報』昭和六一年度版四七頁にある。

(49) 鈴木竹雄＝河本一郎『証券取引法』（新版・一九八四）五五四頁以下。なお、座談会「内部者取引規制の現状と課題」『商事法務』一一一九号（一九八七）四頁以下、とりわけ七頁以下参照。

(50) 例えば株式公開買付（tender offer）にかかわるケースたる SEC v. Banca della Svizzera Italiana, 92 F. R. D. 111 (S. D. N. Y. 1981) では、アメリカ側の命令に従わないことに対する制裁として一日五万ドルの支払が命ぜられた。

(51) 前注の事件でもまさにこの点が問題となっていた。

(52) 以上につき簡単には Olmstead (ed.), supra note 12, at 122 ff (Fleischer, Jr.); *Butterworths Journal*, supra, Vol. 2 No. 2 (June 1987), at 62 f (Bernet), 67 (Keany/Meyer). なお、その後の展開については別な機会に論ずる（なお、さしあたり石黒・前掲(1)法的視座一五五頁以下）。校正による補充の域を越えるからである。

(53) 同報告書（英文）では二四頁がそれにあたる。Lange/Born, supra note 22, at 14 ff. ただし、後出（55—a）参照。

(54) *Butterworths Journal*, supra, Vol. 2, No. 2 (June 1987), at 65 f (Charlton).

(55) 一九八七年九月七日付日経朝刊は、香港が内部者取引規制強化に乗り出した旨報じていた。

(55—a) アメリカ的規制の輸出願望は、域外適用がとかく外国とのフリクションを招き易く効率も悪いということで、最近のアメリカにおいて顕著であるが、内部者取引の場合、各国への規制の輸出の好調なことが、かえっ

てＳＥＣの自国規制自体の国際化願望を強化させている。海外市場からの操作によりアメリカ市場で内部者取引が行われたとして、その後右の取引から生じた利益が香港の銀行口座に送金されていたケースにつき、香港口座を凍結する命令がＳＥＣの申立により、アメリカの裁判所で出された。他方、香港では、当該の者から預金払戻の訴訟が起きた。Crocker, Beware the extraterritorial freeze order, *I. F. L. Rev.*, 8 ff (Dec. 1988). 今般のわが証取法改正後の日米間でも直ちに起き得る紛争パターンであり、前出（39）に示した米・リビア金融紛争との類似性も、抵触法的見地からは重要である。なお、当該ケースでＳＥＣは一九八四年内部者取引制裁法に基づき、利益の三倍額の支払を求めていたが、ここでの三倍額賠償は、それが財務省に納入されるべきものとされていることからして、抵触法上はアメリカ独禁法上の、私人の請求にかかる三倍額賠償の場合よりも一層端的に、明確な公的罰則として取扱われるべきものである。後出（81）（122）の本文参照。さらに、石黒・前掲(1)法的視座一七三頁以下。

(56) 「所得及び資本に対する二重課税防止のためのＯＥＣＤモデル条約二六条に関する一九八二年ＯＥＣＤ租税委員会報告書」による。

(57) なお、小松芳明『国際税務』（一九八三）三〇九頁以下。

(58) ＯＥＣＤモデル租税条約の一条と二六条とを対比せよ。

(59) 大蔵省主税局国際租税課編『租税条約関係法規集』（第五版・一九八六）を参照した。

(60) 同上、八二四頁以下。

(61) R. A. Gordon/B. Zagaris (Co. Chairmen), *International Exchange of Tax Information*, 10 (Gordon/Venuti, 1985).

(62) Id. 11 (Gordon/Venuti). ただし、一九八一年にアメリカが作成したモデル所得税条約草案第二六条には、ＯＥＣＤモデル租税条約二六条よりも（そして国連モデル租税条約上の情報交換条項——それについては前掲『租税条約関係法規集』七八五頁——よりも）、さらに積極的な姿勢が示されている。ＮＩＲＡ編・前掲（7）二二四頁以下、とりわけ二二六頁（中里実）。

(63) 前出（56）参照。

(64) U. S. v. Toyota Motor Corporation, 83–1 U. S. T. C. 9302. なお、このケースについてはＮＩＲＡ編、前掲二二七頁以下（中里）、Gordon/Zagaris, supra, 52 f (Ruchelman/Cohen). さらに、その後の展開を含めて石黒・前掲(1)相剋九四頁以下、一六六頁参照。

(65) summons については、ＮＩＲＡ編・前掲二二六頁以下（中里）。

(66) Gordon/Zagaris, supra, 51 (Ruchelman/Cohen) の示すように、アメリカ側からの文書・情報提出命令は、ＩＲＳ自体の summons 以外にも、一般のディスカヴァリ命令や、本文で後述するマーク・リッチ事件で用いられた大陪審の文書持参召喚令状（grand jury subpoena duces tecum）など、多様である。

(67) Id. 109 (Zagaris).

(68) Ibid.

(69) なお、石黒『現代国際私法㊤』一九八頁以下参照。

(70) この点は、同・前掲『金融研究』六巻四号所収論文3(1)（石黒・前掲(1)相剋九五頁に、本判決の該当部分を原文で示しておいた。

(71) Gordon/Zagaris, supra, 53 (Ruchelman/Cohen).

(72) Ibid.

(73) アメリカで訴訟が起きた場合に大きな問題となる、いわゆる pre-trial discovery（なお、アメリカのプリトライアル手続自体については、小林秀之『アメリカ民事訴訟法』一九八五年、一八一頁以下）との関係での問題については、例えば Heidenberger, *Haager Beweisübereinkommen und Urkundenvorlage deutscher Parteien in USA*, 6 RIW, 437 ff (1985); Koch, *U. S Supreme Court hält Haager Beweisübereinkommen nur für fakultativ*, IPRax 1987 Heft 5, 328 f.

(74) なお、マーク・リッチ事件については、以下に引用するものの他、石黒『現代国際私法㊤』二〇五頁以下、Habscheid (Hrsg.), supra note 12, at 7 (Stürner); Gordon/Zagaris, supra, 99 ff (Zagaris).

(75) Gordon/Zagaris, supra, 54 (Ruchelman/Cohen).

(76) Id. 101 (Zagaris).

(77) U. S. v. Bank of Nova Scotia, 84–2 U. S. T. C. 9802 (1984). なお、

Gordon/Zagaris, supra, 54 f.

(78) Bosch, *Das Bankgeheimnis im Konflikt zwischen US–Verfahrensrecht und deutschem Recht*, IPRax 1984 Heft 3, 127 ff; Habscheid (Hrsg.), supra, 8 (Stürner).

(79) 石黒『現代国際私法㊤』四七二、四九二頁以下、四九六頁。ＮＩＲＡ編・前掲二三一頁以下（中里）。さらに、石黒・前掲(1)法的警鐘一五一頁以下。

(80) 前掲（59）『租税条約関係法規集』八二四頁以下。

(81) 詳細は石黒『現代国際私法㊤』四七一頁以下、一八八頁以下。

(82) 同上・四九三頁以下。

(83) 前注引用頁参照。なお、さらに石黒・前掲(1)法的視座一八一頁以下。

(84) この点については、元永和彦「国際的な株式公開買付における抵触法上の諸問題」（一九八六年一二月、東京大学大学院法学政治学研究科に提出された修士論文）が、意欲的な論文として、まずもって注目される。また、最近のものとして、浜田道代「国際的な株式公開買付けを巡る法的問題」『証券研究』一〇二巻（一九九二）七三頁以下。

(85) 1 A. Fleischer Jr., *Tender Offers: Defences, Responses And Planning*, 395 ff.

(86) Id. 395. 以下、Id. 395 ff の叙述による。

(87) Id. 396.

(88) その一端については、例えば Lynch/Steinberg, "The legitimacy of defensive tactics in tender offers," 64 *Cornell L. Rev.*, 901 ff (1979); Rosenzweig, "The legality of "lock-ups" and other responses of directors to hostile takeover bids or stock aggregations", 10 *Securities Regulation Law Journal*, 291 ff (1983). なお、Katz/Loeb (Co-Chairmen), supra note 17 所収の諸論稿参照。

また、コノコ事件に関しては、1 A. Fleischer, Jr., supra, 400 ff. その他、企業買収一般の法的諸問題についての邦語文献としては、神崎克郎監修・企業買収の実務と法理（一九八五）、およびそこに所掲のものをさしあたり参照せよ。

(89) 1 A. Fleischer, Jr., supra, 397.

(90) Id. 400.

(91) このミネベアの事件については "Cross-Border M & A—First foreign contested bid in Japan" のタイトルの下に、*IFLRev*, 23 (June 1986) にも若干の紹介がなされている。

(92) "Department of the Treasury, National Treatment Study"; *Report to Congress on Foreign Government Treatment of U. S. Commercial Banking and Securities Organizations, 1986 Update*, at 73, 77. また、一般的には、USTR, supra note 9, at 291 に十分注意すべきである。

(93) なお前出・（84）参照。

(94) この点につき、邦語文献としては、さしあたり次のものを参照せよ。紛争発生から連邦控訴裁判所の判断が下されるまでの事態の展開について、道田信一郎『契約社会』（一九八七）二四七頁以下。さらに、テキサコの法務倒産に至るまでの展開については、内田晴康＝D・ロビンズ「企業買収と法務戦略㊤㊥㊦」『商事法務』一一一九号五三頁以下、一一二〇号二〇頁以下、一一二一号二三頁以下（一九八七）。また、テキサコの倒産に的を絞ったものとしては、高木新二郎「テキサコの再建手続申立と連邦新倒産法第一一章」ＮＢＬ三七六号（一九八七）六頁以下。

(95) なお、内田＝ロビンズ・前掲『商事法務』一一一九号五三頁。

(96) 高木・前掲ＮＢＬ三七六号八頁以下。

(97) なお、高木新二郎『米国新倒産法概説』（一九八三）一九五頁以下には、一九七八年改正後のその全条文の一応の邦訳がある。

(98) なお、Phelan, "Slick move by Texaco", *IFLRev.*, 26 ff (June 1987) 参照。

(99) 55 *L. W. (The United States Law Week)* 4457 (1987).

(100) 626 F. Supp. 250 (S. D. N. Y. 1986).

(101) 784 F. 2d 1133 (2nd Cir. 1986).

(102) ただし、一九八三年一二月二八日、ペンゾイルはゲッティに対して TOB (tender offer) をかけており、その一方でゲッティとの直接の買収交渉に入っていた。そのことが（前記倒産手続開始後もとくに破産裁判所によってその進行を許可された）テキサス州での訴訟に於いて、のちにＳＥＣから

ペンゾイルの前記行動を問題とする意見書(いわゆる amicus curiae brief)の出される理由となった。なお、内田＝ロビンズ、前掲『商事法務』一一一九号五四、五八頁、同一一二一号二六頁。

(103) ただし、前記連邦地裁判決は、この場合にペンゾイルの提示した条件が、ゲッティ株式の真の価値を大きく下まわるものであったことを問題としている。626 F. Supp. 255 参照。

(104) なお、内田＝ロビンズ、前掲『商事法務』一一一九号五四頁。

(105) 道田・前掲(94)二四九頁以下。なお、ペンゾイル、テキサコ、ゲッティは共にデラウエア州法人であるが、ペンゾイルの本拠はテキサス州に、テキサコの本拠はニューヨークに、それぞれ存在した。

ちなみに、この場合、テキサコ・ペンゾイル間の紛争における連邦裁判所の管轄が認められるためには、いわゆるフェデラル・クエスチョンが争点として含まれていない限りにおいて、州籍相違(diversity of citizenship)のあることが必要となる。だが、両社がともにデラウェア州法人であることから、結論的には、この場合には州籍相違はないものと扱われることになった。F. James/G. C. Hazard, Jr., Civil Procedure, 49 f, 56 (3rd ed. 1985).

(106) この点についてはテキサコ側の法廷戦術のまずさがある。道田・前掲二四九頁以下。

(107) それについてもテキサコ側の対応のまずさが指摘されている。内田＝ロビンズ、前掲『商事法務』一一一九号五七頁。

(108) 同右、一一二〇号二〇頁。

(109) 55 L. W. 4458.

(110) Id. 4459 f.

(111) Younger v. Harris 401 U. S. 37 (1971).

(112) 55 L. W. 4462.

(113) 道田・前掲二五二頁以下、内田＝ロビンズ・前掲『商事法務』一一二〇号二二頁。

(114) 626 F. Supp. 254 f (1986). なお、道田・前掲二六二頁以下。

(115) 内田＝ロビンズ・前掲『商事法務』一一一九号五四頁。

(116) なお、石黒、『現代国際私法(上)』六〇頁以下、八五頁以下。

(117) NIRA編、前掲(7)八一頁(石黒)石黒・前掲(1)相剋二〇七頁以下。

(118) 国際裁判管轄に関する日米比較については、石黒、『現代国際私法(上)』二九一頁以下。

(119) それについては、同右、六〇四頁以下、同「外国における訴訟係属の国内的効果——国際的訴訟競合を中心として」沢木敬郎＝青山善充編『国際民事訴訟法の理論』(一九八七)三二三頁以下、およびそれらに所掲のもの参照(同論文は石黒『国際民事紛争処理の深層』(一九九二)に収められている)。

(120) 石黒・『現代国際私法(上)』四五二頁以下。

(121) 同右、三八〇頁以下、高田裕成「財産関係事件に関する外国判決の承認」沢木＝青山編・前掲三六五頁以下。

(122) 石黒、『現代国際私法(上)』四九七頁以下、一九九頁以下。同・前掲(119)深層一六八頁以下。

(123) 高木、前掲NBL三七六号八頁。

(124) さしあたり、小林秀之『国際取引紛争』(一九八七)二一二頁以下、および、石黒『金融取引と国際訴訟』二九〇頁以下、貝瀬幸雄『国際倒産法序説』(一九八九)、竹下守夫編『国際倒産法』(一九九一)等、およびそれらに所掲のもの参照。

(125) なお、この二つの手続の関係について多少興味深い事例(ホンコンとの関係)が、*IFLRev.*, 40 f (Sept. 1984) に紹介されている。

(126) なお、高木『米国新倒産法概説』二一〇頁以下参照。

(126－a) 前出・(102) 参照。

(127) 前出・(55－a) 参照。

(128) 前掲(注1)『国際金融取引2〈法務編〉』一〇七頁(石黒)。

(129) 53 L. W. 5069 (1985).

(130) Id. 5070.

(131) 以上、Ibid.

(132) Id. 5070 f.

(133) それ自体については、井原一雄「米国反トラスト法に関する紛争を外国の仲裁裁判所が判断することができるか」『JCAジャーナル』一九八五年一〇月号九頁以下、ビクター＝ピアロス(小原正敏訳)「国際反トラスト法事件の仲裁(上)(下)」『国際商事法務』一四巻一号一頁以下、同二号一一五頁以下(一九八六)参照。

(134) 723 F. 2d 155 (1983).

(135) 以上、53 L. W. 5071 f.

(136) Id. 5069.

(137) Id. 5073 ff.

(138) Id. 5075 f.

(139) それについては、石黒『現代国際私法(上)』三六〇頁以下、およびそこに所掲のもの参照。

(140) 同右、三六三頁以下。

(141) 53 L. W. 5076 fn. 19, 20. なお、前掲(1)『国際金融取引2〈法務編〉』二四六頁、石黒・前掲(1)相剋二三〇頁参照。

(142) 53 L. W. 5076 fn. 19.

(143) ごく簡単には小林『国際取引紛争』八八頁以下。

(144) なお同右、九四頁以下。

(145) なお、国際商事仲裁に於いても、いわゆる善と衡平による仲裁(非国家法による仲裁)が両当事者によって明確に求められている場合は別として、極力、特定の国家法に基づく仲裁判断(実体判断)が志向されるべきであろうが、両当事者により仲裁判断の準拠法の指定が(三菱自動車事件と異なり)なされていなかった場合、仲裁人(仲裁裁判所)が適当と考える国の国際私法を通して準拠法を定めるべきことが一般に広く説かれる。だが、その際にも仲裁人の恣意は許されないとされていることとの関係で、それでは仲裁人がどこの国の国際私法を適用すれば合理的かが問題となる。ところが、この点は全く解明されていないような印象を受ける。けれども、例えば当該契約関係の重点(center of gravity)が明確に日本にあり、かつ、日本が仲裁地(forum)である場合には、仲裁人は日本の国際私法を適用すべきであろう。

また、国際仲裁に於いても、一般の国家裁判所による国際民事訴訟事件における と同様に、準拠法所属国でもフォーラムでもない、第三国の絶対的強行法規(強行法規の中でもとくに強い政策的基盤を有し、当該問題の準拠法の如何にかかわらず適用されるもの。例えば独禁法や外為規制、等々)の取扱いが大きな問題となって来ている。この点については、石黒・スイス新国際仲裁法について(一九八九年、(社)国際商事仲裁協会委託研究論文)一六頁以下、および同・前掲(1)深層二九四頁以下。

(146) NIRA編・前掲(注7)八六頁(石黒)。

(昭和六二年一〇月二日AM〇：〇〇脱稿)

＊ 校正に際し、色々と補充したかったが、日本の出版界の体質に抗議する意味でやめにした(東京大学学内広報九〇七号〔平三〕淡青評論(石黒)参照)。甚だ釈然としないが、日本の出版界の文化の担い手(旗手)としての、奮起なくして明日の日本はない。欧米の出版社の気概との詳細な比較を試みるべきであろう。注こそ論文の良心である。頁数は論文の内容によって決まる。かような学問のいろはが理解されない日本はいかなる国なのか。『貿易と関税』に心から感謝する。

〔訂正〕 前月号四四頁〔表⑤〕に「USスプリント」とあるのは、もとより「USウェスト」の誤りであり、訂正する。

〈一二月号の予定テーマ〉
「『日本の経済システム見直し』論への国際的視点——産構審の『中間的取りまとめ』をめぐって」

連載

ボーダーレス・エコノミーへの法的視座

第三十二回 特許権等の使用に関連する国際的支払と日本の源泉課税
——シルバー精工事件一審判決に対する疑問(上)——

石黒一憲
東京大学法学部教授

〈目次〉

一 問題点の概観

(1) 場面設定

私は、折りにふれて国際租税法の研究も、それなりに行なって来ていたが、ここで論ずる問題は、国際知的財産権法に(そして後述のシルバー精工事件に関しては日米通商摩擦にも)絡むものである。

日本企業が、アメリカ企業の有する特許権等(何故「等」の字を強調したかは、後述の如く、日本の所得税法・法人税法の条文——そしてそれを踏まえた租税条約の条項——の文言と関係する)につき、ライセンス契約を結び、全世界での製造・販売等の権利を取得したとする。それについての対価が、日本企業から右のアメリカ企業に対して支払われる。その支払額につき、日本の源泉課税(具体的には右の日本企業による源泉徴収)が、どこまでなされるべきか。——それが、ここで論ずる問題の、大体の骨子である。

この点についての判例は、今のところ二件ある。最初のものは、東京地判昭和六〇年五月一三日判タ五七七号七九頁であり、事案の詳細は後述するが、右の支払額の全額に対し、源泉課税が認められた。ところが、東京地判平成四年一〇月二七日(昭和六三年行ウ第一九一号源泉所得税納税告知処分取消等請求事件——その後、行裁例集四三巻一〇号一三三六頁以下として公表された)では、いわばそれとは逆の結論が示された。これが、シルバー精工事件一審判決(現在控訴中)である。被告たる国側が敗訴したことになる。その影響は大きいが、この一審判決には、随所に無視し得ない疑問がある。また、前記昭和六〇年判決も含めて、この際、租税法規(直接には両事件とも所得税法)の条文や、両事件に於いて問題となる日米租税条約との関係について、厳密に詰めておくべき点も、少くない。

両事件とも、特許ライセンスに絡む事例であるが、右の法及び条約の条項は、厳密に特許権の使用の対価として支払われたものでなければわが源泉課税が行われ得ない、とは書かれていない。実際の条項は、もう少し広い網をかぶせ、右支払を受けた者の現実の所得に着目しているはずである。特許権の属地的権利性(属地主義ないし特許独立の原則)に大いに着目するのはよいが、それにどこまでもこだわる議論をしてしまうと、かえって実際の条文とのズレが生ずる。他方、「特許権」というと、日本の行政法規の解釈にありがちな問題として、日本のそれのみをさし、それに着目してしか課税できないとするかの如き傾向が、若干見られる。この点では、とくにシルバー精工事件一審判決との関係で、国側の主張(抗弁)の内容を今一度精査する必要があり、それとの関係で、前記昭和六〇年判決の論理を、改めて厳密に辿る必要も出て来る。

なお、わが租税法上、既述の如く右の二件で直接問題となるのは所得税法であるが、特許権等の使用料に関する法人税法上の規定は、全く同じ文言であり(後述)、そこで、その双方で出されて来ている通達を広く検証する必要がある。また、昭和四〇年、五九年の個別通達が別に出ており、とりわけ後者は、シルバー精工事件の前提となったアメリカ関税法三三七条関連の同一提訴事件に関して、シルバー精工とは別の企業(アメリカでの被提訴企業)が照会をしたものである。それに沿った源泉課税を、後にシルバー精工のみが争い、前記一審判決を得た、という形になる。それら一連の通達の整合性と個々的な射程(とくに後述の昭和四〇年の個別通達のそれ)を精査し、(今後の同種事例に於ける)国、つまり国税当局の側の、あるべき主張の仕方について、私の視点から若干の提言をしておくのも、本稿の目的の一つである。その上で、シルバー精工事件一審判決の、あくまで契約書の書き方にこだわる姿勢につき、それが現実の契約内容の一部のみを見ており、不当であること、等々につき批判をしておく必要があるのである。

ちなみに、あらかじめここで一言しておけば、前記昭和六〇年判決については、中里実「日米租税条約における特許権使用料の源泉地」ジュリスト八四五号(昭六〇)一〇二頁以下に評釈があり、同「特許権使用料の源泉地——再論(上)(下)」ジュリスト九七九号(平三)九二頁以下、同九八四号(平三)一八二頁以下が、それをさらに敷衍したものとなっている。後者は、シルバー精工事件の一審に於ける国側の主張にも、大きな影響を与えているものと思われるが、論文のタイトルからも分るように、「特許権」それ自体に関する論述が主である。同右(下)ジュリスト九八四号一八四頁には、たとえ「日本特許権が存在しない〔出願も登録もなされていない〕場合であっても、日本法人からアメリカ法人への対価の支払が、日本に於けるノウハウ等の使用の対価となりうる場合はありうるであろう(その場合は、日本に於ける源泉徴収が可能となりうるであろう)」との指摘がある。この指摘をもっと拡充して同論文全体に及ぼしておけば、シルバー精工事件の一審に於ける争点の、不必要な限局化(後述)は、或いは防げたのではないか、とも思われる。

なお、中里助教授は、著作権に重点を置いたその労作、中里実『国際通信をめぐる課税問題の一端』(NIRA研究叢書〔平二〕)に於いても、前記昭和六〇年判決に言及しているが、同右・二〇頁では、「本判決〔昭和六〇年判決〕は、特許権の属地性に基づき、日本は日本の特許権の使用料についてのみ課税できるという前提に立った上で、本件使用料の全額が日本における生産に関して支払われている日本の特許権の使用料であると述べているようである」とする。だが、他方、同右・四九頁以下では、判旨に於ける「本件特許権」の定義が「外国の特許権も含む点に留意」しつつ（正当である。但し、後述の如く、判旨の定義は、出願中のものをも含む点に、さらに注意せよ）、「少なくとも表現のみを見ると、これは、外国の特許権に対する使用料であっても、日本の国内源泉所得として課税しうることを認めたものと読めないこともない」としている（その指摘は、同右・一八頁の、「所得税法一六一条七号ロにいう『著作権』に外国の著作権も含まれると解」することが、「国内法上は……無意味ではなかろう」との主張、及び、その直前の個所に示された実質的価値判断に、結びつくものである）。

例によって、議論の中身に入りかけてしまったが、前記のジュリストに掲載された中里助教授の論文・評釈は、シルバー精工事件に於ける国（国税当局）側主張を、基本的にはサポートする性格のものではある。但し、中里助教授は、昭和六〇年判決が「源泉地の決定に際して製造と販売のいずれを重視するかという問題」について、製造が最も根源的な特許権の実施だとした点について、「疑問が残る」とし（同・前掲〔上〕ジュリ九七九号九三頁）、その上で一層の根拠づけを目指した論述をしている。これに対し、後述のシルバー精工事件の一審に於ける国側主張は、右の製造地根源説(?)それ自体に、若干こだわり過ぎているようにも思われる。

右の国（国税当局）側の立論をサポートする見解に対し、シルバー精工事件に於ける原告（同社）側をサポートする見解が、木棚照一「日米租税条約に於ける特許権の使用地の意義――二つの東京地裁判決を素材として」日本関税協会・知的財産情報センター（CIPIC）会報一九号（平五）一頁以下である。木棚教授が一審段階で原告（シルバー精工）側のために出した鑑定意見書に、ほぼ基づいた主張が、そこでなされている。

本稿に於ける私の立場は、前記の中里助教授の一連の論稿を踏まえつつ、既述の如く、国側のシルバー精工事件に於ける主張（抗弁）につき、若干の(?)補強をするものである。

結論としては、シルバー精工からアメリカ企業への一括支払額（後述）につき、全額日本の源泉課税を行なうべきだ、ということになる（その上で、日米間で二重課税的状態になるならば、個別に、日米租税条約二五条の相互協議で処理すれば足りる、と考える）。

(2) 基本的な法・条約の適用関係

非居住者・外国法人の国内源泉所得につき、本稿との関係で問題となるのは、所得税法一六一条七号の、イである。七号では、「国内において業務を行なう者から受ける次に掲げる使用料又は対価で当該業務に係るもの」が、この場合に課税される国内源泉所得とされる。シルバー精工事件（詳細は後述）で言えば、シルバー精工が「国内において業務を行なう者」となる。「当該業務に係るもの」については、後述の所得税法基本通達一六一―二二で、「当該資産のうち国内において行う業務の用に供されている部分に対応するものをいう」とされているが、「国内において行う業務」をどう解するかが、さらに問題となる（なお、石黒・国際的相剋の中の国家と企業〔昭六三〕一六〇頁以下と対比せよ）。相当広汎な解釈問題が、そこにはある。

さて、問題の七号イであるか、次のような規定となっている。即ち、

「イ　工業所有権その他の技術に関する権利、特別の技術による生産方式若しくはこれらに準ずるものの使用料又はその譲渡による対価」

――ということであり、厳密な意味での「工業所有権」の「使用料」には限定されていない。そのことを、まずもって確認しておく必要がある（なお、法人税法一三八条〔国内源泉所得〕七号イも、全く同じ文言である）。厳密に「工業所有権の使用料」のみを問題とするのであれば、特許クレ

イムの外にある技術の使用料はこの条項外なのか、といった問題も生ずるはずである。

あらかじめ一言しておけば、①右の七号イに言う「その他の技術に関する権利」が特許権等の対世的・物権的な権利でなければ課税できないとは、どこにも書かれていない（客観的に見て、当事者が何らかの技術に関する権利の存在を前提に、その使用をすべく、あるいは許諾を得るべく対価を支払ったと言える場合に、それが課税対象たる所得と認識されることになるのである）。次に、それは②「特別の技術による生産方式」という、必ずしも排他性等を有しないものと並べて書かれているのであり、最低限、厳密な特許クレイムの範囲外の技術や、権利の属地的制約を厳密には越えている特許技術の供与等も、右の①②のいずれか、または③「若しくはこれらに準ずるもの」の中に吸収できるように、既に条文が組み立てられている。一部には、「その他の技術に関する権利」イコール「出願権」（具体的には特許法六五条の三に言う出願公開の効果としての補償金請求権に着目するものである。後述）、というように、この文言を極めて狭く解する見方もある。だが、せっかく条文が広い網をかぶせ、課税の適切性を十分考えているのに、不当である。

七号イは、既述の如く、ダイレクトに「借用概念」（なお、金子宏・租税法〔第三版・平二〕一〇九頁以下）を用いることをせず、固有の「権利」（無体財産権法上のそれをも含めた私法上のそれ）のみでなく、広く「技術」の使用料に、この場面では着目しているのである。

右の観点からして、あくまで日本での特許の出願公開（支払を受けるアメリカ企業の出願である）があったとの一事にこだわるかの如き、シルバー精工事件の一審に於ける国（被告）側の抗弁は、所得税法の条文との関係で、狭きに過ぎる。所得税法一六一条七号のイに於いては、わが工業所有権（無体財産権）法上の議論がすべてを左右する、というわけでは必ずしもないのである。

と同時に、「工業所有権」という語についても、それでは日本の工業所有権のみに限るのか、という若干既に示した問題が、さらにある。後述の如く、前記昭和六〇年東京地裁判決は、かかる狭い立場をとっていないと見るべきだし、さらに、相続税法の場合についてのドイツ・オーストリアでの議論（もはや別な機会に論ずることとするが、O. Taucher, Internationale Erbschaften [1987], 26ff を見よ。自国民法上の概念をベースに課税要件が定められている場合、外国法が相続準拠法となる場合には、自国の当該法制度との等価性・同質性 [Gleichwertigkeit] の認められる限り、課税すべきなのである。なお、石黒・金融取引と国際訴訟三四八頁以下と対比せよ）、等をも十分踏まえて考える必要がある。結論を先に言えば、日本の特許権と同等（equivalent）な外国の特許権も、七号イに言う「工業所有権」に含めて解する必要がある。たしかに特許権は、工業所有権に関するいわゆるパリ条約の下で、属地的権利とされている。アメリカの特許権の効果は属地的ゆえ、日本での行為によってアメリカの特許権が侵害された、と言うことは、基本的には意味をなさない（著作権の場合にも、基本的には同様。石黒・情報通信・知的財産権への国際的視点〔平二〕五七頁以下。なお、シルバー精工事件の一審に於いて、原告（シルバー精工）側は、木棚・前掲CIPIC会報一九号四頁が強調する「共同不法行為や寄与侵害」の点にこだわるが、その見方への疑問については後述する）。

だが、日本に何ら、当該アメリカ企業の特許出願がなくとも、そのアメリカ特許権に対応する技術につき使用料が支払われたとすれば、七号冒頭の条件（国内業務との関連性）の下で、同号イの課税はなされ得るはずである。百歩譲って（譲るつもりはさらさら無いが）、日本に何ら出願がない場合には、同号イの「工業所有権」の語へのあてはめは出来ない、と言ったとしても、既述の如く、右の技術への使用料は、同号イの①「その他の技術に関する権利」（債権的な権利でも良いはずである）、あるいは②「特別の技術による生産方式」、さらには③「若しくはこれらに準ずるもの」のどれかに、引っかかるはずである。これだけ広汎な条項が、せっかく置かれているのだから、それらすべてを用いて課税すべきである。

この場面では、わが工業所有権法との過度の一体化は、条文からの遊離という問題ある帰結をもたらす。シルバー精工事件に於ける国側の主張・抗弁の、基本的な問題点がここにある（後述）。原告側の主張に引

きずられ、わが特許法の枠内でのみ争おうとするそのスタンスは、再考を要するはずである。

さて、以上は、わが所得税法の規定についてであるが、前記昭和六〇年判決・シルバー精工事件一審判決とも、さらに、日米租税条約（昭四七条六号）との関係が、問題となる。同条約六条（所得源泉）の三項と、一四条（使用料）とが、関係する。

まず、同条約一四条一項は、「一方の締約国の居住者が他方の締約国内の源泉から取得する使用料に対しては、双方の締約国が租税を課することができる」としている（二五条の相互協議規定――既述――にも留意せよ）。そこで言う「使用料」として、ここで問題となるのは、一四条三項(a)の、「特許権、……図面、秘密工程、秘密方式……その他これらに類する財産若しくは権利、ノウハウ……の使用又は使用の権利の対価としてのすべての種類の支払金」、そして、同項(b)の、「(a)に掲げる財産又は権利……の売却、交換その他の処分から生ずる収益で対価を得て行なうそれらの処分によって実現するもののうち、その財産又は権利の生産性、使用又は処分に応ずる部分」を言う、とされる。

これらの(a)(b)については、「当該財産又は権利の一方の締約国内における使用又は使用の権利につき、当該使用料が支払われ又は当該収益を生ずる売却、交換その他の処分によって実現する金額が支払われる場合に限り、当該一方の締約国内の源泉から生ずる所得として取り扱う」とされている（同条約六条三項）。

右の条約規定は若干ややこしいが、要するに、「特許権等の使用料については、国内税法と同じく……使用地基準を採るが、この基準の適用される工業所有権等の譲渡収益は生産性、使用等に対応する部分に限られている」（小松芳明編著・逐条研究日米租税条約〔平二〕七二頁）、ということである。ここでは、右引用部分の前段が問題となる。

特許ロイヤルティ等の課税については、「その課税権をいかに配分するかで、技術導入国と技術輸出国との主張が対立して」おり、OECDモデル租税条約は、「技術輸出国たる先進国の主張を背景に、使用料の受領者の居住地国のみでの課税を規定しているが、わが国は従来から、技術導入国の立場を考慮し、居住地国課税と源泉地国課税の折衷方式をとってきて」おり、「日米租税条約も基本的にはこれにしたが」ったものだ、とされる（小松編・同右一五五頁）。

但し、日英租税条約（昭四五条二三、改正昭五五条三三）一三条では、「一方の締約国内で生ずる使用料」につき、一項で「受益者」の「居住」する締約国での課税権を、二項で「当該使用料が生じた締約国」の課税権を、それぞれ認めている。日独租税条約（昭四二条四、改正昭五五条三四、昭五九条二）一二条等も同様で、これらを「債務者主義」と呼び、日米租税条約上の「使用地主義」と区別するのが一般だが、（中里・前掲ジュリ八四五号一〇二頁、同・前掲〔上〕ジュリ九七九号九三頁注(1)、木棚・前掲CIPIC会報一九号一頁、等）、ここで問題とするシチュエイションに於ける日本の課税権を考える上では、若干ミスリーディングな区別のようにも思える。ともかく日本側は、それらの租税条約に於いても、自国国内法による課税方式を、（税率を一〇％に押える〔日米租税条約一四条二項、等〕以外の点では）基本的に堅持していると思えるからである。

なお、所得税法一六二条は、租税条約に異なる定めがある場合の国内源泉所得については、条約による、とする。だが、ここでの問題との関係では、条約（日米租税条約）による修正はない、と考えてよい（なお、中里・前掲ジュリ八四五号一〇二頁は、日米租税条約上の使用地主義は、アメリカの内国歳入法典の規定を「取り入れたものと思われる」とし、それが故にアメリカの判例――と言っても多少古い判例のみのようである――等の分析に力を入れるが、多少気になるスタンスである）。ちなみに、前掲東京地判昭和六〇年は、右の点を前提としたものである。他方、シルバー精工事件の一審に於いては、原・被告とも右の点を踏まえており、その一審判決は、契約の条項をどう解するかに埋没し、条約と国内法との関係については、直接言及していない。

以上により、日米租税条約を踏まえて考えても、わが所得税法の規定につき既に述べた諸点が、ここで扱う問題についての基本になる。その

ことを前提として、議論を先に進めたい。

(3) 東京地判昭和六〇年五月一三日判タ五七七号七九頁とその射程

前掲東京地判昭和六〇年の事案は、シルバー精工事件に比し、アメリカ企業に対して支払われた額の全額を国内源泉所得とする上で、たしかに処理し易かった事例と言える。当事者の主張自体、基本となる日米企業間の契約書の内容と一致しないものを、多く有していた。そこを突けば国側が容易に勝てた事案、とも言える。それ故に判旨も、実際の契約内容に、かなりの程度頼って国側を勝たせた。いわば理論で全部を割り切るべきところ、契約の解釈でカタをつけようとした面がある。そのツケが、シルバー精工事件一審判決に於ける国側敗訴という結果の方に、まわってしまったのではないか、とも思われる。

さて、東京地判昭和六〇年の事案であるが、原告は、源泉徴収をした日本企業（訴外A）ではなく、その者から債権譲渡（源泉徴収税誤納付金返還請求権についてのそれ）を受けたアメリカ企業Xであった。Xは、日米両国で当該技術に係る特許権を、既に有していた（ここもシルバー精工事件と異なる）。だが、他国への出願もしていた。

本件については、XA間の「当初契約」と「本件契約」とを区別する必要が、まずある。「当初契約」に於いては、「XはAに特許及びXのノウハウと技術に基づき日本において製品〔コンプレッサー〕を製造し、製造させ、使用し又は販売する独占的権利と独占的実施権を許諾する」ものとされ、他方、「XとXの子会社は、Xが特に承認する以外は日本を除くすべての国で製品の完全な独占的販売権を有し、Aは日本で販売されるすべての製品に対し独占的販売権を有する」とされた。かくて、「当初契約」は日本国内の出来事に閉じており、日本以外での販売は、XがAから製品を買い入れて行なうものとされていた。それについての対価（使用料）支払が日本の国内源泉所得にあたることは、言うまでもない。

だが、「本件契約」は、その後のAの日本での製造が軌道に乗ったのを受け、ある程度の一時金を支払ってもロイヤルティが安くなるよう、Aが希望したことに基づき締結された。その際、日本からの輸出についてもAが独自にそれを行なえるようにし、「その場合Xが他の外国メーカーに本件特許の専用実施権を与えたりすれば、輸出拡大に差し支えることから、本件特許の実施権を世界各地に拡大させようと考え、AはXとの間で、当初契約の変更をし、当初契約の変更契約である本件契約を締結した」旨、認定されている。ちなみに、本件契約上、「XはAに対し、本特許に基づき、世界のいかなる場所においてもコンプレッサーを製造し、使用し、販売する独占的ライセンス（サブライセンスを与える権利を含む）を与える」とされているが、そこに言う本特許の定義は、以下の如きものであった。即ち、米国で成立済の二つの特許を基本特許とし、これらに基づく、それぞれ「イタリア、イギリス、日本及び西ドイツにおいて申請中のもの若しくは認可されたもの」、「フランス、西ドイツ、イタリア、日本、イギリス、ブラジル及びメキシコにおいて申請中のもの若しくは認可されたもの」を、総体として「本特許」と言うものとされている。そして、判旨は、「以下これらを『本件特許権』という」として、論旨を展開しているのである。そこに於いて、外国特許権や、申請中のものも、すべて含めて「特許権」の語が用いられていることに、前記の所得税法の該当条文の文言との関係で、十分注意すべきである。

かかる「本件特許権」に基づく「独占的な実施権付与等」の対価としての「ロイヤルティ等」としては、以下の支払が約されていた。即ち、イニシャル・ペイント（頭金）として七〇万ドル、本件契約発効後一定期間は販売されたコンプレッサー一台につき五〇セント（但し、最初の二年間は、ミニマム・ロイヤルティとして五〇万ドル）。それ以降は、コンプレッサーの総販売額の一％。そして、右の総販売額の計算の基準には、その期間中の最初の日の正味販売価格（Aの本社工場FOB価格）が用いられている。

Aの販売経路は、輸出分もAの子会社たる別会社に売り、後者が輸出をする形のものだったし、昭和五五年にAが本件特許権（その定義は既述）をXから買取るまでは、Aは外国でコンプレッサーを製造したことはなく、すべて日本国内の工場で製造していた。また、Aの製造した当該コンプレッサーのうち、輸出分は七八・四％で、「本件特許権」の「未登録国」への販売台数は、その中の約一四％であった旨、認定されている。

判旨は、日本国内での製造・販売が「日本国において登録され又は出願中の特許の実施に当たることはいうまでもない」とし、その上で、「本件において、ロイヤリティは日本国における特許の実施に対してだけでなく、輸出先国における特許の実施に対する対価としても支払われているのではないか」との点に、答えている。

だが、判旨の右の引用部分中に、日本での特許が「出願中の」ものであっても、「特許の実施に対する対価」性が肯定され得る旨のインプリケーションのあることに、再度注意を要する。判旨が、「本件ロイヤリティは、日米租税条約六条(3)の規定にいう本件特許権の日本国内における使用又は使用の権利について支払われたものとして日本国内の源泉から生ずる所得に該当し、同条約一四条(1)(2)により被告（国）が租税を課することができる」と結論づける際にも、既述の「本件特許権」の定義（出願中のものも、外国のものも共に含む）は、維持されているのである。

さて、「輸出先国の特許の実施に対する対価」が含まれているか否かの点だが、判旨は、まず、Xの特許未登録国への輸出分についても、すべて一律にロイヤルティ支払が定められている本件契約の場合、「輸出先国における特許を販売段階で使用することの対価としてロイヤリティが支払われているとみることは相当ではない。けだし、特許の登録されていない国への輸出分については、その国の特許を使用する余地がないからである」としている。だが、未登録の（「特許の登録されていない」）国では「その国の特許を使用する余地がない」という、この判旨の押さえ方は、十分でない。日本の特許の実施については、日本で「登録され又は出願中の」特許の実施、という言い方を、既述の如く判旨はしていたからである。判旨のいう未登録国が、未出願国のことかどうかも、これだけでは判然としない。既述の如く、「本件特許権」の出願先は、日米の他、伊、英、西独、仏、ブラジル、メキシコである旨、本件契約には示されているが、「本件特許権の登録されている国」は「九か国」（「未登録国」は「二七か国」）である旨、認定されている。若干数字があわない分は、のちに出願された分であろうか。ただ、いずれにしても、AはXから「世界中のいかなる場所においても」製造・使用・販売の独占的なライセンスを与えられてはいる。判旨を善解すれば、いかなる意味でもXによる特許権或いはそれに類する権利（日本で言えば出願公開から出願公告を経て登録に至るまでの流れの中で発生するそれら）が存在しない国、即ちXが何ら特許出願をしていない国への輸出分も含めてロイヤルティが決められているから、前記の如く解する、ということになるであろう。認定事実・掲載誌のみからは判然としないが、実際の本件の諸事情からは、それが判旨の言いたいことだったはずである。

だが、判旨は、右の点だけから結論を導いたわけではない。次に判旨は、シルバー精工事件の被告（国）側が非常にこだわるところの、製造根源説的見方を示す。即ち、「特許権の実施とは、その権利の内容である技術等を用いるあらゆる段階での行為」、即ち、生産（製造）、使用、譲渡、貸渡し等、又は輸入（特許法二条三項）を意味するが、「本来的には……最も根源的なもので、かつ重要視されるものは、その技術方法を使用して新たな付加価値を創出する生産（製造）であると考えられ、製品の譲渡（販売）は、生産の後に生ずる第二次的な使用にすぎない」とする。

だが、注意すべきは、判旨が右のドグマを立てつつも、本件契約に即した基礎づけを行なった上で、Y（国）側勝訴の結論を導いていることである。即ち、判旨は、本件契約上、ロイヤルティの支払義務が、（X又はその関係者に販売される場合を除き）Aの工場（ないし倉庫）から出荷された段階、即ち、製造後流通に置かれた最初の段階で発生すること、国内販売分・輸出分を区別せずに一律に支払い額が定められていること、

等を根拠に、本件ロイヤルティは、「特許の根源的使用である生産（製造）段階における使用に着目して支払われるもの」だ、としている。

ただ、X又はその関係者に対する販売分については、Aがその代金を受けとったときに販売されたものとみなされる旨の契約上の定めがあることが、別に認定されている。そうなると、右の判旨の論理に於いては、一律にロイヤルティ額の決められている点と、製造を根源的使用とする旨のドグマによって、X又はその関係者に対する販売分についてのロイヤルティの国内源泉所得性を根拠づける必要が生ずる。この点も、判旨の論理の詰めが、必ずしも十分でない点である。

なお、X側は、当該特許権が無効となった場合のロイヤルティの減額に関する契約条項を持ち出して、本件ロイヤルティが輸出先国での使用（販売）の対価として支払われたことを主張していた。要するに――

〈ケース①〉
特許Ⅰ……米国無効・日本有効→七五％減額
特許Ⅱ……同右――――→二五％減額
〈ケース②〉
特許Ⅰ……日米有効・ある輸出先国で無効→後者への輸出分のロイヤルティ七五％減額
特許Ⅱ……同右――――→同右

――ということである。だが、判旨は、右とは別に、両特許が日本で無効とされれば、ロイヤルティは他国での扱いがどうなろうとゼロになることを、Xの側は説明できないはずだ、と切り返している。

以上、東京地判昭和六〇年の判旨の論理を、若干細かく辿ってみた。判旨に於ける「本件特許権」の定義が、外国の特許権や、内外での出願中のものをも広く含み、かつ、それらについての使用料を課税対象としている点では、極めて重要な指摘を、判旨は含む。だが、支払額全額を国内源泉所得とするその論理には、随所に若干危ういものが残されていた。中里・前掲本件評釈ジュリスト八四五号一〇六頁の説くように、判旨が「必ずしも十分説得的であるとは断言できない」ように、思われる。

ただ、中里・同右頁も説くように、本件ではAが自己の子会社に日本国内で販売をし、後者が外国への輸出をしていた、との事実が重要である。A社自身にとっては製造も販売も日本ですべて行われていたのであり、製造地・販売地のいずれが国内源泉地決定の決め手かとの議論に踏み込むことなく、XA間の関係では、右のすべてが国内で行われていたことを正面に据えた処理が可能となる。そして、かかるXA間の、Xの特許権等の使用についての対価が、Aによって支払われたのであるから、すべてが国内源泉所得として扱われる。――中里・同右頁が言うように、これは自然な推論のはずであり、未登録国への輸出分についてもロイヤルティ支払のなされること、原則としてAの日本所在の工場からの出荷段階でロイヤルティ支払義務の発生する旨定められていること等は、いわば補強的論拠としての位置づけで十分であろう。

別な機会に論じたように、外国法人課税の際に問題となるPE（恒久的施設）概念と共に、所得源泉地の所在の決定についても、抵触法（国際私法）上の center of gravity ないし生活・取引関係の本拠探求に向けた処理方法が、重要である（石黒・国際的相剋の中の国家と企業一五四頁以下）。本件に於けるXA間の取引関係の重点ないし本拠は、明確に日本社会の中にあると言える。判旨の結論は正当である。判旨の言う「製造地＝根源的使用」の考え方は、ロイヤルティ支払者Aの製造地・販売地（後者はAにより直接なされたそれ）が一致している本件では合理的なものであろうが、例えば他者の製造した物をAが日本で輸入・販売するのみの場合には、それがどう働くのか。Aの右の行為につきXに対してロイヤルティが支払われた場合にも、もとよりその支払額はXの国内源泉所得となるはずであり、若干判旨の立論は、一般的に過ぎると思われる。

(4) 関連通達の精査

〔基本通達〕

ここでの問題（右判決とシルバー精工事件一審判決をめぐるそれ）を考える際、重要な個別通達が二つ出ていることは、既に示唆した。だが、まず、一般的な諸通達について、見ておきたい。その際の分析視角は、前記(2)に於いて示した点、即ち所得税法の条文上、「工業所有権」それ自体と並んで示された「その他の技術に関する権利、特別の技術による生産方式若しくはこれらに準ずるものの使用料」につき、従来の通達で、いかなることが言われていたか、に若干重点を置くものである。以下に於いては、法人税法の規定の文言が所得税法と同一であることに鑑み、その双方の関連通達を見ておくこととする。

まず、忘れそうなものを先に掲げる。法人税基本通達二―一―一六（工業所有権等の譲渡等による収益の帰属の時期）である。そこでは、「工業所有権等」の意味として、「特許権……並びにこれらの権利に係る出願権及び実施権」とされている。「出願権」の語は、後述のシルバー精工事件で国側が固守するものであるが、法人税法一三八条七号イ（所得税法一六一条七号イも同じ）のどの文言の中に「出願権」が位置づけられるかはともかく、右通達には基本的に重要なことが示されている。即ち、この場合の実施権設定の対価（但し、「使用料は除く」とあるが、その意味は後述）の額は、原則としてその設定に関する契約の効力発生の日の属する事業年度の益金の額に算入する、とある。そして、のちの登録により設定の効力が生ずることになっている場合には、登録事業年度分に算入することを認める、とある。その解説（栃本道夫監修・コンメンタール法人税基本通達〔改訂七版・平三〕四八頁）には、右通達に付された注の意味として、次の指摘がある。即ち――

「工業所有権に係る実施権の設定契約等に際しては、その設定の対価として授受した一時金の額がその後一定期間内に生産高ベース等により支払いを受けるべき使用料（running royalty）の額に充当される旨の定めが置かれることがある。このような定めは、最低使用料条項（minimum-royalty-item）と称されるが、要するに当初に授受する一時金の額を使用料の最低額にしようというものであって、仮に当該一時金の額がその一定期間内に支払いを受けるべき使用料の額に充当しきれずに残高が生じた場合であっても、もはや返還しないのが普通である。従って、その一時金の額はいわば確定収入であり、その後の使用料の計算に合わせて前受金等として繰延べる等のことは認められない。」

――とある。かかる指摘は、後述のシルバー精工事件の契約条項にもあてはまる。

右通達は、直接には、「収益の帰属の時期」に関する法人税法上のものだが、「出願権」につき明示的に言及するものとして、私が見出せたものとして（今のところは）唯一のものでもある。また、一時金支払の取扱について、右の如き基本的スタンスを正当に示したものとして、重要と思われる。もっとも、「工業所有権等」の「等」の意義としては、他の通達に比しても狭過ぎる。

次に、法人税基本通達二〇―一―二〇（国内業務に係る使用料等）は、法人税法一三八条七号イ（所得税法一六一条七号イと同じ）との関係で、「当該使用料又は対価は、その提供を受けた者の国外において行う業務に係るものであることが明らかなものを除き、原則として」国内源泉所得になる、とする。その注としては、「外国法人が……内国法人に提供した工業所有権が国外において業務を行う他の者〔この通達ではこの者を「再実施権者」と呼んでいるが、若干紛らわしくないか〕の当該国外における業務の用に供されることにより当該外国法人が当該……内国法人から支払を受ける使用料の額のうち、〔右に定義された〕再実施権者の使用に係る部分の使用料の額……は、本文の『国外において行う業務に係るものであることが明らかなもの』に該当する」とある。非常に分りにくい日本語である。

ちなみに、栃本監修・前掲コメ一〇四二頁の解説には、次頁の如き図が示されている。実施権設定は図の右へ右へと、そして支払は左へ左へ

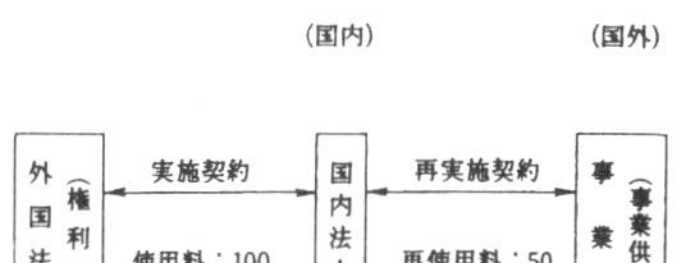

と、それぞれなされ、その場合、外国法人が内国法人（等）から受ける一〇〇のうち、五〇は国外源泉所得となり、課税されない、との扱いになる、とされる。

なお、この点は、右通達の注の部分を一層正面に据えた所得税基本通達一六一―二一にも、示されている（武田昌輔監修・DHCコンメンタール所得税法§§128―244の七二三七頁）。但し、かかることがなされるためには、居住者等が非居住者等から提供を受けた工業所有権等につき、更に国外に於いて業務を行う他の者に再実施し、使用料を受取っていることが、前提となろう。

だが、各国特許権は独立であり、前記の図で、日本の特許実施権者が、第三国たる「当該国外」の地にある者に再実施権を付与する、というのは如何なる場合を想定してのことか、が問題となる。このあたりが、わが「租税法における従来の考え方」につき、「特許権の属地性を考慮した検討」が不十分だった（中里・前掲ジュリ九八四号一八二頁）と批判される所以でもあろうか。

再実施権などと言うから紛らわしくなるわけで、前記の図は、内国法人等が「当該国外」と呼ばれる右端の国にある特許権についても実施権設定を受けており、その国で再実施権を設定した場合、その再使用料の分は国外源泉だ、ということを示すに尽きる。ただ、その際、「実施」とは何を意味しているかが、さらに問題となる。製造か販売か、という例の問題である。

私も、外国法人から内外の特許につきライセンスを受けた者が、製造・販売等の「使用」を専ら外国で行なう場合に、内国法人がおよそ国内でロイヤルティを支払ったならば、すべて国内源泉とせよ、などとは考えない。だが、前記の図で、製造が専ら日本で、図中の「内国法人等」によって行なわれていたとする。図の右端の「国外事業者」に、後者の国での再実施権が設定された場合、その「再使用料」たる五〇を、当然に図の左端の「外国法人」の使用料一〇〇から差し引いて、残り五〇のみについて国内源泉所得とすべきなのか。図の「内国法人」自身が、右端の外国との関係での当該工業所有権等の技術使用を何らなさずに、右端の国外事業者に専らそれを使用させる、という場合にのみ、その五〇の部分を一〇〇から差し引き、国内業務部分のみに課税する、というのが、この通達の真意であろう。その意味では、法人税基本通達二〇―一―二〇の本文（「その提供を受けた者の国外において行う業務に係るものであることが明らかなもの」のみが国外源泉所得として非課税になる）のみの方が、誤解が少い。所得税基本通達一六一―二一は、この点でミスリーディングではないか。そしてそれは、以下に示す諸通達とも、必ずしも整合性がとれないようにも思われるが、どうなのであろうか。もっとも、いずれにしても、内国法人から国外事業者に対して再実施権が設定された場合、という前提であるから、かかる設定のない場合にはこれを無視してよい、という風に割り切れば、実害はないのかも知れないが。

なお、中里・前掲評釈ジュリスト八四五号一〇六頁、同・前掲（下）ジュリスト九八四号一八三頁以下、とくに後者に於いては、若干この通達一六一―二一に引きずられ過ぎているような印象を覚える。再実施権を云々するから、シルバー精工事件の原告側主張、及び木棚・前掲CIPIC会報一九号四頁も、この点を突く。それらの主張への疑問はともかく、本通達については、早急にその趣旨の明確化を要する。また、右の議論の延長線上に於いて、中里・前掲（下）ジュリスト九八四号一八四頁は、「日本特許権が存在しない（出願も登録もなされていない）場合、日本法人が特許権者に対して支払う使用料は、その全額が国内源泉所得とならないであろう。この点は、『特許権の登録されている諸外国向け輸出分についてのみ支払われる使用料に対する源泉徴収の要否について』と題する個別通達においても、同様の結論がとられている」とする。

だが、この個別通達の読み方がそれでよいかは、後述の如く疑問である（但し、同右頁は、ノウハウ等の使用の対価としての源泉課税の余地は、認めている。この点は既に一言した）。

さて、「工業所有権等の意義」と題して、法人税法一三八条七号イの文言の意義（従ってまた所得税法一六一条七号イ——文言が同じである）を示した通達がある。法人税基本通達二〇—一—二一である。「等」の部分に重点を置いてこれを示せば、そこには、工業所有権及びその実施権等のほか、「これらの権利の目的にはなっていないが、生産その他業務に関し繰り返し使用し得るまでに形成された創作、すなわち、特別の原料、処方、機械、器具、工程によるなど独自の考案又は方法を用いた生産についての方式、これに準ずる秘けつ、秘伝その他特別に技術的価値を有する知識及び意匠等をいう。したがって、ノウハウはもちろん、機械、設備等の設計及び図面等に化体された生産方式……もこれに含まれる」とある。

所得税基本通達一六一—二二には、右の引用部分を、所得税法一六一条七号イに言う「特別の技術による生産方式若しくはこれらに準ずるもの」の内容とした上で、右に引用したものと同一の文言が示されている。そうなると、「その他の技術に関する権利」とは何かが、逆に問題となる。法人税基本通達二〇—一—二一を見ると、工業所有権「及びその実施権等」がそれだということになり、またしても、「等」の霧の中にすべてが隠れる。

もっとも、「使用料の意義」については、法人税基本通達（以下、面倒ゆえ、法基通と言う）二〇—一—二一と、所得税基本通達（所基通）一六一—二三とが、若干微妙な文言の差を有している。前者は、「工業所有権等の……」と言い、後者は、「技術等の……」と言う。その書き出しの微妙な差が、かえって文言を等しくするこの条項の真意を伝えている、とも言える。より妥当と思われる後者によれば、この場合の使用料とは、「技術等の実施、使用、採用、提供若しくは伝授又は技術等に

工業所有権等の内容及び使用料又は譲渡の対価の範囲（仲沢編・後掲582頁以下）

区分	内容	使用料又は譲渡の対価の範囲
工業所有権	① 特許権 ② 実用新案権 ③ 意匠権 ④ 商標権等	使用料又はその譲渡の対価とは，工業所有権等の実施，使用，採用，提供，伝授又は工業所有権等に係る実施若しくは使用権の設定，許諾若しくはその譲渡の承諾について支払を受ける対価の一切をいう（所基通161－23）。 この場合の譲渡には，交換，現物出資を含む。 また，使用料には，契約を締結するに当たって支払を受けるいわゆる頭金，権利金等のほか，その提供又は伝授するために要する費用に充てるものとして支払を受けるものを含む。
その他の技術に関する権利	① 工業所有権に係る登録を受ける権利(出願権) ② 工業所有権その他の技術に関する権利，特別の技術による生産方式若しくはこれらに準ずるものの実施権又は使用権	
特別の技術による生産方式及びこれらに準ずるもの	特許権，実用新案権，意匠権，商標権等の工業所有権の目的にはなっていないが，生産その他業務に関し繰返し使用し得るまでに形成された創作，すなわち，特別の原料，処方，機械，器具，工程によるなど独自の考案又は方法を用いた生産についての方式，これに準ずる秘けつ，秘伝その他特別に技術的価値を有する知識及び意匠等（所基通161－22） （注）通常「ノウハウ」と呼ばれるものや機械，設備等の設計，図面等に化体された生産方式，デザイン等がこれに含まれる。 ただし，海外における技術の動向，製品の販路，特定品目の生産高等の情報又は機械，装置，原材料等の材質等の鑑定若しくは性能の調査，検査等は，これに該当しない。	

係る実施権若しくは使用権の設定、許諾若しくはその譲渡の承諾につき支払を受ける対価の一切をいい、……これらの使用料には、契約を締結するに当って支払を受けるいわゆる頭金、権利金等……も含まれる」とある。法規定の合理的解釈として、この線は支持さるべきであろう。

けれども、依然として、「その他の技術に関する権利」の内容は明らかでない。私の立場は一(2)に示したとおりであり、結論を先に言えば、国税当局は、いまだこの文言を、十分使い切っていない。それが故に、必要以上に特許法固有の議論に振りまわされ、「国内業務たる技術使用の対価としての収益に対して課税する」という自然な、条文から要請される作業を、若干屈折した場に置いてしまっている。

この点を、仲沢幹彦編・源泉所得税の実務（平成元年版）五八二頁以下に於ける、所得税法一六一条七号イについての整理をした前頁の表に即して、見ておこう。

右の表自体は通達を整理したものにとどまるが、「その他の技術に関する権利」の「内容」として、①の出願権の他に何かが存在することは、②からして明らかだが、②に書かれていることは、左の欄の「区分」を再度並べただけになっている。そのことに注意すべきである。

〔個別通達〕

次に、二つの個別通達について見ておく。ちなみに、これらについては、原和雄編・源泉所得税の実務（昭和六〇年度版）四八〇頁以下、四八四頁以下を参照したが、重要ゆえ、その全文を、それぞれ左に示しておくこととする。

「特許権の登録されている諸外国向け輸出分についてのみ支払われる使用料に対する源泉徴収の要否について（昭四〇直審（源）15）

標題について、〇〇会社から別紙2のような照会があり、これに対し、当庁審議官名で別紙1により回答したから、了知されたい。

（別紙1）

標題については、当該使用料は、所得税法の施行地に源泉がある所得とは認められないので、源泉徴収を行なう必要はありません。

（別紙2）

このたび当社は米国のA社と別紙の如き技術援助契約を締結し、外資法に基づく認可を受けるために日本政府関係当局へ技術援助契約締結認可申請書を提出しております。

同社との契約書第三条第二項には、当該契約に基づき外国特許権の使用により発生するロイヤルティの日本における所得税の源泉控除は行わない旨、A社の調査と要求に基づいて規定しておりますので、諸外国（日本を除く）に存在する特許権に対するロイヤルティについて、所得税法第一条第二項（現行第五条第二項）、同法第一条三項六号（現行第一六一条七号）、および一九五四年四月一六日付日米租税条約第一三条g（現行第一四条(3)(a)）項との関係上、日本で源泉控除の必要があるか否か、その理由と共に御教示賜りたくお願い致します。

なお、当社は日米租税条約第一三条g（現行第一四条(3)(a)）項について、はなはだ素人考えながら特許権という財産（日本においては存在せず米国に存在する）の使用は、財産の所在国である一方の締約国即ち米国において行なわれ（日本における製造は本件特許に関係がない）その締約国（米国）内の源泉から生ずる所得として取り扱われるものと解釈致しており、A社の条約解釈も概ねこの通りであろうと想像されます。

もし、この解釈が誤っている場合は、A社に源泉税の納入税を要求する必要があり、その理由即ち法解釈を間違いなく先方に伝えなければなりませんので、御当局の御指示およびその理由を和英両文にて御教示頂きたくお願い申し上げます。

（別紙　省略）

（別　添）

補足説明書

昭和三九年〇月〇日に御当局へ提出致しました当社と米国のA社との間の技術援助契約に関する伺書につきまして補足説明致したく存じます。

今回A社とかかる契約を行ないましたのは、当社で製造し、米国へ輸

出しました〇〇抵抗器がA社の特許（米国特許第〇〇〇号）に抵触する旨A社より連絡を受け、当社として、かかる品目の対米輸出を継続するために、同社と特許ライセンス契約を結ばなければならないこととなり、先に添付しました如き特許ライセンス協定を締結した次第であります。

当社は過去十数ケ年に亘り、各種抵抗器を多量に継続して製造・販売を行なっておりまして、本製品の分野においては高度の技術的経験の蓄積があり、今回のA社との契約に当っても、米国を始め欧州、南米の諸外国の特許権の使用許諾を受けることを上記協定の範囲としておりまして、特許製品の製造に要する製造工程等に係る技術ノウハウの供与は全く含まれておらず日本において当該社の特許を使用することもありません。

即ち、一八八三年三月二〇日付万国工業所有権保護同盟条約により明らかになっているように、各国特許はそれぞれ独立するものでありまして、即ち、米国で特許された権利であっても日本国で権利として出願登録されない限りにおいては、日本国ではその効力はおよばないものであります。

従って、A社は上記米国特許を日本国で登録しておりませんので、特許使用の事実は日本では発生しないわけであります。

以上、御当局の御参考までに申し添えたく存じます。何卒本件に対する御回示賜わりたくお願い致します。」

右の昭和四〇年の個別通達をどう解すべきかは、極めて重要な問題となる。右の補足説明書に示された当該ライセンス契約締結に至る背景事情は、前掲東京地判昭和六〇年の事案とは異なるが、シルバー精工事件と類似する。アメリカ関税法三三七条に基づくITCの手続の終了をITCに促す、というシルバー精工事件に於けるライセンス契約の背景事情とは異なるが、アメリカへの輸出がアメリカ特許権とぶつかった点は同じである。

右の補足説明書において、アメリカ特許のみならず、他の諸国の特許権についても使用許諾が認められている点は、昭和六〇年判決・シルバー精工事件と共通する。日本の源泉課税を行わない旨の契約条項のある点は、シルバー精工事件と共通である。

だが、別紙2の照会の内容として照会企業が述べる点、即ち、「日本における製造は本件特許に関係がない」とする点への評価はどうか。この点は、昭和六〇年判決の製造根源説的な見方とは異なる。だが、右判決の事案と異なるのは、アメリカ企業の日本での「特許登録」がない点である。ただ、照会企業は「出願登録」がなされていない、ともしている。多少調べてみると、このケースでは、出願も何ら日本ではなされていなかったことが、別途判明した。だとすれば、出願は日本ではなされていたというシルバー精工事件とは異なる。

それでは、日本で出願もなされていない（国税当局側が言う「出願権」も日本にない）ならば、如何に製造（等）が日本でなされていようと、日本の源泉課税は行なわない、との立場が、この個別通達によって示されたと言えるのか。

私はそうは思わない。補足説明書の第三段落目で示されている点、即ち、「特許製品の製造に要する製造工程等に係る技術ノウハウの供与は全く含まれておらず……」との点が、最も重要であると、私は考える。

ここで、今一度、所得税法一六一条七号イの文言に戻る必要がある。本稿一(2)で論じたように、外国特許権の使用料であっても、同号イの「工業所有権……の使用料」に含まれるし、厳密な当該特許クレイムの外たる技術についても同号のそれ以下の文言で、カヴァーし得る。ともかく、何らかの「技術に関する権利」、「特別の技術による生産方式」、「これらに準ずるもの」として、それなりの技術の使用料が支払われておればよい。だが、それらは、この個別通達の照会企業（日本企業）の「国内業務の用に供されている」ことが必要である（所基通一六一—二二）。このケースでは、照会企業に既に十分な自前の技術とノウハウとがあって、何らかかる国内業務の用に供されていない、というのが当該外国特許権に内包された技術だ、ということになる。もとより、果たしてそう言えるかどうかは、実際に裁判になってみなければ分らない。だ

が、本個別通達においては、ひとまずはそうだと前提した上で、そうであるならば国内源泉所得とはならない、との方針が示されたのだと考えるべきである（特許権の属地性からして、このケースで、A社の特許権を当該日本企業が日本で侵害したとの、権利侵害の主張は、はじめからなし得ないし、とくに当該日本企業がA社の技術を盗んだ等の特殊事情のない限り、一(2)の第三段落の①で示した「何らかの技術に関する権利」〔侵害の前提としてのそれ〕が、この場合A社にあると想定することもできないことに、注意せよ）。

もとより、ライセンス契約を結びつつ、何ら技術供与がない、と言うことは、それ自体不自然な前提である。前記照会のケースは、日本に権利者側の出願があるならば、最終的には新規性がないとして、特許権の付与自体が否定されるはずのものであろう。だが、支払をする企業が主観的にはそう信じていても、実際には、ライセンス契約を通して、何らかの技術供与があったと推定することは、制度的に見て、それ自体合理的なことであろう。所得税法一六一条七号イの下で働くべき、かかる合理的推定を覆すことについては、相当の強い論拠（証拠）が必要となろう。

かくて、昭和四〇年のこの個別通達の趣旨を拡大し、およそ日本に特許出願がなされていないかぎり、いくら日本で製造等をしてもすべて国外源泉所得だ、と見ることは疑問である。もっとも、この個別通達冒頭の、ゴチックによる標題自体、その意味ではミスリーディングである。しかも、「標題については……源泉徴収を行なう必要はありません」とあるため、一層ミスリーディングである。だが、もとより国税庁内では、補足説明書を含めて細かく検討した上で、右の結論に至ったはずである。その意味で、やはり当該事案の個性を度外視するわけにはゆかない。それが個別通達の、それたる所似でもあろう。

次に、アメリカ関税法三三七条との関係で、シルバー精工事件と同一の事件に巻き込まれ、当該アメリカ企業とライセンス契約を結んだ別の日本企業からの照会に答えた個別通達を、見ておくことにする。但し、「契約概要」の部分については、後にシルバー精工事件一審判決、とくに甲第一号証たる契約書それ自体に即して検討する点と、対比されたい。概要は概要ゆえ、注意を要する。

「〇　米国法人に支払う争訟解決のための対価に係る所得税の源泉徴収の要否について（昭五九直審三—二一）

標題のことについて、A株式会社から別紙2のとおり照会があり、これに対して当庁直税部審理課長名をもって別紙1のとおり回答したから、了知されたい。」

（別紙1）

貴社が一九八三年〇月〇日米国法人B社との間で成立した和解契約に基づき支払う対価は日米租税条約第一四条(3)に規定する使用料に該当し、同条約第六条(3)の規定に基づき日本国内の源泉から生ずる所得として日本国で課税されることになります。

（別紙2）

弊社は、米国において一昨年来タイプライターを販売しておりますが、昨年七月米国法人B社は、弊社の販売するタイプライターがB社の米国特許を侵害しているとして米国国際貿易委員会（ITC）に右タイプライターの米国への輸入を差止める訴えを提起しました。

弊社は、これに対し、訴訟手続において侵害の事実のないことを強く主張するとともに、訴訟手続と並行して、無用の訴訟費用の出費を避けるためにB社との間で和解交渉を進めて参りました。

この結果、和解が成立し昨年〇月〇日和解契約が正式調印されました。ついては、同契約の正本写及び同訳文並びに関連資料を提出いたしますので、この契約にもとづきB社に支払う対価に対して所得税の源泉徴収を要するか否かにつきご判断を賜りたくご照会申し上げます。

（別添）

契約概要

1　ITC訴訟の終結

A社とB社は、本件ITC訴訟におけるA社に対する調査を終結させるため、本契約発効日後五実施日以内にITCに対し訴訟手続終結

のための共同申請をする。

二 非独占実施権の許諾

B社は、A社に対して米国特許（許諾特許）にもとづく次の非独占実施権を許諾する：

本契約発効日後、許諾特許を使用したプリンター及びタイプライターを全世界において製造し、製造させ、且つ本契約に定める実施料の支払を条件として、(1)合計五〇〇、〇〇〇台の当該プリンター及び(2)無制限の台数の当該タイプライターを米国内に直接的又は間接的に輸入し、使用、リース及び販売するための実施権

三 対価

A社はB社に対し、ITC訴訟終結及び許諾特許に関する争いの解決の対価として次の支払いをなす。

(1) 頭金――一、二五〇、〇〇〇U.S.ドル（内、一、〇七五、〇〇〇U.S.ドルは、本契約発効日後発生する実施料に充当される）

支払時期：(i)四五〇、〇〇〇U.S.ドル―一九八三年一二月〇日まで

(ii)八〇〇、〇〇〇U.S.ドル―一九八四年一月〇日まで

(2) 実施料―本契約の発効日後米国における使用、リース又は販売を目的として米国内への直接的又は間接的な輸入のためにA社により販売される、許諾特許を使用した各プリンター及びタイプライターにつきそれらの正味販売価格に実施料率（〇・四～三・〇％）を乗じた金額を、実施料としてB社に支払う。

四 付帯条項

(1) 過去分の免除―B社は、本契約発効日以前に生じ得た許諾特許の侵害の主張からA社を免除する。

(2) 相互非主張―B社及びA社は、相手方に対し一九八八年一一月〇日以前に最初に出願されるもしくは出願された、自己のプリンター又はタイプライターのプリンター部分に関する特許にもとづく権利主張をしない。

（この非主張の対象となるB社の特許には許諾特許は含まれないが、許諾特許の、日本を含む各国対応特許が含まれる）

(3) 実施料の適用除外―実施料支払義務は、許諾特許が無効、権利行使不能又は非侵害とされた場合終了する。

五 契約期間

本契約発効日より許諾特許の最終満了日まで。但し、A社が前記頭金一、二五〇、〇〇〇U.S.ドルの支払いをなした場合、前記四(2)の非主張条項は本契約の終了に拘らず存続する。

（参考）

我国における特許等の状況

本件の実施料の対象となる製品は全て我国で製造していますが、B社は本件の許諾特許の明細書に記載された発明と同一内容の発明について我国に特許出願中です。

（背景）

米国法人B社は、米国において一九七八年※コンピュータのアウトプット用デイジーホイールプリンターを製造販売している。

一方、数年前より日本メーカーを含む数社が同種のプリンターの米国への輸入販売を行なってきている。

これに対し、B社は昨年四月、これらの同種のプリンターが同社の所有する米国特許を侵害し、当該侵害するプリンターの販売によって、B社は実質的な損害を受けたとして米国国際貿易委員会（ITC）に対し、前記数社を被申立人として各被申立人のプリンターの米国への輸入差止を求める申立を提起した。

ITCは一九八三年四月二〇日にこの申立にもとづき特許侵害の有無及びB社に対する経済的損害の有無につき調査を開始した。

B社は、その後A社を含むプリンター及びタイプライターのメーカー数社を被申立人として追加するための申立を行ない、ITCは一九八二年七月二〇日、これら数社を追加の被申立人とすることを決定した。

A社は、米国においては一九八二年よりデイジーホイールタイプライターを販売しているが、同タイプライターは特許を侵害していないこと、又これらのタイプライターはB社の製造販売しているようなプリンターとは競合しなく、従ってITCの訴因とはならないことをITC訴訟手続において強く主張するとともに、訴訟手続と並行して、無用の訴訟費用を避けるためにB社との間で和解交渉をしてきた。

この結果一九八三年〇月〇日付にて和解契約が締結された。」

個々の契約条項の精査は、シルバー精工事件それ自体に即して後に行うが、この昭和五九年の個別通達の標題において「争訟解決のための対価」とある点、あるいは別紙一に「和解契約に基づき支払う対価」とある点につき、一言補足しておく。法基通二〇―一―二五は、法人税法一三八条七号の使用料等につき、「これらの対価等に代わる性質を有する損害賠償金その他これに類するもの……が含まれる」としている。そして、栃本監修・前掲コンメンタール法人税基本通達一〇四六頁の解説には、「名目的には損害賠償金や和解金等であっても、実質的にみて、上記の……使用料等に代わるべきものが含まれているのが通例であり、その実質に応じた取扱いをする必要がある」、とされている。正当である。

(5) シルバー精工事件を考える際の留意点

シルバー精工事件は、右の昭和五九年個別通達が前提する事実関係とほぼ同じ状況の下で、同じアメリカ企業（キューム社）との間で結ばれたライセンス契約に基づく対価支払が、問題の焦点となった。シルバー精工（原告X）以外の日本企業は、対価支払に際し、右の個別通達に従って源泉徴収を、支払額全額に対して行なった。Xのみがそれを争い、本訴を提起したのである。

このケースを考える際には、まず、ITCへのキューム社の提訴からすべてが始まっていることに、留意する必要がある。提訴企業がライセンス契約をもう結んだからと言っても、直ちにITCの手続が終了するわけではない。そのことは、本件契約書においても、はっきりと示され、すべての前提とされている。従って、かかるライセンス契約においては、まずもってITCを説得すべく、アメリカの特許権については、個々的に十分な手当てがなされていることを、契約条項において、ことさらに明示しておく必要がある。

次に、昭和四〇年、五九年の個別通達、そして東京地判昭和六〇年を経て、契約当事者は、如何にすれば日本の源泉課税を支払わずに済ますかにつき、種々の研究をし、かなりの学習効果（?）を有していることに、注意する必要がある。極力、アメリカ特許権の使用に対する対価支払のみであるかの如き契約書の書き方をするであろうことは、私が国際弁護士であれば、まず行なう。契約書の全体にわたり、それが貫かれており、かつ、実態においてもそうならば、何の文句もない。だが、シルバー精工事件の契約書は、その全体を見たとき、そうなってはいない。

さらに、自ら行なった三三七条提訴をきっかけとして、ライセンス交渉を自己に有利に持ってゆくことは、アメリカ企業の、もはや月並みとも言うべき手段であろう。当該日米企業の眼は、しかしながら日米にとどまらぬ、グローバルな特許（知的財産権）戦略に向いているのが、通常であろう。そうした背景事情をよく踏まえた上で、本件契約書の諸条項を精査する必要がある。この点、被告たる国側の一審での抗弁においても、必ずしも十分でなかったし、一審判決も同様であった。

最後に、国側が頼った日本における（アメリカ企業の）「出願権」について。本件契約発効当時、日本では出願公開後だが、出願公告前の段階にあった。その時点で、出願公開の効果たる補償金請求権は発生していない旨の、誤った認識を、国側が示してしまっている。また、特許法六五条の三にいう補償金請求権は、出願人が警告をしなくとも、「出願公開がされた特許出願に係る発明であることを知って出願公告前に業としてその発明を実施した者に対しては、同様」に請求できるとある。そのことについても、必ずしも十分なフォローがなかったのではないか、との疑いも、若干ある。公開により請求権は発生しているのであり、ただ同条二項で、行使時期が出願公告後とされているにとどまるのである（後述）。――等々、X側主張に正面切って反論する必要がある。だが、あくまで日本の「出願権」なるものにこだわろうとする国側の姿勢が、所得税法の条文と若干遊離するものであり、もっと実態に即した争い方が出来るはずであることは、一の(2)及び(4)でも、既に示した。

さて、以上を前提として、シルバー精工事件一審判決に対する批判を、次号において行なうこととする。

（平成五年一二月一二日稿）

「ボーダーレス・エコノミーへの法的視座」のいままでの掲載

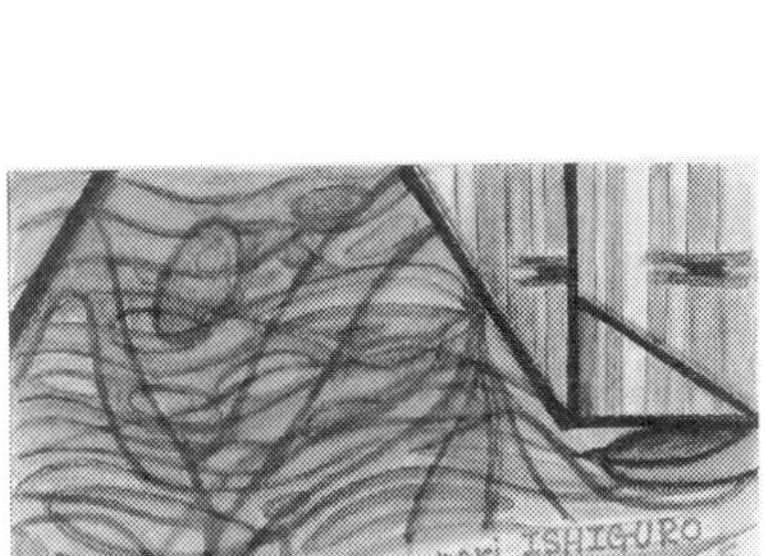

連載

ボーダーレス・エコノミーへの法的視座

第三十三回 特許権等の使用に関連する国際的支払と日本の源泉課税
――シルバー精工事件一審判決に対する疑問（下）

石黒一憲
東京大学法学部教授

〔目次〕

二 シルバー精工事件一審判決の批判的検討

(1) 事実関係及び争点の概要
――原告側の論理に重点を置きつつ

以下、東京地判平成四年一〇月二七日行裁例集四三巻一〇号一三三六頁（昭和六三行ワ第一九一号源泉所得税納税告知処分取消等請求事件）につき、正面からの検討を争う。

〔本件契約と本件支払〕

まず、事実関係であるが、本稿一(4)でその全文を示した昭和五九年の個別通達の、背景ないし前提となったのと全く同じ経緯で、本件契約（その詳細な検討は後に行なう）が締結された。この間の経緯は、原告X会社（シルバー精工――日本法人）が提出した甲第一号証たる本件契約（昭和五八年一一月一七日に、カリフォルニア州法人たる証外A会社〔キューム社〕とXとの間で締結）にも示されている。即ち、同年（一九八三年）四月に、Aの提訴によりアメリカのＩＴＣ（国際貿易委員会）が、関税法三三七条による調査を開始し、同年七月二一日にXがそれに巻き込まれた。X製品の対米輸出に際し、Aのアメリカ特許（ロータリー・ホイール・プリンター・システムに関するそれ――一二九特許）が侵害されている、との点が提訴理由である。

そこで、本件契約前文のFに記載されているように、「AとXは、Xに対するＵＳＩＴＣ調査番号三三七－ＴＡ－一四五を終結させ、一二九特許に関する両当事者間の全ての未決の紛争を解決するため本契約書〔本件契約〕を締結することを希望する」に至った。

この点は重要ゆえ、英文も示しておく。

"F. Qume and Silver Seiko desire to enter into this Agreement for terminating USITC Investigation No. 337-TA-145 as to Silver Seiko and settling all outstanding disputes between the parties relating to the '129 patent."

若干これからの議論を先取りする形にはなるが、右の英文中の接続詞（and）にアンダーラインを付しておいたように、本件契約締結の目的は、二つある。そのことが、個々の契約条項の意味するところを（事実認定レヴェルで！）適切に把握する上で、非常に重要になって来る。

さて、本件契約に於いては、日本の源泉課税との関係で、その六条(b)（ロイヤルティと数量の決定〔Royalty and Quantity Determination〕）により、七六万米ドルの支払が約されていた。即ち――

「6(b) Xは、Aに対し以下の如くＵＳ＄七六〇、〇〇〇を支払うことに同意する。

(i) 一九八三年一二月一五日迄にＵＳ＄四〇〇、〇〇〇を支払うこと。

(ii) 一九八四年四月二日迄にＵＳ＄三六〇、〇〇〇を支払うこと。

この金額のうち、ＵＳ＄五七〇、〇〇〇は下記6(c)項目で支払われるロイヤリティ額に関連し（relative to）、同ロイヤリティー額に対して貸記される前払金として取り扱われるものとする。ＵＳ＄七六〇、〇〇〇は、ＵＳＩＴＣ訴訟〔正しくは手続――英文では Proceeding〕が本契約で意図した如くXについて終結されない場合を除き、返還されないものとする。」

――ということであり、Xは、右の四〇万米ドル（九四一四万円）、三六万米ドル（八一一八万円）を、それぞれ当該期日までに支払った。そして、本件に於ける争点は、まさに右の計七六万米ドルの支払（本件支払）につき（！）、日本の源泉課税がなされ得るか否かにある。

X側は、右のロイヤルティは、すべてAの前記アメリカ特許権の使用料であるとし、Y（国）側は、逆に、すべてが日本での源泉徴収の対象となる、Aの国内源泉所得だとして争った。

〔Xの訴状〕

ここで、まずXの「訴状」を見ておこう。事前のXY間のやりとりを踏まえ、基本的な争点がそこに端的に示されているからである。ポイントとなる点を、番号を付しつつ左に抜き書きしておく。事実に反する点、Xの弱点、等々が既にしていろいろとあり、あとでまとめてコメントをするためである。気になるところは傍点を付しておく。

①
「本件金員〔前記の七六米ドル〕は、Aの有する本件米国特許権を使用してXが米国内で本件製品を販売することに対する対価であり、Aが有していた本件米国特許権又は日本国内においてたまたま有していた特許出願権（以下、「本件出願権」という。）を使用して日本国内で本件製品を製造することに対する対価ではない。」

②
「本件契約は……米国のＩＴＣ……における紛争に費やされる労力と費用を回避すべく、XがAに対し本件金員を支払う一方で、Xが米国内で本件製品の販売を継続できることを目的として……締結されたのである。……この本件契約締結の趣旨、経過を考えれば、本件契約の使用料の対象となるのは本件米国特許権に限られ、日本国内の本件出願権はこれに含まれていなかったことは明らかである。」

③
「本件契約の文面上からも、本件契約の使用料の対象となる特許は本件米国特許権のみであり、日本における本件出願権はこれに含まれていなかったことは明らかである。

1．本件契約第二条は、AがXに許諾するのは「Licensed Patent」（許諾特許）であるとしているが、同第一条（定義条項）(a)によれば、〔それ〕は本件米国特許権であることが明示されている。

2．本件契約第一一条は、本件契約期間を本件米国特許権の存続期間に限定している。

3．本件米国特許権の他に、本件出願権をも本件金員支払いの対象とするのであれば、特許許諾契約一般において許諾の対象となる権利を契約書上特定するのが常態であるように、本件においても、本件出願権につき、出願日、出願番号等による特定が契約上なされるはずであるにもかかわらず、本件においてはそれらがなされていない。」

④
「Xは、本件契約締結当時、本件出願権の存在を知らなかった。本件契約が締結されたのは昭和五八年一一月一七日であるが、特許公告がなされたのはそれより後の昭和五九年九月一三日のことである。また、本件契約締結に至るまでの間に、XがAより本件出願権の存在を知らされたことは一度もなかった。」

⑤
「本件契約当時、Aは、英国、カナダ、スウェーデン、イタリア、ドイツ、フランスにおいて本件米国特許権の対応特許を有し、また、日本国内においては本件出願権を有していたにもかかわらず、これらを許諾の対象としなかったのは、本件米国特許権、その対応特許に係る技術発明を用いた本件製品の最大の市場は米国であることと、本件契約の起因となった米国のＩＴＣ手続においては、特許侵害品の米国への輸入による米国の産業への被害のみが審理の対象であり、そもそもAは海外の行為について干渉する立場になかったことに基づくものである。このことは本件契約第六条(a)及び(b)、並びに第一〇条からも明らかである。」

⑥
「公開された特許出願中の権利に認められる補償金請求権は、公開された出願の内容を書面で呈示して警告することを要件とし、しかも公告後にはじめて行使できるものである（特許法第六五条の三第一、二項）。しかし、本件では、何らそのような警告がなかったのはもちろん、公告以前に本件金員は全額支払われており、Aが本件契約時に出願中の権利に基づいていかなる対価も受領すべき地位になかったことは明らかなのである。」

⑦
「本件契約第二条が、本件米国特許権のもとで本件製品を製造しうる権利を〔AがXに対して〕全世界において許諾していることから、日本国内においてもこの特許権に基づき本件製品の製造が可能となるので、これに対する対価として本件金員が支払われたとの反論が予想される。しかし、全世界における特許権を許諾した趣旨は、本件米国特許権の効力は米国内においてのみ効力を有するに過ぎないけれども、米国外での製造がいわゆる寄与侵害（contributory infringement）を構成し、本件米国特許権を侵害していると認定される余地があるので、予めその危険を回避しようというところにあるのである。」

⑧
「本件契約第六条(a)によれば、Xは、米国内で使用、リース又は販売する目的で米国内へ輸出かつ輸入するために販売した許諾製品についてのみ特許権使用料を支払えばよいとされ、同条(b)によれば、米国外への積み変えのために米国へ保税船積みされた場合には使用料を支払う義務はないとされ……ている」ことからも、「米国内での販売のみが本件金員支払の対象とされ、製造はその対象となっていない……。」

⑨
「本件契約第七条によれば、本件金員の算出の根拠は『正味販売価格』とされており、米国への輸送代金……及び保険料……等は基礎とされておらず、従って米国内における販売価格が基礎とされていないけれども、これらは本件許諾特許の技術と全く関係なく、それらを使用料の対象額に含めて考えるのは不合理だから除外したまでである。」

⑩
「本件契約第六条(a)は、特許権の使用料は、許諾製品の販売に関して請求書を送付した時点で生ずると定めており、請求書の送付される日本で使用料が発生するのであるから、本件においては日本国内で特許権の使用があったとの反論も予想されるが、許諾者が許諾製品の販売数量を把握するには、許諾契約の効果が及ぶ被許諾者が有する資料に依拠するほかないので右のように規定したのであって、右反論は当を得ない。」

⑪
「本件製品を現実に販売しているのは、Xの子会社である米国現地法人である。それにもかかわらず、販売者である現地法人ではなく製造者であるXが使用料を支払っているが、両会社は親子会社として経済的に一体をなしているから、……使用料を製造者たるXが支払うかといって、使用料が日本国における製造の対価であるとの判断は、経営の実態を考慮しないことから生ずるものである。」

⑫
「特許の本質は製品を販売するところにあるのではなく、製造するところにあるとYは主張する。……しかし、特許権被許諾者の所得は製品を販売したときに実現し、これに対して課税されるのであるし、特許権が侵害された場合に特許権者が損害を被るのは、製品が販売されたときであることからすれば、特許の本質は、製品を製造するところにあるのではなく、販売するところにあるのである。」

⑬
「本件金員のうち一九万米ドルは、Aが、本件契約第五条(a)において特許権を主張しないものとしたことに対する対価であると判断したことも、Yが原処分を行った理由の一つであると推測される。しかし、同条(b)においてXもまたAに対して特許権非主張を約しているのであって、両当事者のこれら相互の合意が互いに対価関係に立っているのである。これは、本件における紛争は本件米国特許権に関するものであったが、この紛争の解決を契機として、各契約当事者が有している、また有するであろう特許を……相手方の製造、使用又は販売に関し主張しないで、相互に平和的にそれら製品に関する事業に従事していこうとの趣旨に基づくものなのである。従って、特許権の非主張は、本件金員のいかなる部分とも、対価関係に立つものではないのである。」

〔Xの訴状へのコメント〕

以上のXの訴状につき、最低限のコメントを付し、それによって本件における基本的争点とX側の論理の問題点を、本件契約との関係に於いて、ある程度浮き彫りにしておきたい。前記①は、いわば結論の呈示である。本件契約書が全体としてそう読めるならば、一応そうも言えようが、後述の如く、そうは読めない。②～⑥は、本件Y（国）側が日本での出願公開のあることにこだわった抗弁をすることが予想されたためのものである。ここで、一連の事態の推移を時系列的にまとめておく。

(i) Aの日本での特許出願と本件契約

次頁の図の如き事実経過を前提に、Xの訴状に記載された①～⑬の争点ないし論点に戻ることとする。

なお、忘れないうちに一言しておけば、次頁の図の＊＊を付した個所との関係で、Xは、日本でのAの出願は二本に分かれていること、そして、二回目分の本件支払直後に出願公開された図の点線外の、別のAの特許出願の存在を重視する。つまり、昭和五九年四月一二日に出願公開された分については、「本件出願権」の外であるし、第一一クレームをカバーするAの（日本の）特許権の存在は確認されていないから、「本件出願権は、本件米国特許権のうちの限定された範囲に対応するものに過ぎないから、これをもってその全部の対応特許とすることはできない」としたのである。

〔シルバー精工事件の推移〕

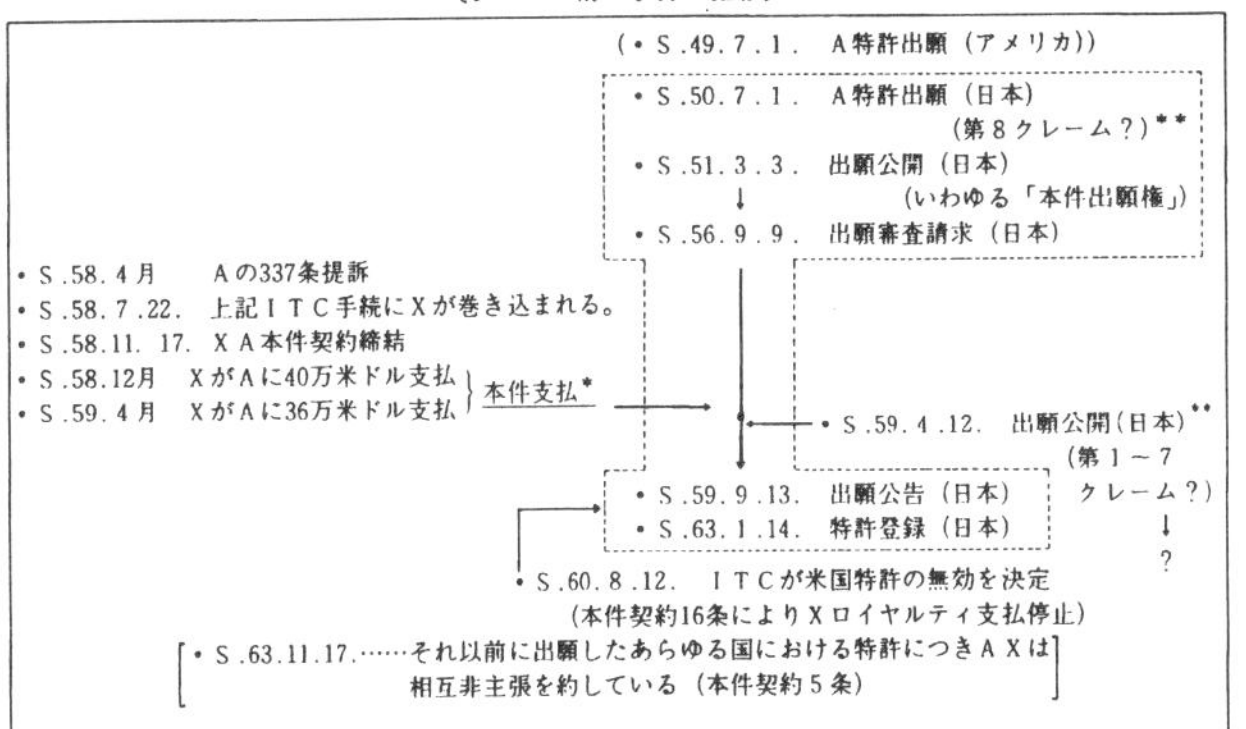

＊　本件契約６条(b)により，ＩＴＣ手続が終結されない場合を除き，この計76万米ドルは返還されない。
＊＊Xは，本件契約６条(d)，16条からして，本件使用料は米国特許第１，第８又は第11クレームとの関係で支払われたものと主張。日本ではこの点，分けた出願がなされていたようである。

けれども、私の見地からは、次の如くなる。即ち、それらの「本件出願権」（あまり適切な用語とは思われないが、便宜それに従う）で直接カヴァーされるか否かを問わず、米国特許権の内容たる技術の供与、ないしは技術に関する権利の使用の許諾（その意味については本稿一(2)の第三段落の①参照）を、Xが本件契約によって受け、Xの国内業務にそれを用い、そして本件支払がなされたのであれば、国内源泉所得として扱うべきことになる。Xの訴状には示されていない点ゆえ、あらかじめこの点を押さえておく次第である。

さて、前記②以下のXの訴状に示された諸点だが、②～⑥は、既述の如く、「本件出願権」（前記の図中、点線内の、昭和五一年三月三日の出願公開によってもたらされるAの権利のことである）にこだわるY側抗弁を予期してのものである。Y側のこだわりの当否は別として、X側主張を見てゆく。

②について、ＩＴＣ提訴との関係ではたしかにアメリカ特許との関係のみが問題となろうが、実際のAX間の合意の客観的内容がそれにとどまるものかは、別問題である。そこで、X側は、③に於いて、契約書の内容を問題とする。

だが、③の1でXが言及する本件契約二条は、⑦に於いても言及されている。のちにこの二条の文言を示すが、X主張自体からも、③1と⑦との関係が微妙なことは、ある程度把握できるはずである。①②の如く言うのであれば、⑦にあるように、AがXに対して全世界での製造を許諾する必要は、無いはずだからである。これは、後述の如く、極めて重要な点のはずである

③の2の点は、別段契約期間をアメリカ特許権の存続期間にあわせたからといって、それのみをターゲットとした契約だという証拠にはならない。むしろ、②に於けるＩＴＣ提訴との関係では、ＩＴＣ手続の終了を確保すべく、アメリカ特許の存続期間中は本件（ライセンス！）契約により、Aの特許が守られることを、ＩＴＣに対して強くアピールする必要がある（さらに重要な点があり、この一一条については二(3)で後述する）。

そのためにこうした定め方になった、とも説明し得るはずである。

次に、③の3であるが、許諾対象特許を契約書上特定するのが常態と言っても、それでは前掲東京地判昭和六〇年の場合はどうだったのか。認定によれば、本稿一(3)で示したように、ライセンス契約上、各国での出願を一々列記しつつ、さらに大きな網をかぶせ、「本特許に基づき、世界のいかなる場所においてもコンプレッサーを製造し、使用し、販売する独占的なライセンス」が付与されていた。しかも、そこで列記された国の数よりも、実際の輸出先国のうち当該アメリカ企業が特許登録をしていた国の数の方が多かった。国別で出願・登録状況をすべて限定的に列記することは、ライセンスを受ける側にとっても、かえって危いし、そこで、キャッチ・オール・クローズ的な、「世界中どこにおいても……」といった条項を入れるのである。従って、X側の③の3の主張もまた、相当に危ういはずである。

(ii)　**Xは Aの日本での出願を知らなかった？**

Xが本件契約当時、本件出願権の存在を知らなかったという、前記④の点は、Xが素人であればともかく、私としては、「にわかに措信しがたい」と言いたくなる。本件契約締結前に、出願公開がなされたのみならず、出願審査請求もなされている。Xは特許法四八条の五（昭和四五年改正で追加）によるその旨の特報公報への掲載も、何ら知らなかった、と主張するのであろうか。

ここで、若干先走って本件一審判決の不自然な認定につき、一言せざるを得ない。即ち、本件一審判決は、「本契約当時Xの技術部門の従業員が本件出願権の存在を知っていたこと、同契約締結に向けた交渉に関与した者の中にもこれを知っていた者があることが認められる。しかして、契約を締結する際には、相手方から主張され得る権利が他にも存在しており、かつそのことを認識していれば、これをも念頭に置いてこれに関する法律関係についても約定するのが通常であろう。しかしながら、……本件契約の締結に向けた交渉は……ＩＴＣ争訟を提起されたXが、その判決を受けた製品の米国への輸出ができない結果となることを最も危惧し、そのような事態を避けることに最大の関心と努力とを傾注してこれに臨んだことが認められ、このような事実に照らせば、当時Xの同契約締結の担当者の中に本件出願権の存在を認識していた者があったからといって、これが同契約の締結に際し考慮されたものと認めることはできない」旨、認定している。そして、本件契約締結「交渉に際し、Aとの間では、我が国におけるAの工業所有権の存否、とりわけ我が国においてAが本件米国特許権の対応特許権を有するかどうかといった事柄は全く協議の対象とならなかった」とも、認定しているのである。

だが、Xが日本で（専ら――後述）当該製品を製造し、アメリカに輸出していたことは周知の事実であるし、それが故にAのＩＴＣ提訴も行われた。しかも、Xの訴状中の前記③の1と⑦で言及される本件契約二条は、既述の如く、AがXに対して「全世界で」の「製造」を許諾するものである。AもXも、Aが日本で（専ら――後述）製造していることは当然知っていたはずであり、かかる日本に於ける（将来の）特許実施の問題が、全くAXの念頭になかったというのは、何とも不自然ではあるまいか。

(iii)　**「許諾」と「非主張」との差？**

なお、右の一審判決の認定は、前記のX訴状中の記載⑤と関係する。X側はアメリカ以外のAの「対応特許」は一切許諾の対象となっていなかった、と主張する。⑤の末尾部分でXが依拠する本件契約六条(a)(b)については後述する（ロイヤルティと数量の決定に関する条項である）。同じくXの依拠する一〇条は、AX共同でＩＴＣ手続の終結に向けて努力する規定である。

だが、それでは、既述の二条（ライセンス許諾）がXの全世界での製造につきライセンス許諾をしている点、そして、五条（特許についての相互非主張）はどうなのか。それらに於いて、必ずしもＩＴＣ手続終結だけではない、将来に向けてのAX間のグローバルな関係が定められている。二条については、最低限のコメントを既にしたので、五条につい

て見てみる。Xの訴状中の前記⑬で、Xは一応の答を示している。AX共に、「あらゆる国における特許」につき相互非主張（Aについてはアメリカ特許を除く）を約している（但し、一九八八年一一月一七日以前に出願した」それらとある。従って、必ずしも、登録済の特許権に基づく権利主張には限られない。「出願」がベースなのである！）。Xは、そのAXの相互的義務が対価関係に立つから、本件支払とこの五条は全く関係がない、としている。

本来、後にまとめて示すべきところか、とは思われるが、あらかじめ一言する。本件契約二条でアメリカ特許「に基づき」Xに全世界での製造（及びアメリカでの販売等）のライセンスを与え、五条では（Aにつきアメリカ特許を除外しつつ）、AX相互に特許非主張（Patent Non-Assertions）を約する。そして、「特許ライセンス付与」と、「特許非主張」とは、全く別物だ、との外観（？）を整える。契約書づくりに、若干の苦労のあとはうかがえる。だが、右の両者で、どこが違うのか。

そもそも、アメリカ特許「に基づき」全世界での製造ライセンスを与える、といった特許権の属地主義（ないし特許独立の原則）を無視した契約文言により、すべてはアメリカ特許権のみの、アメリカでの「使用」（実施）だけを理由として対価が支払われた（本件支払がなされた）、と構成することに無理がある（後述）。五条の中でAの義務を定めた同条(a)の末尾には、「特許について主張しないという約束は、許諾特許の外国対応特許についても及ぶ」とある。同条(b)の、Xの義務の規定には無い、いわば念押しをした形での文言である。そして、五条(a)では、（アメリカ以外の）「あらゆる国における〔Aの〕特許」〔登録後のものに限られぬことは既述〕につき、「製造、リース、使用または販売」に関する非主張が定められている。その「非主張」は、要するに「許諾」と同じである。そして、アメリカ以外でのAの「製造」については、二条と五条(a)とで、ダブって規定されている。それをあえてダブらせることによって、アメリカ特許のみを浮かび上がらせようとする、苦心の作であろう。

いずれにしても、「二条プラス五条(a)」によるAの許諾（ないし非主張）と、五条(b)によるXの非主張とが、等価関係にあるならXからAへの支払はゼロとなるが、そうでない（本件の背景事情からしてAの取り分の方が多い）ならば、かかるアメリカ以外の国での許諾ないし非主張の対価は、実際のロイヤルティ支払のどこかに、忍ばせねばならなくなる（この点で後述の一一条が重要となる）。かくて、問題は、本件契約六条(b)の、まさに本件支払（七六万米ドル）部分の「書き方」の問題（後述）に移行する（要は、算盤に合わない契約書の書き方をするか否かの問題となる）。これから先は後述する。

さて、Xの本件訴状中の前記⑤に戻る。Xがアメリカ以外の特許を許諾対象としなかったとしている点は、右に示したように無理がある。⑤の後段で、「そもそもAは海外の行為について干渉する立場になかった」とする点は、「ＩＴＣ手続について」と断るべきであろう。くどいようだが、⑤の主張をするならば、徹頭徹尾アメリカ国内のことのみを本件契約に書けばよかった。実際の契約書はそうなっていないのである。

(iv)　**出願公開の効果**

次の⑥については、若干既に触れた問題がある。即ち、特許法六五条の三では、Aが本件出願権に基づき補償金請求をする際、別に警告をしなくとも、「出願公開がされた特許出願に係る発明であることを知って出願公告前に業としてその発明を実施した者に対しては、同様とする」と同条一項後段にある。この場合の警告は、「悪意の証明方法」たるにとどまる。一般論として、「公開は、特許法一〇三条の過失の推定規定は準用されていないから、実務としては、警告のない場合には、特別の事情のない限り、悪意の証明は困難であろう」（以上、中山信弘編著・注解特許法〔上巻・第二版〕〔平一〕五九〇頁以下〔松本重敏〕）とは言えるが、本件事案の諸事情の下では別であろう。既述の一審認定だけでも、AはXに対して、無警告での、しかも同条所定の実施料（ロイヤルティ！）相当額の補償金請求をなし得る立場にあったと言える（なお、中山編著・同右五九〇頁〔松本〕にあるように、出願公告がのちになされたことは、

補償金請求権の発生要件ではなく、単なる行使の要件であると解すべきである。中山信弘・工業所有権法上〔平五〕一九二頁以下、二一三頁、等をも見よ。もっとも本件では、公告も登録もなされているので、いずれにしてもこの点の問題はない）。

さて、前記⑥について、Xは、公告以前に本件支払がなされたから、Aが本件出願権に基づきいかなる対価も受領すべき地位になかったとする。それを支持し離いことは、右に見たところからも明らかであろう。前記の、〔シルバー精工事件の推移〕と題した図からも明らかなように、本件出願権の存在を、Aとの交渉に直接タッチしたXの従業員も知っていた旨の一審認定の下で、しかも、本件契約締結の二年以上も前に、出願審査請求がなされていたのであるから（さらにＩＴＣへの三三七条提訴もあった）、Xの日本での製造を差止められる、等の点をXが大きく懸念するであろうことは、容易に推測できるはずである。それが合理的推論のはずである。三三七条提訴と日本での差止等とを共にくらっては、Xとしては死活問題である。その両者が本件契約締結へのXの基本的問題関心だったはずであり、Aもそれを熟知しつつ、Xによる日本での製造等も十分射程に収めた本件契約が締結され、本件支払がなされたはずである。少くとも、かかる自然かつ合理的な（多少日米知的財産権紛争の研究もしている者としての）推論をくつがえす証拠は、私には見えて来ないのである。ともかく、⑥の後段のX主張は、やはり不可解である。

(v)　**寄与侵害？**

次の⑦が、Xにとってかなりのウィーク・ポイントをなす。アメリカ特許「に基づき」Xに「世界中で製造しまたは製造させ……る非独占の限定ライセンスを許諾」するという、既述の（本件契約五条(a)とワンセットで考えるべき）二条についてである。

いわゆる「寄与侵害」にこだわるこのXの主張は、X側に立つ木棚・前掲CIPIC会報一九号四頁も、力説するところである。この点は若干理論的説明を要する。木棚・同右は講演録ゆえ、本件甲第三六号証の二として提出された木棚鑑定書の記載と、右の講演録の記載とを、以下、上下に対比し、関係部分の全文を示してから論ずる。

〈木棚鑑定書〉

「実施権者〔X〕が外国へ特許製品を輸出する場合に、製造国ばかりではなく、輸出国においても実施許諾を得ておく必要があるのは、輸出国で共同不法行為や寄与侵害などの理論で輸出入業者とともに特許権の侵害者とされるおそれがあるからである。したがって、〔X〕は日本で製品の製造や輸出等に関し日本国の特許を使用していることはいうまでもないが、輸出国である外国にも特許がある以上この特許も製品の輸入や販売等の許諾という行為を通じて使用しているものといわなければならない。このような外国たとえばアメリカの特許権の使用を許諾する行為はたとえそれが日本で行われていたとしてもあくまでそれはアメリカの特許権の使用行為であることはいうまでもない。また、このような許諾行為自体はたとえ日本で行われたものであっても、アメリカ特許の使用行為であるから、その特許の使用地はアメリカであるとみるべきである。」

〈木棚・前掲CIPIC会報〉

「実施権者の親会社〔X〕が子会社を通じて外国へ輸出する場合に、製造国ばかりでなく、輸出国においても実施許諾を得ておく必要があるのは、輸出国で共同不法行為や寄与侵害などの理論で、子会社やその他の輸出入業者だけではなく、製造業者である親会社も特許権の侵害者とされるおそれがあるからである。〔X〕社は、日本で製品の製造や輸出に関し日本国の特許を使用しているが、その観点からすれば同時に輸出国である外国にも特許がある以上、この特許も製品の輸入や販売等の許諾という行為を通じて使用していることになる。例えば、アメリカの特許権の使用を許諾する行為自体たとえ日本で行われたものでも、アメリカ特許の使用行為であり、その特許の使用地はアメリカであると見るべきである。

これはいわゆる工業所有権の属地主義をどのようにとらえるかの問題とも関わる。」

X訴状中の前記⑦の後段（「しかし」以下）と、右の木棚教授の所説とを、注意深く対比されたい。

木棚教授は、本件Xが製造国（日本）での特許実施権を有する場合を前提とし、輸出国（アメリカ）での実施許諾も得ておかないと、アメリカで「共同不法行為や寄与侵害」を理由に、日本のX自身がアメリカで侵害者とされ得るから、（日本のみでなく）アメリカでも実施権をもらう必要がある、と論ずる。

だが、本件Xの訴状中の⑦で、Xは、Xがアメリカ（輸出〔先〕国）特許のみならず、（日本を含めた）全世界での許諾を得ておかないと、アメリカで「寄与侵害」として、X自身が侵害者とされ得るから……、とする。

同じくアメリカ特許法上の寄与侵害（後述）に言及しつつも、論理の組み立て方が、両者間で全く逆になっていることに、まず注意すべきである。

ちなみに、木棚説を上下に対比させた前記引用部分（文献引用等は無い）の、枠で囲った部分のあとの論旨は、正直なところ、あまりうまく掴めない。アメリカ特許が使用されているのだ、ということを強調したいのだろうが、議論の出発点の枠で囲った部分で、日本で特許の実施権（許諾）を得ておくことが前提だ、というところは、いずれにしても本件Xの基本的な思惑とくい違う。そこで、Xの主張はアメリカ特許があくまで主だ、という方向にこれをシフトさせたのであろう。そこで、以下、X主張の方（前記⑦の後段）を見る。

Xの言う「寄与侵害」とは、アメリカ連邦特許法二七一条(c)のことであろう。同条(b)では、教唆者についての責任も定められている。そして、この(b)(c)については、一般の特許侵害の場合と異なり、アメリカ国内で当該の者（教唆者、寄与侵害者）の行為が行なわれたこと（属地主義）、との限定がない。そこで、たしかに、(b)(c)にあたる行為が国外でなされていても、これらの条項の規制対象となる。

だが、右の(b)(c)は、いずれも直接侵害者が別に居て、それを教唆等する者が居た場合に、後者の者を（その行為が外国であっても）侵害者とする規定である（松本直樹氏の「特許権の効力についての国際的問題」と題した一九九二年九月八日付の論文〔未公表?〕ドラフト2.1が、この点で大いに参考となるが、手近なものとしては、ヘンリー幸田・米国特許法逐条解説〔平二〕一九二頁以下、一九八頁以下。また、田村善之・知的財産権と損害賠償〔平五〕一六六頁以下、及び、著作権の場合と比較しつつこの点を論じたラットマン＝ゴーマン＝ギンズバーク共編〔中山信弘監修＝内藤篤訳〕一九九〇年代米国著作権法詳解〔下〕〔平四〕六七七頁以下、とくに六七九頁以下、等参照）。

本件の場合、Xはアメリカ特許権の実施許諾を、Aから明確に得ている。しかも、「X及びその関連会社」に対して、「製造・使用・リース・販売」する点での許諾である（本件契約二条）。たしかに、そこには「輸入」が欠けている。だが、本件契約六条(a)では、「米国に輸出かつ輸入する為にXが販売した」分につきロイヤルティを支払う形になっている（Xの関連会社も同様）。二条で直接言及はないが、そこでも「アメリカへの輸入」が許諾の対象となっていると、見ざるを得まい。アメリカでの直接侵害は、かくて成立しない。従って、寄与侵害も教唆も、成立し得ない。よって、Xの訴状⑦後段の論理は破綻する。

〔以上、一二月一三日〕

(vi) 本件支払は何の対価か？

次に、前記⑧の点について。⑧−⑬は、本件支払（計七六万米ドル）が何の対価かという、本訴の核心部分の問題である。

その冒頭の⑧において言及されている、「米国外の積換えの為米国内に〝保税〟で入ったものについては、ロイヤリティは発生しないものとする」との本件契約の条項は、六条(b)ではなく同条(a)の中にある。この六条は、既述の如く、「ロイヤリティと数量の決定」とのタイトルを有し、そこでは、ことさらに「製造」を度外視し、「米国内での使用、リースまたは販売の目的で米国に輸出かつ輸入する為にXが販売した……装置について、本契約で規定する条件に基づき、単一のロイヤリティが、支払われなければならない」とある（同条(a)）。

AXが、六条(a)において、なぜ「単一の」ロイヤルティ支払（a single royalty payment）と書いたのかも、若干気にかかる（おそらくそれは、後に若干詳しく見る二条を、その文言に反して、あくまで本件契約上アメリカ内部での出来事に対してのみ本件支払がなされる、との外装を保つための操作であろう。だが、本件支払中五七万米ドルのみにつき、この既払分からの差し引きが順次なされてゆくにとどまる。本件支払と、この六条によるロイヤルティ支払とは、その意味で若干切り離して考えた方が分り易い。AXは逆その点を気にして「単一の」と、あえて書き込んだのであろう）。だが、本件訴状の⑧以下に於いて、X側は、何故か本件支払につき直接定めた六条(b)に、正面から言及していない。また、前記⑧には、アメリカに入る分について「のみ特許権使用料を支払えばよいとされ……」とX側は述べているが、それではアメリカ以外に輸出（ないし販売）される分につき何らXはロイヤルティを支払わなくてよい旨、本件契約中に明確に記載されているかと言えば、かかる明示の限定は、実はない。

ちなみに、平成二年二月一日付のX準備書面（三）第一（本件契約の解釈について）の二に於いて、Xは、「Xが日本で製造した係争製品の販売先国の割合は……」として数字を示し、製品ごとにバラつきはあるが、アメリカでは四九・六−七〇・四%、それ以外の海外では一三・七−四七・八%（残りが日本）としている。そして、そこに於いて、「本件契約第六条(b)は、本件金員のうち五七〇、〇〇〇ドルを、同第六条(c)に基づく将来のランニング・ロイヤルティの前払金として位置づけている。ランニング・ロイヤルティは、同第六条(a)により、Xが米国内での使用、リース又は販売の目的で米国内に輸出かつ輸入するために販売した製品についてのみ発生するものである。……日本で製造され米国外で販売される係争製品の数量または金額については、本件契約では全く言及されておらず……」とする。

だが、右引用部分中の「のみ」にあたる文言は、実は六条の文言には無いのである。六条(a)は、たしかに、アメリカとの関係でのことのみが書かれているが、本件支払（！）たる七六万米ドルのロイヤルティにつき定めた同条(b)には、何ら同様の限定はなく、うち五七万米ドルにつき、それが六条(c)「で支払われるロイヤリティーに関連し、同ロイヤリティー額に対して貸記される前払金として取り扱われるものとする」との同条(b)中の文言でリファーされる同条(c)にも、「アメリカ」という限定は何ら無い。同条(c)は、Xの製品ごとにロイヤルティを「正味販売価格」（七条が規定する）の二%または三%とするが、どこの国での販売分かの限定は無いのである。どこまでも「アメリカ」の中での出来事についてのみ本件支払がなされたとするならば、AXは何故その旨細かく契約条項に書き込まなかったのか。

また、六条(b)の、まさに本件支払に関して定めた部分でも、うち五七万米ドルが、六条(c)のロイヤルティ「に関連し（relative to）……」との、微妙な文言が用いられている。仮りに六条(c)のロイヤルティが、X主張のようにアメリカ向けのものについてのみ支払われるものである旨、明示されていたとしても（実際にはそうではない！）、それ「に関連し」という弱い押さえ方しかなされていないのは、何故なのか。しかも、本件支払の残余一九万米ドルについて、それが何に対する支払なのかは、本件契約上、遂に明示されぬままである。Xの本件訴状中の前記⑬が、この点をカヴァーするものだが、それが十分な説明となっているかも、問題となる。

本件契約六条(a)は、ことさらに「アメリカ」との関係のみを記載するが、その末尾の二つの文には次の如くある。即ち——

「本契約の下で行われる支払は、本契約に基づく、Xに関するUSITC訴訟〔手続〕の終結と、許諾特許〔アメリカ特許〕に関する両当事者間の未解決のすべての紛争の解決に対する対価である。従って、日本の源泉課税は支払う必要はない。支払は、日本の源泉税なしに行われるものとする。」

——とある。ことさらに、日本の源泉課税を拒否する文言を入れるならば、本件支払それ自体について定めた六条(b)でも、その趣旨を貫けばよいではないか。のみならず、その位置づけが不明確な残余一九万米ドル

についても、アメリカでの販売に限りロイヤルティを支払う旨、明示すればよいではないか。五七万米ドルのみにつき「正味販売価格」ベースのロイヤルティの「前払金」とする理由は、ないはずではないか。

前記⑧において、米国外への積換え分につきロイヤルティ不発生とする六条(a)（それが日本の源泉税に言及する前記条項の直前近くに置かれていることから、ある種のダミーであるか否かは別として）を理由に、アメリカでの販売のみが本件支払の対象だとするXの主張は、到底理由づけとして十分とは思われないが、どうなのか。

この点で、前記⑩では、ロイヤルティ発生時期についての定め方について言及がある。六条(a)の、右の積換云々と日本の源泉云々との間の一文である。「日本で」請求書が発行された時点、または（日本からの！）船積時点で、ロイヤルティが発生するとある（既述の如く、Xの製造は、専ら日本で行われていたようである。Xの有価証券報告書——本件契約当時の昭和五八年度、そして直近の平成五年度のものを参照——で調べても、Xの海外製造拠点はないようである）。その既発生のロイヤルティが、アメリカでの積換えの際には「発生しない」とある。これとて、ITC手続を多分に意識した規定とも見得るが、前記⑩でX自身が予め反論を予想している通り、右のロイヤルティ発生時点についての定めは、AXの眼がXの日本での製造に向けられていたと見ることへの、一つの補強材料とはなろう。

前記⑨で、本件契約に於けるロイヤルティ算定のベースたる「正味販売価格」が、本件契約七条において「Xのインボイス価格、F.O.B.シルバー精工〔X〕工場渡し……またはF.O.B.日本空港渡し」によって定められていることも、同様である。アメリカでの販売のみをあくまで念頭に置いていたとするならば、アメリカでの販売価格の何%と定めるのが自然であろう（外国で製造した製品のアメリカでの販売につき実施許諾がなされる場合、あるいは特許侵害訴訟で賠償請求がなされる場合、わざわざ輸送代金や保険料を控除するのが通常だ、とXは考えているのであろうか）。

また、⑩に於いて、Xは「許諾者〔A〕が許諾製品の販売数量を把握するには……被許諾者が有する資料に依拠するほかない」から、「使用料」発生時点でロイヤルティ支払義務が発生する旨定めたのだ、と主張する。けれども、アメリカでの販売数量については、別途、本件契約八条（報告と支払い）に於いて、Xが「米国向けに輸出した……全数量」等の報告書をAに提出する旨、定められている。Xの前記⑩に於ける主張は、これと整合しない。また、販売数量把握のためにロイヤルティ支払義務の発生時点を、Xの製造（日本でのそれ）に一挙に引き寄せる、というのも、それ自体釈然としない。

しかも、前記⑪にあるように、アメリカでの販売は「Xの子会社である米国現地法人」が行なっている。Xは日本で製造し、販売をしている形になる。その状況下でXが、Aに対してロイヤルティを支払っているのである。かくて、本件におけるXの立場は、前掲東京地判昭和六〇年の事業に於ける原告のそれと類似する。

右の点は、前記⑫のX主張とも関係する。Y（国）側がこだわる製造地根源説的な見方（前掲東京地判昭和六〇年がドグマとして呈示したそれ）については、本稿一(3)の終わり近くに一言した。それはともかく、「特許権被許諾者の所得は製品を販売したときに実現し、これに対して課税されるのであり、特許権が侵害された場合に特許権者が損害を被るのは、製品が販売されたときである」から、製造地でなく販売地で課税すべきだ、とXは言う。まず、本件支払につき課税されるのは許諾者たるAであり、被許諾者Xではない。また、特許権侵害は日米の特許法上、ともに販売のみにより生ずるわけではない。さらに、AX間でのXの販売は、前記の如く、むしろ日本でなされたと見るべきであり、仮りにXの「販売」イコール侵害とするXの主張に沿って考えても、やはりAXの本件支払は、日本でのXの行為に重点を置きつつ約された、と見るのが自然であろう。X側のこの点の主張も、さして説得的とは言えないはずである。

最後に、前記⑬について。既述の本件契約五条のAX特許相互非主張が、互いに対価関係に立ち、六条(b)の本件支払とは一切関係がない、とXは言う。この「非主張」という名の「許諾」には、何等の条件も付さ

れていない。だが、二条の「ライセンス許諾」には、「本契約書に規定するロイヤリティーを支払うことを条件として、許諾特許（アメリカ特許）に基づき……世界中で製造しまたは製造させ、及び……米国で使用、リースし、また販売する……ライセンス」が「許諾」されている。Xの言う通りであるならば、本件支払と直結するこの二条に於いて、「製造」の許諾は、「米国で」のそれ、と書けば十分だったはずである。特許権の属地性にもかかわらず、右の如く「世界中で……」といった比喩的表現が用いられるのは、前掲東京地判昭和六〇年でも同じであった。即ち、そこでの「本（件）特許（権）」の定義は、当該契約上、アメリカ特許を基本とし、個別に列挙された各国でなされた特許出願ないし登録を、内容としていた。だが、それに基づき、「世界中のいかなる場所においても……製造し、使用し、販売する……ライセンス」が与えられていた。しかも、実際には、右に列挙された国の数よりも多い計九か国で特許登録がなされていた。それでも問題なく推移したのは「世界中の……」の文言のゆえである。この文言が決め手となるのである。「本特許権に基づき……」というのは、そこでも比喩的表現というか、「本特許権の内容たる技術に基づき……」と表現すべきところ、その省略的文言が用いられている、と思えばよいのである。

本件契約の前記二条に戻れば、まさに本件支払を条件としたライセンス許諾は、「世界中で」の「製造」、「及び」、「米国で」の「使用、リース……販売」につき与えられていることになる。何が本件支払と対価関係に立つかは、この二条が定めている。「製造」につき、五条の「非主張」（Aのアメリカ特許を除く）の規定は、二条とダブった内容を、既述の如く定めている。X主張の線で考えたとしても、結局、この二条の存在が、大きく浮かび上がって来る。しかも、Xの製造は専ら日本でなされていたし、アメリカ内部での販売（二条は輸入に言及していない！）は、XではなくXの子会社が行なっていた。この二条で「許諾」を受けるのは、「X及びその関連会社」だが、本件支払はXが専ら行なったものであり、（Aの特許出願に係る技術を用いた）製造もXが行なっている。となると、やはりAX間での関係で、この二条で当面念頭に置かれていたのはXの日本での製造・販売であり、それに対して本件支払がなされた、と見るのが自然である（Xの、かかる意味での製造拠点は、既述の如く日本にしかない）。前掲東京地判昭和六〇年と同様、製造地・販売地いずれが根源か、といったことに立ち入るまでもなく、本件支払に向けられたAXの取引関係の重点（center of gravity）は、かくて、日本にある。本稿一(2)（及び(4)）で示した所得税法の該当条文からして、日本でのAの「出願権」にこだわるまでもなく、それをAの国内源泉所得とするのは、極めて自然なことのはずである。

それでは、本件一審判決は、これらの点をどう解してX勝訴の結論を導いたのか。

〔以上、一二月一五日〕

(2) 一審判決の立場

本判決は、次の如く述べて、Y（国）側敗訴の結論を導いた。適宜、一審に於けるY側の主張として本判決の要約するところと対比しつつ、まずは、その説くところを示す。

判旨は、「Yの抗弁1は、その趣旨が必ずしも明確ではないが……」とする。Yの抗弁1は、本判決において、次の如くまとめられている。即ち——

本件「各約定によれば、Xは、本件金員（七六万米ドル）の支払により、米国内における使用、リース及び販売のほか、全世界において本件装置を製造する権利を取得し、更に、本件契約以前に発生したAのすべての請求権から免責され、またAが各国に有する権利を主張されないこととされるなどの権利利益のすべてを取得したものであり、本件金員は、これらの権利利益のすべての対価であるというべきである。」

「ところで、一般に特許権の実施とは、物の生産から最終消費に至るまでの製造、使用、販売等の各段階における特許発明の使用行為で

あるとされているが（特許法二条三項）、特許権の大部分は、まず製造段階で……使用され、次いで販売段階ではそのような技術を組み込んだその製品の他と比較した効用の高さが消費者に訴えるという形で使用されるというように、製造と販売との両段階で使用されるものと考えられる。そして、……右のような使用の各段階のうち、最も根源的であるとして重要視されるべきは、技術を使用して新たな付加価値を創出する製造の段階であり、他方、製品を販売することはその後に生ずる第二次的な使用に過ぎないものというべきである。

したがって、特許権使用の対価であるロイヤルティも、実質的には右特許権使用の根源的段階である製造に着目しているものと解すべく、その金額が販売数量を基礎として算出されている場合であってもその理に変わりはないものというべきである。そうすると、我が国において右特許権又はその対応特許権若しくはこれに準ずる権利が成立しており、かかる権利が製造段階で使用された場合においては、権利者の我が国内における源泉が使用されたものというべく、その使用の対価の額に相当する所得税法一六一条七号イ所定の国内源泉所得が発生することとなる。」

——というのが、Yの抗弁1の骨子である。Yは「本件出願権」が「本件契約締結後間もなく出願公告がされ、続いて設定の登録」がなされていることにも言及しているが、前掲東京地判昭和六〇年のドグマ（製造地根源説——中里説も、それのみに頼ることの危険性を示唆していた）に、もたれかかり過ぎていた、とも言える。それと共に、本稿一(4)で論じた昭和四〇年の個別通達につき、日本でおよそ出願もなされていないならば、国内源泉所得にはなり得ないとする既述の中里説同様、あくまで「本件出願権」それ自体の存在にこだわり過ぎていた、とも言える。本件契約条項の個々的、そして全体的な把握についても、準備書面中におけるY側主張は、結局は私と同じようなことを考えていたのであろうが、多少迫力に欠ける面もあったように思われる。そこで、製造地根源説的ドグマと、「出願権」にのみ頼るものであるかの如く、一審判決において評価されるに至ってしまったのではなかろうか。もっと多面的な争い方がなされていれば、と思うことしきりである。

判旨は、かかるY側抗弁1につき、次の如く論ずる。即ち——

「Yの抗弁1は、その趣旨が必ずしも明確ではないが、要するに、Xは、本件金員の支払により、米国内において本件米国特許権の許諾製品を使用し、リース又は販売するほか、全世界においてこれを製造する権利を取得し、更に、本件契約以前に発生したAのすべての請求権から免責され、また、Aが各国に有する特許及び本件米国特許権の外国対応特許を主張されないこととされるなどの権利利益を取得したものであり、本件金員は、これらの権利利益のすべての対価である旨の主張をし、これを前提として、特許使用の各段階のうち最も重要視さるべきは製造行為であるから、本件金員は結局右の対応特許である本件出願権の使用の対価であると認めるべきであるとの主張をするものと解される。

Yの右主張は、本件金員につき、これを、まず、Xが本件契約によって取得した種々の権利利益の総体についての対価として捉えておきながら、一転して、生産に関する特許の使用のうち最も重要視されるのは製造行為であるとの前提を立てて、右前提によれば、本件金員は、専ら、我が国において、Xが本件米国特許権の許諾製品を製造する対価すなわち本件米国特許に対応する特許に準ずる本件出願権のXによる使用の対価であると結論づけるものである。右の論理については、特許権の使用のうち、製造行為が最も重要視されるという前提自体が、十分な論証を経ている訳ではなく、直ちに首肯できるものではないうえに、Yの主張によれば、本件契約において当事者の意思は、本件金員が、Xの右契約によって取得するすべての権利利益の対価とする趣旨であると認めるものであるのに、右意思にかかわらず、特許の使用で最も重要視されるのが製造であるという前提によって、本件金員が専ら我が国における製造の対価であるとされてしまうのは何故である

のかについて、合理的説明がないといわざるを得ないのであるが、これらの点を措くとしても、本件金員について、これが、Xの本件契約によって取得するすべての権利利益の対価である（最も肝要であるのは、本件契約五条(a)の対価でもあるという点であろう。）との主張自体、以下のとおり、これを認めることはできないのである。」

ここまでの判旨において、右に傍点を付した（引用部分のおわりあたりの）「合理的説明がない」という点については、既に二(1)で見たような諸点を十分踏まえれば、クリアできるはずである。だが、判旨はそこで、Y側主張の核心部分を本件契約の五条(a)だと把握している。既述の如く、五条(a)(b)はそれぞれAXの、特許「非主張」（不主張）を定めている。Y側が、「二条プラス五条(a)」という、本件契約のトリッキーな構造につき、十分注意を喚起していたか否かの問題である。

だが、判旨は、すべてを日本での「使用」に引き寄せるY側の抗弁を斥けるのみならず、右引用部分の末尾にあるように、本件支払は世界中での「使用」の対価でもないとし、一挙にX側主張との一体化をはかる。

つづいて、判旨は次の如く論ずる。即ち——

「一般に、工業所有権の許諾契約のような、法律行為等の私法上の行為は、民法、商法等の実体私法の規律に服するものであり、そこから生ずる所得も、その定める要件を充たすことによって発生するものであるから、右所得に対する課税のため租税法規をこれに適用するについても、実体私法が適用されることによる法律効果をそのまま承認することを要するものというべきである。そうであるとすれば、右のような私法上の行為が課税の要件とされている場合においては、特段の事情のない限り、実体私法を適用すれば右行為の存在が認められるかどうかという見地から認定すべきであり、とりわけ、それが契約等の法律行為であって、これを行う私人の意思を要素とするときは、右契約等の具体的な内容に照らして、これを行う私人の合理的意思を探究して認定すべきである。」

右の判旨について一言すれば、右に傍点を付した「そのまま……」の部分は、表現がきつすぎ、ミスリーディングである。そのあとで「特段の事情」とあり、当事者の「合理的」意思とあるので、全体を読めばさほどの問題はないようにも思えるが。

なお、「実体私法」という言葉については、国際私法を専攻している者として、国際特許ライセンス契約たる本件の如き場合、準拠法の問題があることにつき、一言せざるを得ない。「民法、商法等の実体私法」というより、当該事項の準拠法に服する、と言う方が、ずっと正確である。ちなみに、本件契約の準拠法は、カリフォルニア州法である。だが、法の解釈と事実認定との両面に、事実として跨がる契約の解釈に於いて、本件では、事実認定（何がそこで定められているのか）が、まずもって決め手となる。そこで、以上に於いても、その線での論述を、私はして来たのである。

だが、注意すべきは、既述の如く、所得税法一六一条七号イが、「工業所有権その他の技術に関する権利、特別の技術による生産方式若しくはこれらに準ずるものの使用料」との文言を有していることである。事実としての技術使用（許諾によって推定されるそれ——既述）、または「何らかの技術に関する権利……の使用（本稿一(2)の第三段落の①参照）への対価性が、この条項のメルクマールとなるはずである。「実体私法を適用すれば右行為の存在が認められるかどうか」をメルクマールとする判旨は、厳密な意味での「借用概念」が用いられた場合には、一つの有力な立場（金子宏・租税法〔第三版・平二〕一一〇頁）であろうし、それが原則だとされる（同右）のもうなづける。けれども、右条項の、少くとも「その他」以下は、金子・同右頁の言う「固有概念」と考えるべきであり、判旨の前記理解が、この場合にはピタリとあてはまらないことに、注意を要する（さらに、「工業所有権」が外国のそれをも含むか否か、といった既述の問題が、別にある）。

ともかく、判旨は、前記引用部分につづき、具体的な本件契約の各条項の把握へと視点を移している。即ち、「本件契約上ロイヤルティにつ

いては、以下のように規定されていることが認められている」として、順に、二条、六条、八条、一六条の内容を示し（五条については触れていない！）、その上で——

「以上の規定によれば、本件金員中五七万米国ドルについては、本件契約後Xが米国内で販売等する目的で米国に輸出かつ輸入するために販売する本件装置のロイヤルティの前払であることが明らかであり、その余の金員も、右五七万米国ドル程にはその趣旨が明らかではないものの、本件契約による、Xに対するUSITC訴訟の終結と、許諾特許に関する両当事者間の未解決のすべての紛争の解決に対する対価であることは、契約上疑問の余地がない。そして、Yが問題とする同契約五条については、Aがこのような義務を負うことと、本件金員の支払とに対価関係があることを窺わせるような規定は見当たらない。

……右の五条(a)、(b)……の約定は、それ自体対向的な内容の〔A・Xの〕権利義務を発生させることからしても、契約の体裁上同一の条文の各項に並んで定められていることからしても、これに係る権利義務自体が相互に他方の対価となるものと認めるのが相当である。そうすると、本件契約において、本件金員が同契約五条(a)の義務を含めて同契約上発生するすべての権利利益の対価であるとされているものでないことは明らかであるといわなければならない。」

——とする。

「契約の体裁上……並んで定められている」云々の判旨の把握は、若干素朴過ぎはしまいか。ソフィスティケイテッドな国際契約のドラフティングと国際課税とのいたちごっこは、永遠につづくであろうが、もとより、契約書を重視するならば、その全条項のシステマティックな位置づけに、十分留意せねばならない。本件契約二条と五条(a)との、既述のアーティフィシャルなダブリ具合とその意味するところは、判旨においては、捨象されているのである。二条こそが「ライセンス許諾」と題し、「本件契約書に規定するロイヤリティーを支払うことを条件として、…

…世界中で製造しまたは製造させ……る……ライセンスを許諾する」とする本件契約の要と言うべき、また、本件支払の性格を決定づける条項のはずであることは、既に示した。

判旨は、前記引用部分につづき、さらに次の如く論ずる。即ち——

「Yは、本件契約において、本件金員が何の対価であるかが右のとおり明らかにされているのにかかわらず、これと異なる主張をするのであるが、そのような主張は、結局、本件契約において、当事者が、これを締結する目的に即し、経済的実質に忠実にその契約条項を定めれば、本件金員が我が国内に源泉のある所得であることとなり、Aが我が国に対し所得税を負担することとなるので、これを回避するため、敢えて締結する目的を離れ、経済的実質に背いた契約条項を定めたという場合にのみ成り立つものというべきである。本件がそのような場合であるとされるためには、XとAとの紛争が、真実は、我が国におけるXによる製造に関して発生したものであって、当事者の交渉は、これが、Aのもつ本件出願権に抵触するかどうかという観点から行われ、米国におけるその販売等は、これから派生する事態に過ぎないと意識されていたような場合でなければならないものと考えられる。しかし、……本件紛争当時、Aが我が国において有する権利は、未だ出願公開の段階であったのに過ぎないのであり、本件契約の文言からみても、本件契約に至る紛争は、本件装置の米国における販売等であったことが窺われるから、右のようなXの主張は、一見して、本件には妥当しないのではないかとも考えられるのであるが、事実の認識に係ることであるから、以下、その採用の可否について、証拠により、検討する。」

既述の如く、決め手はたしかに「事実の認識に係ること」であるが、二(1)で示したように、本件契約の各条項の関係（後にその相互関係を今一度整理して示す）から、当事者の意思を、合理的に如何に把握すべきかが、まずもって問題となる。判旨は、二条と五条(a)との関係を、そして、

三三七条提訴を契機とする国際特許ライセンス契約たる本件契約の基本的性格を、十分見通していないのではないか、と思われるのである（本稿は、裁判所の事実認定をあくまで前提とする、という通常の判例評釈の方法論とは、既にして一線を画した上でのものである）。

それにしても、判旨の右引用部分中、傍点を付した「本件がそのような場合であるとされるためには」以下の個所は、余りにも狭すぎる。判旨は、「……ような場合でなければならない」とする。だが、三三七条提訴を契機とし、XA間の本件知的財産権紛争のグローバルな処理のため、但し、ITCの意向を慎重に予期し、考慮しつつ、また、日本の源泉課税を逃れるためにも、あえてアメリカ特許に焦点をあてた契約条項を置く——そうした複雑な意図の下に作成されたのが本件契約なのであり、だからこそ、各条項の相互関係が、分かりにくく作られているのではないか。

なお、判旨は、日本では当時出願公開の段階であった「に過ぎない」とする。だが、本件ライセンス契約は、もとよりAX間の関係の「来し方行方」を共に考慮したものであり、「来し方」は、三三七条提訴に示されたアメリカでの問題に重点があるが、「行方」の方は、「来し方」のもともとの原因たるXの日本での製造・販売、そして、アメリカを初めとする諸国へのX側の製品輸出を、どうマネージするかにある。そして、既述の如く、Aの出願が日本でなされている以上、日本での製造についてもAのクレイムがついてはたまらない、とXが思うのが通常であろう。そうした推測が、本件契約の各条項の相互関係から、かえって浮き彫りにされていることを、Xの訴状（等）をベースに示したのが、本稿二(1)なのである。

だが、判旨は、前記引用部分の末尾にあるように、「証拠」でこの点を押さえようとする。三三七条提訴に巻き込まれた上で本件契約締結に至るXの行動につきそこで認定されている事柄は、通常の日本企業の行動パターンと言える。「実際に交渉は、主としてAに対する支払金額を巡って行われ」たのである。なお、「我が国においてAが本件米国特許権の対応特許権を有するかどうかといった事柄は全く協議の対象とならなかった」こと、本件支払中五七万米ドルは「将来の本件米国特許権実施に係る支払金」とされ、残りの一九万米ドルは、当初Aが、Xが「米国に輸出したことを巡る紛争の解決に係る支払金」として二三万米ドルを請求していたのを減額したものであること、等の認定がなされている。

また、証人某の「証言中には本件金員については和解金を支払ったつもりであるとの趣旨の右認定に反するかのような供述部分があるが、これは、その前後の供述の趣旨からして、Xの製品が本件米国特許権を侵害していないという趣旨の、X側の交渉開始前には唱えていたが現実の交渉においては殆ど展開しなかったと認められる主張を前提とした上で、本件契約の内容や交渉経緯を離れて同証人の主観的な理解を述べたものというべきであるから、右認定を妨げるものではない」、と判旨は述べる。だが、この点は実はおかしい。本件契約前文のDには、「Xは〔X製品〕……の何れも一二九特許〔本件アメリカ特許〕のクレームを侵害していないと主張する」旨の、明示の記載があるからである（後掲の一七条も同様！）。三三七条提訴を盾にAがXのアメリカ特許の侵害を強く主張し、困惑したXに、Aが全世界ベースでのライセンス契約（本件契約二条！）を結ばせる、というのが本件契約締結でも示された、通常の日米知的財産権紛争のパターンだったと言える。Xの（専らの）製造拠点でもある日本、そして他の諸国でも特許出願をしているAが、自己のアメリカ特許に対してのみXに金を払わせ、他国でのAの特許（出願分を含む）はただで使わせてやる、と考えることが、それほど自然な推論かが問題である。

本判決が認定する通り、Xの関心は（日米企業間紛争にありがちなこととして）殆ど専ら支払額の方に向けられていた。むしろ、種々の戦略の下に三三七条提訴をしたであろうAの方が、各条項の細かなつくり方につき、リーダーシップを握っていたのではないか、とも推測される。

いずれにしても、種々の認定の末に、判旨は、「本件契約は、X及びAにおいて、その当時の両者間における紛争を解決するため、これを締結する目的に即し、経済的実質に忠実にその契約条項を定めたものと優

に認めることができる」としている。「その当時の」と言う際、判旨は、三三七条提訴に至る事情にウェイトを置き過ぎるきらいがある。後にまとめて再度示すように、本件契約の目的は、ＩＴＣに三三七条手続を終結してもらうこと、それを前提に、全世界ベースでのライセンス契約を結ぶこと、の二点にあった。そのことを踏まえて、右の判旨引用部分に戻れば、そうであるならば、「経済的実質に忠実」とされた本件契約、とくに「二条プラス五条(a)」の中に何を読みとるべきか、という再三示した点が、やはり重要となるはずである。

なお、判旨は、本件支払中の五七万米ドルが、「本件米国特許権実施に係るランニングロイヤルティの前払金としての性格」を専ら有するとの、X側主張を認めている。だが、既述の六条(b)に於ける、右金員は「下記６(c)項目で支払われるロイヤリティー額に関連し（relative to）……」との微妙な文言には、何ら注目していない。また、やはり既述の、六条(c)が何らアメリカ国内での販売に限定せぬ書き方であること、算定のベースたる「正味販売価格」が、日本でのXの販売に焦点をあてたものであること、X自身の製造・販売が日本で行われていること、等にも、本判決の目は向けられていない。もっとも、これら諸点を、Y側はもっと正面に出して争うべきであった、とは思われる。

ちなみに、Y側は、Xは「本件出願権と本件米国特許権との双方を使用するのであるから、本件金員は観念的には右の各権利の使用に係る部分に分かれるものであるが、その合理的な区分は困難であるところ」、製造が根源だから……、といった多少アンビバレントな争い方をしている。もっと本件支払それ自体とXの現実の製造・販売の実態に着目し、その観点から前掲東京地判昭和六〇年の結論の正当性を説くことの方が、所得税法の該当規定の本旨にも沿うはずであり、若干残念な争い方である。

以上が、本件一審判決の判旨である。その当否は、極めて疑問である。

(3) 本件契約の構造——ＩＴＣ手続との関係を含めて

かくて、本判決は、ほぼ全面的にXの主張を認めたものであるが、いずれにしても本件契約の内容（契約条項）が決め手とされている。これまで種々論じた点の再整理を兼ねて、本件契約の構造を、本稿の最後に図表にしてまとめて示しておいたので参照されたい。

本件契約は、そこにまとめて示したように、前文と全二八条から成る。本稿でこれまで示して来た諸点を前提として、白抜きの矢印の右側に、若干のコメントを付しておいた。大体のところは既に示したが、本件契約全体の無効事由が、二四条（甲一号証は「項」と言っている）にあることに注意すべきである。既述の如く、すべての前提は、ＩＴＣがXに対する関税法三三七条の手続を終結してくれることであり、有利なライセンス契約を他国企業と結ぼうとして三三七条提訴をするアメリカ企業にとって、この点がある種のネックになる。本件契約を見せてもＩＴＣがウンと言わぬときには、「ＩＴＣの受諾可能な合意」を改めてＡＸ間で作ろう、とされているあたりが、とくに注意を要する。それが故に、ことさらにアメリカ特許の取扱に焦点をあて、アメリカへの輸入やアメリカでの販売につき、事細かに規定する必要が、ＡＸには、共通の利害として、あったのである。

だが、くどいようだが、本件契約をこうして一覧性のある表にまとめると（或いは）全体が見えて来るように、三三七条をクリアーしたあとのＡＸの目は、全世界に向いている。そして、ＩＴＣの次にＡＸの前に立ちはだかるのが日本の課税権である。二条と五条(a)を書き分け、五条の(a)と(b)とが対価関係に立つことを強調し、日本での製造（等）は関係ないから、日本の国外源泉所得だと言う。けれども、一一条はどうなのか。

本件支払がなされたならば、五条の不（非）主張の効力は、アメリカ特許が切れても残存する、とある。Xが本件支払をすることを条件とし

て、Xが自己の特許をAに主張しない、というのは理屈にあわないではないか。この一一条は、要するに、五条(a)の定めるAの非主張（許諾！）とXの本件支払とが対価関係にあることを、裏から示している。そう言えることになるのではないか。

そして、五条(a)は、既述の如く、アメリカ以外に於けるAの特許、しかも出願ベースで考えたそれらにつき、「何等の主張も」しないことを約している。もとより「製造」を含めた非（不）主張、即ち、許諾である。そして、この五条(a)と、「ライセンス許諾」と題した二条とが、再三論じたように一体をなす形になる。

右の諸点に、くどいようだが、Xの製造・販売が日本で行われていたという事実をさらにインプットして考えた場合、ＡＸ間の本件支払をめぐる取引関係の重点（center of gravity）が日本にあることが、一層明確になるはずである。国際私法（抵触法）上の、取引関係の重点ないし現実的本拠探求への基本的アプローチを、所得源泉地の決定にあてはめて考えてゆくべきことも、既に示したところである。

しかも、これもくどいようだが、本件Xの製造は専ら日本で行われており、そこにAが特許出願をしていることは、X側（の技術者や本件契約交渉の担当者）も知っていた旨の、一審認定がある。アメリカでのその後の動きとは別に、日本では、本件契約締結当時、出願審査請求がなされて二年余り立っており（本稿二(1)の〔Xの訴状へのコメント〕冒頭の図を見よ）、そうなるとXとしても、Aの日本出願は本気だということが、ひしひしと分るはずである。そうした状況下で本件支払がなされたのだ、ということになる。

かかる全体的諸事情からすれば、たとえ出願公告より前であれ、Xの製造の（従って各国での販売の）首根っこを押さえ得る「本件出願権」（この表現にはかなり抵抗があるが、それはよい）の存在は、大きくクローズ・アップされてよい。「本件出願権」にこだわるY側主張は、かかる諸点をインプットしたとき、はじめて十分な意味を持つことになろうし、かかる本件の諸事情の下では、Xの日本での製造を、本件支払との関係で根源的なものとすることも、十分な合理性を有すると言えるはずである。

控訴審判決がいかなる判断を示すか、また、Y側が控訴審でいかなる主張を展開するかが、かくて大いに注目されることになる。

三　結びにかえて

シルバー精工事件は、国際租税法の一断面に於いて、国際私法（国際契約法）、知的財産権法の国際的側面、そして日米通商摩擦（国際通商法）といった、多面的な法領域との関係が、複雑に絡みあうものであった。本稿では、幸いそれらすべて（そして何よりも国際契約の実務的側面）につき、それなりに研究を進めて来た私の視角から、新たな切り口を示すことに全力が注がれた。

国際租税法の全体につき、いつの日にかまとまったものを書きたいとは思っているが、それでは例えば所得税法一六一条七号のロ、即ち、「著作権……の使用料」についてはどうかとなると、中里助教授の労作（既述のＮＩＲＡ研究叢書である）に見られるように、特許の場合（同号イの場合）とは別な、ややこしい問題が多々ある。

それでも、本稿は、私なりの国際租税法研究の、一里塚とは言えるように思う。私を国際租税法の世界に、決定的な形で一層引き込んでくれた故上本修君のことを偲びながら、ひとまずは筆を擱くこととする。

（平成五年一二月一七日午前四時脱稿）

〈本件契約全条項の構造——甲第１号証から〉

前文

D.：「Xは，X……装置……の何れも129特許のクレームを侵害していないと主張する。」

F.：「AとXは，Xに関するUSITC調査を……を終結させ，129特許に関する両当事者間の全ての未決の紛争を解決するため本契約書を締結することを希望する。」
⇦「全ての未決の紛争」とは何か？

1条：定義
(a)「許諾特許」……本件Aのアメリカ特許（129特許）を言う。〔以下略〕

2条：ライセンス許諾「AはX及びその関連会社に対し，……本契約書に規定するロイヤリティーを支払うことを条件として，許諾特許に基づき（under），A〔の〕……装置を世界中で製造しまたは製造させ，及び……を，直接または間接に，米国で使用，リースし，また販売する非独占の限定ライセンスを許諾する。」
⇦「世界中で」の「製造」とあること！

3条：〔ライセンス満了後の〕許諾特許の〔Xによる〕不使用〔略〕

4条：解放……Aは本件契約発効以前の「許諾特許の侵害についてのすべてのクレームからX，その関連会社，及びそれらの販売代理店，……を解放，免訴し，また……いかなる行政のまたは司法の訴訟も提起しないことに同意する。」

「2条プラス5条(a)」で見る立場（Y側主張及び私見）
⇧
Xの製造・販売の実態も重視する。

5条：特許について主張せず
(a) Aの非主張……「1988年11月17日以前に出願したあらゆる国における特許（但し，許諾特許は除く）について，X，その関連会社並びに……に対し何等の主張もしないことを約束する。特許について主張しないという約束は，許諾特許の外国対応特許についても及ぶものである。」……対象はX側の「製造，リース，使用または販売」
(b) Xの非主張……「1988年11月17日以前に出願したあらゆる国における特許について，A，その関連会社並びに……に対し何等の主張もしないことを約束する。」……対象はA側の「製造，リース，使用または販売」
⇦ 5条(a)と5条(b)とは対価関係に立ち，従ってアメリカでの販売のみのために本件支払がなされたとする立場（X側主張及び本件1審判決）

6条：ロイヤリティーと数量の決定
(a)「米国内での使用，リースまたは販売の目的で米国に輸出かつ輸入する為にXが販売した……装置について，本契約で規定する条件に基づき，単一のロイヤリティーが，支払われなければならない。……米国外へ積換えの為米国内に“保税”で入ったたものについては，ロイヤリティーは発生しないものとする。ロイヤリティーは，……装置について請求書が発付された時，または請求書が発付されない場合は船積みされた時に発生する。本契約の下で行われる支払は，本契約書に基づく，Xに関するUSITC訴訟の終結と，許諾特許に関する両当事者間の未解決のすべての紛争の解決に対する対価である。従って，日本の源泉課税は支払う必要はない。支払は，日本の源泉税の控除なしに行われるものとする。」
⇦「単一の（single）ロイヤリティ」とは？
⇦ 日本の源泉課税を不要とする
(b)「Xは，Aに対し以下のごとくUS$760,000を支払うことに同意する。……この金額の内，US$570,000は下記6(c)項目で支払われるロイヤリティー額に関連し（relative to），同ロイヤリティー額に対して貸記される前払金として取り扱われるものとする。US$760,000は，USITC訴訟が本契約で意図した如くXについて終結されない場合を除き，返還されないものとする。」
⇦ 本件支払
何に対する対価か？
（なぜ「に関連し…」という押え方なのか？）
(c)「Xは，発効日より各……装置の正味販売価格の下記パーセンテージをAに対し支払うことに同意する。……〔製品名とパーセンテージ〕」
(d) 将来のXの装置と許諾特許の各クレームとの対応とパーセンテージ〔略〕
(e) クレームに含まれるか否かに関する仲裁〔略〕

7条：正味販売価格……「Xのインボイス価格，F.O.B.X工場渡し…，または米国向け輸出又は米国に輸入するため船積用に包装した内陸転送費を差し引いたF.O.B.日本空港/渡しとする。……」

8条：報告と支払い……「Xは……米国向けに輸出したX……装置の全数量……及びロイヤリティーの計算を示した報告書をAに提出し，6項に従い支払い期限の到来したロイヤリティーをAの指定するAの銀行口座宛に……払い込むものとする。前に支払ったロイヤリティーで7項に従って行われるクレジットはその報告書に記載し，関連する金額を明記しなければならない。……」

9条：計算書……Xの「米国向け」の出荷の「全数量……正味販売総額……ロイヤリティーの計算」等の記録の保管義務。

10条：調査の終結
(a)「両当事者は……USITC訴訟を終結するよう共同で申し立てることを同意する。……両当事者は，Xに関連するUSITC訴訟の終結を達成するよう出来るだけの努力を続けるものとする。」

11条：期間と解約……「本契約書は，……許諾特許の満了まで有効とする。但し，Xが上記6(b)項に規定された2つの支払を行った場合には，5項の規定に基づく不主張の効力は残存するものとする。」
⇦
・5条の(a)(b)が対価関係に立つとのX主張との関係は？
・本件支払がアメリカ以外でのAの特許権不行使とむしろ対価関係に立つことの証拠ではないか？

12条：不履行による解約〔略〕

13条：不履行の放棄〔略〕

14条：通知〔略〕

15条：解釈……「本契約書はカリフォルニア州の法律によって支配され，かつ同法律に従って解釈されるものとする。」
⇦ 契約解釈も契約準拠法によることは当然だが，本件では，そこに至る前提たる事実認定の問題が決め手となることに注意。

16条：ロイヤリティーの減額または停止……6条〔項〕との関係で個々のクレームごとに支払の停止または減額を定める。

17条：非認（Non-Admission）……「許諾特許の有効性，または許諾特許のX…装置による侵害に関し，Xは認めていないことが同意される。」

18条：無関係の書類（Extraneos Writings）……「本契約書は，本契約の目的である事項に関し，両当事者間の完全なる合意を構成するものであり，従前のすべての合意，表示，表意，交渉及び了解は，ここに吸収された。……」

19条：公表〔略〕

20条：機密保持〔略〕

21条：仲裁〔略〕

22条：非譲渡性〔略〕

23条：最恵譲渡人〔略〕

24条：不測の事態……「もし両当事者が，本契約に関するUSITC訴訟の終結を求めて共同申立を起こしたのに対して，ＩＴＣがそれを拒絶した場合には，XとAは，速やかに本契約の大綱を生かすような，ＩＴＣの受諾可能な合意を締結するものとし，それに不成功の場合は，本契約は無効となるものとする。」
⇦ ＩＴＣがどう出るかが，ＡＸ間の本件契約にとって最大の関心事であったことに注意。6条(b)の末尾で，本件支払についても返還が予定されている。

25条：法的措置の停止〔略〕

26条：確認判決申立防止に関する合意〔略〕

27条：日本国法律の遵守……外為法・独禁法等

28条：輸入支援に関する合意……Aの許諾特許につきＩＴＣの輸入排除命令が出た場合のAのXに対する支援。

〔契約締結日　1983年11月17日〕

連載

ボーダーレス・エコノミーへの法的視座

第三十四回　外貨とは一体何なのか？（1）

――外国金銭債務論序説

石黒一憲
東京大学法学部教授

一　はじめに

別に「序説」と題したからと言って、これから論ずる外国金銭債務（foreign money obligations）の問題につき、私が初めて何かを書く、といった類の事でないことは、あらかじめ強調しておきたい。私はそれなりに何度も書いて来た。だが、今の日本の社会に於いては、殆どニーズがないらしい。『金融取引と国際訴訟』（昭五八・有斐閣）という十年ちょっと前に出した本の、理論的な体系は今でも一〇〇％役に立つはずだが、こんな本などなくとも、国際金融界は動いてゆけるらしい。むしろ、それを前提に、初心者向けにと書いた、同じ有斐閣刊の『国際金融取引2〈法務編〉』（沢木敬郎＝石黒＝三井銀行海外管理部の共著）の方が、受けがよいようだ。「三井」銀行という、もはや現存しない銀行名を付したこの後者の本とて、改訂のメドは立たず、あまつさえ、沢木教授は昨

年、故人となられた。沢木＝石黒監修の『国際金融取引1〈実務編〉』の方が一層受けが良いらしく、有斐閣からは、たまに、また増刷をした旨のレシートめいた紙のみが届く。

本連載に於いても、「国際金融の牴触法的考察1～5」以外にも、国際金融の問題はそれなりに扱って来ていたが、それらとて、「再論」の意味が少くはなかった。

ところが、平成四年五月、学部同僚の神田秀樹教授から、『国際金融取引に係る法的諸問題』（研究会事務局・大蔵省国際金融局金融業務課）という研究会報告書を頂戴した。その冒頭には、「国際金融取引も……その基礎をなす法制についての理解や研究はこれまで十分に行われてきているとは言いがたく、国際金融取引に関する法的側面についての研究は激変しつつある実体に追いついているとは言いがたい状況にある」との指摘があった。BCCI事件やイラク・クウェート資産凍結の問題を念頭に置いてのものである。私としては、「オイオイ、ちょっと待ってくれ……」と言いたくなった。

国際私法という、本来日本の現状では百年たっても陽のあたらぬ坂道に、そこが学問領域としては一番自由だろうからとあえて仮りの宿りを定め、それ特有（特異？）のじめじめとしてカビくさい周囲の閉鎖的・カルテル的（それを「家族的」と彼らは表現する。戦前の「家（イエ）」制度みたい）な雰囲気（仏教と坊主とを区別した場合の坊主の世界）に対しては一切バリアを張りつつ、今日まで来た。いろいろ書いても他人から引用されることは（他の法分野ではともかく）さしてなく（若手が不用意に私のものを引用すると、ある種のパージにあうらしい。学問的批判と人格批判とを即座に混同する、学問のイロハの分っていない人達。そして、「先生のものを引用したところ、石黒のものは引用するなと編者に言われたから、引用をやめました」とわざわざ私にレターをくれた情ない若手研究者〔複数〕！――狭い学会の中のことなど、所詮どうでもよいが）、無視されることには慣れていたものの、国際金融取引についての前記の言葉は、真実少々頭に来た。淋しい程に暗くて狭い同業者間カルテルの、外での出来事だからだ。

右のMOF研報告書の全文は、金融法務事情一三三四号（平四）六頁以下に掲載されているが、とてもそれが私の考える国際金融取引の全体像をカヴァーするものとはなっていない。本誌一九九二年六月号四七頁に、私が研究して来たこの領域での諸問題を、配線図風に示したのも、平成五年三月に、東京大学大学院法学政治学研究科の内部出版として『国際金融取引の法的諸問題』（一九九二年度冬学期演習）という全三二〇頁のゼミ論集を出したのも、右のMOF研報告書を、多分に意識してのことである（九三年度冬学期には、世銀グローバル円債を中心に金融と情報通信、そして国際課税のゼミを行なった。実に頼もしいわがゼミ生達である）。

何と執念深いことよ、と思われる方々も多かろうが（どうせなら学問的 persistence と言って欲しい）、私と神田教授とは、かつて某省資金自主運用研究会で、先を競って報告書を書いた仲だし、学部内論争をしても、人間リトマス試験紙と言ったら叱られるが（神田教授と私の）共通の友人たる、かの相澤英孝助教授（筑波大学）、そして、三人の共通の友人たる中里実助教授（一橋大）を間にはさんでいる。大丈夫だろう。

その後、神田秀樹「国際金融取引に関する法的諸問題」金融五四七号（一九九二年一〇月号）四頁以下に、前記MOF研報告書の主要部分が、前記研究会座長の立場にあった神田教授御自身の加筆・脚注をまじえつつ改めて公表されるに至り、前記の私のカチンと来た個所には、「（注1）これまで石黒一憲教授によって精力的な研究がなされてきている。たとえば、石黒一憲『金融取引と国際訴訟』（昭和五八）、同『ボーダーレス社会への法的警鐘』（平成三）等。」との注が付されていた。――ということで、やっと私の存在の認知がなされたことを踏まえ、神田教授の（前記MOF研報告書でも示された）いくつかの提言に対し、私なりの疑問を呈し、神田説の更なる展開を、促したい、とも思うに至ったのは早や二年近くも前。学部・大学院のゼミで毎年国際金融はとり上げて来たし、とくに専修コース修士課程の諸君の中には、別途論文の公表等も行なった者も居る（本稿との関係では、森下国彦「通貨交換取引の法的性質についての一考察」金融法務事情一三四六号〔平五〕六頁以下――その一三頁の注2の記載は記載として、私の演習でも種々扱ったテーマであることは、彼

も十分分っていることであろうから付記しておきたい）。

この際、今一度、「外貨とは何なのか？」という問い（石黒・ボーダーレス社会への法的警鐘〔平三〕七五頁以下、八二頁以下参照）を正面に据えて、若干の点を論じておきたい（なお、この点につき、文部省科学研究費補助金一般研究B〔平成四・五年度〕の支給を受けた旨、付記する）。

二　外貨はカネかモノかの論をめぐって

(1) 神田教授の所説

「外貨はカネ（money）かモノ（commodity）か」などという抽象的な問いを発して、どうするつもりか、と言われそうだが、その実、銀行サイドの実利が裏にある、けっこう生臭い議論なのである。

まず、ここ数年、私の頭を悩ませて来た、わが友神田教授の提言を、左に示す。神田・前掲金融五四七号五頁以下である。

「為替取引や先物取引等の金融取引は通貨を対象とするものが多い。ところが、現行法の下では、この通貨の法的性格が必ずしも明確ではないという根本的な問題がある。……為替取引や先物取引等の金融取引は……俗な言い方をすれば『通貨の授受』であるが、法的には、そこで問題となる通貨の引渡債権は民法上の金融債権かという根本問題がある（注4）。」（神田・前掲金融五四七号五頁）

ここで、（注4）として引用されているのは石黒・前掲法的警鐘八三―八五頁であるが、「そもそも外貨とは何なのか？」と題した個所が、引用されている。そうである以上は、神田教授は、F・A・マン等の、ユーロ・インターバンク取引の非金銭債務性の議論（K. Schmidt, Geldrecht, Sonderausgabe der §§ 244–248 BGB aus J. von Staudingers Kommentar zum BGB. (12. Aufl. 1983), 319 も、紹介のみしているそれ）を、意識しておられるはずである。だが、以下の神田教授の議論との接点は、今のところ不明である（この点につき、石黒・国際私法〔平六・新世社〕一四〇頁以下の注138参照）。

さて、神田教授の所説であるが、前記引用部分につづき――

「狭義の通貨交換取引（foreign exchange transaction）が実務では『外為売買』などと呼ばれることに現れているように、従来は、少なくとも円貨については、通貨の引渡債権も民法上の金銭債権であり、したがって民法の金銭債権に関する特則規定（例えば、民法四〇二条、四〇三条、四一九条）の適用があると考えられていたようである。しかしながら、これらの取引の経済的な実体をみると、通貨は交換の対象であって、一般の売買における取引の媒介手段ではない。そうだとすれば、為替取引や通貨先物取引等においては、通貨は――円貨であっても――モノであるというべきであり、民法の金銭債権に関する特則規定の適用はないものと考えるべきであろう。」

――としておられる（神田・前掲金融五四七号五頁）。その間に、文献引用は全くない。

右に二か所に分けて引用したのは、「通貨の民法上の性格」と題した部分の全体である。前記MOF研報告書の原文一三頁には、右の末尾の「……と考えるべきであろう。」の次に、「なお、この点につき、最近のアメリカのいくつかの判例が同じような考え方を採用していることが参考となる。」との部分があったが、神田論文では、この部分は落ちている。私は、私のゼミ生達と共に、論拠としてのアメリカ判例の示されるのを待ち、その上で論陣を張ろうと待っていたのだが、結果は逆になってしまった。残念であった。

ともあれ、神田教授は、「為替取引や先物取引等の金融取引は……」という若干ラフな押さえ方をされつつも、そこで取引される通貨は、円

貨も含めてカネではなくモノだ、とされる。論拠を厳密に辿ってゆくと、「取引の経済的な実体」ということしか書いてない。

それでは、何の為に、つまり何を目的として、神田教授は、「狭義の通貨交換取引」ないし「為替取引や先物取引等の金融取引」に於ける通貨はモノだとされるのか。具体的には、取引相手方の倒産時に、カネであれば取戻権が認められないが、モノであればそれが認められ、後者の如く扱うべきだ、との判断がそこに大きくある。即ち、神田・同右五頁以下の、「通貨と倒産法上の取扱い」の部分である。以下、前記と同様に、これをまず引用する。

「現行法の下では、モノとカネとの間に倒産時における取扱いに大きな差がある。すなわち、モノであれば、AがBにこれを預けた場合……には、その後Bが倒産した場合であっても、Aは取戻権を行使することができる。しかしながら、カネの場合には……預けた場合であっても取戻権が認められてはいない。なぜ現行法がモノとカネとでこのような差を設けているのか、そのような取扱いの差を設けることが合理的かということ自体を再検討する必要があるともいえるが（注5）、特に金融取引においては、この点が深刻な問題となる。」

ここまでで引用を一区切りとし、右の（注5）で何が引用されているかを見ておく。神田・同右一一頁の注5には、「この問題についての詳細は、四宮和夫「物権的価値返還請求権について」『我妻先生追悼論文集・私法学の新たな展開』一八三頁以下（昭和五〇）、能見善久「金銭の法律上の地位」『民法講座別巻1』一〇一頁以下（平成二）参照。」とある。要するに、学生の頃、四宮先生の民法第Ⅱ部の御講義を拝聴した際に出て来た、例の価値のレイ・ヴィンディカチオ論である。

さて、神田・前掲五―六頁は、前記引用部分につづき、一気に次の如く論じられる。即ち――

「従来の考え方は、カネの場合にはいったん引き渡されると引渡しを受けた者の財産に混入し、特定性を失うに至るという点を取戻権を否定する根拠としていたように見受けられる。したがって、上述の例で、Aが一定額のカネを、Bに引き渡すのではなく、C銀行のBの預金口座に払い込んだような場合には、特定性が維持されるかぎりにおいて、C銀行に対する預金債権について取戻権を肯定できそうである。しかしながら、取引の経済的な実体にかんがみると、特定性をいうのであれば、当該カネの特定性ではなく当該取引の特定性を問題とすべきではないかと考えられる。さらに、上記……で指摘したように、金融取引においては通貨はカネでなくモノとして取引の対象そのものとされているのであって、このような場合に当該通貨について一定の条件の下で取戻権を肯定できるような法理論が検討されるべきである（注6）。」

ちなみに、右の注6は、「一般的には、四宮・前掲（注5）参照」とある。

かくて、右の部分の神田教授の論旨は、またもや取引の経済的な実体に依拠しつつ、他方で、四宮教授の立論にも依拠していることになる。それ以外の引用・引照の類は一切ない。

あらかじめ、若干奇異に思われる点につき一言しておく。神田教授は、時期は定かに記憶していないが、日銀金融研究所の客員研究員もつとめておられたし、同研究所の同じく（法律関係では外国からは初めての）客員研究員であったウィリアム・D・ハリントン教授とも交流があったはずである。そして、ハリントン「外貨オプション取引に関する法律および行政規制の動向についての比較研究」日銀金融研究所・金融研究八巻一号（平成元年三月）八五―一三二頁（日銀スタッフ・グループによる邦訳である）が、既に出ていた。しかも、ハリントン・同右一一四頁以下の「外貨オプション契約の債務不履行に対する救済」の部分は、まさに神田教授の「カネかモノか」の論と関係し、かつ、神田説と基本的に反対

の立場に立つものである。なぜ、かかる重要文献が、しかも日銀を軸とする両教授の接点がありながら、引用されないのか。ちなみに、ハリントン・前掲は、F・A・マンの論稿等にも目配りした、それなりに重厚な脚注を有するものである。

以下、議論のプロセスを重視しつつ神田教授の「通貨＝モノ」論を批判的に考えてゆきたく思う。と言っても、この問題については、自己のノウハウを（不必要なまでに?!）公共財として提供し過ぎた点を、多少私自身反省している。即ち、私の演習の熱心な参加者でもあった森下国彦・前掲金融法務事情一三四六号六頁以下、とくに八頁以下や、森下哲朗「通貨交換取引」前掲一九九二年度冬学期石黒ゼミ・国際金融取引の法的諸問題（平五）二四－四六頁が、神田説を批判的に検討したものとして、既にある（通商法等の研究で私自身が忙し過ぎたためもある）。

神田教授が、取引の経済的実体から直ちに結論を導いておられるかに思われる点については、私自身不本意ながら、次のことを指摘させて頂く。

神田・前掲金融五四七号一一頁（注8）で、神田教授は、「為替取引や通貨スワップ取引等においては、前述したように通貨は取引の対象であって、平時においてはそれぞれの債権債務を相殺することは予定しないどころか、仮に法定相殺が可能とすれば、そのような相殺をしない旨の合意があるというべきであるが、当事者の一方が倒産したような場合には、他方当事者は関連する取引全ての一括清算を望むのが通常であり、その意味では相殺を望むのが通常であるといえる」としておられる。

右の相殺に関する論点でも、「平時」か否かという、法的には極めてあいまいな押さえ方しかなされておらず、実に気になる。だが、要するに銀行にとって、都合が悪くなればいつでも相殺できるようにしよう……、といった色彩が、若干濃厚すぎないか。前記の取戻権の論にしても、その意味での“都合の良さ”を強く感ずる。「法と経済学」的アプローチと言うにしても、単なる現状（実務）追認では済むはずがない。

前掲MOF研報告書で、「最近のアメリカのいくつかの判例」として「モノ」論を支持したもの、と解されていたものの一つは、私のゼミ生達の調査によると、In re Koreag, Controle et Recision S. A., 961 F. 2d. 341 (2nd Cir.1992) のようである（森下哲朗・前掲二四頁以下）。通貨スワップ取引として二つの取引がなされた。第一の取引では米ドル、第二のそれでは外貨をXが受け取るべきところ、相手方Z倒産のため、Y銀行ニューヨーク支店のZの口座にある各数百万ドルの引渡を求めて、Xが訴えたものである。論点は多々あるが、Xは、UCC第二編（物品の売買）の適用を求めてもいた。そして、通貨スワップ取引の対象が同編一〇二条にいうモノであるという帰結から、結論的には、第一の取引については買主として四一〇万米ドルにつき損害賠償をなし得るに過ぎず、破産財団からの配当に依存するが、他方、第二の取引では、Xは米ドルの売り主ゆえ、UCC上、Xとして商品の取戻権を有し、七四〇万ドルは破産手続の外で手にし得る。――ともかくも、そうした厄介な処理が、「カネかモノか」の論から導かれたことになる（国際倒産がらみのケースであることに注意。以上、森下哲朗・同右二四－二八頁参照）。

神田教授や前記MOF研報告書が、「モノ」論を支持される際に、右の事例に本当に注目していたかどうかは、定かではない。だが、いずれにせよ、「外貨の商品理論」について批判的に検討する森下国彦・前掲金融法務事情一三四六頁一三頁が、ハリントン・前掲を引用しつつ説くように、「米国において外貨が商品であるという見解が採られる場合、通貨に関するオプションの規制権限がCFTC……に属すると主張するため、または裁判所が判決のために行なう自国通貨換算の基準として『不履行日原則（breach date rule）』を採用するため、あるいは物品売買契約を規律する米国統一商法典（UCC）第二編を外国為替取引に適用するため、などの目的が存するようであるが、いずれに関してもその議論がわが国にそのまま当てはまるわけではないし、またその必要もない」、と言うべきである。

また、右のアメリカ判決では、米ドルも外貨も同様に扱われており、その意味で、「為替取引や先物取引等」につき円貨であっても「モノ」

だとする神田説に近いものがある。だが、他方、“[F]oreign money is dealt in and quoted on a foreign exchange market, and is there a commodity.” とする点では神田説に近い F. A. Mann, The Legal Aspect of Money (5th ed. 1992), 191 に於いては、Id. 190 に於いて、“…… English money is……always the price, never the goods.” との指摘がある（なお、森下哲朗・前掲二九頁）。自国通貨の取扱をどうするかの点をも含めて、ここにも、論ずべき多々の、相当に重い諸問題があるはずなのである。

他方、外貨オプション契約の債務不履行との関係で、「金銭の商品理論（commodity theory of money）」を批判するハリントン・前掲金融研究八巻一号一一四頁以下は、かかる相当アンビバレントなものを（私の実感としては常に?）含むF・A・マンの所説（第四版を引用）に依拠しつつ、同右・一〇〇頁に於いて、「外貨を支払う契約は商品を引渡す契約よりむしろ金銭債務としてうまく分析できる」とし、「外貨を物と構成することは、無理な解釈である」としている。また、同右・一一六－一一七頁では「米国においては、外国の金銭が商品とされた事例が無数にあるが……この点に関する最新の判例〔も〕、おそらくあまり参考とならない」としている。日本の金融法の旗手と言うべき他ならぬ神田教授なのだから、こうした立論の一つ一つに鋭く、かつ重い批判を加えて、その上で自説を展開して頂きたく、切に願う（外貨も円もモノだと言うならば、その先に、「異種外貨建債権同士というのは、小麦の給付請求権と米の給付請求権のようなもので……両者間に債権の同一性はないのではないかという見方」〔座談会・外貨債権をめぐる諸問題（一）手形研究三六三号一二頁（飯田泰弘発言）――なお、石黒・金融取引と国際訴訟二五三頁と対比せよ〕との関係、そして、「有事」には相殺可能となる、といった見方の、より深い論拠も、必要となるはずである）。

(2) 神田説と四宮説との接点？

取引の経済的実体を云々するだけで法的帰結は導けないとして、それでは右の神田説の依拠する四宮説（価値のレイ・ヴィンディカチオ論）はどうなのか。もっとも、神田教授は、明確に四宮説に基づいた立論をしているのかと言えば、そうではない。既に引用したように、同教授の（注5）（注6）は、極めて慎重に四宮説との距離を置いている（この距離の置き方は、私には理解し難い文献引用方法である――遂に言ってしまった！）。

だが、ああだこうだ言っていては、議論が先に進まないので、ズバリ四宮説を先に見ておく。

四宮教授の立論は、もとより以下の如きものである。即ち――

「金銭の所有権はその占有の所在に伴うという近時の判例（例えば、最判昭三九・一・二四判時三六五・二六）・学説の立場（価値説）を貫くと、金銭が従来の所有者の所有権移転の意思に基づかないで移動した場合の返還関係は、純然たる不当利得だということになるであろう。……たしかに、金銭は――物であると同時に――価値である。しかし、価値についても帰属割当を考えうるから、価値の帰属割当を変更する旨の合意に基づかないで事実上価値を失った場合には、価値帰属者を保護するために、……適当な要件のもとに、なんらかの物権的効力をもって、その復原がはかられなければならない。ただ、その際、金銭の高度の代替性からは、回復されるべきは価値であって物としての金銭ではないこと、また、流通手段としての金銭の特質からは、救済はr. v.（レイ・ヴィンディカチオ）ほどには第三者に影響することのない手段によるべきであることが、導かれよう。ここに、『価値の同一性』を認識しうる限り（両替金・帳簿上の金銭に変形しても同一性は失われない）、r. v. に類似する効力をもった価値返還請求権（物権的価値返還請求権〔価値のr. v.〕）を認めるべきことになる。」（以上、四宮和夫・事務管理・不当利得・不法行為(上)〔昭五六〕七七－七八頁）

だが、この議論は、言うまでもなく騙取金員を受領した第三者と被騙

取者との間の関係（加藤雅信・財産法の体系と不当利得法の構造〔昭六一〕六五四頁以下、六六七頁以下〔金銭の盗難などの事案を念頭に置いた立論である〕、谷口知平＝甲斐道太郎編・新版注釈民法⒅〔平三〕四一八頁以下、四六九頁以下〔田中整爾〕、等参照）に重点を置いた議論であり、かつ、四宮・同右七八頁にもあるように、第三者に悪意または重過失があるか否か、といったあたりに依存する利益衡量からの産物でもある。

これに対して、神田教授は、こうした文脈を離れて一般的に、「為替取引や通貨先物取引等においては、通貨は――円貨であっても――モノである」こと、そして、「現行法が〔取戻権つき〕モノとカネとで……取扱いの差を設けることが合理的か」を再検討する必要のあること、この観点から「取戻権を肯定できるような法理論」を検討すべきだとして、四宮説に着目されるのである。

これは相当に思い切った立論なのであり、詳細な内外の学説・判例の分析の上に初めて主張さるべき点かと思われる。四宮説を一般化する上での個々的プロセスに於ける論証が、私としては待ち遠しくてならないが、四宮説に対しても、次のような批判のあることを、忘れてはならない。即ち、「他人の手中にある金銭につき所有権類似の権利を認めることは、……結局……甲に乙の総財産上のきわめて強力な一般先取特権を与えるのとほぼ同じ結果になり、かかる強力な一般先取特権がかくも広範に認められると、あらかじめ担保をえておくことの困難な一般債権者等の利益が害される」との批判である（鈴木禄弥・債務法講義〔二訂版・平四〕六三九頁。なお、同右・六八〇頁をも参照。その後者の頁が、「Yがその所有の金銭をXに奪取された場合にかぎって……Xの他の債権者に優先する権利をYに与えるために、奪われた金銭につきYの所有権的なものの残存を説くことは、不可能ではあるまい」とするに至っている点も、微妙な利益衡量の末の立論である）。鈴木・同右頁が、まさにX破産に際してのYの取戻権に着目し、四宮説（や加藤雅信説）への批判をしている点を踏まえ、一層の論陣を神田教授は張らねばならぬはずである。

神田・前掲金融五四七号六頁は、次の如く説かれる。即ち――

「例えば、国際的な送金取引において、中間に介在したコルレス銀行が資金を受け取った直後に倒産したような場合、少なくとも問題となった取引と送金額が特定できるかぎり、当該資金を倒産した銀行の一般債権者のための財団に属すると解するのは必ずしも妥当とはいえないと考えられる。上述のような結果を肯定することは、Bの一般債権者との関係でAを優先扱いすることにほかならないが、そのような結果を肯定するためには、何らかの公示が必要ではないかとも考えられる。しかしながら、現行法の下では、例えば動産についての所有権留保には何ら公示性はなく、当事者間で一言そう決めれば対第三者効が認められることにかんがみると、そのような公示性を要求する必要は必ずしもない」

――としておられる。金銭債権と特定ということであれば、例えば吉岡幹夫「金銭債権続考(I)」静岡大学法経短期大学部研究紀要・法経論集（昭三八）一頁以下の、いかにも古めかしい（と言っては叱られるが）議論との関係をどう考えるか（但し、吉岡・同右は金本位制下の問題の分析に主眼を置きつつ、金銭債権の特定を論ずるが、同右・二七頁以下では、「現金」のみにつき「特定」が生じ得るのであり、「銀行の帳簿上の、各口座における帳簿上の移動」の場合には「なんら特定を生ずる余地はない」としている）、といった点にも、一応の目配りが必要になるはずである。

一々文献を細かく引用せずに論を立てることが出来るならば、法律学も経済学と同様に随分と明るい学問になり得るのかも知れないが、論理のプロセスはどうなるのか。

私としては、これまで見て来たような神田教授の「モノ」論に対し、素直に「カネはカネだろう」ということで考えて来ているわけである。一定の取引から金銭債務が発生するとした場合、わが民法上は民法四〇二－四〇五、四一九条の適用が問題となる。通貨換算の問題や代用給付権の問題、さらには不可抗力免責の可否、等々、ハリントン・前掲日銀金融研究八巻一号一一四頁以下の論ずる諸問題である。

もっとも、一定の取引から金銭債務が発生するか否か、そして、発生する、しないの具体的法律効果は、厳密に言えば、当該債権債務関係の準拠法による。――といったあたりが私の本当の専門（古巣）なのだが、そのあたりのことをオズオズと言わねばならぬ日本の非国際性・閉鎖性が情ない。いきなり自分の土俵で議論を、と思ったところで、十年待っても実際ナシのつぶてゆえ、こちらから出かけてゆくわけだ。袋叩きにあう位は、年中のことである。痛くもかゆくもない。問題点が少しでもはっきりするならば、そのためにはどんな泥でもかぶりましょう。それが、学者の仁義とでもいうものだったんではなかろうか（ゴザンセンカ、と書きたかった……）。――閑話休題。

むしろ神田教授としては、四宮説の問題意識を越えて、より一般的にドイツの価値権（Wertrecht）理論（と言っても二つの系譜がドイツにはある）との直結を考えておられるのであろうか（その観点からの立論をするのは、平成五年一二月に私のもとに提出された、極めて優秀な修士論文〔リサーチ・ペイパー〕たる森下哲朗「国際的銀行倒産に関する法的一考察」の第二部第三章〔「ドイツにおける『価値』に対する支配権の保護に関する議論」〕、同第四章〔「価値権概念への国際金融取引への導入の試み」〕である）。

この点は、前々から本連載で予告をしている世銀のグローバル円債に関する論文に於いて述べた方が適切なのだが、まず、証券現物をなくしつつ、あたかもそれがあるのと同じ物権的保護を与えよう、とする見地から、ドイツでは価値権理論（Theorie der Wertrechte）なるものが説かれる（Drobnig, in: K. Kreuzer [Hrsg.], Abschied vom Wertpapier ? [1988], 41. 但し、それがドイツの信託法理に根を有するものであることには注意を要する。K. Peters, Wertpapierfreies Effektensystem [1978], 97ff. また、無証券化を法的に強制したフランスでは古典的所有権概念を拡大して「価値の所有権」を認めようとする学説もあるものの、有価証券概念を越えんとするフランスの立法には、それ自体としていまだ不十分な面の残ることが、別途指摘されている [Witz, in: Kreuzer [Hrsg.], supra, 54, 55]）。次に、それとは一応別の文脈で、四宮教授の価値のレイ・ヴィンディカチオ論の基礎にあるドイツの価値権理論がある。あるいは、これらの二つの系譜の、ドイツの価値権理論を統合しながら（なお、この点では森下哲朗氏の御教示にかかるSimitis, Bemerkungen zur rechtlichen Sonderstellung des Geldes, 159 AcP [1960], 462 が、いまだ十分自覚的なものではないが、注目される。その意味では、専ら金銭につき論じた四宮・前掲我妻追悼一九八頁が、なぜ今一歩英米とドイツの議論の統合に踏み込まなかったのかも惜しまれる）、通貨交換取引的な、従って神田教授が論じておられるような意味で、（取戻権にもつながる）物権的保護を与えることも、理論的には可能であろう。だが、ドイツでも、通説はかかる立場を（金銭の場合については一部債権者の不当優遇の点からも）強く批判している（有価証券法理との関係での価値権理論への批判として例えば Paters, supra, 99ff; Drobnig, supra, 41. また、「価値のヴィンディカチオは現行法にとって異質なものだ（[E]ine Wertvindikation ist dem geltenden Recht fremd.）」とする Schmidt, supra [Geldrecht], 60. 取戻権との関係での G. Kuhn/W. Uhlenbruck, KO [10. Aufl. 1986], 723f 等参照）。

この方向で議論を進めることも、それなりに相当の覚悟が必要である。また、それならそれで、前記のドイツの、第一の系譜の価値権理論についての川村正幸「有価証券為替決済制度の展開と有価証券法理」一橋大学研究年報一五巻（昭五九）六九頁以下、等のような文献との関係で論ずべき点も、多々出て来得るであろう（森下哲朗・前掲修論第二部第四章）。

いずれ近いうちに、神田教授御自身の筆により、快刀乱麻的に一連の問題にカタがつくのであろう（真実、ゼミ生達と共に、そう願いたい）が、本稿がいささかなりとも、その方向を加速させ得るとすれば、有難い限りである（所詮私の学問は“触媒”に過ぎない！）。

(3) 「モノかカネか」とは別物としての「非金銭債務性」の主張――その後の展開？

さて、私が十年以上前から問題としているのは、これまで見て来た神

田教授による「非金銭債務性」の主張とは別物の、同様の主張である。つまり、ユーロ市場でのインターバンク取引でお互いに預金の預け合いをしても、そこからは何ら金銭債務は発生しないとする、F・A・マンの主張についてである。注意すべきは、彼の所説（Mann, The Legal Aspect of Money, 193–195〔4th ed. 1982〕において初めて示されたそれ——Id. [5th ed.1992], 200. なお、その背景事情たる米・イラン金融紛争をも含めて、石黒・金融取引と国際訴訟一〇頁以下〔昭五八—〕）においては、神田教授が取戻権（モノとしてのそれ）を主張されるのとは、いわば逆に、債権者は当該金額をそのまま戻せ、などとは到底言えないことになる、との点である。即ち——

"And in bankruptcy proceedings the creditor would have to prove the just value rather than a debt. In view of the enormous sums involved it could often be a national disaster if the creditor bank were entitled to payment, for in the last resort this might mean the sale of a vast amount of dollars and the purchase of an equally large sum of sterling so as to upset the exchange rates. In short, as economists have said, the Eurodollar market is a mere account market rather than a money market." (Mann, supra [4th ed.], 194.)

ナショナル・ディザスターを気にして、ユーロ・インターバンク取引からは、単なるアカウント調整債務（なす債務）しか発生しない、とされるのであるから、右の引用部分冒頭のジャスト・バリューも、名目額に匹敵するような巨額ではなかろう、ということになるはずである。

このマンの所説に於いて、非金銭債務性のメルクマールがあいまいな点、等々については、既述の十年以上前の著書以来、私として指摘して来た。どうせ誰も見るつもりがないのだろうから、引用しても無駄、従ってやめる。

この一九八二年の、従って、米・イラン金融紛争直後の版で示されたマンの所説に対しては、学説の支持（academic support）が得られたものの、イングランド法に関する限りは、Libyan Arab Foreign Bank v. Bankers Trust Company, [1989] Q. B. 728. で否定された、と苦々しくマンは語る（Mann, supra [5th ed.], 201）。だが、石黒・前掲法的響鐘（平三）七五頁以下、とくに七九頁以下に示したように、このイギリス判決は、EFT取引の大家たるH・S・スコット教授の鑑定書に基づくものなのであり（この点を国際金融界としては十分認識すべきである）、金銭債務の発生、従ってまたその「支払」を命じたこの判決の結論は、正しい。マンが"The manner in which the account is operated is decisive." (Id. [5th ed.], 199f.) とし、CHIPS等を通した処理がなされるのだから……、とするのに対し、UNCITRAL（国連国際商取引法委員会）に於けるEFTモデル法（国際振込に関するそれ）作成作業にも種々の影響を与えたスコット教授が、逆の結論を支持する。つくづく面白い構図だが、"The learned Judge accepted the evidence of a former assistant general manager of Barclays Bank who stated: ……. On the basis of this evidence which perhaps will not persuade all fellow bankers the Judge made an order for payment in cash of $292 million, ……." (Id. 201) とするあたりが、マンの灰汁（あく）の強さであろう。私は、スコット鑑定書を支持している。

だが、その後の事態の推移につき一言すれば、石黒・法的警鐘七八頁以下、八六頁注21で、「マンの所説を〔も〕踏み越え」るものとして一層批判しておいたクライナーの所説に対しては、やはりMann, supra [5th ed.], 196, 201 に於いて、マン自身の指摘がなされるところとなった。即ち、"[T]he obligation of a bank arising from an account in currency other than that of its place of business is strictly limited to making a transfer to such bank in the country of the currency as the creditor may designate." とクライナーが述べる点、そして、"ordinary foreign currency and Euro-currency debts" の間での相互の区別をせずに、およそインターバンク取引では右の如く考える一般の慣行がある、としている点で、クライナーの説はゆき過ぎだ、とマンはしている。けれども、マン自身が行う"Euro-currency and ordinary foreign currency accounts"の間の、アカウントのオペレーションの仕方に着目した区別が、どれほど決定的なものであり、かつ、CHIPSやフェッド・ワイヤーを使うのが通常としても、やはりそれにどれほどの決定的重要性を認めるべきかは、依然として大きな問題として残っている、と私は考える。

ところで、マンがここでの自説へのアカデミック・サポートが得られた、とする際に引用されている Vischer, Probleme des Wahrungsrechtes nach dem Entwurf des schweizerischen IPR–Gesetzes, in: R. v. Graffenried (Hrsg.), Beiträge zum schweizerischen Bankenrecht (1987), 431f につき、一言しておこう。バーゼル留学で直接御世話になったフィッシャー教授とは、その後もそれなりに交流はあるが、同教授は、マンとクライナーとの右の点での差異にはあまり拘泥せずに（いかにも彼らしい明るさである）、それらを支持し、あまつさえ、ユーロ市場でのこの種の取引は、履行地たる通貨所属国（アカウント所在地国——ユーロ・ダラーについてはアメリカ）内に客観的に位置づけられる（つまりは取引関係の準拠法もそちらへ引張られる）、とまで言われる。即ち、ユーロ・ダラー取引に於いて債権債務関係へのアメリカの官庁の介入を防ごうとする望みは、かくて（ダイレクトにアメリカの法域の法が準拠法とされるために）満たされないことになろう、とされるのである。石黒・金融取引と国際訴訟一一六頁と対比されたい。

ロンドンとニューヨークにそれぞれ二当事者モデルでアカウントを置き、一方は他方のミラーの如く動くとし、だからユーロ・ダラーとは言っても米ドルは一歩もアメリカを出ない、とする単純な説明——ユーロ市場を単なる鏡の中の虚像として位置づける見方（ロナルド・I・マッキノン著〔鬼塚雄丞＝工藤和久＝河合正弘訳〕・国際通貨・金融論二〇七頁以下、とくに二〇七、二一〇頁を見よ）に対して、私は、今後とも反対をし続けることになるが、所詮は、私の心の中でのこと。斗う相手のF・A・マンも、既に他界してしまった。何だか淋しい。

いずれにしても、早くから文字通り日本の金融界を背負って来られ、また、世界の檜舞台に立ち、私としても一層がんばって頂きたい神田教授には、このあたりの問題との接点、各説との異同、そして論理と議論のプロセスを明確にして、自説を展開して頂きたい、と切に願う（そこまでして頂ければ、私としてもインタフェイスをあわせ易く、正面から議論が出来るようになって、実に楽しくなるのだ！）。

三 「外貨」による不法行為請求とわが民法？

(1) はじめに

ここに驚くべき事実がある。わが民法上、外貨による不法行為請求は一切なし得ない、とされているのである。大体、従来の民法の教科書では、これから論ずる大審院判決を引用するのみで、殆ど一行で何の理由らしきものの呈示もなくこの点が片づけられている（加藤一郎・不法行為〔増補版・昭四九〕二一六頁も然り）。あれだけ詳細な四宮和夫・不法行為（昭六〇）にも、その四六九頁にわずか一行、次の如くある。即ち——

「ここ〔不法行為の一般的効果としての「金銭賠償」〕にいう金銭は、内国通用の法定貨幣をいい、外国通用の貨幣を含まない（大判明三九・一二・一九民録一二・一二三六）（四〇二条参照）。」

もっとも、前田達明・民法Ⅵ₂（不法行為法）（昭五五）二六一頁には、次の如く多少長目の説明がある。即ち、——

「不法行為の効果は、金銭債権の発生であるから、〔民法〕四〇二条以下の適用を受ける。そして、その給付すべき金銭は、日本に通用する法定貨幣で、外国通貨の給付を加害者は被害者に受け取ることを要求しえず、また、被害者は加害者に外国通貨の給付を要求しえない（大判明治三九年一二月一九日民録一二輯一二三六頁。被害者が米国通用の金貨一一〇八五ドルを請求した事件）。なぜなら、四〇二条三項に、特に外国通貨を債権の目的としたときのことを規定しているから、四〇二条一・二項は、当然、内国通貨を予定していると解するからである。もっとも、不法行為債権発生後、当事者の合意で、外国通貨による支払を約したときは、それによる（契約の効力である）。」

だが、右の説明も、殆どそこに引用されるたった一件の古めかしい大審院判決を再叙するものにとどまる（但し、「また」の前の「……を要求しえず」は否。けれども、なぜそうなのかの実質的な説明はどこにあるのか）。問題はこの大審院判決の論理と、妥当性とにある。

前田・前掲頁にもあるように、契約上の請求であれば、民法四〇三条（その牴触法上の位置づけや円への換算時点の問題については後述）からしても、外貨での請求はできるが、不法行為はだめだ、とされる。なぜ駄目なのか。問題は実質論の呈示が何らなく、単に大審院判決の祖述に殆ど終始して来た、これまでの日本の学説判例の、意図せざる閉鎖性（石黒・国際私法〔平六・新世社刊〕一頁以下〔「日本社会の真の国際化と国際私法」〕、三二八頁注732参照——索引に「外貨 三三〇頁」とあるのは、三二八頁の誤植である）にある。

（以上、平成六年二月一三日。次号につづく）

「ボーダーレス・エコノミーへの法的視座」最近の掲載

連載

ボーダーレス・エコノミーへの法的視座

第三十五回　外貨とは一体何なのか？(2)
——外国金銭債務論序説

石黒一憲
東京大学法学部教授

三 「外貨」による不法行為請求とわが民法？（つづき）

(2) 大審院判決の論理の検証

わが民法上、外貨による不法行為請求はなし得ない旨の、重大な主義を示したものとして祖述される大審院判決は、意外な程プリミティヴな論理に立脚している。それを諸外国に於ける全体的な議論の流れの中で位置づけ、そして崩すことが、本稿三の目的となる。まず、大判明治三九年一二月一九日民録一二輯一二三六頁の事案と一、二審判決、そして判旨について、概要を述べる（なお、石黒・国際私法〔有斐閣プリマ・シリーズ双書・新版（平二）〕三〇三頁以下には、あえてこの一、二審判決のみに即した論述をしておいた）。

事案は、アメリカ人宣教師Zが被告Y（大阪商船）の船で韓国仁川発、同国木浦に向けて移動中、Y会社の別の船と衝突、前者の船の沈没により死亡した、というもので、ペンシルヴァニア州在住のZの妻子X₁～X₅がYに不法行為に基づく慰藉料と損害賠償とを請求したものである。ちなみに、Zの居住地等は不明であり（一審判決の掲載誌たる法律新聞二七五号一〇頁以下参照）、X側請求は日本法を前提になされていたが、不法行為準拠法をどう決めるべきかの問題は、あいまいなまま、一審以来、わが民法の解釈論に終始している。

まず、一審判決たる大阪地判明治三八年三月一四日新聞二七五号一〇頁であるが、石黒・同右三〇三頁に記したように、これが一番まともな判断を（事案との関係で）行なっているように、私は考えている。即ち、——

「本訴はXがYの不法行為に基く損害賠償として米金貨一萬一千八十五弗宛の支払を求むと云ふにありて即ち債権の目的物として特殊の外国貨幣の給付を要求するものに外ならざるを以て基請求の当否に付て審案するに……」

——というのが、一審判決の書き出し部分である。この判旨は、本件が民法四〇二条三項の「外国ノ通貨ノ給付ヲ以テ債権ノ目的ト為シタル場合」であることを念頭に置きつつ、同項がその場合に準用する同条一項但書、即ち「特種ノ通貨ノ給付ヲ以テ債権ノ目的ト為シタルトキ」には一項本文の「債務者ハ其選択ニ従ヒ各種ノ通貨ヲ以テ弁済ヲ為スコトヲ得」との原則が外れる、との点との関係での判断を下している。即ち、——

「債権者は我国に於て強制通用力を有せず従て内国通貨と同一視すべからざる特殊の外国貨幣其物を以て直接債権の目的として之が請求を為さんとするには予め当事者間に特別の契約あることを必要とすること論を俟たず今や之を本訴に徴するにXは米国の弗金貨を以て其損害額を見積りたるは尚可なり然れどもXは当事者間に特約ありたることを主張せざるのみならず又之を認むべき何等証拠なくして而も直ちに右見積の標準たる米金貨其物の請求を為すは其権利なきこと……明了なるを以て仮りに本訴はYの不法行為責任ありとするも其請求自体に於て既に不当」ゆえ、請求を棄却する。

——ということである。そして、そのような判断の前提として、この一審判決は、民法四一七条（「損害賠償ハ別段ノ意思表示ナキトキハ金銭ヲ以テ其額ヲ定ム」）との関係で、次のような正当な指摘を行なっている。即ち、——

「外国金貨も亦内国貨幣と同じく其交換の媒介、価格の標準たるの点に於ては等しく之を金銭なりと云ふを妨げざるに因り債権者は外国貨幣を以て標準として損害額を見積請求することを得べきや勿論なり」

「斯る場合に於て当事者間に反対契約の存在せざる限りは債務者は履行地に於ける為替相場に依り各種の日本通貨を以て弁済に充て得べきこと同法第四百三条の規定に照して明瞭なり」

——との一審判決の判断である。右引用部冒頭の「金貨」は「貨幣」とすべきところだったと思われるが、それはともかく、民法四一七条（損害賠償の一般規定）との関係で、外貨による不法行為請求はなし得るし、その際、債務者Yは民法四〇三条で、円による代用給付も出来る。つまり、不法行為請求にも民法四〇三条の適用がある（！——正当である。後述）。だが、米ドル金貨という「特殊の外国貨幣其物」を引渡せという本件X側請求は、格別のXY間の合意（「特別の契約」）がなければ駄目だというのが、この一審判決である。正当である。

ところが、二審判決以降、議論は別の方向にシフトすることになる。

二審判決たる大阪控判明治三八年一一月一五日新聞三二四号七頁に於いては、X側の「釈明するところに依れば」として、まず、次の如くある。即ち、Xとしては「必ず米金貨なる特殊の通貨にあらざれば弁済として受領せざること恰も民法第四百二条第一項但書に謂ふ特種の通貨の給付を以て債権の目的と為したる場合の如くなりとの趣旨にもあらず」、ということをX側が述べたようである。そのあたりから、種々の混線がはじまる。

なお、そこに示されているように、「Xは本訴と同一の事実原因に基き別に日本の通貨を以てする損害賠償の訴訟をYに対して提起」していたようである。同一の損害賠償請求を、通貨をかえて別訴で行なうことの可否は、それとして大きな問題となる。忘れそうな論点ゆえ、先に一言しておかざるを得なくなる。例えばいわゆる二重起訴の禁止（民訴二三一条）の問題がある。通貨が違えば訴訟物が違う、などという非常識な話があるか、と私などは考えてしまうが、後述の如く、損害賠償は適切な通貨によって行なうべきで、別通貨での不用意な訴提起をすれば棄却される、という考え方の強いドイツでは、このあたりの問題につき、種々の争いがある（K. Schmidt, supra [Geldrecht], 366ff.; S. Steenken, Fremdwährungsschulden im deutschen und englischen Recht, 85ff [1992]; F. Arend, Zahlungsverbindlichkeiten in fremder Währung, 146ff, 163ff [1989]）。BGB二四四条（わが民法四〇三条に対応）の代用給付権にも絡んで、実に興味深い理論闘争もある。だが、そこに深入りすると先に進めないから、別な機会にこの点は触れることと、せざるを得ない。ともかく、本件で別訴の提起を許し、そちらでの円建ての請求は認め（たのであろう——未確認）、本訴を（外貨請求ゆえ）棄却する、などという無駄は、認めるべきでなかったはずだ、とだけ言っておく。

さて、X側の主張を前記の如く整理した上で、この二審判決は次の如く説く。即ち、——

「実にXは本件の如き損害賠償の請求権に付ては債権者たるXにおいて米金貨を以て債権額を指定する権利ありと信ずるに依り米金貨を以て請求額を指定するの趣旨にして判決確定の上はYに於て民法第四百三〔条〕の規定に則り履行地に於ける為替相場に依り日本の通貨を以て弁済するの自由を有すべきは勿論なりと云ふに在り……由てXが本訴の請求額を米金貨を以て指定するは果して正当とすべきや否やを按ずるに……」

——とされている。そこから先が、大審院判決にも受け継がれ、その後、わが民法学説により無批判に祖述されたドグマの呈示となる。連続する判旨に番号を付し、若干区分してこれを示すこととする。

①「凡そ内国に於て履行すべき金銭の債権は契約に依り特に外国の通貨を以て其額を指定せざる限りは内国の通貨を以て其額を指定せざるべからざるを通則とす」

②「而して本訴に於てXの主張する債権は不法行為に原因するものにして当事者間に契約関係あることを主張するものにあらざるが故にXは須らく通則に従ひ内国の通貨を以て其額を指定することを要するものとす」

③「Xは本件の場合に付き民法第四百三条を引用して論争するところあれども該条は契約其他の原因に因り外国の通貨を以て債権額を指定したるときは債務者は履行地に於ける為替相場に依り日本の通貨を以て弁済を為すことを得る者を規定したるものにして金銭を目的とする債権の帰属者は自己の随意に外国の通貨を以て其債権額を指定することを得る者を規定したるにあらざること法文を一説して明白なれば該条は本件の場合に適切なるものにあらず……」

④民法四〇三条については、さらに「米金貨を以て債権額を指定したる場合に於て債務者が日本の通貨を以て之を弁済せんには履行地に於ける履行当時の為替相場に相当する額を以てせざるべからざるものなれば此場合に於ける日本の通貨を以てする債務額が履行地に於ける履行当時の為替相場の高低に依り増減を来すことを免れざるが故に始めより日本の通貨を以て其債務額を確定〔さ〕れ何時にても其確定額を弁済して以て其債務を免がるることを得る場合と同一視するを得ず而して金銭の債務者をして為替相場の高低に依り其債務額に増減を来すが如き不安の地位に立たしむることは契約若しくは法令の規定に因るにあらざれば決して正当と為すを得ず」

右の①は純然たるドグマ、②はそのドグマの本件へのあてはめである。③は、民法四〇三条につき論ずるが、若干論理の飛躍がある（④も民法四〇三条そのものとの関係でどこまで説得的なものかは、私には疑問である）。そもそも、既述の如く、X側が、民法四〇三条は、本訴でXが米ドル建て給付判決を得た後で（確定後に）機能するものと思い込んでいたように思われる点が問題であり、X側の争い方（詳細は不明）がまずかったのかも知れない。けれども、判旨の説く如く、X（被害者）側が「自己の随意に」外貨で債権額を指定することは問題だが、当該不法行為請求は、一体いかなる通貨建てで行なうべきか、という後述の問題設定は、別に十分なされ得るし、また、そうあるべきでもある（なお、石黒・国際私法〔新版〕三〇四頁）。

その関係で、④の末尾近くに、契約「若しくは法令」とあるとき、本来不法行為請求につき、（わが民法上も）右の如き意味での「損害通貨」（後述）を考えるべきものとすれば、その通貨建てでの賠償をすべきがY側の義務の内容となる。Y側が常に円建てで生活や営業を営んでいる、というような前提がなければ④の判旨、つまり、「金銭の債務者をして為替相場の高低に依り其債務額に増減を来すが如き不安の地位に立たしむること」の当否の点も、そもそもそう強い理由にはならないはずである。ただ、本件Xが米ドルで賠償請求をする根拠がどこにあるのかは、たしかにあいまいなままであった。X側は米国在住の、亡Zの妻子であるが、亡Zがどこに住んでいたのかも不明である（韓国在住の宣教師だったのか、等々）。本件に於ける損害通貨が（金貨にこだわるか否かは別として——一審判決に即して既述）米ドルである旨、つまり米ドルでX側が請求するのに、それなりの十分な合理性のあることが、明らかにされた状況下で、一体どう考えるかの問題が、残されているはずなのである。だが、そうした考え方をこばむのが、前記①②のドグマだ、ということになる。

さて、以上を踏まえて、大判明治三九年二月一九日民録一二輯二三六頁の判旨を見てみることにする。判旨を左に掲げる

「民法第三編第五章即チ不法行為ヲ規定シタル章中第七百二十二条二八第四百十七条ノ規定ハ不法行為ニ因ル損害ノ賠償ニ之ヲ準用ストアリ依テ第四百十七条ヲ閲スルニ損害賠償ハ別段ノ意思表示ナキトキハ金銭ヲ以て其額ヲ定ムトアリ而シテ我民法中ニ金銭トアルハ即チ内国通用ノ法定貨幣ノミヲ謂フモノナルコトハ同法法文ノ趣旨ニ徴シテ知リ得ヘク殊ニ第四百二条一項ニ債権ノ目的物カ金銭ナルトキハ債務者ハ各種ノ通貨ヲ以テ弁済ヲ為スコトヲ得ル旨ヲ規定シ同第三項ニ外国ノ通貨ノ給付ヲ以テ債権ノ目的ト為シタル場合ニ第一項ノ規定ヲ準用スト規定シタルニ依ルモ洵ニ明カニシテ毫モ疑ヲ容レス何トナレハ右第一項ノ金銭中ニ外国ノ通貨ヲモ包含スルモノナルニ於テハ特ニ第三項ノ規定ヲ設クヘキ理ナケレハナリ」

極めて論拠に乏しい、形式論理に頼った判決である。それが今日まで祖述されている状況は、何とも理解し難い。注意深く読むと、二審判決の前記①のドグマ（「通則」）を何とか条文から基礎づけようと、この大審院判決が模索する際、本音はやはり「同法法文ノ趣旨ニ徴シテ知リ得ヘク……」とあるように、自国通貨に対するある種の深い思いいれにあるようである。だが、「殊ニ」として挙げられる四〇二条（同条がいわゆる名目主義や金貨約款との関係で重要な意味を有することについては、実方正雄・金約款論〔昭一四〕二六二頁以下、能見善久「金銭の法律上の地位」星野英一編・民法講座別巻1〔平二〕一二五頁以下）の一・二項と三項との、体裁のみからかかる重大な主義を導くのは、極めて問題である。

「我民法中ニ金銭トアルハ即チ内国通用ノ法定貨幣ノミヲ謂フ」とのドグマを導く際、そうでなければ民法四〇三条三項を「設クヘキ理ナケレハナリ」とあるが、この三項は確認的な規定だと解すれば、それで済むはずである。民法四〇三条は「第一項の内国通貨債権と第三項の外国通貨債権の双方をふまえた上で、これらの上位概念としての『金銭債権』を構成していると見る」べきだとする、伊東すみ子「不法行為にもとづく外国金銭債権」自由と正義二四巻九号（昭四八）六一頁の批判は、正当である。同右・六二頁も言うように、金銭債権の特則規定たる民法四一九条は円にのみ適用する、といったことは、何らの合理性もない。同条一項が債務不履行の際の賠償額を法定利率で定め、二項で不可抗力免責を拒絶する、等のことは、何ら円だからそうだ、といったことではないはずである。

むしろ注目すべきは、この大審院判決が、「円」に内在する通貨高権（monetary sovereignty——通貨主権）、あるいは the state theory of money 的な公法的関心（Mann, The Legal Aspect of Money [5th ed.], 14ff, 461ff）から前記ドグマを基礎づけているわけではない、ということであろう。例えばアメリカでは、（一九八二年の修正に至るまで）一七九二年通貨法二〇条の下で、裁判所が外国通貨で判決をなし得ない、との自国通貨原則が採用されていた（ハリントン・前掲日銀金融研究八巻一号一二三頁、Mann, supra [5th ed.], 204, 346）。単なる民法四〇二条の一・二項と三項との関係ということだけであるならば、この大審院判決を金科玉条の如く死守する理由はないはずである。

この辺で、眼を海外に転ずる必要が出て来る。外貨で不法行為請求をなし得ないとするわが民法の建前（？）は、一体どうそこで評価されることになるのであろうか。まず、大陸法系のドイツに於ける処理との比較を軸に、若干見てみよう（なお、前記大審院判決のドグマに基づき、わが民法上不法行為請求が外貨でなし得ないとされることにより、民法四〇三条の位置づけが不法行為〔等の契約外債務〕の場合について不明確なまま放置され、換算時点の問題も同様の展開となったことに注意せよ）。

(3) ドイツの場合との比較

わが民法と比較的近似する条文構成のドイツ民法典（BGB）の場合、外貨による損害賠償請求は、どう処理されているのか。また、（前記大審院判決の事例でも、一審以来見え隠れしていたわが民法四〇三条に対応する）BGB二四四条との関係は、一体どう整理されているのだろうか。

だが、その前に一言すべきことがある。即ち、「一九七五年までのイギリスでは外貨による支払を命ずる判決をなし得ない旨の四〇〇年近い法的伝統が維持されていた」（石黒・金融取引と国際訴訟一七二頁。なお、沢木敬郎＝石黒＝三井銀行海外管理部・国際金融取引2〈法務編〉〔昭六一〕七八、九四頁〔石黒〕、Dicey/Morris/Collins, The Conflict of Laws [12th ed. 1993], 1584）し、それがハリントン・前掲金融研究八巻一号一二三頁の、従来のアメリカの自国通貨原則（home currency rule）にもつながってゆく。だが、このようなコモン・ロー諸国と異なり、大陸法系諸国に於いて外貨建ての判決を下すことについては（不法行為の場合も含めて！）一般には何の障害もないはずだ、との指摘が従来からなされて来ている（A. Nussbaum, Money in the Law National and International [1950], 404.）。このことに、まずもって注意すべきである。

けれども、それにもかかわらず、損害賠償に際して自国通貨でそれを認めようとする強い傾向が、ドイツにもある（Ibid）。しかも、その際、日本の前記大審院判決と異なり、契約・不法行為いずれに基づく損害賠償かにかかわらず、そうだとされる（Steenken, supra [Fremdwährungsschulden im deutschen und englischen Recht], 41.）。ただ、その際、判例は必ずしも法廷地通貨でしか賠償請求を一切なし得ない、とはしておらず、実は実際の処理に於いても立場は分れている（Id. 44f; Remien, infra, 255ff; Arend, supra [Zahlungsverbindlichkeiten in fremder Wahrung], 86ff）。つまり、自国通貨建てで、とする場合、判例は、通常は（in der Regel）

そうだ、と言っているにとどまるのであり、より正確に言えば、債権者が当該損害賠償を法廷地通貨で得ようと切望し、かつ、債務者がそれに反対する重大な根拠（triftige Gegengründe）を有していない、あるいはそれに異議を唱えない限り、通常は法廷地通貨で損害賠償請求を認めねばならない、としているにとどまるのである（Steenken, supra, 44; Remien, infra, 254）。日本の前記大審院判決の如き形式論理がそこで支配しているわけでは、ないのである。

右の定式からして、外貨建てでの損害賠償を認めた諸判例も、右の定式の中で把握可能、と言えなくもないが（Remien, infra, 255）いずれにしても、何故自国（法廷地）通貨を優先させるのか、についての十分な理由づけは、ドイツの判例上、何ら示されていない、とされる（Id.258; Steenken, supra, 44）。損害賠償請求ははじめから特定（国）の通貨建てでなされる性格のものではない、との判例の理由づけも、十分ではないとして批判されているし（その他の点も含めて Arend, supra, 89, 92ff）、学説も漠然とこうした判例の傾向を追認して来たのみだとされ（Id.91）、その限りではわが民法の場合と類似する面もある。

このように、従来のドイツの判例・学説においては、必ずしも一切例外を許さず、といったカテゴリカルな割り切り（日本の現状がそうである）ではなく、むしろ当事者の利益の側に（少くとも表向きには）傾斜しつつ、損害賠償については（契約か不法行為か、といった点にかかわらず——"ohne Unterschied, ob es sich dabei um gesetzlich oder vertraglich begründete Ansprüche handelt" [Steenken, supra, 41]）自国（法廷地）通貨によってそれを行なう旨の原則が、いわば何となく維持されて来た。レミエンは、それを ein währungsmäßiges Heimwärtsstreben と呼んでいる（Remien, Die Währung von Schaden und Schadensersatz, Grundlagen und vertragrechtliche Besonderheiten, 53 Rabels Z. [1989], 254）。ちなみに、Heimwärtsstreben（homeward trend）とは、国際私法上外国法が当該事項の準拠法に本来なるべきところ、何だかんだと理由をつけて自国法の適用に至ろうとする、種々の努力ないし傾向を言う。それと同様の漠然たるトレンドが、ここにも見られた、ということである。

だが、こうした傾向に対しては、とくに最近、学説の批判が有力化し、議論の流動化が激しくなっているのが、ドイツの状況である。流動化とは言っても、それはドイツ民法典上の損害賠償制度が、原状回復の思想に立脚するものであることを踏まえ、一体当該損害が債権者の側にいかなる通貨建てで生じたものかを直視しよう、というものである。その点では方向的に分裂した議論がなされているわけでは、必ずしもない。また、ドイツの自国通貨原則の基盤を大きく揺るがす上で少なからぬ影響を与えたのが、後述のイギリスに於ける大きな判例変更（自国通貨原則の放棄）であること（Steenken, supra, 48; von Hoffmann, infra, 134 等参照）には、十分な注意を要する。

要するに、損害賠償に際して、外国通貨を単なる計算要素（Berechnungsfaktor）たる地位にとどめるのは正しくなく、後述する「損害通貨（Schadenswährung）」をまずもって問題とすべきだ、とされるのである（K. Schmidt, supra [Geldrecht], 336. なお、Arend, supra, 95f. また、シュミット、アルベルツ、フォン・ホフマン、レミエン等の学説を一線に並べてこの点を論ずる Steenken, supra, 41 をも参照せよ）。そして、他方に於いて、自国通貨建ての判決にこだわる判例に於いても、当該損害及びその賠償を、（損害通貨たる）外貨で測定していた旨の、重要な指摘がなされているのである（Remien, supra, 256）。

そうなると、従来の判例の傾向の下に於ける、当該損害の内国通貨への換算時点が、次に問題となる。この点で、厳格な自国通貨原則（例外なし）を維持して来た従来のイギリスでは（契約侵害に際して）いわゆる breach date rule という（随分と過去に遡った）時点が基準とされて来たのに対し、ドイツでは一九二一年のライヒスゲリヒトの判例以降、事実としての支払時点での換算が原則とされて来た、とされる（Remien, supra, 260; Steenken, supra, 64）。もっとも、実際の判例の処理には必ずしも統一のとれたものではなかった面もあるが（Steenken, supra, 45）、ＢＧＨの判例においては、訴提起時、あるいは事実審最終口頭弁論終結

時点が基準とされて来ている（Ibid; von Hoffmann, Deliktischer Schadensersatz im internationalen Währungsrecht, in: Fschr. K. Firsching [1985], 129.）。そこには、ＢＧＢ二四九条第二文の原則からして、事実としての原状回復の時点を基準とせざるを得ないはずだ、との基本的前提がある（v. Hoffmann, supra, 129）。とくに、ドイツに於いて、不法行為時点での換算をすべきではないとしてこれを明確に否定するＢＧＨの判例も出ていること（v. Hoffmann, supra, 129）は、後述の日本の下級審判例（不法行為時点での円換算に固執する——不当である）との関係で、十分注意すべき点である。

だが、重要なのは、判決時点と実際の支払時点との間に為替相場の変動があるとき、相場の動き方によっては、債権者はより多くの（mehr）、またはより少い（meniger）額を手にすることになって、そのいずれの結果も、損害賠償法上の完全賠償の原則に反する（Beide Ergebnisse stehen im Widerspruch zu dem Prinzip der schadensrechtlichen Totalreparation. —— v. Hoffmann, supra, 131）、とされていることである（Steenken, supra, 48f も被害者に差益〔Sondervorteil〕を与える理由もまたない、として両面での問題を直視している。Remien, supra, 261 も、eine ungerechtfertigte Überkompensation が生じ得ることに言及する。なお、石黒・金融取引と国際訴訟一八三頁、同・現代国際私法〔上〕四二九頁以下の(5)参照。わが民法四〇三条についての換算の基準時をめぐる学説の対立〔奥田昌道編・注釈民法(10)〔昭六二〕一四四頁以下〔山下末人〕〕と対比する必要があろう。私はドイツでの議論の方が、問題の全体を見渡したものであると考えている）。

ドイツ法上、右の差損分については、別途損害賠償をなし得る、とされる（Mann, supra [5th ed.], 198, 291f, 345; Steenken, supra, 45, 49）。また、そうしたことを回避するために、ドイツの判例の中には、内国通貨による賠償請求を認めつつ、その額については支払時点の外貨換算によれ、としたものもある（v. Hoffmann, supra, 131. なお、石黒・金融取引と国際訴訟一七五頁で引用した大阪地判昭和三七年一一月一六日判時三三九号三六頁の判決主文の書き方と対比せよ）。そこまでするのならば、直截に「損害通貨」を直視し、外貨建の損害賠償判決言渡に正面から踏み切るべきだ、とされるのである（v. Hoffmann, supra, 132; Steenken, supra, 49; Remien, supra, 262f）。

もっとも、こうした一連の流れの中にあって、最近の Arend, supra, 103ff は、（不法行為等の）法定債務については自国通貨原則を維持すべきだとする。立法者は自国通貨の保護、つまりはその弱体化防止（die Verhiderung einer Schwächung der eigenen Währung——内国の支払取引に外貨がどんどん登場することによるそれの防止）を意図していた、というのがその主な根拠である。だが、他面、いわゆる代用給付権に関するＢＧＢ二四四条は契約上の請求にしか適用が予定されていないと考える彼は、そこからも法定債務について立法者は外貨建てのものを考えていなかった、とする（但し、Id.50で、結局同条を不法行為等にも類推適用すべきだ、と彼は言う）。だが、こうした見方（そもそもあまり説得力のある論じ方ではないと私は考えている）に対しては、もとより批判があり（Steenken, supra, 46f）、大勢は既述の方向に向かっている、と見てよい。

古くは、通貨公法的視点（die Natur des Währungsrechts als öffentlichen Rechts）を重視しつつ、疑しき場合（im Zweifel——即ち格別の反対の根拠なき限り）、ドイツ判決による支払はドイツ通貨で命ぜられねばならない、といった立場もあった（そこでもＢＧＢ二四四条の規定を越えて、一般にそのように解すべきだ、とされていた——G. Melchior, Die Grundlagen des deutschen IPR [1932], 290. ただ、結局はそこでも、被告がそれに異議を唱えず、原告がそれ〔ドイツ通貨建ての支払〕を求めていた場合に、右の如く処理することが許される〔zulassig〕、といった書きぶりであること、そして、その前提として「外国通貨で生じた請求権の場合〔bei einem in ausländischem Geld entstandenen Anspruch〕」にそうしたことが許される、とされていることと〔Id. 290f〕に、注意すべきである）。だが、ＢＧＢをかかる視点から見ることは、もはや否定されている（Schmidt, supra [Geldrecht], 329.）。

かくて、「損害通貨」とは何か、その決定基準を何に求めるか、という問題へと、一連のドイツでの議論の重点は、移行すべきことになる。

だが、この点は、イギリスの判例変更とあわせて考えた方が効率がよい（後述）。その前に、わが民法四〇三条と同様の代用給付権（法廷地通貨による代用給付）を定めたＢＧＢ二四四条と契約外の損害賠償請求との関係を、次に見ておきたい。

(4) ＢＧＢ二四四条（代用給付権）と不法行為請求
——わが民法上の問題との関係を含めて

わが民法四〇三条と同様、ＢＧＢ二四四条についても、その抵触法（国際私法）的位置づけが問題となるが、その点は別な機会に論じてあるので、ここでは措く（石黒・金融取引と国際訴訟一七六頁以下、同・国際私法〔平六・新世社刊〕二七七頁以下。なお、Melchior, supra, 290 がＢＧＢ二四四条の規定をも越えた自国通貨原則に言及する際、当該事項の準拠法にかかわらず〔unabhängig von der lex causae〕そうすべきだ、としていたことには、別途注意を要する。ドイツ法が債務準拠法でなくともＢＧＢ二四四条が適用されるかについて、ドイツでは争いがある。K. Schmidt, supra, 358.）

ＢＧＢ二四四条が、ドイツ法上不法行為請求（契約外の請求——法定債務）にも適用されるか否かが、ここでの問題である。ドイツの判例はこれを否定する傾向にある、とされるが、反対説も相当に強い（Schmidt, supra [Geldrecht], 334f, 357; Steenken, supra, 61ff. なお、Schmidt, supra, 334; v. Hoffmann, supra, 141 は、同条を法定債務にも適用する立場が通説だ、とする）。ここでも判例の根拠が明確でない、とする指摘がある（Steenken, supra, 61）。その際、わが民法四〇三条とも関係し得る、規定の文言上の問題も多少あるので、一言する。ＢＧＢ二四四条一項は「外国通貨で表示された（ausgedrückt）金銭債務が内国で支払われるべきとき……」、とする（わが民法四〇三条も「外国ノ通貨ヲ以テ債権額ヲ指定シタルトキハ……」とする）。この点をとらえて、契約の場合にのみ当該金銭債務が外貨で「表示（表現）」され得るとする立場もあるが、あまりにも観念的（begrifflich）だとして、正当に批判されている（Schmidt, supra, 335, 357. なお、Arend, supra, 48ff はこうした見方を辿りつつ、既述の如く結局は二四四条の類推適用に落ち着く。なお、すべての内国での支払につき同条が適用されるとする判例もあることにつき、Id.50）。契約外債務の場合にも外貨で「表示」された債務というものはあるはずで（Steenken, supra, 62）、既述の「損害通貨」の考え方は、まさにそれを基礎づけるものとなるのである（もっとも、v. Hoffmann, supra, 141 は、「損害通貨」を探求し、その通貨建ての請求を重視すべきだ、とする視点から、為替差損の問題〔Kursrisiko〕等の生じ得る代用給付権を法定債務の場合に認めるべきでない、とする。なお、そこで彼は、〔わが民法四〇三条と同様に〕ＢＧＢ二四四条が任意規定たる以上、法定債務用には出来ていない、といった立論もするが、それも決定的な理由とはならない、とされている。Steenken, supra, 62 参照。債務者の選択権を認めるのが同条だから、ということである。）。

問題は、ＢＧＢ二四四条をこの場合にも適用した際の、換算時点であるが、通説及び一貫した判例によれば、履行期ではなく、支払時とされている（Schmidt, supra, 360; Steenken, supra, 64）。かくて、このあたりの問題は、前記の自国通貨原則に於ける換算時点の取扱と同様に処理されることになる（Remien supra, 260; Steenken, supra, 45, 64, 92f 等を適宜対比せよ）。これは重要なことである。

つまり、ドイツ民法に於いては、前記の自国通貨原則によろうと、ＢＧＢ二四四条の代用給付権によろうと、換算時点については同様の（実際の支払時点に大きくシフトした）処理になる。そこから、実際の判決手続に於いて判決時点（Zeit der Entscheidung——事実審口頭弁論終結時、と言った方が現実的?）での換算をしておけば、「損害通貨」の問題を正面から議論しておかなくともよいではないか、との問題が出て来る（Remien, supra, 262）。「損害通貨（ないし債務通貨〔Schuldwährung〕）」問題は、見かけほど大きな問題ではない、との指摘も、ドイツでは出て来るのである（v. Hoffmann, supra, 131）。だが、既述の如く、それでも判決時点と実際の支払時点との間の為替変動により、債権者が過大または過少の賠償を得ること（その双方!）を排除すべく、「損害通貨」問題を正面からとり上げるべきだ、という方向に大きく議論が流れて来ているのである。

それでは、このあたりの問題は、わが民法上はどう考えられているのであろうか。実は、日本法を準拠法とする事案につき、従来のわが判例上、不法行為請求を外貨で行なったものは、前記の大審院判決の事例以降、殆ど見あたらない（後述）。また、民法四〇三条が不法行為請求についても適用されるか否かについての民法学者の議論も、私の調べた限りでは、なされていない。すべてがドグマーティッシュな前記大審院判決によって処理済・右へならえ、ということに実際上はなっていたようである。わずかに、実方正雄「外国金銭債務の弁済」東北帝大十周年記念論文集一四頁以下と共に、伊東すみ子・前掲自由と正義二四巻九号六二頁、六六頁が、不法行為請求についても民法四〇三条が適用されるとしている（共に国際私法サイドの者である）。だが、伊東・同右六二頁が引用する東京地判昭和四六年四月三〇日判タ二六五号二四四頁は、この点につき反対の立場をとる、とされる。もっとも、同右・六八頁注(22)にあるように、掲載誌には「この部分は省略されている」ようで、今一つ私としてこの事例には踏み込めないでいる（但し、前記大審院判決の一審判決参照）。

一層の問題は、わが民法上、不法行為請求は円で行なえ、とした前記大審院判決が、何ら換算時点を明示していなかったこともあってか、その後の判例に於ける円への換算時点が、詳しくは後述するように、極めてあいまいな点にある。さらに言えば、換算時点について無関心な当事者（訴訟代理人?）も少くなく、かつ、不法行為請求においては、不法行為時点（事故等の時点）での換算を強要する下級審判決が、むしろ目立っている。

例えば、石黒・国際私法（新版）三〇四頁以下で批判的に示したように、東京地判昭和五二年二月二二日判タ三五七号二八三頁は、日本からアメリカへの物品売買に絡み、信用状取引に基づき不当に二万米ドル余の支払がなされたとして、アメリカ人買主たるＸが、不法行為に基づく損害賠償を、円建てで行なったケースである。判旨は、不法行為の時点、即ち不当にＸ側の勘定から二万米ドル余が支払われた時点でＹの賠償義務が発生していたとし、その時点での一ドル三六〇円での円換算をしている。そ「のように解しなければＹ会社が、即時に義務を履行した場合に比し、不当にＸに不利益、Ｙ会社に利益となり、この結果は公平の見地からみて到底是認できない」と、判旨は言う。だが、このケースではその後一ドル三〇八円になっており、そのレートでの円換算が、何故「Ｘに不利益、Ｙ会社に利益」と直ちに言えるのかが、問題となる。

仮りに民法四〇三条が、わが民法上、不法行為請求にも適用され、右のケースでＹが同条の代用給付権を行使したとすれば、著名な最判昭和五〇年七月一五日民集二九巻六号一〇二九頁による処理、即ち、事実審口頭弁論終結時での円換算がなされることになり、一ドル三六〇円換算ではない処理になる。その場合、前記判旨の言う有利・不利の点は一体どうなるのか。さらに、右の最判昭和五〇年により、債権者Ｘにも代用給付権が認められたため、Ｘがそれを行使すれば、一ドル三〇八円での換算になるが、より多くを欲するＸが、そんなことをするわけがない。為替レートが逆に動いたとき、Ｘがそれを欲することになる。

わが民法上は、こうした一連の問題の整理が何らついていなかったのではないか。ドイツの場合について既に述べたような換算時点についての統一的処理もなされておらず、一体債権者に対して何をどこまで賠償として得させるのが妥当なのかの点が、通貨との関係で、日本では終始あいまいだったように、私は感じる。だから、ドイツよりも一層「損害通貨」の問題を直視する必要が、わが民法上は大きいはずなのである。

要するに、例えば v. Hoffmann, supra, 128 が指摘するような点、即ち、外貨から法廷地通貨への換算時点と、事実として支払のなされる時点との隔たりが大きい程、債権者が過大または過小な給付を受けるという危険（Risiko）がある、ということへの認識が、わが民法上は、いまだ熟成されていない。右のドイツでの考え方（既述!）は、イギリスの後述の判例変更の際の、新たな基本観に立脚するものでもあるのだが、むしろ、日本では、それ以前のイギリスでの状況、つまり、前記地裁判決にも示された breach date rule 的処理（石黒・国際私法〔新版〕三〇五頁、沢木＝石黒＝三井銀行海外管理部・国際金融取引２〈法務編〉九四頁以下

（石黒〕）に傾斜するかの如き傾向も若干あった（既述の、奥田昌道編・注釈民法⑽〔昭六二〕一四四頁以下〔山下末人〕参照）。

それら一連の問題を整理し、日本法（実質法！）としての明確な立場を示しておく必要が、かくて大きいことになる。

ただ、前記の最判昭和五〇年七月一五日民集二九巻六号一〇二九頁（それについては、石黒・金融取引と国際訴訟一七二頁以下）についても、気になる点がないではない。判旨は、「外国の通貨をもって債権額が指定された金銭債権は、いわゆる任意債権であり、債権者は、債務者に対し、外国の通貨又は日本の通貨のいずれによって請求することもできるのであり、民法四〇三条は、債権者が外国の通貨によって請求した場合に債務者が日本の通貨によって弁論することができることを定めるにすぎない」、とする。

だが、「任意債権」とは、「『債務者カ一定ノ物ヲ主トシテ負担スルモ他ノ物ヲ与ヘテ義務ヲ免カルルノ機能〔代用権・補充権……〕ヲ有スルトキ』……の義務を言」う、とされる（平井宜雄・債権総論〔第二版・平六〕三八頁）。そして、（選択権の問題は生じないし）主たる給付が履行不能となれば債務者は債務を免れるのが任意債権だ、とされ、従って、「金銭債〔務〕には履行不能が考えられない〔民法四一九条〕ので、右の定義によれば」右の最判昭和五〇年の立論は「疑問である」とされている（平井・同右三九頁）。

右の最判の事例は、連帯保証債務金請求事件であったが、契約不履行の損害賠償請求事件でも、また不法行為に基づく損害賠償請求の場合（不法行為の場合に「指定」という言葉がなじまない、といった観念的な立論に対しては、BGB二四四条一項の「外国通貨で表示された……」の文言に関する既述のドイツでの理解〔Schmidt, supra, 335, 357等〕をもって答えるべきである）でも、判旨の「任意債権」云々の立論は、あてはまりそうである。判旨の立論は、民法四〇三条の文言を越えた一般的な射程を有するもののようにも思われる。そして、それは「損害通貨」という概念を（契約・契約外債務を問わず）設定してゆこうとする立場にとっても、無視し得ない意味を有する（「損害通貨」の考え方をどこまでも貫いてゆけば、「損害通貨」でない通貨でなされた請求は棄却すべきだ、というところまでゆき得る〔森下国彦氏の未公表の修士論文〔リサーチ・ペーパー〕たる「外貨建金銭債権に関する諸問題——民事訴訟における取扱いを中心に」の立場は、まさにそうである〕。前記大審院判決と対比すべきである）。前記大審院判決と同様、通貨公法的な側面から右の最判昭和五〇年の立場が示されなかったことは、幸である。だが、民事法的に純化して考える際にも、「任意債権」などという言葉に依拠する必要は、必ずしもないはずである。

ただ、私としては、厳密に詰めてゆけばいろいろと問題のあり得ないではない右の最判昭和五〇年の判旨を民法四〇三条（の文言）とをあわせて一体視し、そこに重要なわが民法上の立場が示されたものと、まず把握する（換算時点についての判旨も、「外国の通貨をもって債権額が指定された金銭債権を日本の通貨によって弁済するにあたっては……」という一般的な書きぶりのものである）。その上で、民法四〇三条は不法行為請求の場合にも適用されるべきことを、BGB二四四条に関する既述の議論を踏まえつつ確認し、かかるわが民法上の代用給付権に関する（民法四〇三条の文言プラス右の判旨の）処理定式の、国際私法上の位置づけを試みて来ている。つまり、債権者にも代用給付権を認める、という点まで含めた右のわが民法上の規範は、国際私法上、いわゆる履行の態様（mode of performance）にあたるものと、把握する。そして、事実として我国で履行（履行請求も含む）のなされる限り、右の規範が、債権債務の準拠法（契約・不法行為等の準拠法）の如何を問わずに適用される、と考えて来ているのである（判例変更後のイギリスの立場と同様の処理になる）。たしかに、右の最判昭和五〇年の示した（裁判をする場合についての）事実審口頭弁論終結時、という換算時点の設定の仕方は、現実支払時（それが原則だと判旨も説く）との時点のズレから、種々の問題のもととなり、改善の余地がある。けれども、payment date rule という後述のイギリスの判例変更後の立場が、原則としてそこで宣明されていることに着目し、それを基本として右の如きルールをわが抵触法上確立しておくことが必要だ、と考えて来ているのである（石黒・国際私法〔平六・新世社〕

二七七頁以下、同・国際私法〔新版・平二〕三〇〇頁以下、等）。

以下の論述は、右の私の従来からの立場を、ある意味で補強する意味をも有するが、このあたりで、イギリスの判例変更と、その抵触法上の意味あいについて、正面から論じておこう。

（次号につづく——平成六年二月一八日）

「ボーダーレス・エコノミーへの法的視座」最近の掲載

連載

ボーダーレス・エコノミーへの法的視座

第三十六回 外貨とは一体何なのか？ (3)・完
——外国金銭債務論序説

石黒 一憲
東京大学法学部教授

〔目次〕

四 「損害通貨」とその決定方法

(1) イギリスの判例変更——自国通貨原則の放棄

F・A・マンによれば、（英米は後述するとして）外貨建ての判決をなし得る国として、オーストリア、ブラジル、デンマーク、エジプト、ドイツ、イタリア、ノルウェイ、スイスがある、とされる（Mann, supra [5th ed.], 344）日本も、不法行為請求を別とすれば同様であるし、前記大審院判決を否定すれば、一般的にそう言える。

また、アメリカも、これから論ずるイギリスの判例変更に「おそらくは……刺激されて」（ハリントン・前掲日銀金融研究八巻一号一二七頁）、外貨建て判決を出し得る方向に、動いて来ている。例えば一九八七年以来、

ニューヨーク州では、New York Judiciary Law §27により外貨建て判決を言い渡し得ることになっている（Freeman, Judgments in Foreign Currency —— A Little Known Change in New York Law, 23 International Lawyer [1989], 737ff. 米ドルへの換算については、判決言渡日〔the date of entry of the judgment or decree〕のレートによる、とされる。Remien, supra, 251; Mann, supra [5th ed.], 350f. なお、ハリントン・前掲一二五頁、一二四頁注162。ちなみに、これは judgment date rule と呼ばれる換算基準日の決め方であり、breach date rule よりはベターなものではあるが、判決日と支払日との間に為替レートの変動があれば、やはりそれによる windfall profit が問題になる。Mann, supra, 351; Remien, supra, 262）。

また、Restatement, Third, Foreign Relations Law (1987), §823 でも、その一項で、外貨建て判決を言い渡し得ることが、示されている。（この点につき、Freeman, supra, 745. もっとも、その二項は、米ドルへの換算レートは、「債権者に損害の全部を与え、かつ、履行を怠っていた債務者に利益を与えないようなレート」による、とのあいまいなルールを示すにとどまる。それへのコメント〔§823 Comment C〕では、いずれの当事者にも windfall を与えないことが基本とされつつ、一般には、債務〔損害〕通貨〔currency of obligation〕たる外貨の価値が、侵害あるいは不履行の時点以後に下落した場合には breach date rule により、逆の場合には judgment date rule or payment date rule による、とされている。だが、その Reporters' Notes 4 にも、連邦・州の各裁判所が、換算時点につき一貫性を欠く処理をして来ていることが、はっきりと示されている。なお、ハリントン・前掲一二七頁以下と対比せよ）。

さらに、一九八九年八月には、Uniform Foreign Money Claims Act が作成され、その七条(a)に於いては、外貨建て金銭債務についての請求に際しては、原則として外貨建てで判決をなすべきものとされるに至り、森下国彦氏（アンダーソン・毛利法律事務所）の前記修論によれば、一九九二年一二月二二日時点で、このユニフォーム・アクトは既に一四州で採択されている、とのことである。かくて、自国通貨原則からの離脱は、アメリカにおいても顕著となって来ている。この点については、E. F. Scoles/P. Hay, Conflict of Laws (2nd ed. 1992), 1008ff; W. L. M. Reese/M. Rosenberg/P. Hay, Cases and Materials on Conflict of Laws (9th ed. 1990), 774f 等参照（後二者に於いては右のユニフォーム・アクトはいまだ提案段階として紹介されている）。

さて、イギリスであるが、既述の如くイギリスでは、従来より外貨による支払を裁判所が命じ得ない、との前提があったし（沢木＝石黒＝三井銀行海外管理部・前掲九四頁以下〔石黒〕）、契約・契約外債務を通して侵害時（契約であれば履行期）のレートによりポンド換算がなされる、といういわゆる breach date rule が、ずっと支配していた（Dicey/Morris/Collins, supra [12th ed.], 1584; Remien, supra, 260）。だが、そこに一九七五年のハウス・オブ・ローズの判決たる、画期的な Miliangos v. George Frank (Textiles) Ltd., [1976] A. C. 443, [1975] 3 All ER 801 が登場した。それにより外貨建ての判決が可能となり、他方、換算日は、the date when the court authorises enforcement of the judgment とされた（Dicey/Morris/Collins, supra, 1584）。一般的に言えば現実の支払ないし執行の時点での法廷地通貨への換算、ということである（payment date rule）。

若干事案を見ておくと（J. H. C Morris/P. M. North, Cases and Materials on Private International Law [1984], 510 ff 参照）、スイス人たるXがイギリス会社たるYに物品を売る契約をYと結び、代金はスイス・フランで支払われることになっていた（契約準拠法はスイス法であった）。一九七一年一一月に当該物品は引渡されたが、支払がなされず、一九七二年四月に訴状送達がなされた。その間にポンドは大きく下落していた。Xがスイス・フラン建ての判決を求め、それが認められたのである。この判決で重要なのは、当該契約はポンドとは関係がなく、Xにとってはスイス・フランの一定額の確保されることが必要なのであり、"The relevant certainty which the rule ought to achieve is that which gives the creditor neither more nor less than he bargained for. He bargained for 415, 522.45 Swiss francs; whatever this means in (unstipulated) foreign currencies, whichever way the exchange into those currencies may go, he should get 415, 522.45 Swiss francs or as nearly as can be brought about. ……"とされている点である。そして、ポンド換算をする場合の前記の基準日も、"This date [the date of payment] gets nearest to securing to the creditor exactly what he bargained for."との趣旨から選択されている。

もっとも、スイス法が契約準拠法である本件の場合、右の点が何処の法に基づく判断なのかが問題となる。また、契約上確定額の支払が約されていた本件の場合（claims for liquidated debt）を越え、契約違反又は不法行為による損害賠償の場合にも、同じルールがあてはまるのかも問題となる。だが、その後のケースで、これらの点は迅速に解明されてゆくことになった（Dicey/Morris/Collins, supra [12th ed.], 1585f）。

このイギリス判例の画期的な転換を指導したF・A・マンのまとめるところにより、現時点でのイギリスのルールを示しておく（なお、Dicey/Morris/Collins, supra, 1586 が説くように、この点のルールは、イギリス国際私法上、手続問題として性質決定されている。従って、"[T]herefore the law applicable to the contract, the place of payment or (in a tort case) the lex loci delicti should be irrelevant."ということになる。Ibid.）。

"It is now clear that English law does not require any foreign money obligation to be converted into sterling for the purpose of instituting proceedings or of the judgment; on the contrary, where the plaintiff claims a sum of foreign money, he is both entitled and bound to apply for judgment in terms of such foreign money and it is only at the stage of payment or enforcement that conversion into sterling at the rate of exchange then prevailing takes place. This is so whether the claim is for payment of a specific sum contractually due or for damages for breach of contract or tort or for a just sum due in respect of unjustified enrichment or for restitution. Nor does it matter whether the contract sued upon is governed by English or by foreign law." (Mann, supra [5th ed.], 352.)

かくて、イギリスに於ける自国通貨原則は、明確に放棄され、かつ、自国（法廷地）通貨への換算についても、従前の breach date rule（なお、Remien, supra, 260; Dicey/Morris/Collins, supra, 1584）から、payment date rule への、大きな転換がなされた。そして、それが、他の若干の諸国（既述のアメリカも含む）への影響をも与えて来ているのである（その一端につき、沢木＝石黒＝三井銀行海外管理部・前掲九四・九八頁〔石黒〕、E. I. Sykes/M. C. Pryles, Australian Private International Law [2nd ed. 1987], 584. 但し、カナダの場合につき、J. G. McLeod, The Conflict of Laws [1983], 517ff）。

ただ、このイギリスの新たなルールに於いて前提となるのは、外貨建て債務（foreign money obligation）の存在、ということである。損害賠償の場合がとくに問題である。この点について、イギリスでは、"In the case of damages for breach of contract or for tort, the test adopted by the House of Lords is that damages can be awarded in a foreign currency if that was <u>the currency in which the loss was effectively felt or borne</u> by the person suffering it, having regard to the currency in which he generally operates or with which he has the closest connection."とされている（Dicey/Morris/Collins, supra, 1586. なお、石黒・国際私法［新版・平二］三〇四頁）。そして、この考え方が、既述の「損害通貨」の考え方へと、つながるものとなる。一体、債権者は、いかなる通貨建てでの損害を被ったものと見るべきか、という問題である。

以下、「損害通貨」の問題について、正面から論ずることとする。だが、その前に確認すべきは、「損害通貨（Schuld・oder Schadenswährung）」の決定の問題（なお、Mann, supra [5th ed.], 205 参照——そこでは、money of account と money of payment との区別が強調されている）は、基本的に当該債権債務の準拠法に委ねられた問題だ、ということである（Id. 228）。そして、この点は、ドイツ国際私法上も、もとよりそう取扱われている（v. Hoffmann, supra [Firsching Fschr.], 126; Remien,

supra, 248）。

(2)　「損害通貨」とその決定方法——概観

さて、既述の如くいわば何となく維持されて来た自国通貨原則と訣別し、「損害通貨」問題と直面しようとする傾向の強いドイツでは、ドイツ民法典の立場を踏まえ、例えば次のような推論がなされる。即ち、"Schadensersatzansprüche folgen dem Restitutionsgedanken. Sie folgen demgemäß der <u>Schadenswährung</u>. Im praktischen Regelfall ist deshalb Schadensersatz in der Gläubigerwährung geschuldet. ……" (Schmidt, supra [Geldrecht], 336.)

要するに、債権者（賠償請求者）に原状回復をさせるのが損害賠償の基本（ＢＧＢに於けるそれ）だから、「損害通貨」は通常、債権者側の通貨になる、とされる。ただ、何がそれかについては、ドイツでは、細かくは種々の争いがある（Steenken, supra, 47ff. もっとも、古くは K. Neumeyer, Internationales Verwaltungsrecht, Bd. Ⅲ/2 [1930], 159 のように、金銭債務は当該債務の準拠法〔lex causae〕所属国の通貨で発生する、などとする者もあった。但し、Id.166 からも知られるように、彼も、右を一応の原則として呈示しているにとどまる）。

だが、基本的には、債権者の損害を最もよく反映する通貨が損害通貨とされるべきで、まずもってその通貨建てでの判決がなされるべきだ、とされる（Steenken, supra, 47f. なお、Id. 47, 49 は、Schmidt, supra の所説を、債権者の住所地または営業の本拠地の通貨が損害通貨だとするものとした上で、これは過度の一般論だとして、批判している。右の所説と同様の立場につき、Remien, supra, 264.）。その際、既述の如く、債権者に付与される価値が過大・過小となることをいずれも防止すべく、損害通貨の探求とそれによる判決言渡とが志向されていることには、注意を要する（Steenken, supra, 48f）。

なお、ここで「過大」な給付を債権者に与える、という局面での問題点を、若干補足的かつ具体的に示しておこう。「損害通貨」を重視するドイツの学説の側から、アメリカの Restatement, Third, Foreign Relations Law, §823, Reporters' Notes 4 にも示されているある事例（Librairie Hachette, S. A. v. Paris Book Center, Inc., 309 N. Y. S. 2d 701 [1970]）の処理に対する批判として、この点が示されている。

このケースでは、フランスの原告が二二一九、五三二フランス・フランでアメリカの買主に本を売却した。履行期（それが breach date となる——breach date rule）のレートで、それは四六、一三六米ドルに相当した。フランスの売主からの代金請求の訴に於いて、この四六、一三六米ドルの支払が認められたが、判決日にこれを換算すると、二五五、五〇一フランス・フランになる。フランスの原告がこのケースで終始フランス・フラン建てで損害を感じ、あるいは負担したこと、即ち損害通貨がフランス・フランであること（そのこと自体は、自然な推論と言うべきであろう）を前提に、かくてこの判決はフランスの原告に対して過大な賠償を与えたものと評価され、疑問視されているのである（Remien, supra, 261）。

だが、右判決は、右の処理（breach date rule によるそれ）をする際、そうしないと、履行しなかった債務者が不当に利益を受けることになるため、エクイティからして右の如く考える旨、述べていた（この点につき Mann, supra [5th ed.], 355）。そして、Restatement, Third, Foreign Relations Law, §823, Reporters' Notes 4 も、まさに不履行による windfall profit を債務者が得ることの不当性に着目している。けれども、そうしてしまうと、今度は、債権者の方が windfall profit を得ることになる（既述）。相互に変動する複数通貨の絡む場合には、常にこうした問題が生じて来る（要するに、損害賠償に際して、債権者・債務者いずれの側に立って考えるかということでも整理し得る点であり、各国実質法の立場は、たしかに分れ得る）。ただ、右のケースでも、原告がフランス・フランで請求し、それをそのまま認容すれば、原告は（利息等を別とすれば）判決日に二二一九、五三二フランス・フランを得る。そして、それで原告の損害は十分塡補されたことになるのではないか——これが、「損害通貨」

による請求及び判決言渡がベストであるとの、既述のドイツ学説、イギリスの判例変更、等の基礎にある考え方なのである。そして、このような実質的配慮が、他方に於いて、法廷地通貨への換算をする際には breach date rule ではなく（わが民法四〇三条に関する前掲最判昭和五〇年も一般論として採用する）payment date rule によるべきだとする、既述の処理へとつながってゆくのである（わが民法の下でも「債務不履行行為が〔債権者に〕現実にもたらした損害のみが賠償請求の対象となる」〔平井宜雄・債権総論（第二版）五〇頁〕との点は、不法行為の場合にもかわらないはずである〔同・債権各論Ⅱ（平四）七四頁以下〕。わが民法上の〝理論闘争〟は、ここでの問題とは若干別な地平で展開されている、と一応言えるであろう。この点は五(2)の㉑の判例に即して後述する）。

なお、右のフランスの本の売買に関する事例では、損害通貨（Schadenswährung; money of account）と把握さるべきフランス・フランが、法廷地通貨（支払通貨〔money of payment〕）に対して下落していた。そして、F・A・マンは、"[N]o satisfactory solution can be derived from the rigid adoption of either date of conversion. Both [the date of payment or maturity] are dangerous: <u>if the money of account depreciates</u>, a conversion at the rate of exchange of <u>the date of payment</u> might be <u>unjust</u>; ……"とする（Mann, supra [5th ed.], 316; id. [4th ed.], 310）。だが、その趣旨は、債務者の遅滞中に債権者が為替差損による損害を別途被ったならば、その旨の立証（そのロスが予見可能であることについてのそれ）の下に、それを賠償させよう、との点にある（Id. [5th ed.], 293, 353）。但し、この点は当該債務の準拠法によるが、イングランド法上は従来、この種の別途の賠償が認められておらず、マンの不満がそこに向けられていた（Id. [4th ed.], 348）。

もっとも、右はマンの趣旨を多少善解した場合のことであり、実は、彼は、右に原文を引用した個所との関係で、支払の遅滞に際して債権者が履行期レートと現実支払日レートのいずれかを、直ちに選択できる、との立場（統一法に基づくわが手形法四一条、小切手法三六条にも示されたそれ——ちなみに、伊東すみ子・前掲自由と正義二四巻九号六五頁も、これを「巧みな立法」とするが、私は疑問を感ずる）を支持し、"Thus <u>the debtor cannot profit from his delay</u> and the creditor always receives <u>the full value</u> promised by the substance of the debt." (Mann, supra [5th ed.], 316; id. [4th ed.], 310) としてしまっている。この点は、少くとも若干〝スリーディング〟であり、問題である。何故右の場合に当然債権者が右の部分を手にし得るかの論証は、どうなっているのか。また、それを債権者に渡さないと何故債務者がプロフィットを得る、と判断されるのか、の問題である（Id. [5th ed.], 353 n. 72 は Dicey/Morris/Collins, supra [11th ed.], 1459 の論述——損害通貨が遅滞中に下落した場合、それ自体を理由として直ちに為替差損分を請求できないことは〝ミリアンゴス判決からも明らかだとする——を批判する。だが、Dicey/Morris/Collins, supra [11th ed.], 1459 は、右とは別に、reasonably foreseeable なものとしての債権者の exchange loss は、イングランド法上別途請求できる、としているのであり、釈然としない。なお、Id. [12th ed.], 1585 参照）。

損害通貨問題を直視する立場からは、債務者遅滞中の為替差損分の賠償も、一般の損害賠償法理の中で処理すればよいはずであり、Id. [11th ed.], 1459 に次の如くあるのは、（マンの批判にもかかわらず）正しい。即ち、"[W]here sterling appreciates in terms of the foreign currency, no doubt the creditor cannot <u>for that reason</u> clain more in foreign currency than the agreed amount of the debt. …… As Lord Wilberforce put it in Miliangos: 'The creditor has no concern with pounds sterling: for him what matters is that a Swiss franc for good or ill should remain a Swiss franc.'"との至当なる指摘である。

ちなみに、旧時のイギリス判例等を前提としてか、（民法四〇三条との関係で）我国では次のような立場も示されている。即ち、「換算期を現実支払時とする……とすれば、債務者は弁済を遅延することによって不当な利得をなす可能性もあり、当事者の投機心をあおる点からも妥当でない。……諸外国の判例をみても、換算期の決定は、為替相場の騰落に応じて履行期あるいは判決時ないし現実支払時のうち、当事者に最も公

平な結果をもたらす時期の為替相場によっており、単一の換算期を設定することと自体に欠陥がある……」（前掲・注釈民法⑽一四四頁〔山下末人〕）、とされるのであるが、疑問である。アメリカのいまだに混乱した状況は別として、これからあとで示す諸点も含め、右とは別の方向が諸外国でも基本的に示されているように思われるし、また、ここでの問題処理について「当事者の投機心をあおる」云々の点が何故関係するのかも、問題とすべきであろう。損害賠償制度の基本からアプローチする、ドイツ学説の既述の正当な立場（Remien, supra, 257）と、対比すべきであろう。

さて、「損害通貨」の決定方法であるが、Mann, supra [5th ed.], 247 も示す通り、一般論的定式を示すことは、極めて困難、あるいは不可能であり、個々の事案の諸事情が決め手となる。

そうした中で、ドイツでの議論にも影響を与えているものとして注目されるのは、イギリスのハウス・オブ・ローズの The Despina R. [1979] A. C. 685 に於ける処理である（このケースについては、Morris/North, Cases and Materials on PIL [1984], 518ff 参照）。事案は上海沖での二隻のギリシャ船の衝突に関するものである。被害船（便宜、被害の大きかった方の船をこう呼ぶ）は上海で暫定的な修理を受け、続いて横浜、ロス・アンゼルスで修理を受けた。それらの代金は、それぞれ中国、日本、そしてアメリカの通貨で実際に支払われたが、当該船舶はニューヨークにあるエイジェントにより管理されており、すべての支払のために用いられる銀行口座は、船舶関係でありがちなこととして、米ドル建てのものであった。そして、次の判旨と共に、この米ドル建ての支払が命ぜられた。即ち——

"[A] plaintiff, who <u>normally conducts his business through a particular currency</u>, and who, when other currencies are immediately involved, uses <u>his own currency</u> to obtain those currencies, can reasonably say that the loss he sustains is to be measured not by the immediate currencies in which the loss first emerges but by the amount of <u>his own currency</u>, which <u>in the normal course of operation</u>, he uses to obtain those currencies. This is the currency in which his loss is <u>felt</u>, and is the currency which it is reasonably foreseeable he will have to spend."

——との正当な指摘である（なお、Cheshire and North's Private International Law [12th ed. 1992], 103; Mann, supra [5th ed.], 253; Dicey/Morris/Collins, supra [12th ed.], 1586; v. Hoffmann, supra [Firsching Fschr.], 134; Remien, supra, 265）。

右の事例とワンセットをなすイギリスの判例は Services Europe Atlantique Sud v. Stockholms Rederiaktiebolag SVEA, The Folias, [1979] AC 685 である。（Mann, supra [5th ed.], 253; Cheshire/North, supra [12th ed.], 104）。契約違反に基づく損害賠償の事例であり、被告からスウェーデン船をチャーターしたフランス会社が原告となり、訴えた。積荷をブラジルに運送したところ、船の保冷機能が不調だったために積荷に損害が生じ、原告はブラジルの通貨を荷主に支払った。そのために原告は（フランス会社ゆえ）フランス・フランを用いていた。被告はブラジルの通貨で支払えばよいはずだとしたが、フランス・フランでの支払が命ぜられたのである（もっとも、傭船料は米ドルで支払われることになっていた。そのような契約上の支払通貨の定めがあっても、当該損害がいかなる通貨建てで生じたものかが、かくて直視されたことになる。原告側は予備的に米ドルでの支払を請求していたが、否定されている。ドイツにも契約通貨〔Vertragswährung〕をかかる場合に損害通貨と考えるべきでないとする判例のあることをも含めて、この点につき Remien, supra, 277f 参照。また、後出の⑦の判例へのコメントを見よ）。

イギリスの右の二つの判決の処理には共通したものがある。安易なその一般化は出来ないものの、「損害通貨」の問題を考える上では、一つの基本としてこれを押さえておく必要がある（Remien, supra, 267 n. 130

とも対比せよ）。ちなみに、つとに一九六〇年の国際法協会（ＩＬＡ）ハンブルグ会議に於いて、船舶を含めた衝突事故に於ける損害通貨の決定について同旨の決議がなされていたことに、注目する必要がある（"Money of Account in Cases of Damages Resulting from Collisions", I. L. A. Rep. [Hamburg Session] 49 [1960], XIV–XV. ——なお、それにつき Remien, supra, 250, 269f.; v. Hoffmann, supra, 127; Mann, supra [5th ed.], 254）。同決議のVに於いては、被害者が何らかの支出をしたことに基づきその損害の賠償を求める際、その損害は、実際に支払われた通貨によって測定するが（この点は既述の二判決と異なる）、通常の事業活動に於いて右の通貨が事実として他の通貨を転換して調達されたならば、後者による、とそこにはある（Remien, 269f）。Id. 269 も説くように、このルールの前半はかえって若干ミスリーディングだが、考え方として結局は同様のものと言えよう。

ちなみに、船舶衝突のケースとして、ドイツにも同趣旨の判例が出ている。Hans OLG Hamburg 7. 12. 1978, VersR 1979, 833 である。これは外国船とドイツ船との衝突事例であり（準拠法はドイツ法）、当該外国船は米ドルを支出することにより修理されていたが、ＤＭ建てでの賠償請求がなされ、しかも、衝突時のレートでの換算が主張された。その間に米ドルはＤＭに対して下落していたのである。だが、結局米ドル建てでの賠償が命ぜられた。そうしないと右の外国船側の原告が不当に（右の換算時点の主張に注意）利益を受けることが、理由とされた。Remien, supra, 255 の説くように、この事例は、端的に米ドルを損害通貨としたものと言える。

但し、ここで若干特殊と思われる最近のイギリスの事例があるので、補足的に一言する。テキサコ・メルボルン事件（The Texaco Melbourne, [1992] 1 Lloyd's Rep. 303）である。Dicey/Morris/Collins, supra [12th ed.], 1575f に於けるこの事例の位置づけを、まず見ておく。

契約違反による損害賠償が問題となったのがこのケースであるが、原告が損害を感じた通貨ではない通貨による賠償がなされたものと、Id. 1575 ではされている。このケースは、原告たるガーナ政府（のある部局）が被告船会社に、いずれもガーナ国内のある港から他の港に向けて原告所有の石油を運送する契約につき、目的地での石油引渡がなされなかったため、契約違反による損害賠償が請求された、というものである。原告の損害の中身はまさに右の石油の価値であるが、原告はガーナの通貨（cedis）建てのアカウントを有しており、右石油が引渡されておれば、原告はそれをガーナ通貨建てで売るし、別な石油を入手しようとすれば、やはりガーナ通貨を売ってドルを調達する立場であった。つまり、既述のイギリスのルールからは、原告はどこから見てもガーナ通貨建てで損害を感じたと言うべき場合なのであり、このことは、前記一審判決も明確に認めている。だが、履行期には一ドル二・七五セディだったガーナ通貨が猛烈にその後下落し、実に判決時点で一ドル三七五セディスになってしまった。そして、まさにその点を問題とし、通常通りの損害通貨の決定では、あまりに不公正だとして、米ドル建ての履行期の換算レートでの金額での支払が、命じられたのである（この点は、あるいは、イギリスに於いて、ノミナリズムの原則が、他の国々における以上に極めて厳格に貫かれ、外貨建て債務についても同様とされること [Mann, supra [5th ed.], 113, 287] と関係するのかも知れない）。即ち、"These considerations lead me to conclude that, although the department felt the loss, at least immediately, in cedis, the awards today should be one of dollars." ([1992] 1 Lloyd's Rep., 318)、とされたのである。

だが、あまりに急激な為替変動があったにせよ、これでは原告の必要を越える過大なものを与えたことになる、との批判が Dicey/Morris/Collins, supra [12th ed.], 1576 によってなされるところとなった。そして、その後出された控訴審判決で、一審判決は取消され、従来の原則通り、ガーナ通貨を損害通貨とする判断が下されるに至っている（[1993] 1 Lloyd's Rep. 471. この事例につき、忽那隆治先生の御教示を頂いた。）

さて、以上に於いては、あえて一般論は避け、船舶関連の事例を中心

に、「損害通貨」の決定方法の基本につき、多少見て来た。それには私なりの理由がある。

実は、不法行為請求はすべて円建てで、という既述の大審院判決の影響もあり、また、円建てで請求をする際の換算時点を、民法四〇三条に関する前掲最判昭和五〇年と整合的に考えよう、との意識も希薄な日本に於いて、放置すれば、不当に債権者側が円高差益を自己のものとする結果となりがちな傾向がある。

実際に私が多少関係したある事案に於いてもそうであり、そこで本稿三、四で、周辺問題から一つ一つ崩して来た、というのが本当のところなのである。そんなことはもっと早く一言しておくべきだろう、との御批判もあろうが、このあたりで、〔設例〕としてある状況を設定し、（答はこれまでの論述の中で出ている、とは言えるが）従来の日本の判例との関係で、これを如何に把握すべきかにつき、論じておきたい。

(3) 「設例」の呈示

以下、本稿三、四を踏まえて検討すべき「設例」を（実際の事例に基づいて）呈示する。

「設例」

X（外国会社）所有船舶は、昭和四八年に日本の港で或る可燃性物質を積荷として積載して出港した。当該の積荷たる可燃性物質はY（日本会社）が日本で製造・販売した物品であるが、X主張によればYは、当該物品の取扱上の注意等を第三者に明らかにせずに、これを販売していた。

外洋航海中に、右船舶において、前記積荷の爆発が起こり、火災となった。そのため、船体及び他の積荷に莫大な被害が発生した（Xは、前記の如き注意義務をY側が何ら果たさずに本件積荷を積載させた点を、とくに問題としている）。

当該積荷は、Yの販売子会社たるY'（Yの一〇〇%出資子会社）が荷送人となっていたものだが、XはY・Y'等に対して本訴を提起し、不法行為に基づく損害賠償を請求した（法廷地国は日本）。

Xの主張する損害の内訳は、船体の修理、損傷積荷の処理等の港費（複数国で処理された）、仕向国をそれぞれ異にする積荷の損害につき、それぞれの国でXが荷主に支払った金額、等である。だが、Xは、右のXの蒙った損害は各国通貨で生じているが、この種の海損精算は世界共通の通貨とも言える米ドルをベースに行われており、従って各支払額は最終的には米ドルで示されているとし、その米ドル額を、各支払日のレートで円に換算し、本訴に於いて、円建てで請求した。

Xの行なった個々の支払は昭和四八年一〇月某日（一ドル二六七・四〇円）から昭和六二年二月某日（一ドル一五四・〇〇円）にまで及び、その間の為替レートは、一ドル三〇一～一五四円の間で、大きく変動していた。ただ、Xは、別途、個々の支払がいかになされたのかにつき、詳細な表を証拠として提出しており、それによれば、個々の支払の必要が生ずるごとに、Xは、自己の有する米ドル建ての口座から必要額を引き落とし、適宜他国通貨に換算して、後者を支払っていた。

参考までに、その英文明細表のごく一部を次頁に添付する。ベイルートでのレバノン通貨建ての支払が約四、五七六米ドルでなされた点が、そこに示されている。

〔設問〕

右の〔設例〕に於いて、現時点（一ドル約一〇三円）でも訴訟が係属していると仮定し、その上で、X側主張がそのまま認められるべきか（Y側は、円での請求がなされるならば、民法四〇三条に関する前掲最判昭和五〇年と同じ換算時点、即ち事実審口頭弁論終結時点での換算をすべきだ、と争ったとせよ）。日本法が不法行為準拠法だと前提した上で考えよ。

以下、関連するわが判例を若干検討しつつ、そこにこれまでの本稿で

		Claim.
SCHEDULE OF CLAIM OF THE OWNERS OF TEH m.v. " ". (Contd.)		Explosion in NO.3 hold. 28.7.73.
DISBURSEMENTS AT BEIRUT, SEPTEMBER 1973.		
SHIPPING & CHARTERING AGENCY. Formalities transhipment and reforwarding expenses for 2,422 pkags. of General Cargo weighing 144.287 kgs.=379.419 cb.m. Ex s.s. " " at Beirut on 30th September, 1973, from and reshipped on board the m.v. " " on 4th October, 1973, for Famagusta.	Leb. £ 10,194.28	
Custom's certificate for transhipment of Famagusta cargo on m.v. " "	20.00	
Cost of tarpaulins for covering Famagusta cargo put on quay.	105.00	
Extra expenses for obtaining permission from Custom House in order put cargo on quay.	100.00	
Watchmen on quay: 2 men during 7 days and 7 nights.	430.00	
	Leb. £ 10,849.28	
Expenses incurred in connection with a "conveyor" accompanying the cargo ex " " reforwarded from Beirut for Famagusta per m.v. " " in order to protect the cargo from stealing as the cases were partly broken.	281.60	
	Leb. £ 11,130.88	
Exchanged @ 2.4322 (Paid 28.12.73.): -	U.S.$ 4,576.47	4,576.47

の論述を、適宜ちりばめてゆくこととする。

五 損害賠償等の金銭支払請求と通貨
——若干の判例分析と「設例」への回答

(1) はじめに

まず、右の〔設例〕と東京高判平成元年二月六日判時一三一〇号八三頁（後述の㉙の判例である）との関係について、一言しておく必要がある。この事例は、積荷たる高度さらし粉から船舶火災が発生し、日本の製造業者Y_1と販売子会社Y_2の不法行為責任が問われたものであり、前記〔設例〕と同様の事件に関するものである。ただ、当該の海上運送人Xの損害としては、危険物たる貨物を船積したことによる、定期傭船契約上の船主Zへの損害賠償約定に基づく仲裁が、問題となっているのみである。即ち、昭和五二年六月一四日に、ロンドンでXがZに対して約三七万英ポンドをXZ間の仲裁判断に基づき支払った。Xは、これを損害として、右出捐時の一スターリングポンド四七一円のレートで円に換算し、Y_1 Y_2に請求した。そのうち（過失相殺を経て）五割の支払がY_1 Y_2に命ぜられたのが、この判決である。判旨は民法七〇九、七一九条を適用しており、ともかくも、不法行為準拠法は日本法だ、とした上での判断である。

ただ、掲載誌からは、Y側が右の換算の基準日を争った形跡はなく、また、もとより、果たしてXがロンドンで実際に出捐したポンドをそのまま「損害通貨」とするのが妥当か、といった点が争われた形跡もない。これまでの論述からは、Xが米ドル勘定から適宜支出して英ポンドに換えて支払ったならば、むしろ米ドルが「損害通貨」なのではないか、といった点も問題となるはずである。Mann, supra [5th ed.], 253 の説くように、the currency in which the loss was effectively felt or borne by him [the plaintiff] rather than the expenditure currency in the sense

of the currency in which the expense or loss was immediately sustained が「損害通貨」と考えられるべきだからである（〔設例〕の場合にはまさにX側がそうした請求をしていることと対比せよ。後述する）。

(2) 判例分析——日本法上の取扱

既述の如く、「損害通貨」の決定自体は当該債権債務の準拠法（lex causae）に委ねられた問題である（但し、「民法四〇三条＋前掲最判昭和五〇年」の線で形成された規範は、日本で履行請求がなされる限り、「履行の態様」の問題として、lex causae が外国法であっても、法廷地たる我国に於いて適用される——既述）。そこで、以下、lex causae 自体が日本法とされたケースを中心に（基本的にはそれのみについて）、若干の判例分析を行なう。

その際、事案類型を次の三つに一応分けて論じたい。即ち、はじめから外貨建てで請求のなされた場合（〔類型Ⅰ〕）、原告側が外貨につき一定の換算時点で円に適宜転換し、円で請求をし、それに対して被告が換算の仕方を争った場合（〔類型Ⅱ〕）、さらに、適宜の円換算による請求につき、とくに被告側が争わなかった場合（〔類型Ⅲ〕）、の三つの類型である。

a．〔類型Ⅰ〕 はじめから外貨建てでの請求のなされたケース

① 大阪地判明治三八年三月一四日新聞二七五号一〇頁

② 大阪控判明治三八年一一月一五日新聞三二四号七頁

③ 大判明治三九年二月一九日民録一二巻二三六頁——既述の大審院判決。①②はその一・二審判決である。その内容については既に示した通り。これ以降、日本法を準拠法とし、外貨で不法行為請求をする事例そのものが殆ど皆無となった（後述）。また、①で示されていた不法行為請求と民法四〇三条の関係の論点も、殆ど（既述）姿を消した。つくづく不幸な展開である。

・ 東京地判昭和二八年四月一〇日下民集四巻四号五〇二頁——傭船契約解除に伴う損害賠償を米ドルで請求。外国法に準拠する仲裁契約の存在ゆえ却下。従って、以下の考察から除外する。

④ 神戸地判昭和三七年一一月一〇日下民集一三巻一一号二二九三頁——ニュージーランド産冷凍牛肉に関するC&F売買契約の解除（Yの履行遅滞による）に伴う損害賠償請求の事例。日本法に基づく判断。目的物の値下がりにより売主Xが既に入手していた牛肉を他に処分し、英ポンド建てで損害を被ったことは、XY間で争いがなかった。認容された。但し、Xは支払日の相場で円で支払うことをも求めていたが、この点は、民法四〇三条の下で債権者には代用給付請求権はないとする当時の理解により、認められなかった。

⑤ 大阪地判昭和三七年一一月一六日判時三三九号三六頁——日本で締結されたセロファン紙の日本からの輸出に関する売買契約（準拠法は日本法とされた）の不履行による損害賠償を、フィリピン法上の組合たる買主Xが売主Yに請求。売買代金は米ドル建てで、不履行の場合の予定賠償額を一五、〇〇〇米ドルとする定めがあった。Xは米ドルで請求し、認容された。但し、④と同様の民法四〇三条に関する問題につき、判旨は、「Yが支払うべき右米貨一五、〇〇〇ドルにつき、これをその履行時【「履行期」ではない】に於ける法定為替相場により日本円で支払ってもよい旨の宣言を〔Xが！〕求める部分も民法四〇三条により理由があるので認容する」とした。前掲最判昭和五〇年（後掲⑰）に通ずる判断である。

⑥ 大阪地判昭和四一年九月二四日下民集一七巻九・一〇号八三九頁——ドイツ法人XはY（詳細不詳）の商品をガーナで一手販売する代理販売契約（準拠法は日本法）を昭和三八年に締結したが、Yは Xに手数料（英ポンド建てで支払う約定あり）を支払わなかった。Xはその支払、または債務不履行に基づく損害賠償を、英ポンド建てで請求し、

認容された。Xは、英ポンドによる執行が不能なら「執行時における為替相場」により円に換算した額の請求をする、としていたが、判旨は、「民事訴訟法第六編第二章の金銭債権とは広義の金銭を指称するものであって……外国の通貨をも包含する」から外貨でも金銭執行が可能、との重要な判断を示し（別な機会に論ずるが、石黒・国際私法〔新版・平二〕三〇五頁参照）、本件では「実質的に考えても……外国の通貨をもって計算の標準を示したに過ぎない」から、Yは円「に換算して、弁済し得」るので、Xの代償請求は理由がない、とした。

④～⑥を通じて、契約違反の損害賠償につき、X側が現実支払日または執行時の円換算を求めていた点には、十分注意を要する。契約に基づく請求と不法行為に基づくそれとを、同一額につきかかるX側が行なっていたとして、後述の〔類型Ⅱ〕の場合の問題処理と、十分比較検討する必要があるはずである。

⑦　東京地判昭和四七年三月一一日判時六七九号二六頁——これは重要な事例である。フランス法人Xと日本法人Yとの間で、訴外の日本法人Zの製造するサインペンをフランスに輸出する内容の売買契約が日本で締結された。代金支払は「一ダース八一セント（邦貨二九一・六〇円、但し当時の平価）」の形で約されていた。ところが、フランスに送られた商品が偽造だったことがのちに判明し、Xは告訴ならびに附帯私訴をフランスで受けた。ZとXはフランスで和解をし、Xが一七、五六八フランス・フランをZに支払い、また、本件商品を廃棄せざるを得なくなった。

Xは、右示談金や商品廃棄による契約代金相当額の損害、フランスでの紛争処理のためフランスの弁護士に支払った三、〇〇〇フランス・フラン、等を「当時の平価一ドル＝五フラン」で米ドルに換算し、他方慰藉料五万ドルの内金七、八〇〇ドル余も、あわせて本訴で請求。

但し、第一次請求は（右慰藉料をも含めて）債務不履行によるが、第二次請求は不法行為（！）として同様の請求をしていた。

Y側は、X主張当時の平価は一米ドル＝四・九三フランス・フランだとして争い、レートについて、判旨はY側に従っている。

判旨は、日本法の適用を前提に、慰藉料は三、〇〇〇ドルが相当、などとはしたが、Xの債務不履行（不完全履行）に基づく責任のみを認容した。

重要なのは、私の調べ得た限りで、外貨に基づく不法行為請求がなされているのは、（予備的請求にせよ）本件（と後述の⑫）のみだ、ということ、そして、いかに売買代金支払（そして信用状開設）が米ドル建てであったとは言え、その後のフランスでの、フランス・フラン建ての各種支払も含めて、Xに米ドルで請求する理由があったのか、との点である。

右の後者の問題は、ミリアンゴス判決後のイギリスの代表的事例として（DespinaR と共に）紹介した The Folias 判決（Remien, supra. 277）と対比して考えるべき問題である。このイギリス判決のケースは、既述の如く、船主Yとフランス法人たる運送人X間の訴訟で、傭船料支払は米ドル建てだったが、ブラジルでの積荷損害をXがクルゼイロ建てで支払う際に、フランス法人Xがフランス・フランから転換して支払っていたため、フランス・フラン建てでの請求のみが認められ、予備的になされていた米ドル建ての請求は、拒絶されている。

そもそも、こうした問題点について、⑦事件のY側（の訴訟代理人）が関心を有していなかったことが、何とも惜しまれる。もとより、ドイツでも争いはあるが、Remien, supra. 276ff のように、まさに右のイギリス判決を引きつつ、契約上定められた通貨（die Wahrung des Vertrages; vereinbarte Preiswahrung）がそのまま契約不履行の損害賠償の際の「損害通貨」になるとの見方を「とりわけ疑問（insbesondere …… zweifelhaft）」とする者も居る（同旨の Steenken, supra. 50ff をも参照せよ）。

また、フランス・フランの米ドルへの換算時点についても「損害発生当時」を基準とすることの当否が、本稿でこれまで論じて来たところからして、大きく問題となる。

ともかく、この⑦は、いろいろと考えさせられる事例であるし、判旨が、X側が外貨で不法行為請求を予備的にしていたのに対し、前記大審院判決には言及せず、別な理由でこれを棄却していたことにも、注意を要する（私としては、今後はどんどん外貨による不法行為請求がなされてゆくことを、日本の渉外弁護士の方々に期待する。その意味では（でも？）円が弱くなった方がよいかも知れない）。

⑧　札幌地判昭和四九年三月二九日判時七五〇号八六頁——日米企業間の米ドル建てでの豆の売買契約（準拠法は日本法とされた）に基づき、買主たるアメリカ企業Xが、米ドル建てでの豆の転売を予定していたところ、品質が悪く、転売に際して値引きせざるを得なかった。そこで、売主Yに対して、右の値引き額につき債務不履行による損害賠償として米ドル建てで請求、認容された。

このケースではXが米ドルで請求することは、ごく自然なことであろう。不法行為請求としてXが同じ請求をしても、日本法の下で同様の判断がなされるべきであろう。前記大審院判決の不当性が、（その際には）再度問題とされるべきである。

⑨　東京地判昭和五二年四月一八日判時八五〇号三三頁——日本企業間の信用状取引に関する紛争。契約準拠法は日本法。米ドル建ての信用状開設に関する契約に於いて、XY間に、米ドル支払日のレート（一ドル＝三〇一・二円）で補償金を円で支払う約定があり、それに基づく円建ての請求と、別途米ドル建ての貸付がなされていた関係でのその米ドルの返済とが、共に請求され、それぞれ（円と米ドルで）認容された。

これは、とくに問題はない。

⑩　東京地判昭和五二年四月二二日下民集二八巻一－四号三九九頁（米ドル）

⑪　東京地判昭和五五年六月二日判時九八七号八二頁（フィリピン・ペソ）

⑫　東京地判昭和五五年九月二九日判時九九九号一一三頁（米ドル）

右の⑩～⑫は、請求自体がここでの問題とかかわらぬ理由で棄却されている（⑩は日本法を準拠法とする製作物供給契約の解除による原状回復等が請求された事例。⑪は戦時中の邦銀マニラ支店での預金の払戻請求）。

ただ、⑫については、日本で売主Y（日本法人）と買主X（アメリカ法人）との間で売買契約が締結され、Yの債務不履行及び不法行為（！）を理由に、米ドル建てでの損害賠償請求のなされていることが注目される。判旨は、右のいずれの準拠法も日本法だとした上で、とくに日本法上の外貨による不法行為請求の可否には言及せず、Xの請求をいずれも棄却している。

⑬　東京地判平成四年二月一七日判時一四二〇号一二六頁——外銀X（BCCI！）の日本支店が日本企業Yに対して、外国向為替手形の不渡りによる買戻請求をしたもの。XY間の契約準拠法を日本法とした上での判断と思われるが、Xはもともと円建てでYから手形を買取っていたものの、額面の米ドルでの請求をし、認容された（Xの日本での清算人が表に出て来ているケース）。このケースでも、筋としては、Xが自己の円勘定から右手形を買取っていたのだとしたら、果たして額面たる米ドル建てで請求するのが妥当かが問題となり得る。Xの清算人がいかなる考え方の下に米ドルで請求をしたのかが、知りたくも思える。

以上、この〔類型Ⅰ〕に属する諸判例を通じて言えることは、やはり③の大審院判決の（ネガティヴな）インパクトの大きさであり、また、民法四〇三条と不法行為請求との関係の不明確さである。そして、「損害通貨」問題の重要性が、とくに⑦の事例からも意識されるべきだ、ということである。

b．〔類型Ⅱ〕　X側が外貨を一定時点で円換算して請求し、Y側が換算の仕方を争ったケース

この類型が、〔設例〕と直接関係することになる。

⑭　甲府地判大正八年三月三日新聞一五五七号一九頁——アメリカに於いてともに日本人たるXY間で締結された五〇〇米ドルについての金銭消費貸借契約（準拠法は日本法）につき、返済が請求されたケース。Xは当初、円による請求をしていたが、のちに五〇〇米ドル若しくは金一、〇〇〇円を支払え、と請求の仕方をかえた（従って〔類型Ⅰ〕にも片足を突っ込んだケース）。

Xは、貸借時（大正三年一〇月一日）のレートで請求していたが、Yは五〇〇米ドルを円換算しても一、〇〇〇円にはならないはずだとして争った。判旨は、本件は「外国ノ通貨ヲ以テ債権額ヲ指定シタル場合」だとしつつ、民法四〇三条により「支払時ノ為替相場ニヨリ」円で支払うことのできる補充権は債務者Yのみが有するとし、米ドルでの支払だけを認めた。

なお、右の⑭と同じ日本人間のアメリカでの金銭貸借に基づく返済請求の事例として——

- 大判大正七年八月九日新聞一四七四号一六頁
- 東京控判大正一〇年一一月九日新聞一九二六号一七頁（右の差戻後の判決）

——があるが、いずれもカリフォルニア州法が準拠法とされているので、考察から除外する（但し、後者では、約四七二米ドルの元金と約定利息につき、米ドル建ての請求のみならず「弁済期日ノ為替相場」での円建ての請求をするの「モ亦債権者ノ自由」だ、とされている。だが、右の点が準拠実質法の解釈なのかどうかがはっきりしない）。

⑮　東京高判昭和三九年一月二三日下民集一五巻一号四八頁——戦前のジャワでの、台湾銀行現地支店でのギルダー貨建て預金の返還請求。閉鎖機関令に絡む問題等の特殊事情があるので、省略。

⑯　東京高判昭和四四年一二月二五日訟務月報一六巻一号三六頁——戦後の引揚者への補償という特殊事例が絡むので省略。

⑰　最判昭和五〇年七月一五日民集二九巻六号一〇二九頁——民法四〇三条に関して既に示した重要事例。日本復帰前の沖縄での米ドル建て取引に関して、沖縄のX銀行と日本のY会社との間で締結された保証契約の履行が求められたもの。Xが一米ドル＝三六〇円のレートで円換算の上請求をし、原判決でそれが認められた。それに対して、Yは、「本件においては民法第四〇三条の適用ある」ものとし、債権者たるXには代用給付請求権はない、として上告。他方、Yは「YがXに対して保証したのはあくまでも二五万ドルであって金九、〇〇〇万円ではない」、「現在我国の外国為替相場は一ドルにつき金三〇八円の固定相場」でもなく、「昭和四八年二月一四日以来変動相場制を採用している」のだから、原判決は不当だ、との点も上告理由において主張している。

判旨は、既述の如く、債権者にも代用給付権を認め、かつ、「外国の通貨をもって債権額が指定された金銭債権を日本の通貨によって弁済するにあたっては、現実に弁済する時の外国為替相場によってその換算をすべきであるが、外国の通貨をもって債権額が指定された金銭債権についての日本の通貨による請求について判決をするにあたっては、裁判所は、事実審の口頭弁論終結時の外国為替相場によってその換算をすべきであるから、その後判決言渡までの間に所論のような為替相場の変更があっても、これを判決において斟酌する余地はない」、とした。

かくて、一ドル三六〇円での円換算を認めた原判決が維持されたが、ただ、石黒・金融取引と国際訴訟一七二頁以下、とくに一七五頁、及び、沢木＝石黒＝三井銀行管理部・前掲国際金融取引2〈法務編〉九

九頁以下（石黒）に示したように、このケースでの事実審口頭弁論終結時には一ドル約三二九円であったことを、忘れてはならない。

本判決（日本法の適用を前提とするものである）については既に論じたが、右の判旨引用部分の末尾に傍点を付した個所からして、為替差損分の賠償請求を判旨が否定していることには、注意を要する。

また、判旨の右引用部分は、民法四〇三条を包摂する「外国の通貨をもって債権額が指定された金銭債権」全般についての説示であり、そこで言う「指定」が不法行為請求の場合についてもあり得るかが、次の問題となる。たしかに、この点は明らかではないが、BGB二四四条の（民法四〇三条と同様の）文言についてのドイツでの取扱（そしてBGB二四四条の不法行為の場合についての適用）について既に論じた点からしても、右の点は肯定的に解すべきであると、私は考える（債権者が勝手に通貨を選択することを認めるのでなく、「損害通貨」の決定を正面に据え、それを右に言う「指定」とリンクさせることになる）。

⑱　東京地判昭和五二年二月二二日判タ三五七号二八三頁——日本からアメリカへの商品輸出に関し、日本法人たるYが信用状条件と異なる商品を船積したにもかかわらず、アメリカ人買主Yの、アメリカの信用状発行銀行にある口座から計二二、九〇四・八一米ドルが引き落とされたことに関する、Yの不法行為責任（準拠法は日本法）が問われた。X側は一ドル三六〇円のレートで請求したが、それは、Yの本件損害賠償義務は前記米ドルがXの口座から支払われた時点で発生したから、と説明されていた。また、Xは、それよりのちの時点で換算すると、Yは賠償義務「の履行を遅滞することにより外国為替相場の変動によるいわゆる円差益を法律上の原因なくして取得し、Xはそれにより得べかりし右円差益を失」うことになる、と主張した。

本判決についても一応既に論じてはあるが、判旨は、Yの損害賠償義務は、遅くともXの主張する時点（昭和四五年一二月三一日）には発生していたものであり、「この義務は、その後基準外国為替相場が、一ドルにつき金三〇八円と定められたことにより、影響を受けないものと解するのが相当である。なぜならば、Xの本訴請求は、不法行為に基づく損害賠償請求であって、その損害は不法行為時に発生するものであるから、Xが右損害を日本の通貨をもって賠償請求する場合には、右不法行為時における為替相場によるのを相当とするばかりでなく、このように解しなければ、Yが、即時に義務を履行した場合に比し、不当にXに不利益、Yに利益となり、この結果は公平の見地からみて到底是認できない」とした。

本判決は、Xの損害がいかなる通貨建てで発生したか、という「損害通貨」の問題を全く念頭に置いていない。その点では、あたかも⑰の最判昭和五〇年の「任意債権」論と同様の立場に立ち、そうでありながら、⑰と全く異なる breach date rule を、論理必然のものとして採用した。まさに、ミリアンゴス判決以前のイギリスの（契約・契約外債務を問わぬ）換算時点の決め方である。

判旨は、その後の円高差益を「得べかりし利益」だとするX主張をそのまま認めているが、アメリカのXがアメリカにある米ドル口座にあった本件金員につき、如何にしてその後の円高による差益を手にし得たのか、については何ら検討していない（Xも何ら立証していない）。不法行為時点でXの損害が発生するのだから、とのドグマ（だが、後掲の㉑判決に即して示すように、「損害の金銭的評価（の基準時）」の問題と法廷地通貨への換算の基準時の問題とは、区別して論ずるべきである）だけでこの点を押し切っているが、それでは十分ではないはずである（イギリス・ドイツの場合に即して既述）。

仮りに本件の事実関係を多少シフトさせ、XがYの契約上の責任を問い、あわせて不法行為についても請求していたとせよ。前者につきXが円で請求する際には、⑰の最判昭和五〇年により、事実審口頭弁論終結時（judgment date rule）の円換算となるが、同様のことを不法行為として請求すれば、不法行為時、という随分と遡った時点での円換算となってしまう。そのズレを調整すべきである（ドイツの判例学説に於いては、この問題は基本的に、つとに調整済であること既述）。

そもそも最判昭和五〇年の一般的定式たる payment date rule は、

ドイツ・イギリスの場合を中心にこれまで見て来たように、法廷地通貨への換算の基本に据えるべき正当なものであり、それを軸にこの⑱の処理を再検討すべきであろう。

本件Xは、自己のホーム・カントリーに於けるホーム・カレンシーを失った立場の者であり、特段の事情が別にないならば、失った米ドルが「損害通貨」だと考えるべきである。Xは米ドル建てで損害を感じたはずであり、それを補塡してやるのが、この場合の損害賠償の基本のはずである。その後の円高による windfall profit をXに与える理由は、ないはずである。判旨は、Yの側に windfall profit が生ずるとして、これを不当視するが、損害通貨問題を直視するならば、むしろ当該の約二万米ドルについての（円との間での）為替変動は、貨幣名目主義（ノミナリズム！）からして、基本的に無視さるべき筋合のものである（なお、外国金銭債務についても名目主義の大原則が妥当することについては、Mann, supra [5th ed.], 196, 276 を見よ。Id. 276 では、それが the treatment of foreign money obligations に於いて the most fundamental な存在であるとする Dicey/Morris/Collins, supra [11th ed.], 1424――なお、id. [12th ed.], 1551 をも参照――が引用されている)。

また、円安に相場が動いていたとした場合には判旨はこれをどう把握するつもりかが、別途問題となる。為替変動にかかわらず債権者に得るべきものを（過不足なく）与えるためには、「損害通貨」を直視し、かつ、payment date rule による法廷地通貨への換算を考える必要が、あるはずなのである。

かくて、判旨は極めて不当、と言うべきである。

⑲ 京都地判昭和五六年二月二三日判タ四七四号一八六頁――訴外の者の間で韓国において物品売買契約が締結され、その残代金（ウォン建て）をYがXに、日本に於いて円で支払う旨の契約（本件契約――準拠法は日本法とされた）に基づき、履行請求のなされた事例。韓国ウォンから円への換算の基準日につき、Xは、前記売買契約成立時とする合意があったとし、Yは支払時とすべきだとして争った（XYともに国籍は不明だが、Xの住所は日本、Yの住所は不明）。

判旨は、Xの主張を否定し、履行地の「現実の支払時期における換算率によるとするのが公平の立場からみて妥当」とした。

XYの争い方からしても、その後の（ウォンに対する）円高基調の下での事例と思われるが、本件が契約に基づく履行請求の事例であるとは言え、前記⑱の判決が、不法行為時点での換算をしないと公平ではない、とした判断とは逆の判断を、同じく公平の見地からこの⑲の判決がしていることに、注意すべきである。不法行為は別だ、といった理由づけでどこまで⑲の判断を支持し得るのかが問題となる。ドイツ・イギリス等における payment (or judgment) date rule への傾斜が、契約・契約外債務にかかわらぬ一般的な流れであることを、今一度想起すべきであろう。

⑳ 東京地判昭和六一年五月三〇日判時一二三四号一〇〇頁――日本で建造中の船舶の売買契約（日本法が準拠法とされたようである）に関し、Xは、Yの債務不履行による損害金の一部たる三〇〇万米ドルを、一ドル二四二・五五円で円に換算して請求し、予備的に一八四、五〇〇米ドルを、同一レートで換算して円で請求していたが、Yはこれを争った。右のレートがいつの時点のレートかは終始はっきりせぬまま、本判決は別な理由で、Xの請求を棄却した。

㉑ 大阪高判昭和六三年四月五日金融法務事情一二〇一号一九頁――日本で船荷証券と引き換えでなく運送品（送り状価格は米ドル表示）を引き渡した日本法人Yに対して、証券所持人たる邦銀Xが、商品代金相当額の不法行為による賠償責任を円建てで追及したもの。本判決においては引渡日のレートでの円換算がなされているが、Yは最終口頭弁論期日の相場によるべきだと争っていた。

判旨は、「Xの損害額は、Yの不法行為時において本件船荷証券が表章する本件商品の交換価格であるから、その価格が外国通貨で表示されているときは、その時点で日本円に換算した額がその商品の交換

価格となる筋合である。Xの損害賠償債権は、外国の通貨自体の給付を目的とする債権ではないから、最終口頭弁論期日の為替相場によって換算すべきものではない」、とした。

注目すべきは、右に引用した判旨の後段の、傍点を付した部分である。Xが「商品代金相当額」ではなく、別な形での自己の出損を不法行為による損害と構成し、請求した場合には、円への換算は、⑰の最判昭和五〇年と同じ時点までうしろにズラす、という趣旨のようでもある。だとすれば、同じく不法行為請求の場合たる⑱と異なり、むしろ⑲と同様の立場となる。むしろ、⑱の立場（不法行為時換算）にわが下級審判決が必ずしも統一されてはいないことに、着目すべきであろう。

ただ、本件において邦銀Xは、米ドル建て代金決済をした上で本件船荷証券を入手した訳であり、荷受人から右支払額の償還を受け得なかったがために、船荷証券所持人としての権利行使に及んだはずである。そして、Yがいわゆる保証渡（なお、石黒・金融取引と国際訴訟一〇七頁）をしてしまったがために、証券所持人としての権利実現が拒否されたことになる。

そのいずれを「損害」と構成するかはX側の判断ではあるが、その金銭的評価（外貨によるそれも含む）の問題と、外貨による金銭的評価がなされた際の、円への換算の問題とは、切り離して考えた方がよいように、私は考える。本件原判決（金融法務事情一二〇一号二六頁参照）は、「Yの本件商品の滅失によるXに対する損害賠償の額は、本件商品の引渡あるべかりし日における到達地〔日本〕の価格によってこれを定めるのを相当とする」とし、右の日付を、本件の場合にはYが訴外の者に引渡した日だとしている。そこで損害の金銭的評価の基準時が、それなりに設定されている（なお、平井宜雄・債権各論Ⅱ一四三頁以下）。その上で、原判決は、「本件商品の送り状価格は、ドル建であるが」とし、右と同じ時点での円換算をしている。そして、かかる原判決の判断を受け、本判決は、既述の如く判示しているわけである。

けれども、そこで米ドル建てでの金銭的評価を受けた「損害」については、ともかくも米ドル建てで給付額がフィックスされたことになるはずであり、そのあとの円換算については、判旨の言う「外国の通貨自体の給付を目的とする債権」として、「最終口頭弁論期日の為替相場によって換算すべき」ことになる、というのが正しい処理なのではないか。

このように、私としては、わが民法上烈しい議論の的になっている「損害の金銭的評価」について問題となる「金銭」にも、外貨は含まれるものと、まず考える。その上で、法廷地通貨（money of account: Schadenswährung）をいかなる通貨建てで行なうべきかが、「損害通貨」（money of payment: Zahlungswährung――支払通貨）への換算を行なう際には、この㉑判決が半ば示唆しているように、少なくとも⑰の最判昭和五〇年（民法四〇三条に関するそれ！）と整合的にそれを行なう、という風に、一連の問題を処理すべきではないかと考える（伊東すみ子・前掲自由と正義二四巻九号六三頁以下は、いわゆる富貴丸事件等々の問題と同じレヴェルで通貨換算の問題をとらえているが、そう考えるとかえって問題が混乱するように思われる。なお、石黒・国際私法〔新版・平二〕三〇五頁を見よ）。これは極めて重要な問題と思われる。

・東京地判平成三年八月二七日判タ七八一号二二五頁――イギリスでの美術品の売買に絡み、当該の物品が盗難にあい、イギリスで保険金二一万ポンドが、昭和六〇年五月に支払われた。そこで保険者の一員たるイギリス法人Xが日本法人Y（買主）に対し、（保険代位の上で）「契約上の責任又は不法行為に基づく損害賠償として、金六二七九万円（金二一万ポンドを本件事故時において邦貨に換算したもの）」等を請求したもの。Yはこの点を「争う」としていたが、判旨はとくにこの点につき論ずることなく、Xの請求を認容。但し、イギリス法を準拠法とした上でのものゆえ、考察から除外する（本来であれば、理論的には「損害通貨」の決定に関するイギリス〔イングランド〕法を調査し、その

上で円換算については履行の態様として日本法によるべきところのものである)。

以上、この〔類型Ⅱ〕の諸判例については、論ずべき点が多々ある。だが、既述の〔類型Ⅰ〕、即ち、はじめから外貨での請求がなされていた場合との比較も重要である。外貨・円のいずれで請求がなされようと（即ち、money of payment がどう選択されようと）、債権者の得る実質的かつ窮極的な給付の量（money of account による給付の「量」）を極力一致させるようにする必要がある。他方、円への換算時点を、契約・不法行為いずれに基づく請求かで分ける理由はおそらく無く、かつ、〔類型Ⅰ〕の④～⑥で、X側が現実支払日（または執行時）の円換算を副次的に求め、⑤⑥の判決がそれを認めていること、そして、それが〔類型Ⅱ〕の⑰の最判昭和五〇年とも合致する考え方であること、にも注意すべきである。為替変動によるXY間の「公平」をどう考えるかについても、⑱⑲の間に考え方の差があること、そして微妙な㉑のあること、等々。――要するに下手なまとめをするよりも、各判例を検討した際のコメントに、もう一度戻って頂きたい。

〔設例〕を考える際に、私見にとって最も批判すべきは⑱であり、一応のところはそこに示しておいたが、㉑については、若干基本的な問題（損害の金銭的評価〔の基準時〕の問題と、そこでフィックスされた「金額」についての、法廷地通貨への換算〔の基準時〕の問題とを、分けて考えるべきこと。即ち、後者の問題は、わが民法上の「損害の金銭的評価」が済んだ後での、別個の問題と考えるべきこと！）についても、新たに一言しておいたことになる。

さて、以上を踏まえた上ですぐに〔設例〕に戻ってもよいのだが、もう一つの類型がある。円換算やその基準時点が何ら争点になっていないという、私が弁護士だったら（変動相場制下では）殆ど信じられない類型である。

c．〔類型Ⅲ〕 Xが一定時点で外貨を円に適宜換算して請求したが、Yがそれについてとくに争わなかったケース

㉒ 東京地判昭和四〇年四月二六日下民集一六巻四号七三九頁――日本でアメリカ人Zが交通事故死し、加害者たる日本在住の外国人Aのかけていた外国保険会社Yに対し、Zの相続人Xが直接かかって行ったケース。終始日本法に基づく判断がなされているが、保険金は円建てで払う旨、契約上の定めがあった。個々の損害は米ドルで算定されたあと円換算（一ドル三六〇円）され、慰藉料も同様。固定相場制下のものゆえ、詳細は省略（同種事例も他にあることはあるが、面白味がないゆえ、一切略）。

㉓ 最判昭和四〇年一二月二三日民集一九巻九号二三〇六頁――日本人の、ハワイ在住アメリカ人からの米ドル建ての借入れがなされ、右貸金債権が別の日本人に譲渡されて本訴提起。円貨換算の上、請求がなされた。外為法上の論点が大きいし、㉒と同じ理由で、詳細は省略。

㉔ 大阪地判昭和五一年一二月一七日判時八五九号九一頁――韓国法人Xが絡む同国への物品輸入（代金は米ドル）の事例。船荷証券が偽造されていた。X側が、「訴提起当時」の一ドル三〇八円のレートで（円で）請求していた点が注目されるが、別な理由で請求が棄却された。

㉕ 大阪地判昭和五七年七月二六日労働判例三九一号三三頁――日本人被傭者X（アメリカ在住）が日本法人Yに未払賃金を請求した事例。判旨も「X主張の当時の為替レート一ドル金二七〇円で換算すると……」としていたが、別な理由で棄却。いかなる時点のレートかは不明。

㉖ 東京地判昭和五九年五月二九日労働判例四三一号五七頁――日本法

人に日本で雇傭されていたアメリカ人が割増賃金等を請求した事例。請求の一部に米ドル建ての部分があり、「雇用するに際して五〇〇米ドル（当時の換算レート一ドル二二五円によれば……）」、とされていた（他ははじめから円建て）が、別な理由で棄却。面白くない。

㉗ 東京地判昭和六〇年七月三〇日判時一一七〇号九五頁

㉘ 東京高判昭和六二年三月一七日判時一二三二号一一〇頁――三井物産東南アジア木材開発プロジェクト事件（㉗は一審判決――このケースについては、石黒・国際的相剋の中の国家と企業〔昭六三〕二二六頁以下。日本法が準拠法とされ、契約成立を前提とした賠償請求は認められず、いわゆる契約締結上の過失が問題となった）。重大事件であるにもかかわらず、通貨換算の点は終始とくに問題とされていない。信じられない。

X側は昭和五一年九月当時のシンガポール・ドル及びルピアの換算率により円で請求した。㉗の一審判決では、昭和四九年四月から同五一年三月までの、㉘の二審判決では昭和四九年二月から同五一年五月末までの期間についてのX側損害の賠償が認められたが、昭和五一年九月当時のレートによる理由ははっきりせず、どこの国のいかなるレートかも判然としない。これでよく訴訟が出来るものだな、などと私は思うが、どうなのか。

㉙ 東京高判平成元年二月六日判時一三一〇号八三頁――既述の、前掲〔設例〕の事例と一体をなす、高度さらし粉による船舶火災のケース。既述の如く定期傭船者Xが船主Aに、ロンドンでの仲裁で約三七万ポンドを支払った上で、出捐時のレートで円換算し、Y_1・Y_2に請求し、認められた。

だが、本件Xと〔設例〕のXとが同じ者だと一応仮定して考えて頂きたい。既述の〔設例〕で示したX側の出捐の中には、実はイタリア、エジプト、イギリスでの荷積クレーム処理のための費用（訴訟である）も含まれている。そして、それらについても、〔設例〕に於いては、一々Xの米ドル勘定からの支出がなされ、それぞれ現地通貨に換算の上、支払われている。〔設例〕のXは、それらを米ドル建ての損害とし、その支出時のレートで円換算し、Y側に請求している、という構図に、実はなっている。

そこまで考えた（と仮定した）場合、何故㉙の事例でXが、直接船主に支払ったポンド（Mann, supra [5th ed.], 253 の言う expenditure currency――既述）から円への換算をするのかが、疑問となるはずである。（高桑昭・本件評釈ジュリスト九七二号〔平三〕一四四頁以下は、「債権者に適宜の通貨による請求を認めることになり、その妥当性は疑わしい」、としている）。その点を、㉙の事例でY側が争った形跡のないことが、私には不思議だが、「損害通貨」問題を正面に据えると、この㉙と〔設例〕とで、同一企業と仮定したXの行動は矛盾している、と言わざるを得ない（いかなる趣旨の「仮定」かは、〔設例〕の示し方を考えれば、大体推察可能と思われる）。

右の〔類型Ⅲ〕は、㉙の判例と本〔設例〕とを再度ドッキングさせるためのものだったような気が、今はしているが、ともかく、以上三つの類型を通して言えることは、やはり、「損害通貨」の問題や円換算の基準時の問題が、わが民法上、統一的視座の欠落したまま、いわば場あたり的に処理されて来たのではないか、ということである。このままでよいはずがない、と私は強く思う。

(3) 小括

もはや答は出ているが、ここで〔設例〕に付した〔設問〕（本稿四の末尾参照）への回答を示しておく。

〔設問への回答〕

X側は、すべて自己の有する米ドル建て勘定から、多数の国々における各種支払のために必要額をそのつど支出し、それを現地通貨に転換して支払っていた。Xの「損害通貨」は、イギリスの DespinaR 事件と同

様の意味において、米ドルであり、Xの支出した米ドルの総額をXに回復させることが、〔設例〕に於ける（日本法に基づく）損害賠償の基本である。かかる場合、筋としてはXに米ドル建ての請求を行わせる（㉙についても同じ）のが最も妥当だが、円（法廷地通貨）建ての請求を棄却するまでのことはあるまい（かえって二度手間になる）。そこは⑰の最判昭和五〇年七月一五日の趣旨を生かし、（ドイツの判例の大勢と共に）法廷地通貨での請求は認めることとし、ただ、換算時点については、「損害通貨」の考え方に忠実に、現実支払時とするのがベストである。前記⑤の大阪地判昭和三七年一一月一六日の判決主文は、「Yは前項アメリカ合衆国通貨債務をその支払時の為替相場により日本通貨をもって支払をなすことができる。……」というものであった（石黒・金融取引と国際訴訟一七五頁）。⑰の最高裁判決により、右の如き判決主文の書き方をすることまでが否定されたとは、私は考えない（同右頁、石黒・国際私法〔新版・平二〕三〇一頁以下）。だが、百歩譲って⑰のように考えざるを得ないのであれば、せめて事実審口頭弁論終結時のレートでの円換算をすべきであろう（なお、石黒・金融取引と国際訴訟一七五頁に、「執行文付与の日」のレートで云々とある点は、もっと時点をうしろにズラして考え得る。これを書いたときは執行法に弱く〔民訴法第Ⅱ部も、三ケ月法務大臣の御講義でした〕、無知だったのであります。いずれ別な機会にこのあたりのことは改めて書くつもりだ）。その上で、別途⑰の最高裁判決の判例理論を一層payment date ruleに一本化すべく、促してゆくべきであろう。

いずれにしても、継続的な円高基調の下での〔設例〕における各種支払につき、Xが各支払日の一ドル三〇一円から一五四円までのレートによる円を手にしても、X自らが半ば自認しているように、得た円をまた（支出の際とは逆に）米ドル勘定に戻して、Xは利用するはずである。かかる過大な給付をXに得させる理由はない。Xが別途、各支払日以降米ドルを円で運用し、円高差益を得ていたはずだ、といったことは、〔設例〕の下では、Xによって何ら主張立証されていないからである。

以上が、〔設例〕に付された〔設問〕への回答となる。

最後に、本稿四、五（と三の後半）は、民法四〇三条と⑰の最高裁判決等を軸に、苦しみながらも石黒・金融取引と国際訴訟（昭五八！）の一七二頁以下、（「支払地国通貨の選択権（いわゆる代用給付権）をめぐって」）、そして一六一頁以下（「金銭債務の履行に伴う諸問題」）で論じていた問題であること（二については、同右・一頁以下〔「域外通貨（ユーロ・カレンシー）市場の基本的法構造」〕）を、やはり付記しておきたい。ユーロ・カレンシーを「域外通貨」と訳すこと自体、けっこうナウいのでは、とも思うが、殆ど一斉に広まった「国境を越える……」という私の造語ほどには、インパクトがないようだ。

外貨と相殺、外貨と執行・倒産、等々、改めて書くべきことは多々あれども、大学院での演習等を通して、若手の研究者・実務家に、少しでも問題を分ってもらうことに、当面は専念しようか。

最後に、石黒・金融取引と国際訴訟という、品切れになるたびに有斐閣の大橋常務さんに懇願して数百部ずつ細々と再版して頂いている私の本の「はしがき」の一部を抜き書きして、（海外出張との関係で）二月中に是非とも、と考えていた本稿の執筆を終えることにする。一九八一―八二年のバーゼル留学の直後から書き出すべく準備されたのが、この本であった。それから十年余、日本の国際金融界の体質の、一体どこがかわったと言うのか!!

「そうこうするうちに、……まさしくシューマンの交響曲"Rheinisch"の如く堂々と流れるバーゼルのライン川の、あの速い流れに身をまかせ、すべてをあるがままにうけとめ、トレッシュ神父やケプラー（Th. Keppler〔天文学のケプラーの直系の方である。留学当時の芦部信喜学部長から御紹介頂いた〕）夫妻をはじめとする方々の優しさにつつまれつつ見えざるものに導かれるが如く幸せに過ごした一〇か月が終わり、私は一九八二年六月、帰国した。

それからの私は、文字通りすべてを擲って国際金融の研究に没頭した。そして毎日のように東京中を歩きまわり、国際金融に関する情報をありったけ集め、出来るだけ沢山の実務家と会い、あるいは電話をかけまくって質問をし続けた。だが、筆は全く進まず、一字も書けなかった。こんなことはかつて無かった。この数か月は、帰国後の私の、マイナスのカルチャー・ショックと重なって、私にとって最悪のコンディションとなっていた。毎日のようにあのバーゼルのライン川と、鳴り響く教会の鐘を思い、歯をくいしばった……。こんな苦しい思いをして書くことは、一生のうちにそう何回もあるまいと、今は思う。

「構想にくるしむ夢を見て起きつ棄のごとくに原稿紙にむかふ」という、今は亡き竹内敏雄先生（東京大学文学部名誉教授、学士院会員）の歌を思う。先生が、この一首のある『審美歌篇』と共にバーゼルの私に下さった年賀状――それは倭建命が野火を背に剣を翳した日本画だった。苦しいときは、この竹内先生から私への遺言の如き賀状を見つめ、自らを励ました。

かくて、ともかくも成り立ったのが本書である。内容は自分自身悔やしくなるほど不満足なものであり、かつ、思わぬ誤りを犯している個所も少なからずあるだろう。だが、今の私にはこれしかできない。血のにじむ十指で崖をよじのぼるように、疲れ切った自分の身体をとことんいじめぬきながら書き続けていた時期をふり返り……」

――とここまで自分のかつて書いた文章を「引用」したら、何だか気持ちがフッ切れた。だから、筆を擱く。

このところ、せっかくの自由な連載の機会を与えて頂いているのに、また、自分の文章が固苦しくなって来たようで、多少反省している。だが、その前に、あの『世銀グローバル円債』がある。もう一年以上待ったことになる。それに、秘密にしておく必要は、一学期それについてゼミをやってみて、存在しないことが判明した。一体誰に対して債権があるのか分らない、ゴルフ会員権以上にあいまいなものを、うやうやしく「世銀」様のものだからとダマして一口十万円で（!――わがゼミ生はこれで怒った）一般庶民にも売る不正義を、もはや許すわけにはゆかない。それを書き、次に、自由な立場で、国際倒産法について書く。今年は金融の年になりそうだ。右肩が猛烈に痛む。だが、今日は少々嬉しいことがあった。お酒でも呑むことにしよう。オワリ。（来月号のテーマは、おそらく右の如くなるであろう。）

（平成六年二月二〇日脱稿）

＊　追記――予定を変更し、次号では、日米移動電話摩擦の決着（?）について書くつもりだ。

（平成六年四月一二日記）

◇　◇　◇

「ボーダーレス・エコノミーへの法的視座」最近の掲載

連載

ボーダーレス・エコノミーへの法的視座

第四十二回　社債管理会社の設置強制とユーロ市場
――平成五年商法改正の国際的射程をめぐって　(上)

石黒一憲
東京大学法学部教授

〔目次〕

〔はじめに――前号の補足〕

本連載は連載であるからして、前号の内容について最低限のコメントをしておくことが許されるであろう。日米包括協議関連の今般の摩擦についてである。

九月三〇日のアメリカの制裁期限の直前の数日、私は正直言って気が気でなかったが、日本側はよくぞがんばり抜いた。最終段階でバタバタッとアメリカ側が折れて、基本的に数値目標抜きでアメリカ側との合意が成立した。今年二月の首脳会談は「決裂」だったが、今回は「合意」だ。日米半導体摩擦（一九八五年―）以来の「快挙」であるが、そのことが、例によって日本のマスコミは殆ど分っていない。自動車関連の摩擦が残り、三〇一条が発動されたと言っても、九月三〇日期限のスーパー三〇一条による措置は何らとられず、通常の三〇一条による調査が開始されたにとどまるし、しかも、部品購入・外国車取扱ディーラーの数の上増しとそれへの日本側官民のコミットという、摩擦の焦点とは、ズレたところでの三〇一条の使用である。もっとも、分解整備（車検）制度の段階的緩和（安全保安部品リストの削減）から最終的なその廃止（リストの全面廃止）へとアメリカ側がその主張を急速にエスカレートさせて行った、という事情のあることを、忘れてはならない。社会的規制も（経済的規制とワン・セットで）すべて見直せという、一九九四年度版のUSTR貿易障壁報告書の対日指摘事項（新規事項として「規制緩和」を追加）そのままの、理不尽な展開である。

ともあれ、今般の画期的出来事を一層のバネとして、日本の通商政策が筋の通ったものになってゆくことが、強く期待される（保険分野の決着等、大いに不満の残るところはあるが、いずれ次のステップでの摩擦に即して論じよう。なお、Nikkei Weekly 一九九四年一〇月一〇日号に、その後の事態を踏まえた、九月二三日の日経新聞「経済教室」の改訂稿が掲載されている。とくに、前者に付された漫画（?）は実に気に入っている）。

一　従来の筆者の研究と「社債管理会社設置強制」

さて、本号で取扱うテーマは、国際的債券発行に関する、私の好きなテーマの一つである。本連載においても、本誌一九九三年四・五月号で「円建て外債とわが商法（会社法）規定の適用関係――KEPCO社債権者集会事件への疑問（上）・（下）」を扱ったが、昭和五八年刊の『金融取引と国際訴訟』（有斐閣）以来、私がいろいろな角度から国際金融取引の全般を研究して来ていることは、知る人ぞ知る事実であろう（頭に来ることは実に多いが）。

平成六年初めに新世社より刊行した『国際私法』においても、私は「日本社会の国際性の欠如」を同書冒頭で論ずる際、昭和五六年の商法改正との関係で「いわゆる単位株制度とユーロ転換社債市場」を（右のKEPCO事件とあわせて）論じ、その際、次の如く述べていた。即ち――

「私が日本社会における国際性の欠如を嘆く気持ちの一端が、お分かり頂けたであろうか。しかも、このようなことは何度となくくり返されて今日に至っているのである。例えば、平成五年の商法改正でその設置が強制されるに至った新設の社債管理会社（商法二九七条以下）についても、ユーロ市場での日本企業の社債発行の場合の取扱いが、既述の単位株制度の場合と同様に、問題となる。さすがに上記の一件があったためか、多少の議論は立法段階でなされたようだが（＊）、規定上は何も書かれていない。やはり、国際的側面については十分議論が詰められることなく、見切り発車的に法改正がなされてしまった疑いがある。」

そして、そこに付された注（＊）の中では――

「河本一郎『外債発行と社債管理会社の設置強制』IFR DEAL WATCH（Issue 52. April 19. 1993）二六頁以下。とくに二八頁以下に外債発行との関係での論述がある。『外国で発行される社債については……外国法が準拠法として指定され……れば、社債の管理会社の設置強制についてのわが商法の規定の適用は排除される』（同・二八頁）とされている。なお、石黒・貿易と関税一九九三年四月号所収論文一四二頁以下の注5の後段〔正確には同頁下段二行目以降〕と対比せよ。」

――と書いておいた。

そこから先のことを、本稿で改めて書くことになる。

なお、本稿のテーマについては、東京大学大学院法学政治学研究科の私のゼミでも扱って来ており、その意味で、むしろまずもって感謝すべきは、当時の院生諸君なのかも知れない。

ところで、「社債管理会社設置強制」の問題については、法務省サイドから、その国際的射程を含めた論述が、複数示されている。多少私にとって嬉しいのは、「日本の会社法は外国の会社に対しては、いくら当該事項の準拠法（lex causae）が日本法とされても、（商法四七九条以下の外国会社規定を除き）一切適用されない」、といった根拠なき法的ドグマが、そこでは排除されていることである。KEPCO事件ではまさにこの点が大きな問題となったし、商法二一一条の二に関して、法務省サイドがこうした閉鎖的ドグマにこだわっていたのである。だから、私にとって嬉しいことなのである。

ちなみに、KEPCOの出したサムライ債は、いまだにデフォルト状況が解消されておらず、その後同社がアメリカで出した米ドル債についても、同様の危険な状況にある（クロス・デフォルトへの懸念！）。にもかかわらず、関係者が何もないかの如くつくろっているのは、何とも理解し難い。そのことは、関係者にも十分伝えてある（その後右のサムライ債が急遽全額償還された、との情報もあるが、同種の民営化絡みのサムライ債の取扱が、問題あるKEPCO方式で処理されて来ていることも、忘れてはならない）。「石黒だけが例によって妙なことを言っている」のではなく、公社債引受法制研究会・社債の多様化・国際化に関する諸問題の研究（平成六年七月）七七頁以下では、「未定稿」ながら、「日本で発行される外国社債の適用法規」につき、「報告者」たる龍田節教授（「報告助言者」の資格で私も参加）が、私見と同旨を述べておられるのである（とくに同右・九八頁以下）。

さて、このあたりで本稿のテーマにズバリ言及してゆくこととする。ただ、その際、KEPCO事件で浜田邦夫弁護士等の実務家の論稿（それがあったから書けたのだ、という意味で、心から感謝している）をベースに、それへの批判的検討を試みたのと、同様の手法をとりたい。具体的には、法務省サイドの立論をフォローしつつ、そこに一々コメントを付する、という手法で論じ進めたい。もっとも、今回は、対立点もあるが、大いに有難い指摘も法務省サイドからある。KEPCOのケースのように複雑な心理的圧迫感（事前事後を通じてのそれ）なしに筆が進められることは、実にラッキーなことだと感じている。

メインに据えるのは、法務省民事局第五課長たる原田晃治氏の「社債をめぐる法律関係とその準拠法(上)(下)」商事法務一三五六号八―一三頁、一三五八号八―一三頁（平成六年）である。本稿のテーマとズバリ関係し、論述が最も細かいからである。読者（例によってごく少数ではあろうが、今回は〔気が付けば！〕金融実務家も多少は読んでくれるかも知れない）にとっても、法務省サイドの見解が大いに気になるところであろうし、それに即した論述の方が、何かと便利であろう。

なお、原田氏の右のものはあくまで個人的見解とされているが、他に、法務省民事局参事官室編・一問一答平成五年改正商法（平成五年・商事法務研究会）一七六―一八一頁にも、本稿の取扱うテーマが、Questions & Answers 式で触れられている。

また、前法務省民事局参事官たる岡光民雄氏の逐条新担保附社債信託法（平成六年・商事法務研究会）にも、一六二頁以下に、「海外で社債を募集する場合の基本的な法律関係」と題した個所があり、参考とする。その他、河本一郎教授の前掲論文、前田庸教授の「平成五年商法等の改正要綱について(中)」商事法務一三一六号（平成五年）一三―二五頁、江頭憲治郎教授の「社債法の改正」ジュリスト一〇二七号（平成五年）三四―三九頁、等を主として用いることとする。

二　「社債管理会社設置強制」制度の国際的射程――法務省サイドからの見解とそれへのコメント――

(1)　制度上気になる点――議論の前提として――

原田氏の論述に即して検討する前に、とりわけユーロ市場での日本企業（あるいは外国企業！）の起債に際して、大いに気になる点があるので一言する。なお、この制度の概観については諸氏の解説等に譲る（例えば、法務省民事局参事官たる吉戒修一氏の「平成五年商法改正法の解説(7)(8)(9)(10)」商事法務一三三一号二七頁以下、一三三二号二五頁以下、一三三三号二一頁以下、一三三四号八二頁以下（平五）、等）。

気になるのは、設置強制をされる場合に社債管理会社を置かなかったらどうなるのかの点である。この点は、制度の国際的側面を論ずる原田氏の論稿（河本教授のものも同じ）において言及されていないが、実際上けっこう危いものを含んでいる。吉戒・前掲(8)商事法務一三三二号二六頁には次の如くあるのである。即ち――

「社債管理会社は、社債権者の保護の役割を果たすべき重要な機関であるから、発行会社が社債管理会社を設置しないで社債を募集することは重大な義務違反であり、この場合の社債は無効であるとすることも考えられる。しかしながら……無効とする扱いは取引安全の見地〔等〕からは問題がある。……社債がすでに流通に置かれていることを考慮すれば、無効とするのではなく、有効とすべきである。……〔だが〕発行会社は、依然として社債管理会社を設置する義務を負っているのであるから、速やかに社債管理会社を設置すべきである。もっとも、この場合の社債管理会社を設置するための手続は、社債がすでに発行されて流通に置かれているため……改正商法三一四条一項の規定を類推適用して、発行会社は、社債権者集会の同意またはその同意に代わる〔同項の定める〕裁判所の許可を得た上で、社債管理会社を設置しなければならないものと解する。そして、この設置義務の履行を怠れば、さらに同条二項の規定が類推適用されて、発行会社が社債を発行後二月内に社債管理会社の設置の手続を採らないときは、社債の総額につき期限の利益を失うものと解する〔！〕。」

――とあるのである。法務省民事局参事官の筆は、実に権威があると、一般には解されており、従って右の指摘の重みは無視できない。「社債管理会社の設置強制は、社債発行限度規制の廃止に代わる措置」とされる（吉戒・前掲(7)商事法務一三三一号三〇頁）。つまり、平成五年商法改正で「社債発行限度規制を廃止することとしたが、何らの代替措置を講じることなく……〔それ〕を廃止することは、社債権者の保護の見地からは許されない」（同右・二八頁）として、この設置強制制度が導入された。それは分るが、商法四九八条一項二二号の過料とは別に、右の如き強度の民事的サンクションまでかける必要が、果たしてあるのか。社債権者保護のメカニズム、しかも法に所定のそれがインプットされていない以上、即時全額償還させる、それでよい、と考える御上の御意向が、（とりわけ海外での起債に際し）かえって各社債権者にとって大きな混乱を与えることになりかねないのではないか、との点が、懸念される。また、法定の期限の利益喪失事由ということになり、実際の起債関係諸契約上の期限の利益喪失事由との関係も、大いに気になる。三一四条は社債管理会社の事務承継者の規定であり、ぐずぐずしていると前記二項のサンクションを加えるぞ、というそのスタンスにも多少首を傾げたくなる点はある。だが、なぜ私がとくにこの点を危険だと感ずるのかは、国際的な債券発行の場合に、日本の実務家が「設置強制」制度自体に強く反発し、種々のテクニックを用いてこの制度の拘束を脱しようとしている、とされていること（後述）と深く関係する。こうした実務家の反発（それが事実あったとして）が、右の三一四条二項類推説の存在を、どこまで意識しているかは分らない。だが、少くとも、そう解されるリスクをも織り込んで現実の債券発行の関係諸契約のドラフティングを行なうべきことは、疑いの余地がない。自らの主張を通してドラフトをし、あとで大問題になれば、専門家としての賠償責任追及等が待っている、ということになる。

さて、右の参事官見解は、学界からも相当広い支持を既に受けている。即ち、前田・前掲(中)商事法務一三一六号一五頁も、「社債管理会社を置かないで社債が発行された場合には……期限の利益を喪失するものと解すべきであろう」とし、社債管理会社の事務承継に関する場合の処理（同右・二二頁）をリファーする。また、服部栄三＝星川長七編・基本法コンメンタール会社法2（第五版・平六）一七五頁以下（植村啓治郎）所掲のもののほか、田中誠二教授も「平成五年商法改正法管見」商事法務一三三六号（平五）七頁で、吉戒氏の見解を引きつつ、三一四条二項の類推適用を説く。

これらの見解がいずれも国際的問題をメンションせず、純粋に国内的視座の下で筋を通そうとするものであるのに対し、国際的視野から「社債管理会社設置強制」を論ずる際には、法定の期限の利益喪失に関する問題（但し類推適用によるそれ）が明示的にインプットされていない、といった風通しの悪さこそが、「日本社会の国際性」の程度を、ネガティヴな意味で暗示するのである。

それでは一体何が起こり得るのか。例えば日本企業がユーロ市場で社債（ユーロ債）を発行し、諸契約の準拠法が日本法とされていたとする（原田氏の論述に沿って後述）。だが、社債管理会社関連の問題については、意識的に日本法の適用を外していたとする（後述）。ところが日本で訴訟が起き、管轄（国際裁判管轄）等がクリアーされ、前記の如き法務省見解に基づき、社債管理会社が実際に設置されることなく二か月経過していたから、期限の利益が喪失されたとして、発行会社に対する請求がなされたらどうなるか。クロス・デフォルト条項も気になるし、私が訴訟マニアだったらそんな訴えを起こす。また、海外の法廷で、右の如き準拠法指定（後述の分割指定）の効力が否定されれば、同様のことがやはり起こり得る。かかる海外の法廷で、日本法上の設置強制が、契約準拠法の如何にかかわりなく適用される、いわゆる絶対的強行法規と把握されれば、やはり同様の展開になることも、考えられる（当該事項につき日本法の適用が契約準拠法の決定上排除されていたとしても、例えば一九八〇年のEC契約準拠法条約七条一項の、いわゆる第三国の絶対的強行法規として日本の右法規が、有力見解としての前記類推説と共に把握された、という場合を考えよ。後述の私見参照）。同様のことは、ユーロ市場での外国企業の起債について、日本法が（前記の如き形での"工夫"を施しつつ）準拠法とされていた場合にも生じ得る。

ともかく、この「設置強制」制度の国際的射程を明らかにしておくことが、いずれにしても必要となる。この点につき明示の規定を置かず、例によってピュアリー・ドメスティックな視座の下に規定を置くにとどまってしまったことは、つくづく残念なことである。

以上を踏まえ、原田氏の論稿に沿った論述を、試みることにする。

(2)　原田氏の見解と筆者のコメント

〔前提的諸問題〕

以下、この(2)の部分が若干不体裁に長くなるが、気にせず進むこととする。本来自由な連載なのだから。

原田氏（法務省民事局第五課長）は、外国企業が日本で社債発行する場合に日本法を準拠法として指定する場合が多かろうが、その際「わが国の社債に関する商法の規定のどの部分が適用され、どの部分が適用されないのか」（原田・前掲(上)八頁）を明らかにし、他方、「日本の株式会社が商法を準拠法として、ユーロ市場等で社債を発行する場合にも、この社債管理会社の設置強制の規定が適用されるのか」（同右頁）を解明しようとする。その基本的スタンスは、（契約）準拠法の如何をあくまで重視するものであり、後述の私見とは異なるが、その説くところには共鳴できる点も少くない。

どうでもよいことだが、原田・同右(上)九頁が、これに関連する「国際裁判籍の所在、証券取引法の域外適用の可否、商法の罰則規定の適用範囲等……は、比較的新しい問題であり、これまで、一部実務家等によるものを除き、ほとんど深い議論がされたことがない」としている点は、猛烈にカチンと来る。KEPCO事件についても同論文は言及するが、本誌の私の論稿も証券研究一〇二巻も、その他の幾多の著書・論文も、法務省民事局第五課には届いていなかったようである（なお、平成元年法例改正に際しての、民事研修〔三五六号〕という、法務省の同じ建物の上の階で編集している雑誌に頼まれて私が執筆した論文も、下の担当課には届いていなかったようである。改正に際してその存在は全く無視された。なお、本稿末尾参照）。どうでもよいが頭に来る。だから一言した。スッキリしたから先に行く。

原田・前掲(上)九頁以下は、「日本の会社が外国で社債を発行する場合」を主として論ずる。冒頭は「外債の発行をめぐる法律関係」ということで、若干古目の教科書的叙述がまずある。教科書的叙述をするなら、私の『国際私法』（新版・平二）のみでなく、新世社刊の『国際私法』（平六）の方も参照して頂きたかった。そこで、"国際私法上の性質決定"をめぐる新たな視点に力点を置いた論述を、しているからである。だが、まあよい。法務省サイドで、国際私法プロパーの問題について私の著作の存在が、認知されたこと自体、私にとっては望外の喜びなのだから（平成元年法例改正のときの完璧な無視に比すれば！）。

なお、原田・同右九、一三頁にあるように、「今後は、外債を発行する場合にも、商法を準拠法に指定する以上は、社債管理会社を設置しなければならない」か否かにつき、国会審議でも質問があったとのことである。だが、国会議員の方々の質問というものに、議事録を見るたび失

望させられている私としては、構わず先にゆく。

さて、原田・前掲において特筆すべきことがいくつかある。それらについては、本稿において順次言及してゆくが、まず、同右(下)商事法務一三五八号八頁以下（日本会社が外国で、日本法を社債関係諸契約の準拠法として債券を発行した場合）が、「会社の組織法的な法律関係」と「社債契約に基づく法律関係」とを分け、前者のみを会社の属人法（設立準拠法）によらしめ、後者を契約準拠法によらしめている点である。その論理においては、社債管理会社関連の問題も、専ら後者によるべきものとされている。準拠法の論理で考える、との前提をとるならば、もとより正当である。

いわゆる法人属人法の射程を会社の内部組織の問題に限る考え方（石黒・国際私法（平六・新世社）二九九頁以下）は、法務省民事局参事官室編（以下、法務省編と略称）・前掲一問一答一七七頁以下にも示されている。考え方としては正当である。ただ、その先が問題である。原田・前掲(下)一〇頁は、「商法二九六条の取締役会決議を欠き、または、これに瑕疵がある場合における社債発行の効力」につき、会社の内部組織の問題ゆえ属人法によりつつ、「行為地における取引保護の見地から、行為地法により属人法の適用が制限され」得る、とするにとどめている。けれども、一体誰と誰との間での紛争なのかの点を直視した処理が必要である。会社の行為能力の問題につき法例三条一項を類推適用する最判昭和五〇年七月一五日民集二九巻六号一〇六一頁の延長線上に、原田氏の見解もある。だが、石黒・国際私法（平六・新世社）三〇〇頁以下のように、関連諸問題と整合的に処理する方向に、一歩を含めるべきである。

とくに、遺産分割前の相続持分の第三者への処分行為の効力につき、右第三者に対する共同相続人からの訴訟につき、最判平成六年三月八日判時一四九三号八〇頁は、相続の内部関係の準拠法たる相続準拠法ではなく、第三者との外部関係の準拠法によった（具体的には物権準拠法。石黒・同右一七六頁以下と対比せよ）。相続と会社では問題が違うと言われそうだが、そうではない。内部関係の準拠法αの規律内容をもって、第三者と当該内部関係の中にある者との取引の間の準拠法βにかかわらず、当該第三者に対抗できるか、という一般性のある問題が、ここで呈示されているのである。この最判平成六年及び石黒・同右で引用したその原判決の意義は、私の見地からは、右の如き意味で、ここでの問題についても十分深く考えられて然るべきものなのである（詳細は別な機会に論ずる）。

以上は、むしろ国際私法プロパーの問題で、一般の関心の向くところではないかも知れぬ。よって、先にゆく。

原田・前掲(上)一一頁には次の如くある。即ち、「わが国の商法を準拠法として指定しながら、社債管理会社の設置強制等の社債権者保護のために設けられた規定の適用を免れるために、発行会社が、当該部分についてわが国以外の法を指定するような場合」が考えられる、とある。日本の実務家は、どうもそのように考えたがっているようである。この点についての原田氏の見解（契約準拠法指定に関する分割指定の可否――同氏は否定的に解する）を、私は強く支持する。これも法務省サイドの見解として、特筆すべきものの一つである。前法務省民事局参事官たる岡光民雄氏も、岡光・前掲一六二頁で「分割的な準拠法の指定はできない」としている。

法例七条が当事者による準拠法指定の自由を認めたのだから分割指定（や一部指定）も認めたらよかろう、との安易な見解に対する私の反論は、石黒・国際私法（平六・新世社）一三五頁注79、二六八頁以下、二七七頁、等で示した。とりわけ同右・二六九頁で示した点への配慮が十分ないまま、分割指定への単なるムードが何となく高まっているというのが、とかく流され易いわが国の、この分野での学界の状況と、私は考えている。

原田・前掲(下)一〇頁は、「仮に、準拠法の分割指定を認めるとしても、……社債契約に関する規定中の強行規定のみを排除するような分割指定が許されるのかという疑問がある。商法中の社債権者保護に関する規定を強行規定であるとしながら、当事者の特約でこれらを排除する結果を認めるときは、当事者による恣意を認めることになり、法の趣旨の潜脱

を許す結果になりかねない」とする。まさにそうであり、一九八〇年のEC契約準拠法条約三条一項（分割指定を認める）の審議に際しても、同条約七条を介して法廷地の、また関連する第三国のいわゆる絶対的強行法規の介入が、別途認められていることが、分割指定を認める前提とされていた（石黒・同右〔国際私法〕二六九頁）。

だが、このあたりから原田・前掲における国際契約法への見方が、多少あやしくなる。

原田・前掲(上)一一頁は、「国内法上の契約自由の原則に対応するものとして」国際私法上の当事者自治が認められて来たとする。現象的にはそうだが、民商法と国際私法とで、当事者自治の効果が全く違うことについて、原田氏はどの程度深く認識しておられるのか。国際私法上の当事者自治（法例七条一項）は、本来ならば適用される国（社会）の法（otherwise applicable law）上の強行法規を排除することに、その基本的な意義がある（石黒・国際私法〔平六・新世社〕二六三頁以下）。従って、「仮に、準拠法の分割指定を認める」ならば、特定国（日本）の強行法規のみが意図的に排除されるのは、当然の結果となる。原田氏においては、今一歩国際契約法の内外（といっても日本国内の一般の動きがどれだけ参考に値するかは疑問）の状況につき、踏み込んだ検討をして欲しかった、とも思う。これは、次に論ずる点との関係でも同じである。

〔通常の準拠法の論理をとるか否かの問題〕

原田氏をはじめとする法務省サイドの立論は、その枠組において、比較的単純である。即ち、「当事者が、外債発行に際して、いったん社債契約の準拠法として日本法を指定したときは、……〔社債管理会社の点を含めた社債に関する規定――債権的法律関係に関するもの〕は、強行規定も含め、原則として、すべて適用になる」（法務省編・前掲一問一答一七九頁。岡光・前掲一六四頁以下も同じ）が、外国法が契約準拠法なら、原則的に不適用となる、というものである（但し、原田・同右の前段引用部分で「原則として」とあるのは、多少ミスリーディングでもある）。

だが、このように考えるのが唯一かは疑問であり、私は江頭教授のこれから示す見解の線で、それを多少リファインすべきものと考えている。

原田・前掲(下)一〇頁は、「社債管理会社の設置強制に関する商法二九七条の規定や社債権者集会に関する……規定等は、属地的な私法上の強行法規であり、日本の会社が海外で日本法を準拠法として社債を募集する場合には適用されないと解する立場」として、江頭・前掲ジュリ一〇二七号三六頁を引用し、これを批判する。

ちなみに、江頭・同右頁は、「改正商法二九七条本文は、日本の会社が外国で社債を募集する場合、あるいは外国の会社が日本で社債を募集する場合にも適用されるか」を問い、「同規定を属地的強行規定であると解し、社債契約の準拠法のいかんにかかわらず、わが国で募集される社債に社債管理会社の設置強制の規定が適用されると解すべきではなかろうか」としている。そして、属地的強行規定と解する根拠として、同右・三九頁では、「社債管理会社の強制設置がアメリカ合衆国法にならった規制である……ことから、アメリカの制度と同様このように解する」とされている。理由としては、今一つシャキッとしないが、私も結論としてはその方向で考えている。理由はあとで述べる。

さて、原田・前掲が江頭説をどう批判しているのか。原田・前掲(下)一〇頁は、まず次のように述べて、江頭説に一定の理解を示す。即ち、「確かに、主としてわが国における投資家保護を目的とする証券取引法は、原則として日本国内においてのみ適用されるものと解されていると ころ、社債管理会社の制度も、これと同様に、わが国の証券市場の成熟度等を考慮して、商法が発行会社にその設置を義務づけたものであり、基本的には、日本国内における投資家保護を念頭に置き、また、社債管理会社となり得る者の資格等についても、もっぱら国内事情を考慮して定められたものであるから、その適用をユーロ市場等にまで拡大する必要はないし、また、適当でもないということもいえそうである」とされる。

この実質論をベースに考えてゆくべきこと、後述の如くだが、原田・同右頁は、つづいて次のように述べる。即ち――

「しかしながら、この見解に対しては、このような属地的な私法上の強行法規という概念が確立したものといえるかどうか疑問であるし、何をもって属地的な強行法規とするかについての基準も明確でないとの批判があり得るところであろう。」

――とし、既述の「分割指定」論への批判に移っている。

右の、二つに分けて引用した原田氏の論述には、基本的な問題がある。まず、同氏は、証券研究一〇二巻（平成四年）の『証券の国際取引をめぐる法的問題――域外適用を中心として』との特集に収められた諸論稿（同右一頁以下の石黒「証券取引法の国際的適用に関する諸問題――序説的覚書として」を含む）や、龍田節「証券取引法の域外適用」国際経済法二号（日本国際経済法学会・平成五年）一二三頁以下を、どうとらえておられるのか（原田・前掲には何ら引用されていないし、既述の如く、「一部の実務家等」を除き、この問題は「ほとんど深い議論がされたことがない」というのが、同右(上)・九頁の認識であった）。

証取法は行政法規だが、商法は私法上の法規だから、といった皮相的な区別を原田氏がしていた、とも考えられるが、かかる認識はそもそもおかしい。証券研究一〇二巻の自分のものを引きつつ、私は、石黒・国際私法（平六・新世社――同名の有斐閣プリマ・シリーズ双書〔新版・平二〕と区別する意味で、しつこくこう引用している。なお、原田氏は専ら後者と、石黒・金融取引と国際訴訟〔昭五八・有斐閣〕のみを、私のものとして引用して下さっている）の三〇一頁で、次のように論じている。即ち――

「例えばわが証券取引法の主要な規定は……法廷地国の絶対的強行法規として、準拠法選択の論理とは別枠で、その適用が論じられる。だが、実は証券取引法の中にも、不法行為の特則的な賠償責任規定が存在する。それらについては、日本法が（法例一一条の下で）準拠法となった場合にのみ適用されることになる。それと同じように、商法の中の規定だからすべて準拠法の論理のみで処理する、というわけでもない。どの法律の中におさめられていようと、要は個々の規定の性格と趣旨が決め手となる。」

――ということである。ちなみに、石黒・同右三〇〇頁以下では、商法二一一条の二について、専ら準拠法の論理（親・子いずれの会社の属人法によるか）でこの規定の適用の有無を判断される落合誠一教授の所説と、日本企業の海外子会社による親会社株の取得については規制の趣旨からダイレクトに（前記の江頭説と同様の論理で）処理しつつ、外国会社の在日子会社による取得の場合には準拠法の論理で（親会社の属人法によるとして）処理する龍田節教授の所説とを、対比していた。そして、「商法と証券取引法との間の鵺的な存在」たるこの規定につき、むしろ龍田教授の右の前半の論理を後半部分に及ぼして純化すべきことを、説いていた。

同じことが、社債管理会社設置強制についても言える、というのが私見である。以下、このあたりの問題について論ずる。

〔社債管理会社関連諸規定の絶対的強行法規性〕

まず絶対的強行法規とは何か、といったあたりから説明するのは、実にかったるい（ちなみに、龍田・前掲国際経済法二号二二六頁などでもこの語が用いられていることに、注意せよ）。石黒・前掲国際私法（平六・新世社）四六頁以下の、「国際的民事紛争における基本的な法の適用関係」のところと、同右・四六頁の図6参照、で済ませたいところである。一〇月四―七日と韓国に出張したが、韓国の専門家の方が、お忙しい日本の方々よりもはるかに、私の書くものを丹念に読んで下さっている。まあよい。

法務省編・前掲一問一答一七六頁は、日本の会社は「国内においては、外国法に準拠して社債を発行することはできません」とする。理由は、法例七条一項は「純粋に国内的な取引についても当事者による準拠法選択の自由を認めたものではないから」だ、とされる。これに対して、原田・前掲(上)一三頁は、「このような社債も、外国人によって引き受けられたり、発行後、国外へ流出する場合も考えられ、渉外的要素を持つに

至ることがあり、その紛争解決に際して、準拠法の決定が問題となる場合があるのではないか」とする。原田氏の理解の方が正しい。体系的には、石黒・国際私法（平六・新世社）二一九頁以下を参照されたい。

ところで、日本国内で起債され、殆ど専ら日本の投資家が買う等の事情があっても、外国法を準拠法として指定することにより、社債管理会社設置強制の規定が直ちに外れるのか。そこが既述の江頭教授の見解の出発点とも見得るし、私はまずそこを考える。原田・前掲(下)一二頁以下は、主として日本法が準拠法と指定された場合を論ずるが、法務省編・前掲一問一答一八〇頁は、外国会社の日本での起債に際し、外国法が準拠法として指定された場合を論ずる。原則は日本法不適用とするが、「当該準拠法とされた外国法の規定が社債権者保護に著しく欠けるような場合には、わが国の公序に反するものとして、もっとも密接な関連性を有するわが国の商法の社債権者保護のための規定が適用され」得るとする。国際私法上の公序に頼るのであるが、国際私法上の公序一般の問題（石黒・国際私法〔平六・新世社〕二三二頁以下）との関係の詰めが、多少甘い。困れば公序、といった発想もプリミティヴすぎる。

ただ、法務省編・同右頁には、すぐつづいて、「募集地であるわが国の証券取引法等、その立法趣旨に照らして属地的に強行される公法的規定であると考えられる法規は、準拠法のいかんを問わず外国の会社による社債発行の場合も〔わが国が法廷地である限り――筆者註〕当然に適用されることになります」とある。

それでは、社債管理会社設置強制関係の商法の規定を、なぜ右の論理でとらえられぬのか。商法二九七条の設置強制につづく二九七条の二は社債管理会社の資格を法定し、二九七条の三は、社債管理会社の義務を法定する。既述の三一四条も事務承継に関する監督的規定であり、やはり既述の同条二項の、法定の期限の利益喪失の点も、民事法的効果に直結してはいるが、要は、法規定を守らねばこんなサンクションがあるのだ、だから守れ、というある種の脅しに近い。

それら全体は、証取法の一般の（その意味は既述）規定と近い性格のものであり、むしろ規律の主眼は公的見地からの規制にある。江頭説的に考えれば、そもそもこうした場面での最後の手段たる国際私法上の公序を正面に据えなくとも、自然に処理できることに、気づくべきである。「公」と「私」との間の差へのこだわりを捨てて、個々の法規の絶対的強行法規性の問題を直視すべきであろう。

なお、原田・前掲(下)一二頁以下は、次のような問題を提起する。即ち――

「社債管理会社に関する規定等を属地的な強行法規と解する見解によれば……社債の準拠法として外国法が指定された場合にも、わが国で社債の募集が行われる以上、商法中の社債権者保護に関するこれらの規定が適用されるということになろう。この見解によった場合に、準拠法として指定された外国法の社債権者保護に関する規定が適用されるかどうか必ずしも明らかではない。仮にこれが適用されるとすれば、二重に社債権者保護の規定を適用する意味があるのかということが問題となるし、外国法の適用がないとすれば、一応首尾は一貫するものの、社債契約に関する総合的な規定をこのように分割して適用することによって、全体として齟齬が生じないかどうかが検討される必要があろう。」

――とされている。だが、法廷地国の絶対的強行法規の介入問題の基本が、よく理解されていない。また、外国法を準拠法とした以上、当該送致範囲内の外国法規範はすべて適用しなければ、国際私法としての論理が「首尾一貫」しないことになる。そもそも、ここでの日本法の規定の仕方自体に、ある意味であいまい、ある意味で過度に強硬なところのあることが、すべての原因である。だが、いずれにしても、準拠法上の制度とダブる場合の問題は、別な論理で処理し得るはずであり、この点は後述する。法廷地国の絶対的強行法規たる社債管理会社関連の規定の国際的適用範囲を、どう画定すべきかの問題である。

ちなみに、岡光・前掲一六四頁以下は、「準拠法指定事項」と「属地法事項」との二分法で、このあたりの法の適用関係を整理する。同右・一六三頁では、後者は「属地法事項」とされているが、ともかく考え方の

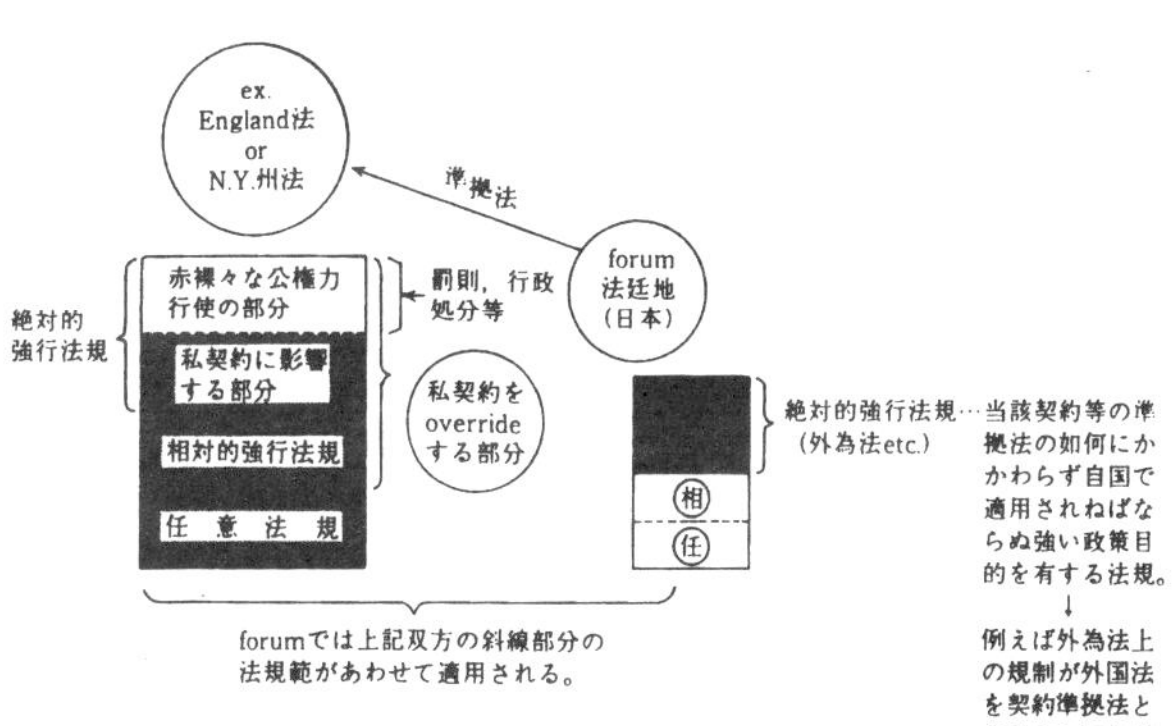

国際民事紛争における基本的な法の適用関係

基本はそれでよい。だが、それを「国内における適用だけを前提としたもの」と表現するのは問題である。例として、「例えば日本の労働法の規定で日本についてだけ適用のある事項および利息制限法等は、属地法事項」だとされるが、「日本についてだけ」という表現は、詰めが甘く不正確である（陳一「国際的労働関係の適用法規の決定に関する一考察(一)」法協一一一巻九号〔平六〕一三七四頁以下、等と対比せよ）。個々の労働法規ごとに（条文ごとに）細かく検討し、その国際的適用範囲や絶対的強行法規性を検証する必要がある。また、利息制限法の位置づけについても同様の問題があり（石黒・国際私法〔平六・新世社〕三〇、二六五頁、及びそこに所掲のもの参照）、今一歩の理論的整理が必要である。

要するに、原田・前掲(下)一〇頁の、「商法中の社債権者保護に関する規定を強行規定であるとしながら、当事者の〔準拠法に関する〕特約でこれらを排除する」ことへの、既述の如き抵抗感は、当該規定（社債管理会社設置強制に関するそれ）の絶対的強行法規性を肯定し、準拠法の論理がすべてだとする呪縛から脱することによって、素直にこれを位置づけられることになるし、そうすべきなのである。

ここで、やはり、すべての基本たる図（石黒・同右四六頁）を、再度示しておこう。

社債管理会社設置強制の、商法二九七条以下の規定は、この図の日本の方の四段重ねの箱の上から二番目に、過料の規定は一番上に、それぞれ位置づけられることになる。そしてその上で、当該規定の国際的な射程を画してゆくべきことになる。

（次号につづく）

〔十一月号の訂正〕（編集部）

23頁下段8行目

「――ということであろか。――」を「――ということであろうか。――」に訂正します。

連載

ボーダーレス・エコノミーへの法的視座

第四十三回　社債管理会社の設置強制とユーロ市場
――平成五年商法改正の国際的射程をめぐって　(下)

石黒一憲
東京大学法学部教授

〔目次〕

〔社債管理会社関連諸規定の国際的適用範囲をめぐって〕

かくて、商法二九七条を軸とする関連諸規定については、社債契約の準拠法の如何にかかわりなく、証取法を含む国家法の一般の域外適用の場合と同様に、その独自の政策目的に照らして、国際的適用範囲を決してゆくべきことになる（なお、KEPCO事件に関する石黒・貿易と関税一九九三年四月号一四五頁注69）。日本社会との密接関連性が基本的なメルクマールとなるのは、ここでも同じである。但し、その際、発行市場が国内か国外かでスパッと切り分けて考える江頭説が唯一の選択とは言えない。

もっとも、準拠法の論理とは別枠でその適用可能性を論ずべき諸規定は、社債発行に伴う行為規制としての意味あいを有する（債権関係に対して最終的には罰則の制裁をもって公的介入がなされる）ものであるにとどまる。例えば三一一条の二の社債管理会社の損害賠償責任の規定などは、証取法上の賠償責任規定の場合（石黒・前掲証券研究一〇二巻一二頁）と同様、当該事項の準拠法が日本法となった場合に適用されるものと考えるべきであろう。この点は、厳密には個々の規定の政策目的を精査して、規定ごとに判断してゆくべきものであるが、本稿では、ともかく大摑みなところで、基本的な法の適用関係について明らかとする点に、主眼を置く。設置強制という社債権者保護のための制度の内容をなす必須の部分は、二九七条と一体的に、いわばそれに引きずられて前記の如き取扱を受ける、ということに、一応はなる（なお、この場合の過料の規定の取扱については、石黒・貿易と関税一九九三年四月号一三五頁と対比せよ）。

さて、法務省サイドが既述の江頭説の割り切りに抵抗感を覚えるのは、原田・前掲(下)一一頁の、次のような指摘とおそらく関係する。即ち、「日本の企業がユーロ市場で社債を発行する場合において、日本企業の現地法人が幹事引受会社となり、日本の機関投資家に対して、これを販売することが多いようであり、その多くは、日本国内に還流するのが実態であるように思われる。そうであるとすれば、これらについて、商法の社債権者保護の規定の適用を排除すべき理由はないように思われる」とされている点である。既述の密接関連性テストからも、右のような典型的な場合についての内国牽連性は十分にあり、準拠法の如何にかかわらず、設置強制の規定は適用されて然るべきである（後述）。江頭説では「わが国で募集される社債」についてのみそれを適用する、とあるので（江頭・前掲ジュリ三六頁）、それでは狭い、との認識が、法務省サイドにはあるのであろう。だが、準拠法がすべてとする法務省サイドにおいては（そこでは、国際私法上の当事者自治原則をめぐる、国際契約法の大きな流れが十分反映されていない。石黒・金融取引と国際訴訟二二一―六二頁の「国際契約法総論」参照）。社債発行関係諸契約の準拠法が外国法とされてしまえば、もはや日本の当該規定は不適用となり、あとは国際私法上の公序に頼るほかなくなる。いずれのアプローチにも過不足があることを、ここで認識すべきであろう。

だが、他方、「ユーロ市場において、商法の社債権者保護の規定を適用することが実際的でない」とする声が、法務省サイドの立論に対してあがっているようである（原田・前掲(下)一〇頁以下、及び同・一三頁注31）。ともかく社債関係諸契約の準拠法を日本法としたいとする、準拠法選択をあたかも自らの勲章であるかの如く考える本能的欲求がまずあり、だが、日本の社債権者保護の規定は使い物にならぬから外したい、との要求がこれに合体する。そこから既述の分割指定の問題関心が出て来る、という図式のようである。

注意すべきは、かのKEPCO事件でもこうした日本の実務家の声がすべてを押し切っていたことである（石黒・貿易と関税一九九三年四月号一三二、一三三頁。分割指定については同右・一四二頁）。実務サイドからは、ユーロ市場での起債に際し「引受契約および社債契約のいずれの準拠法も日本法とすることにより、日本法に通じた日本の法律事務所のみの関与で足りることによる費用等の節減、発行手続の円滑化等の長所がある」点などが挙げられている、とされる（原田、前掲(下)九頁）。たしかに日本の弁護士事務所にとっては悲願に近い本能的欲求なのだろうが、ユーロ市場で永年リファインされて来た英文契約書の、精密機械に近い大量かつ複雑に絡み合った諸条項を、どこまで日本法をベースに"変換"できた上での立論なのかが、まず問題となる。この点では、石黒・金融取引と国際訴訟の巻末注94に引用した北川善太郎「国際ローン契約の国際化」法学論叢一一〇巻四・五・六号（昭五七）所収論文と、石黒・同右一二七頁以下とを対比した上で考えるべきである。

こうした実務家の声が、わが商法上の社債権者集会決議の裁判所による認可の問題などもあわせ、十把一からげ的に示されているようでもあるが、それらに対して、原田・前掲(下)一一頁は、極めて重要な反論をしている。即ち、ユーロ市場においてわが商法規定を適用することが実際的でないとする声は、「このような社債の発行に関与する法律実務家の感覚を基礎とするものであるだけに、傾聴すべきものを含む」が、そこで「日本の商法の定める社債権者保護の仕組みは絶対に採り得ないという理由があるのかについての検証が必要である」としている。正論と言うべきである。そして――

「わが国の社債権者保護の仕組みについても、ユーロ市場で認知されるように、今後その実績を積み重ねていく必要があると思われる。」

――と原田・同右頁は言う。おそらくこれが一番言いたいことであったと思うし、私も全く同感である。日本の金融実務家は国内空洞化を何の疑いもなくこれまで率先するのみで、何ら日本の国際金融市場の法的インフラ整備に積極的に関与して来なかったではないか、と私は強く言いたい。たしかに、一九八二年にユーロ市場での大混乱を起こしかけたわが商法の単位株制度導入の場合（石黒・金融取引と国際訴訟二六九頁以下、簡単には、同・国際私法〔平六・新世社〕三頁以下、三〇三頁）のように、

全く国際的視座の欠落した法改正の繰り返される土壌に、今の日本社会はある。本稿二(1)で示した点も含め、社債管理会社設置強制の立法論的当否も、とくに国際的視座からは、問題なしとしない。だが、だからと言ってそれをはじめから無視し、ユーロはユーロ、日本市場（というよりは日本法）は勝手にせよ、といったような立論では、事態は何ら改善しない。また、サムライ債の場合にKEPCO事件のような処理でいまだによしとする立場（危険を承知でその増大に頬被りするが如きこと。赤信号皆で渡ればこわくない式発想）も、納得がゆかない。――等々、誰が何と言おうと、一研究者として、一個の人間として、大きな不満が日本の金融実務家に対してはあり、私はこの点をこれまでも事あるごとに強調して来た。だから、原田・前掲の指摘には大いに共鳴するものがあるのである。

〔画期的な法務省サイドの見解〕

ところで、河本・前掲二八頁も、「たとえ日本の銀行を社債管理会社として設置しても、外国においてその機能を十分発揮することは困難である」としていた。私とて「純然たるユーロ市場での出来事についてまで、当然に〔日本の絶対的強行法規〕を適用してゆくべき」だとは、考えていない（石黒・貿易と関税一九九三年四月号一四二頁）。だが、この点について、法務省サイドが、極めて国際私法（抵触法）上も注目すべき立論をしている。とくに私の年来の主張とも合致する点があるので、この点を見ておく。

原田・前掲(下)一〇頁は次のように説く。即ち――

「確かに、商法〔二九七条の二〕は、社債管理会社となり得るものとして、わが国の銀行、信託会社等一定の資格を有するものに限定しているが、ユーロ市場等において社債を発行する場合においては、必ずしも、日本の銀行、信託会社等に限らず、これと同様に社債権者保護の機能を果たすことが期待できる外国の銀行等が社債管理会社となることができるものと解されるであろう。」

――とされている。また、法務省編・前掲一問一答一七九頁でも、「日本の会社が、外国において、日本法を準拠法として社債を発行する場合」には、「社債管理会社を銀行、信託会社または担信法五条の免許を受けた会社に限るものとする新商法二九七条ノ二の規定は、日本国内での社債発行の場合の規定ですから、外国で発行する場合には、日本の銀行、信託会社等に限らず、それらと同様に社債権者保護の機能を果たすことを期待できるような外国の銀行等を社債管理会社としてもよいと解されます」、としている。さらに、担信法に関する岡光・前掲一六五頁も、次のように説いており、法務省サイドからの三つの著作は、この点で一致してリベラルな姿勢を示している。即ち、岡光・同右頁は――

「日本法を準拠法として指定した場合……国内企業の〔と限る必要性は理論上はないと思われるが――著者註〕外債募集に当たり現実にどのような会社が社債管理会社として設置されるかが問題となる。国内の銀行、信託会社（現実には信託業法上の信託会社は存在しておらず、金融機関ノ信託業務ノ兼営等ニ関スル法律に基づき信託業を兼営する免許を受けた銀行その他の金融機関、すなわち信託銀行等がこれに該当する。）または担保付社債の信託事業についての免許を受けた会社が、この場合の社債管理会社になる（商二九七条ノ二参照）ことは問題がない。もっとも、現地の社債権者のために社債の管理をするのであるから、現地にも活動の根拠があることが事実上必要となる。

それでは、当該外国にある会社はどうであろうか。わが国の商法二九七条ノ二にいう銀行、信託会社または〔担信〕法五条の免許を受けた会社に該当するものであればよいのであるが、『銀行』、『信託会社』については、日本の商法でいう銀行、信託会社に該当するといえるだけの実質的な類似性を備えた外国の会社であればよいと解する。何をもって類似性ありといえるかであるが、基本的にはわが国の銀行法にいう銀行免許または信託業法による免許を取得し得るかどうかの観点から見ていくことになる。この判断に際しては、わが国において外国の金融機関が営業をする場合の制度が参考になる。すなわち、外国の法令に準拠して外国において銀行業を営む者は、日本に支店を設けこ

れにつき銀行業に関する大蔵大臣の免許を受けて銀行とみなされ、その結果銀行業務ができるようにされている（銀行〔法〕四七条以下）。この場合の免許基準も判定に際して参考となる。次に、商法二九七条ノ二の『担保附社債信託法第五条ノ免許ヲ受ケタル会社』については、文字通りこの免許を受けた外国会社であることを要する。」

――とされている（右引用の最後の一文は大いに気になる）。

右の三者いずれも、既述の河本・前掲二八頁のような実際上の疑問（ユーロ市場において日本法上の設置強制を求めても十分それが機能しないのではないか、との疑問）に対し、答えたものである。原田・前掲(下)一一頁の既述の重要な指摘との関係で言えば、そこまで考えた上で、日本法はユーロでは役に立たないといった実務家にありがちなリアクションを「検証」して欲しい、ということになる。

私自身としては、設置強制の規定の国際的射程をズバリ考えてゆくべきだ、との立場ゆえ、ユーロ市場での起債において日本法が準拠法とされたか否かは、当該規定の適用の有無（日本をフォーラムとした場合のことである）に、直接にはかかわらないと考える。また、法務省サイドのように準拠法的アプローチに徹したとしても、社債管理会社設置強制のような規制色の強い規定については（解釈により商法三一四条二項の類推をして、違反に対し「総額ニ付期限ノ利益ヲ失フ」といった民事的サンクションを加えるべきか否かの点についての、私の若干の疑問については既述）、その国際的射程を日本社会と当該起債メカニズムの密接関連性（内国牽連性）の見地から、別途画しておく必要があると思われる。右の法務省サイドの立論において、起債者が日本企業であるとの前提のあることについては、右の見地からの評価をなすべきことになる。だが、外国企業の起債で、起債メカニズムに介在する金融機関も外国の者だった、等々の事情の下で、たまたま日本法が準拠法として選ばれたとせよ。日本法の国際化が私の願う方向で進めば、現状でのイングランド法やニューヨーク州法のような、ニュートラルな法としての選択肢の中に日本法が入って来る可能性も、将来的にはある。むしろ、一体そうなるような十分な努力を日本の実務家達がして来たのかが、原田・前掲一一頁の鋭く問うところであろう。だが、そうした「純然たるユーロ市場での出来事についてまで、当然に当該規定を適用してゆくべきか否か」（KEPCO事件に関する石黒・貿易と関税一九九三年四月号一四二頁――右ケースで問題となった「社債権者集会決議に関する許認可……規定の国際的射程」につき、それが絶対的強行法規か否かを論じた部分）は、準拠法的アプローチをとったとしても、やはり問題となる、と思われるのである。

この点を具体的な法規定の中に織り込むようなことは、従来のわが国の立法作業において、殆ど（若干後述する）なされて来なかったし、それ自体に私が大きな不満を有していることは、これまで種々の機会に私自身指摘して来たことではある。

だが、むしろ、法務省サイドの前記三者が一致して、商法二九七条の二について施している前記の如き解釈は、これを理論的に評価した場合、まさに画期的なものである（とくに岡光・前掲の引用部分には気になる点もあるが、細かな点はここでは措く）、と私は評価する。つまり、規定上はあくまで日本国内での「免許」についてのみ書いてあるが、機能的・実質的な類似性ないし等価性（equivalence; Gleichwertigkeit）を指標に、同等な外国法制度をもその中にとり込んで解釈しよう、との正しい姿勢が、法務省サイドから明確に示されるに至ったのである（石黒・国際私法〔平六・新世社〕一八八、三〇六頁。とくに後者の頁参照。また、シルバー精工事件に関する同・貿易と関税一九九四年二月号五一頁をも見よ。そこでは、相続税法上の規定があたかも日本民法上の相続制度のみを念頭に置いているように思えても、等価性・同質性を指標に、広く外国法制度をもとり込んで考えないと、国際的事案における課税の適正・公平を担保し得ないこと、さらに、同じことは知的財産権の使用料支払につき源泉徴収の可否を考える際にも言え、単に日本の特許権・著作権のみを考えているのでは十分でないはずであること、等が指摘されている。さらに、石黒・前掲証券研究一〇二巻一三頁、二二頁以下でも、投資顧問業法七条において破産・禁治産等の語のあるとき、「または外国の法令上これらと同様」とか「これらに相当する外国の規定」といった等価性への然るべき配慮が、珍しくなされているが、証取法三一条等ではそうでない点への言及をしておいた）。

これは、理論上は極めて重要な一歩と評すべきものなのである。日本

のユーロの専門家達も、こうした法務省サイドの努力を踏まえつつ、従来通りのアンチ日本法（と言いつつ、外国側との関係における自らの勲章のように、日本法を準拠法としたがりもする！）のスタンスをかえ、いかにすれば日本法を、わが国際金融市場の真の地位向上のために、法的インフラとしてリファインしてゆけるかという、従来ずっと避けて来た問題に（英米の実務家が営々と行なって来たのと同様の形で）どう対処すべきかを、考えるべきなのではないか。

他方、原田・前掲〔下〕一一頁は、もう一点、重要な指摘を行なっている。即ち、KEPCO事件でまさに問題となっていた「社債権者集会の決議についての裁判所の認可も、同様の権限を有する外国の国家機関によるものをもって、これに代替できるものと考えられる」、としているのである。

私自身としては、既述の如く当該起債とわが国社会との密接関連性が乏しい「純然たるユーロ市場での出来事についてまで、当然に当該規定を適用してゆくべきか」は、かなり疑問と考えている（石黒・貿易と関税一九九三年四月号一四二頁）。私は、従来より外為法二〇条七号及び二一条一項のユーロ円債規制は、（意図せざる？）過度な域外適用事例の一つとみなすべきものと、主張して来てもいる（例えば石黒・国際的相剋の中の国家と企業〔昭六三・木鐸社〕一五二頁、同・貿易と関税一九九二年九月号三六頁、等）。それとの関連でこのあたりの問題を整理する必要がある、と考えてはいる。

だが、その点は措くとして、原田・前掲頁が、ここでも「等価性・代替可能性」、しかも、明確に「内外国家行為相互の代替可能性・機能性」（それについて簡単には、石黒・国際私法〔有斐閣プリマ・シリーズ双書・新版・平二〕二六二頁以下、詳しくは、同・国際私法と国際民事訴訟法との交錯〔昭六三・有信堂〕八七―一七〇頁、とくに一一二頁以下）という問題認識を肯定していることは、重要である。理論的に整理すれば、原田・前掲〔下〕一一頁が「同様の権限を有する外国の国家機関」云々と言う際、その理論的根拠としては、国際非訟事件における法例八条二項本文（「場所は行為〔の方式〕を支配する〔locus regit actum〕」の原則）の機能を、沿革から遡って再構成してゆく作業が、そこで必要となることになる（沿革については、石黒・国際私法〔平六・新世社〕二七九頁、同・国際私法と国際民事訴訟法との交錯二二三頁に共に示した図をもとに考える必要がある。なお、同・金融取引と国際訴訟二一〇頁以下とも対比せよ。国際私法と国際民事訴訟〔手続〕法との交錯領域としての、牴触法理論上の最も核心的な問題であることに、十分留意せよ）。

要するに、（私見によれば一定限度以上の内国牽連性のあるケースにつき）ユーロ市場での起債に際し日本法が準拠法とされた場合、わざわざ日本に行って日本の裁判所の認可を受けねば社債権者集会決議が発効しない、というのではなく、（私見によれば locus regit actum の原則の再構成という理論的説明を介在させることになるが）然るべき外国裁判所等でそれと同等な〝お墨つき〟を得れば、日本法の側として、それをもって決議の効力を発生させる、との立場がそこで示されていることになる。正当である（但し、advanced study の問題としては、原田・前掲頁の言う「同様の権限を有する」外国の国家機関であるか否かをどう判断するかが問題となる。その際、日本法を準拠法とする債権につき外国裁判所で裁判上の請求がなされた場合に、わが民法一四九条に基づく時効中断が生ずるか否か、といった石黒・金融取引と国際訴訟二〇六頁以下のような問題設定と対比しつつ、当面する問題を理論的に処理してゆくことが必要となる。なお、同・現代国際私法〔上〕〔昭六一・東大出版会〕五八四頁以下とも対比して考えよ——と言っても誰も考えてはくれまいが……）。

但し、この点につき原田・前掲〔下〕一一頁は、「もっとも、ユーロ市場等において社債管理会社を設置しても、これが現実に機能しないような具体的状況があるような場合にまで、その設置を強制することはできず……」と、多少自信なげである。「この場合には、これに代わって、もっとも密接な関連性を有する国の社債権者保護規定が適用される場合がないとはいい切れないが、そのような事情もないのに、安易に商法の社債権者保護の規定の適用を排除することは許されない」とする。だが、「これに代わって」以下の部分を、同氏を含めた法務省サイドが固執する準拠法的アプローチにおいて、いかに理論的に基礎づけ得ると言うのか（ある種の「適応（調整）問題」だ、などと言うのだとしたら、まずもって

石黒・国際私法〔平六・新世社〕二一三頁以下と対比すべきである）。そもそも、「現実に機能しない」なら日本法を適用しない、などという中途半端な対応は、理論的におかしいのであり、せっかくそこまでの個所において「等価性・代替可能性」に関する重要な指摘があるのだから、筋は筋として通した方がスッキリする、と言うべきである。

さて、もう一点、法務省サイドからの指摘において画期的と評すべき点について、補足的に一言のみする。それは、外国会社が日本法を準拠法として起債する際、原田・前掲〔下〕一三頁が、まさにKEPCO事件を例として挙げつつ、「当事者が、社債契約の準拠法として日本法を指定した以上、社債管理会社の設置強制に関する規定等の強行規定も含め、商法の社債契約に関する規定（社債権者集会決議の認可の規定を含む！——筆者註）が、原則としてすべて適用になる」としている点である。正当である（なお、法務省編・前掲一問一答一七九頁も同旨）。これは、石黒・貿易と関税一九九三年五四頁以下で批判した従来の法務省サイドの見解を一八〇度改めたものとも評し得る点である。右のものと十分対比されたい。原田・同右頁には——

「商法四八三条が、株式の移転、質入等若干の規定についてのみ、外国会社にもこれを準用する旨を定めているところから、外国の会社がわが国で社債を発行する場合には、たとえ日本法を準拠法として指定したとしても、商法四八三条で準用されている規定以外は適用されないとする意見がある。しかしながら、同条は、外国会社が、わが国で同条で準用されている規定にかかる行為を行う限り、その準拠法がいずれの国の法であるかにかかわらず、これらの規定が適用されるとするものであって、日本法が準拠法とされた場合には、同条で準用される規定以外の規定についても商法が適用されることは明らかである。」

——と明確に述べられているのである。そうあって当然だが、私としては誠に嬉しい指摘である。

〔起債に際しての具体的な規制のなされ方をめぐって〕

以上、法務省サイドの見解には、個々的に見て大いに評価すべきものがある。だが、気になるのは、具体的な社債管理会社設置強制をめぐる規制のなされ方である。準拠法的アプローチをとる法務省サイドの見解と私見とでは、それぞれ異なった問題が、そこで提起されるべきことにもなる。

その際、まずもって注意すべきは、原田・前掲〔下〕一二頁が、「社債管理会社の設置は、社債の募集段階における規制であり、いったん発行されたものに事後的にこれを付することはできない」としていることである（河本・前掲二九頁も同旨を強調する）。そこでは、法改正のための審議にあたり「ユーロ市場等においては、外国法を準拠法として発行された社債がわが国に還流してくる場合に、日本の投資家を保護するためにその段階で社債管理会社の設置を強制することはできないか」が議論されたとあり、それに対する第一の答として、右の点が示されている。それと共に、原田・同右頁は、「この場合の日本の投資家も、準拠法上の社債権者保護規定によって保護されているので」保護が二重になり不必要なことを強制することになるし（だが、契約準拠法上の保護が十分でない場合、日本での起債については法務省編・前掲一問一答一八〇頁が公序条項の発動もあり得る、としていたことに注意）、「社債権者保護の仕組みが日本の投資家と海外の投資家とで別個になる」から「事務処理上問題が生ずる」として、かかる見解が不採用になった、としている。

このあたりの問題を答えてゆく必要がある。

いずれにしても、日本法が準拠法とされた以上、どこまでも設置強制がつきまとう、とする法務省サイドの考え方においては、起債段階で、前記の「等価性・代替可能性」の視点を含めたチェックが、所轄官庁によってなされざるを得ないことになる。社債管理会社としての適格性の審査である。これが日本社会との密接関連性が乏しいという意味での純然たるユーロ市場（等）での起債にも貫徹される（その段階で所轄官

庁のOKをとらなければ実に危い！——本稿二(1)の三一四条二項類推説に伴う多大なリスクを想起せよ）とすれば、その当否は極めて疑問と言うべきである。また、一々所轄官庁のOKをとらねば安心して起債できない、といった類の立法をしてしまったこと自体の問題性が、立法政策上の当否の問題として、ここで浮上する。私自身も、決して社債管理会社の設置強制という本制度が、どこまで賢明なものかは、とくに国際的な社債発行との関係で、疑問なしとはしていない。そのことは本稿でも若干述べた。だが、問題があるから、だから分割指定等のテクニックを使って逃げよう、というような姑息な手段には断乎反対なのである（いやなら外国法を準拠法とすればよい！——法務省サイドの見解との関係では、そう言えるはずである）。

ともかく、将来の日本市場への還流可能性も含めて、如何に起債段階でチェックできるかが問題となる。二次市場での社債の自由な、国境を越えた流通を考えると、河本・前掲二九頁の言う「還流の時期・数量の把握の困難」の問題が浮上する。そして、この点は、当該（諸）規定の絶対的強行法規性という、法務省サイドの立論とは違うアプローチによりその国際的射程を画すべきだとする私見においても、無視し得ない問題となる。あまりうまい規制の仕方とは思えないから難しくなるのである。結局のところ、私見においても、起債段階で起債者や起債メカニズムの内国牽連性の程度をメルクマールとする（ユーロ債・外債の準拠法決定に関する石黒・金融取引と国際訴訟七五頁以下の密接関連性テストと対比せよ）ほかない。あくまで起債段階での規制、ということで考えざるを得ない面が、やはりあるのである。

次に、原田・前掲頁の説く第二の点、つまり、内外の社債権者保護制度のダブリをどう考えるかの点について一言する。ただ、その際に、既述の点を再度想起して頂きたい。即ち、「分割指定」で社債権者保護制度だけは外国法による、との契約上の準拠法指定の効力が、日本をフォーラム（法廷地）とした場合、法務省サイドの見解においては否定され、三一四条二項類推というサンクションの存在が問題となる。そして、このような日本法の立場が、第三国の絶対的強行法規の介入問題として海外の法廷で取扱われれば（端的には一九八〇年EC契約準拠法条約七条一項やスイス新国際私法典一九条——石黒・国際私法〔平六・新世社〕四六―五一頁参照）、同様のリスクが顕在化する、との点である。

ともかく、私見においては、一定限度以上の内国牽連性（いわゆる国家法の域外適用一般の場合と同様に考えるそれ）があれば、社債関係諸契約の準拠法が全体として外国法であっても、日本商法上の絶対的強行法規たる前記設置強制の規定が適用され得ることになる。ただ、これまで示して来た法務省サイドの見解からも、準拠法上然るべき社債権者保護制度があるならば、あわせて日本法上の設置強制の制度をダブッて適用するまでもなかろうとの趣旨が、かなり明らかと言える。私見においても、そのような場合には日本の規制を控える、ということが十分に可能であることは、後述する。ただ、その点のチェックも、実務的にはやはり起債段階で所轄官庁のOKをとる形でしかなし得ない、という点に、この制度のいやらしさ（海外での起債にあたっての窓口規制の強化?!）が伴うのである。再度言うが、あまり賢明な立法とは言えない、というのが私の評価である。

さて、自国の絶対的強行法規（公法・私法の枠にかかわらず存在し得るそれ！）の国際的な適用範囲（域外適用という言葉がそれ自体ミスリーディングであることは、私が様々な機会に指摘して来たところである）を考える上で、本来それを適用し得るし、また一見したところ適用すべきだと思われる場合にも、外国法上自国法制度と同等な（等価性を有する）制度がある場合にまでそれを適用（域外適用）すべきかは、別の問題となる。

理論上も、「法廷地国と外国との競合する規範相互間に機能的な等価性ないし同質性（funktionale Äquivalenz von Normen）のある場合には、必ずしも法廷地介入規範の適用に固執せず、外国の介入規範のみの適用によってそれに代替せしめうる」ことは、可能と思われる（石黒「国際金融取引と国際私法」鈴木＝竹内編・金融取引法体系三巻〔昭五八〕二九三頁）。私が深く関与した公取委事務局編・独禁法渉外問題研究会報告書（平二）八四頁においても、独禁法固有の「関係する外国との対立を緩和する見地から」という問題関心によるものではあるが、「我が国独占禁止法を外国企業へ適用する権限が認められる場合」においても、「利

益比較衡量論」を導入して「さらに法適用を抑制すべき場合がある」、とされている。私契約に対する介入規範としての社債管理会社設置強制の規定の国際的適用に際しても、同様の見地からの自己抑制をはかる道は、十分にあるのである。

三 小括

以上検討して来たように、日本の金融実務家は、あの手この手で日本法上の社債権者保護制度をバイパスしようとしつつ、ユーロ市場内（端的にはイギリス）の金融実務家とのある種の対抗意識からか（言い過ぎかも知れないが本音はそうであろう、と私は思う）、自らの勲章のように（この言葉を使うのは本稿では三度目位か？）日本法を社債関係諸契約の準拠法としようとこだわっているようである。そのつまみ食い的なやり方は、法務省サイドの立論がよく示しているように、理論上も認めらるべきではない。そして、日本法上の社債権者保護規定をバイパスしようとするその本能的な（？）リアクションは、石黒・貿易と関税一九九三年四・五月号で詳論したKEPCO社債権者集会事件において示されたものと、殆ど同じものである。

そのような日本の金融実務家からは、「我々は日本法の国際的地位を高めようとして、ユーロ市場での起債に際し、日本法を準拠法としようとして、努力しているのだ。それなのに……」、といった反応が、本稿に対して、あるいは法務省サイドの見解よりも増して、示され得るところである。江頭説は「属地」的適用だが、私見は密接関連性テストというあいまいな基準（但し、それは国家法の域外適用には常につきものである）で対処しようとするからである。だが、当該法規定の性格を考えると、私見においては、そうした一般の準拠法の論理とは切り離した処理（私契約に対するむしろ行政的な規制としての、介入規範〔Eingriffsnormen〕としての取扱）をなすべきものとして、当該規定が位置づけられることになるのである。但し、純然たるユーロ市場内の出来事として、日本社会との密接関連性の乏しいケースにおいては、日本法が準拠法とされていたとしても、設置強制をすべきでない、との一面が私見にはインプットされている。その点にも注意して頂きたい。

グレイ・ゾーンは広く残り、それらがすべて起債段階での所轄官庁のチェックに実際上委ねられてしまうあたりが、とくに本稿の後半で示したように、この規制方法の最もいやらしいところである。そもそも、前記の〝類推〟の手法による商法三一四条二項の適用の当否は、とくに国際的な問題の広がりにおいては疑問であるし、多少えげつないものさえ感じる。さらに、設置強制の国際的側面が、一層突っ込んで検討された上で立法されるべきだったとの思いは、おそらく日本の少なからぬ（国際）金融の実務家と同様、私としても禁じ得ない。単位株制度導入のときの丸ドメ思考と事後処理の見苦しさに比べれば随分ましだが、だがしかし……、との思いは、私にもある。何度も言うが、あまりうまい規制の仕方とは思われないし、また、こうした制度の導入によって日本の法制度の国際的地位が向上する、とも思えない。それは確かである。

けれども、この制度を前提として牴触法的に位置づけるならば、私の理論体系の下では、本稿のように取扱わねばならないのである。そのあたりを十分御理解頂きたいところである。

と同時に、本稿を通して、随所に示したところだが、この制度との関係での法務省サイドの見解には、KEPCO事件で私の指摘したところを含め、注目すべき点が少なくない。むしろ、そうした展開になって来ていることの方が、日本の法制度が国際化し、真の法的・制度的インフラがわが国際金融市場に整備されてゆく上では、重要と考える。

また、法務省サイドの見解も、KEPCO事件との関係で示された私見及び龍田節教授の見解と一致するものであり、「潜在的（？）デフォルト状態」（しかも、クロス・デフォルトの危険あり）を維持したままのKEPCOのケース（既に全額償還済み？）、そして、それを単に踏襲するのみの、若干のサムライ債のその後の同種事例を、そのまま放置しておいて、本当にそれでよいのかが、再度問われるべきことになろう。

本稿でも示したように、日本の真の国際化を考えるならば、日本の法制度を今後どう動かしてゆくかに関する積極的提言が、なされねばならない。例えば、証券のペーパーレス化の関係で、スウェーデン株を単純

に上場しているのみの状況がそれでよいのか、世銀様のグローバル円債の取扱いはどうか、さらに有価証券法理を維持した方が賢明なのか否か（この点は、石黒他・国際金融倒産〔経済法令研究会・近刊〕でも論じたが、もう今頃は出版されているはずだったところ、共同執筆者たる貝瀬幸雄助教授の御結婚という、誰もが「まさか」と思った突発事件により、締切り期限後九か月たってもいまだに彼の原稿が出て来ず、難渋している）、といった観点から、私なりに努力している。社債管理会社設置強制についても、法務省サイドが一定のカウンター・プロポーザルをしていることに十分答えつつ、他方、万が一にも本稿二(1)で示唆したような国際的なリスクが顕在化しないよう、慎重な契約書のドラフティングをしてゆくことが、わが金融実務家の当面の責務であろう、と私は考えている。どうであろうか。

以上で、本稿で論ずるつもりだった問題は殆ど尽きているのだが、原田・前掲(下)一一頁が指摘している点に、最後に一言しておこう。そこでは、社債権者保護規定の適用を（前記の設置強制に限らず、より広く）外債については外すべきだ、とする主張との関係で――

「フランスにおいては、フランス法を準拠法として社債を発行しても、同法の社債権者集会に関する規定は外債には適用しない旨の特別法が制定されているということであり、このような特別規定のない商法について、ただちに、社債管理会社の設置強制、社債権者集会に関する規定等が外債には適用がないと考えることはできないであろう。」

――とされている。種々の混乱を避ける上でも、規定の国際的射程を条文上明確にすべきだったことは、設置強制制度についても言える。ただ、右にはフランスの制度について言及があるが、同様の制度がドイツ・スイスにおいてもとられて来たことは、私が従来から指摘して来たことであった（石黒・金融取引と国際訴訟二七七頁以下、同・貿易と関税一九九三年五月号六二頁以下）。だが、とくにスイスにおいては、社債権者保護のために、そのような規定の文言に反しても、スイス法が契約準拠法となればスイスの社債権者集会の規定を適用すべきだとする最近の動きのあることに、注意すべきである（同・貿易と関税一九九三年五月号六六頁以下）。契約条項だけで果たして社債権者保護として十分かが、そこで鋭く問われていることに、再度注意を向けるべきであろう。

＊　＊

以上で本稿を結ぶこととするが、蛇足めいた感想を一言。本稿で丹念にその論旨を辿った原田・前掲論文の著者たる原田氏は、法務省民事局の課長である（但し民事第五課）。民事局の第二課は、平成元年法例改正の担当課であった。私は、右の改正作業が牴触法理論の根本を見据えぬ場あたり的なものだとして、強くそれを批判し、ヨーロッパ国際私法の改正の嵐の根底にあるものを、凝と見据えるべきだと主張した。その一連の営為において、若干既に示した通り、民事研修三五六号（昭六一）一一頁以下に、「『法例改正についての中間報告（昭和六一年八月）』をめぐって――若干の批判的考察」と題する論文も書いた。だが、実際には、法務省サイドから、その存在すら一切無視された。

いわゆる学会主催の草案の説明会でも法務省の担当課長が報告をした。フロアから私が、規定相互の関係がうまく行っていない等の、例えば石黒・国際私法（平六・新世社）七六頁の表4、七八頁の表5を対比して頂いても（改正条文について示された主義の日独比較）何となくお分り頂けるはずの点について質問をしたところ、顔をまっかにして、何だか知らぬが妙に興奮して私の発言は聞きたくないとするかの如き対応が（おそらく審議会の雰囲気を素直に反映して、とも思われるが）、なされた。

右の法改正後、私は「法例改正の意義と問題点」と題する小論文を法律時報六一巻一三号（平一）三二頁以下に発表し、前記の民事研修論文につき、「もっとも、石黒・同右は法務省の同じ建物にある法務総合研究所の刊行する雑誌に公表されたものだが、『「各界の意見」として』参事官室には届かなかったようである。なお、民事研修三五六号巻末の『編集後記』参照」と、その三八頁に記した。最後の「なお」以下には理由がある。石黒の論文が載る、ということを聞きつけて、階下の担当課から、何であんな奴の論文を、こともあろうに民事研修に載せるのか、

とのクレイムが、編集責任者に寄せられたそうである。その釈明めいた言葉が、「編集後記」にあったから、私は思わず苦笑してしまったのである。

つくづく、いやな思い出である。その後も、法制審議会とは一切関係なしに、（本来審議会なるものはきらいだったのだが）今は、経済審議会・産業構造審議会・電気通信審議会・電気通信技術審議会などで、けっこう楽しく仕事をしている。法学部教授だから法制審議会で、という古くさい発想を脱してよかったと、今は思っている。

もっとも、その後どうした訳か、今般の民訴法改正の関係で、当時の法務省民事局参事官室の私的研究会に入ってくれと言われ、法務省がそんなこと（私の意見を聞きたい、などと思うこと）を本気で考えるはずないのだがな、といぶかりつつもそれに参加し、国際民訴法改正に関する共同研究を、実に楽しく行なえた（石黒「国際裁判管轄(上)(下)――立法論的考察?」NBL五一二号四〇頁以下、五一三号四〇頁以下〔平五〕が、私の分担部分としてのその成果である）。

多少雰囲気が変わって来たのかな、とも思うが、ともかく本稿でこんなに丹念に法務省の担当課長の論稿をコメントしてみると、実は終始その思いがあったのだか、昔のことが情けなく思い出されて来る。国際私法関係の担当課長が今誰なのか全く知らぬが、そして、別にある種のレシプロを期待する訳ではないが、――と書いているうちに、段々頭に来た（来つつある）みたいだから、筆を擱こう。ああ、サバサバした。物言わぬは腹ふくるるわざなり。ああ、そうだ、そうなのだ。思ったことをすぐ書くからあいつは駄目だと思われているようだが、思っていて黙っていて、裏でコソコソするような人間であってはならぬ。高校のとき、たしかそう習った。だから、それを実行しているだけなのだ。文句ありますか?

（平成六年一〇月一八日午前二時四五分脱稿）

◇　◇　◇

「ボーダーレス・エコノミーへの法的視座」の最近の掲載

連載

ボーダーレス・エコノミーへの法的視座

第四十五回　国際倒産と租税――再論

石黒一憲
東京大学法学部教授

〈目次〉

一　なぜ「再論」せねばならないのか!?

平成七年一月一六日朝六時半。寝ようと思って一度は蒲団にはいったが、一時間ほどで目がさめてしまった。新年早々、本年最初のこの連載のための執筆なのに、書く筆は猛烈に重い。かつ、頭に来るほど情ない。せっかく昨年一二月、十か月遅れの貝瀬幸雄助教授の原稿がやっと出て、『国際金融倒産』（経済法令研究会）の今年前半の出版が可能となったのに。そして、同書のため、ほぼ一年ぶりに自分の書いた原稿（「国際倒産と租税」の部分を含む）をやっと校正し終えた（最終チェックはもとよりわが妻）ところなのに。さらに、一月一五日は、私を国際租税法の研究に導いてくれた故上本修君の命日なのに（本誌一九九四年三月号の、いまだ決着を見ない「シルバー精工事件」についての論文の五九頁を見よ）。――その他もろもろの思いが、私を眠らせてくれないのである。従って、書いている間に死ねれば本望だ、とばかり寝床をそっと抜け出し、新年ゆえすべての万年筆（Meisterstück No. 149 を主力とする、ワープロには絶対負けない私の大切な武器達!）にパーカーのブルー・ブラックを充塡させたわが机、即ちわが戦場に、向かった次第。昨今の東京は、一番鶏ならぬ一番鴉が、カアカアと全都に冷笑を浴びせる明け方ゆえ、今回の執筆開始にはもって来いの状況かも知れぬ。ちなみに、代休だというのに新聞屋さんはもっと早い。朝刊のガタ、ゴソッという音を聞いてから仮眠（?）する生活は、まさしく夜勤の如し。されど、昼の仕事も人一倍しているのだ。

「羅針盤なき日本」の現状を何とかしようと、結局は自分のためだろうと言われればそれまでかも知れぬが、身を粉にして働いているつもりなのに。極めて残念な思いがする。漱石が嘆いていた「針でボツボツ縫って過ぎる」のみの日本を、こともあろうに前記の状況下でまざまざと見せつけられたのである。しかも、もう一体何年になるのか忘れたが、これは大事な仕事だからと、故上本修君の遺志（柳田邦男・「死の医学」への序章〔昭六一・新潮社〕九七頁以下の「若き法律学徒の訴え」、飯尾正宏＝河野博臣・がん死ケアマニュアル〔昭六二・医学書院〕六一頁以下、一三二

頁以下、石黒「金子宏先生と故上本修君のこと」東京大学法学部法律相談所雑誌四〇号〔平二〕九頁以下を見よ!）を継ぐ気持ちで、毎年毎年教えて来た税務大学校の「国際租税セミナー」の、今年度分の講義の終盤に、それを眼にしたのであった。

勘違いをしてもらっては困る。考え方が私と違うから何だかんだ言うのではない（私がそうした偏狭な統制思想――私の最も忌み嫌うもの!――の持ち主でない事は、私の指導を受けた人々に確認するとよい。是非そうして欲しい）。実務家（とりわけ行政官僚）に常に学問的深遠さを求めようと言うのでもない。それを書いた御当人をどうこう言うのではない。それらは、本稿執筆上の最も重要な前提として、十分御理解頂きたい。だが、NBL五五九号一六頁注15からして、法務省と国税庁との間で何らかの連絡があって公表された論稿のように、それが思われてならず、また、仮りにそうでなくとも、租税徴収という、国家存立のための必要悪として全社会構成員の私権に介入するメカニズムを動かす立場にある方々は、「結論に至るプロセス」（石黒「国際摩擦と法――羅針盤なき日本」〔ちくま新書・平六〕一四頁）に、もっともっと全力でぶつかって頂きたい、と思うのみなのである。

この書き出しは、昭和二九年の「ゴジラ」第一作のようで、このトーンをもっと続けたいが、そうもゆかない。前記の「最も重要な前提」に再度注意して頂いた上で、活字化された一体何を批判するのかを、ディスクローズする。

栗谷桂一（国税庁徴収課）「国際的倒産手続における租税債権の徴収」NBL五五九号（一九九四年一二月一五日号――つまり、私の『羅針盤』の出版と殆ど同時期。何たる皮肉か!?）八頁以下である。

だが、それへの批判を契機として、とくにイギリスの動向につき、再度若干論じておく。そうでなければ、書いている当人がつまらないし、情ないし、ブツッとどこかで切れそうだから。

何で私がこんなに怒るのかと言えば、ごく最近、わがタックス・オーソリティはOECDで、ごく数名のチームでアメリカのIRS（内国歳入庁）の、かのトランスファー・プライシング規制の問題性を強く指摘し、かつての「EC部品AD規制対GATT提訴」以上の圧倒的勝利を摑んだばかりだから、でもある（その一端につき、氷見野良三「移転価格税制に関するOECD新ガイドライン案と米国の外国企業課税強化に歯止め――国際コンセンサスの再構築により米国四八二条最終規則について」租税研究一九九四年九月号六四頁以下）。国境を越えた租税徴収の可否の問題についても、だから一層がんばってもらわねばならず、それなのに……、という期待が、私にはあまりにも大きいのである。

十分な理論武装なくして右の快挙はあり得なかったはずである。それなのに、「厳しい批判を覚悟のうえでの未熟な私見」（栗谷・前掲八頁）として提示されている論稿の、論証プロセスは、あまりにも拙い。そう言わざるを得ない。「識者からの助言を期待する」（同右頁）との言は、直接私を念頭に置いている面があるから、遠慮なくやらせて頂くが、ともかく「じっくり腰を据えて、一つ一つの問題を考え抜いてゆかねばならない」（石黒・前掲羅針盤二二二頁）はずである。ところが、全く逆なのであるから、真実悲しくなる。自分自身の税金だって、こんなことでは納めたくなくなる、というのが道理であろう。

そろそろ内容に入ることにする。

二　栗谷氏の論証の「プロセス」と既発表の私見

栗谷・前掲八頁は、わが国の納税義務者の在外資産について「国際民事手続上の強制手段を用いることも、後述のイギリスの判例にみられる『租税債権不執行の原則』により不可能である、というのが私の認識であり、また、特に異論もないものと思われる。しかし……」として、結論的には、「国際倒産（破産）手続に関する議論をよりどころとして、当該手続を通じた海外資産からの租税債権の徴収」を意図するのである（同前頁、及び同・九頁以下）。のみならず、外国租税判決の承認についても、同・一二、一四頁において、これを肯定し得る、とするのである。私としては、アメリカ・イギリスの動向を皮相的にとらえていずれこ

うした議論が出て来るであろう、ということを予期し、それが故に極力多面的に問題を論じて来たのだが（石黒・後掲警鐘一五五頁）、こともあろうに国税庁サイドからこうした議論が出て来ようとは！

しかも、「合理的な法制度の下では、租税という形での国際取引に対する国家の影響を無視できないのであるから、旧弊な主権概念に拘束されずに外国租税債不執行の原則を修正してゆかねばならない」（栗谷・前掲一一頁）、とある。だが、同・九頁が、おそらくは私の論証プロセスを横目で見つつ一言したであろう『徴収共助』の問題は、まさに「旧弊な主権概念」をあくまで前提としつつ、互いに国家が主権を（国家的同意により）譲りあう形でのものなのである（この「旧弊な……」の表現とて、貝瀬・後掲国際倒産法序説二四六頁が後述のスマートの論旨を"要約"した際の言葉を、単に借用したものである。どこまでも「借り物」でゆくつもりか！　漱石が嘆いた「借り着」〔石黒・国際私法（平六・新世社）一頁〕よりもっとひどい。もっとも、貝瀬・同右は要約か自説かが、ときとして見分けにくい点に、多少の読みにくさがある）。

また、「イギリスやアメリカ合衆国が柔軟な態度を示しているとすれば、わが国が厳格な態度を貫くことは相互主義を通じた租税債権の確保という観点から得策ではなかろう」（栗谷・一二頁）、ともされている。イギリスが入っているからまだよいが、「アメリカを通してしか世界を見られない」（石黒・前掲羅針盤六頁）日本の通弊の、一亜種である。この論理だと、税務大学校で毎年必ず克明にその論旨を辿ることにしているHonegger, Swiss Banking Secrecy, Butterworths Journal of International Banking and Financial Law, 344ff (August 1990) も、そこに示された多くの事例や論点も、すべて「旧弊な主権概念」に拘泥するのみのもの、とされてしまうはずである。世界は英米のみなのか！

だが、この論者は、必ずしも英米の正しさを頭から信奉するわけではなく、むしろ、「現場」の感覚として、国境を越えてもとれる税金はとりたい、とひたすら考えているのみのようである（後述）。しかも、すべて「わが国の文献を基に考察する」（栗谷・前掲一〇頁）のみで、一切自ら外国の文献にあたっていないし、かつ、行論上、ある文献によればある国ではこうであるとか、良く言えば印象論的な、不十分な論証プロセスが重ねられている（例えば同・一二頁が、「次の〔たった一件の〕裁判例をみるかぎり、同国〔アメリカ〕の破産裁判所には……という認識はないようにも思われる」とする、等）。私が毎年税大に出向くのも、出発点は邦語文献にせよ、ほかならぬ税金を扱う身なのだから、国際的問題については、脚注等を頼りに原文を具さにあたり、タックス特有の視角から新たな見方を摑み取って欲しい、と念願してのことである。再び、すべては無駄だったのか、との思いに情なくなる。引用されている邦語文献が貝瀬幸雄・伊藤眞・小林秀之等の諸教授のものだからよかったが、こうしたことが本質的に実に危ないことなのだ、という位のことは分って欲しいものだ。

なお、直接「国際倒産と租税」というテーマで私が書いたものとしては、石黒・ボーダーレス社会への法的警鐘（平三・中央経済社）一五一頁以下があるが、この論文の副題は「国際的な税の徴収共助制度との関係において」というものである。私はまさに、外国裁判等の「承認」という民事的な問題処理と、「共助（徴収共助）」という国家対国家の非民事的なその処理との関係において、当面する問題を論じておいた。そこが最も重要な視点ゆえ、副題として掲げたのである（ちなみに、この視点は、同・ボーダーレス・エコノミーへの法的視座（平四・中央経済社）一五五頁以下の「『外国判決の承認・執行』と『執行共助』との理論的境界」にも受け継がれている）。また、「国際倒産と租税」を論ずる前提となる国家管轄権論については、右の同・警鐘一一三頁以下で「国有化・収用措置」に即しつつ、一つ前の章で論じ、遡れば同・現代国際私法(上)（昭六一・東大出版会）一八八頁以下、及び、とくにその四七一頁以下（「外国公権力の域外的執行と外国国家行為承認論」）で、論じておいた。最後のものは栗谷・前掲一五頁でも若干引用されているものだが、送達関連の、ここでの問題とは関係しない論点についての引用にとどまる。どうしてこうも、問題の全体像を正確に摑み取り、一つ一つの論点の最も深い根っこの部分を、自分の眼で、自分の手で確かめ、そして一歩一歩進むという、最も根源的な人間的営為が、易々と無視されるのか。

ともあれ、少くとも前記の「承認」と「共助」の論点については一言して欲しかったのだが、栗谷・一二頁以下は、「外国破産手続を承認する場合における外国租税債権の取扱い」についての「消極説」として石黒・警鐘一六〇―一六三頁を挙げ、それが「次のとおり」のものだ、とする。即ち、――

「① 外国管財人に倒産者の日本国内財産を引き渡したさい、当該外国でそれを引当として待ち受けているのが当該外国租税債権のみである場合には、実質的に外国課税権の域外的執行にあたり、また、倒産者の保護の観点からも問題があるから、国内財産を引き渡すべきでない。

② 三〇%が外国租税債権であり、残り七〇%が私法上の債権者のために割り当てられる場合についても、これにわが国裁判官が協力することは、域外的行使のための執行吏として機能することを意味することに変わりなく、また、国内の一般債権者も重大な利害関係を有する……。したがって、外国租税債権に充てられぬよう確保する法的手段を立法的に講じたうえで引き渡すべきである。」

細かな点をあれこれ言うのは、私の健康にもよくないのでやめるが、紹介するならキチンと紹介して欲しいものである。とくに、②について、同氏は反論をされるが、この点は後に論ずる（①についてスンナリそれでよしとする点が、同・一四頁と整合するか、等はここでは措く）。だが、租税プロパーの問題として、また、私の重要な論旨として、そこで是非一言して欲しかったのは、当該外国課税当局が、条約上の「徴収共助」要請を国税庁に対して行なうルートと、当該外国の管財人の後に隠れて在日財産の引き渡しを（外国倒産手続の「承認」ルートで）受けるという道と、二つのいずれをも選択し得る、といった状況を、果たして理論上も実務上も、放置してよいのか、との点である。

包括執行的効力を含めた外国倒産手続の承認は（伊藤眞教授のコミティ論〔それに対する批判として、石黒「コミティ批判」法曹時報四四巻八号〔平四〕一四三三頁以下〕は別として）、立法論的課題であるし（破産法三条、会更法四条の各二項）、条約上の徴収共助もまた、再論はここでしないが、実際の二国間租税条約上の、アメリカ、パキスタン、韓国、フィンランド、オランダ、ノルウェー、ルクセンブルクとの間のもの（栗谷・前掲一五頁。従前より若干増加していることに注意）の射程は限定されており、かつ、実例は今のところ皆無である。だが、栗谷・同九頁以下が主要論点となぜか切り離して一言のみするＯＥＣＤの多国間税務執行条約にも示されているように、後者の道は、今後の世界のメガ・トレンドのはずである。だからこそ「承認」と「共助」との境界を明確にしておく必要が、あるのである（簡単には、石黒・前掲羅針盤九六頁以下）。残念である。

なお、栗谷氏は、英米の方で何ら文句をつけずに日本の管財人に、（日本にとっての在外）資産を渡してくれれば、その到着を待ってそれに租税サイドからかかってゆこうとする反面で、在日資産からは、しっかりと取ることを前提とする。土着的徴税の蟻地獄的発想のようで、実は一面では似たようなことを主張している私自身が、何だか嫌な感じになってしまうのだが、その関係で、次のように説いてもいる。即ち――

「まず、わが国の国内財産について……外国管財人に引き渡す前にわが租税債権への弁済に充てる場合があることは是認されるべきである。なぜなら、わが国破産法が内国破産手続における租税債権の優先権を認めている以上、外国倒産手続の効力を承認するにあたっても、少なくともわが国の国内財産の限度ではわが国の租税債権の優先権が確保されるべきであるが、外国破産手続がわが国租税債権の配当参加を認めず、あるいは配当参加を認めてもわが国破産法と同様の優先権を与えていない場合には、わが国は国内財産について滞納処分を執行し、その残余のみを外国管財人に引き渡すという手段をとるほかないからである。」

右は、栗谷・一三頁であるが、そこ（注は一六頁）に自説を補強するものとして引用されているのが例の一橋案であることは（私見も別途引用されているが）、何としても気になる。何よりも、一橋案が「わが国租税債権も外国倒産法の定める順位に従って外国倒産手続のなかで満足を受けることを前提としつつ」のものだと、何故言えるのか。また、一橋案自身が、むしろ（おそらくは）租税憎しの発想から、極めて内国租税債権に対して冷たい態度をとっていることを、同氏はどう考えているのか。それらが気になる。「著者の暴論」なるものをお許し頂けるならば言わせて頂くが、ここことて石黒・警鐘一五九―一六〇頁を単に斜め読みして書いているだけだな、と感ずる。一橋案に対する同氏の見方は、余りにも楽観的である。石黒・前掲羅針盤一九三頁以下の「極端な比喩」が、まさしくあてはまる。

同氏の行論の仕方は、私の言う「羅針盤なき日本」の展型例であり、例えば栗谷・一六頁注28では、徴収共助と憲法の関係について論じた石黒・警鐘一五五―一五八頁から、自分に有利なドイツ連邦憲法裁判所の判断の部分のみを引用している。こうした「つまみ食い」が横行するのでは、シルバー精工事件的な事件も勝てるはずが無いと思うし、どうやったら徴収共助システムのわが憲法上のハードルを越えられるのか、という点に一つの力点を置く私の税大での講義（最も簡単には、同・前掲羅針盤一〇〇頁以下にこの点が示されている）など、全くの無駄ということにもなる。大学院の学生がこんなことをやったら、私はそれを許さない。それだけで不可をつけたくなる。私が別に厳しい訳ではない。田中英夫・村上淳一教授等の大切な教えである。学問の場だけの狭い理屈では、ないはずである（同右・一四頁）。

もう、この位でやめにする。今、朝の十時頃。昨夜から心配の極にある別な事柄。それはそれとして執筆せざるを得ない自分。いつ自分自身が心臓マヒになるのか、それとも……、と思いつつ、No. 149を走らせる。いつもの自分。そうでありたい。上本修君が生きていたら、例の聖書の言葉で、それが何であれ、ともかく「許しなさい」と言うだろう。だから、この位でやめる。論じ方をガラッとかえる。イギリスの国際倒産法と租税、そして「共助」との関係、等について、麦踏み的に一応論じておこう。即ち、自分が本来求めている世界に、戻ることとする。

三　イギリス国際倒産法と租税――いわゆる属地主義の消極的効力との関係において

租税の取扱も含めて、すべての国際倒産現象を民事的にのみとらえたがる見方からは、英米の取扱が注目される傾向にある（石黒・警鐘一六一頁。一六三頁注5、一七一頁注62、等）。だが、すべての基本は、Dicey/Morris/Collins, The Conflict of Laws, 97 (12th ed. 1993) に示された次のルールにある。即ち――

"Rule 3— English courts have no jurisdiction to entertain an action: (1) for the enforcement, either directly or indirectly, of a penal, revenue or other public law of a foreign State; ……."

――というルールである（それとも深く関係する、いわゆる属地主義の積極的・消極的効力は、Id. 〔11th ed. 1987〕では Rule 125 であったものが、Id. 〔12th ed.〕では Rule 122 と、ナンバーが動いていることに注意。石黒・警鐘一二六頁、同・貿易と関税一九九二年七月号九四頁、同・八月号六七、六九頁、等と対比せよ。なお、以下の論述においては、「イギリス」という表記は「イングランド」と同義として使わないと混乱する場面もあるので、基本的にはそうすることにする）。

タックスについての（foreign）revenue rule と呼ばれるものがそれである。もっとも、こうしたルールがイギリスのみのもの、などと勘違いされては困る。プリミティヴな勘違いに一々つきあうほど私は暇ではないが、既述の既発表のものをそれぞれ読み比べて頂ければ、私がこの点の論証をいかなるプロセスで行なっているかが、お分り頂けるはずである（批判はその上でなされるべきであろう）。

栗谷・前掲一二頁が、石黒・警鐘一五三頁のみを逆方向で（つまみ食い的に、つまり針でボツボツ縫って過ぎるように）活用して紹介するところの（reluctance；distrust という、注目する言葉まで一緒なのに、何らそこには引用がない！）Restatement, Third, The Foreign Relations Law of the U.S., §483 (1987), Reporters' Notes 1. 2は、この点で異質な存在なのである（後述）。"[T]he courts of other States" で下された租税判決や刑事（fines or penalties）判決の承認・執行を "not required but permitted" とするこの考え方は、連邦憲法の傘の下にある「他州」判決には妥当し得ても、「他国」判決については妥当しない、と考えるべきである。ともすれば interstate と international とをゴッチャにするアメリカのゆき方を日本が真似できるはずがない。F. A. Mann, Further Studies in International Law (1990), 371 が、"It must be assumed that §483 only applies to judgments of the state of the Union." としているのは正当である。他方、そうした承認・執行を、自国（承認国たる日本）の憲法秩序の下での租税法律主義・罪刑法定主義との関係で、どう考えるべきか、といった視点も肝要なはずである（石黒・前掲法的視座〔平四・中央経済社〕一八二頁以下、一九二頁以下の注24、同・前掲羅針盤一〇四頁以下、等とも対比せよ）。

イギリスでも、前記のルール（ダイシー＝モリスのルール3）は "a well-established and almost universal principle" として把握され、かつ、国際倒産法上の事例たる Government of India v. Taylor, [1955] A. C. 491 において、かかることを認めてしまっては "(treaty or convention apart) contrary to all concepts of independent sovereignty" といったことになる旨が、明確に示されている（Dicey/Morris/Collins, supra [12th ed.], 98. 前記のリステートメントの、貧弱な理由づけと、対比すべきである）。

ちなみに、イギリスの倒産手続においてインドの課税当局がインドの租税債権につき配当を求めて来たのを明確に拒絶した右の House of Lords の事例は、現在でも不動のリーディング・ケースとされている。このことは、私見と反対の立場にとって最もとびつき易い文献たる P. St. J. Smart, Cross-Border Insolvency (1991), 126 も、明確に認めていることである。

問題は、右のような direct な域外執行ではなく、「間接的」な域外執行をどう見るかにある。ただ、基本的には、当然のことながら、次のことが妥当する。即ち、"[I]ndirect enforcement is also prohibited, for a foreign State cannot be allowed to do indirectly what it cannot do directly." ということである（Dicey/Morris/Collins, supra [12th ed.], 98f.）。ちみなに、Cheshire/North/Fawcett, Private International Law (12th ed. 1992), 115f もとより同旨であり、そこで栗谷・前掲一〇頁の引用（？）するエジプト関係の事例が挙がっている。簡単に言えば、エジプト人原告（同国在住者）がカナダの保険会社を被告として保険金支払を求めたのに対し、原告がエジプトの税金を支払っていなかったために、被告の同国支店宛にエジプト税務当局から右保険金債権の差押がかかっている旨の抗弁を、被告がしたのである。かかる抗弁を認めれば外国租税法の間接的な域外執行を認めることになるから、というのがその抗弁が認められなかった理由である（ちなみに、理由づけには若干混乱があるし、邦訳上のミスプリも申訳ない限りだが、ドイツのＢＧＨの一九八八年の裁判も、似たような判断を下している。シュトル＝ブッシュ〔石黒訳〕・日独法学一四号〔平二〕一三四頁以下。なお、公序を用いる処理の仕方に対する正当な批判として、I. Seidl-Hohenveldern, International Economic Law [2nd ed. 1992], 117.）。

直接が駄目なら間接で、という人間の心理に対して、"Rather it must ascertain 'the substance of the right sought to be enforced', irrespective of labels and 'whatever device of nomenclature is used'; ……." といった対応がなされるべきことに、なるのである（Mann, supra, 363.）。

だが、問題は、「間接的」な域外執行（禁止対象としてのそれ）をどこまでのものとするか、の点にある。これは様々なマニピュレーションないしカムフラージュによって域外執行を試みる国家との間の、永遠のいたちごっこである（ちなみに、石黒・前掲曹時四四巻八号一四四七頁、同・警鐘一三四頁以下でも批判したハウス・オブ・ローズの判決に対しては、"In reality though, the Spanish government …… would, therefore, be able to achieve by indirect means …… what it could not achieve by direct confiscation." とするCheshire/North/Fawcett, supra [12th ed.], 125のやんわりとした批判や、同旨のDicey/Morris/Collins, supra [12th ed.], 1000の批判が、幸いにも維持されている)。たしかにその限界づけは難しい。難しいが、やらねばならぬ、ということなのである。このあたりのことは、石黒・現代国際私法〔上〕四七六頁あたりに、微妙な例を挙げたりもして、示しておいた(マンへの個別的批判、等も含めて!なお、Mann, supra, 371と、Id. 368とを対比せよ)。要は、間に入る第三者が、明確に外国の域外的公権力行使上の「藁人形」と言えるか否かの問題である。だからいたちごっこ的な個別判断に、ならざるを得ないのである。

ところが、一般論としてかなり厳しい線を維持するマンは、"An obvious case of indirect enforcement arises where the liquidator of a company tries to recover…… sums exclusively required for the payment of taxes, the emphasis being on 'exclusively', for if part is required for the payment of trade creditors it is impossible to say that the action is brought for the enforcement of public rights." としてしまっている。かくて、ダミーではない民間債権と外国租税債権とを組みあわせて、その前に管財人を置けば、外国課税当局は直接表に出ないということで、いともたやすく域外執行の禁止を潜脱できることになる。その割り切りが、基本的にイギリスでも示され続けて来ている間接的な域外執行一般への厳しい姿勢に比して、あまりにも形式的に過ぎるのではないかが、問題となる。

面白いのは、栗谷・前掲一四頁以下が、まさに右のようなイギリスでの形式的な割り切り方を狙って(それをいわば奇貨として?)、論を立てていることである。そこにどことなく、猛烈にフェアでないものを感ずるは、私だけなのであろうか。

もっとも、栗谷・前掲論文に対しては、一つだけ感謝すべき点がある。即ち、同右・一三頁②(ア)の論点である。そこでは、「執行管轄権」は厳格に国境をもって画される(いわゆる属地主義の消極的効力)、との大原則との関係で、外国倒産手続開始後、その国の私債権者が日本で抜け駆け的個別執行を行ない、当該外国管財人が不当利得返還請求をその外国で行なった場合が、例として挙げられている。その上で、当該外国でその国の租税債権にも配当がなされた場合を考えると、「執行管轄権の逸脱という面を重視する実益はない」とするのである。

「実益はない」と言うのには抵抗があるが、私の立場において、右の場合にもこれを「私法的外装を伴った」域外執行(間接的なそれ)と言うのかと問われれば、答は(格別の事情のない限りにおいて)否である。石黒・現代国際私法〔上〕四七六頁あたりでも、一応そのあたりの問題には答えたつもりであったが、たしかに今一歩、再度具体的に示しておくべきところであった、とも言える。

私がここで問題とするのは、「藁人形」的第三者を介在させることの拒絶される一般の場合との、整合性をどうとるかの点に、実は尽きている。石黒・警鐘一六一頁以下では、この点が、「私法的外装」という言葉にあまりにも寄りかかって示されていたのではないか、とも若干反省する(譲り過ぎか!?)。

同右・一六一頁で私は、一〇〇%外国租税債権が待ち受けている「極端な場合」をまず想定し、「私法的外装」と言い、「藁人形」という言葉も用いた(但し、他の論点として、「承認」と「(執行)共助」とのバランス論は、別途インプットされていることに注意せよ。後述)。次に、(後述のスマートの論述の基本にもあるように〔!〕自国租税債権は内国所在の資産から弁済を受けることを前提としつつ)外国租税債権三〇%、私債権七〇%が当該外国(倒産手続開始国)で待ち受けている場合を想定した。だが、そこでも、同・警鐘一六一―一六二頁にあるように、「例えば、外国租税債権に基づく請求を直接わが国で行なえぬことに鑑み、当該外国課税当局が、前記債権を、わが国内の債務者に対して私法上の債権を有する私人に譲渡し、この者がそれらをワン・セットとしてわが国で請求した場合、あるいはそれらにつき当該外国で給付判決を得て、その承認・執行をわが国で求めた場合」、との対比において、この点を論じていた。そして、実質的な外国課税権の域外的執行(行使)として右のタックス該当部分の執行をわが国でシャット・アウトすべきことを示し、そこで

「前記の如き外国管財人の在日財産引渡要求についても、これと同じ処理をなすべきもの」と、私は主張したのである。

かくて、すべては「私法的外装」によるマニピュレーションがあったとわが国で判断すべきか否かの一点にかかる。それが、執行管轄権との関係で私の言いたかったことなのである。当該外国での「既執行の外装」を排除する場合の処理(石黒・前掲〔上〕四七七頁)と同様、当該外国課税当局のスタンスがbona fideのものであるか否かが、重要なファクターとなる。そこまでキチンと書いておくべきだったのかも知れない、という点では栗谷・前掲一三頁の指摘に、ここで感謝しておきたい。

もっとも、当該外国課税当局サイドに同・一四頁以下のような、既述の如き"狙い"があると判断される場合は、右の意味でのbona fide性に、大きく疑いがかけられるべきことになる。外国租税債権の額ないし全債権に占めるパーセンテージも判断要素となるし、課税当局が何かと表に出て種々画策するような場面があれば、それも勘案する。間接的域外執行につきものの、判断の微妙さが、ここでも避けられないことは、確かである。だから、比較的この点が明確な場合を例に、論じたつもりなのである。

だが、他面において、「承認」と「共助」とのバランス論からは、別な視点が出て来ることになる。石黒・警鐘一六二頁に、「倒産者の内国財産を、外国管財人に引き渡すについては、それが当該外国の租税債権等の公的負担の満足のためにあてられぬよう確保し、釘をさす形での法的手段が、外国倒産手続承認のためのわが国の立法的措置において講じられるべきである」と論じたのは、一つにはその点による。外国倒産手続の包括執行的効力を認める一橋案という立法提案を受け、他方、執行共助システムの拡大を今後のメガ・トレンドととらえた上での立論をするのが、同論文の主旨なのである(同・一五二頁を見よ)。

ちなみに、以上の二つの論点(域外執行の点、及び、「承認」と「共助」との関係)に加え、栗谷・前掲一四頁は、租税法律主義との関係を論じ、私見を批判しているが、石黒・警鐘一五四―一五五頁は直接には外国租税判決の承認、及び徴収共助と、租税法律主義との関係を論じたものである。二で論ずべきだった点だが、ついでにここで一言すれば、栗谷・同右頁は「外国税法に基づく納税義務者が当該外国の居住者である場合には、当該外国において不服申立の機会が与えられているにもかかわらず争っていない以上、わが国において重ねて課税要件充足の有無について争う機会を与える必要はない」とする。つくづく分らない理屈である。右の場合、租税法律主義の問題もなく外国租税判決を承認できる、ということだが、はっきり言って論点がズレている。石黒・前掲頁とも対比して頂きたい(この手の話は、やはりもうやめておく)。

さて、論点を若干もとに戻してまとめれば、マンのようにおよそ私債権が少しでも混入しておれば間接的域外執行無し、とするのは単純過ぎる割り切り方だし、将来を見据えて「承認」と「共助」との関係を整理すれば、前記の如き処理が必要になる、と私は考えている。

とくに、執行共助ルートでは、OECDの前記多国間税務執行条約でも、また、まさに租税の取扱が中心的争点となったEC破産条約案(但し、後者の当該条項が、各国課税当局のコンツェルンによるものだと評されていることにつき、石黒・警鐘一六六頁。それは、「承認」アプローチと「共助」アプローチを一緒くたにした条約案と評され得るものなのである)でも、外国租税債権には劣後的地位しか付与されない(同右・一五四、一六〇)。わが国の特別法の立場が問題であることについては、同・一六六頁で示したが、右の一般的流れ(それが納税者や一般の私債権者の保護のためのものであることにつき、同右・一五四、一六六頁)を前提とすれば、外国課税当局は、共助ルートでわが国内資産にかかろうとした場合には劣後的地位に甘んずるのに対し、じっとその外国の管財人によるわが国内資産の回収を自国で待っておれば、優先的配当を受け得る、といったアンバランスが生ずる。私の既述の"釘さし"論は、その点を直視した政策論だということになる(そして、その反面における同右・一七二頁注69の指摘も、同様の意味あいのものなのである。ちなみに、そこに「管財人としての資格で、公式ルートで」とあることに注意)。但し、承認ルートでの処理が間接的域外執行にあたると判断された場合には、国家対国家の問題となる

のであり、かかる場合に、個々の裁判官に相手国に対して国家的同意を与える権限が、現状では無い、との点が問題として浮上する(石黒・警鐘一五三、一六二頁、及び、そこに所掲のもの、及び、後述四のイギリスでの取扱〔Secretary of Stateなども登場する〕参照)。

精神衛生上、もはやイギリスでの取扱の検討に、極力専念したい。Smart, supra, 126は、前記のマンと同様、"The English court will not deny recognition to a foreign insolvency unless the foreign proceedings amount in substace to nothing more than an attempt to enforce a foreign tax debt." とする。その論証過程を、若干細かく見ておきたいのである。

まず、①アイルランドの事例で、スコットランドの課税当局の求めで同地で倒産手続が開始され、当局が陰に陽に動いてアイルランドの資産を管財人に持って来させようとした、とのニュアンスの事例がある。倒産手続の費用を差し引くと全額がスコットランドの当局の手に落ちる、といったケースである。見え見えの域外執行への私法的外装ゆえ、拒絶されている(Id. 127.)だが、右事例にはノーマルな外国倒産の場合へのインプリケーションがある旨、スマートはそこで説く(但し、それは傍論のはずである)。"However, in a typical case, where there are revenue and non-revenue claims, the revenue rule cannot be invoked to deny recognition." (Ibid.) とし、次に、②そうしたティピカルな事例につき、スコットランドでスウェーデンの管財人の請求が認められたケースを挙げる。

次に、③オーストラリアでニュージーランドの倒産手続(六〇%以上が租税債権)につきassistance(!)が与えられたケース、そして、④南アフリカでイングランドの管財人に対する、同様のassistance(!)が認められた事例(九四%が租税債権)を挙げる。

右のうちスウェーデンの一例は別として、他がかつてひとまとまりをなしていた国家圏の中での問題であること、そして、後二例のassistanceという表現に、まずもって注意して欲しい(後述)。

スマートの論述は、以上の経過を経て、「最近のU.K.の判例」の項に移る。だが、冒頭に、上記②③④の自説通りの判例が、イングランドにおける先例性を有しない旨、まず断っている。その上で、イングランドの判例も最近はこの②③④の流れを認めて来ているとし、⑤Isle of Manの裁判所がsection 122 of the Bankruptcy Act 1914(後述)により、イングランドの裁判所からの、後者の地での倒産手続に関連した文書提出の要請を認めたケースを挙げる。ここでも"to grant assistance"という表現が用いられている。だが、⑥同年(一九八八年)のジャージーの裁判所は、同じパターンでの事例(当事者名も同一)につき、当時、イギリス(U.K.)の課税当局のみが債権者だったことにより、assistanceを拒絶した(以上、Smart, supra, 127–129.)。

だが、後二者の事例は、包括執行力の承認の問題を論ずるには、事案が異なることに、注意すべきである。にもかかわらず、Id. 129は、石黒・警鐘一六五頁注18でも、他国の側からあびせられたものをも含めて批判した⑦ノルウェー・タックス事件判決を引く(なお、同種のイギリスの事例への、スイスの側からの批判としてHonegger, supra, 346をも見よ)。ノルウェーの課税当局からの、在イングランドの証人の尋問についての共助要請を、早い話がノルウェーでは民事手続が用いられているからということで、民商事の司法共助のための条約のルートに乗せて、認めてしまったのである。これを、もはや米欧間の司法摩擦だけではなく、ヨーロッパ内部での調和の破壊だとして強く批判するKoch, IPRax 1990, 257の指摘に、何を見出だすかの問題である。"[I]n English all claims except criminal ones were civil." ([1989] 2 W. L. R. 458) というハウス・オブ・ローズの暴論(傍論、ではない)が、問題の核心である。その背景として、"[I]t is …… difficult to give a precise definition to the concept of 'public law', since the common law does not as yet recognize any clear distinction between public and private law." との重大な指摘、というよりは事実のあることを、忘れてはならない(Cheshire/North/Fawcett, supra [12th ed.], 121. なお、かかる視点が、石黒・前掲法的視座〔平四・中央経済社〕の第II部の、前提をなすのである)。

さて、既述のスマートの論述に戻る。前記⑦事件につき、それが外国倒産手続にかかわるものでないことを認めつつ、強引に、彼は次の如く結論づけて、この節を終わっているのである(Smart, supra, 130.)。即ち

"Nevertheless, the liberal approach to the foreign revenue rule adopted [in Case ⑦] is keeping with the trend of the cross-border insolvency case. In short, the foreign revenue rule will only operate to preclude recognition where two factors are both present: firstly, a foreign assignee is the nominee of the foreign revenue; and, secondly, enforcement of the foreign revenue law in England is contemplated."

この議論はちと強引過ぎないか。少くとも、判決の射程距離と傍論とを厳格に区別するのが英米における判例研究の基本だぞ、と叩き込まれて来た私には、相当異和感がある。東大の判例研究会でこんな類の報告をしたら、間違いなく叩き潰され、再起不能になるのじゃないか。そう思う。

他の論点もあるが、忘れないうちに一言。右の引用個所の末尾に(enforcement) in Englandと傍線を付して示した部分は、Id. 127に対応する。そこでは⑦を引きつつイングランド内での外国租税法の執行にあたれば外国管財人をassistしない旨の大原則が示されている。資産を管財人に渡しても、実際の外国課税当局による執行は海外でなされるが故に、一切おとがめなし、と言う訳ではない。実態が域外執行だったら、外国管財人には渡さないのである。だが、少しでも民事の債権がまじっていたら渡すのだ、ということでスマートは、イングランド内での取扱を一般論として(後述!)、統一的に示そうとするのである(但し、Id. 130では、⑦の判旨が、実際に問題となった「証拠〔引渡〕」の点と「資産〔引渡〕」の点とをどう整理しているか、はっきりしないことを、嘆いている)。

四 「承認」と「共助」との交錯?

さて、ここで前記のスマートの論述における①〜⑦の判例の位置付けを、今一度精査する必要がある。彼は、外国管財人の租税絡みでの権限を認める際に(①⑥は拒絶事例だが、⑥はassistanceを拒絶)、recognitionという言葉とassistanceという言葉とを、混用している。そして、②はスウェーデン関連だが、③はオーストラリアとニュージーランド、④は南アフリカとイングランド、⑤はマン島とイングランド(但し文書提出のケース。⑦は倒産外の事例である)、ということである。そのうち③④⑤は、お互いに近い国々、もともとはすべて英連邦の中、といった国々(自治領を含む)の間での出来事である。そのことに、石黒・警鐘一六三頁注5、一七一頁注62では注目しつつ、書いていた。それから先のことを、(やや蛇足に近い、との思いで従来は行間ににじませるのみとしておいたのだが)ここで若干書いておこう。

実は、これまで二十数年、研究上用いて来たイギリス(エゲレス?)なる表記は極めていい加減なものであり、だからこそ便利で使って来たのだが、いわゆるイギリスは、厄介な国である。Dicey/Morris/Collins, supra (12th ed.), 28ffから、簡単にまとめておこう。

「イングランド」は最も狭い地域を示す言葉である。「グレート・ブリトゥン」と言うと、スコットランドが入る。「U.K.」と言うとそれに北アイルランドが入るが、the Channel Islands; the Isle of Manは入らない。これらに対し、「コモンウェルス」となると、ずっと滅茶苦茶広がるが、グチャグチャで面倒臭い。但し、南アフリカなどは今は含まれない。Id. 29の脚注を見ても、本家本元たるこのイギリスの代表的体系書が、厳密な定義を半分ギブアップしている面もあり、面白い。そんなに複雑な国(々)なのだ。だが、司法制度上の基本(裁量、コミティ、等)は、共通する面が多い。そこがポイントである。

このあいまいなイギリスという国における、一九八六年倒産法の適用

は、同法に明示の規定のない限り、スコットランド、北アイルランドには及ばない。だが、U.K.内の各法域の管財人・清算人は、U.K.内の他の法域にある資産について、同一の権利を持ち得る旨の命令を発する権限が、国務大臣（Secretary of State）に認められている、とのことである。この命令が出されればイングランド側からスコットランド・北アイルランドの資産に手をのばせる、とある（但し、"could"――Id. 1164f.）。

さらに、より一般に同法四二六条四項は、ジュリスディクションを有するU.K.内の各裁判所間で、a mutual duty to assist が存在する、とある（Id. 1165.）。――多少気になったので一言するが、もうこのあたりになると、私は殆ど趣味で書いている。本格的論稿は、既述の如くちゃんとある。あとはそれらに対する「眼光紙背」の問題のみだ。本線復帰、先にゆく。――ややこしいことは抜きにして、同条の中の各規定により、（例えば）イングランド側から見れば、スコットランドや北アイルランドにある資産に手をのばせることになる。だが、そこには相手方の側における「裁量（discretion）」の壁がある。かくて、discretion & assistance という二つのキイ・ワードが登場する。そして、その次の言葉！――どこかで聞いたことはないですか？（Ibid.）

"It should be noted, however, that a Scottish or Northern Irish court is not required to enforce an order of the English court in relation to property situated in Scotland or Northern Ireland."

想起すべきは、アメリカ対外関係法第三リステートメントの、既述の四八三条（本稿三の冒頭から数段落あとを見よ）、である。崩壊へのベクトルか逆のそれかは別として、英米に共通する「連邦」のコンセプト。そこから発する一筋の光を、しっかと見よ、と言いたい。しかも、英米法圏の（コモン・ロー）諸国に共通する「裁量」の広汎さ（もう一つ付加すれば、さらにそこに、法と政治、国内法と国際法の中間を浮遊するコミティ！――石黒・前掲法曹時報論文参照）が、一般的な形で機能し得る。これが、この場合の英米法圏の諸国の対応の、基礎にあると見るべきである（その上で、同・貿易と関税一九九二年七月号九四頁、同八月号六七頁の図を見よ！）。

さらに、U.K.の裁判所は、the Channel Islands, the Isle of Man 及び、他のいかなる（any relevant）国々やテリトリーであってもSecretary of State の指定する法域の破産手続を、assist する義務を負う、とある。

これは、全くもって「共助」の世界である。但し、条約上の義務でなく、かつての大英帝国の、残影としての（残照と言うべきか）ルースな協力体制への、呼びかけである。だが、レシプロに基づき、その射程は、（前記の any の語に示されているように）さらに広がる（以上、Dicey/Morris/Collins, supra [12th ed.], 1165.）。

なお、一九八六年法で廃棄された一九一四年法一二二条（スマートの挙げていた前記⑤の事例を再度見よ）も、この脈絡で把握さるべきものであり、当時はイングランド・スコットランド及び「アイルランド」の裁判所は、すべての"British courts"の破産手続を助けねばならなかった（must act in aid of and be auxiliary to……）。だが、その見返り（まさにレシプロ！）としてイングランド側が在外資産をそれらの法域から受け取るためには、第一に既述の「裁量」のハードル、そして第二に、相手方の Commonwealth court が自らを"British" court として認めない可能性（……may not admit that it is……）によるハードルがあった、とされる。そして、南アフリカが一九六二年の法律でこの一二二条の妥当を何ら明示していないことから、右法域が同条の射程をもはや外れたことが、そこで示されているのである（Id. [11th ed.] 1106.）。

ここで Id. 1106f の、まさに歴史的重みを有する部分を、引用しておこう。

"In general, it may be assumed that, so far as English law is concerned, all bankruptcy courts throughout the Commonwealth are 'British courts', though there may be some exceptions. This is true even though some of the independent countries have assumed republican forms of government; for it is commonly provided that the existing law of the United Kingdom shall continue to apply in relation to them as if they had not become republics. But it is of course of no avail for the English court to seek the aid of a bankruptcy court in the Commonwealth overseas if that court does not admit that it is British. The Insolvency Act 1985 retained section 122 in relation to the duty of co-operation between United Kingdom counts and British courts elsewhere pending……. But it is repealed by the Insolvency Act 1986……."

以上が、本稿三で既述のスマートの論旨に示された①～⑦の判例の、背景事情である。なお、③のオーストラリア・ニュージーランド間の事例が「共助」を正面に据えたものであることは、石黒・警鐘一六三頁にも示しておいた。

なお、貝瀬幸雄・国際倒産法序説〔平一・東大出版会〕二四五頁以下の注33が、スマートの論述を細かく辿っているのだが、④の事例につき、南アフリカが「コモンウェルスから脱退しており、イギリスの枢密院司法委員会……への上訴も禁じられている」ことから、直ちに、こうした「共助」・「裁量」（そして「コミティ」！）の世界とは全く切り離された判断がそこで下されたと、断言できるかは問題である（スマートが共助にあたる言葉を用いていることに注意）。あとは②のスコットランドとスウェーデンの事例の取扱が問題となる。

学問は一歩一歩、丹念に進むべきもの。今回はこのあたりで「探求の筆」は擱き、別な問題に移ろう。やっていて、けっこう面白い息抜きになりました。胸の奥の心配も、今はどこか遠くに感じられるような気がする。『国際私法と国際民事訴訟法との交錯』（昭六三・有信堂）の「はしがき」にあるように、あのときは、書いても書いても、精神的などん底を脱し得なかったが、それに比すれば今の心配は、悲しいけれど遠くて小さい。上本君がニコニコ微笑えんで、近くに居ることを、何故か感ずる。居る。居るに違いない。若死にしゃがって、馬鹿だなあ、と私が言っても笑っているような気がする。それが彼の、今も変わらぬ優しさなのだ。それが「ゆるし」と言うものなのだろう。何も無い（無かった）ことを、祈ろう。夜七時、夕食だ。眼がまっかだそうだ。完全に渇き切って、痛い程だ。妻は、今日は理由があるから、やめろとは言わない。優しく見守ってくれている。どこか、武家の妻といった感じの女性である。

さて、スマートの論述がけっこう鈍臭いことは、何となく示したが、果たして彼がイギリス（面倒ゆえ、再度あいまいな意味でこの語を用いる）の租税を、外国倒産手続承認（その外国の租税債権が待っている場合）との関係でどう取扱っているのかについて、次に見ておこう。Smart, supra, 130f の"Local and Foreign Revenue Claims"の項と、Id. 133 の設例が、この点についての論述であり、けっこう面白い。一橋案的に言えば、ニューヨーク州に原則管轄があり、イングランドには例外管轄しかない場合の国際的並行倒産（別にそうでなくともよいはずだが）の場合を想定する。そこ（Id. 131）で彼は、意外にも次の如く説く。即ち――

"If the UK tax debt is preferred under English law it will have to be satisfied out of the English assets before such are remitted to the American assignee. Where the UK Revenue is an ordinary creditor, the English court must make provision for a specified amount to be paid out of the English assets to the UK Revenue as a condition to hand over the English assets."

――としているのである。前半は一八二一年の古い判例を引くが、後半はイングランドでの先例がない（no case law）、とした上での立論である。そして、そこでも広汎な「裁量」（general discretion としてのもの）の介在が、予定されている。また、右の前提として、"[A] US court will not enforce a UK revenue debt in a bankruptcy taking place in New York."との点が示されていること（Id. 131, 133. なお、Mann, supra, 375 とも対比せよ）に、注意すべきである。

ところが、Smart, supra, 133 の設例（前記の如きシチュエイションで、イギリスの租税債権として優先的・非優先的なものが混在していた場合の例）では、ニューヨークでの手続の方が clearly more appropriate だと判明したら、イギリスの資産をニューヨーク裁判所に送るべく、イギリスの手続が stay されるであろう、とする。但し、その stay には、条件がつくだろう（すべて will）とする。即ち――

"The stay [of English proceedings] will be on condition that any preferred creditors (including the UK revenue) are first paid off and, in addition, that a specified amount is reserved in respect of the non-preferred revenue debt due to the UK anthorities."

――とあるのだが、優先・非優先のイギリス租税の取扱いが、既述の引用個所とこの設例とで逆転しているのは何故なのか。悩んでしまう。けっこうそういうところの多い本なのだ、と言えばそれまでである。

いずれにしても、イギリス手続の中止に条件をつけても、アメリカが乗るかどうかはアメリカ側の決めること。あてが外れたらどうなるか、といった点には一切言及なく、右の引用の末尾近くにアンダーラインを付したスペシファイド・アマウントの計算を細かくやり、全額をイギリスにリザーブする訳じゃありませんと、紳士的にふるまうところで、スマートの論述は、尻切れとんぼ的に終わっているのである。

スマート氏の非スマート的立論は別として、イギリスには、意外にも内・外租税債権が正面からぶつかりあう事案は、どうもないようである。――と今のところは推定できそうである（楽しみは次の機会までとっておく）。

手続の stay といい、それに付された condition（さらにその違反に対する柔軟なサンクション！）といい、さらにすべてを包む discretion といい（さらにコミティ！）、英米法圏の司法制度ならではの諸前提である。基本的に司法制度面では大陸法系に属するわが国で、同じことがどこまで言えるのか。さらに外国租税債権のここでの取扱に色濃くにじむ「共助」的色彩。――「承認」と「共助」との境界は、むしろ、もろもろの制度の根幹が異なる英米法系でのあいまいな議論に幻惑されず、わが国なりの立場で考え抜いて（「ボツボツ針縫い」は不可）決すべきことであろう。

それにしても、一橋案における内国租税債権の冷遇姿勢は、残念である。それから先のことは、『国際金融倒産』が出てから、また論じよう。

（平成七年一月一六日午後一一時三〇分、点検の上、脱稿）

＊　本当は今月号で書くつもりだったのだが、次号では、石黒・国際摩擦と法――羅針盤なき日本（ちくま新書）一一六頁以下で言及した、「日本の銀行監督とアメリカからのディスカバリ命令」について、実際の当事者等を一切伏せて言及する予定。その旨の了解がとれたため、かつて書いた私の「意見書」を、公表する次第である。

二月は種々の報告書執筆と、二月二〇日からの一泊二日のとんぼ返りにはなるものの、OECD・APEC共催の、インフォメーション・インフラのための国際シンポジウム（於バンクーバー）での報告もある。そこでは反トラスト法の域外適用（「過度な」それ！）についての論点にも言及するつもりゆえ（BT・MCI事件等）、今から文字通りの臨戦態勢である。果たしてどうなるか!?

（娘の憲子一六才がマーブル・ケーキを焼いてくれたので、＊マークのところを一〇分もかけて美味しく書いた。家族が一番大事だ。これから原稿の再点検に入る。）

連載

ボーダーレス・エコノミーへの法的視座

第四十六回　日本の銀行検査・税務調査の内容に関する米国裁判所の開示（ディスカヴァリ）命令？

石黒一憲
東京大学法学部教授

〈目次〉

一　はじめに

今日はもう、二月一七日である。一三日に、岡崎市のCATV高度化によるインフォメーション・インフラ実験の視察と地域情報化シンポジウムでの講演等のため、現地にゆき、そして猛烈なる風邪をひいた。仕事等は殆どキャンセルせざるを得ず、辛うじて一九日からのOECD・APECインフォメーション・インフラ国際シンポ報告用英文原稿（暗号やBT・MCI事件の取扱も含む）のコピー一五〇部を、社会経済生産性本部の宮下一典氏のお助けにより済ませ、そして今、イライラしながら筆をとったところ。これ以上無い不眠不休の完全看護をしてくれた妻が、今はダウン。従ってわが家はパニックに近い状況である。

仕事を前倒ししておいてよかった。よく「前倒し人間」と妻から皮肉られるが、こういうことが起こり得るから、前倒しが必要になるのだ。とかく私と相性の悪い家康と岡崎とを、多忙ゆえにか高校の頃日本史は人に負けたことのなかった私が、何ら結びつけられなかったという自分の不注意が、原因である。日光近辺にゆくと妙な熱を出す（去年の夏もそうだった）。そもそも要注意だったのだ。だが、一三日のシンポジウム当日に、『マルチメディアと地域情報化』（日刊工業新聞社刊）の出版が間にあい、私も現地でそれを手にした。けっこうまとまっており、こんなことなら編者を引き受けておけばよかったと思った。一応、郵政省郵政研究所の編になっている。

バンクーバーにゆく前にやっておきたかった東京都議会のための通信網高度化報告書は、結局、二二日に帰国してから、ということになってしまった。他方、手許には神戸の大震災を契機として、内外のセキュリティ関係（テレコム分野）の資料もたまっており、いずれそれ自体として、何か書かねば、と思っている。「ユーロクリアをめぐる若干の論争と様々な誤解——国際金融倒産との関係において」は、某財団の研究会報告書公表後に、例の如く本連載に転載をする予定。

さて、本号では、日本の銀行検査（大蔵省）、税務調査（国税庁）の内容自体を開示せよ、とのとんでもない要求がアメリカの一民事裁判所での手続との関係でなされた、という実際の事例を問題とする。もとより当事者の表示等は一切伏せる。

風邪薬で頭の中がどろどろの状態ゆえ、かえって都合が良い。先月号で予告したように、体力的にも精神的にも、また物理的に時間の問題としても、今月はとくに余裕がない。だから手短かに、要点のみを記す。

日本の法制度は、「秘密」の問題について十分ではない。これはここだけの話ではない。右の二つの制度でも、公務員の側のみを守秘義務でしばれば十分か、という点がまさに問題となる。

本件では、調査を受ける私人の側に対して、米国裁判所からディスカヴァリ命令が出される形になる。私は、いずれこうした形で問題が起きるであろうと思っていた（アメリカ独禁法の「過度な」域外適用や、証券不祥事の際のSECの、全くもって日本国内での出来事に向けられた調査、等の延長線上での出来事である。そこに「法の実現における私人の役割」という英米特有の傾向をインプットせよ）。だが、まだ大蔵省や国税庁関係の問題でよかった。つまり、日銀考査が問題だったら、問題はもっとややこしくなる。この辺は、日銀の客員研究員の任期終了を待って、書く（いずれ）ことにする。

ここで関係する私の著作について、リスト・アップしておく。本稿の骨子をなす私の意見書は、米国裁判所を理論的に説得するためのものである。その点の含みを適切に御理解頂く必要が、あるのである。

○『情報通信・知的財産権への国際的視点』（平二・国際書院）第五章（「TDF規制と国際通信」）

○「国際金融の牴触法的考察(1)」貿易と関税一九九二年六月号（四七頁の配線図、その右半分を見よ）

○「国際財務の法的諸問題」同九三年一一月号（「共助」の枠組）

○『国際的相剋の中の国家と企業』（昭六三・木鐸社）二一五頁以下（forum non conveniens）

○『ボーダーレス・エコノミーへの法的視座』（平四・中央経済社）第Ⅱ部（「承認」と「共助」の限界）

○「コミティ批判」法曹時報四四巻八号（平四）一四二五頁以下（法と政治、国際法と国内法の中間に浮遊する英米特有のコミティ概念とその機能）

○『国際摩擦と法——羅針盤なき日本』（ちくま新書・平六）九六頁以下、とくに一一六頁以下（問題の全体像の概観）

とくに、右の「コミティ批判」（とくに前掲論文四三頁を見よ）で示した英米特有のコミティ概念に頼って米国裁判所の説得を試みる、という若干屈折した論理（但し、その方が米国側には分り易い——意見書末尾近くのパブリック・ポリシーも同じ）を、本件においては、とらざるを得ないのである。

それでは、限られた時間、等の中で、私が本件につきどう対処しようとしたかを、示しておく。

本件の理論的重要性に鑑み、その公表を快諾して下さった関係者の皆様に、心から感謝したい。

二　「意見書」の内容

意見書

ご依頼の件につき、国際・国内の銀行に対する規制監督、国際租税法、国際民事訴訟法、国際私法、国家管轄権論、等の専門家として、意見を

申し述べます。

なお、私は本件の当事者（共に日本法人たるB銀行及びA）とは何の利害関係もなく、B銀行とも直接の接触はありません。

一九九四年某月某日

東京大学法学部教授　石黒一憲

〔依頼事項〕

アメリカ裁判所において本件Aが求めているディスカヴァリが、日本の大蔵省・国税庁がB銀行に対して行ったとAの主張する、日本の法律に基づく調査ないし検査の内容を、明らかにせよ、との趣旨のものであることを前提として、そこにいかなる法的・制度的な問題があるか。

〔意見書の骨子〕

本件の場合、B銀行が、大蔵省及び国税庁に対してそれぞれ法の規定に基づき提出した資料や各行政庁とのコミュニケーションの内容を、アメリカ裁判所のディスカヴァリ命令に従い、開示することは、公務員の守秘義務に関する日本国の法律を迂回（circumvent）するものであり、また、日米両国間の行政上の共助（mutual assistance in administrative matters）制度をバイパスするものであって、認められない。かかる情報の開示は、日本の行政の健全な運営を著しく困難にするものであり、日本の銀行監督制度・税務調査制度の根幹を揺るがすものとなる。即ち、それは一銀行たるB銀行の問題たるを越えた、日本国の上記の法制度の信頼性の問題であり、他方、かかることをB銀行に要求することは、徒にB銀行の上記各行政庁との関係を悪化させ、B銀行を窮地に追い込む。のみならず、そうしたことが認められれば、日米行政庁間の、情報交換に関する共助制度の健全な維持・発展を大きく阻害する。以上からして、本件Aの開示要求が認められることは、日本の public policy に反するものと考える。

本件で問題となっている具体的な取引関係はともかくとして、AB間の全体的取引関係の center of gravity が明確に日本にあることからも、アメリカ裁判所として、本件Aの求める日本国の行政上の秘密の開示については、日本国内での問題の処理の仕方に対して comity を付与することが、強く期待される。

〔論拠〕

1．公務員の守秘義務との関係

本件Aの要求は、結局のところわが大蔵省・国税庁がAB間の取引につき何をどう調査したかを開示せよ、というに等しい。つまり、結局それは国家公務員法一〇〇条の「職務上知ることのできた秘密」、所得税法二四三条の「調査に関する事務……に関して知ることのできた秘密」（法人税法一六三条も同じ）を、当該公務員自身に対して漏らせというかわりに、調査を受けたB銀行に対して、その開示要求をするものである。まず、同様の事を、Aが日本で日本の裁判所に対して求め得るかが、問題となる。

公務員の守秘義務との関係での従来の日本の判例では、直接当該公務員が守秘義務違反の罪（国家公務員法一〇〇条、一〇九条一二号、一一一条や所得税法二四三条、等）に問われたケース（代表的なものとしては最高裁昭和五二年一二月一九日決定判例時報八二三号三二頁——税務行政上の弊害等を理由として有罪とした）や、公務員をそそのかして秘密を聞き出したケース（同じく代表的なものとしては、外務省秘密漏洩事件「最高裁昭和五三年五月三一日決定判例時報八八七号一七頁」がある。ちなみに、国家公務員法一一一条は同法一〇〇条違反を「企て、命じ、これを容認し、そそのかし、又はそのほう助をした者」も罰する、としており、それに対する違反が問題となったケース）がある。

他方、「国民の知る権利」と上記の公務員の守秘義務規定との関係が争われたケースも、最近は増えているが、王国文献「職務上の秘密」ジ

ュリスト増刊・行政法の争点「新版」（一九九〇年）一三四頁にもあるように、裁判の場でかかる秘密の開示が求められた場合にも、裁判例の多くは、文書提出を拒否して来ている。

裁判上の文書提出義務が認められた代表的な判例たる高松高裁昭和五〇年七月一七日決定判例時報七八六号三頁でも、開示が命じられたのは、電力会社が原子力委員会等に提出した資料であって、しかもそれは「利潤の追求を主目的とした一企業の営業に関する秘密」であった。つまり、「国家の利益又は公共の福祉に重大な損害又は不利益を及ぼすもの」であれば、もとよりその開示は裁判所に対しても求められ得ない、というのがその前提であった。また、第一次家永訴訟として著名な東京高裁昭和四四年一〇月一五日決定行政裁判例集二〇巻一〇号一二四五頁では、学校教科書の検定に関する行政庁の処分理由の開示が求められ、認められた。だが、その際に裁判所は、当該の文書ないし情報が、所得税法二四三条等の守秘義務規定によって保護されたものではなく、また、その公表が国家あるいは公共の利益を害する性質のものでないことを、理由としている。

このように、従来の日本の判例上、本件Aが直接日本の裁判所において、直接大蔵省・国税庁に対して当該調査の内容の開示を求めたとしても、日本法上、それは拒絶される状況にある。

日本にはスイス連邦銀行法四七条のような、刑事処罰をもって銀行の秘密を担保する法規定はないが、銀行業務に関する confidentiality が健全な銀行業の運営上極めて重大であることには、変わりがない。そのような業務の秘密性を前提とした上で、上記の大蔵省・国税庁の調査の制度が組み立てられているのである。その調査内容が、マネー・ローンダリング防止等の高次の要請のない一般の民事訴訟事件において、容易に第三者の開示要求によって明らかにされてしまっては、銀行業界全体の信頼性を大きく損ね、かつ、関係する日本の法制度の健全な維持にとって、測り知れないネガティヴなインパクトを与えることになろう。それはある種のパニックであり、しかも、そのパニックは、金融のグローバル化の現実において、場合によって国境を越え、アメリカをも含む他の国々に波及する可能性さえある。

ここで想起すべきは、AとB銀行の間で、日本においても種々の訴訟が起きている、ということである。ABはいずれも日本法人であり、全体的なその取引関係は、アメリカでの本件訴訟の前提たる取引関係は別として、日本との間に the most significant relationship ないし center of gravity を有するものである。結局Aは、本来日本の裁判所でその開示を求めるべき問題につき、上記の事情からそれが無理であることを考え、本来日本でなされて然るべき開示要求を迂回（circumvent）し、アメリカ裁判所への本件ディスカヴァリ要求を試みたものと判断される。

しかも、日本でのこの種の情報開示要求が、従来は正面から直接当該行政庁に対してなされて来ているのに、それを迂回（circumvent）し、本件では行政庁の調査に応じたB銀行に対して、直接情報の開示を求めている。この点は、ABが共に日本に本拠を有する日本企業である以上、それ自体、フェアなことではない（Aが日本でのB銀行との訴訟において、何ら本件におけるような内容の開示請求をしていないことに、注意すべきである）。

たしかに、本件のような場合に、Aの立場の者が、直接行政庁に対して情報開示を求めず、B銀行の立場の者に対して文書等の開示を求めた場合にどうなるのかについては、私が調べた限りでは、日本では判例が無い。けれどもそれは、行政庁が有する秘密（法の規定に基づく調査の結果としての情報）の開示を求めるならば、直接当該行政庁に対してそれを請求するのが当然最も reasonable であるとの判断が、広く日本社会に定着していたためと解される。勿論、今後は日本でも、本件AB間の訴訟のような場合に本件同様の開示が請求される可能性はある。だが、行政庁の調査に応じた本件B銀行のような立場の私人に対して開示を命ずることは、その社会的にネガティヴな影響において、当該行政庁に対して開示を命ずることと、実質的には同じことなのであって、国家あるいは公共の利益に著しく反し、もとより認められるべきことではない。

ちなみに、既述のごとく、国家公務員法一一一条は同法一〇〇条違反を「企て、命じ、これを容認し、そそのかし、又はそのほう助をした者」も罰する、としている。本件でB銀行が、大蔵省、国税局の有する秘密の内容を実質的にアメリカ裁判所の手続きにおいて開示した場合にも、たしかに同条違反の刑事罰は科されないであろう。だが、これは日本社会がアメリカのような punishment-oriented society ではないこととの関係で、理解すべきことである。刑事処罰はなくとも、実質的に守るべき国家の秘密が迂回行為により漏らされたのであり、それに対する社会的制裁は、AのみならずB銀行に対しても、科されることになるであろう。とくにB銀行としては、銀行業が政府の厳しい規制・監督の下にある以上、今後様々な困難に直面することが、容易に予想される。しかも、被規制者たるB銀行が行政上の重大な秘密を漏らしたということは、一銀行たるB銀行の問題たるを越えた日本の銀行業界全体の、社会的な、また、国家（行政庁）に対する、重大な責任の問題にも発展するであろう。他方、当該行政庁（つまりは国）自身の社会的責任も、同時に鋭く問われることになろう。

さらに、外国で本件同様の民事訴訟が提起され、本件B銀行の立場の私人に対して開示命令がだされることによって、容易に日本国内での銀行監督や税務調査の内容が開示され得ることになれば、日本国内での円滑な規制・監督に重大な支障をきたすことになる。スイス刑法二七三条が、秘密保持の観点から文書等の国外提出を禁じているのも、こうした問題に直面したからであり、将来的には日本が同様の blocking statute を制定する、といった展開になることも、可能性としては有り得る。

2．銀行監督・税務調査上の秘密の重要性と日米間の共助制度との関係

以上においては、日本法上の、国家公務員の守秘義務一般との関係に重点をおいて論じたが、本件でAがその開示を求めているのは、銀行監督及び税務調査上の秘密である。アメリカにおいても、銀行監督上の調査内容等については、Freedom of Information Act (FOIA) §552 (b) (8) で、exemption が認められている。それと同様な立場が日本でも取られているのであることに、まずもって注意すべきである。

他方、税務調査上の秘密については、日米租税条約上の情報交換条項（同条約二六条）の存在に注意する必要がある。その一項では、この規定によって日米税務当局間で「交換された情報は、秘密として取り扱うものとし、この条約の対象である租税の賦課若しくは徴収又は当該租税に関する執行若しくは訴えに関与する者（裁判所及び行政機関を含む。）以外のいかなる者にも開示してはならない。」と規定されている。IRSがこの条約規定によって本件で問題となるB銀行に対する調査の内容としての情報を得たとしても、上記の厳しい守秘義務が、条約上課されているのである。

国際的な租税回避行為を規制するためには、各国課税当局間で円滑な情報交換のなされることが必要である。そして、それが円滑になされるための重要な前提として、上記の守秘義務規定が存在するのである。本件のような私人間の民事訴訟において、容易に日本側の税務調査上の秘密が、実質的に開示されてしまっては、かかる条約上の情報交換のための共助制度の維持・発展上、重大な阻害要因となるし、そのことは結局、国際的な租税回避を助長することにつながりかねない。本件Aの開示請求は、この観点からしても、認められるべきではない。

日米間の租税関係の情報交換が、条約上の基盤を有するのに対して、銀行・証券業の規制・監督については、今のところ、大蔵省証券局長とSEC委員長間の情報交換に関する覚書があるのみで、銀行監督については、紳士協定としてのバーゼル・コンコルダートに基づき、日米を含めた先進諸国の銀行監督当局間の、情報交換を含めた協力体制が築かれているにとどまる。正式の日米政府間の合意に基づく制度作りは、かくていまだ十分ではないものの、日米租税条約上の上記の情報交換条項に示されたのと同様の、情報交換の秘密性は、そこでも維持されねばならない。BCCI事件や国際的なインサイダー・トレーディング規制の問

題を考えれば、この点は明らかであろう。

ちなみに、わが証券取引法一八九条は、上記の覚書を受けて、外国の規制当局（行政機関）からの要請に基づく調査協力の規定を置くが、国家公務員法一〇〇条の守秘義務の規定の適用が、その前提となっている。外国の規制当局に提供された情報が他の目的（具体的には刑事処罰）のために用いられないように「適切な措置がとられなければならない」と規定されている（同条四項）。将来的には、国際銀行監督の場合についても、こうした日本国内の法整備がなされるべきだし、最終的には、日米租税条約の上記の規定のように、条約上の制度作りがなされねばならない。

国家管轄権の問題を直視しつつも、私は、まさにこうした制度作りのために必要な研究をして来ているのであるが、本件Aのアメリカ裁判所での開示要求が認められれば、日米行政庁間での円滑な協力関係に水を差し、将来の国家間の共助制度の新たな構築に際しても、ネガティヴな影響を与えることになるであろう。

3．日本国内でなされたB銀行と大蔵省・国税庁とのコミュニケーションの内容を開示する上での、アメリカ裁判所としての利益とcomity (international comity)

本件、アメリカでの訴訟は、アメリカ国内でのAB間の取引関係についてのものである。アメリカ裁判所のジュリスディクションについては、（一般的な国際的なpretrial discoveryをめぐる問題と同様に）私への依頼事項ではないが、上記諸点との関係に絞って、最後に一言する。

AB間の本件取引関係に関する問題について、アメリカの裁判所にジュリスディクションが認められることを前提として考えたとしても、本件Aの開示要求の内容が、専ら日本国内での日本の行政庁とB銀行との間での、しかも、日本法上本質的に秘密とされるべきコミュニケーション（行政上の秘密）に関するものであることを、一体どう評価すべきかが問題となる。

問題は、まず、この点を開示することが、本件処理上どこまで必要なことなのかにある。また、専ら日本国内での出来事であって、しかも上記のごとく、今後の日米間の共助制度にも大きな悪影響を与え得る問題につき、Aの請求を認めることから得られる利益と、それによって失われ得る利益とが、アメリカ裁判所によって、如何にバランシングされるのかの問題がある。

Aの本件請求が、本来Aが日本国内で、しかも、本来、当該秘密を保有する日本の行政庁を相手としてなされるべきところ、B銀行に対して、しかも、専らアメリカ裁判所においてそれを行う、というかたちで、いわば日本の法制度を二重にバイパスしてなされたものであることは、既述の通りである。こうした事案において、あえて国際的な金融監督・税務調査上の日米政府間の協力体制にまでネガティヴな影響を与え得る判断を下す利益が、本件の場合、果たしてどこまでアメリカ裁判所にあるのであろうか。

もとより、U. S. resident or citizen が原告となった場合には、そのような原告の利益を守る上で真に必要な開示命令は、出されねばならないのであろう。だが、直接には forum non conveniens の法理に関するものではあれ、Piper Aircraft v. Reino, 102 S. Ct. 252 や Asahi Metal Industry Co. v. Superior Court of California, Solano Country, 107 S. Ct. 1026 に示された点、即ち、アメリカの原告と外国の原告とを区別して考える、という視点からの考察が、まず必要なのではないか。

その際、(1)AB間の全体的な取引関係の center of gravity が明確に日本社会の中にあること、(2)それにもかかわらず日本でのAB間の訴訟において、Aが何ら本件におけると同様の開示要求を日本の裁判所に対してしていないこと、(3)Aがその開示を求めているのは大蔵省・国税庁の、つまりは日本国の保有する行政上の秘密であり、本件開示要求が認められた場合にB銀行がそれに従うことが、その情報の所在する国たる日本国の重大な利益を侵害する（Restatement, Third, Foreign Relations Law of the U. S., §442 (1)(c)参照）こと、それのみならず、(4)上記のごとく日米両国政府間の、国際的銀行監督・国際的租税回避防止のための協力体制へのネガティヴなインパクトも大いに懸念されること、等の点が、アメリカ裁判所において適切に考慮されるべきである、と私は考える。

私としては、上記の諸点に鑑み、アメリカ裁判所が、Aの本件開示要求についての日本での問題処理の仕方に対して、comity (international comity)を付与するよう、強く希望する。

以上の諸点からして、本件Aの開示要求が認められることは、日本の公序（M. Rubino-Sammartano/C. G. J. Morse, Public Policy in Transnational Relationships (Kluwer 1991), England 156f. で言う意味におけるパブリック・ポリシー）に反する。また、それは、日米両国間の、情報交換等についての国際的共助枠組みを弱体化させるものであって、到底認められない。本件Aは、本来日本国内において、日本の裁判所に対して本件におけるような開示を求めるべきものであって、アメリカ裁判所に対してかかる開示を求め、それにより日本の銀行と行政庁との間のやりとりを秘密にするという日本国の基本的な政策を迂回し、損なうことについての、十分な理由を有していない。かくて、本件Aの開示要求は拒絶されるべきである。

三　残された問題?

二の「意見書」を御一読頂ければお分かりのように、本件の特殊性（日本企業間の、全体として日本に center of gravity のある紛争であること）を除いてしまうと、それなりに厳しいものがある。

また、日銀考査について同様の問題が起きたらどうなるかは、けっこうそれ自体面白いところの別な問題と、絡んで来る。早く五月の任期明けにならないか!――切にそう願っている。

一九日からゆくバンクーバーでは、実は本稿の底流にある「秘密」の問題も、インフォメーション・インフラの高度化との関係で、多々扱われる。いずれそうした問題についても、まとまった形で書くつもりであるが、ともかく、まだ荷造りも何もしていないので、ここで筆を擱く。

（平成七年二月一七日夜）

◇　◇　◇

「ボーダーレス・エコノミーへの法的視座」のいままでの掲載

- 第三十一回　いわゆるVIE（自主的輸入拡大?）についての覚書　94年1月号
- 第三十二回　特許権等の使用に関連する国際的支払と日本の源泉課税――シルバー精工事件一審判決に対する疑問(上)　2月号
- 第三十三回　特許権等の使用に関連する国際的支払と日本の源泉課税――シルバー精工事件一審判決に対する疑問(下)　3月号
- 第三十四回　外貨とは一体何なのか?(1)――外国金銭債務論序説　4月号
- 第三十五回　外貨とは一体何なのか?(2)――外国金銭債務論序説　5月号
- 第三十六回　外貨とは一体何なのか?(3)――外国金銭債務論序説　6月号
- 第三十七回　わが通商政策の基本的矛盾はいつまで続くのか?――日米移動電話摩擦の〝決着〟への重大な疑問(上)　7月号
- 第三十八回　わが通商政策の基本的矛盾はいつまで続くのか?――日米移動電話摩擦の〝決着〟への重大な疑問(下)　8月号
- 第三十九回　次世代情報通信基盤整備の社会政策的側面とケネディの理想――日米通商摩擦克服への新たな視点・(上)　9月号
- 第四十回　次世代情報通信基盤整備の社会政策的側面とケネディの理想――日米通商摩擦克服への新たな視点・(下)　10月号
- 第四十一回　日米政府調達摩擦(一九九四年)と数値目標問題　11月号
- 第四十二回　社債管理会社の設置強制とユーロ市場――平成五年商法改正の国際的射程をめぐって(上)　12月号
- 第四十三回　社債管理会社の設置強制とユーロ市場――平成五年商法改正の国際的射程をめぐって(下)　95年1月号
- 第四十四回　次世代情報通信基盤と知的財産権　2月号
- 第四十五回　国際倒産と租税――再論　3月号

連載

ボーダーレス・エコノミーへの法的視座

第五十三回「ユーロクリア・システムをめぐる若干の論争と様々な誤解――『国際金融倒産』との関係において(上)」

石黒一憲
東京大学法学部教授

〈目次〉

一　はじめに

(1)　問題設定――〝世銀グローバル円債〟の基本的問題点

私は、平成五年三月八日に、『世界銀行グローバル円貨建債券の法的構造と問題点』と題する当面非公開の報告書を、脱稿していた。それ自体は、いずれ近いうちに、資料として公表するつもりであるが、その基本的な問題意識の概要を、まずここで示しておく。その位は許されて然るべきであろう、と思われるので。

この世銀グローバル円債は、一九九二年春に第一回分二五〇〇億円分が発行され、それ以降、わが主力金融機関がいわば交替で発行の要となる形で、市場に送り出されて来ている。「グローバル」という言葉は、実は多義的なものであり、誤解が生じ易い。まず、集中的な証券の保管振替・決済機関であるユーロクリア（在ベルギー）、CEDEL（在ルクセンブルク）、DTC（在米）を結ぶ形で、文字通りグローバルな証券取引がスムーズに出来る証券だ、というのが一つのセールスポイントになっている。次に、個別の証券現物（definitive certificates）は原則として不発行であり、いわゆる大券（global certificates）が三枚発行されるのみである。グローバル証券（大券）方式による起債ということである。ちなみに、この大券という語も紛らわしく、「包括証券」と訳すべきであろう。個別証券現物を包括する形で出される「紙」だということになる。それが「大券」である。

ところが、この三枚の大券は「白紙」であり、ユーロクリア・CEDEL・DTCを介して取引されるこの債券(?)の、右の三つの機関のそれぞれ日々の証券（?）持ち高が、コンピュータ・データに基づき観念的に反映される形になっている。この「紙」が、果たしてわが法上「有価証券」と言えるか否かが、まず問題である（ちなみに、私の前記報告書とは別に、東京大学大学院法学政治学研究科石黒ゼミ『証券のペーパーレス化を巡る法的諸問題――世銀グローバル円債を中心に〔国際金融取引の法的諸問題2・平成六年三月〕』の大学院演習報告書があり、私の研究室に、まだ余部が残っている。法的分析の詳細は、当面はまずもってそちらに譲るべきであろう）。

この「大券」が有価証券ならば、末端の投資家（一口一〇万円でこの円債が売り出されていることに注意せよ!）は、まだ救われる。だが、そのあたりが実にあいまいである。要するに、世銀側は実に威丈高であり、俺にはデフォルトなんかあり得ない（デフォルト条項も極めて簡略。イギリス法を準拠法としつつ、あとの手当てが契約上殆ど無いに等しい。勿論、トラスティの定めも無い）、トリプルAは当然だし、云々ということで、専らその目は資金調達後の使い途の方に向けられているかの如くである。

しかも、起債関係の諸契約上、世銀が支払義務を負うのは、the registered bondholders に対してのみ。つまり世銀は要となる某邦銀のコンピュータ・データをバックとして前記の三枚の大券を有するユーロクリア・CEDEL・DTC（但し、DTCについては、そのノミニーとしての某米国企業）に対してのみ支払義務を負う旨、契約上の定めがある。その核心的部分（契約の基本的内容）が末端の投資家に、一体開示されているのか。大体、末端の投資家と世銀側との間に立つわが国の証券会社は、そのあたりに全く無頓着であり、殆ど何も知らないで、この円債を売りまくっているようである。巨大なことで知られる某機関投資家からの、私の見方を踏まえた質問に対し、四大証券中の某社担当者は、全く答えられず、それにより、右機関投資家は手持ちの当該円債をすべて売却した、という経緯もある。

それはなぜか。末端の投資家が一体誰に対していかなる権利を有するのかが、はっきりしないからである。契約上、末端の投資家と世銀との関係は切れている。わが国の振替決済システムは、有価証券法理の介在をあくまで前提としつつ、「混蔵寄託＋共有権」的構成で、末端の投資家に対し、第三者異議・（倒産時の）取戻権を与えることで成り立っている（なお、石黒「集中的証券決済システムと国際倒産」石黒他・国際金融倒産〔トラスト60研究叢書・平成七年六月〕所収、第五章第三節三六九頁以下を見よ）。その前提をすべて取り払い、明確に無証券化（dematerialization）を志向するのが、この世銀グローバル円債なのである。

なお、世銀グローバル債は、この円債に先立ち、いくつかの先例があった。だが、それらは（集中的振替決済システムとしてのKV〔カッセンフェライン〕を有するドイツは別として）、いずれも円債の場合の邦銀にあたる要に中央銀行を置き、起債する形になっている。また、米ドル債の場合には、記帳（ブック・エントリー）証券と物理的証券現物とが、起債段階で既に interchangeable なものとされ、債券購入者が後者の証券現物の保有をのぞめば、それが交付されることが前提とされていた。また、世銀グローバルDM債の場合には、ドイツの有価証券法理との連絡が、それなりにうまくつけられている、といった事情もある（なお、嶋拓哉・前記石黒ゼミ報告書八五頁以下）。

こうした法的手当てもなく、某邦銀のコンピュータ・システムにほぼ全面的に依存しつつ発行された世銀グローバル円債の場合、実際のところ、実に危険極まりないというのが、多少なりとも国際金融取引及びテレコム高度化を研究している私の、実感である。藤井彗之「世銀が初のグローバル円債を発行――本邦投資家向けの決済機構が求められる」金融財政事情一九九二年三月三〇日号三二頁以下、三三頁には、「グローバル債発行にあたっては、各国、各マーケットの証券法および関連法・規制、さらに市場取引慣行を熟知することが、きわめて重要」であり、

「世銀のグローバル円債についてはかなり以前から本邦諸規制および諸慣行との調和を時間をかけて議論してきた」、とある。だが、私には何らそうは思われない。日本の国際金融界の基本的弱点（石黒・国際摩擦と法——羅針盤なき日本〔平七・ちくま新書〕三九頁以下）を端的に示したのがこのケース、とも思う。いわゆるリーガル・オピニオンも、内外の弁護士事務所に対する実際の質問事項自体が、これまで略述して来たような本質的問題を何ら含まぬ、許認可や課税関係等に終始するものであった。末端の投資家の法的保護の一点に絞った検討こそが、重要だったはずなのに、である（しかも、本債券〔?〕の契約準拠法はイギリス〔イングランド〕法とされている。イギリスの振替決済の法理や無証券化へのあがき、等は見ずに、何となく同国法が指定されたのみであることは、後述の諸点から して明らかである。全く無責任と言うしかない準拠法の選択である）。

なお、専ら世銀やユーロクリア等の都合により、物理的証券現物の発行される場合が、起債関係諸契約上、想定されている。いわゆる direct rights である。その場合、あたかも（as if）最初からそれが発行されていたかの如き立場に、一般投資家が立つ、とされるが、そのような重大な決定が、右の立場の者の随意に委ねられてよいものか否か。ここも大きな問題のはずである。

要するに、一々個々の末端投資家とつきあってはいられないし、一々証券現物を出したりする煩雑さは避けたい、との一念に押し切られたのがこの起債である。そうでありながら、麗々しく（末端の投資家に対し、右の direct rights が行使される場合は別として一般的には何ら支払義務を負わない）世銀の財務内容が開示され、しかも、既述の如く一口一〇万円という、小口投資家狙いの起債が、現実になされているのである。

私がこの種の〝告発〟を国際金融取引絡みで行なうのに際し、しばしば「たまたま気付いた問題につき文句を言うのはフェアでない」、といったリアクションがある。こういった細かなことには口をつぐんで、なるようになるさというスタンスで、もっと大きな（?）問題のみを眼中に置け、というのが紳士的なのか。私はこうした立場とは、明確に主義主張、否、生き方を異にする。残念だが、そう言っておきたい。

(2) ユーロクリアとの関係

さて、こういった観点から世銀グローバル円債の法的構造と問題点を洗い出してゆく過程で、集中的な証券の国際的な保管振替・決済機関たるユーロクリアをめぐる問題が浮上した。しかも、この部分は専ら公表された資料（雑誌論文）だけからでも分析が可能なものであった。そこで、ふとしたきっかけから、ユーロクリアのD・シュラー氏、及び、ユーロクリアの日本国内での法律顧問をしておられる方々との接触が始まった。

ところが、前記の私の報告書本体は、ある種の契約の下に執筆されたものであるため、私は実に奇妙な立場に置かれた。いわば私は口を封じられ、公表資料で十分議論できるはずの問題についてまで、沈黙を求められたのである。そこから種々の誤解が、実に不愉快な形で発展した。本稿公表時には、すべての束縛——あまり法的根拠は無いと思われるが、日本的流儀にたまには従うのも面白かろうと、当面それに従って来たのみ——も基本的に解けるはずであるので、この際、ユーロクリア関連の問題に絞って、けっこう興味深い法律問題の所在につき、一言しておこうと思うに至った次第である。あえて誰がどうの、といったことは言わぬが、つくづく日本はインフラが無い国だと思う。皆が本気で問題にぶつかって、新たな地平を切り拓こうという気概は、この国には無いのか（韓国の若者にはそれがあった!）、と思う。いわば単なるメッセンジャーみたいな立場の人々が、その実自分の所得増大と俗世間的名声のみを指標にうごめいているだけであるかの如くである。「世銀グローバル円債」という針先の穴位の事象から、またしても私は、「羅針盤なき日本」の実態を見せつけられてしまったのである。漱石の「草枕」の冒頭部分——もう忘れてしまったが、あんな感じを、もっともっと烈しく抱いているのが今の自分、ということなのだろう。

二　ユーロクリア・システムをめぐる若干の論争

(1) 概観

まず前提として押さえておくべきは、国際的な証券の保管振替・決済システムの場合、多数の関係者が各国にちらばるため、随所で準拠法の問題が起きる、ということである。ユーロクリアがベルギーに本拠を有し、かつ、ユーロクリアとそのパーティシパントとの間の契約上、準拠法がベルギー法とされている（Euroclear, Terms and Conditions Governing Use of Euroclear, Revised as of December 1, 1982, Section 22.——ちなみに同国裁判所への非専属的な国際裁判管轄の合意もそこになされている）からといって、ユーロクリア・システムと末端の投資家、それに起債者を含めた複雑な法律関係のすべてがベルギー法の下に置かれる訳ではない。第一、どこの国が法廷地国となるかにより、準拠法選択のルール（国際私法）が異なり得る。私のように、ネットワーク責任論（EFTにつき説かれたものだが、一層広い射程を有するものである。石黒・国際私法〔平六・新世社〕二七三頁以下及びそこに所掲のものを見よ）的な考え方を準拠法選択に及ぼす考え方からすれば、なおさら末端の投資家の常居所地法が、準拠法選択上の候補として浮上する（国際裁判管轄についても同様）。他方、後述の如く倒産絡みでの問題が当面大きいことを考えれば、前記の『国際金融倒産』という共著の中で、多面的に論じた諸問題の中に、ここでの問題も吸収されることになる。世界的なレベルで考えれば国際的並行倒産はむしろ常態であり、実に複雑な牴触法的諸問題が発生する。そうした中で問題となり得るのは、石黒・前掲頁以下で図示したような「飛び石的請求」、つまり、（実質法的な意味での）個々的な契約の連鎖をとび越えてなされる請求についての準拠法決定の問題であり、同右・二八九頁以下の「三面的債権関係と準拠法」の問題も、随所に生じて来得ることになる。

こう言っても具体的イメージはなかなか抱きにくいが、後に若干示すイギリスの某弁護士事務所の意見（準拠法選択に関するそれ）も、けっこうラフなものであり、私が直接関係していたら、再考せよと突き返させる程度のものでしかない。つくづく思うが、事務所の名前でリーガル・オピニオンの内容を信頼するのは愚の骨頂である。日本の一流商社、例えば住友商事の国際法務マンのセンスが、ここでも必要である。説教じみた前置きはこの位にして、議論の中身に入る。

ユーロクリア側は、事あるごとに自己のシステムは法的にも万全なものであることを誇示したがる。ビジネスである以上当然そうなる訳だが、そこにイギリスの国際金融の実務家（弁護士）の側から、若干の疑問が呈せられることになった。イギリス（イングランド）法の側から、同国の投資家との関係で、例えばユーロクリア・システムに寄託された証券につき、かかる投資家の立場を論じた後述のホロックス等の論稿が出たのである。それに対し、今は数年来の無用の誤解も半ば解けたところのシュラーからの、反論があった。私の立場はホロックス等の方に立つものであり、そこでシュラー及びユーロクリア側に立つイギリス・ベルギーの弁護士達が、私がその内容につき何らオーソライズしていない私見の英訳（?）に対し、過剰に反応して来た、というのが、「若干の論争」と「様々な誤解」の内容をなす。

一口で言えば、既に略述した牴触法の機微に触れる諸問題に対する無理解が、「様々な誤解」の根底にはある。私の印象としては、槍玉にあげられたホロックス氏の論稿の方が、相対的には、この点まともである。以下、「若干の論争」の内容を見てみる。まず、ホロックス、シュラー（そしてフレイズ）の順で、イギリス・ベルギー間での問題についての論点を、それらに即して示しておくこととする。

〔ホロックスの議論〕

Horrocks, Insolvency and the Eurobond Market, Butterworths Journal of International Banking and Financial Law (February 1991), 51ff に

示されたのは、以下のような諸点であった（同氏はロンドンの Herbert Smith に所属）。

まず冒頭には、銀行倒産に際してのユーロ債投資家の権利、とりわけ the permanent global bonds and book entry bonds の場合のそれが、less clear cut である旨が、示されている。パーマネント・グローバル・ボンドとは、端的には、起債時に暫定的に包括的証券（いわゆる大券）が出されるのではなくて、その後の流通を含めた、起債から償還までの全段階での出来事のために、包括証券（大券）のみが出されて個別証券（definitive [bond] certificates）が出されない場合を意味する。もっとも、個々の（末端の）投資家が希望した場合に、個別証券が出る場合（世銀グローバル米ドル債につき既述）と、希望してもそれが出ない場合（世銀グローバル円債!）とがあるが、Id. 51 では前者のみが念頭に置かれている。Book entry bonds（記帳証券）とは、包括証券（大券）も出されず、専らコンピュータ・データとしての「記帳」のみに頼って権利関係を処理する場合である。

あらかじめ一言しておけば、石黒他・前掲国際金融倒産（トラスト60研究叢書）五章三節（石黒）で論じたように、包括証券（大券）の有価証券性（ないしは証券に対する所有権——この点は国によって概念の立て方が違う）が肯定されるならば、個々の投資家のために個別証券が出されている場合と同様に、通常の振替決済の法制度下で、末端の投資家の法的保護が、それなりに十分はかられ得る（若干既述）。だが、これから順次示してゆくように、イギリス法上は、「混蔵寄託＋共有権」的保護が、そもそも未発達の状況にある。ベルギーでは、後述の一九六七年のデクレによって、いわば日本と同様のレベルでの法的保護がなされているが、そこで例えばベルギー・イギリス間の法律問題として、ユーロクリア・システムによる国際的な証券の保管振替・決済システムを考えた場合に、悩ましい問題が発生することになる。そしてその先に、「大券（包括証券）」もなくしてしまえとするG30の提言（さらにその先をゆくユーロクリア・サイドの提言については後述）との関係での問題が、あることになる。

さて、ホロックスは次のような図をまず示している。ユーロ債取引上の当事者間の、典型的な関係図として、それが示されている（Horrocks, supra, 51）。

以下、ホロックスは、この図のA～Fに分けた論述をすることになるが、ここで「様々な誤解」のうちの小さな一つについて、一言しておく。日本の実務家から、夜中のファクスにより、石黒他・前掲トラスト60研究叢書第五章第三節（全くの好意でその校正刷をコピーして差し上げてあった。但し、英訳の許諾は一切してなかった!）における私のホロックスの引用が、同氏のEとFのところを interchangeably に扱っているから引用の趣旨がよく分らん、云々との「批判」らしきものが寄せられたことがある。一言のみしておけば、もっとホロックスの訴えようとしている事柄を、深く読むよう、その方にはサジェストしたい。議論をするときに、一方の側は必ず正しいと前提してかかっては、見えるものも見えて来ないはずである。そもそも、ホロックスがA～Fに分けた論述をする際、あまりうまい論じ方をしていないため、同氏の主張の核となる部分を抽出し、私は論じていたのである。

ところで、ホロックスは、A～Fに分けた論述をする前に、Id. 52 でイギリス倒産法上の基本原則を示している。それをA～Fに分けてあてはめたのが、それから先の論述である、との点に十分注意すべきであろう。

同国倒産法上のパリ・パス（pari passu）での平等弁済（配当）の前提として、ここでの問題につき主要な問題となるのは——

"[D]oes the investor in Eurobonds have proprietary rights over or mere personal rights with respect to his investment?"

——というものだと、Id. 52 は言う。田中英夫編・英米法辞典〔平三〕六七六頁には、"proprietary" の意味として、冒頭に「所有者（の）」とあるが、ここでの意味はそれでよい。同右頁には、「財産的」との意味も付され、かつ、それが「非財産的権利である personal rights（一身専属権・身分権など）に対して財産的権利は proprietary rights とよばれ

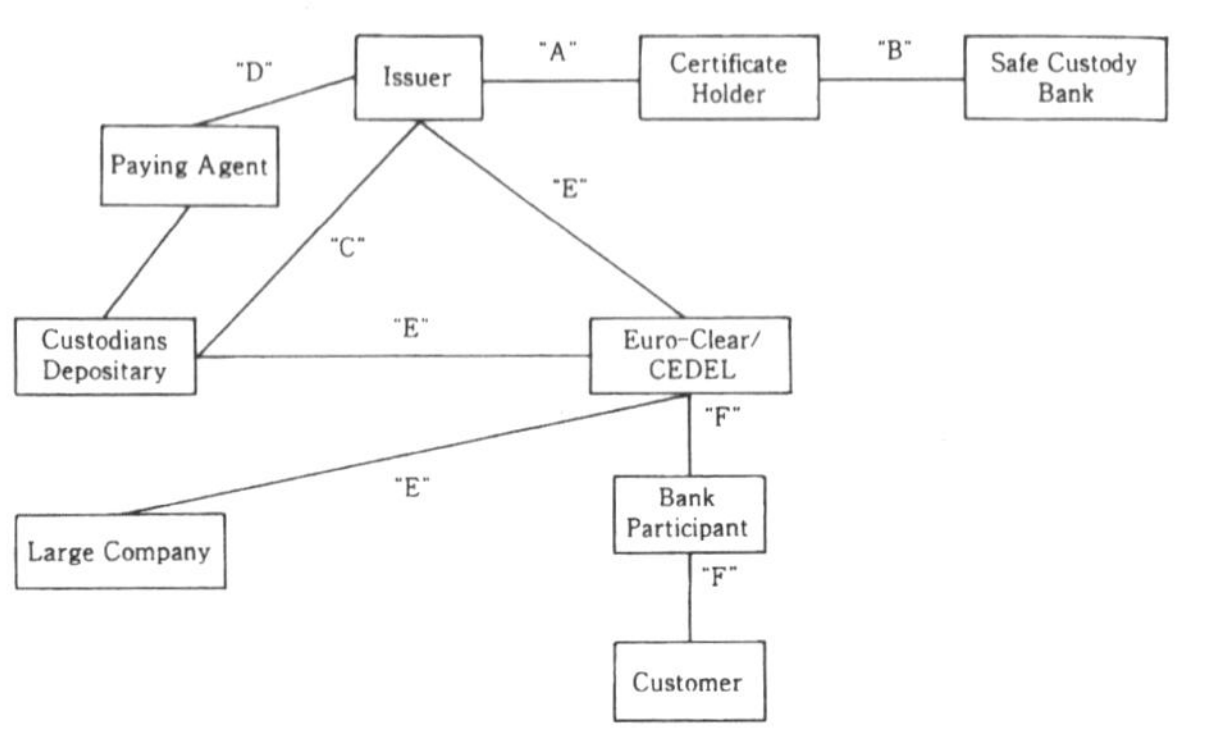

る」とあるが、右の文脈は、それと異なる。ここでの personal とは、「（単なる）契約上の」の意義である。ユーロクリア・システムに自己の証券を投げ込んだ末端投資家が、そのシステム内での金融機関（前記の図参照）の倒産に際し、排他的な所有権的権利を主張して優先的地位に立つか、それとも一般の無担保債権者として劣後的地位に立たされるのみなのか——それが、ここでのイギリス法上の取扱上、最も重要なポイントだ、とされるのである。

その際、核心的問題となるのは、"The question of ownership, however, is further complicated by English law's attitude towards interests in assets which form an unidentified part of bulk." である、とされる（Id. 52.）。まさにそうなのであり、イギリス法上、一般には「混蔵寄託＋共有権」的構成は、いまだにとり得ない、というのがオーソドックスな見方なのである!

ここで、おそらくはイライラしながら本稿を読むことになるであろう一読者のために、いくつかコメントをしておく必要が出て来る。まず、今はニューヨークに転任された後述のシュラー氏からの、一九九五年一月二〇日付の私宛私信——というよりは、ユーロクリア側からの私の前記トラスト60研究叢書第五章第三節の校正刷（の、何ら著作権者の許諾を得ていず、しかも注をすべてすっとばした、私がその内容を何らオーソライズする立場にはない英訳ドラフト!）へのコメントに、実は感謝すべき点が、少くとも一つある。それに、Butterworths Journal (March/April, 1994) の、後述のベンジャミン論文の存在につき、注意を喚起する旨の指摘があったのである。但し、シュラー氏は、右論文がホロックスの見解をイギリス法の立場からアタックするものだとし、それを興味深い、としているが、果たしてそう言えるのか。ベンジャミン論文は何らホロックス論文を念頭に置いてのものではないし、何よりもその行論上の危うさについては、後述する通りである。また、このシュラー氏の私宛私信を仲介（?）された日本の某氏は、私の前記共著の第五章第三節が右のベンジャミン論文に何ら言及せずに、いわば一方的に議論をするのは、責任ある問題設定の在り方でなく、議論の在り方として生産的でないとか、

さらにその先に、およそ書くべきでないことを書きつらねた深夜ファクスを、たしか日曜日に送付された。有難い限りだが、問題はその在日某氏が、イギリス法もベルギー法も深く独自に検討することなく、単にユーロクリア側の言って来ることは正しいだろうと、頭から推定してかかっていること、そして、これが国際私法（抵触法）上の問題と深く絡むことへの、内容にわたる認識が、殆ど欠如していること、である。理解の不足している点も多々あろうかとは思いますが、といった言葉で済まぬ、国際金融の専門家としての、プロとしての自覚が十分なのかどうか。私はそういった事柄の根本を問いたいと思う。まさに「羅針盤」なき航海の危険性を、今のうちに自覚して頂きたいのである。

さて、Horrocks, supra, 52 に戻る。前記の原文引用部分（核心的問題として紹介）に続き、同氏は、R. M. Goode 教授の一九八七年の論文を引用している。Goode, "Ownership and Obligation in Commercial Transactions", 105 LQR (1987), 433ff である。本稿では、この論稿（講演録をリファインしたもの）自体を後に検討することにする。ちなみに Benjamin, infra (BJIBFL, April 1994), 187, 194 では、同教授のこの論稿を、"some commentators have argued that …" との指摘の中に押し込めて自説の展開へと走っているが、同教授の所説の意義をそう簡単に相対化し得るかは、若干疑問である。

Horrocks, supra, 52 は、一九八七年の同教授の右論稿の趣旨を、簡単に以下の如く要約してから、前記のA～Fに分けた論述に入っている。即ち、ホロックスは、同教授においては物の売買と記帳証券（book entry bonds）の売買との間でのアナロジーをして議論がなされている、としている。但し、そこで「包括証券（大券）」発行方式と「無証券」化を徹底した純粋記帳証券方式とを、ホロックスがごちゃごちゃにしているのは、若干問題ではある。だが、どっちにしても投資家の利益は劣後的なものとなるというイギリス法の取扱が前提になるので、まあよいであろう。

ともかく、一九七八年の Sale of Goods Act の一六条により、物の所有権（Property in goods）は、当該の物が特定され（ascertained）ねば移転しない、とされている。そのため、売主の倉庫にある一〇〇本のワインのうち九九本を買う旨の契約がなされ、支払がなされたあとに売主が破産したとする。その段階で一〇〇本中のどの九九本が売買の対象となるかがはっきりしてないと、買主は単なる無担保債権者たるのみとなる。五人の買主が二〇本ずつ、計一〇〇本につき、右と同様の状況で権利を主張しても、全く同じである。そしてそこで、後述のイギリス内部での議論の核心をなす Re Wine Co (Shippers) Ltd 事件（その後公表された）が、引用されるのである。

ホロックスは、この分析が大券方式の証券の寄託（deposit）、または記帳証券に対する投資家の権利の問題にあてはめられた場合（にも）、不満足な結論に至ることを、指摘する。投資家が asset それ自体の引渡を求める権利を、契約の目的物がアイデンティファイできぬために、何ら有しないことになるからである。

Horrocks, supra, 52–54 は、前記の図のA～Fの区分に即して、この点を具体的に示したものである。基本は右の点に、殆ど尽きているのである。

まず、Aの場合、つまり起債者と証券現物の保有者とのダイレクトな関係が維持できている場合、起債者が倒産しても投資家は自己の権利をその証券保有によって完全に立証でき（基本的には、彼はイギリス法を前提に考えているのである）、最も良い法的立場に立てる。だが、かかる場合はまれであり、Aの関係がなければ、単なる unsecured creditor になってしまう。

Bの場合、つまり証券現物（物理的証券、あるいは「大券」に対する「個別証券」）を寄託していた場合、預った銀行が倒産したとする。その証券がアイデンティファイされるため（と彼は書いているが、「混蔵」型の寄託でない場合、と書くべきである）、投資家は、銀行の清算人から証券現物を返してもらう権利を有する。単なる safe custody、つまり銀行の貸金庫内等の特定された物であり、この場合、express trust、つまり信託法理での説明が可能、とされる。

次のCは、前記の図によれば、起債者を一方の側とし、ユーロクリア等との関係で証券を預かっている証券の寄託先の機関を他方の側とする、

その両者間の関係である。ホロックスは、最も単純な取引において、起債者が大券（the global note）をかかる預託機関に預け、後者の者は、当初起債者のために、後に各投資家のためにそれを保有する。その際の全投資家とこの預託機関との関係は、各二〇本ずつのワインを買った五人の買主と、計一〇〇本を倉庫に有する（売主兼）倉庫業者の、前記の例と同じだとする。だから、この預託機関の倒産に際し、純然たる記帳証券の場合を含めて、各投資家の地位は、単なる劣後的な無担保債権者たるにとどまる、とされる。細かい話だが、前記の図で「C」の実線で結ばれた当事者間の関係を専ら論ずるのではなく、ホロックスの目は、むしろイギリスの投資家は一体どうなる、との一点に、いつも向けられている。EとFをインタチェンジャブルにとらえて私がホロックスのものを引用するから分かりにくい、といった「感想」を示するのは、専門家としてはどうかと思われる。読み方が浅い、と言わざるを得ない（本稿は、私信の形をとった「公信」の、ここ数年のやりとりを通して、日本、イギリス、ベルギー、そしてアメリカにまたがる国際金融のいわゆる専門家間の議論の内実とそのレベルを、間接に明らかにし、公表論文をも踏まえつつ一般的な問題の整理と展開とを、同時に行なおうとする、いわば若干ユニークな狙いのものなのである）。

Horrocks, supra, 52 は、「大券」が出される場合には、純然たる記帳のみで済ませる場合（いわゆる「記帳証券」——まぎらわしくて困るが、要するに全くの「無証券」起債の場合）と異なり、預託機関の権利は有利なものとなるが、各投資家は前記の地位にとどまるとする。但し、「大券」のある場合預託機関が「信託宣言」をしたり、後述の（ベルギーのデクレ等の）立法的手当てがあれば、各投資家の地位は向上する、とする（但し、信託宣言についての同氏の詰めは、実は甘い。後述）。だが、「無証券」の場合、つまり「記帳」オンリーの場合には、信託タイプの合意は容易には認められず、それが故に、かかるペーパーレス・システムの場合に中央銀行を間にかませることがなされるのである、とする（Id. 52f は、残された道として投資家に保険の活用を勧めている）。

右の最後の点は、世銀グローバル円債との関係でも重要ゆえ、何で某邦銀を要とするのみで、また、自国（日本）の振替決済制度との脈絡を欠く形で、しかも最も投資家に不利なイギリス法を準拠法として右起債がなされたのかを糾弾すべく、前記トラスト60研究叢書第五章第三節でも、これを引用しておいたところである。だが、ホロックスの論稿は、イギリスの信託法理との関係を詰めて考えていず、その点はむしろ後述のベンジャミンの論稿との関係で、論ずることとする。

Dは財務代理人との関係ゆえ、次にEを見る。前記の図で、Eは①起債者とユーロクリア等のクリアリング・ハウス、②ユーロクリア等と証券預託機関、③ユーロクリア等と直接取引関係に立つ大企業、の相互の関係である。彼の論述との関係で、このEとFとの区分は、あまり適切とも思えない。ユーロクリア等とそのパーティシパントとの関係も、むしろEとした方がスッキリするはずであるが、まあよい。それなりに苦労して図をつくったのであろうから。

このEについて、とくに右の③は、ユーロクリアのパーティシパントとしての大企業であることが、Horrocks, supra, 53 の本文に示されている（だったら、Fのパーティシパント・バンクと区別する意味はない。既述）。要するに、末端の投資家が手持ちの証券をユーロクリア・システム（等）に投げ込むには、いずれにしてもそのパーティシパントを介さねばならない。そのパーティシパント（バンク）は、各投資家のノミニーとしてその証券を保有し——といった右システム内での取引が、そこで語られる。その先が問題の核心となる。当面は、物理的証券現物が出されている場合が、念頭に置かれている。

ユーロクリアでもCEDEL（但し、若干後述）でも、代替可能な（fungible）証券勘定の中に、個別証券が投げ込まれて保管される。ユーロクリアの場合、預託された証券はモルガン・ギャランティー・トラスト・ニューヨーク（MGT N.Y.）、またはそのサブ・カスタディアンの下で証券が保管され（CEDELはここでは略する）。——と、このあたりでホロックスとシュラーの間の「誤解」の原点が示されることになる。つまり、Id. 53 におけるホロックスの書き方が、確かに若干不用意なのだが、同氏は、「混蔵＝代替可能」型の寄託である以上、同システム内に預託された個別証券のナンバーが明示されていても、当該の証券現物自体を返せという権利はもはやなく、従って各投資家は無担保債権者た

るのみとなり、「記帳証券」（「無証券」）方式の場合も同じだ、としているのである。

だが、同論文全体を読めば、このホロックスの論文が、イギリスの投資家がユーロクリア・システム内に証券を預託した場合に、イギリス法からこれを見たらどうなるのかを論じていることは、明らかなはずである。

イギリス法の困った現状を何とかしたい、との実務的直観に基づく問題意識は、不用意にも世銀グローバル円債の準拠法（契約準拠法）をイギリス法としてしまった日本の（?）関係者を除き、一連の議論の中で共通したものだったのである。だが、正確には、個別事案で準拠法選択がどうなるかに依存する。けれども、イギリス・ベルギー間で考えた場合、イギリス法の適用可能性がゼロとは言い切れない（後述）。そうした場合を踏まえ、いわば予防法学的にホロックスが論じているのだ、と考えれば、不用意な誤解は、生じなくともよかったはずである。けれども、シュラー等のユーロクリア側に立つ者達において、自己のシステムにはリスクが無い、と強く主張したい欲求が別にあり、それが種々のバイアスとなって機能している面は、私の実体験からしても、実は否めない。

ちなみに、ホロックスは右の論述に続き、（イギリス法の側から見た場合の）前記の問題との関係で、ユーロクリアの本拠たるベルギー、CEDELのそれたるルクセンブルクで、それぞれ立法的手当てがあることを、指摘している。そこで（日本と同様の）「混蔵寄託＋共有権」的構成がとられていることが述べられ、若干尻切れトンボ的に、このEの論述が、終わっているのである。

最後のFは、前記のホロックスの図では、ユーロクリア（やCEDEL）とそのパーティシパント・バンク、後者と末端投資家、相互の関係である。その冒頭では、イギリス法上の「記帳証券＝無証券」型起債の場合の投資家と彼の銀行との関係は、（証券現物が出されてそれらが）「混蔵＝代替可能」型で保管されている場合として前述した場合（outlined above——具体的には "Where definitive certificates are issued, …" で始まるEの場合のことであろう。ホロックスの「押さえ方」も、若干厳密さを欠くが、よく読めば分かるはずのところである）と、同じである、とされている。だが、ここで銀行が単一の投資家の分のみを保管しているのなら、投資家は単なる契約上の権利のみならず、信託に基づく主張を、その銀行の倒産に際して（前記のBの場合と同様に）なし得るであろう（"it is arguable that …"）とある。信託設定上のイギリス法上の要件たる、対象物（信託財産）のアイデンティティの問題である（後述）。しかも、これは、「大券」方式、「無証券＝記帳証券」方式を問わず可能、とある。後述のベンジャミン論文は、この点をさらに細かく見ているので、詳細は後述する。そして、かかる場合には、各投資家が "step into the bank's shoes" することも可能たり得る（やはり "It is arguable that …" である）、とされる。

ここまでホロックスは、イギリス法を前提に論じて来て、そこで最後に、「大券」が外国（イギリス以外）に保管されている場合には、窮極的な投資家の権利は、準拠法に左右される、とする。もっと一般的に準拠法の問題を正面に出しておくべきところだが、ともかく同氏は、右の場合、「大券」保有国法 and/or 「大券」発行国法によってこの点が規律され得る、とする。準拠法の候補を右に絞る理由は、あまり無いはずだし、殆ど思いつきでしかない。「記帳証券＝無証券」方式の場合は、"the place where the holder of the basic 'book' is situate" も問題となり得る、とする。この立場は、前記トラスト60研究叢書第五章第三節でも言及したように、考え得る一つの立場たり得る。あとは省略するが、大切なことは、ホロックスの論稿が準拠法問題をも一応は射程に入れつつ、イギリス法の側から（実質法としてのイギリス法である）見たら、投資家の立場がとんでもなく劣後的なものになることを力説するものだ、ということである。その基本を忘れてはならない。ペーパーレス化への流れの中で、末端の投資家の立場を十分考えていなくては駄目だ、とのその基本的視座は、全くもって私の基本的危機意識と同じものなのである。

〔シュラーの議論〕

シュラー氏は、ここで見る論稿の発表当時、Vice President and Resi-

dent Counsel of Morgan Guaranty Trust Company of New York, Brussels office, as operator of the Euroclear System との立場にあった。のちにニューヨークに移られたが、ユーロクリア側の立場が極めて鮮明に示されている点でここで紹介するのは、David J. Schraa, Correspondence, BJIBFL (May 1991), 250–252 である。分量的に短いものだし、かかる小稿を正面からとり上げて批判するのはフェアでない、といったリアクションが私に対しても実は直接・間接に寄せられていた。シュラー氏からは、二度にわたり、私に宛ててベルギー法の理解、及び、イギリス法の理解に対するホロックスの論稿の問題点につき、その筋の有力見解が寄せられた。いずれもリーガル・オピニオンの形であり、少くとも私には、（間に立った日本の方々が多少屈折したメッセージを先方に伝え、かつ、すべてが何ら私が内容をオーソライズしていない立場の、私見の翻訳をベースとするものであったことも関係し得るが）多少、日本ごときの一学者がガチャガチャ言うな、といったニュアンスが、行間からありありと見てとれた。関係者はそれは私の誤解だと言うが、果たしてそうか（後に若干"証拠"を示す）。まあ、どうでもよいから先にゆく。

さて、Schraa, supra は、前記のホロックス、及び、ロンドンの Denton Hall Burgin & Warrens に属する Dick Frase, Dematerialisation and TAURUS, BJIBFT (February 1991), 70ff. (March 1991), 124ff に対する批判である。後者は本稿ではあまり細かく見ないが（但し、G30の提言を踏まえた詳細な論稿ではある）、その後ソフトウェア構築面で挫折したイギリスの「無証券化」の試みたるTAURUSシステムとの関係を論じたものである。証券現物がなくなることによって error or fraud のリスクが高まることへの警鐘（Frase, supra, 126）に対して、シュラーが反論する形になっている。きちんとした立法的手当ての必要を力説するフレイズの立場に、私は共感を覚えるし、その後ユーロクリア側から出された、G30のレコメンデーションの先をゆく提案の中にも、テレコムに多くを依存するかかるシステムのリスクは、それなりに押さえられている。

まず、Schraa, supra, 251f の、フレイズに対する批判は、短いものゆえ、先にそれを見ておく。シュラーは、次の如く反論する。即ち——

「彼〔フレイズ〕は、——ユーロクリア・システムを通して証券を保有する投資家が、それら証券につき所有権的利益（proprietary interest）を有するかを、疑問視する。……〔だが、シュラーのホロックス批判として後述する〕理由からして、ベルギー法上は、同システムのパーティシパントは、同システム内に保有された証券につき所有権（proprietary rights）を有する。大陸法系諸国に信託の概念がないという事実は、ユーロクリアのパーティシパントの権利が異なる契約上の権利であるべきだ、ということを意味しない。……」

——とする。たしかに Frase, supra (February 1991), 77 は舌足らずだが、その言わんとすることはホロックスと同じことである。ここに限らず、シュラーは、ユーロクリア・システムの本拠たるベルギーの一九六七年のデクレによって、すべての問題は解決済みだと主張したがるが、グローバルな証券の保管振替・決済システムのどの部分で紛争が起き、どこの国が法廷地国となるかによって、問題がベルギー法のみにより処理される、とは到底言えなくなる。通常の準拠法選択的アプローチに対して、法廷地国の絶対的強行法規（石黒・国際私法〔平六〕四六頁の図、及び同・二九五頁を、さしあたり見よ）がどう介入して来るかも問題となる。そのあたりのダイナミックな（即ち、すぐれて実務的・実践的でもあるはずの）問題把握が、シュラーにおいては、欠けているのである。

なお、Schraa, supra, 251f は、フレイズが証券現物を残したシステムの方がエラーや詐欺のリスクが少ないとする点につき、かかる見方は驚くべきものだ、とする。シュラーは、闇雲に「無証券化」を推進しようとするG30のレコメンデーションを引き、次の如く結論づける。即ち

——

"What is required in the UK and elsewhere is in effect what has been achieved in Belgium as discussed above : legislation that establishes direct rights in immobilized or dematerialized securities and makes clear that the traditional concepts requiring the identification of Securities for transfers do not apply in the book-entry context."

——とされている。だが、後述の如く、一九六七年のベルギーのデクレにおいて、全くの「無証券化（dematerialization）」は、どう考えられていたのか。後述の如く、ベルギー法上、ようやく一九九一年の立法で、まず公的債券発行につき、純然たる「無証券化」が認められた（許された）のである。また、前掲のトラスト60研究叢書第五章第三節注76・77で示したように、ベルギーでは一九八一年段階では「大券（包括証券）」も存在せず、その後「大券」方式が認められて来ていた旨を、ケルン大学銀行法研究所長のプライア教授が示している（K. Pleyer, Eigentumsrechtliche Probleme beim grenzüberschreitenden Effektengiroverkehr [1985], at 53.）。

「大券」という、有価証券法理との連続性をギリギリのところで有する法的フィクションと、それをもなくした純然たる「無証券＝記帳証券」化との間には、大きな法的亀裂があるのである。効率オンリーのG30的立場からは、そこら辺が実にあいまいなのである。

さて、以下 Schraa, supra. 250f のホロックス批判を見ておく。要するに、ユーロクリア・システムに関する限り、ホロックスのような（従って私のものも含めた）議論は、「同システム又はそのパーティシパントを通して証券を保有する投資家に与えられた法的保護を見落とすものだ」とされている。「ユーロクリア・システムの運用はすべて（entirely）ベルギー法の下に置かれている。イギリス法（が適用される場合）においてはホロックス……の言うことが正しいのかも知れないが……、この結論がユーロクリア・システムにおける証券の預託（deposits）についてはあてはまらないことを、明確化する必要がある」、とされているのである（Id. 250）。

このシュラーの議論が、ユーロクリアとそのパーティシパント、そしてユーロクリアと契約関係に立つ証券現物の預託機関相互の関係に閉じたものであることは、明らかである。端的に言えば、その下にぶら下がる末端の投資家（世界中に散らばるそれ）のことは、そこでどうとらえられているのか。ホロックスやフレイズ、そして私の関心は、むしろ後者にある。そのことが、シュラーにおいては理解されていない。右の邦訳引用部分の最後の一文の後段（「……」以降）は、明らかに過度な単純化である。なお、イギリスの某有名弁護士事務所がユーロクリアのために、直接には私見（の部分的、しかも何ら著者たる私が何らオーソライズしていない内容）の英訳を批判（?）したペーパーであって、イギリスの末端の投資家との関係でも同国裁判所がベルギー法を適用し得る旨の、本来再考を要するはずのオピニオンについては、後述する。

ただ、ここで問題が二つあることにつき、再度一言しておこう。ホロックスも私も、物理的証券現物が出されている場合と、全くの「無証券化」の場合とを、共に問題としていた。イギリス法上は右のどちらにおいても、また、日本法上は（有価証券法理を、従って「混蔵寄託＋共有権」的構成をとり得ない）後者の場合に、末端の投資家の立場が、極めて不利になる。

ところが、すべてはベルギー法の下に置かれる、とのシュラーの立論においては、「大券（global certificates）」の発行される場合の自己防禦に重点が置かれている。そして、ユーロクリアのために証券現物を保有する各預託機関の所在国法上、当該預託機関の倒産やそれに対する債権者の差押、担保権実行や相殺に際して、当該保管証券が安全な立場にあることを、現地の弁護士事務所からのオピニオンによって、ユーロクリア側は確認済ゆえ、一層大丈夫だ、ともしている。

だが、そこで一転して、次の如く説かれているのである（Id. 251）。即ち——

"The foregoing analysis applies equally to securities in traditional…form immobilized in the Euroclear System, to global only securities, and to dematerialized securities."

——とされている。これは論理の飛躍のはずである。私はそう書いた。ちなみに、右の"immobilized"とあるのは、システム内の保管証券の売買にあたり、一々証券現物を動かすことなく「記帳」で済ませ、現物を動かさずに済ますこと、を言う。次に、「大券」オンリーで個別証券現物を出さぬ場合があり、そこまではよいが、何ら論証されていない「無証券」の場合も同じだ、とあるその最後の点に、私の疑問は集中していた。

そこで、前記の屈折した状況下ではあれ、右のシュラー氏の最後の論断が正しい旨の、ベルギー側からのリーガル・オピニオンが、私宛に寄せられることになった。そこでまず、それを見ておく。

誤解が（半ば?）解けたのちのシュラー氏と私との間で、ベルギー法の内容を客観的に明らかにしておく必要性の大きいことは、もとより共通している。また、前記のトラスト60研究叢書第五章第三節において、私がドイツ・フランス・ベルギー・アメリカ・イギリス、そして日本の振替決済絡みでの（実質法的な）法的状況を比較検討したのは、「無証券化」が末端の投資家の保護の上で、十分な法的前提を有しているのかを、検証したいがためであった。ユーロクリアの存在を発展へのバネともしたいであろうベルギーが、フランスのような（強制的か否かは別として）無証券化の方向に一歩を踏み出すであろうことは、初めから予測できることである。だが、シュラー氏の論文が公表された一九九一年春段階で、また、世銀グローバル円債の第一回目分の出された一九九二年三月段階で、本当にユーロクリア側の法的受入れ体制は、ベルギー法上十分なものだったのかが、やはり問題となる。

この点についての私の疑問は、まだ解けていない。そこで、一層踏み込んで検討するつもりのイギリス法についての論述の前に、ベルギー側からの私宛（実質的には、ということ）の反論文書の、論理を辿っておく。但し、法的に微妙な問題があり得るため、直接の引用は、極力控えておく。

＊次号につづく。

＊次号末尾に記すように、本稿は(財)トラスト60の研究会報告書（平成七年七月）の分担執筆分『国際商取引に伴う法的諸問題(4)』として平成七年二月に提出された原稿の、転載である。

◇　◇　◇

「ボーダーレス・エコノミーへの法的視座」の最近の掲載

連載

ボーダーレス・エコノミーへの法的視座

第五十四回「ユーロクリア・システムをめぐる若干の論争と様々な誤解——「国際金融倒産」との関係において(下)」

石黒一憲
東京大学法学部教授

〈目次〉

二　ユーロクリア・システムをめぐる若干の論争（前号からの続き）

(2)　ベルギー法の立場——「無証券」化をめぐって

議論のベースになるのは、一九六七年一一月一〇日のデクレ六二号である。それ自体の内容は、ここでは細かく見ない。要は「混蔵寄託＋共有権」的構成を可能とするための立法である。なお、Goode, infra, 453には、ユーロクリアにつきこのデクレが適用されるか否かがはっきりしないとあるが、この点はとくに問題ないと思われる。

さて、一九九三年段階でベルギーの某著名法律事務所から実質私宛に（直接にはシュラー氏宛）出されたオピニオンの論理を辿る。

残念なことに、間に入った、私のオーソライズしていない（その確認義務は多忙を極める私には一切無い）私の立論の英訳（?）が、そもそもまちがっているようである。私が、ベルギーのデクレは、global-only securities or dematerialized securities について不適用だと主張している、とのことだが、私は専ら後者のみを問題としている。しかも、この論者は、世銀グローバル円債の（ような）場合、大券が出されている以上、「無証券」ではない、としているが、根本的に間違っている。然るべき準拠法（例えばそれが日本法になるとして——但し、具体的訴訟を念頭に置かぬと意味がない。石黒・国際私法〔平六〕の随所で強調したところの、国際私法上の性質決定の基本的あり方、及び、準拠法選択上の事案の分断と、各準拠法への具体的送致範囲の問題が、複雑に絡むからである）による、当該「大券」の有価証券性の有無の判断を、厳密に考える必要がある。もし、この点の判断がネガティヴなら、「大券」は単なる紙切れ同然となる。末端の投資家の法的保護においては、そうなるはずである。そのあたりが、この論者は分かっていない。

かくて出発点が間違って英訳されているようなので、一々それに答えるなど、馬鹿馬鹿しくて出来ない、ということになる。だが、まあよい。先にゆく。この論者は、末端の投資家との関係がイギリス法による、とした場合の問題は、同時に出されたイギリス側からのリーガル・オピニオン（後述）に委ねるとしつつも、次の如く論ずる。ベルギー側のこの論者は、右のイギリス側オピニオンによれば、大券方式の、いわゆるグローバル債の保有者（holder）と起債者との関係の準拠法は、起債時に定められた契約準拠法がイギリス法であれば、イギリスの法廷において、同国法となるであろう（would be likely to…）が、一体誰がかかるグローバル債の所有者かの準拠法は、他の法、例えばベルギー法たり得るとされている、とする（但し、例えばそのボンドがベルギー法人の名で登録されている場合、について）。

そして、同一の区別が、この論者によればベルギー裁判所でもなされるであろう、とされる。但し、ベルギーで訴訟が起きた場合のことであり、実は私は、そんな場合は何ら念頭に置いていない。けれども、一般の関心は多少あろうから、その先を見ておく。

この論者によれば、ベルギー国際私法上、契約関係と所有権的権利とは区別され、後者は当該財産の所在地法（lex situs）による。日本だって法例七条と一〇条の区別位はある。但し、実際の紛争を前にした「準拠法選択上の事案の分断」をどう考えるかの問題が、あるはずである。

さて、この論者は、持参人払式証券（bearer securities）の所在地は実際にそれを所持する地にあるとされ、他方、登録証券は登録地（世銀グローバル円債で考えれば某邦銀の所在地、即ち日本）に所在するものとされるのが、一般に認められた見方（といっても、どこの国でか?）だとしつつ、かかる見方は、設定された所有権が証券自体に付着（attach）するのでなく、証券口座に付着する場合には、もはや明らかに採用され得ない（can clearly no longer be applied）とし、銀行口座はそれが開設され保有されている地の法による旨、伝統的にはされている、とする（銀行口座の取扱に関するベルギーの文献を二、三挙げている）。この最後の論述が、どの程度の裏付けをもったものかは、直接の文献引用が銀行口座一般を論じたカッコ内の個所でなされているのみなので、文面からは判明しない。そうclearlyに言えるかの点につき、もっと集中的に理論的基礎づけが、なされねばならない。国際金融取引を研究していて、この種のリーガル・オピニオンを見させられる際に私が常々抱いている詰めの甘さが、ここにもある、といったところである。

つづいて、ユーロクリアの利用上のTerms and Conditionsにおいて、前記のデクレによるとある以上、"the rights of ownership of holders of securities"は、もはや当該証券自体ではなく、証券口座に記載された証券の観念的一部に関する（relate to）ものとなっており、だからベルギー国際私法上、かかる勘定への記入から発する権利は、ベルギー法によるべきだ、とされる。妙な理屈である。キイとなる部分をもう少し丹念に洗い直せと、私がユーロクリアの法務担当であれば、突き返すところである。

ただ、前記デクレは、ユーロクリアのパーティシパントとその顧客との関係には原則として不適用だ、とある。もっとも、同デクレ一〇条がその例外をなし、「代替可能＝混蔵寄託型」のシステム（the fungibility system）に証券を預けたそのownerは取戻権（the right of revindication）を有する、とある。その通りだが、かかるベルギー法上の取戻の権利（ユーロクリアのパーティシパントに対するのみでなく認められるそれ）は、かかる第三者の権利（所有権）が管轄ある裁判所の命令によって認められた場合にのみユーロクリア側によって認められ、直接ユーロクリアのパーティシパントにかかってゆくことはできない、とある。このあたりは、ユーロクリア内部の契約上の定めと、外国判決承認、あるいはベルギーでの直接の裁判上の請求とを、若干混同した物の言い方である。いずれにしても、私の論述とは関係ないから先にゆく。

言わせてもらえば、準拠法の点は私の方がプロだし、ベルギー国際私法は私の当面の関心の外である。

問題は、ベルギー法上の「無証券化」問題への対応にある。この論者は、「大券」方式の起債もベルギーのデクレの射程外だと私が主張していると、思い込んで筆（タイプ?）を進めているから、ややこしい。誰が一体妙な泥縄的翻訳をしたのか、と言いたい（訳した人間が、immobilization と dematerialization との区別すら分っていなかったのではないか!?）。

ともかく、この論者は、当該デクレの制定当時、「大券」オンリー型の証券はなかったであろう、としている。だから、このデクレには、証券現物のナンバーをアイデンティファイすることなく預託者の権利行使を認める規定が散見される、とする。そのあたりのことは、ドイツのプライア教授のものも引用しつつ、本稿でも既に示した。

「だが……」、としてこの論者は、前記デクレの制定理由を示した"The Report to the King" の英訳を引用する。参考ともなろうと思うので、その部分のみ、ここで引用する。

"In its centralizing role of book-entry transfers, CIK〔筆者註――同デクレで設置されたベルギーの集中的証券決済機関。同国内にあるユーロクリアもそこに貼りつくことになる〕will define the categories of securities which it will admit in its system. It will proceed progressively with admitting these categories taking into account the characteristics of each of them (bearer securities or registered securities: shares or bonds, Belgian or foreign securities……), the needs of the market and the costs involved for CIK. CIK will however only be allowed to admit book-entry transfers for securities which may be treated in a fungible way, either by nature, or with the agreement of the owner. In order to achieve this result, in certain cases, such as with bonds which are reimbursable by lottery, special conditions will have to be set up."

この論者は、デクレ制定当時において考えられ得た（which could possibly have been envisaged）すべてのタイプの証券につきこのデクレが適用されるのならば、その後において作り出された新しいタイプの証券にもこの理由づけを広げて解しない、とする理由は無い、とする。つまり、伝統的証券が障害なく代替可能なものとして（fungibly）取扱われ得るならば、つまりそれらが記帳方式で transfer (!) され得るならば、「大券」オンリー型の証券又は「無証券化」された証券（それらは記帳方式でしか transfer できない）も同様に解されるべき（should）だ、とするのである。だが、「大券」方式と dematerialized securities との間の、法的な大きな差は、そこにおいて気付かれていない。また、権利移転面で証券現物の移動なしに済ませる immobilization と、私が問題とする dematerialization とは、法的には全く別の問題である。前者は、ベルギーのデクレもそこに立脚すると言い得るところの、「混蔵寄託＋共有権」的構成に、既にしてインプットされている問題であるに過ぎない。このあたりの問題の押さえ方が、ラフに過ぎるのである。

もっとも、この論者は、「大券」方式と「無証券」方式とが異なるものだとする「石黒教授のドラフト（?）の立場は正しい」と、する。「だが……」と来る。その先が核心である。要するに、デクレで明示的にそれ（後者）を排除していない以上、「無証券」方式の証券も同デクレによってカバーされ得ないとする理由はない、とされている。明確にベルギー法上そうなっているかどうかが、私の知りたいところなのである。

それなのに、この論者は、その後のベルギーの法改正に、すぐ眼を転じている。「無証券」方式の証券発行は、ベルギーにおいて、初めて一九九一年一月二日の法律によって、ベルギー国債（public debt instruments [the so-called OLOs of the Belgian State]）のために、許された（first permitted）。その後、同年七月二二日の法律により、同様のことが、ベルギーの私的起債者（private issuers of Belgian source）の一年物までの

CP発行に、拡大された。さらに、このペーパーの当時、八年間を越えぬ期間までの「無証券」型の起債が、同様の私的事業体に認められるための法案が、審議されている、とある。

この法案との関係で、前記のデクレは、担保権設定に関するその五条が改正されるのみであり、このことが、前記デクレが「無証券」型起債をカバーすることを証拠立てる、とされているのである。個別の立法をすれば、それなりに「無証券化」の問題は解決する。それは明らかである。だが、かかる立法前、つまり、ベルギーで「無証券」型の起債が許される前の段階で、末端の投資家が、かかる起債との関係でベルギー法上いかなる立場に立っていたのか。私はそこが知りたいのである。

この論者は、右につづいて別な角度からも、この点を証拠立てようとしている。まず、前記の一九九一年一月二日の立法よりも前、一九八九年五月一一日のデクレにより、一九五一年八月六日のデクレ（国債発行に関するもののようである）が改正され、ベルギー政府が大券オンリー型の起債をなし得るに至った。その際、国王は、かかる証券は一般に認められた証券概念（一九六八年六月一六日の法律で用いられ、一九五一年の前記デクレの基礎となったもの）に基づき認められるものだ、と決定した、とある。それはそうしたものであろう。私とて、この点とくに異論はない。この論者は、しかしながら、大券オンリー型のかかる証券も、一九六七年の前記デクレに基づきＣ－ＩＫに寄託される旨、前記の一九八九年五月一一日のデクレで定められたことが、particularly relevant だ、とする。私の問題関心からは何ら relevant なことではない。

ようやくその次に、「無証券」の場合が出て来る。私としては、謙虚にその説くところを理解したい。ところが、同一の結論がこれこれの資料から導かれ得る（may be drawn from ……）、とあるのみである。やはり、核心部分はクラウディ（!）、ということか。

ともかく、この論者は、一九九一年一月二日の法律との関係で同年一月二四日に出された閣僚決定を問題とする。そこでは、ベルギー及びルクセンブルクにあるすべての金融機関に対して、右法律の下でその発行の認められたベルギーの「無証券」型国債につき、ベルギー中央銀行（ＢＮＢ）に証券勘定を開設することが、認められた。同様に、ユーロクリア、ＣＥＤＥＬ、Ｃ－ＩＫに対しては、それらのベルギー・ルクセンブルク外において設立され、または住所を有するメンバー（affiliated member）のみのためにそれをすることも、認められた、とされている。論者は、このことが、「無証券」方式の証券もまた前記六七年デクレの下で、ベルギーのＣ－ＩＫの下でクリアリング・システムにおける証券勘定の中に、組み込まれて来ている（has been allowed to operate securities accounts……）ことの、決定的な証拠だ、とする。

またしても、勝手な介在者の英訳ミスによる誤解か――善解すればそうなるが、むしろ逆ではないか。「無証券」型起債を認める際、ベルギーでは立法で一歩一歩それが実現されて来ている。ベルギーの国債以外につき立法的措置の無い段階で、一九九一年二、三月に公表されたフレイズの論稿、そして同年二月に公表されたホロックスの論稿に対し、同年五月のシュラーの論稿が、専ら一九六七年のデクレのみに依拠しつつ、反論をしていたのである。アメリカやフランスのような格別の立法措置が無いのに、「無証券」型も「大券」型と全く同じだと本当に言えるのか。とくに末端の投資家の権利保護上、後者から前者にスンナリと移行できるのか否か。――ベルギー法上はそれが可能である旨の、直接の、安心できる証拠は、この段階では何ら示されていないのである。

ところが、そこでこの論者の論述は、終わってしまっている。即ち――

"It is therefore well established that, contrary to Prof. Ishiguro's belief, the protective rules of the Royal Decree are allowed to operate not only for global-only securities or dematerialized securities.

Best regards.

Marc van der Haegen."

――とあるのである。論者の実名を出したのは、その人の論述を批判しつつ、その名を伏せるのは、やはりフェアではないと思ったからである。既述の如く、ユーロクリアのシュラー氏に宛てたリーガル・オピニオン

である。だが、肝心の問題には、既述の如く何ら答えていない。

なお、シュラー氏からは、一九九三年八月二六日付で、右のベルギー側のオピニオンと、後述のイギリス側のオピニオンを踏まえて、私宛の反論ペーパーを私信の形で、間接に頂いていたが、ベルギー法の立場については、右の論者の述べるところに、付け加えるべきものはない。

既述の如く、その後シュラー氏からは、前記トラスト60研究叢書第五章第三節の、但しユーロクリアに関する部分のみの、しかも一切注を省いた無許諾英訳が、著作者たる私に何の断りもなくシュラー氏に渡されていたという、本来ならば訴訟で決着をつけて然るべき事態を前提として、一九九五年一月二〇日付で、これ又間接的に、私宛の私信を頂いた。

不必要な誤解を経た上でのものであろうが、そこには次の如き部分がある。半ば公的な性格のものゆえ、また、最小限必要な部分ゆえ、原文を示すことにする（間に立った国際弁護士の方も、ベルギーの前記六七年デクレについては「一昨年シュラー氏から送られた資料の中で一応の根拠が示されていたと記憶しております。然るに、先生の原稿〔トラスト60研究叢書中のもの〕ではそこで示された根拠および議論は一切黙殺されているようですが、その理由をお示しください。もし、いずれも根拠とするに足りないというお考えなのであれば、なぜ根拠とするに足りないのかを積極的にシュラー氏と議論するなり、あるいは今回のご著書の中で説明なさることこそが、責任ある問題設定の在り方であり、また議論の在り方としても生産的だと考えますが、いかがでしょうか。また、そうでないと、読者としては結論の合理性、正当性を読者なりに判断する材料がないまま（とりわけ、このような外国法の問題について一読者がそのような判断材料を独自に入手することは簡単ではないので）、単なる水掛論につきあわされることになってしまい、議論が発展していかないのではないでしょうか。」としておられる。これだけ言うのだから、シュラー氏との関係で私信〔?〕引用上問題が起きても、責任をとってくれるのであろう。それにしても、徹夜つづきの日曜の夜中にかかるファクスを受け取り、私がどんな気持ちになったかは、言うまでもない。言うまでもないから、ここでは書かないことにする）。

シュラー氏は次の如く論ずる。即ち――

"The citations provided to you by Me Marc van der Haegen in support of the conclusion that the Royal Decree 62 [of 1967] applies to global and dematerialized securities were extensive and authoritative under the Belgian law. Under Belgian law, which is the relevant law for that purpose, in interpreting a Belgian Royal Decree, the Report to the King is the strongest possible authority, because it expresses the exact intent of the Government in requesting the issuance of the Decree. It is the 'legislative history' of the Decree. No scholarly article could possibly have the same authority. Thus, Me van der Haegen is entirely justified in basing his conclusions on the Report to the King. In support of this reference see:

Dumon, "La mission des cours et des tribunaux-Quelques réflexions", Journal des Tribunaux, 1975, pp. 544 to 546;
Ost and van de Kerchove, Entre la lettre et l'esprit-Les directives d'interprétation en droit, pp. 94 to 103 (1989);
Dijon, Méthodologie juridique-L'appplication de la norme, pp. 31 to 72, at pp. 54 to 56 and 65 to 67 (1993);
van de Kerchove, "La doctrine du sens clair des textes et la jurisprudence de la Cour de cassation de Belgique", in L'interprétation en droit, approche pluridisciplinaire, pp. 13 to 50 (1978);
Gérard, "Le recours aux travaux préparatoires et la volonté du législateur", in L'interprétation en droit, approche pluridisciplinaire, pp. 51 to 96 (1978);
De Page, Traité élémentaire de droit civil belge, Volume I, pp. 301 to 316, at Nos. 211, 213 and 214 (1962);
Judgment of February 9, 1925, Cour de cassation [Cass.], Pasicrisie [Pas.], 1925, I, p. 142;
Judgment of May 15, 1930, Cass., Pas., 1930, I, p. 223;
Judgment of June 16, 1936, Cass., Pas., 1936, I, p. 297;
Opinion of Procureur général Leclercq before Judgment of January 26, 1928, Cass., Pas., 1928, I, p. 63;
Judgment of April 18, 1991, Court of appeals of Mons, Journal de droit fiscal, 1991, p. 101.

As you will notice, these references include Belgian Supreme Court decisions. I'm afraid that your claim that our conclusions are not based on good authority only shows your unfamiliarity with basic aspects of Belgian law.

It would thus be appropriate for you to consult with Belgian counsel at least as eminently recognized as Me van der Haegen, to avoid a possibly major embarrassment on your part. Also, I am sure you will agree that it would be very serious if third parties were to become unduely alarmed based on a misunderstanding of Belgian law by a non-Belgian lawyer."

要するに、一番最後の段落が、一番言いたいことなのであろう。所詮私は、彼らにとって見れば東洋の一小国の名も知れぬ一研究者なのだから、こうも言いたくなるのであろう。だが、前記の論者が、「無証券」方式の場合でも末端の投資家が所有権法的な保護を受け得ることを、直接証拠立ててはいなかったと思われることは、既述の通りである。私は、前記のトラスト60研究叢書（石黒他・国際金融倒産）の第五章第三節の注83で、「ベルギーの前記〔一九六七年〕デクレは証券寄託者の取戻しについては明文の定めを置くが、その根底における所有権法的問題把握が、〔無証券化を強制した〕フランスの場合と同様に不明確である、との指摘のあることに注意せよ」と記し、そこに、ドイツの側からの Pleyer, supra, 53f を引用しておいた。

シュラー氏の前記引用部分では、あいもかわらず私が、ベルギー法上「大券」オンリー型の起債も前記デクレの射程外としていると、思い込んでいる面がある。再度言うが、某一流国際弁護士事務所による誤訳の故であろう。全くの「無証券化」との関係で relevant な文献が、一九九一年のホロックス・フレイズ対シュラーの論争との関係でどれだけそこに挙げられているのかは、いずれ暇を見て考えたい。

要は、ベルギー法上「無証券」方式の起債が許容される前から、「無証券」方式であっても六七年デクレによってカバーされ、末端投資家に、個別証券現物が出ていた（あるいは有価証券たる「大券」が明確に出ていた）場合と同様の法的保護が与えられていた、と明確に言えるのか否か。その一点の問題なのである。Ｇ30等の要望を受けてベルギーが「無証券化」に走るのは、時間の問題であった、とは言える。だが、一体いつの時点からセーフと言える状況にはっきりとなったのか。そこのところが問題なのである。ちなみに私が何故こんな問題関心を有するに至ったのかは、前記の共著の第五章第三節に書いてあるし、それはまた、世銀グローバル円債を日本の一般投資家が一口一〇万円だからと買ってしまった場合のことを考えてのことでもある。

このあたりで、イギリス法上の、それ自体非常に興味深い理論状況へと、再度眼を転じよう。

(3) イギリス法の立場――再論

シュラー氏の最近の私宛の私信（?）において、ホロックスの示すイギリス法の立場が、ベンジャミンの論稿でアタックを受けているのは興味深い、とする「脚注」があった。その実、アタックでも何でもないのだが、そのシュラー氏の私信の到達を仲介した日本の某氏は、シュラー氏の立論（?）を前提に、おそらくはベンジャミンの論稿自体を精査することなく、ホロックスばかりを引用するのは何故ですか、と私を詰問調で責めて来る。すべてが接ぎ木状態である。シュラー氏も、ベルギー、イギリス双方からのリーガル・オピニオンを前提として、黙れと言わんばかりの慇懃無礼な対応を示す。日本の某氏は、その上に乗っかっているだけである。だから私は、根っこを見る。以下、ベンジャミンの立論のプロセスを、辿ることにする。

〔ベンジャミンの議論〕

ロンドンの、かの Clifford Chance に属するベンジャミン氏は、ホロ

ックスも前提としていたイギリス法の、「混蔵寄託＋共有権」的構成もままならぬ状況を、何とかしようとして、Joanna Benjamin, "Custody — An English Law Analysis", BJIBFL (March 1994), 121ff; (April 1994), 187ff を公表している。その冒頭（Id. [March 1994] 121）にあるように、fungible custody; immobilisation; dematerialisation すべてが、解決すべき問題となるのである。

まず、カスタディアンの法的地位を論じた部分から、同論文ははじまる。証券預託関係を、イギリス法上の「寄託」(bailment) と見るのか、それとも信託と見るのか、である。

実際の証券預託関係を「寄託」（と言っても、日本法上の寄託と違う。田中英夫編・前掲英米法辞典を、まずもって見よ）と見るには、多くの困難がある、とベンジャミンは述べる。実際にはカスタディアン名義に所有権 (ownership) が移るが、そうである以上、コモン・ロー上、カスタディアンは受寄者と言えない (Id. 121)。コモン・ロー上は、占有と所有が分かれるところで「寄託」が生ずるが、法的所有権と受益的所有権 (legal and beneficial ownership) とが分離するところで、エクイティ上の信託が発生する。そこから既に、カスタディアンは受寄者ではなくトラスティーだということが示唆される、とするが (Id. 121)、実はそう簡単にはゆかない。

次に、寄託と信託との関係で、「(ownership につづいて) possession が問題とされる。寄託は physical documents of title を預けることを前提とする。つまり、「無証券」では、そもそも寄託の前提を欠くのである。これに対して信託では、占有できぬ債権 (choses in action) でも、その対象となし得る（以上、Ibid.）。寄託につき擬制占有 (constructive possession) を考える道はあり得ようが、イギリスにはこの点の direct judicial authority が無い。ベンジャミンは、某事件における被告側代理人の主張を引用しているのみである (Id. 122)。

次に、ベンジャミンは、「代替可能＝混蔵」型の証券預託 (fungible custody) の問題を、やはり「寄託か信託か」の問題設定の下に論ずる。判例上、各預託者からの分を区分 (segregation) 保有する義務（等）がなければ「寄託」ではない、とされており、複数の者のとうもろこしを一緒に預かった者が、個別に、預かった旨のレシートを出していても、それは売買であり、寄託ではない、とした判例が引かれている (Ibid.)。預けた者には契約上の請求権が残されているのみ、とされる。かくて、寄託ではなく信託的構成に、論者は期待することになる (Id. 123)。

Id. (April 1994), 187ff が核心的な問題を扱う部分であり、そこでホロックスの前提とした問題への対処方法が、それなりに示されることになる。

複数の投資家の証券を「混蔵」的に (commingle して) 保管する場合の、各投資家の法的地位である。ベンジャミンは、二つのケースが矛盾したものとして存在する、とする。一つはホロックス等も注目する Re London Wine Company, (Shippers) Ltd. [1986] PCC 121 であり、他は、Hunter v. Moss, [1993] 1 WLR 934 であるとされる。前者のケース（概略は既述）では、信託は対象が確定しないと設定され得ないとの、エクイティ上の確立した原則が示されている、とされている。つまり、an unallocated portion of a bulk についての equitable title の移転によっては、信託は成立し得ないのである。そこから、some commentators は、（末端の）各投資家は単に契約上の請求権しか有せず云々、といった立場を、ユーロクリア等との関係で示すに至る（後述）が、ベンジャミン自身は別な道を求める、とするのである (Benjamin, supra [April 1994], 187)。

その際注目される Hunter v. Moss 事件は、証券（株式）の寄託に関する事例である。Dは一〇〇〇株を発行している会社の九五〇株を保有していたが、右会社の発行済株式の五％につき、Pのために「信託宣言」をした。それによりDの保有する五〇株につきPのための信託が設定された旨、認められたのである。Dが信託の対象が特定されていないと争っていたケースである。無体物の信託に際しては、対象の分離ないし割当 (segregation or appropriation) がなくとも、対象の特定性を肯定し得る、というのがその理由である。ベンジャミンが直ちにその論理に乗れば話は簡単だが、実はそうではない。

まず、株式というものが個別にアイデンティファイされ得るものかが問題とされ、必ずしも先例ははっきりしないとされる。そして、alloca-

tion と identity との関係、という問題を、さらに立てるのである (Id. 189)。イギリス法の専門家ならともかく、このあたりはあまりファイトのわかぬ論点なのだが、ただ Ibid では金銭の場合とのアナロジーがあり、興味を引く（なお、石黒「外貨とは一体何なのか？——外国金銭債務論序説(1)」貿易と関税一九九四年四月号一一〇頁以下、とくに一一三—一一七頁と対比せよ）。アイデンティティなきアロケーションは、金銭の場合に可能だとされ、エクイティ上、信託財産たる金銭が他の金銭と混同した場合につき tracing (or allocating) rules が発展して来た、とされる。ベンジャミンは、かかるルールが別途ある以上、Hunter v. Moss における株式のアロケーションを不要とする判旨の論理は崩れる、とする (Id. 189. 細かな論点は省略する)。かくて、"[T]he bulk remains a 'black box'." であって、"Where Custody Securities are commingled in Fungible Custody, it is difficult to establish certainty of subject matter for a valid trust in favour of the custody client, and Loss of Property Risk may arise." との問題は、やはり残る、とされるのである (Ibid)。かくて、既述のロンドン・ワイン事件へと、つまり議論の出発点へと、問題は再度戻ることになる。

ベンジャミン (Id. 189ff) は、混蔵物の一部分につき所有権（共有権——tenants in common）を成立せしめようと腐心する。イギリスの判例上、①複数の者の財産が混同 (commingle) して、区分 (segregation) なき a fungible bulk になった場合と、②割当部分の特定 (appropriation) なく a fungible bulk の不特定の一部につき権利移転が意図された場合とは、明確に区別されて来ている、とされる。証券保管の場合に即して、①を Old Custody Securities（カスタディの関係を開始する際に証券がトランスファーされた場合）、②を New Custody Securities と呼ぶのである。そして、過去の事例は②のみであり、①についてはエクイティ上の共有権 (equitable tenancy in common) が成立する、とするのである (Id.190. その論証過程での問題については後述)。

右の①は、「混同 (commingling)」の問題だとされる。そして、複数の者の物がアクシデントにより混同し、相互に分離し得なくなった場合には、それについて各所有者が共有権を有する点は、先例で確立されている、とする。但し、そこにあるように、これは accidentally or wrongfully にそうなった場合のことである (Ibid)。各人の合意で混蔵寄託的状況になった場合にどうかは、別問題のはずである。

そして、合意による場合につき Ibid は、Coleman v. Harvey, [1989] 1 NZLR 723 が、右と同様に解すると判示していることを、自らの論拠とする。だが、これはニュージーランドの判例である（！）。Benjamin, supra (April 1994), 190 は——

"Thus, where it is possible to show that the parties who have agreed to mix their property together (by agreeing to Fungible Custody in the custody agreement), intend that their proprietary rights should not be thereby extinguished (as will certainly be the case with custody clients), it should also be possible to identify a tenancy in common. Thus, client's proprietary rights to the Old Securities will survive Fungible Accounting through a series of equitable tenancies in common."

——とするが、ニュージーランドの一判決を引くのみで、どうしてイギリス法上、先例として十分なのか。この論拠は、相当弱いのではないか。いくら著名なるクリフォード・チャンスの弁護士の論だからと言って、ラフなものはラフとしか言いようがない。その上に乗って踊る（あまつさえ、それを読まずに私をアンフェア呼ばわりする）前に、足許を凝と見詰めるべきである。

次に前記の②について。ベンジャミン (Id. 191f) は、①よりも一層の困難がある、と認めてから論を進める。まず、契約上、証券を預ける立場の顧客がかかる証券の beneficial owner である旨を定めているであろうことを前提に、それで混蔵型証券保管の場合に十分かを、ベンジャミンは説く。物の売買の場合、確立した先例によれば、右の如き合意は契約上の権利を与えるのみであり、顧客の側に所有権は付与されない。このコモン・ロー上の原則は一九七九年の Sale of Goods Act 一六条で

明文化されている（その改正への動きはあるが）。エクイティ上も、既述の如く同様の帰結が、（信託設定の要件としての対象の特定性 [certainty of subject matter] の欠如から）導かれる。だがしかし、としてベンジャミンは、"It might, however, be cautiously argued that…" という、およそこれ以上慎重な言い回しは無いと思われる程の表現で、強引に議論を進めようとする。Swiss Bank Corp. v. Lloyds Bank, [1979] 2 All ER 853; [1980] 2 All ER 419; [1981] 2 All ER 449 を用いた立論である。事案は次の通り。イスラエル会社FIBIの証券を買うべくSBCからの融資を受けたイギリス会社IFTがあった。BOEは右ローンにつき、その返済はFIBIの証券又はその売却代金から支払う等の条件の下に、外為規制上の許諾を与えた。IFT・SBC間のローン契約上、IFTはすべてのBOEの示した条件に従うこととされていた。ところがIFTの親会社たるT社が危機に陥り、ロイズ銀行がT社を助ける際に、IFTがT社の債務を保証することを条件とした。IFTはFIBIの証券をロイズ銀行へのエクイティ上の担保として提供した。T社が清算手続に入り、IFTは右証券を売却して、代金をロイズ銀行に預託した。これに対し、SBCは、右代金から前記ローンの返済がなされるべきだとして、争いになったのである。一審では、SBCは右代金につきエクイティ上の担保ないし利益を有するとされ、しかもそれはロイズ銀行の担保権よりも優先する、とされた。だが、上訴の結果、事実認定により一審判決は破棄された、とベンジャミンは言う。ローンの両当事者間で特定の財産からの返済までは合意されていず、単にBOEの示す条件に従え、とあったのみだ、とされたのである。けれども、一審判決の示した次のような原則は、そこでも支持された旨、主張されている。即ち、特定の財産 (specified property) から債務を支払う旨の有効な合意はその財産上にエクイティ上の担保ないし利益をもたらす、との原則だ、とされる。

私は、事案を異にして distinguish するのが筋だと思うのだが、右の点からベンジャミン (Id. 191) は、慎重な表現ながら——

"One might argue that custody clients have proprietary interests in New Securities, possibly under a charge on the following basis. In the absence of direct authority for this view, it might be possible to extrapolate from the principle in SBC v. Lloyds. The principle is that a contractual promise to apply earmarked monies for a specific purpose creates an equitable interest in those monies, possibly by way of charge. The basis for the extrapolation is to equate the 'specific purpose' of repayment of the debt to the discharge of the Custodian's contractual redelivery obligations arising under the custody agreement; to equate the earmarked monies to the custody securities; and finally to identify a contractual agreement …… in the global custody agreement to discharge those redelivery obligations out of the custody securities."

——とする。他ならぬイギリスで、こんな大胆な議論を、果たしてなし得るのかどうか。法学研究者としてイギリスに生まれなくてよかったと思っている私としては、大いに疑問である。

さすがに Ibid では、このアプローチにはいくつかの理由で caution が必要だ、とある。あたり前である。前記事例は直接の先例ではなく、事実関係からしてカスタディの場合とは、容易にディスティングウィッシュされる（あたり前である）。さらに、右事件では特定された (earmarked) ファンドの額が前記の返済債務の額よりも大きかったか否かがはっきりせず、ベンジャミンの言う Allocation Problem の問題となるケースかどうか不明確である。また、IFT・SBC間で売却代金を「区分 (segregate)」とする旨の合意のあったことが、重視されていた。従って、複数の顧客からの預り証券を区分しない混蔵型保管については、右ケースの理論（？）は適用されないかも知れない (may not ——この場合 may はあまりにも弱すぎると思うが、どうなのか)。少々ウンザリしつつ書いているのだが、ベンジャミンはさらに、右ケースにおいて "Nowhere is it clearly argued that they conferred an interest under a trust, as opposed to a charge. A mere security interest in favour of the client, as opposed to good and marketable title, would be insuffi-

cient to overcome the Allocation Problem." とする (Ibid)。再度言う。あたり前である。所詮無理で強引な議論である。かかる議論に乗っかってユーロクリアが動くのは危険である。やめた方がよい。シュラー氏にそう忠告したい。シュラー氏やその取り巻き連中には、ベンジャミンの議論のプロセスを、もっとしっかり見てから考えよ、と言いたい。それが一番私の言いたいことである。

さて、Id. 191f は、若干ミゼラブルな議論の最後として、「共有権 (tenancy in common)」の問題に回帰する。各顧客のために個別割当なき (unallocated) 預り証券に信託を設定しようと試みるよりも、"[O]ne may identify one global trust over all the Client Securities of a particular type in favor of all relevant clients as tenants in common." という方向で考えようとする。これもラフな議論である。

この点については、イギリスでのこのあたりの問題に関する権威者たる Goode, infra, 446 [tracing rule と trust の関係を論ずる] と Id.449 [ホロックスも言及する点、つまりワイン一〇〇本を五人で二〇本ずつ買っていた場合の買主の地位につき、（ベンジャミン的な）aggregation を試みても駄目であり、かつ、trust を用いて説明しようとしても同じく駄目だとする] を見よ。また、いくら信託宣言をしても混蔵型保管では信託として認められないとする Ryan, infra, 407 をも見よ。とくに Goode, infra, 460 が、ベンジャミン的見方をも念頭に置きつつ、"For reasons I have given I do not consider that such a broad view of the construstive trust either does or should represent English law." としていることにも、注意すべきである。詐欺的行為が介在した場合等の衡平法（エクイティ）上の配慮と、ここでの問題とは、明確に区別して論ずべきである。

Benjamin, supra (April 1994), 192 は、前記①の（彼女の言う）Old Securities について、既述のニュージーランドの（！）一判決から直ちに導かれたエクイティ上の共有権の成立を、probably に（言葉が強すぎないか）そうなるとして再叙しつつ、かかる共有権設定の合意は、今問題としている②の場合には認められまい、とする。そして、前記のロンドン・ワイン事件へと再度回帰するのである。明確かつ明示の文言が契約上、当事者の意思として示されれば活路はある、としつつ、暗に従来の契約文言では不十分だ、と半ば示唆するのである ("It is always open to the custodian to establish such equitable tenancies in common through its documentation with clients." とある)。

以上、実に歯切れの悪いのが、ベンジャミンの立論なのである。結局、立法に頼ろうとする姿勢が、そこに明示的に示されて、この部分の叙述が終わっているのである。

〔Prof. Goode の議論〕

ここで、ホロックスも依拠する R. M. Goode, "Ownership and Obligation in Commercial Transactions", 103 LQR (1987), 433ff の、これぞイギリスのオーソドックスな議論、と言うべき論稿を見ておく。直接関係するのは Id. 447ff. とりわけ Id. 451ff であるが、右論文の冒頭部分には、property rights & personal rights を対比した、同国法の基本的立場が、分り易く示されているので、適宜参照されたい。

さて、Id. 449 は前記のロンドン・ワイン事件を挙げ、計一〇〇本のワインが各二〇本ずつ五人によって全部買い上げられていても、それら五人の分を aggregate したり、信託でこれを構成したりしても、彼らが無担保債権者である状況は何ら改善し得ないとする。その関係で私にとって興味深いのは、石油や穀物を船舶で運ぶ際の、船荷証券 (B／L) の権原証券 (document of title) 性との関係での議論 (Id. 449ff) である。この場合、一回に運ぶカーゴ全体の不特定の一部につきそれぞれB／Lを発行する実務がけっこうあるが、そこでも右のワインの場合と同じことが起こる、とされている。船荷証券の流通過程で、bulk cargo の不特定の一部につき右証券に基づき所有権があることを前提として取引がなされるが、イギリス法上、所有権も擬制的占有も、そこには成立し得ない、とされているのである。かくて、B／Lが出されている際の、銀行を含めた取引当事者間の期待は、右の場合、単なる illusion となる。B／Lを持っていても、the original shipper が運送中に破産すれば、その管財人 (the insolvent seller's trustee) が windfall を手にし、B／L所

持人は単なる無担保債権者となり、せいぜい運送人への契約上の請求権しか有しない、とされているのである（Id. 451）。

　同教授は、かかるイギリス法の立場は取引界の正当な期待を大きく裏切るものだとし、our concept of ownership in relation to undivided parts of a bulk を改革すべきだ、とする。そこで着目するのは、アメリカの統一商事法典（UCC）二−一〇五条(4)であり（かかる場合に共有権を付与する）、こうした文脈において、「混蔵」型証券預託の問題へと移行するのである（但し、Id. 449, 451 を対比せよ）。

　Id. 451f によれば、ユーロクリアは専ら「代替可能（fungible）＝混蔵」型のみを認めるが、CEDELでは非「代替可能＝混蔵」型も共に認めている、とのことである。Non-fungible 方式ならイギリス法上の「寄託（bailment）」で説明可能だが、fungible 方式では所有権は depositary institution に移り、預託者側には契約上の請求権しか残らない等々、既述の諸点が、クリアーな形でそこに示され、ベルギー、ルクセンブルクと同様の立法の必要性が主張されているのである（Id. 453）。

　なお、この他、同教授の説と同旨のものとしてベンジャミンが一括していた Robert Ryan, Taking Security over Investment Portfolios Held in Global Custody, 10 JIBL (1990), 404ff（筆者はロンドンの Norton Rose に属する）も、イギリス法の適用を前提に右と同旨を述べ、とくにそこでは、Id. 407f で信託成立の要件につき、明確な回答（ネガティヴなそれ）が示されている。

　ちなみに、Id. 410 には、日本でもたしか同じことがあったと私が記憶するところの、次のような指摘がある。

"Depositary of clearing systems are also increasingly seeking security —— for example in 1988 Morgan Guaranty Trust Company of New York as guarantor of Euro-clear requested, inter alia, all UK banks holding accounts in Euroclear to provide security over their cash and securities credited to such accounts as collateral for their borrowings in the Euro-clear sysetm."

　なお、右には Collateral Agreement Covering Secured Borrowings by Participants in the Euroclear System (1988 Edition) が引用されている。手許に今、一九九〇年版があるが、面白い問題ゆえ、いずれ検討するつもりである。

〔抵触法上の問題を含めて〕

　さて、当面する問題についてイギリス法が適用されたならば、との前提でのこれまでの同国実質法上の議論とは別に、抵触法上の取扱がイギリスにおいてどうなるのか、という問題がある。ただ、ここで問題とするのは、前記の、ユーロクリア側のシュラー氏の依頼で私の見方を批判し尽くすべく書かれたであろう、イギリスの某有名法律事務所（頭文字はSとM）のオピニオンである。日付は一九九三年七月二八日となっている。署名は事務所の名前のみを記しているが、一九九三年八月二六日付のシュラー氏の私宛の手紙では、実際にそれを書いたのは Ravi Tennekoon 氏であり、同氏はロンドンのキングス・カレッジで国際金融法のレクチャラーをしている、とのことであった（ちなみに、前記ベルギー側オピニオンの筆者 van der Haagen 氏はブラッセル自由大学 Solvay Institute のビジネス・ローの教授もしている、とのこと）。だからどうなの、と言いたいが。

　右の法律事務所の意見を、以下に見ることにする。だが、そこには、ホロックス、フレイズらの所説に対する批判もインプットされているので、それをも含めて検討することにする。

　このオピニオンは、ユーロクリアのパーティシパントの破産に際して、イギリス裁判所がとるであろう立場（the likely approach）、及び末端投資家の立場についてのものである。

　まず、パーティシパントの倒産に際し、仮りに当該債券の準拠法（契約準拠法）がイギリス法であったとしても、それだけでイギリス裁判所が債券の所有権につき、イギリス法（だけ）で判断する訳ではない、とある。一般的には当然であろう。倒産した外国会社がイギリス外で設立

されたものならば、むしろ外国倒産手続承認のルートで処理するであろう、とある。それもよい。もっとも、外国会社につきイギリスで倒産手続を行なう道もある。――といったイロハの問題は、むしろ前記のトラスト60研究叢書『国際金融倒産』を見た方が早い。

　さて、このオピニオンでは、債券の所有権を誰が有するかの問題については、イギリス抵触法上、契約準拠法ではなく外国法により得る（may）、とある。その先は重要ゆえ、細かく見るが、ベルギー法上ユーロクリアのパーティシパントが当該預託債券につき所有権を有しているならば、イギリス裁判所はかかる所有権（共有権）を承認するであろう（likely to recognise）、とある。

　「承認」という言葉を、抵触法上安易に使ってもらっては困る。いかなる理論的根拠の下にベルギー法が適用されるのかが、まず問題となる。次に、仮りにベルギー法への送致（Verweisung）がこの問題についてなされるなら、右の点は単なる「適用」の結果であり、「承認」という言葉を用いるのは、無用の混乱を招くのみである（石黒『国際民事訴訟法』〔平成八年一月頃刊行予定〕でも詳述したところ）。

　ユーロクリアのイギリスでの法律顧問的立場にあるから、かかる論理の飛躍も、顧客が喜べばそれでよい、ということかも知れないが、右の論述の理論的基礎づけは、一体どうなっているのか。ちなみに、石黒他・前掲国際金融倒産第五章第三節2（「準拠法問題の処理」）において、「階層構造の国際的証券保管と準拠法」についての私見の骨子を、石黒・国際私法〔平六〕に示した全体像の中で示しておいたので参照されたい。例によって私の全体的意図は若干歪んだ（?）翻訳により十分先方に伝わっていないのだろうが、例えば一口一〇万円で日本で世銀グローバル円債を買ってしまった末端投資家が種々の訴訟を日本で起こした場合の問題が、私の主たる関心事である。つまり、日本の抵触法上の取扱が、メインとなる。また、イギリス・ベルギー間で問題が生じた場合、つまりホロックス等の問題関心においても、常にすべてがベルギー法で処理されるか（シュラーの立論）が問題であった。そう言えないことは、このイギリス側オピニオンにも示されている。

　しかも、ベルギー法上これこれならば、イギリス裁判所はそれをレコグナイズするであろう、といった前記の、理論的に極めてあいまいな指摘にすぐ続けて、そこでは、外国法上生じた所有権の、かかる場面での「承認」については、現在のところイギリスの先例は一切無い、とある。それは、当該事務所が most likely outcome として考えるところに過ぎない。国境を越える階層的な証券の保管振替・決済の現実との関係で、どこで、また誰と誰との関係で紛争が起きるかに関係なく、証券をめぐる所有権的問題（日本法上の若干異なるアプローチは、一切ここでは捨象して論じている）につき、常にベルギー法が出て来る理由は何なのか。世銀のグローバル円債を念頭に置けば、ユーロクリア、CEDEL、DTC等の上に某邦銀の日本での記帳が、全体をまとめるものとして存在する。その場合、何故イギリスで、当然のことのように、ベルギーの前記デクレに基づいた処理のみがレコグナイズされる、とされるのか。おかしいではないか、と私は思う。

　もっとも、右オピニオンでは、the nature of the asset in respect of which the proprietary rights are alleged to subsist 等の点については、イギリス抵触法上他の法秩序をも見る（look――詰めの甘い言葉である）ことがあり得る、とある。要するに、先例が無いからはっきりしない、と言うに尽きている。

　ところが、以上の論述から直ちにこの意見書は、所有権的問題（全くの「無証券」発行の場合も、実質的にその論述の射程内にあるのだが、どうもあまり気付いていないようだ）につきイギリス法のみによるとするホロックス（やフレイズ）の議論は、過度な単純化だ、とする。のみならず、ホロックス等の論稿は、完全にイギリス抵触法の適用と、それによって他国の法（such as Belgian law とある。サッチ・アズにとどまるのである!）が準拠法たり得ることを、無視している、とある。けれども、例えばホロックスが、不十分ながら準拠法問題をそれなりに意識していたことは、本稿でも示した通りである。それを捨象して一方的な批判をすることの方が、過度の単純化だ、と言うべきである。

　その後の立論も、ホロックス等がすべてをイギリス法によるとの立場だと前提し、「過度な単純化」だと批判するのみである。けれども問題なのは、当該の問題につき、末端投資家に対する弱者保護等の抵触法的

要請をも加味して考えた場合、また、「大券」という名前の、あいまいな紙切れがあるのみの場合（その有価証券性の問題である。また、大券一般ではなく、例えば世銀グローバル円債のような場合についての問題である）、いかなる国際私法上の性質決定がなされるか、また、なされるべきなのかの問題である。その法廷地が常にイギリスだと前提すること自体、本来妙な前提なのである。

　それから先のこのオピニオンは、別にどうということのない内容だが、末尾に実に面白い指摘がある。そこだけ原文で引用しておこう。

"It may be useful to mention that the regulations framed in respect of TAURUS, (the Uncertificated Securities Regulations 1992) on its terms would not have applied to a permanent global bond held within the Euroclear system. In any event, the TAURUS project has been abandoned by the London Stock Exchange."

　右は、世銀グローバル円債の場合につき、私が最も気にしていた点の一つである。私もイギリスのこのレギュレーションを見ていて、同じ結論に至っていた。だが、それから先のことは、世銀グローバル円債それ自体についての私見の公表を待ってから、論じたい。日本の有価証券法理との関係を無視して発行された右債券（そもそも債券なのか?）の場合、イギリス法を契約準拠法としたからといって事態は何ら改善しないし、むしろ不利になる。そのことが右の点からも一層強く言えるのである（私は、債権・物権で当然準拠法を、分析的に分けて選択する、という従来型の抵触法的前提は、とっていない!）。

三　ユーロクリア・システムを超えて?

　本稿を結ぶにあたりここで多少覚え書き的に検討しておきたいのは、ユーロクリアのオペレータたるMGTブリュッセル事務所が一九九三年六月に出した Cross-Border Clearance, Settlement, and Custody: Beyond the G 30 Recommendations と題する冊子である。そのタイトルにあるG30のレコメンデーションとは、Clearance and Settlement Systems in the World's Securities Markets (New York & London: Group of Thirty, March 1989) のことである。「無証券化」を闇雲に推進する等の、私の見地からは過度な効率重視の民間提言、という位置づけになる。ただ、種々のリスク削減への提言がなされており、右の一九九三年の報告書は、その先を固める性格のものと、一応位置づけられる。世銀グローバル円債のスキームでも見られたユーロクリア・CEDEL・DTC等の主要クリアリング・システム間のリンケージをはかるシステムを multiple-access model とし、それに対する将来的な対案たるモデル（最も端的には世界全体をまとめる単一の機関による集中的処理、ないしは同種のことを単一のコンピュータ・システムのレベルのみで考え、集中的にデータ処理する、等）を呈示して、それぞれのコストとリスクを査定する、というのがこの報告書の基本である。但し、結局（問題はあるにせよ）現状での前記モデルで当面ゆくべきだ、との結論が用意されている。

　私の関心は、種々の法的規制がそこでどうとらえられているかにある。ただ、現状を超えたモデルとして示されたものの中には、GII（世界情報通信基盤）問題に深くかかわり、OECD等のインフォーメーション・インフラ専門家会合でも報告をする等の立場にある私にとって、非常に興味深い問題も、種々提起されている。別な機会に、右の視点からこの報告書（Id. 31ff）を検討するつもりである。

　さて、本稿との関係でまず一言すべきは、MGT, supra, xx のレコメンデーション4である。そこでは、証券の所有及び移転に関する法を、各国はモダナイズすべきだ、とある。イギリス法については、まさにそうである。だが、有価証券法理を介在させることなく、純粋記帳方式のみで走った場合、アメリカのUCCの改正動向をも踏まえつつ、石黒他・前掲国際金融倒産第五章第三節で私が力説したあたりのことはどうなるのか。それが気になる。他方、そこでは各国が権利移転（のみの問題ではないと思うが）の面でのカテゴリカルな準拠法選択ルールを有すべきだ、ともされている（Id. 24がアメリカの抵触法的処理を批判するのは正当だが、多少遠慮がちな批判であることが気にかかる）。だが、準拠法選

択上の法的安定性のみを志向する、というのは問題である。そもそも適切な事例づくりを各フォーラムですることなく、けっこうあいまいなリーガル・オピニオンで問題なしとして突走る姿勢の方を、深く反省すべきである。ちなみに、次の頁には、証券担保法について同旨が繰り返されているが、各国法規制に付された cumbersome, impractical 等の形容詞（Id. xxi）が気になる。

　面白いのは、域外適用をするなとするレコメンデーション9（Id. xxiii）である。この報告書の主たる関心事たるCSD（central securities depositories）につき、各国は、自国のCSDとのリンケージがある場合であっても、他国のCSDに対して域外適用を控えるべきだ、とある。各国規制の重複と矛盾ゆえに、ということだが、それによってイノベーションも遅れるから云々、といった理由づけが、どこまで説得的かが問題となる（Id. 29では、各国が自国内のCSDをそれぞれ規制・監督すれば十分だ、とあるが、BISの国際銀行監督の流れは、そうしたものではないはずである）。例えば Id. 2 の言う Friction Cost は、租税、為替相場、外国投資の規制等を挙げ、それがゆえに国際投資が重荷を負うから何とかしろ、というのみで、この種の民間報告書にありがちな、主張の一面性が大いに気にかかる。

　ただ、面白いのは、Risks of Clearance and Settlement (Id. 11ff) の個所である。市場参加者や（CSDを含む）仲介者にとっての、クリアランス・システムとの関係でのリスクであり、operational risk, CSD-on CSD credit risk, interdependency risk, systemic risk, cash deposit risk, counterparty credit risk, counterparty liquidity risk, pipeline liquidity risk, and legal risk 等が、そこで挙げられている。それぞれの定義はともかく、そこで通信システム（ハード・ソフト両面から）のダウンが、当たり前のこととは言え、一つのリスクとしてカウントされている点は、重要である。私は広帯域ISDNによるGIIの理想を追求する立場にあるが、同時に従来は個別ネットワークだったものが一本化されることによるリスクの爆発的増大への注意の喚起と、「ネットワーク災害」への法的リスク・マネージメント・プランを提唱して久しい（石黒・国際的相剋の中の国家と企業〔昭六三〕七一頁以下。それが故に、コンピュータ・データのみに頼り切った「無証券化」の流れに対する私の疑念があるのである）。そして、それには国際銀行監督とその周辺での新たな制度づくり（新規制の導入）が、必須のものとなり得る。どうせなら、金融・テレコム両サイドで殆どタブー視されて来ている右の点にも、目を向けてほしいものである（なお、Id. 23 では、各CSDをクロスボーダーでつないだ場合のリスクの増大が、それなりに押さえられてはいる）。

　ところで、Id. 14–16 は、リーガル・リスクについて論じている。そこで、過去の牧歌的（bucolic）時代のルールをモダンな階層的証券保管システムにあてはめているものとして批判されているのは、おそらく本稿でも示したイギリスのような場合であろう。それに対して、ベルギーの前記一九六七年デクレの立場、そしてアメリカのUCCのゆき方が対比される。ちなみに Id. 16 では、かのムーニー教授の論稿とUCCの第八編改正の動きとの関係も記されているが、私は若干その先のことを、前掲・国際金融倒産の第五章第三節1(7)では書いている。私には「無証券化」への流れが、バラ色のものとは、到底思えないのである（テレコムの制度面の専門家として、一層そう思う）。

　なお、Id. 16 には、抵触法上の処理につき――

"Finally, choice-of-law rules, especially as applied in the bankruptcy and insolvency context, can sometimes make analysis of cross-border securities transfers, pledges, and custody difficult for counsel in some jurisdictions. Such rules should be clarified to give the same respect to transfers, pledges, and custody of securities under the laws of other countries as would be given in the domestic context. In other words, the rule of uppertier priority should be applied accross borders as well as within each jurisdiction."

――とある。正確にその言わんとするところを摑みかねる面もあるが（最後の一文）、国際倒産の民事的側面のみを見ていて十分なのかは、石黒他・前掲国際金融倒産が、最も強く訴えたかったことであり、そのあたりのことも十分理解して欲しいものだ、と思う。

ただ、この種のリスクが、純然たる国内的場合よりもクロスボーダーな状況下では、一層複雑になることをId. 17は、正当に認めている。シュラー氏の論稿において、各国の国内法制度を一々見ておれば十分とするかの如き対応が示されていたことは、問題である。インターナショナルな問題は、単に各国法の状況を並べたのとは違う次元で、まさに抵触法の問題として、発生するものだからである。

それから先のことは、いずれ又論ずる。

右の三は、本稿全体にとっては、全くの付け足しに近いのかも知れないが、ともかく本稿は、ある種の怨念に始まり、そして、私の専門領域の中でいずれも重要な柱をなす金融と通信ネットワークとの融合局面を暗示するところで終わった。足かけ三年の怨念を三日で晴らした、という感じである。それから先は、GII関連でのOECD・APEC合同国際シンポジウム等も踏まえ、一歩一歩自分なりに進んでゆこうと思う。エネルギーが切れたから、ここで筆を擱く。

（平成七年二月六日脱稿）

＊本稿は、㈶トラスト60に置かれた国際金融・貿易法務研究会の報告書（トラスト60研究叢書『国際商取引に伴う法的諸問題(4)』として平成七年七月に刊行された）として平成七年二月に提出したものであり、本誌への転載を御快諾下さった同財団に、心からの感謝の意を表したい。

◇　◇　◇

「ボーダーレス・エコノミーへの法的視座」の最近の掲載

連載

ボーダーレス・エコノミーへの法的視座

第一〇五回　国際的〝税務否認〟の牴触法的構造
——国際金融取引と国際課税との相剋？

石黒（いしぐろ）一憲（かずのり）
東京大学法学部教授

〔目次〕

一　はじめに

いわゆる電子商取引関連でも国際課税の問題が大きくクローズアップされて久しいが、ここでは、国際金融取引と国際課税とがぶつかりあう、或るシチュエイションでの問題について、論じておく。但し、本稿二以下の執筆上の基準時点は平成一〇（一九九八）年一一月二〇日であり、大分前であるが、種々の理由から公表を控えていたものである。だが、牴触法理論上、そして実務的（国際金融取引・国際課税の両面でのそれ）にも、非常に興味深い問題であり、かつ、事件自体は或る程度一般にも知られているものゆえ、関係者の許諾を得た上で本稿をここに公表することとした次第である。

二　問題設定と結論

〔問題設定〕

ここでは、以下の事案を〝想定〟する（面倒ゆえ、以下、「本件」と言う）。

日本企業が、わが租税法上の外国税額控除制度との関係で「余裕枠」を有していたとする。そこに着目して、外国のコンサルタント的存在の者が話を持ちかけ、この「余裕枠」を利用して外国企業間の国際取引に（本来は必要ないのに？）当該日本企業を組み込み、少なからぬ数の契約（国際契約）を複雑に絡ませて取引の全体的スキームを構築し、それによって外国企業側の節税をはかり、当該日本企業側は（若干の）手数料を得る、ということになったとせよ。

本来、日本企業が国際的な二重課税状態になることを回避すべく設けられているわが国の外国税額控除制度上の「余裕枠」が、いわば売買の対象となり、その対価が前記の（若干の！）手数料となる、ということになる（そこに示された日本企業（金融機関！）側の誠に受け身的で外国コンサルタントに振り回されるミゼラブルな姿は、いわゆる電子マネー・電子商取引に関する日本（但し、官民とも！）の現状と、私の頭の中で鮮明にダブル・イメージされるものであることを、あえて付言しておく）。それが問題の本質である。

この国際取引のスキームが日本の課税当局による（国際的な）〝税務否認〟の対象となり、当該日本企業に対する課税が行われたとせよ。そして、当該日本企業（面倒ゆえ、以下「原告」と言う）がそれを争ったまま、わが国での訴訟にもつれ込んだ場合、一体どう考えるべきなのか。それが本稿の問題である。

もう少し、問題をブレイク・ダウンしておこう。本件原告（日本企業）についての、以上略述したような外国税額控除の適否をめぐる国際課税事件について、原告らと各外国企業間の契約上、契約の準拠法として、それぞれニューヨーク州法、イギリス法、香港法等が指定されていたとせよ。そして、これに対して被告税務署長は、これらの契約は仮装でありわが国の民法九四条により無効であることを理由として、法人税法六九条の外国税額控除を否認する処分を行ったとせよ。この処分について、以下の事項についての問題が生じ得ることになる。

〔1〕　本件事案において、税務署長が、当事者間で指定された準拠法によらず、日本私法に基づいて当該契約の有効・無効の判断を行うことの可否、

〔2〕　本件事案における外国税額控除を、各契約の準拠法によらず直接的に法人税法六九条の趣旨に基づいて否認することの可否。

〔結論〕

前記〔1〕〔2〕とも、可能である。

まず〔1〕については、当該契約準拠法の規律内容にかかわらず、法人税法六九条の法律効果との関係では、日本私法に基づいて判断を行う必要がある。

但し、その際の考え方は二つある。即ち、まず、わが租税法上の「否認」の「前提条件」たる否認要件が、はっきりとわが実体私法に委ねられ、それが「適用」されるものと考え、その考え方が本件のような渉外的事案においてもそのまま妥当する、とする考え方である。

次に個々の租税法規（個別の条文）を離れ、いわば一般的な存在として、わが租税法上の「否認」に関してはわが民法九四条の「通謀虚偽表示」の内実をなす（あるいはそれに相当する）一定の規範内容が内在しているものと考え、本件のような渉外的事案においても、直截にそれによる「否認」がなされる、とする考え方である。

このいずれの考え方によっても、結論的には日本私法に基づいた判断がなされるべきことになる。

次に、前記問題〔2〕については、法人税法六九条の法律効果（外国税額控除）を認めるか否かは、専ら法廷地（法廷地国）たるわが国の租税法規（法廷地のいわゆる絶対的強行法規）の解釈問題であり、契約準拠法は関係しない。従って、直截に同条の趣旨に基づいた判断がなされるべきことになる。

三　論証

私は、本件における問題の核心は、本来内国法人のための制度である外国税額控除の〝残余枠（余裕枠）〟が国際取引の対象とされ、実質的に外国法人に〝売却〟されて、この制度による利益を外国法人が享受することになってしまうことの、当否にあると考えるが、以下においては、ともかくも前記の問題設定に沿いつつ、順を追って論証してゆくこととする。

1　法人税法六九条と本件各契約の準拠法との関係についての基本的な牴触法（国際私法）上の取り扱い（規範相互の適用関係）の解明

前記〔1〕〔2〕の問題に対して回答するためには、まずもって法人税法六九条と本件各契約の準拠法との関係についての、基本的な牴触法（国際私法）上の〝規範構造〟（規範相互の適用関係!!）を、解明する必要がある。

(1)　法廷地の絶対的強行法規としての租税法規

租税法規は、独占禁止法・証券取引法・外為法等の法規と同様に、講学上はいわゆる「絶対的強行法規」に分類される。

石黒・国際私法（一九九四年・新世社）四六頁に「国際民事紛争における基本的な法の適用関係」の図（同書の図6）を示しておいたように、いわゆる「強行法規」には、「当該契約等の準拠法の如何にかかわらず自国で適用されねばならぬ強い政策目的を有する法規」（当該問題の準拠法にかかわらず適用される、という意味で「絶対的」な強行法規）と、そうではなく、自国法が当該問題（例えば契約）の準拠法とされた場合にのみ適用されるにとどまるもの（その意味で当該問題の準拠法に対して「相対的」な強行法規）とがある。

純粋な国内事件ではかかる区別は不要だが、渉外事件（国際的な事案）にあってはかかる区別が必要であることは、例えば一九八〇年のEC契約準拠法条約七条一・二項においても、示されている（ここで「絶対的強行法規」と言うのは、"the mandatory rules ……[which] must be applied whatever the law applicable to the contract; the rules……[which are] mandatory irrespective of the law…… applicable to the contract" という同条約七条一・二項の文言を、簡略に示したものである。なお、石黒・同前四八頁参照）。

本件で問題となるのは、前記のEC条約で言えば七条二項の、法廷地の絶対的強行法規の適用問題である。独占禁止法・証券取引法・外為法等の法廷地の強行法規の適用が、契約準拠法（手続問題と実体問題とを分けた場合の実体問題の準拠法——石黒・同前三二頁の「準拠法のカタログ」に関する表2参照）が自国法となる場合にのみ適用され得るのでは、それら法規の政策目的の実現は覚束無い。事案に一つでも渉外的要素があれば、内外で広く認められている国際私法上の当事者自治の原則により外国法が当該取引の準拠法とされることを通して、それらの法規の適用が容易に回避されてしまう。そのようなことは到底容認出来ないということで、こうした規定が設けられているのである（もとより、こうした考え

方は、EC条約の場合に限られたものではない。分かりやすい例として前記の条項を掲げたのみである）。

租税法規についても、基本的に、以上述べたのと同じことが言える。それら法規の絶対的強行法規性は、ほとんど自明のことに属する（なお、「絶対的強行法規」の語は、わが証券取引法との関係において、例えば龍田節「証券取引法の域外適用」日本国際経済法学会・国際経済法第二号〔一九九三年〕所収の、一二六、一三三頁でも用いられている）。

抵触法（国際私法）上は、例えばユーロ市場における国際金融取引に対するアメリカの資産凍結措置（絶対的強行法規の典型である）が、イギリスを法廷地とする国際民事訴訟においていかなる意味を有し得るかという、前記EC条約で言えば七条の一項に関する問題が、好んで議論されて来ている（法廷地国でも当該事項の〔実体〕準拠法の所属国でもない、第三国の絶対的強行法規の介入問題。石黒・同前四一頁以下参照。なお、同条約七条の一項については、同条約上留保が認められており、理論的にも問題が多いが、いずれにしても、この問題は本件とは関係しない）。

だが、それとは別に、法廷地国の、ここで言う絶対的強行法規の「介入（interference）」（同条約七条二項がそれについての規定である）は、「実はサヴィニー以来認められて来ていた」ことである（石黒・金融取引と国際訴訟〔一九八三・有斐閣〕三二一頁。絶対的強行法規の呼び名として「介入規範」、「公法的規定」等の別のものがあるが、問題の本質は同じであることにつき、同・後掲「竹内＝鈴木編」二八二頁をも参照せよ）。

ところで、右に「介入」という言葉を用いた。これは、この種の絶対的強行法規が、アメリカの資産凍結措置のように、直接的に私的契約関係に介入し、支払い等の契約の履行を禁止する場合が多いことを反映してのことである（なお、同「国際金融取引と国際私法」竹内昭夫＝鈴木禄弥編・金融取引大系第三巻〔一九八三年・有斐閣〕所収、とくに二八一頁以下）。

これに対して、本件で問題となる租税法規の場合は、租税の賦課・減免という、私契約の効力それ自体とは別次元での問題を扱うにとどまる。法廷地国租税法規との関係で、例えば「虚偽表示」によりある契約が「無効」であるとされる場合（後述）においても、それは、課税の有無という問題（租税法上の法律効果）との関係での法的判断であるにとどまる。

税務上の争訟（本件訴訟）においてその旨の判断が下されたとしても、契約の当事者たる私人間の、私法上の契約の有効・無効それ自体については、（そもそも既判力の外にある〔！〕し、また、別の絶対的強行法規の介入のない限り）契約準拠法が専らこれを規律すること、もとよりのことである。そのことに、まずもって注意する必要がある（金子・後掲「租税法研究」論文一八頁以下に、「ここに否認とは、当事者のなした行為が私法上は有効であることを前提としながら、租税法上はその効力を否定して……租税の確定と徴収を行なうことを意味する」とあることが、これと関係する）。

かくて、ここでの問題は、法廷地国たるわが国の絶対的強行法規としての租税法規の、前記のような租税法規特有の「介入」との関係で、外国税額控除の可否という個別の問題を処理する上での、いわば「前提問題」につき、果たして契約準拠法がかかわって来るのか、の一点に集約される。

これは、法人税法六九条と実体私法規範との相互の関係が、ほかならぬ法人税法六九条においてどのように考えられているか、の点の解明によって判断されることである。抵触法（国際私法）上、法廷地絶対的強行法規の「介入」問題は、当該法規に示された政策目的をどう見るかの点によって判断されるものであるからである。つまり、この点の決め手は、むしろ当該租税法規自体の中にあるのである（なお、「一般的否認規定」〔金子・後掲〔租税法研究〕論文二五頁〕を有するドイツの場合について、後記①の(1)(2)の金子教授の指摘〔次頁参照〕に対応する指摘がなされているので、あらかじめ一言する。最近出版された極めて詳細なドイツ国際私法関係のコンメンタールたる Soergel/Kegel, BGB. Bd. 10: Einführungsgesetz [12. Aufl.

1996 Kohlhammer], at 67 である。そこでは、租税法上の「法律回避」の文脈で、当該租税法規の構成要件が異常な形で [in ungewöhnlicher Weise] 回避された場合の取り扱いは、まさに当該〔ドイツ租税〕法規の解釈の問題 [eine Frage der Gesetzesauslegung] であることが、端的に示されている〔！〕のである）。

当該租税法規が前記の意味における「前提問題」について、専ら実体準拠法（契約準拠法）に判断を委ねているならば、それに従うことになる。だが、後述のように、そうは解し得ないのである。

(2)　租税法規との関係での「否認」の二つのパターン（類型①②）

以上の問題設定を経て、ここでまず論ずるべきは、法人税法六九条を含めた租税法規による、あるいはそれとの関係での「否認」には、二つの類型があることである。それに応じて問題を考えてゆく必要がある。

金子宏「租税法と私法——借用概念及び租税回避について」租税法学会・租税法研究第六号〔一九七八年〕一頁以下は、「実質課税の原則を根拠として租税法に自由な解釈をもち込むことに対して歯止めをかけること」（同前・二頁以下）を主眼として書かれた論文であるが、①明文の「否認規定がない場合に、租税法規の解釈適用上否認が認められるかどうか」（同前・一九頁）との点とともに、②「法規の趣旨・目的に即した解釈、すなわち目的論的解釈の結果として、否認を認めたのと全く同じことになる場合がありうる」（同前・二〇頁）として、アメリカの「グレゴリー事件の判決」（同前・二二頁以下）への言及を行っている。そして、この②との関係で、「ある〔租税法の〕規定の解釈に当って、その中に立法趣旨を読み込むことによってその規定を限定的に解釈するという解釈技術は、わが国でも用いる余地がある」としておられる（同前・二四頁）。

まず、前記の①の場合について、金子・同前一九頁は、「租税法律主義の下で、法律の根拠なしに否認を認めることは困難」だとしつつも、「仮りに、否認を認める場合には……その要件として、(1)当事者が選択した取引形式が異常であること、(2)そのような異常な取引形式を選択したことにつき租税回避以外には正当な理由が認められないこと、の二つが必要である」とされ、但し、「この二つの要件は、いずれも一般的であり、且つ不明確であって、法的安定性と予測可能性を害することになりやすい」、としておられる（同前・一九頁）。

同・租税法（第六版補正版）一二九頁以下の「仮装行為」に関する指摘が、この①の場合を受けたものであることに注意する必要がある（なお、前記(1)(2)につき、金子教授が言う「異常」とは、Soergel/Kegel, supra, at 67 に言う "ungewöhnlich" の語に対応するものとも言えよう。「異常」と言うよりは、「異例」ないし「普通ではない〔普通では考えにくい〕」との語感と言うべきではないか、とも思われる）。

さて、金子・租税法（第六版補正版）一二九頁以下の「仮装行為」に関する指摘においては、「意図的に真の事実や法律関係を隠ぺいないし秘匿して、みせかけの事実や法律関係を仮装すること」がそこで言う「仮装行為」だとされ、「通謀虚偽表示（民九四条）が典型的な例である」、とされている。そして、かかる「仮装行為が存在する場合には、仮装された事実や法律関係でなく、隠ぺいないし秘匿された事実や法律関係に従って課税が行なわれなければならない」、とされている。

金子教授の前記の租税法研究論文との対比においてこれを理解するならば、「(1)当事者が選択した取引形式が異常であること、(2)そのような異常な取引形式を選択したことにつき租税回避以外には正当な理由が認められないこと、の二つ」の要件では不十分であるとしつつ、わが民法九四条の場合にあてはまるならば、この場合（つまり、法律の明示の規定なしに否認を認めることの）根拠たり得る、ということになる。

だが、ここで注意すべきことがある。果たして金子教授はここで、「民法九四条」が当該場合にずばり「適用」されなければ、かかる否認はなし得ない、と考えておられるのか、の点である。

渉外事件（国際的な事案）においては、実体準拠法が外国法たり得る。まさに、本件がそうした事案である。私は、ここで金子教授が「民法九四条」（つまりは「通謀虚偽表示」）に言及しておられる真意は、金子・前掲租税法研究論文のもう一つのテーマたる「借用概念」、あるいはそれに極めて近いもののように思われる。

即ち、「租税法」が「各種の私的経済生活上の行為や事実」を「その中にとり込むに当っては、これらを生の行為や事実としてではなく、私法というフィルターを通して——ということは私法を前提としそれを多少ともなぞる形で——とり込まざるを得ない場合が多い。そのため、租税法は、程度の差はあれ宿命的に私法に依存する関係にあ」る（同前論文・一頁）ことを前提としつつ、むしろ「借用概念」的な意味で、「民法九四条」の「通謀虚偽表示」にあたるような、端的な「仮装行為」と言える場合には、明示の規定がなくとも「否認」をなし得る、というのが、金子教授の前記の二つの文献から示される、同教授の真意ではないか、と思われるのである。

そのように考えた場合、金子教授が「学説」として説く中で示された「通謀虚偽表示」概念について、それが租税「法規」自体の中で用いられたときと同様の、「借用概念の解釈について」の「三つの見解」の中でいずれを選択すべきかといった問題からの拘束（同前・四頁参照。金子教授は、「法秩序の一体性と法的安定性を基礎として、借用概念は原則として私法におけると同様に解すべきである、とする考え方」〔同前頁〕をとる。同前・一二頁）を、どこまでダイレクトに受けるかも問題となる。

要するに、わが民法九四条（但し、その一項〔!!〕——同条二項が課税関係でいかなる意味を有し得るかを冷静に考えよ!!）の「通謀虚偽表示」の内実をなす一定の〝規範〟の内容（結局はそれにあてはまる事実の存否が決め手となる〔後述〕）が、わが租税法上の「否認」に際していわば「借用」され、それを要件として、明示の規定なきまま当該租税法規との関係での「否認」のなされることが、わが租税法上肯定される、ということのはずである。私はそう理解する。

もっとも、かかる〝規範構造〟の分析ないし解明は、純粋な国内事件の場合には不要である。いずれにしても、わが民商法が実体法（正確に言えば実体準拠法）として、当該契約関係に適用されるからである。ただ、その場合にも、明示的に民法九四条に言及する〝必要〟があるか否かは、別問題である（次の(3)で後述する）。

また、既述のごとく、金子教授が、①「否認規定がない場合に、租税法規の解釈適用上否認が認められるかどうか」（同前・一九頁）との点とともに、②「法規の趣旨・目的に即した解釈、すなわち目的論的解釈の結果として、否認を認めたのと全く同じことになる場合がありうる」（同前・二〇頁）として、この②の類型による「否認」（実質的なそれ）を別途認めておられたことに、再度注意する必要がある。

(3)　国内事件（非渉外事件）における「否認」の〝規範構造〟の解明

以上を踏まえて、本件に関連する問題を扱った若干の国内事件に関する裁判所の判断を見ておく必要がある。

まず、(ア)津地判昭和六三年四月二一日税務訴訟資料一六四号一二五頁は、国税通則法六八条との関係で「隠ぺい又は仮装したところに基づき納税申告書を提出していたとき」にあたるか否かにつき、「原告が専ら譲渡所得税を回避する目的で本件……行為に出たものと解するのが合理的」だとし、原告側再抗弁に理由がないとした。要するに、そこでは「隠ぺい又は仮装」にあたるか否かの事実認定が、決め手となっている。規定上その旨の明示の文言のあった場合に関するものとはいえ、この点に注意すべきである。

次に、(イ)名古屋地判平成二年二月二八日訟務月報三六巻八号一五五四頁は、「たとえ裁判上の和解の条項中に納税申告者の権利関係等を変更

する旨の記載がされていたとしても、それが、専ら租税負担を回避する目的で実体とは異なる内容を記載したものであり、真実は権利関係等の変動がないような場合には、右規定〔国税通則法二三条二項〕の趣旨に照らし、当該更生の請求は是正をすべき理由がない」し、「租税負担回避の目的のほかは、本件売買契約を解約する合理的な理由はなかった」と述べている。これは、前記②の、法規定の目的論的解釈によるものであるが、そこでも、やはり事実認定が決め手となっており、民法九四条への直接的な言及はない。

この点は、(ウ)名古屋地判平成五年三月二四日訟務月報四〇巻二号四一一頁でも同様であり、「本件公正証書は、いずれも特段の必要がないのに作成されたもの」だとされ、それは、「いずれも租税の負担を免れるための方便として作成されたものであり、事実は……相続税の課税を回避するため、あたかも即時に贈与したかの如き条項にしたものと認めるのが相当である」、とされている。

これらに対して、(エ)東京地判昭和三六年三月二九日訟務月報七巻六号一四〇頁は、一連の事実認定を踏まえた上で、「当事者間の真意は売買代金を八千万円とするものであったと認めるのが相当であって、右の八千万円のうち四千五百万円についてはこれを消費貸借とする旨の契約書の記載は両者の通謀による虚偽の意思表示であって無効と言うべきである」、とする。だが、このケースでも、当事者の取引が「虚偽、架空のもの」か否かが問題であったのであり、判旨がそのあとで「本件消費貸借は前記のとおり仮装であり」云々と述べているところから、ダイレクトに結論を導き得たことが、やはり注意されねばならない。

また、(オ)東京地判昭和六二年三月二四日税務訴訟資料一五七号九七三頁も、一連の事実認定の末に、当該「借用金証書は、前記裏金に関する約定の存在を隠ぺいし、その支払を本件不動産の売買契約と無関係な原告の……に対する貸付金の返済と仮装するため、原告の要請により……が作成した虚偽の意思表示を記載した書面であることが明らかである」、また、「本件全証拠によっても、税務対策以外に、本件不動産を一括譲渡せず、分割して譲渡することについて合理的な事情は、見い出すことができない」等と述べ、あくまで事実認定によって結論を導いている。判旨は「通謀による虚偽の意思表示」との言葉を用いているが、そこに民法九四条への直接的な言及のないことに、むしろ注意すべきである。

以上、若干見て来たように、本件に関連するわが国の国内事件においては既に、民法九四条それ自体に対する直接的な言及は、前記(エ)の事例を含めてなされていず（前記(エ)の事例においては「無効」とされているが、既述の金子教授の指摘の通り、これとて当該租税法規との関係での無効、との意味にとどまるものと解される。また、民法九四条への直接物な言及のあるケースが仮にあったとしても、その趣旨については、金子教授の所説について既に述べた点があてはまるものと思われる）、実際には取引の仮装性に関する事実認定が決め手となっており、それで必要にして十分とされていることが、注意されねばならない（なお、本稿の扱う問題と直接的に関連する某事件についての平成九年六月一〇日付の国税不服審判所長の裁決書〔大裁（法）平八第一二三号〕二九頁では、当該契約が「仮装行為」であって、「通謀虚偽表示により無効」だとされているが、その趣旨についても、以上述べた点があてはまるものと思う。だが、同前・三三頁が「有効に成立している契約を税務上否認するためには、外形上存在する各契約が実質をみると存在しないと評価できる積極的な事実認定が必要であり、……この点に関する原処分庁の主張は採用できない」としている点との関係が、気になる）。

そして、この点は、本稿三1(2)で既に示したように、金子教授の所説における前記の①の否認類型、即ち、明示の「否認規定がない場合に、租税法規の解釈適用上否認が認められるかどうか」に関して言及される民法九四条の通謀虚偽表示が、いわば比喩的なものであること、即ち、正確に言えば、既述のごとくわが民法九四条（但し、その一項〔！〕）の「通謀虚偽表示」の内実をなす一定の規範内容が、わが租税法上の「否認」に際していわば「借用」され、それを要件として当該租税法規との関係での「否認」がなされる、というのがここでの問題処理にあたって

の"規範構造"であることを、側面から証拠立てるものと言える。しかも、かかる税務上の「否認」の"規範構造"において、事実認定が実質的な決め手となっていることに、十分な注意が必要である。

(4) 本件における税務上の「否認」の可否に関する抵触法（国際私法）上の取り扱い

以上の分析を経て、ようやく問題は、本稿の核心部分に至ることになる。既述のごとく、抵触法（国際私法）上、法廷地国の絶対的強行法規たる租税法の「介入」問題は、当該法規に示された政策目的からダイレクトに処理される。その意味で、肝心のわが租税法規の"規範構造"の解明が、必要だったのである。

これまで見て来たように、国内判例をもあわせて考察した場合、金子教授の所説における「否認」の二つの類型（既述の①②）において、実は、そのいずれにおいても、むしろ租税法内在的な"規範"のあったことが、注意されるべきである。即ち、①の類型においては、いわば民法九四条の通謀虚偽表示に相当する程度の、強度の「仮装性」があれば、個別の「否認」規定がなくとも税務上の「否認」が可能となるし、他方、②の類型においては、ダイレクトに当該租税法規の目的論的解釈によって「否認」を導ける、ということである。

渉外事件たる本件においても、法廷地国の絶対的強行法規たる租税法の「介入」に際しての、かかる"規範構造"に即して問題を処理する必要が、あるのである。

だが、私は、本稿の「結論」として、本件「事案における外国税額控除を、各契約の準拠法によらず直接的に法人税法六九条の趣旨に基づいて否認すること」の他に、「当該契約準拠法の規律内容にかかわらず、法人税法六九条の法律効果との関係では、日本私法に基づいて判断を行う必要がある」との帰結を導いていた。この点、とくに後者の帰結については、その論拠及び趣旨を、以下において一層明らかにする必要がある。

2 契約準拠法との関係についての抵触法上の論点の整理

(1) 法人税法六九条の趣旨ないし目的論的解釈による「否認」（類型②）の場合

本稿と直接的に関係する三つの事件についての国税不服審判所長の裁決書（一つは既述。他に、平成九年三月二五日付〔大裁(法)平八第九九号〕、平成九年六月一八日付〔大裁(法)平八第一二五号〕）における判断は、法人税法六九条の趣旨ないし目的論的解釈による「否認」を肯定する点で、共通する内容となっている。そこで、かかる（金子教授の所説についての既述の②の）処理パターンにおける抵触法上の論点の（再）整理を、まず行っておこう。

便宜、前記の平成九年三月二五日付裁決書（以下、同裁決書何頁としてこれを引用する）を見てみよう。そこでは、「本件審査請求の争点」が、当該外国源泉税が「請求人の納付した外国法人税として外国税額の控除の対象となるか否かにある」、とされている。その上で、取引当事者の側で「日本の金融機関を利用して〔外国法人が外国で課される〕源泉税の負担軽減を図ることを意図して、請求人〔日本企業〕に取引を申し出たこと」の認定（以上、同裁決書・一二頁。同・一四頁も同旨）を経て、以下の判断が示されている。

即ち、本件「各契約は、請求人が日本の外国税額の控除の適用を受けることを不可欠の条件として締結されたものであり、これらの契約における当事者の主たる目的は、請求人の日本における外国税額控除制度の利用であり、請求人は同制度による利益を〔外国法人〕……に享受させるために、あえて取引に介在したものと解することができる」が、我国の「外国税額控除制度を利用する……ために国際的二重課税を故意に発

生させたとみうるような取引」についてまで「外国税額控除制度の適用を認めるならば、我が国の税収確保に著しい支障を来すとともに、課税の公平を著しく損なう結果となり、外国税額控除制度の存在意義が失われることになりかねない」とされ、かかる「不自然な取引形態が選択され、かつ、その適用対象たる内国法人が他者〔外国法人〕のために同制度を利用するために故意に外国法人税を発生させたような場合についてまで〔法人税法六九条が〕予定しているとは解し難く、……〔同条の〕立法趣旨を著しく逸脱したもの」であって、「本件各取引においては同条を適用することはできない」、とした（同裁決書・二〇頁以下。前記の平成九年六月一八日の裁決書一二―一四頁も同旨。なお、以上二件とは別に既に示した前記平成九年六月一〇日付裁決書二九頁は、前記のごとく「通謀虚偽表示」による「無効」のゆえに外国税額控除を否定するが、同前・三二頁以下は、平成九年三月二五日付裁定書と同様、やはり「不自然な取引形態」ゆえの、同条の立法趣旨からの著しい逸脱を問題とする。そして、その双方の立論をあわせた上で、「税法の適用にあたり、個々の規定（同法六九条）について、その立法趣旨を踏まえて合理的に解釈した上、個別具体的な事案に応じてその適用の有無を検討することは当然であって、本件においてはかかる検討の結果、……同条を適用することができないと判断したものであり、これが租税法律主義に反するということはできない」、とした）。

既述の本稿三―1(3)で見た国内事件の中にも、当該租税法規自体の解釈により直截に「否認」をした事例が見られたが、かかる場合、"当該租税法規の解釈・適用上実体法に判断が委ねられた部分"は、とくに存在しない。これは、（純粋な）国内事件のみではなく、本件のような渉外事件でも、同じである。ここでの問題が、法廷地絶対的強行法規の介入問題として抵触法（国際私法）上整理されるからである。（純粋な）国内事件における処理が、渉外事件の処理においても、いわば平行移動することになるのである。従って、この点の判断に、契約準拠法はそもそも関係して来ない。

(2) 「日本私法に基づく否認」（類型①）の場合――その1

以上の(1)に対して、金子教授の所説における既述の①の「否認」類型、つまり、端的にわが民法九四条の通謀虚偽表示に相当するような場合についての「否認」に関して、契約準拠法との関係での、抵触法上の論点の整理はどうなるのか。この点が、本稿三の2の、眼目をなすことになる。

ちなみに、本稿と直接関連する前記の三つの事件についての国税不服審判所の判断は、この①の「否認」類型、即ち、当該租税法規の解釈を越えて一般的に、一定の場合に「否認」が認められることに対して、極めて慎重である。むしろ、国内事件についての既述の判例の線よりも一層厳格（！）である、とも言える。法人税法六九条の趣旨から「否認」が肯定されれば、それで本件処理上は十分であるとは言え、若干気になるところである。

その点はともかく、金子教授の所説のように、「通謀虚偽表示（民九四条）」が「典型的」な「否認」の「例」となるのだということを前提として、それが渉外事件の場合に何を意味するのかを、問題として行こう。

民法九四条が持ち出されるこの場合の"規範構造"について、私の見方は既に述べた通りのものである。即ち、前記の①の否認類型（明示の「否認規定がない場合に、租税法規の解釈適用上否認が認められるかどうか」）に関して言及される民法九四条の通謀虚偽表示が、いわば比喩的なものであること、つまり、より正確に言えば、既述のごとくわが民法九四条（但し、その一項）の「通謀虚偽表示」の内実をなす一定の規範内容が、実質的には事実認定を決め手としつつ、わが租税法上の「否認」に際していわば「借用」され、それを要件として当該租税法規との関係での「否認」がなされる、というのがここでの問題処理にあたっての"規範構造"ではないか、との考え方を、私はとっている。

そう考えた場合には、"わが民法九四条（但し、その一項）の「通謀虚偽表示」の内実をなす一定の規範内容"が、個々の租税法規（個別の条文）を離れて、いわば一般的な存在として、わが国租税法規に内在することになる。かくて、その場合の抵触法（国際私法）上の問題は、本稿三2(1)の末尾に示したものと同一になる。つまり、ここでも、かかる（純粋な）国内事件における処理が、渉外事件の処理においても、いわば平行移動することになる。そして、その意味において、「当該契約準拠法の規律内容にかかわらず、法人税法六九条の法律効果との関係では、日本私法に基づいて判断を行う必要がある」と言うべきことになる。「日本私法に基づいて」であって、「日本私法（民法九四条）を適用して」ではないこと（!!）に、注意すべきである（わが抵触法固有の問題に関する後述の(3)の(a)(b)の問題における処理と、十分に対比をせよ）。

これに対して、純粋な国内事件の場合について、一層端的に、わが民法九四条を「適用」し、はっきりとそこで「通謀虚偽表示」にあたることが確認され、そうして初めてこの場合の「否認」がなされ得る（同条の適用がかかる「否認」の絶対的な要件だ）、とする立場も考えられる。税務上の「否認」を一層明確な法的根拠の下に行うべきだとする考え方と評され得よう。ともかくこの立場がとられたとして、渉外事件において、どのような処理がなされるべきなのか。

(3) 「日本私法に基づく否認」（類型①）の場合――その2

以上の(2)の最後に示した立場においては、租税法上の「否認」の「前提問題」たる否認要件が、はっきりとわが実体私法（民法九四条〔但し、一項のみ！〕）に委ねられ、それが「適用」されることになる。

純粋な国内事件においてはそれで済むが、渉外事件においても同じ結論を導くには、それなりの抵触法（ここでは狭義の国際私法のほか、国際民事訴訟法をも含む――後述）上の一定の論理過程を経ることが、必要となる。

まず、狭義の国際私法の枠内において、法廷地法によるべき問題（例えば手続問題）について、肝心の法廷地手続法が、具体的な判断の中身を、原則として「実体法」に委ねている場合がある。その場合、渉外事件においては、そこで言う「実体法」とは「実体問題の準拠法」と読み替えて処理することになる。

例えば外国人の当事者能力・訴訟能力等の問題について、民訴旧四五条、旧五一条（平成八年改正による新二八条、新三八条）についての立法趣旨が、また、兼子一教授以来の従来の通説が想定していたのは、まさにかかる処理である（石黒・前掲国際私法一九一頁、一八九頁以下、及びそこに所掲のもの参照）。つまり、実体準拠法として当該の者の属人法（本国法）上の権利能力・行為能力の存否を調べ、それが肯定されればわが国での訴訟における当事者能力・訴訟能力が、原則としては（同前・一九一頁を参照せよ）肯定されることになる。

この考え方を平行移動させると、渉外事件たる本件の場合、実体準拠法は契約準拠法だということになり、かくて、わが民法（九四条）のかわりに、「ニューヨーク州法、イギリス法、香港法等」が登場し、そこにおける「通謀虚偽表示」と同等の（equivalent な）法規範の存否が、本件における税務上の「否認」を左右することになる、かのごとくである。

だが、税務上の「否認」の可否が契約準拠法の規律内容によって左右されると考えるのは問題であり、そのような立場はとり得ない、と私は考える。その理由は、以下に示す通りである。

従来のわが抵触法（狭義の国際私法及び国際民事訴訟法）上の議論においても、実体関係的な事項であるからといって、すべての問題が契約準拠法のような実体関係の準拠法（個別事案ごとに異なり得るそれ）によらしめられていた訳ではない。具体的には――

(a) 法例七条一項による契約の（両）当事者の明示の準拠法指定が果たして有効になされたのか否か、

(b) 国際裁判管轄の合意についての合意の成否、

――の二点に関するわが抵触法上の処理が、ここで参考になる。

結論として、この(a)(b)の問題については、同種の行為についての抵触法上の"統一的処理"を重視する見地からも、法廷地国たるわが抵触法自体に内在する規範、但し、実際には法廷地国実質法（わが民商法）を基礎とし、それに基づいた処理をすべきこと（法廷地国たるわが国の民法等を直接「適用」するのではない）が、多数説によって支持されているのである。

まず、便宜、前記の(b)から見て行く。学説上の若干の争いはあるが（石川明＝小島武司編・国際民事訴訟法〔一九九四年・青林書院〕五二頁以下）、国際裁判管轄の合意についての合意の成否は、法廷地たるわが国の国際民事訴訟法自体によるべきである、とするのが多数説であると言ってよい（木棚照一＝松岡博＝渡辺惺之・国際私法概論〔第三版・一九九八年・有斐閣〕二六二頁、道垣内正人「国際裁判管轄」新堂幸司＝小島武司編・注釈民事訴訟法(1)〔一九九一年・有斐閣〕一二二頁以下〔「わが国の国際民事訴訟法上の効力を認めるか否か」の問題ゆえ、そうすべきだとする〕、貝瀬幸雄・国際化社会の民事訴訟〔一九九三年・信山社〕二三〇頁以下、石黒・国際民事訴訟法〔一九九六年・新世社〕二〇八頁注六二七及びそこに所掲のもの、等参照）。つまり、この点の「合意の成立準拠法の確定に関し……実体〔問題〕と性質決定しても直ちに、さらには全面的に準拠実体法に当該事項の判断を委ねることにはならず……決め手は広義の抵触法上の利益衡量に求められるべきであ」り、「仮に、〔この点の合意の〕成立問題を……当事者自治に委ねるべきであるとする説をとると、同一類型の合意でも成立準拠法が全く異なる場合が考えられ、統一的処理を害するのみならず、不公平な結果をもたらす」点が、かかる多数説の根拠となる（貝瀬幸雄「国際裁判管轄の合意」沢木敬郎＝青山善充編・国際民事訴訟法の理論〔一九八七年・有斐閣〕九八頁以下）。そして、実際の処理としては、「内国実質法（日本法）を参照し、それに酷似した処理が、日本国際民事訴訟法上、行われることになる」（貝瀬・同前九九頁）のである。

もとよりこの点については、実際にわが国で提起されている訴訟についての、当面する問題の処理が、そもそも契約準拠法（それが外国法である場合を考えよ）によって判断されることの不自然さ、つまり、当該問題を処理する上で「外国法」が遠い（remote な）存在であることを、「最も密接な関係」を基軸として行うべき準拠法選択の基本（石黒・前掲国際私法五五頁以下）からして、どう評価すべきかという問題も、（かかる多数説の背景として）別に存在する（この点は、法廷地国租税法規との関係での「否認」の可否を契約準拠法によらしめることへの、基本的な疑問とも、直結するものである）。

なお、わが判例上も、この(b)の点につき、かかる多数説に立つ見解が示されているので一言する。まず、東京地判昭和四二年一〇月一七日下民集一八巻九―一〇号一〇〇二頁は、かかる合意を内容とする「約款が訴訟行為的合意であり、かつ問題がわが国の裁判所の裁判管轄権を排除するという合意の成立と効力に関するから、本件裁判管轄約款の成立及びその効力の準拠法は、いわゆる契約準拠法ではなくて、これを問題にする法廷地たる日本の国際民事訴訟法によるべきである」、とする。また、大阪高判昭和四四年一二月一五日判例時報五八六号二九頁も、「国際裁判管轄の合意が成立したかどうか」の点の準拠法について、「合意自体は先決問題として契約準拠法によるべきであり、従って本件においては、オランダ法により判断すべきものであるとの考え方もあり得るが、右の合意は訴訟行為的合意であり、且つ、問題が法廷地……の裁判権の排除に関するものであるから、本件国際的裁判管轄の合意の有効性の判断の準拠法は契約準拠法ではなく、これを問題にする法廷地たる日本の国際民事訴訟法によって決定されるべきものと解する。しかし、わが国

には国際裁判管轄の合意に関する国際民事訴訟法ともいうべき直接の成文法規は存在しないので条理上、事件の国際性および合理的国際慣行に反しない限り、国内管轄に関する民事訴訟法の諸規定を類推適用して処理するのが相当であり、原審が民事訴訟法〔旧〕第二五条の法意を按じて国際的裁判管轄の合意が成立したと判断したのは相当」だ、とした。

ちなみに、この大阪高判昭和四四年一二月一五日は、いわゆるチサダネ号事件最高裁判決（最判昭和五〇年一一月二八日民集二九巻一〇号一五五四頁――それについては石黒・前掲国際民事訴訟法一一七頁以下参照）の原判決であり、この最高裁判決が、原審が「本件国際的裁判管轄の合意の有効性の判断は、法廷地であるわが国の国際民訴法によって決定されるべきものである」としていることを再叙しつつ、これを支持していることに、注目するべきである。

次に、既述の(a)、即ち、法例七条一項による契約の（両）当事者の明示の準拠法指定が果たして有効になされたのか否か、の点の処理について見ておく。上記の(b)の場合とは異なり、この点について明示的に言及する判例は見いだせなかったが、伝統的な理解は以下の通りであり、私はこれを支持している。

即ち、法例七条一項における合意の成否、裏から言えば「準拠法指定行為の瑕疵の有無、それのある場合におけるその効果は、いずれかの実質法〔実体問題の準拠法――例えば契約準拠法〕によって決定されるべき問題ではなく、〔法廷地国の〕抵触規定に明示の規定がなくても、抵触規定の解釈として、合理的にこれを決定すべきである。……その結果はわが民法の意思表示の瑕疵に関する規定……によったことと異らないが、日本の民法はもとよりいずれかの実質法を適用した結果でないことはもちろんである」（江川英文・国際私法〔改訂増補・一九七〇年・有斐閣〕二一〇頁）、との立場である（同旨、山田鐐一・国際私法〔一九九二年・有斐閣〕二八四頁以下及び二九二頁、溜池良夫・国際私法講義〔一九九三年・有斐閣〕三三二頁以下、木棚＝松岡＝渡辺・前掲〔第三版〕一一八頁、折茂豊・国際私法（各論）〔新版・一九七二年・有斐閣〕一一七頁、一二九頁、櫻田嘉章・国際私法〔一九九四年・有斐閣〕二〇九頁〔「実際には、これが日本民法における法律行為の瑕疵の規律と変わらないものになる」としつつ、この点を「当事者の指定した〔契約〕準拠法により」判断する最近の条約等の立場を、「条約においてはその統一的解釈の必要性からやむを得ない方法であろうが、国内法としては疑問である」、としている〕、石黒・国際私法〔新版・一九九〇年・有斐閣プリマ・シリーズ双書〕三〇九頁以下、等）。

この点を（準拠法指定が有効であったと仮定した場合の）当該契約準拠法自体によらしめるべきだとする見解もある（沢木敬郎＝道垣内正人・国際私法入門〔第四版・一九九六年・有斐閣〕一六八頁〔「具体的基準が明確でないため」前記の立場をとらない、としている〕）。

だが、前記(b)の問題について、貝瀬・前掲〔沢木＝青山編〕九八頁以下が説くのと同様の、「統一的処理の必要性」（石黒・金融取引と国際訴訟〔一九八三年・有斐閣〕一二九頁以下）からも、前記の伝統的な立場（多数説）が支持されるべきである。

以上、前記(a)(b)の問題については、合意の成否という実体関係的な問題でありながら、法廷地抵触法自体に内在する〝規範〟によって処理するべきだとして、実際にはわが民法（民商法）上の規定に基づいた処理が、多数説によって（前記(b)の問題については判例も含めて）、むしろ積極的に肯定されていた。「その結果はわが民法の意思表示の瑕疵に関する規定……によったことと異らないが、日本の民法はもとよりいずれかの実質法を適用した結果でないこともちろんである」とする江川・前掲二一〇頁の立場に、この点の〝機微〟が示されている。法廷地国たるわが国の民商法の、「適用」ではないがそれに「基づいた」処理がなされるのである。そして、私見においては、同様の行為に対する法廷地抵触法上の取り扱いの統一性の要請が、既述のごとく、かかる処理を行う重要な根拠の一つともなっている。

以上示して来たところの、抵触法（狭義の国際私法及び国際民事訴訟法）固有の問題への処理は、実は、租税法上の「否認」の「前提問題」たる否認要件がはっきりとわが実体私法（民法九四条〔但し、一項のみ〕）に委ねられる、とする既述の考え方に基づいて「渉外事件」における処理を考える際に、大いに参考となるものと言える。

前記(a)(b)の抵触法固有の問題における「統一的処理の要請」は、ここでは「純粋な国内事件」と「渉外事件」との間の「平等」な取り扱い（そして「否認」の基準の法的明確性）の問題として、法廷地国の租税法固有の重要な政策目的の実現のため、一層高い次元において、積極的に位置付けられるべきことになる、と思われるのである。

ちなみに、この点について参考となるのは、租税法規と同様に、既述のごとく絶対的強行法規の一翼を担うところの、独禁法の渉外事件（国際的事件）における適用（いわゆる域外適用）に関する、ドイツでの論議である。即ち、ドイツの内国企業のドイツでの行為が、当然ドイツ独禁法（競争制限禁止法〔GWB〕）の適用を受けるのに対して、「国外〔で〕の外国企業〔の行為〕に対する同法の適用」（域外適用）が肯定される際の論拠は、「内外人の無差別待遇の原則（Grundsatz der Gleichbehandlung）」に求められていたのである（この点につき、小原喜雄・国際的事業活動と国家管轄権〔一九九三年・有斐閣〕六七頁参照）。

ドイツにおいて示されて来たこの論理を、租税法規に関するここでの問題に当てはめてみよう。純粋な国内事件においては、わが民法九四条の「通謀虚偽表示」（但し、くどいようだが、その一項のみが問題となる）の規定を「適用」して「否認」がなされ得るし、それがわが国の法秩序において必然の営為であるとの仮定の下で、ここでは考えることになる。

その場合、かかる純粋な国内事件における処理と渉外事件におけるそれとの間の、真の平等取り扱いが、課税の公平の観点からも要請されるはずである。他方、実際には同様の行為が行われたのに、実体関係（契約）の準拠法次第で「否認」されたり、されなかったりすることの問題も、同じく平等取り扱いの観点からして、防止すべきことになる。

明確な実体私法の裏付けなき「否認」はなし得ないというのが、ここで前提とする立場である。そうなると、純粋な国内事件の場合に「否認」要件を提供する「日本私法に基づいて当該契約の有効・無効の判断を行うこと」（本稿二冒頭の〔問題設定〕末尾の〔1〕参照）、そしてここで前提としている考え方においては、「日本私法」をずばり「適用すること」以外に、道はなくなる。

だが、かかる処理は、「統一的判断」を要する前記(a)(b)のわが抵触法固有の問題処理とも、考え方において共通するものを含んでいる。つまり、ずばり「日本私法」を「適用」するか、そうではないが実質的に「それに基づいた処理」を行うか、の差はあるが、ここでの問題は法廷地租税法規固有の問題関心からのものゆえに、わが抵触法上、かかる処理がなされることについて、格別これを異とするにはあたらない、との見方がなされ得る。――以上のように問題を整理することが、可能となるのである。

(4) 「否認」の成否を契約準拠法によらしめるべきか否かに関する補足的な論点

以上、いずれにしても、この点（「否認」の「要件」）を契約準拠法によらしめるべきでないことについては、既に論じて来た通りではあるのだが、補足的論点があり、ここで一言しておく。

「否認」の対象となる取引行為が、複数の契約の組み合わせによってなされている場合（本件もそうである）、それぞれの契約の準拠法を別々の国の法として当事者が指定するのは、法例七条一項との関係で、十分に可能である。その場合、税務上の「否認」が、それらの（否認と関係する）複数の契約準拠法の累積適用によってしか（従ってそれら複数のハードルをすべて越えねば）なされ得ないことになるのか。また、累積適用以外の何らかの処理方法によるべきなのかどうか。「否認」の成否を、

仮に契約準拠法によらしめるならば、この点をどう考えるかが、まず問題となる。

次に、単一の契約については、（実体問題について基本的に）そのすべてを規律する単一の準拠法しか選択され得ない、とする伝統的な立場とは別に、学説上は、単一の契約の準拠法に関して、当該契約の各部分について両当事者の合意により別々の準拠法の選択を認める（契約準拠法の〝主観的〟分断）という、いわゆる部分指定・分割指定を肯定する立場があることに、別途注意を要する（肯定説として、木棚＝松岡＝渡辺・前掲〔第三版〕一一九頁以下、溜池・前掲三四四頁、山田・前掲二九九頁以下、出口耕自・基本論点国際私法〔一九九六年・法学書院〕七八頁以下、八〇頁〔但し、「複数の準拠法の間の矛盾不調和……が多発しかねない」ことも指摘された上での結論〕、松岡博・国際取引と国際私法〔一九九三年・晃洋書房〕一七三頁以下、沢木＝道垣内・前掲一六八頁、等。櫻田・前掲二〇八頁は、かかる見解を紹介するのみ）。

私は、かかる見解において基本的な見落としがあったこと、等を含めて、分割指定・部分指定の肯定説には問題がある、との立場である（石黒・前掲国際私法〔新世社〕二六六頁以下）。だが、仮に部分指定・分割指定を肯定する立場が採用されたとする（東京地判昭和五二年五月三〇日判時八八〇号七〇頁などがそうした立場を肯定したものとされる場合の少なくないことについては、同前・二六八頁）。

わが国の租税法規による「否認」の「要件」を、既述のごとき意味において「実体問題（契約）の準拠法」によらしめると言っても、当該契約につき（仮りにそれが一本の契約のみだったとして）、かかる部分指定・分割指定がなされていたとする。とくにその後者（分割指定）により、複数の準拠法が当該契約の各部分につき、明示的に指定されていたとせよ。税務上の「否認」との関係はどうなるのか。

また、既述のごとく、税務上の「否認」の対象となる取引行為が複数の契約の組み合わせによってなされており、そのそれぞれの契約につき、更に部分指定・分割指定がなされ、従って、当該取引行為を全体として見たときに少なからぬ数の契約準拠法が登場する場合も想定し得る。その場合には、一体どうなるのか。

今日では、かかる部分指定・分割指定を認める学説の方がむしろ「多数説」（出口・前掲七八頁）だ、ともされている。それがゆえに、こうした諸点が、無視し得ない問題として残ることになるのである。

税務上の「否認」の成否を契約準拠法によらしめるとの考え方をとった場合、かくて、契約当事者間の準拠法指定（そしてその分割）の仕方次第で、実に複雑なことが生じ得る。この考え方の当否に関する既述の問題とは別に、以上示した問題のあることに、あらかじめ十分な注意をしておくべきである。

――以上が、本稿における〔論証〕であり、私は、これによって既述の〔結論〕が十分に支持され得るものと考える。

（平成一二〔二〇〇〇〕年一月八日午後二時三〇分、原稿整理終了。）

＊本稿で論じた問題の基本を、石黒・前掲国際私法（新世社）二九五頁及び同・前掲国際民事訴訟法二九八頁の、〝国際倒産と準拠法〟の問題と対比して考えることが、抵触法理論上の体系的整理においては、必要とされるべきである（同年一月二八日、本稿校正終了にあたっての付記）。

＊＊次号のテーマはいまだ未定。

〔訂正〕先月号の五七頁下段一一行目の「MIT」は、「MITI」の誤りです。

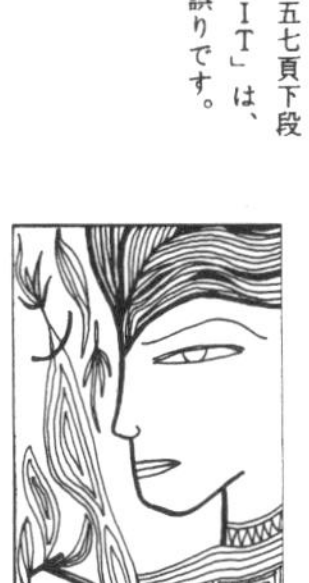

連載 **ボーダーレス・エコノミーへの法的視座**

第一〇六回 「〝制裁〟として下された米国懈怠判決(default judgment)の我国での承認・執行と〝手続的保障〟の要件」

石黒一憲（いしぐろ かずのり）
東京大学法学部教授

〔目次〕

一 はじめに

前号に続き、抵触法（Conflict of Laws）固有の、即ち私にとっては〝古巣〟と言うべき領域での問題を扱う。民訴一一八条（改正前の二〇〇条）・民執二四条の「外国判決承認・執行」制度との関係での問題である。こうした問題が、本連載九九年一一・一二月号の「インターネット・電子商取引」等とも直結しうることに、まずもって注意すべきである。

茨城県龍ケ崎市在住の個人たる被告Y_1～Y_3（同一家族構成員――Y_1の不動産業をY_2・Y_3が助けていた）に対して、埼玉県在住の個人たるXを原告として、平成九（一九九七）年三月三日付けで、次のような訴状が送達された（本件一審裁判所は、後述のように、水戸地裁龍ケ崎支部である）。

「請求の趣旨」としては、「原告、被告ら間のアメリカ合衆国ハワイ地区連邦地方裁判所民事第94－00486ACK号事件につき、同裁判所が平成八（一九九六）年八月一九日に言い渡した『被告らは原告に対し、一、五四二、一三二・三〇米ドルを支払え。』との判決につき、原告が被告らに対して強制執行することを許可する……との判決を求める」、とある（執行判決請求事件）。「請求の原因」の中では、この米国判決は「平成八（一九九六）年九月一八日に確定した」とあり、かつ、「本件外国判決の対象となったのは、被告らの詐欺、横領等の不法行為及び非倫理的不動産取引等を原因とする原告の被告らに対する損害賠償請求事件であるが、右不法行為地及び不動産所在地はいずれもアメリカ合衆国ハワイ州であり、アメリカ合衆国ハワイ地区連邦地方裁判所が右事件につき管轄権を有している。……本件外国判決の訴訟手続開始に際し、右裁判所より被告らに対する呼出状が、被告Y_3については平成六（一九九四）年七月二一日、その余の被告らについては平成六（一九九四）年一二月二日に送達された」、云々とある（一審判決の認定によれば、Y_3〔Y_1の息子〕への送達は、「ホノルル空港22ゲートで〔!〕ハワイ州副保安官により交付送達され」た、とある。石黒・後掲国際民訴法一二八頁と対比せ

よ。Y_1・Y_2への送達は、正式の国際司法共助手続によったものとされている）。

本件原告Xの主張によれば、事案は、ハワイ所在の不動産の取引をめぐる争いであり、平成三（一九九一）年八月、Xによって、ハワイでのゴルフ場の経営を目的として訴外A会社が現地に設立され、現地での土地購入等を経たが、追加資金が必要となった。そこで、Xと訴外B・C（いずれも日本名――日本在住の者と思われる）、及び訴外D（氏名はスミス某）が追加出資をする旨の合意が、平成四（一九九二）年五月になされた。この米国側のDが、本件Xの意に反した行動を取り、かつ、本件被告Y_1と交渉し、Y_1～Y_3が日本でA会社と類似した名称の会社を設立（実際の設立は平成五（一九九三）年三月）してハワイでの当該ゴルフ場に関するビジネスを日本で営むことが、平成四（一九九二）年八月に、DとY_1間で合意された。そして、本件被告Y_1～Y_3が、日本で当該ハワイ物件の五〇〇〇分の一（！）の権益及び会員権の販売をした。

以上の経緯の下に、原告X（実際にはX、及びXを代表者とする日本名の会社の二者）が前記のごとくハワイで訴えた訳だが（但し、本件一審判決に示されているように、補償的損害賠償金及び懲罰的損害賠償金〔！〕の支払いが、実際には請求されていた）、その被告は、A会社・D（スミス某）・本件被告たるY_1～Y_3その他の者達であった。だが、A会社及びY_1～Y_3についてのみ、本件米国判決が、「懈怠判決（default judgment）」として、既述のように下され、確定したのであった（後述の如く、A会社は倒産）。

「懈怠判決」イコール欠席判決と考えてしまうと、何ら珍しい事案ではなくなる（石黒・後掲国際民事訴訟法二二二、二二八、二四六頁、等参照）。だが、問題は、そう簡単ではない、というのが私の見方である。

論点は、以下の私の被告側鑑定意見書に記載されている通りであるが、その骨子を、あらかじめここで示しておく。

第一に、本件外国（ハワイ）判決がそれに基づいて下されたところの、米国連邦民訴規則上の「懈怠判決（default judgment）」には二種類のものがあり、本件米国判決は、後述のごとく、正式のトライアル手続開始前の段階で、Y_1～Y_3が裁判所の命令に従わなかったことそれ自体に対する「制裁」として下されたものである、との点が問題となる。わが改正民訴法一六六条（弁論準備手続については一七〇条六項が本条を準用）の下で、準備的口頭弁論で当事者不出頭等の場合に、被告の訴訟追行が不熱心ゆえに被告敗訴の判決が下され得るから、日米間に制度上の差異は無い（弁論をしない場合についての民訴法二四四条をも参照）、などと単純に言えるか否かの問題である。

第二に、それでは、なぜY_1～Y_3がハワイ裁判所の命令に従わなかったのか。その点の“精査”が、前記の第一の点とも絡んで、本件における最も重要なポイントとなる。即ち、民訴一一八条の承認要件の中で、本件を通じてその意義を、改めて最も深く問うべきは、まずもって「手続的保障」の要件のはずなのである。

この第二の点と絡んで、本件が、バブル期の日本の金余り現象がハワイ不動産投資にスピルオーバーする中で生じた、日本のごく普通の、ローカルな（本来はそうであったはずの）不動産業者間の訴訟であること、そして本件被告Y_1～Y_3（Y_1は夫、Y_2は妻、Y_3は息子）がどの程度米国での訴訟運営に通じていたのかの点、更に、米国での訴訟追行上、後述のごときY側の現地弁護士選任、そしてその辞任（！）の経緯を果たしてY_1～Y_3がどの程度“理解”し得たのかの点が、大きくクローズアップされるべきである。私は、本件米国訴訟上、Y側に事柄の経緯を理解せよ、と言うのはあまりに酷である（であった）、と考える。

被告側敗訴の本件一審判決（但し、本稿では、極力「手続的保障」の論点に焦点を当てる）は、本件米国判決が「制裁」による「懈怠判決」だとしても、所詮はX側請求を認めた形のものゆえ、前記の第一の点は問題とならないとし、かつ、前記の第二の点についても、むしろY側に帰責事由がある、とする。控訴審において、少なくとも前記の第二の点についての、一層踏み込んだ認定判断のなされることを、後述のごとく、

私としては切望している。

以上を踏まえて、私が被告側のために提出した鑑定意見書を被告側訴訟代理人の了承の下に、公表する次第である（重要と思われる点については、傍線を付するほか、若干の注記を〔 〕内に行い、かつ、＊部分で本件弁護士辞任の主たる理由となったと思われる重要な文書〔裁判所には被告側証拠として提出される文書であったため、その直接の引用は余り細かくはしなかったが、本稿に於いては必須のものと思われる〕の骨子をも示すこととする。なお、本鑑定意見書は横書きゆえ、「同上」云々とあるが、これは一々直さないこととする）。

二 鑑定意見書の内容

◎水戸地方裁判所龍ケ崎支部平成九年（ワ）第三三五号執行判決請求事件に関する鑑定意見書

平成一〇年一一月一五日

東京大学法学部（大学院法学政治学研究科）

教授 石黒一憲

〔鑑定依頼事項〕

1. 懈怠判決制度の概要――米国連邦民事訴訟規則第五五条、及び同三七条との関係における、いわゆる懈怠判決制度の目的、適用の要件を踏まえた上で、本件米国懈怠判決が、いかなるものとして位置付けられるのかの点の解明。

2. 本件事実関係（本件被告側の平成一〇年八月二四日付準備書面㈣等参照）の下で本件米国懈怠判決の下されたことが、わが民事訴訟法第一一八条各号との関係で問題を生じさせないか。

3. 本件当事者間に東京地方裁判所の管轄を専属的なものとする国際裁判管轄の合意が存在したとすれば、わが民事訴訟法第一一八条各号との関係でいかなる効果をもたらすか。

〔結論〕（上記依頼事項1～3に対応）

1 本件米国判決は、米国連邦民事訴訟規則第五五条に規定された一般の懈怠判決（欠席判決）ではなく、同規則三七条による「制裁（sanction）」としての懈怠判決（ともに英語では default judgment と呼ばれる）であることに、まずもって注意すべきである。

本件では、本件被告が米国でのプリトライアル手続において出頭等をしなかったことに対し、本件原告の申し出に基づき、同規則三七条により課し得る制裁の中でも最も重い部類に属する懈怠判決が、本件米国裁判所によって「推奨」され、その上で、陪審の評決を経ずして裁判所独自の判断の道が選ばれ、かくて本件判決が下されているのである。

同規則三七条の定める懈怠判決は、専ら、裁判所の命令に従わなかったことに対する制裁として、一般予防ないし（違反行為の）抑止（deterrence）の目的のために下されるものであり、連邦民事訴訟規則第五五条の規定する一般の懈怠判決（欠席判決）とは明確に区別される。

同規則三七条による「制裁（sanction）」のカタログは、いわゆる（民事の）裁判所侮辱をも含むものであり、その法的性格は、いわゆる萬世工業事件（後述）において問題となった米国の通常の懲罰的損害賠償制度とも、極めて近い関係にあることが、注意されるべきである。

2 私見によれば、本件米国判決は、その「民事性」が否定され、従って民事訴訟法一一八条による外国判決承認制度の、対象（承認対象）外のものとされるべきである。

だが、他方、いわゆる萬世工業事件に関する最高裁判決（最判平成九年七月一一日民集五一巻六号二五七三頁）、及び最判昭和五八年六月七日民集三七巻五号六一一頁を前提とすれば、本件米国判決を承認することは、民訴一一八条三号に言う公序に違反することが明らかである。その根拠は二つある。

第一は、上記の本件米国判決の法的性格から直接導かれるもの（即ち、前者の最高裁判決が言うのと同様の公序違反性）である。第二は、簡単な答弁書を一通本件米国裁判所に出したのみで米国の被告側代理人Z弁護士が辞任してしまっていたという事態により、本件被告側の実質的な応訴や米国裁判所の命令に対する対応が、実際上不可能な（あるいはそれに近い）状態になっていた〔！〕中で本件懈怠判決が下されたこと（被告側の手続的保障に著しく欠ける事態〔!!〕の現出）への評価、つまり、本件被告側が米国裁判手続において置かれた状況をも考慮した場合の、後者の判決（最判昭和五八年）の言う「手続的公序」に対する違反である。

従って、いずれにしても本件米国判決を承認・執行することは出来ない（なお、こうした諸点についての承認国裁判所の審査は、もとより民事執行法二四条二項の実質再審査禁止原則の射程外にある）。

3 上記2からして不承認の結論は十分導けるケースとは考えるし、他方、上記2の冒頭に示した私見との関係では、個々の承認要件を問う前に、本件米国判決は、承認対象外となる〔この3の点は、いわば補足的論点であるにとどまる――筆者注記〕。

だが、本件米国判決の民事性を肯定したとして、前記依頼事項3の前提で、承認国たる我国の国際民事訴訟法上、我国の裁判所に対して専属的な国際裁判管轄の合意がなされている場合であるにもかかわらず本件米国判決がこれを度外視して下されたものとすれば、民事訴訟法一一八条一号の管轄（承認管轄）要件を満たさず、承認され得ないことになる。

〔論証〕

一 前記結論1及び2について

1 本件懈怠判決の法的性格からの検討――米国連邦民訴規則三七条と同規則五五条との本質的な差と萬世工業事件最高裁判決

(1) 一九九六年八月一九日に下された本件米国懈怠判決は、本件被告等の「懈怠を理由とする判決が下される事への本件原告等の申し立てが、認められるべきである事の事実認定及び推奨」として、本件米国裁判所の判断がまず同年七月一五日に示され、その上で、陪審の評決を経ずして裁判所独自の判断の道が選ばれ、かくて下されたものである。従って、この同年七月一五日付の本件米国裁判所の判断が、本件米国判決の法的性格を考える際の決め手となる。

以下、この同年七月一五日付の判断（以下において、単に「推奨」として、これを引用する。引用頁は英文の頁）の内容に添って、論ずることとする。

上記の本件原告等の懈怠判決の申し立ては、一九九六年四月二五日になされ、同年五月二九日に本件米国裁判所で審理された（なお、後述2の論点との関係で重要ゆえあらかじめ一言すれば、本件被告側の代理人Z弁護士〔ハワイ州弁護士〕の辞任が本件米国裁判所によって認められたのは、その前年たる一九九五年の一一月一五日のようである。その旨、上記〔推奨〕の二頁に記載されている。従って、本件被告等〔Y_1～Y_3〕が、その後になされた上記懈怠判決の申し立てとそれに関する本件米国裁判所での審理に対して実質上どこまで対応出来たかが、大きな問題となる〔!!〕）。

ところで、上記の本件原告等の懈怠判決の申し立てについて、本件米国裁判所は、上記「推奨」四頁において、それが米国連邦民事訴訟規則三七条(d)、及び同規則五五条(b)（ならびに Local Rule 230–4）に基づくものであった旨、述べている（なお、この「ローカル・ルール」との関係について、ここで一言のみしておく。同規則への解説たる Wright/

Miller/Marcus, infra [Rule 30 to 37], at 602 において、若干の米国裁判所が三七条に基づく制裁を課する際に「ローカル・ルール」〔等〕にも言及することがあるが、これは不必要なことだ、とされている）。

だが、上記「推奨」の同上頁には、前記の点に続いて、本件原告側が本件被告等〔Y_1～Y_3〕の不出廷に対する「制裁（sanction）」としての救済を要請した、とある。それを受けて、本件米国裁判所のこの「推奨」は、本件被告等のディスカヴァリ手続への不参加（不出頭）への「制裁」に純化し、その「法的基準（Legal Standard）」を、あくまで米国連邦民事訴訟規則三七条の枠内で、同上四頁以下で論じている。同上六頁以下の「分析（Analysis）」は、その法的基準を本件に当てはめたらどうなるか検討した部分ゆえ、適用条文についての言及がないが、同上八頁以下の「結論」も含めて、以上の論理を踏まえたものであることは、明らかである。

ちなみに、この「結論」の末尾（同上九頁）に米国連邦民事訴訟規則五四条(d)の規定（同規則五五条ではないことに注意すべきである）が挙げられているが、これは、文脈からも明らかなように、弁護士費用等の請求を本件原告側が行う際には別の申し立てをすることが許されるべきだ、とする際の説示に過ぎない。

以上のように、この「推奨」、従ってまた本件米国懈怠判決は、専ら米国連邦民事訴訟規則三七条の枠内でのものであり、一般の懈怠判決（欠席判決）について規定する同規則五五条の問題とは、はっきり区別して扱うべきものである。

(2) 以上のごとく、本件米国懈怠判決は、専らディスカヴァリ手続への本件被告等の不参加（不出頭）への、「制裁」として下されたものである。

例えば、小林秀之・新版アメリカ民事訴訟法（平成八年・弘文堂）一四八頁以下の第四章「ディスカヴァリ」においても、（同書がディスカヴァリの濫用と制限を主眼とする論述をしているためにさほど強調されてはいないものの）その一五四頁、一五八頁注34、一六〇頁、一七四頁に、この三七条が（裁判所の命令に対する）「制裁」のための規定であることが、示されている。とくに、同上・一七四頁には、「ディスカヴァリからディスクロージャーへ」（同上・一七二頁以下）との項目の中において、同規則三七条への言及があり、以下の指摘がある。即ち、「ディスクロージャー〔ディスカヴァリと置き換えてもこの文脈では同じ――石黒〕義務の懈怠に対しては制裁が課される。制裁としては、ディスクローズしなかったことについては、原則としてトライアルの場で証拠として利用できないという自動的制裁（三七条(c)(1)前段）と、申し立てに基づいて審問の機会を付与した後に課される裁量的制裁とがある。裁量的制裁は具体的には、ディスクロージャー懈怠に起因する相当費用の償還の命令、特定の事実の証明の擬制、相手方の主張に反する証拠の提出の禁止、訴答書面の全部または一部の削除、訴えの却下、懈怠判決、陪審へのディスクロージャー義務違反の告知等である（同上(c)(1)後段）」、とある。

本件では、前記「推奨」四頁以下の「法的基準」において、同規則三七条の(b)(d)がとくに挙げられ、本件被告等の「適正なノーティスを経たデポジションへの不参加」への制裁として、裁判所が同規則三七条(b)(2)のサブ・パラグラフ(A)－(C)に基づくいかなる行動（any action）をも取り得ることが、まず示されている。その(C)の「不従順ないし反抗的な（disobedient な）当事者に対する懈怠判決」が、この「推奨」を経て、まさに本件米国裁判所によって下されたのである。

だが、小林・前掲には上記のごとき同書の主たる関心のゆえに書かれてはいないことだが、注意すべき点がある。同規則三七条(b)(2)には、サブ・パラグラフ(A)－(C)に続き、(D)として「裁判所侮辱（contempt of court）」をも命じ得る旨の規定があるのである。もっとも、“except an order to submit to a physical or mental examination”とそこにはあり、従って本件では裁判所侮辱の「制裁」はそもそも課し得ないため、前記「推奨」では、この(D)の規定が省略されているのである（以上の点につき、Charles Alan Wright/Arthur R. Miller/Richard L. Marcus, Federal Practice and Procedure: Federal Rules of Civil Procedure: Rules 30–37 [Vol.

8A: Second Ed. 1994, West Publishing Co.], at 586, 613, 699ff 参照)。

この(D)の、制裁としての「裁判所侮辱」(伊藤正己・裁判所侮辱の諸問題――アメリカの立法と判例を中心として〔昭和二四年・有斐閣〕五頁に言う「裁判所の発した令状、その与えた判決や命令に違反し或は服従しない行為」に対するいわゆる「民事侮辱 (civil contempt)」である)の規定が、本件で問題となる米国連邦民訴規則三七条の中に存在することは、本件米国懈怠判決の日本における承認・執行可能性を論ずる上で、やはり無視し得ない点〔のはず!〕である。

本件では、かかる「制裁」として、具体的には本件原告側の主張通りの金額の支払いを本件原告側に対して行えとする「懈怠判決」が下されてはいる。だが、ここでも、「法的サンクションとして重要なのは当該の者から財産を奪い取る点にあるのであって、実は『国が罰金をとる』ときに『国庫収入が増えるのは副次的効果にすぎない』」、との点に注意すべきである(石黒・現代国際私法〔上〕〔昭和六一年・東大出版会〕五〇一頁以下に、田中英夫=竹内昭夫「法の実現における私人の役割(4・完)」法学協会雑誌八九巻九号〔昭和四七年〕一〇七一頁を引用しつつ論じた点である)。つまり、本件米国懈怠判決は、現象的にはたしかに私人たる本件原告側への一定の金銭給付を命ずるものではあるが、それはあくまで裁判所の命令に対する不服従を理由とする「制裁」としてのものであり、当該制度の性格からして、本件米国懈怠判決の「民事性」は、疑われてしかるべきものだ、ということになる。

私見によれば、既述の萬世工業事件におけるがごとき、悪性の高い行為への「見せしめ (example)」として課される米国の一般の懲罰的損害賠償については、当該制度の本質からして、我国における外国判決の承認・執行の局面においてはこれを「非民事」のものとして扱うことになるが(石黒・同上四九七頁以下、同・国際民事訴訟法〔平成八年・新世社〕八頁以下、二一八頁以下)、裁判所侮辱についても、同様の扱いとなる(同・前掲現代国際私法〔上〕四六六頁注290、及び同・四九七頁以下。更に、サイバースペース上の国際的な著作権侵害の場合に即したものとして、同・国際知的財産権〔平成一〇年・NTT出版〕二二〇頁以下、四〇頁以下、四九頁以下六七頁)。その延長線上に本件米国懈怠判決が位置付けられることになる。

これに対して、萬世工業事件最高裁判決(最判平成九年七月一一日民集五一巻六号二五七三頁)は、「外国裁判所の判決が我が国の採用していない制度に基づく内容を含む場合」について、「それが我が国の法秩序の基本原則ないし基本理念と相いれないものと認められる場合には、その外国判決は〔民訴一一八条〕にいう公の秩序に反する」との論理を示している。そこでは、カリフォルニア州の懲罰的損害賠償の制度が「悪性の強い行為をした加害者に対し、……制裁を加え、かつ、将来における同様の行為を抑止しようとするものであることが明らかであって、その目的からすると、むしろ我が国における罰金等の刑罰とほぼ同様の意義を有するものということができる」とされ、同州の当該制度が「加害者に対する制裁及び一般予防を本来的な目的とする」ことを理由に、当該外国判決の承認は公序要件を欠き、否定されるとした。

本鑑定意見書において、私は、必ずしも前記の私見にはこだわらないが、本件について、この最高裁判決の線で考えたとすれば、米国連邦民訴規則三七条の「制裁」の本質に、(前記の「裁判所侮辱」の場合に限らず)カリフォルニア州の前記制度と同質的なものの存在することが、後述のように明らかとなる。従って、萬世工業事件最高裁判決と同様の判断が下されてしかるべきである。

(3) 連邦民訴規則三七条に示された制度の内実について、Wright/Miller/Marcus, supra, at 583ff の詳細な解説を見てゆこう。Id. at 583 の、同条についての解説のタイトルが、既にして "FAILURE TO MAKE DISCLOSURE OR COOPERATE IN DISCOVERY: SANCTIONS" というものであることに、注意すべきである。要するに、同条は、既述のごとく「制裁」の規定なのである。Ibid には、「ディスカヴァリに対し、正当化され得ないかたちで抵抗する (unjustifiably resisting) 当事者」への「制裁」が、この三七条で定められている、とある。後

述のごとく、訴訟代理人が一方的に辞任してしまった後に裁判所の命令が下された本件において、この「制裁」規定が適用されるのは、若干酷ではないか、との印象が私にはある。だが、かかる本件固有の諸事情に踏み込まなくとも、この制度自体に即して、既に不承認の結論を導けるケースが本件であると、私は判断する。

Id. at 598f によれば、一九七〇年より前において、裁判所は〔同条による〕制裁を課すことに、きわめて消極的 (extremely reluctant) であったが、一九七〇年改正が一層頻繁な制裁を促し、更に、一九八三年改正がその方向を加速させた、とされる。Id. at 600 では、ディスカヴァリに関する裁判所の命令への不服従は「三七条(b)にリスト・アップされた制裁によって直ちに罰する事が出来る (can be punished)」、とされている。本件米国懈怠判決も、この連邦民訴規則三七条(b)にリスト・アップされた制裁として下されたものである。上記の "punished" の語に、十分注意すべきである ("punishment" の語は例えば Id. at 606 においても、この点に関するある最高裁判決を引用する形で示されている)。

Id. at 604ff の「制裁への〔連邦〕憲法上の制限」の項には、「重大な本案に関する制裁 (a serious merits sanction)」を課す前に、裁判所は、ディスカヴァリ命令に不服従の当事者が、その命令に従い得なかった (unable to comply with the discovery) か否かにつき、決定せねばならない、とある。デュー・プロセス重視のゆえの要請である (Id. at 605)。だが、基本的には広汎な裁量により、具体的な制裁手段が決定されることになる (Id. at 612ff)。

もっとも、本件懈怠判決のような「訴訟終結をもたらす制裁 (litigation-ending sanctions)」については、命令への不服従が「故意で意識的かつ意図的 (willful, conscious and intentional)」な場合にのみそれを課すべきだ (should)、との見方が、判例によって示されてもいる (Id. at 617, 620)。即ち、裁判所の命令に従うことが、出来なかった場合 (inability の場合) には、懈怠判決を含めた「訴訟終結をもたらす制裁」よりも、より軽い (less severe な) 制裁が望ましい、との見方である (Id. at 622)。ただ、本件の場合にこの点がどうであったかを論ずるまでもなく、以下のような、まさに萬世工業事件最高裁判決の判旨を彷彿とさせる指摘がそこにあることに、最も注意すべきである。

即ち、連邦民訴規則三七条による制裁は、「一般予防〔ないし "一般抑止"〕(general deterrence)」のためのものであるとされ、とくに懈怠判決を含めた重大な、「訴訟終結をもたらす制裁」について、この一般予防の観点が強調されているのである (Id. at 618, 640. なお、連邦最高裁は一般予防の観点をとくに強調する、とされている。Id. at 620, 624)。その上で、どこまでかかる「最もドラスティックな制裁」(懈怠判決を含めた重大な、「訴訟終結をもたらす制裁」)を課すべきかについての論争においては、「目に余る (flagrant な) ケース」のために、いずれにしてもかかる制裁を用意して置かねばならない、とされているのである (Id. at 622f. なお、Id. at 622 に引用されたある判決においても、"default judgment as punishment for improper behavior during discovery" との指摘のあることに、注意すべきである)。最近のある判例 (105 F 3d 521 [1997]) において、被告が二回不出廷した後に裁判所がまず「金銭的制裁 (monetary sanction)」を課して出廷を促し、それでも被告がこれに従わなかったため懈怠判決が下されているのも (Wright/Miller/Marcus, supra [1998 Pocket Part: Vol. 8A], at 42)、同規則三七条の「制裁」的性格をよく示すものであるし、同条による「制裁」として、「反対当事者へではなく、裁判所への罰金支払いを命ずること (imposition of sanction in form of fine, paid to court and not to opposing party)」も可能である、との趣旨の最近の判例のあることも (Id. [1998 Pocket Part], at 44)、これまで示した点を裏付けるものと言えよう。

以上、要するに、連邦民訴規則三七条は、明らかに裁判所の命令に従わない者に対する「一般予防」ないし「一般抑止」のための「制裁」の規定なのであり、それがゆえに、同条の制裁のカタログの中に「裁判所侮辱」も併せて規定されているのである。従って、仮に同条に基づく本件懈怠判決の民事性を肯定するのだとしても、萬世工業事

件に関する最高裁判決(最判平成九年七月一一日民集五一巻六号二五七三頁)と同様の論理によって、その我国における承認(及びそれを前提とした執行)は、民訴一一八条三号の公序に反する、と言うべきである。

(4) ところで、念のため、本件懈怠判決の基礎をなす連邦民訴規則三七条とは切り離された存在たる、同規則五五条の規定する一般の懈怠判決(欠席判決)について、見ておこう(連邦民訴規則の最も詳細な解説書であるところの Wright/Miller/Marcus, supra, [Federal Rules of Civil Procedure: Rule 54 to 56B [Vol. 10: Second Ed. 1983], at 398ff 参照)。最も注意すべき点は、こちらの方の懈怠判決については、非常にそれを下すことについて慎重な姿勢が、近時の米国判例において示されていることである (Id. at 402 には、"Under modern procedure, defaults [default judgments] are not favored by the law and any doubts usually will be resolved in favor of the defaulting party." とある)。「懈怠判決」が被告側に「過度に厳しい (unduly harsh)」ものであること (Ibid) を考慮した上での展開である。裁判所側の「この対応の理由は、現代の手続法上の哲学が本案の審理を奨励するがゆえである ("The reason for this attitude is that contemporary procedural philosophy encourages trial on the merits.")」、とされている (Id. at 404. なお、Id. at 405f をも参照)。

同条により実際に懈怠判決が下されるためには、同条(a)による「懈怠(欠席)の登録 (Entry of Default)」がまずなされる必要がある (Id. at 406ff)。そして、「懈怠(欠席)の登録」がなされる前に、当該裁判所が、(懈怠)判決がその者に対して求められているところの当事者に対して、ジュリスディクションを有していなければならない、とされている (Id. at 407.)。

ちなみに、本件懈怠判決の基礎をなした、本件米国裁判所の前記「推奨」においては、本件被告に対して当該裁判所がジュリスディクションを有する旨の判断は、何ら示されていない〔!!――これは実に重大な問題である。本件米国判決は、ジュリスディクションのみならず、本件事案についての実体判断を何ら経ずして下されたものなのである!!〕。この点なども、本件懈怠判決が連邦民訴規則五五条ではなく、「制裁」としての同規則三七条によって下されているがゆえのこととして、理解されるべきものである (Id. at 411 に、同規則三七条(d)によっても懈怠判決が下され得るので、「懈怠判決」が同規則五五条のみによって下され得る訳ではない、との簡単な指摘があるが、両者の間に、承認国たる我国の側から見た場合に、本質的な相違があることは、既述の通りである)。

同規則五五条の一般の懈怠判決(欠席判決)についての説明に戻るが、「懈怠(欠席)の登録」の後、原告の申し立てによって「懈怠判決」が下され得る事になる。五五条(b)(1)によれば、一定の場合には裁判所書記官 (clerk) のみが関与して欠席判決を「登録」し得るが (Id. at 413f)、その要件の一つとして、原告が特定の額〔の支払い〕を要求しているのみでは十分でない、とされている ("the certainty requirement")。つまり、原告は、事案の諸事情の下で当該要求額が合理的 (reasonable) であることを立証せねばならない (must establish) とされる (Id. at 415)。これも、(一般の) 懈怠判決(欠席判決)に消極的な既述の近時の一般的傾向を如実に反映したものだ、とされている。要するに、書記官限りで懈怠判決が登録されることを極力防ぎ、裁判官が直接関与して、本案の実質審理に傾斜しようとするのである (Id. at 416. なお、以上の諸点については、Id. [Pocket Part for Use in 1998], at 108ff をも参照せよ〔そして、直前の〔!!〕マークの箇所と対比して考えよ!!〕)。

以上の連邦民訴規則五五条による懈怠判決を、私は「一般の懈怠判決(欠席判決)」と表記して来た。同規則三七条による「制裁」としての懈怠判決と異なり、この五五条によるものは、我が民訴法上の欠席判決(新堂幸司・民事訴訟法〔平成一〇年・弘文堂〕四〇九頁以下、伊藤眞・民事訴訟法〔平成一〇年・有斐閣〕二四六頁以下)と、その本質を異にするものではない。外国判決承認・執行制度との関係でも、〔それ自体を〕とくに問題とする点は、ないと判断する。だが、本件懈怠

判決は、同規則三七条(なお、「包括的な制裁規定」として同規則三七条に言及する Fleming James, Jr./Geoffrey C. Hazard, Jr./John Leubsdorf, Civil Procedure [Fourth Ed. 1992, Little, Brown and Company], at 271 をも参照せよ)に基づき下されたものゆえ、既述の問題が生ずるのである。

(5) 以上の諸点を示すのみで十分とは思われるが、抵触法(国際私法及び国際民事訴訟法)的観点から無視し得ないのは、本件懈怠判決が基礎を置く連邦民訴規則三七条の制裁規定が、アメリカのプリ・トライアル・ディスカヴァリ命令を巡る国際的な司法摩擦の、重要な争点を提供していることである。Wright/Miller/Marcus, supra [Rules 30–37], at 606ff に示されたある事案は、米国裁判所のディスクロージャー命令に従うことが、(本件とは異なり)当該事案における「原告」にとって、スイス法上犯罪 (crime) となるために、原告がそれをなし得なかった場合に関するものである。この事案においては、同規則三七条の「制裁」として、原告の請求が斥けられた (dismissed) のだが、かかる場合に当該の当事者が(スイス法上の禁止規定の適用を免れるための)"a good faith effort" をしていたならばどうなるか、といった点が、その先で議論されている。しかも、かかる「原告」についての「制裁」賦課をめぐる論理は、被告側が同様の状況下で不服従をした場合に関する「懈怠判決」(やはり同規則三七条に基づくそれ、である)にも当てはまる、とされている (Id. at 609)。

実は、この論点は、石黒・前掲現代国際私法〔上〕一九九頁以下、同・前掲国際民事訴訟法二二二頁以下で詳論した「"域外適用"」対「"対抗立法"」という国家管轄権上の大問題と直結するものである。即ち、例えば米国の反トラスト法や内国歳入法典(IRC)等の域外適用を巡って生じる国際的な司法摩擦の多くは、まさにプリ・トライアル・ディスカヴァリのような在外文書提出命令に関するものとして実際には生じている。このような場面でも登場する「制裁」規定が、「裁判所侮辱」をもその規定上は一つのオプションとする、連邦民訴規則三七条なのである。その法的性格が同規則五五条とは著しく異なることに、十分注意すべきであることが、再度強調されねばならない。

2 本件米国懈怠判決に至る本件被告側の諸事情の勘案――「手続的公序」の観点から

(1) 以上、〔論証〕の一―1で論じた点が、万が一すべて否定的に解され、本件米国懈怠判決が通常の外国民事判決と同様の取り扱いを受けるべきものとされたとする。その前提で考えたとしても、本件被告側の諸事情からして、本件米国懈怠判決の承認は、いわゆる「手続的公序」に反し、なされ得ないと考える。

今般の民訴法改正(平成八年法律第一〇九号によるそれ)に際し民訴一一八条三号が改正され、外国裁判所の「判決カ」の文言が「判決の内容及び訴訟手続が」の文言に改められたのは、外国判決の「内容のみならず成立〔成立手続〕も」公序要件審査に際して問題とすべきだとした最判昭和五八年六月七日民集三七巻五号六一一頁(なお、石黒・前掲国際民事訴訟法二二四頁以下参照)を受けてのものである。

要するに、外国裁判所における手続の全過程を通じて、承認国たる我が国の側から見て最低限の手続的保障があったと言えるか否かの問題であり、これは「裁判を受ける権利」に関する憲法上の要請と直結する、重要な問題である(詳細は、同・前掲現代国際私法〔上〕五五一頁以下)。そのゆえ、「手続上の当事者権の保障」のために「手続法秩序の根幹をなす原則」が判決国たる外国の裁判所で遵守せられていたか否かを判断するために、「外国の裁判手続の経過にふみこんだ審理が必要である」、とされて来ている(中野貞一郎・民事執行法上巻〔昭和五八年・青林書院〕一六九頁。なお、石黒・前掲現代国際私法〔上〕五五六頁と対比せよ)。

なお、米国裁判所の場合、裁判所の命令に反した者がいるときには、概して命令違反の一事が強調され、通常の国際民事訴訟において問題とされる準拠法選択や国際裁判管轄(ジュリスディクション)の点の審査がバイパスされる傾向が生じる〔既述!!〕――具体例については、

石黒・前掲国際知的財産権四三頁以下〔プレイメン事件(!!)〕、及び、同・前掲国際民事訴訟法二二一頁、二四〇頁注656、同「出入国管理・国際養子縁組」石川稔＝森田明編・児童の権利条約〔平成七年・一粒社〕二九〇頁以下〔後二者は、テキサス州の子の監護に関する裁判――米国裁判所が国境を越えた子の移動の申し出に付した条件を、同裁判所によって監護権者となった当該の者が守らなかったことにより、監護権者を単純に妻から夫に変更した裁判――について〕、等）。本件米国懈怠判決についても、既述のその「制裁」的性格からして、この点がやはり大きな問題となるのである。

もとより、手続的公序の判断に際しては、「公序要件の審査が、実質的再審査禁止原則の例外たること」の認められているドイツの場合との制度的な差異に注意した上での慎重さが、承認国たる我国の側に求められるが（石黒・前掲現代国際私法〔上〕五五六頁を見よ）、既述のごとく、この点の審査が「裁判を受ける権利」というわが憲法上の基本的要請（いわば外国判決承認・執行制度の根幹に触れる問題）である以上、踏み込むべき点には十分踏み込んだ上で、結論を導かねばならない（なお、いわゆる手続的公序概念が取り扱う問題を、民訴一一八条二号の拡張解釈によって処理するか、それとも同条三号の公序要件で扱うかの点は、今は問わないことにする〔前者の場合には、手続的保障（いわゆる手続的公序）の点の審査につき、内国牽連性の要件は不要になるが、後者の場合、一般の公序要件の審査には十分な事案の内国牽連性の要件が必要だが、それでは、手続的公序につき、内国牽連性の要件が満たされない場合に、それを無視して承認の可否を論じてよいのか否か、といった問題が生じるはずである。同・前掲国際民事訴訟法二二三頁以下参照〕。後述のごとく内国牽連性が十分にあると思われる本件原・被告間の紛争に限っては、この点を論ずる必要はないと考えるがゆえである）。

(2) 以下においては、外国裁判所の手続の全過程における、承認国側から見た受忍し得るミニマムの手続的保障の存否、という手続的保障概念の本質からして、相当立ち入った検討をせざるを得ない。基本的には、本件懈怠判決の実際の内容と直結するところの、既述の本件米国裁判所の「推奨」（一九九六年七月一五日付）をベースに極力考えたい。それだけでも結論を出し得る事案とは考える。だが、それに付随して、本件被告側代理人から提供された資料をも、後述の(3)において、一部参照して判断せざるを得ない点があることを、何卒ご海容願いたい（書証として後日追加的に提出されるはずである）。それらの資料をも参照する基本的趣旨は、手続的公序を論ずる際の主要チェック・ポイントを、国際民事訴訟法の研究者として指し示し、仮にそれらの資料をも前提とするならば、上記「推奨」からも導き得るところの結論が一層補強される、との点にある。それ以上でも、以下でもないことをご理解戴きたい。

さて、前記「推奨」から、まず見て行く。本件懈怠判決は、一九九六年四月二五日の本件原告側の申し立てに基づき、同年五月二九日の審理（hearing）を経て下されたものである（上記「推奨」一頁）。本件被告側はこの審理に際して何の反論もファイルせず、かつ、同日に本件米国裁判所が出した「理由開示命令（Order to Show Cause [the "OSC"]）」、即ち、ディスカヴァリへの不参加等に対して「制裁」が課されるべきではないことの理由の開示を同年六月一四日に行え、との命令に対して、本件被告側〔Y_1～Y_3〕は何の応答もせず、指定された日時に本件被告等またはその代理人は、出廷もしなかった、とある。但し、本件紛争において米国での訴訟の被告ではあるが、我国における本件執行判決請求の被告とはなっていない者〔訴外D〔スミス某〕(!!)等〕は、期限内の同年六月四日に、前記理由開示命令への応答を行っている。そのため、本件被告等のみについて、本件懈怠判決が下されることになった（以上、上記「推奨」二頁）。

だが、〔論証〕一の1(1)冒頭近くでも一言した点が、ここで大きな問題となって浮上する。即ち、米国訴訟における本件被告側の代理人Z弁護士〔ハワイ州弁護士〕の辞任申し出があり、それが本件米国裁判所によって、一九九五年の一一月一五日に認められていたのである。その旨、上記「推奨」の二頁に記載されている（なお、同上七頁には、本件訴外A会社の米国での破産申し立て〔!〕に絡んで、ということであろ

うとは思われるが、同弁護士が本件被告等の代理人を辞任する旨の申し出を同裁判所が認めた日付が、一九九五年一〇月二日だとされている）。

ともかく、一九九六年四月二五日に本件原告側の、本件被告等への懈怠判決の申し立てがなされる半年近く前に、本件被告側は、「訴訟代理人不在」という困難な状況下に置かれてしまったことになる。「解任」ではなく（一方的な）「辞任」であることに、注意すべきである。

上記「推奨」二頁以下は、Z弁護士の辞任以来、本件被告等の代理人は何ら現れていない、としている。にもかかわらず、簡単に本件事案の経緯を本件原告側の主張に基づき略述（同上三頁）した後、問題の本件懈怠判決の申し立てへと、論点をシフトさせてしまっている。そこでは、一九九六年三月五－七日の本件被告等（Defendants〔具体的にはY_1～Y_3〕）への口頭での証言録取（oral depositions）につき、ノーティスが与えられていたのに被告等が応じなかったこと等、専ら本件被告等の非協力（本件〔米国訴訟の〕原告側代理人にコンタクトを取ることを怠った点も含む）が問題とされている。

こうした点に対する「制裁」としていかなるものを選択すべきかについて、上記「推奨」六頁は、訴訟当事者の故意かつ強情（willful and obdurate）な行動に対しては「懈怠判決」（連邦民訴規則三七条によるそれ）が適切な制裁（proper sanction）とされているとし、この角度から本件被告等の行動の「分析」（同上六頁以下）を行っている。とくに同上七頁の冒頭には、「〔本件〕被告等の代理人の辞任（withdrawal）以降の訴訟〔手続〕への不参加」と、既述のOSC命令への応答のないことが、ダイレクトに問題とされている。そして、この先本件被告等が本件米国裁判所からの「更なる警告（further warnings）」または「懈怠判決以外の制裁（sanctions short of default judgment）」に応答してくると信じる理由は何らないとし、本件懈怠判決を推奨するに至るのである（同上七頁）。

そして、再度そこでは、本件被告側〔Y_1～Y_3〕が本件米国裁判所によるZ弁護士辞任の許可がなされて以来（[s]ince then）、新たな代理人も立てず、かつ、裁判所とコミュニケートすることも怠ったことが、問題とされているのである（同上頁）。本件米国裁判所は、かくて、本件被告等の「沈黙」は、「彼らがもはや、本件事案及び本件米国裁判所との更なるいかなるコンタクトも回避したいという強い願望」を有していることを示すものだとして、「結論」の提示に至っている（同上八頁）。

米国司法制度上は、かかる判断が下されるのもやむを得ない面があるのかも知れない。けれども、ここでの問題は、承認国たる我国の国際民事訴訟法上、この点をいかに解すべきか、である〔追記――本件X側が、既述の一般の「懈怠（欠席）判決」を回避して「制裁」へと〝性急に〟走らず、前者の道を選択する道が別にあり得たのではないか、との点に、注意すべきである。そうしておけば、本件における〝一つの〟論点は、我国における承認・執行に際して、回避され得たことになる。だが、いずれにせよ本件における結論は、これから論じるように、動かない〕。

本件被告等〔具体的にはY_1～Y_3〕が、仮にZ弁護士の辞任に至る経緯やその後の訴訟対応につき十分な知識と理解を示しており、事後処理を実際上なし得たにもかかわらずそれを怠った、ということならば話は別である。だが、国際取引に慣れない日本在住の一般の不動産業等を営むにとどまる者が、バブルの風に煽られて海外不動産投資に、しかも途中から手を出したのみだとするならば、いくら米国側から本件米国訴訟関係の文書等が実際に送られて来てはいたとしても、Z弁護士辞任という（恐らくは義務の衝突と弁護士倫理との関係（!!）での――後述）意外な事態が生じた後の責任を、すべて本件被告側に負わせるのは、あまりに酷ではないか（!!）。

かくて、仮に本件懈怠判決を一般の外国民事判決と同様に扱い得たとしても、果たして本件懈怠判決が本件被告側への十分な手続的保障を踏んだ上で下されたものか（手続的公序の要件）は、私には極めて疑問に思われるのである。

(3) この観点からは、本件被告等〔具体的にはY_1～Y_3〕がZ弁護士辞任に至る経緯、及び、その後の対応について、どの程度の理解力と認識とを実際上有していたかが、大きな問題となる。この点に関して、上記「推奨」二頁には、一九九五年一一月一五日の同弁護士辞任に対する本件米国裁判所の許可と同時に、本件原告側の和解申し立てが同裁判所によって斥けられた、とある。本件米国裁判所側から発せられた書類ゆえ、ここで乙第一二、一三号証を見ると、既に一九九五年七月三日、同年七月二七日段階で、同弁護士の辞任が問題となっており、書記官レベルでは、後者の日付において、和解問題の審理がなされた後で（after……is heard）の辞任が認められている。かくて、一層長い期間にわたり、本件被告等が米国裁判所の手続においてかなり不安定な立場にあったことが知られるとともに、なぜZ弁護士の辞任と和解の問題とがワン・セットであったのか(!!)が、問題となる。

ところで、Z弁護士が、本件紛争について和解のみに絞った委任を受けていたのか否かは、本件における〔主要な!〕争点の一つとなっている（乙第八号証）。この点に深入りするつもりはないが、やはり、一言せねばならない、と感ずる。本件米国訴訟への対応上、本件被告等〔実際にはY_1の息子たるY_3〕の依頼を受けて、〔現地たるハワイの〕訴外D〔スミス某（!）〕が一九九四年七月六日にハワイのZ弁護士の事務所を訪れた際の、相談の内容を示した「開示・権利放棄契約書（Disclosure and Waiver Agreement）」（いずれ書証として被告側から提出される予定）からは、本件米国訴訟における被告等の間の利害関係が若干錯綜していることからも（既述の訴外A会社の破産申し立てなども関係するのであろう）、同弁護士が各被告毎に代理人を立てるべきことにかなりこだわっていたこと（!!）が窺い知れる（同文書の第二、第三、第五パラグラフ参照。とくに第五パラグラフでは、弁護士としての「倫理的（ethical）」側面への言及もある〔*〕）。

〔* 重要ゆえ、Z弁護士と本件被告等（具体的には、訴外D〔スミス某〕、Y_1～Y_3）との間で交わされたこの文書の前記のパラグラフから、主要な部分を抜き書きしておく。

◇第二パラ――"It is understood that [Z] has informed the parties that there is a legal conflict of interest between their respective positions as defendants in this case. ..."

◇第三パラ――"[Z] further advised the parties that they should seek independent counsel, that is, each individual party be they individuals or companies should have separate legal counsel to preserve all the rights of the all parties."（この"that is"以下の繰り返しが、この交渉における〔ハワイのD（スミス某）はともかくとして〕Y_3の、当面する法的問題〔義務の衝突と弁護士倫理〕への理解度の程を暗示しているように、私には思われる。）

◇第五パラ――"The parties further agree that after investigation of all the claims and research as to the legal issues and checking for other conflicts of interest, [Z & his office――実質的にはZ] may withdraw from representing all parties in the above case if ethical and legal grounds require them to do so."〕

こうした点にもかかわらず、本件被告等（実際にはY_3）及び本件訴外Dは、同文書第4パラグラフにあるように、事案の検討とともに、本件原告側との初期段階での（和解）交渉を依頼した（"Inspite of the above advice [of Z], the parties have requested that [Z & his office――実質的にはZ] undertake the initial negotiations with plaintiffs to see if said lawsuit can be settled on reasonable terms."）ようである。

この点が、乙八号証（本件米国訴訟における原告X側代理人から被告側代理人〔Z弁護士〕に宛てた手紙）において、"[Y]ou are also representing Y_1～Y_3 for settlement negotiation purposes."との記述があることとも関係するのであろう。また、恐らくはこうした経緯が、一九九四年一二月二三日に本件米国裁判所に対して提出されたZ弁護士による

米国訴訟での被告側の答弁書が、ごく簡略なものであり、ジュリスディクションに関する争点の書き方などを見ても、国際民事訴訟法の専門家たる私には、到底納得の行かないものとなっていることと、関係するのであろう。

既述のごとく、問題は、本件被告側〔Y_1～Y_3〕において、以上の経緯を十分に理解していたか否か、また、理解し得る立場ないし状況にあったか否か、にある。この点が、手続的公序問題を承認国たる我国の側で審査する際の〔最大〕の決め手になる、と私は考える。

本件原・被告間の紛争は、日本在住の日本人間のものであり、かつ、もともと本件被告Y_1～Y_3は、ハワイでの本件開発事業に当初から加わっていたのではなく、訴外Bとの関係で、いわば中途からそれに参画し、専らそれ以降の問題が、本件原・被告間で〔正確には本件訴外Dその他をも被告として〕、米国で争われたもののようである。その際、実際に現地に赴き、Z弁護士との前記の交渉をも行っていたのは本件被告たるY_3だが、この者に対する被告本人調書（平成一〇年一月一九日）における記載（例えば平成六年七月にホノルル空港ロビーで当該被告が訴状送達を受けた経緯、Z弁護士と一体いかなる委任契約を結んだのかについての当該被告の認識の程度、等々）からは、それなりに日常会話程度の英語は理解し得るものの、果たして訴訟代理人不在（辞任後）の状況下での、いわば裸の状態（!!）での対応を、この者に期待し得るのかが、大きな問題となる。それとともに、本件被告等〔Y_1～Y_3〕の中でY_3以外の、Y_3の両親〔たるY_1・Y_2〕が、それではこうした状況下でいかなる対応を、外国たる米国での本件訴訟に対してなし得たかも、大きな問題となるはずである。以上の点の詳細が明らかになれば、「手続的公序」による承認拒否の結論は、一層説得的なものとなるはずである。

二 前記結論3について

本件米国懈怠判決は、「制裁」として下されたものであるため、一般の懈怠判決（欠席判決）の場合と異なり、本件被告に対してアメリカのジュリスディクションが及ぶか否かを、何ら正面から論じていない（既述）。だが、本件被告側のZ弁護士も〔誠に〕不十分ながらジュリスディクションの点を争ってはいた。

外国判決承認に際して民訴一一八条一号の管轄（承認管轄）要件については、承認国たる我国の国際民事訴訟法に照らして十分な審理が尽くされねばならない（職権調査との関係につき、石黒・前掲現代国際私法〔上〕五一五頁以下、貝瀬・後掲三二〇頁以下、一一二頁の(c)、等参照）。いずれにしても、本件では被告側がこの点を争っている（石黒・同上五一七頁、五二二頁以下と対比せよ）。

本件鑑定依頼事項は、「本件当事者間に東京地方裁判所の管轄を専属的なものとする国際裁判管轄の合意が存在したとすれば、わが民事訴訟法第一一八条各号との関係でいかなる効果をもたらすか」というものであるが、私見と同様の立場に立つ貝瀬幸雄・国際化社会の民事訴訟（平成五年・信山社）三五二頁が、まさにこれと同じ問題について、以下の見解を示している。即ち、「判決国以外の第三国の裁判所の管轄が専属的に合意されていた場合に執行判決訴訟の段階で判決国裁判所の無管轄を被告は主張できるか」との問題設定が、そこでまずなされている（同上・三五一頁）。同上・三五二頁では、「ここでも、被告の裁判を受ける権利への侵害の有無に焦点をあて、内国独自の立場から審査する（当事者の提出責任の問題に一律に解消せず、たとえば、判決国裁判所の管轄を排除すべきでない特段の事情があったかどうかという視角からとらえる）立場」が支持され、その上で、「日本の裁判所の管轄が合意され」ていた場合（同上・三四六頁）にも、この「基準が妥当しよう」、とされている（同上・三五二頁）。正当である。

とくに、本件の場合には、本件原・被告間の紛争に限って考えれば、それら当事者間の交渉の経緯等からしても、また、本件が日本在住の日本人間の紛争であることからも、我国社会との関連性（内国牽連性）は極めて強い。仮に東京地方裁判所の管轄を専属的なものとする国際裁判管轄の合意が存在しなかったとしても、当初から自らハワイ

に出向いて事業を営もうとしたのではなく、いわば中途からそれに、日本在住の日本人達の（日本での（?——実質的にはそうだったと思われる）誘いに乗る形で〔しかも、日本国内での会員権等の販売との関係で!〕巻き込まれていったのが本件被告等〔Y_1〜Y_3〕であってみれば、本件原・被告間の紛争を処理するための「適切な訴訟地（プロパー・フォーラム）」が果たしてハワイなのかは、相当程度疑問たり得るところである。

もとより、この「適切な訴訟地」云々の点は、直接的には、本件被告等が「原・被告逆転型の国際二重起訴」を我国裁判所に提起していた場合に問題となることではある（石黒・前掲国際民事訴訟法二五五頁以下）。だが、逆に本件被告等がそうした対応を思いつきもしなかったことは、本件米国懈怠判決を、（それが一般の民事の外国判決だと仮定したとしても）そのまま我国で承認・執行することが本件被告等にとってあまりにも酷ではないか、との既述の点を再度想起させるものとなっていることに、むしろ注意すべきであろう。

——以上。

三　本件一審判決への疑問

本体は控訴中だが、一審判決たる水戸地方裁判所龍ヶ崎支部平成一一年一〇月二九日判決は、以下のように論じ、原告勝訴とした。

まず、争いのない事実（本件の「前提事実」の3）として、「被告ら〔Y_1〜Y_3〕は、本件外国訴訟について、……Z弁護士に対しその訴訟手続全般の追行を委任するものと認識して訴訟委任した」（傍線は石黒。以下同じ）、とする。その上で、「被告らは、Z弁護士との間で月々弁護料を支払うことを約していたが、これが高額のため、途中から支払わなくなった。Z弁護士は、同年〔平成七（一九九五）年〕六月二九日にハワイ地区連邦地方裁判所に対し、被告ら〔Y_1〜Y_3〕が本件外国訴訟の防御において弁護士と協調せず、本件外国訴訟の活動指針について意味ある指示も得ていないこと、月々の弁護料を支払期限が過ぎても支払わないことを理由に挙げて被告らの弁護士辞任の申立てをするとともに右申立てが審理される期日を〔Z弁護士が〕被告らに通知した。ハワイ地区連邦地方裁判所は、右申立てを審理し、正当な理由があるとして同年七月二七日に本件外国訴訟の原告らが提出する和解合意強制執行申立て〔後に棄却された〕が解決するまで被告らの弁護士として留まること、被告らが本人訴訟で進めるかどうかの確認を誠実に努力して行うこと等の条件を付して被告らの弁護士辞任を許諾し」た、とある。

だが、Y側は、Z弁護士の「受任の範囲」を争っており、これが「争いのない事実」とされたことは、誠に不可解である。現に、Y側は控訴理由（争点5〔判決手続の公序良俗違反〕）の中で、Y_1〜Y_3の主観的認識と（既述のごとき）実際とのずれについて、指摘している。即ち、極めて重視されるべきこととして、「Z弁護士の受任の範囲について、控訴人ら〔Y_1〜Y_3〕が錯誤に陥っており、控訴人らのZ弁護士の訴訟活動に対する期待と同弁護士の現実の訴訟活動との間に座視し得ない落差が存在していた〔!!〕」、との主張が、Y側代理人によってもなされている。また、Z弁護士辞任の理由や辞任後のZ弁護士とY_1〜Y_3との接触についても、Z弁護士が「控訴人らに何らかの通知をしていた事実は窺えるものの、控訴人らはこれをほとんど理解しえなかった」ことをも、そこで問題としている。

さて、本件一審判決は、民訴一一八条二号の要件を（私見と異なり狭く解した上で）Y_1〜Y_3の「応訴」があったとし、その点に関しては「被告らの本件外国訴訟の内容及び手続についての理解度、被告らから見てZ弁護士の訴訟活動が十分であったか否かにかかわらない」、と論ずる（この傍線部分に注意せよ）。だが、肝心のZ弁護士辞任とY_1〜Y_3への手続的保障の点については、「訴訟の途中から被告らが訴訟活動について協調したり指示したりなどしなくなった上、約束に係る月々の弁護料を支払わなくなったため、Z弁護士が辞任するに至り、その後、被告らはZ弁護士が辞任したことを知りながら本件外国訴訟ついて弁護士を選任

して訴訟委任することをしなかったばかりか、被告本人としても訴訟活動をせず、これを受けて」本件懈怠判決が下されたのだ、としている。

だが、この認定は控訴理由の中でも主張されているように、専らZ弁護士の主張に依拠したものであり、かつ、私には、あまりにも本件Y_1〜Y_3にとって酷（!!）な判断と思われる。

もとより、本件一審判決には、本件米国「懈怠判決」の民事性を巡る論点、そして、萬世工業事件最高裁判決との関係等の、既述の他の諸論点もある。だが、私のそれらの論点についての主張はともかくとしても、せめて「手続的保障」（いわゆる手続的公序——その用語法の適否など、今はどうでもよい!）の点について、控訴審における一層徹底した事実認定と〝暖かい判断〟とを、心底から期待する。

（平成一二年二月一三日午後四時五七分。点検終了同日午後六時一一分。）

＊次回テーマは未定だが、一九九九年一二月の、私が出席したITUの会議（電子署名・電子認証関係）について書こうか、とも思っている。健康状態が許せば、の話だが。

「ボーダーレス・エコノミーへの法的視座」最近の掲載

第91回　『行革・規制緩和』と『通商摩擦』——グローバル・スタンダード』論の高度の戦略性と日本の対応・中—Ⅷ　99年1月号
第92回　『行革・規制緩和』と『通商摩擦』——グローバル・スタンダード』論の高度の戦略性と日本の対応・中—Ⅸ　2月号
第93回　『行革・規制緩和』と『通商摩擦』——グローバル・スタンダード』論の高度の戦略性と日本の対応・中—Ⅹ　3月号
第94回　『行革・規制緩和』と『通商摩擦』——グローバル・スタンダード』論の高度の戦略性と日本の対応・中—Ⅺ　4月号
第95回　『行革・規制緩和』と『通商摩擦』——グローバル・スタンダード』論の高度の戦略性と日本の対応・中—Ⅻ　5月号
第96回　『行革・規制緩和』と『通商摩擦』——グローバル・スタンダード』論の高度の戦略性と日本の対応・中—XIII　6月号
第97回　『行革・規制緩和』と『通商摩擦』——グローバル・スタンダード』論の高度の戦略性と日本の対応・中—XIV　7月号
第98回　『行革・規制緩和』と『通商摩擦』——グローバル・スタンダード』論の高度の戦略性と日本の対応・下　8月号
第99回　クロスボーダーな電子現金サービスの牴触法的諸問題(上)　9月号
第100回　クロスボーダーな電子現金サービスの牴触法的諸問題(下)　10月号
第101回　インターネットの法と政策——一九九九年七月ILPF国際会議と牴触法(上)　11月号
第102回　インターネットの法と政策——一九九九年七月ILPF国際会議と牴触法(下)　12月号
第103回　次期WTO交渉への日本政府の基本的スタンス——その〝再検討〟を求めて(上)　2000年1月号
第104回　次期WTO交渉への日本政府の基本的スタンス——その〝再検討〟を求めて(下)　2月号
第105回　国際的〝税務否認〟の牴触法的構造——国際金融取引と国際課税との相剋?　3月号

連載

ボーダーレス・エコノミーへの法的視座

第一一五回　「GATSの下での貿易・投資の更なる自由化をめぐって——APEC向け提出文書(石黒報告書)の邦訳(上)」

石黒一憲（いしぐろ かずのり）
東京大学法学部教授

〔目次〕

一　はじめに
二　「APEC諸国間における貿易・投資の更なる自由化とGATS——経済的・技術的協力のためのバランスのとれたサステイナブルなアプローチの提案」（石黒報告書の邦訳）
〔はじめに〕
Ⅰ　自由化と規制改革——「目的」か「一つの手段」か?
Ⅱ　G8サミット（於日本、二〇〇〇年七月）に見られるグローバルな情報社会に関する最近の政策変更——将来に向けてのそのインパクトについて
Ⅲ　WTO設立後のサービス貿易の更なる自由化に向けての諸傾向——先兵としての会計セクター?　〔以上、本号〕
Ⅳ　バランスのとれたサステイナブルなアプローチを採用する上でクリアーさるべき様々なハードル
1．会計セクター及び自由職業サービス
2．基本テレコムと競争促進的な規制上の諸「規律」
3．いわゆる「金融了解」における「内外逆差別」
4．OECDの「規制改革」と「安全性への関心」
Ⅴ　サービス貿易に関するAPECでの経済的・技術的協力のための理論的・実践的基礎
〔結論〕

一　はじめに

二〇〇一年という新たな年の始まりにあたり、この連載において、私は、二〇〇〇年八月三一日付けで外務省（経済局開発途上地域課宮川眞喜雄課長）に提出し、同年九月半ばにブルネイでの、APECのGroup on Serviceの会合で各国に配布された私のペーパーの、邦訳を試みる。私なりに、二〇〇〇年八月いっぱいを、これ一本に懸けるつもりで書いたものである。同年八月二日、（山本五十六の故郷ということでなされた終戦の年の八月一日の大空襲の、その翌日に行なわれることになったという）長岡の花火（三尺玉!）を、妻と共に、保坂學先生のお導きで楽しませて頂き、それが、我々にとって唯一の夏休みとなり、そして本号からその邦訳を試みるところの英文ペーパーの作成に、立ち向かうところとなった。

このペーパーの性格について、まず一言しておく。APEC（サービス・グループ）内で、日本政府（外務省）が提案し、研究プロジェクトの設置が各国に了承され、二〇〇〇年九月までのプロジェクトとして、間に㈳世界経済研究協会（韮澤嘉雄専務理事）が入り、私に対する研究委託がなされたものである。

二〇〇〇年九月半ば（一七・一八日!?）のブルネイでの会合では、——

〔A STUDY ON POSSIBLE ECONOMIC AND TECHNOLOGICAL COOPERATION IN THE FIELD OF TRADE IN SERVICES (APEC: GROUP ON SERVICE)〕

Further Liberalization Of Trade And Investment
Under The GATS Among The APEC Economies
——A Proposal For A Balanced
And Sustainable Approach
To Economic And Technological Cooperation

AUGUST 31, 2000

by
Prof. Kazunori Ishiguro
The University of Tokyo
Faculty of Law

——との、もともと私の書いた（但し、苦労してパソコン入力してくれたのは、すべて妻裕美子である）表紙から始まる、いわばオリジナル原稿が配布された、とのことだが、図書館等に納入されるヴァージョンでは、表紙に著作者たる私の名はなく、"August, 2000 World Economy Research Association (Sekaikeizai Kenkyu Kyokai)" とあり、表紙と同じ内容の紙に続く三頁目に、ようやく、"The idea expressed in this paper dose not reflect that of the Japanese Government, but the personal view of Professor Kazunori Ishiguro of the University of Tokyo on behalf of the World Economy Research Association." とある。著作者たる私としては全く不可解な書き方だと思うが、APEC内での手続との関係のようである。

さて、私がこのペーパーを書くに至った経緯についても、一言しておこう。もともと、外務省の宮川氏とは、WTO第一回閣僚会合（於シンガポール）に同氏が出発する前夜、ジュネーブの同氏宅で遅くまで議論させて頂いたのが初めで、本省に戻られてから、一九九九年三月に箱根で開催された外務省（財日本国際問題研究所）のAPEC関連の会合で、貿易と関税一九九九年一二月号七九—八二頁に邦訳した「次期WTO交渉のための諸論点——バランスのとれたアプローチを求めて」の英文ペーパーを、（非常なるショート・ノーティス）出し、報告をするべく依頼された（それ以来、宮川氏はわが家ではミスター・ショート・ノーティスと呼ばれている）。本号から訳出する私のペーパーは、（その後の展開を踏まえた上での）その詳細版にあたる。

実は、外務省の宮川氏からは、二〇〇〇年三月初め（右の箱根会議の約一年後）に、APEC関連で同年六月二〇日から数日ブルネイで開催される、「中小企業のための電子商取引ワークショップ」への出席の依頼を受けていた。だが、私の思うところでは、通産省（機情局!?）が、せっかくブルネイがやろうとしているのと同じ内容の会議を、同年五月に日本で先に開催することにこだわり、せめてブルネイでの会議の後にしてくれとの、同国政府の要請を無視し、そのため、日・ブルネイ関係が（通産省の知らぬところで?）非常にギクシャクし、〝日本政府系〟の私の出席・報告は、結局お流れとなった。この点は、貿易と関税二〇〇

〇年一二月号に転載した、二つ目の論文の「1　議論の前提」の中の、九つ並んだ◎の四番目に、チラッと触れてある。

私も、日本側がなぜブルネイ政府の神経を逆撫でするようなことをするのか、大いに怒ったが、そうした経緯も踏まえて、私としては、別途宮川氏からの依頼を受けていたところの、ここで訳出する英文ペーパーの作成の方に専念し、とくにその中で、もし私がブルネイに行っていたならばEコマース関連で報告したであろうことも、盛り込むべく、努力した訳である。

もとより、（いつものように）ネイティヴ・チェックなど一切受けずに出したペーパーだが、外務省（宮川氏）からは、"APEC Countries"と私が書いていたところにつき、APECでは香港・台湾への配慮から、「国」ではなく"Economies"と表記することになっているので……、との指摘があったので、その点は直ちに修正した（パソコンはあくまで妻の担当。必死に、マニュアルもろくに見ずに、無手勝裕美ちゃん方式で、すべてを綺麗に仕上げてくれた。大感謝である）。

もっといろいろ、文法ミスとかあるんだろうなと思っていたら、その後は何もなし。ちょっとだけ、宮川さん手を抜いているのかな……、とも疑ったが、ペーパーのコピーを渡した某省〇補佐が、「このペーパーには"心"がある。どうして役人の書くものに心がないのか、と思いました。」と言ってくれたので、一応understandable; readableではあるのかな、と思った次第である（フランスの某社社長からも、同様の嬉しいレスポンスがその後あった）。

邦訳してみると、石黒・グローバル経済と法（二〇〇〇年一〇月刊・信山社）――昨日、日本学術振興会の、前号までの連載の毎号冒頭に掲げたプロジェクトのシンポジウムが京都であり、研究推進委で一緒の加藤尚武先生〔京都大学文学部・倫理学〕が、帰りの近鉄の電車の中で、「思わず買っちゃったよ……」と鞄の中から出して下さった本。嬉しかった）や同・法と経済（一九九八・岩波）等とダブる内容ではある。英語で書くのだから、そうあって当然という気もするが、ともかく、様々な「国際会議」の「喧嘩英語」で鍛えたのが、私の無手勝英語であり、本当は英語のまま活字にしたいのだが、そうもゆかず、以下、邦訳を試みることとする。石黒・前掲グローバル経済と法が、私のここ数年の闘争（Mein Kampf）の最も克明なる記録（同書はしがき参照）であるのに対し、その闘争を経て、真の諸国家間の「協力」の在り方、我々の「心の在り方」を、（再度?）切々と訴えたのが、以下のペーパーだ、ということになる。

二〇〇〇年一〇月一〇日の規制改革委員会公開シンポジウム（於千代田区公会堂――その概要は「以下のURLでインターネット上公開することとしております。http://www.kantei.go.jp/jp/gyokaku-suishin/index.html」、ということで総務庁規制改革委員会事務室からの連絡を受けている。"議事概要〔確定版〕"は、同年一一月六日に送付を受けた）でも感じたが、肝心の日本国内が、まだぐらついている。右の"議事概要"の中で、同委員会委員長の宮内義彦氏（㈱オリックス代表取締役会長）に対して、私の最後の発言で、「神学論争という言葉〔宮内氏〕で全ての議論を片づけるのは汚いやり方である。全て私の主張はバランスのとれた行き方で規制というものを考えるべきだということである」、としてあるあたりから逆算して、日本国内の打破対象を更に深く抉り出し、そして潰す必要は、別途あるのである。ちなみに、同シンポジウムでは、東大経済学部の神野直彦教授と私の二名対四名の図式で、パネリスト間の論争がなされた（コーディネータは東大・経の西村清彦教授――石黒・前掲法と経済の二二頁を見よ）。神野教授は、競争と協力（相互扶助！）との二つのパラダイムを正当に提示しておられるが、すべての「改革の目的も、人間の生活の豊かさ、ウェルフェアを高めること」にある〔はずな〕のに、「日本で改革を進める場合、ものごとの位置を見失ってしまうというところがある」、というあたりから、正当に論じておられる（本号における私の邦訳の、「はじめに」の冒頭と直接関係する問題である）。私は、その二週間後の一〇月二四日、テレ朝サンデープロジェクト公開シンポジウムで、かの榊原英資氏（元MOF財務官）を（一〇月一〇日に続き）再度罵倒したが、彼は「事実誤認だ！」と叫んで、逃げまわった。石黒・日本経済再生への法

的警鐘（一九九八・木鐸社）四三―七二頁に、すべて証拠が挙がっているというのに！

その後、一一月に入って（つまり、もはや心身ボロボロゆえ、大学から初の有給休暇をもらって、妻と二人初めてのハワイ〔妻は三度目――行ったのは一三年程前の、学生の頃ではあるが〕に行き、多少リフレッシュして帰国した後）、野中広務自民党幹事長と三時間超会い、中曽根・小泉・宮内・榊原、等々の各氏への見方が私と全く同じであり、（小泉云々は十分知られたところだが）大変に意を強うしたところである。

筆先が熱くなって来た。いけない。そろそろ、静かに「協力」への「心の在り方」をAPEC諸国（諸エコノミー）に対して説く、私のペーパーの邦訳を、始めねばならない。

二　「APEC諸国間における貿易・投資の更なる自由化とGATS――経済的・技術的協力のためのバランスのとれたサスティナブルなアプローチの提案」（石黒報告書の邦訳）

＊　邦訳にあたって、本文の末尾にまとめておいた注は、各所に分散し、かつ、別途注記の必要な部分については、適宜＊マークを付して解説する（あるいは〔追記〕として示す）こととする。

〔はじめに〕

GATSの下でのサービス貿易の漸進的自由化の、基本的かつ窮極の目的は、すべての人々の、そしてすべての国々の〔福祉ないし厚生の〕向上（the betterment of all people and all nations＊）の、実現にある。この意味において、いわゆる"concerted unilateralism"〔追記――自由化等につき種々議論しつつも、具体的施策は各国の主体的判断に委ねる、という主義〕は、現在においてもなお、まさしくAPECの美徳として把握されるべきである。その更なる自由化がGATS自体によって促されているところの、貿易（及び投資）に関する論議の、すべての成果は、強制された形での"交渉"によるのではなく、各メンバーの、自らの経済的・社会的・文化的な諸事情に与える現在の、そして将来的なそのインパクトへの、十分な理解に基づき、実現されるべきである。

＊　この言葉は、ITU事務総局長内海善雄氏のものを、意識的にここで再叙したものである。同じ言葉が後述の"eQuality Paper"の冒頭にも出て来る。なお、貿易と関税二〇〇〇年五月号五九頁上段冒頭を見よ。

更なる自由化に向けた単純で一方的な議論は、もはやサステイナブルではない。更に、現在のGATS体制、及び次期GATS交渉のための準備作業の中には、私の見方によれば、すべての人々の、そしてすべての国々の〔福祉ないし厚生の〕向上にとってのハードルとして機能し得る、少なからぬ問題がある。

従って、このペーパーにおいては、自由化の目的を再確認ないし再定義した後（I及びII）、既述の種々のハードル（III及びIV）がアイデンティファイされねばならない。これらの諸点を十分に分析した後で、サービス貿易に関する、APECにおける経済的・技術的協力のための、理論的及び実践的基礎について、論ずることとする（V）。

I　自由化と規制改革――「目的」か「一つの手段」か？

自由化それ自体は、最もベーシックな経済理論によれば、目的ではなく、単にすべての人々、そしてすべての国々の向上（福祉）のための、一つの手段であるにとどまる＊。仮りに、かかる一つの手段が、あたかもすべての貿易（及び投資）交渉、そしていわゆる規制改革(1)の、唯一の目的であるかの如く把握された場合には、最近のアジア諸国(2)及び東欧諸国(3)、そして、規制改革の世界的なリーダーたるニュージーランド(4)においてさえ現実のものとなったように、様々な社会的、文化的、そして経済的な諸問題や、混乱（turmoils）までが生ずるであろう。

＊　二〇〇〇年版不公正貿易報告書作成の際に、かつて、かのコンテスタビリティ理論の貿易屋によるハイジャック問題について、エヴィアン国際会議等で私の代わりに大いに発言してくれたところの、慶応大学経済学部の嘉治佐保子助教授が、産構審の委員会で指摘し、委員長代理で司会をその日していた私が、それを強くサポートしつつ、最終的な書き方は、鈴村興太郎委員長（昨日の学振の京都シンポでも一緒であった）に委ねたところの、重大なポイントである。それをこのペーパーの冒頭に、ぶつけた次第である。

(1) OECD, The OECD Report on Regulatory Reform: Summary (Council at Ministerial Level, 26–27 May 1997), C/MIN (97) 10, OLIS: 21 May 1997, Dist.: 22 May 1997; id.: Synthesis (Council at Ministerial Level, 26–27 May 1997), C/MIN(97) 10/ADD, OLIS: 22 May 1997, Dist.: 23 May 1997; OECD Proceedings, Regulatory Reform And International Market Openness (1996 OECD).

(2) Joseph E. Stiglitz, "Redefining the Role of the State: What should it do? How should it do it? And how should these decisions be made?", MITI Research Review No.11 (May 1998), at 43–74.〔追記――通産研究所発行の通産研究レビューである。〕

(3) J. E. Stiglitz, Whither Socialism? (1994 MIT Press) 参照。

(4) Jane Kelsey, The New Zealand Experiments: A World Model For Structural Adjustment? (New Edition: 1997 Auckland University Press: Bridget William Books).

この意味において、一九九八年におけるMAI（多数国間投資協定）の挫折(5)、そしてWTO第三回閣僚会合（於シアトル、一九九九年一二月）の失敗は、単なる氷山の一角でしかないのかも知れない。いわゆるグローバライゼイションを怖れる人々は、発展途上諸国内のみならず、OECD事務次長の近藤誠一氏(6)が述べるように、先進諸国内にも、数多く広がって存在する。

(5) この点について、Kazunori Ishiguro, "The WTO New Round and Japan's Role", Japan Review of International Affairs Vol. 13, No. 4, at 231ff (especially at 235f).〔追記――貿易と関税二〇〇〇年一月号五七―六三頁に訳出した小論である。〕

(6) Seiichi Kondo, "Do you like Globalization?", Address by Mr. Seiichi Kondo, Deputy Secretary-General, OECD, to UNCTAD X (Bangkok, 17 February 2000). なお、S. Kondo, "Advancing Globalization", Far Eastern Economic Review, November 4, 1999, at 30 をも参照せよ。

我々にとって明らかであるべき一つの事柄は、貿易（及び投資）交渉や規制改革について、単なる「更なる自由化」だけにはとどまらぬ何らかのことを行なう〔必要のある〕こと、である。いくつかの例を挙げれば、第一に、一方的な自由化アプローチの象徴であるMAIの、「単なる」プレイ・バックをWTOのレベル、とりわけGATSにおいて行なうことは、再考さるべきである。たしかに、何らかの投資に関する新たなルールが、次期WTO交渉において必要とされることは、あり得ることではあるが。

第二に、第二回WTO閣僚会合で採択された閣僚宣言(7)に示されたような、発展途上諸国が今まさに直面する大きな諸問題を「疎外化」の一言の中に閉じ込める政策もまた、再考を要する。なぜならば、一方において、それらの、あるいはそれに類する諸問題は、先進諸国内においても、とくに非都市部の中で、また、貧しい人々やハンディキャップを背負う人々との関係において生じているものであり、他方、それらの諸問題は、APECでなされるであろう非交渉型のものを含めた、我々の将来に向かっての貿易（及び投資）に関する論議における、最も重要な主題の一つであり、また、そうあるべきだから、である。

(7) WT/MIN(98) DEC/W/1 (18 May 1998).

II　G8サミット（於日本、二〇〇〇年七月）に見られるグローバルな情報社会に関する最近の政策変更――将来に向けてのそのインパクトについて

来たるべき情報社会をいかに構築すべきかは、疑いもなく、APEC諸国家（諸エコノミー）にとっても、最も重要な政策目標の一つである。そして、それは次期GATS交渉（いわゆるGATS 2000）で取り扱われるであろう核心的問題の、一つとなろう＊。

＊　周知の如く、Eコマース関連の問題をGATSの枠内で扱いたいEUと、それに反対するアメリカの間に立ち、日本は、いわゆるホリゾンタル・アプローチの採用（石黒・前掲グローバル経済と法四四一頁上段と同・四一九頁下段の「帰って来たウルトラマン」云々の個所とを対比せよ）により、分野（GATT・GATS・TRIPS等）を横断するルールを、後述の"eQuality Paper"を軸に、考えようとしている。だが、EUはそれに乗らない。私は、入口でこれ以上時間をロスするよりも、中身をまず論ずべきだと考え、かつ、EコマースがGATSの射程内に入らない訳はないのだからと、当面GATSならGATSで議論し、EUをもかくて抱き込んだ上で、第二段階で、ホリゾンタル・アプローチの問題を考える（ならばそうす）べきだ、と主張している。そのことをあらかじめ踏まえた上での本文での指摘であることを、ここで注記しておく。

この点について、二〇〇〇年七月に日本で開催されたG8九州・沖縄サミットの成果の一つとして採択されたところの、「グローバルな情報社会に関する沖縄憲章」（いわゆる「沖縄IT憲章」）に対して、若干の注意が払われるべきである。なぜならば、そこには、欧州市民社会の力をバックとするフランスの抵抗によって、十分な理由と共にその交渉が挫折したところの、かのMAIの条文案において典型的に見出だされる一方的な政策からの、若干の、ベーシックで、そして非常に重要な変更が、あるからである(8)。

(8) 石黒・前掲〔注(5)〕二三五―二三六頁参照。欧州市民社会に関しては、"Opinion of the Economic and Social Committee on 'The role and contribution of civil society organizations in the building of Europe'" (1999/C/329/10), Official Journal of the European Communities, C 329/30 (17. 11. 1999).

〔追記――この文献は、東大・法の外国人研究生たるクリスティーナ・イオリ・ウチカワ氏から御教示頂いたものである。欧州市民社会論に関する充実した分析がなされている点で、注目すべき文献である。本稿冒頭で言及した一九九九年三月のAPEC箱根会議では、「欧州」市民社会の「欧州」、そして「市民社会」のイメージが、アジア諸国にどこまで妥当するかが、各国代表のほか当時の外務省大島経済局長の発言を含めて、議論された。私はMAI挫折との関係で言及したのだが、それはともかくとして、「欧州」・「市民」の二要素を取り去って「社会」それ自体の在り方を直截に論ずる必要を、同会議で感じた。そこで、このペーパーでは、この注(8)で「欧州」に言及すると同時に、ペーパー全体としては、右の線で種々論ずることに、主眼を置いた次第である。

沖縄IT憲章の最も基本的なポリシー・ステートメントは、次の如きその第二パラグラフにある、と見るべきである。即ち——

「2．IT（Information and Communication Technology）によって導かれる経済的・社会的変革のエッセンスは、各個人及び各社会が知識とアイデアとを利用することを助けるという、その力にある。我々の情報社会に関するビジョンは、人々がその潜在的な力を発揮し、彼らが叶えようとするところのものを実現する上で、それをより良く可能とする点にある。この目的のために我々は、ITが、サステイナブルな経済発展を作り出し、公の福祉（厚生）を増大せしめ、そして社会的結合を促進する、という相互に支持し得る目標に資することを、確保せねばならず、かつ、民主主義を強化し、ガバナンスにおける透明性とアカウンタビリティを増大させ、人権〔保障〕を促進し、文化的多様性を質的に高める、というその〔ITの〕潜在的な力、そして世界の平和と安定を促進するというその潜在的な力を、完全に実現させるために、〔我々は〕尽力せねばならない。……」

私の見解によれば、かかるステートメント〔がなされたこと〕は、Eコマースやインターネットに関する最近の論議(9)と対比した場合、大きな進歩であると言える。それらに関する最近の論議は、OECDでのMAI交渉の場合と同様、主要なサプライ・サイドの声に圧倒される傾向にあったからである。同時に、それ〔沖縄IT憲章〕は、アメリカのA・ゴア副大統領によって一九九四年三月に最初に提案されたGII(10)（世界情報通信基盤）の「理想」の実現に向けた、正しいターニング・ポイントである、と評されるべきである。もっとも、それ以降彼〔A・ゴア〕は、むしろ単純な市場開放論ないしマーケット・アクセス論へと、転じてしまったのではあるけれども(11)。

(9) Ishiguro, "Traditional Legal Concepts for the Internet and the Global Information Infrastructure: A Japanese Perspective," and its "Additional Paper: Some Comments on the 'Country of Origin' Rule Proposed by GBDe (Global Business Dialogue on Electronic Commerce): Issue Group Policy Paper Draft Version 4.0 (Date: June 11, 1999)" with two presentation papers by the present author, submitted to a conference organized by ILPF (Internet Law & Policy Forum): "Jurisdiction: Building Confidence in a Borderless Medium," held in Montreal: July 26–27, 1999を参照せよ〔追記——貿易と関税一九九九年一一月号六四頁以下、同一二月号六六頁以下でその解説と邦訳を行なっている〕。

それらの文書へのアクセスは、www.ilpf.org/confer/present99/ に、そして、ユーザーネームとして"forum 99"を、また、パスワードとして"presentations"を用いよ（公開のフォーラムである）。

(10) Al Gore, Statement on March 21, 1994, Document 70-E, World Telecommunication Development Conference, held in Buenos Aires, organized by the ITU (International Telecommunication Union): March 21–29, 1994. この点について、彼の、次に示されたもともとの考え方に対して、注意が払われるべきである。Al Gore, "Infrastructure for the Global Village", Scientific Americans, September 1991, at 150ff. 更に、Ishiguro, "Technology Transfer from Iowa to Japan: Internationalization and the Quality of Life in Rural Areas", in: Jong S. Jun & Deil S. Wright (eds.), Globalization and Decentralization: Institutional Contexts, Policy Issues, and Intergovernmental Relations in Japan and the United States, at 347–358 (1996 Georgetown University Press).

〔追記——ゴアの右の二番目の論文の邦訳と私の「解題」については、鴨武彦＝伊藤元重＝石黒編・リーディングス国際政治経済システム第一巻（「主権国家を超えて」）（一九九七・有斐閣）一八〇頁以下を見よ（アル・ゴア＝石田順子訳「インフラ整備に政府の投資を」、である）。また、その後に引用した私のものの邦訳については、貿易と関税一九九四年九月号五二頁以下、同・一〇月号五四頁以下の本連載を見よ。〕

(11) Al Gore & Ronald H. Brown, Global Information Infrastructure: Agenda for Cooperation (1995 February).

事実として、沖縄IT憲章におけるかかる基本的な政策変更を促し、支持すべく、日本政府＊は、G8サミット前の二〇〇〇年六月に、基本的にはGATSの枠組の中でのインターネット及びEコマースに関する論議のために、あるペーパーを提出していた(12)。その基本ポリシーは、そのペーパーのまさに最初の部分に、次の如く示されている(13)。

＊ これから論ずる"eQuality Paper"は、直接には、私が座長をつとめ、MITIの豊田正和国際経済部長を中心とする同省スタッフと若干名の委員とで作成し、既に欧米の官民から（私のこのペーパーでも後述する"競争"の問題はともかくとして）高い評価を受けているものである。本来、日本政府として提出すべきものであるが、他省の若干の抵抗が、いまだにある。少なくとも郵政省としては、これから示す「背景と目的」（そこに元郵政省局長である内海ITU事務総局長の言葉を用いていること既述）に対して、異論を唱える立場にはないはずであり、この点は、"沖縄人"（実は、徳之島出身）たる稲村公望郵政省官房審議官（通信政策局担当）には、強く申し入れてある。外務省としても、沖縄IT憲章の基本理念に沿ったものであり、待ったをかける理由は、ないはずである。必要があれば、同省田中経済局長に直訴するつもりで居るが、その前に、分かって欲しい。そう切望する。

なお、二〇〇〇年一〇月二〇日には、既に"eQuality Paper"の第二次案がネット配信を含めて欧米の官民にも配布され、第一次案と同様の評価を受けている。そこには、「沖縄IT憲章」への明示の言及もあるのだし、以上述べた点は、早晩解決されるものと、私としては強く期待する。

(12) "Towards eQuality: Global E-commerce Presents Digital Opportunity to Close the Divide Between Developed and Developing Countries: MITI's Proposal for WTO E-Commerce Initiative (1st Draft)", June 2000. For access: "watanabe-tetsuya@miti.go.jp".

〔追記——このペーパーの第二次案についてのアクセス先は、以下の通りである。

Takehiko Ota, International Economic Affairs Division, MITI ohta-takehiko@miti.go.jp
Akihiko Tamura, WTO Affairs Division, MITI tamura-akihiko@miti.go.jp
Satoshi Nohara, Information Economy Office, MITI nohara-satoshi@miti.go.jp
Tetsuya Watanabe, WTO Affairs Division, MITI watanabe-tetsuya@miti.go.jp

なお、この検討に機情局のS企画官が加わるに至ったことは、私としては嬉しい限りである。S氏とは、一九九六年の日米半導体摩擦のとき、日米の合意文書からすべてMAの語を消す、等の決意の下に、共に戦った。そのときの記憶は、今も鮮明である。〕

(13) Id. at 1 [First Draft].

即ち——

「背景と目的

このドラフト提案は、インターネット及びEコマースの将来は、すべての人々及びすべての国々のより良き福祉（厚生）のためのものであるとの、我々の強い信念を反映したものである。Eコマースは、今現在、そして将来的にはなお一層、ビジネスにとってのみならず、世界中の〔それぞれの〕社会それ自体にとって、極めて重要なものとなる。情報社会におけるすべての人々の『生活の質（クオリティ・オヴ・ライフ）』は、確実に、信頼性があって安定的なネットワーク・システムに、基礎を置くものである。インターネット上の諸活動につ

いての、普通の人々（オーディナリー・ピープル）の自信〔の確保〕が、ビジネス側のそれと共に、我々の共通の政策目標である。

Eコマースは、すべての消費者及び小規模企業にとって、インターネットを介した世界市場への、簡易なアクセスを獲得する機会を提供する。過去において、世界市場へのアクセスは、主として先進諸国に所在する大きなグローバル企業にとってのみ、可能であった。Eコマースは、諸国間のディジタル・ディバイドを解消し、かつ、新たな世界経済におけるグローバルな"eQuality"を達成することを助け得る、新たなパワフルな手段である。このことは、〔WTOの〕加盟諸国が、現在、そして将来において、消費者側とビジネス側との間でのバランスのとれたステップを踏み、Eコマース関連の国際枠組が、先進諸国と発展途上諸国との双方に恩恵を与えるものであることを確保することによってのみ、達成可能である。このイニシアティヴを実施する上で、〔WTOの〕加盟諸国は、消費者・企業双方の見解を考慮すべきである。これらの視点からして、『ディジタル・トレード・ポリシー』が、極めて重要なものとなる。」

言うまでもなく、このペーパーのタイトルにある"eQuality"の語は、情報社会におけるすべての人々の「平等（equality）」と「クオリティ・オヴ・ライフ」の重要性に関する、強い信念に基づくものである。それがゆえに、「Eコマース関連諸市場における競争促進的な環境の創出」の問題についても、このペーパーは、次のように述べている(14)。

(14) Id. at 2.

即ち——

「〔ディジタル・〕ディバイドの緩和に成功するべく、〔WTOの〕加盟諸国は、単に国内規制を自由化するのみではなく、それよりも一層多くのことを、せねばならない＊」、と。

＊ このあたりが、最も誤解を受け易いところであるが、従来の自由化一辺倒の路線と、相当程度訣別し、バランスのとれた路線を示そうとする試みが、このペーパーによってなされていることに、まずもって注意すべきである。なお、言わぬ方がよいのかも知れぬが、このペーパーの「背景と目的」の書き振りを、英和対訳で示した石黒・貿易と関税二〇〇〇年一〇月号九九頁以下の、ITUでの私の報告と、対比せよ。

私は、この"eQuality Paper"の作成に、深く関与した。従って、このペーパーにおける競争政策の諸問題〔の取扱〕について、若干のコメントを、ここでしておくべきであろう。

とりわけ貿易のコンテクストにおいて、「競争」の語が用いられる場合には、若干の注意が必要である(15)。〔貿易の世界では、〕外国からの市場参入者に対して、いかなる貿易障壁も非貿易的な障壁も、全く存在しない国内市場がベストであるとして、非常に単純にそれに固執する人々が居るようである。

(15) Ishiguro, "Aviation as the First Runner in Deregulation Trends and the World Trade Regime", paper submitted to the 6th Annual Conference on U.S.-Japan Cooperation in Transportation: "Aviation: Looking towards the 21th Century", organized by Japan International Transport Institute ["JITI"——運輸政策研究機構], held in Washington, D.C.: September 30, 2000 の、V(2)（"Distorted' Notion of Competition?）の項を参照せよ。その後、そこで提出された四つのペーパーは、邦訳と共にJITIによって出版された。㈶運輸政策研究機構国際問題研究所発行・二一世紀に向けての航空産業——第六回日米運輸協力会議の記録（二〇〇〇年六月）である。その五六－五八頁（この注で言及された私の提出ペーパーのV(2)〔邦訳は同前・四三－四四頁〕）を参照せよ。

彼らは、アジア諸国の経済危機の最中においてさえ、OECDでのMAI交渉に見られたような、サプライ・サイドの一方的な声と共通するところの多い、かかる馬鹿げた（absurd）考え方に固執した。それがゆえに私は、後述の如く、次期WTO交渉（次期ラウンド）が「グローバル寡占への道(16)」となることを、怖れているのである。

(16) Ishiguro, supra note 5, at 238–240.

しかしながら、既述の"eQuality"ペーパーにおける競争もしくは競争政策の意味するところは、これとは大きく異なる。このペーパーでは、「真の」競争政策が志向されているのである。事実として、オーストラリア競争・消費者委員会（ACCC）の Deputy Chairperson たる Allan Asher 氏が、〔京都で開催された〕COPOLCO（ISOの消費者政策委員会）第二二回総会に際して行なわれたワークショップ用に提出したペーパー(17)が、この点について、極めて大きな影響を〔"eQuality Paper"に対して〕与えた。Eコマースについて、彼はそこで次のように述べている(18)。

(17) Allan Asher, "E-Commerce: Its Benefits and Pitfalls —— How Can Standards Help", paper submitted to the Workshop held in Kyoto, Japan, at the 22nd COPOLCO (The ISO Committee on Consumer Protection) Plenary Meeting (May 23–24, 2000).

(18) Ibid. より理論的には、石黒・法と経済（一九九八・岩波書店）一五三－二〇二頁参照。

即ち——

「消費者保護当局にとって、これらの〔セキュリティ及びプライバシーの〕問題について何がなされるべきかを、考慮する必要がある。消費者保護と競争政策との間のバランスが、必要なのである。一般的には、競争政策は、規制が殆どなく、かつ、低いバリアしかない自由な市場を唱道する。これに対して、消費者保護は、高度に規制された産業であって、例えばオプト・イン・オンリー・システム及びクーリング・オフ期間を伴うものからの、恩恵を受ける。ACCCは、消費者保護と競争政策の実施との双方の役割を担っており、それらの二つの政策の間の緊張関係と両立可能性とを理解し、それゆえに、かかるバランスを取る上で理想的な立場にある。……Eコマースによってもたらされた諸問題に対処するためには、新たなパラダイムが必要である。そのパラダイムの一部は、"標準"の利用にある、と考えるべきである＊。実効的な"標準"は、競争政策と消費者保護との間の正しいバランスを、達成し得るものなのである。……」、と。

＊ 標準（スタンダード）のこの場面での利用については、貿易と関税二〇〇〇年五－一二月号の私の連載論文のほか、石黒・前掲グローバル経済と法四二八頁以下、及び、目下、既述の"eQuality Paper"との一層の連携の必要を強く訴えているところの、工技院サイドの動きに即したものとして、同「二一世紀型の新たな標準化活動への考察——重点分野での標準化ニーズと政策的対応」高圧ガス（高圧ガス保安協会〔KHK〕発行）三七巻一一号（二〇〇〇年）五頁以下。ちなみに、右の最後の論文は貿易と関税二〇〇〇年一二月号に転載したものだが、雑誌が実際に届いたところ、多少タイトルが変更を受けていることに気付いた。

〔既述の〕"eQuality Paper"では、さほど明示的にではないものの、「競争」及び（又は）「競争政策」の語を再定義し、消費者や、その他の公的関心をそこに盛り込むことが、意図されている。ある意味でそれは、日本の産業構造審議会が出している、いわゆる不公正貿易報告書において、「〔国際〕ルールに基づく」措置は「公正」とさるべきだ、との「(不)公正」の語の戦略的な（再）定義がなされていること(19)からの、アナロジーとしてのものである。

(19) Ishiguro, "The 1999 Report on the WTO Consistency of Trade Policies by Major Trading Partners —— A Comparison with the 'Japan' Section of the 1999 U.S. National Trade Estimate Report", Journal of Japanese Trade & Industry, July–August 1999, at 21. 〔追記——同論文の邦訳は、石黒・前掲グローバル経済と法四五二―四五七頁にある。〕

かくて、少なくともEコマース及び（又は）情報社会に関する論議においては、十分にバランスのとれた方向への、基本的な政策の、若干の〔但し、重要な！〕変更がなされている、と見得る。だが、GATS一般に関する諸問題について、一体今何が起こりつつあるのか。次に、この点が明確化されねばならない。

Ⅲ WTO設立後のサービス貿易の更なる自由化に向けての諸傾向——先兵としての会計セクター？

サービス貿易の更なる自由化への道は、二〇〇〇年に、ではなく、まさにWTOが設立された時点（一九九五年一月一日）で、開かれていた。GATS六条四項は、次のように規定している。

「資格要件及び手続、技術標準、及びライセンシング要件に関する諸措置が、不必要なサービス貿易への障壁とならぬことを確保するために、サービス貿易理事会は、それ〔同理事会〕が設立する適切な組織を通じて、必要ないかなる規律であれ、それを開発〔定立〕せよ。……」

本当のことを言えば、ウルグアイ・ラウンド中、この私さえ、この規定の有する真の意味を見出すことが出来ないでいた。当時、少なくとも日本において、私を含めた大多数の貿易専門家達は、GATS六条〔「国内規制」〕の全体としての適用の条件は、個別サービス・セクターについての自由化約束を〔WTO〕加盟国が行なったこと〔その場合に当該セクターにつき六条の規定が適用される〕である、と考えていた。だが、六条四項の機能は、この点について、異なる形でデザインされていたのであった。

それは、「隠し球」的な策略であったのか、それともそれは、当時のジュネーヴで、すべての交渉担当者に真に十分な情報が与えられた上で出来た条項なのか？——この問題への答えがいずれであれ、GATS六条四項に埋め込まれた〝隠れた機械〟は、動き出した。だが、その動きは、「自由職業サービスに関する閣僚決定」によって、一層加速された。この閣僚決定には、次のように記されている。即ち——

「1．国内規制に関する六条四項の予定する作業計画は、直ちに開始されるべきである。この目的のために、自由職業サービスに関するワーキング・パーティーを設置せよ。……」

「2．優先順位の問題として、このワーキング・パーティーは、会計セクターにおける多国間規律の作成のために、勧告をせよ。……」

なにゆえに会計セクターが、最優先のものとして選択されたのか？——日本の外務省によって公刊されたGATSに関する解説書によれば、この点は以下のように説明されている(20)。

(20) 外務省経済局サービス貿易室編・WTOサービス貿易一般協定——最近の動きと解説（一九九七・日本国際問題研究所）三二三頁。

即ち——

「〔ウルグアイ・ラウンド〕交渉の最終段階に至り、米欧の会計サービス関係者から、自由職業サービスの更なる自由化のためにはGATS第六条に基づき……多角的〔多国間〕規律の策定交渉〔が〕必要である旨主張された。米国は、このような産業界の意向を踏まえて……自由職業サービスに関する〔閣僚〕決定案を提案し、各国も協定上に規定されている作業であることに鑑みこの提案を支持し〔た〕。……*」

＊ なお、石黒・前掲グローバル経済と法三七一―三八頁を見よ。

会計セクターは、世界的に見て、最も典型的な寡占（オリゴポリー）〔のセクター〕として知られている。その点に基づきつつ、同じ問いが、再度発せられ得るであろう。なにゆえに、会計セクターが、最優先のものとして選択されたのであろうか？

この点について極めて重要なのは、外国からの市場参入者に対して、貿易的・非貿易的ないかなる障壁も完全に存在しない国内市場がベストである、との点に固執しているように思われる人々が居る、ということを想起することである(21)。とくに、いわゆるトレード・ピープル（貿易専門家達）は、かかる考え方を支持する傾向にあり、かつ、一方において〔彼らは〕、WTO設立後のすべての貿易（及び投資）交渉の窮極のターゲットとして、「グローバル競争下における各国国内市場のコンテスタビリティ」、そして、「完全な、事実としての内国民待遇」という、二つのプラカードを掲げる傾向にある。

(21) 前掲・注(15)に続く本文を見よ。

他方において、かかる考え方を支持する人々(22)は、社会的、文化的、そしてその他の問題の諸側面、即ち、我々の社会における非サプライ・サイド的関心事を〝包囲〟し、いわゆる「セーフティ・ネット」の中に閉じ込めようとする傾向を有する。換言すれば、効率性以外の、つまりは非サプライ・サイドの関心事を、彼らは、出来る限り囲い込んでしまうことに、熱心なように思われる。

(22) 一つの典型例は、Robert Z. Lawrence, "Towards Globally Contestable Markets", in: OECD, Market Access After the Uruguay Round (1996 OECD), at 23–33 である。この点につき、石黒・前掲〔注(18)〕一五五頁。

かかる議論において、彼らは、非常にしばしばW・J・ボーモル教授のコンテスタビリティ理論(23)に、明示的に論及する。だが、彼らは、事実として、この理論の諸仮定を無視している(24)。この意味において、コンテスタビリティ理論はトレード・ピープルによって「ハイジャック」された(25)、と言い得よう。コンテスタビリティ理論が、仮りに、規制緩和ないし規制改革後の諸状況において生き残り得るものだとしても、かかる過度の単純化、あるいは更に〔この理論の〕〝濫用〟は、支持され得るものではない。

(23) William J. Baumol, "Contestable Markets: An uprising in the theory of industrial structure", American Economic Review Vol. 72 (1982), at 1–15 参照。

(24) 石黒・前掲〔注(18)〕一五三頁以下。航空サービスに関する諸問題については、同・日米航空摩擦の構造と展望（一九九七・木鐸社）を見よ。

(25) 同・前掲〔注(15)〕五四頁。本文で指摘された点、即ち、トレード・ピープルの理解とボーモル教授のもともとのコンテスタビリティ理論との間に、重大なギャップが存在するということについては、UNCTAD, World Investment Report 1997: Transnational Corporations, Market Structure and Competition Policy (1997 United Nations), at 127 をも参照。なお、石黒・前掲〔注(18)〕一七六頁。

この点について、ジョセフ・E・スティグリッツ教授の見解は、我々に、このストーリーの別な側面を、示してくれるであろう。彼は、コンテスタビリティ理論は「学問の世界では信用を失って来て(26)」いるとし、かつ、「コンテスタビリティ〔理論〕が、競争政策を不要とする含意を有する点についての、強い批判(27)」がある、としているのである。

(26) Stiglitz, supra note 3, at 127.

(27) Id. at 128.

彼〔スティグリッツ教授〕の見解として右に示した最後の点は、極めて重要である。一定の、しかしながら極めて非現実的な諸仮定の下において、ボーモル教授のコンテスタビリティ理論(28)は、ある意味において、一九八〇年代における独占及び寡占を、仮りにそこに、潜在的な競争のための（理論的な）余地があるならば、ということで擁護するものだったのである。我々は、この理論の一つ一つの仮定の非現実性を断乎忘れるべきではないけれども、それ〔ボーモル教授のこの理論〕は、「〝参入障壁〟が現実に何ら存在しない、との前提に基づいていた」ものであり、そして、「〝コンテスタブルな市場〟があれば……競争政策は、単純に、不必要となる(29)」、とするものなのであった。このようにして、スティグリッツ教授〔の所説〕は、我々に対し、コンテスタビリティ理論への強い、そして十分に基礎づけられた批判を、提供している。だが、その批判は、更に、アメリカ国内における、そしていまや世界的なものとなってしまった規制緩和（自由化）の流れをプッシュして来たところの、経済学における「シカゴ学派への」批判(30)にまで及んでいるのである。

(28) スティグリッツ教授によって述べられているように、コンテスタビリティ理論は、「一九六八年の Demsetz の論稿、そして、シカゴ学派〔それ自体〕へと遡り得る」ものである。Id. at 117.

(29) Ibid.

(30) しかしながらこの点について、我々は、経済学上のいわゆるシカゴ学派のアイデンティティをめぐる、非常に重要な相剋があったことを、忘れるべきではない。F・ナイトとM・フリードマンとの間での、まさに経済学における自由の観念をめぐる相剋である。アメリカにおける規制緩和の流れは、フリードマン的な〔自由の〕観念に従ったものである。この点につき、石黒・前掲〔注(15)〕五八頁参照。

かくて、既述の「閣僚決定」において会計セクターが最優先のものとして選択されたことについての、それとおぼしき理由が、若干クリアーになった、と考えられる。即ち、その〔会計〕セクターにおける現在の世界的寡占を更に一層プッシュすることが、そうしたことの本当の理由だったかも知れない、ということである。だが、それは最悪のシナリオであろうし、また、私の見解において、サステイナブルなものではあり得ない。

問題を一層深刻なものとしたのは、一九九九年四月二六日に、自由職業サービスの更なる自由化のためのワーキング・パーティーの活動に基づき、国内規制に関するワーキング・パーティーが設立されたことである。これはまさに、他の諸サービス・セクターへの「十分にあり得る」スピルオーヴァー効果として、私が既に数年前に予測していた通りの、シナリオである。

そうであるがゆえに、既述の〝eQuality Paper〟は、その「背景及び目的(31)」において、十分にバランスのとれたアプローチの宣言を、しているのである。いまや、それと同じことが、Eコマースやインターネットの領域の外においても、なされるべきである。だが、そのためには、クリアーさるべき多くのハードルが、あるのである。

(31) 前出・注13に続く本文参照。

（本稿二Ⅲまで終了。次号に続く。）

＊　＊　＊

〔つぶやき〕

新年号は急ぐから、いつもの締切り（毎月二〇日）より早目に、との連絡が一一月一〇日付の速達で届き、かくて、昨日（一一月一一日）京都の既述のシンポジウム＆（学振）研究推進委員会から日帰りし（東京駅着は午後一一時過ぎ、自宅に戻ったら夜の一二時近かった……）、それなりに疲れ切った心身に鞭打って、平成一二（二〇〇〇）年一一月一二日（日曜日!!）、たった一日で、今月分をこうして書き終えた。午前一〇時半頃からぶっ続けで、今、夜九時一分頃。飯抜き、顔も洗わずに、である。

＊ これから夕食、そして明日の特別講義の資料作り、だ。——と思ったが、その前に、原稿の点検をする。何だか、ものすごく頭に来た。点検終了は、午後一〇時三二分。もろもろの雑務を終えたのは、ほぼ午前〇時。夕飯は、ようやく（私を待ってくれていた妻と共に）〇時三〇分頃、ようやく食べ終えた（初校終了は同年一二月一三日午後一一時二〇分。これからようやく夕飯、である）。

連載

ボーダーレス・エコノミーへの法的視座

第一一六回　「GATSの下での貿易・投資の更なる自由化をめぐって――APEC向け提出文書（石黒報告書）の邦訳（下）」

石黒（いしぐろ）一憲（かずのり）
東京大学法学部教授

〔目次〕

二　「APEC諸国間における貿易・投資の更なる自由化とGATS――経済的・技術的協力のためのバランスのとれたサステイナブルなアプローチの提案」（石黒報告書の邦訳）――つづき

Ⅳ　バランスのとれたサステイナブルなアプローチを採用する上でクリアーさるべき様々なハードル

1．会計セクター及び自由職業サービス

(1)　「会計セクターにおける国内規制に関する諸規律＊」が、一九九八年一二月一四日に、WTOのサービス貿易理事会によって、サービスの国内規制に関するGATSの諸規律の発展における第一歩として、採

択された(32)。そのドラフト(33)と対比した場合、一方的な（サプライ・サイドの）声は、全体として、相当程度和らげられたものと言い得る。だが、もろもろの交渉の過程において、そしてそれらの結果として、極めて些細な諸問題までもが、詳細に、GATS六条四項の下で設定される「諸規律」にとって必要なものとして、規定されることになってしまった。（能力）試験のために選択される（試験）科目、受験のための費用、等々がその例となる。

＊　それについての詳細は、石黒・グローバル経済と法（二〇〇〇年一〇月刊・信山社）五二頁以下、とくに六五頁以下、及び同・一二四一頁以下参照。

(32)　"http://www.wto.org/wto/new/press118.htm"を見よ。

(33)　Working Party on Professional Services, Disciplines on Domestic Regulation in the Accountancy Sector, Third revision (November 14, 1997).

前記のドラフトは、そのパラグラフ23において、次の如く規定していた。即ち――

「能力試験の範囲、及び他の資格要件の範囲は、資格〔取得〕がそのために求められているところの諸活動に関係した科目に限定せよ＊。」

＊　以下、一々は示さないが、例えば右の点につき、石黒・同前七〇頁以下を見よ（「せよ」は"shall"である）。

この点について、前記の「諸規律」（V. 2）は、結局次のように規定するに至っている。即ち――

「試験の範囲、及び他の資格要件の範囲は、資格〔取得〕がそのために求められているところの諸活動に関係した科目に限定せよ（shall）。資格要件は、教育、試験、実務的トレーニング、経験及び語学力を含み得る。」

〔受験のための〕費用について、前記ドラフトは、そのパラグラフ24で、次の如く規定していた。即ち――

「〔資格取得の〕申請者に課される手数料〔受験料〕は、試験の実際上のコスト、及び、外国で取得された資格の確認（verification）のためのコストを、超えてはならない（shall not）。」

この点につき、〔成立した〕前記の「諸規律」（Ⅵ. 2）は、次の如く規定するに至っている。即ち――

「権限ある当局によって課される手数料は、必要とされた行政コストを反映したものでなければならず（shall）、また、問題の活動〔資格取得によって行なう活動〕に対して、それ自体〔手数料自体〕が障壁（inpediment）となってはならない（shall not represent……）。〔但し、〕このことは、情報の確認、〔情報等の〕処理、及び試験のための、いかなる追加的コストであれ、その回収を妨げるものであってはならない（shall not）。途上国からの申請者に対する特恵的手数料は、考慮され得るものとする（may be）。」

〔サービス〕貿易の更なる自由化のために、かかる些細な諸事項について、しかもここまで神経質に、「諸規律」として規定することが、本当に必要なことなのであろうか。会計セクターにおける（寡占的）サービス提供者達が、事実として、彼らの日々のビジネスにおいてかかる諸問題で悩んでいることは、〔それとして〕理解はし得る。だが、WTO加盟諸国にとって、かかる〔サプライ・サイドの〕声を殆ど直接的に、法的拘束力を有する国際合意の中に取り込むことは、若干＊問題である(34)。

＊　この報告書の性格上、「若干」と言ったまでである。本当は、「冗談言うな」、の気持ちである。

(34)　前出・注(32)参照。そこには、次のようなステートメントが、付加されている。即ち――

「二〇〇〇年一月に開始されるサービス〔貿易〕交渉の次期ラウンドの終結前に、WPPS〔現在はWPDR〔前者は自由職業サービスに関するワーキング・パーティー、後者は国内規制（!!）に関するそれ〕〕によって開発されたすべての諸規律は、GATSの中に統合されることになっており（are to be……）、かつ、かくて法的拘束力を有するものとなろう。本日の〔サービス貿易〕理事会による決定（会計セクターに関係する諸規律についての決定――二〇〇〇年一二月一四日）の中には、直ちに発効する「スタンドスティル規定」が含まれており、その下では、会計セクターについてのGATS上の自由化約束をしていない（!!）国々も含め、すべてのWTO加盟諸国が、それら諸国の現在の立法に最も（to the fullest extent）適合的な形で、この会計に関する諸規律に一致しないであろう措置をとらないことに合意している。」

――とのステートメントである。

私の見解によれば、すべての貿易〔及び投資〕交渉担当者にとって、〔サプライ・サイドの〕一方的な声によって「キャプチャー」されぬために、以下の点が肝に銘じられるべきである。即ち――

『国内規制に関する個別の〔既述の受験料や試験科目のような〕イシューであって、GATS六条四項の下での諸規律の中に取り込まれるものをピック・アップするための前提条件は、問題とされる障壁〔〈障壁〉たり得るとされるもの〕の除去に関する、厳密な「コスト・ベネフィット分析」を常に行なうべきこと、である(35)。』

――との点である。

(35)　石黒・〔前掲〕グローバル経済と法（The Legal Aspect of Global Economy）二五三頁参照。〔追記――同頁に、"二重の囲み"の中に示した、私が交渉担当者に最も訴えたい点のエッセンスを、本報告書においても、示した次第である。〕

既述の如き、〔些細な点についての〕詳細過ぎる諸規律が、自由職業サービス以外の諸セクターにも導入された場合、〔一体〕何が起こるであろうか。この意味において、既述の「会計セクターにおける国内規制に関する諸規律」は、私の見解によれば、他の〔サービス〕セクターに対する先例と見られるべきではないし、自由職業サービスのカテゴリーに含まれる他の〔会計以外の〕分野についても、同じことが言える。

(2)　自由職業サービスは、弁護士によって提供されるサービスをもカヴァーする。この領域においても、クロスボーダーなM&Aは、極めて頻繁なものとなって来ているけれども、会計セクターにおいて見られる世界的な寡占の状況には、いまだ至っていない。

だが、会計セクターにおける主要なパワーが、各国の弁護士事務所を呑み込むかの如き傾向がある。そのことが、日弁連（JFBA）がいわゆるパリ・フォーラム（一九九八年一一月九－一〇日）を開催した理由であった(36)。

(36)　自由と正義五〇巻（一九九九年）七号三四－六七頁、一〇四－一二一四頁の特集（そこに示された諸論稿及びドキュメント）を参照せよ。〔追記――石黒・前掲グローバル経済と法三六六－三七七頁参照。〕

そこにおいて日弁連側〔JFBA〕は、弁護士業務についての、社会的責任、独立性、倫理的諸側面、消費者保護等を含めた、〔その〕ユニークさともろもろの責任とを強調し(37)し、以下のように論じた。即ち――

「我々は、弁護士職が公益に奉仕するものだというその特別の性格、そして、それぞれの国の法システムが、その国の歴史、文化、及び経済の上に築き上げられたものだ、という事実に対して、十分な考慮が払われねばならない、と信ずる。……いわゆるグローバライゼーションを反映して、クロスボーダーな法律実務が促進されるべきではあるけれども、弁護士職の独立性と倫理的諸基準とは、厳格に守られるべきである。……世界的会計事務所たるいわゆる「ビッグ6」は、現在、「ワン・ストップ・ショップ」〔サービス〕を、彼らの顧客に対して提供しようとしている。……若干の顧客達にとって、かかる包括的・統合的な事務所設立が便宜をもたらすことは否定できないが、弁護士のような専門的職業と公認会計士（CPA）との間には、彼らのシステムの社会的責任、独立性、職業倫理、及び消費者保護に関して、基本的差異が存在し、〔そこを直視しなければ〕顧客にとっての保護の欠如及び利益の喪失のみならず、弁護士職が公益に奉仕するという機能を制度的に保障しているところの司法制度及び弁護士制度自体への、重大な危機までもが、もたらされ得る。従って、かかる諸問題についての十分な考慮が、〔WTO・GATSの下で〕払われねばならない(38)。」

(37)　Shigeru Kobori, Discussion Papers Presented by JFBA, submitted to "Transnational Practice For The Legal Profession Forum", held in Paris (November 9–10, 1998), at 3–11.

(38)　Id. at 3.

仮りに、会計セクターにおけるグローバルなオリゴポリー・パワーが、完全に各国の弁護士事務所を呑み込んでしまったとすれば、各国内で、そして国際的にも、随所で〔倫理的な〕義務の衝突やその他の重大な問題が生ずるであろう。我々はまた、かかる諸問題を処理するための「社会的コスト」についても考えねばならない。仮りに、全体的な社会的コストが、この点に関していわゆる〔更なる〕自由化によって得られる効率上のベネフィットよりも大きいならば、我々は、現在のトレンドを再考し、かつ、よりバランスのとれた、既述の"eQuality Paper"に見られるようなアプローチ(39)を、見つけ出さねばならない。

(39)　前出・注(12)－(14)及びそれに相当する本文を参照せよ。

2．基本テレコムと競争促進的な規制上の諸「規律」

競争をめぐる諸問題が、これから WTO・GATSの体制の中に新たに持ち込まれることになる、と言うのは正しくない。我々は、基本テレコムに関して〔WTOの〕各加盟国によってなされる自由化約束のために用意された、いわゆる「レファレンス・ペーパー」の原型について、注意を払わねばならない(40)。WTO設立後の基本テレコムに関する交渉の過程で、アメリカが一九九五年七月三一日に提案を行なったが、そこには次の如き脚注1がついていた(41)。即ち――

(40)　石黒・世界情報通信基盤の構築――国家・暗号・電子マネー（一九九七年・NTT出版）一二六一－一四六頁参照。

(41)　同前・一二八頁を見よ。

「この〔アメリカの〕オファーは、WTO加盟諸国中のクリティカル・マスをなす国々によって、基本テレコム・サービスのために市場アクセスと内国民待遇とが与えられ、かつ、〔それらの国々によって〕競争促進的な規制上の諸規律に関するアメリカのオファーに類似する

自由化約束がなされることを、その条件とする。アメリカは、いつでもこのオファーを撤回する権利を、留保する。」

我々は、既述のアメリカのオファーに付されたこの「競争促進的な規制上の諸規律」こそが、「レファレンス・ペーパー」の原型であったという事実を、忘れるべきではない。そこには、「コンペティティヴ・セーフガード」に関する規定も、「コンペティション・セーフガード」のタイトルの下に、存在していたし(42)、アメリカ(USTR)は、主要な〔WTO〕加盟諸国によってこの「競争促進的な規制上の諸原則ないし諸規律」が採用されることなしには、基本テレコムに関する交渉の終結は一切ない旨、宣言してもいた(43)。

(42) 同前頁参照。

(43) 同前・一三〇頁。Inside U.S. Trade (March 15, 1996), at 1 をも参照せよ。

実際に、「レファレンス・ペーパー」は、競争政策上の主要な関心事たる、「主要なサプライア」、「エッセンシャル・ファシリティ」、そして「コンペティティヴ・セーフガード」といった諸点についての規定を有している。「コンペティティヴ・セーフガード」を例として挙げれば、次のような規定となっている(44)。

(44) この点については、石黒・前掲〔注(40)〕一三八頁参照。

「1. コンペティティヴ・セーフガード

1.1 テレコムにおける反競争的慣行の防止

単独または共同して*主要なサプライアとなるサプライアが、反競争的な慣行に携わり、またはそれを継続することを防止する目的のために、適切な措置が維持されねばならない。

1.2 セーフガード

前記の反競争的な慣行は、とりわけ以下のものを含む(shall)。

(a) 反競争的な内部相互補助(クロス・サブ)を行なうこと、

(b) 競争者達から得られた情報を反競争的な諸成果のために用いること、及び、

(c) 他の主要なサービス・サプライア達に対して、適時に、彼らのサービス提供にとって必要であるところの、エッセンシャル・ファシリティに関する技術情報、及び商業的に関連した情報を、利用可能としないこと。」

* ここに"alone or together"とあることからして、NTTグループなどが直接のターゲットとなること、そして、この「テレコム・アネックス」をサービスの全分野に拡大せんとする「ホリゾンタル(分野横断型)アプローチ」(後述)がそのまま採用されれば、市場アクセス概念が成果重視の貿易政策と結びつくことにより、例えば日本の金融界(全銀協等々(!!))なども、恰好のターゲットとなること、等に注意せよ。

右の諸点が競争政策上のコアをなす諸問題であることは、疑いない。だが、「主要なサプライア」、「エッセンシャル・ファシリティ」、「反競争的慣行」、そして「コンペティティヴ・セーフガード」についても、その厳密な定義は、更なる検討、そして交渉に委ねられているものと考えるべきである。そうでないと、この規定を用いて、不公正さ〔不公正貿易論〕をめぐる曖昧(amorphous)な声が、外国市場に斬り込む際の極めて安易な道を見出だすことになろう。

それゆえ、「レファレンス・ペーパー」は諸刃の剣なのである。だが、主要諸国の中には、次期GATS交渉において、いわゆる「ホリゾンタル・アプローチ」、即ち、個別セクターの如何にかかわらぬ(更なる)自由化のための諸措置が導入さるべきだ、との明らかな傾向がある。

〔しかも、〕驚くべきことに、既述の「レファレンス・ペーパー」が、かかるアプローチのための、一つのモデルとされている(45)。このようにして、「レファレンス・ペーパー」に規定された競争政策上の主要な関心事は、隠れた、そして極めて策略に満ちた形で、他のもろもろのサービス・セクターへと浸透し得る状況にあるのである。

(45) 石黒・前掲〔注(35)〕三七二頁。

仮りに、次期GATS交渉において「ホリゾンタル・アプローチ」をとることが、真に不可避的であるのならば、少なくとも、既述の各キイ・ワードの一層厳密な定義づけが、交渉の中で同時に、なされねばならない。更に、そこにおいては、本報告書において既に言及された"eQuality Paper"の中で、さほど〔いまだ!〕明示的にではないものの、意図されていたように(46)、「競争」ないし「競争政策」〔それ自体〕に対する(再)定義も、なされるべきである。

(46) 前出・注(12)—(14)及びそれらに相当する本文参照。

全く奇妙なことに、GII構築上の主要な関心事(前出・注(10)参照)たる「ユニヴァーサル・サービス」問題について、「レファレンス・ペーパー」は、以下の規定に見られるように、その貿易に与え〔得〕るマイナスの効果に関して、極めて警戒的なように思われる(石黒・前掲〔注(40)〕一四〇頁参照)。即ち――

「3. ユニヴァーサル・サービス

各〔WTO〕加盟国は、自国が維持しようと欲するユニヴァーサル・サービスの義務の種類について、定義する権利を有する。かかる義務は、それ自体が反競争的とみなされることは、ないであろう(will not)。但し、それは、〔かかる義務の遵守が〕透明で非差別的で、かつ、競争に対して中立的な形で求められるものであり、また、当該加盟国によって定義されたユニヴァーサル・サービスの種類(kind)にとって、必要以上に負担となるものでないこと、との条件を満たすものである場合のことである。」

――と規定されている。

〔この点について〕以下のことが指摘されねばならない。即ち、〔レファレンス・ペーパーの〕この規定の、「貿易オンリー」のアプローチと、"eQuality Paper"(前出・注(12)—(14)及びそれらに相当する本文参照)との間には、来たるべき情報社会の理想に関して、致命的なギャップがある、ということである。

3. いわゆる「金融了解」における「内外逆差別」

「レファレンス・ペーパー」と共に、しばしば「金融サービスにおける自由化約束に関する了解(47)」が、「ホリゾンタル・アプローチ(48)」のためのモデルとして言及される。だが、我々は、この「了解」の主要な部分を占める「市場アクセス」に関する諸規定が、真に意味するところ(49)について、極めて注意深く検討すべきである。〔一体〕次の規定によって、実際上何が意味されているのであろうか。

(47) "The Results of The Uruguay Round of Multilateral Trade Negotiations: The Legal Texts" (1994 The GATT Secretariat), at 477–482. 〔追記――まだ知らぬ人々が多いであろうから、やはり一言する。外務省経済局監修・WTO〔協定集〕(一九九五年七月・日本国際問題研究所)と右のGATT事務局のまとめた正規の協定集とでは、「金融了解」のある場所が全く違っている。その裏に、いかなる"裏切り"があるかについては、石黒・通商摩擦と日本の進路(一九九六年・木鐸社)二六一―二六三頁、及びその前後を見よ。〕

(48) 石黒・前掲〔注(35)〕三七二頁参照。

(49) 同・〔前掲・注(47)〕通商摩擦と日本の進路二三九―二六九頁参照。

即ち、以下の規定である。

「(B. 市場アクセス)

非差別的措置

10. 各加盟国は、他のいかなる加盟国の金融サービス・サプライアに対しても、〔以下の諸措置による〕いかなる重大で逆〔マイナス〕の効果が生ずることをも除去し、または制限するよう、このパラグラフの下でとられる〔当該加盟国の〕行動が、〔当該措置を有し〕この条項に基づいて行動する当該加盟国の金融サービス・サプライアを不公正に〔逆〕差別するものとならぬ限りにおいて、努力せよ(shall endeavour)。

……………………

(d) 他の諸措置であって、この協定(GATS)の諸規定を尊重してはいるものの、他のいかなる加盟国の金融サービス・サプライアであれ、それが業務を行ない、競争し、またはその加盟国の市場に参入するための能力に対して、悪影響を与えるもの。」

これは、いわゆる「非差別的措置」に関する「キャッチ・オール」クローズである。この(d)において、全体として実際上意味されている事柄は、外国からの市場参入者のターゲットとなっている加盟国が、「非差別的措置」についてまで、外国からの参入者に有利になるよう、当該国〔自国〕のサービス提供者に対して、一定程度の「差別的」措置をとるよう努力せよ、ということである。即ち、それは、典型的な「〔内外〕逆差別」の規定なのである。その目的は、外国からの参入者への「いかなる」重大な悪影響をも除去することにあるが、問題となった〔当該国の〕措置は、そもそも「非差別的」なもの(!!)、なのである。

更に、この規定によって必要とされるところの、内国サービス提供者への(逆)差別の程度は、相当高いものと見られるべきである。「プロポーショナリティ」ではなく、「アンフェアネス」が、かかる(逆)差別の限度を設定しているからである。

我々は、まさに「市場アクセス」の概念に関して、GATS一六条と、既述の「〔金融〕了解」中の規定との間に、重大なギャップが存在している、という事実を、忘れるべきではない。ウルグアイ・ラウンドにおいて、〔日本(50)や他の〔国々の〕〕交渉担当者達は、GATS一六条(市場アクセス)の中に、隠された形で不公正さについての曖昧な叫びを埋め込もうとする声を拒否し、かつ、そこ〔GATS一六条〕に明示的(そして限定的)に掲げられた数量制限措置の禁止規定へと、同条を「純化」することにおいて、大きな成功をおさめた。

(50) 石黒・同前二五九頁、上田善久「サービス貿易交渉――その理念と現実」貿易と関税一九九二年七月号一〇頁以下参照。

だが、GATS一六条に関するかかる行動にブロックされ、かかる〔曖昧な不公正貿易論的な〕叫びを支持する人々は、既述の「〔金融〕了解」の中に、彼らの道を見出だした。

他の例を挙げるならば、既述の「〔金融〕了解」には、次のような規定もある。即ち――

「(B. 市場アクセス)

新たな金融サービス

7. 加盟国は、その領域内に設立(establish)されたところの、他のいかなる加盟国の金融サービス・サプライアに対しても、その領域内において、いかなる新たな金融サービスをも、〔それの〕提供を許容せよ(shall permit)。」

仮りに、かかる規定が何の留保もなしに自動的に適用された場合、〔当該の〕加盟国の金融市場において〔一体〕何が起こるのであろうか。世界的に悪名高い「BCCI」事件(51)や類似の事件〔を考えたとき、それら〕においてさえ、かかる規定に従うことが、〔一体〕合理的と言えるのであろうか。

(51) 石黒他・国際金融倒産(一九九五年・経済法令研究会)一二八頁以下参照。

私の見解によれば、「金融了解」における市場アクセスの諸条項は、アジア諸国の金融危機を直接・間接にもたらしたところのものを含む、主要なサプライ・サイドの声の、典型的な谺である。

この点について、タイの諸状況に関する、世銀の上級副総裁でチーフ・エコノミスト(当時)たるジョセフ・E・スティグリッツ教授の次のような見解に対して、注意が払われるべきである(52)。即ち――

(52) Stiglitz, supra note 2, at 63.

「タイは、不動産への融資を規制する健全な銀行規制システムを有していた。政府は、この融資が作り出す脆弱性を理解していたし、また、信用(クレジット)を投機的な不動産から遠ざけて一層生産的なプラントや機器に導くことが、実効的な成長戦略の必須部分になると、信じていた。だが、これらの制限は、かかる制限が経済効率に干渉するものだと主張する人々の影響下で、除去されてしまった。……」

私の見解によれば、(タイにおける)かかる制限が、既述の如く経済効率に干渉するものだと主張した人々は、既述の「〔金融〕了解」における「市場アクセス」の諸条項をプッシュした人々と、殆ど同じ考えを有している。

言うまでもなく、GATS体制の全体的枠組においては、「金融サービスに関するアネックス」の中に、"安全装置"がインプットされており、以下のような内容としてそれが規定されている。即ち――

「2. 国内規制

(a) 本協定〔GATS〕中の他のいかなる規定にもかかわらず、加盟国はプルーデンス規制として、投資家・預金者・証券保有者の保護、または、金融サービス・サプライアに対して fiduciary duty が課されているところの人々の保護のための諸措置、もしくは、金融システムの統合性・安定性を確保するためのものを含む諸措置をとることを、妨げられない。かかる諸措置が本協定の規定と一致しない場合には、それらは、当該加盟国が行なった本協定の下での自由化約束またはもろもろの義務を回避するための手段として、用いられてはならない。

(b) ……」

しかしながら、我々は以下の事実を忘れるべきではない。即ち、MAIの交渉において、OECDにおける大多数の代表(交渉担当者)達は、「投資家対国の仲裁」を含めたMAIの紛争処理メカニズムに、GATSにではなく(!!)MAI上の義務と一致しないプルーデンス規制は、原則として服せしめるべきである、との考え方を支持していた、との事実(53)である。〔ちなみに〕この「投資家対国の仲裁」は、私の見解によれば、そして幸いなことに、現在においては日本政府の見解においても、貿易・投資に関する摩擦に更なる混乱をもたらすものである〔、と見られるべきものである〕。

(53) OECD, Commentary to the MAI Negotiating Text (as of 24 April 1998), at Ⅷ (Financial Services): Comment 5. この点につき、石黒・前掲〔注(35)〕三三三頁参照。

更に、驚くべきこととして、ＭＡＩの一九九八年ドラフトにおいては、一九九七年ドラフトの段階では「プルーデンス規制」のようなセンシティヴな問題のために必要だとされていたところの、金融サービスについての紛争処理上の特則が、消えてしまっていたのである(54)。

(54) 石黒・前掲〔注(35)〕二二六―二二八頁参照。

我々は、欧州市民社会に支えられたフランスのレジスタンスがなく、ＭＡＩ交渉が成功し、そして次に、ＯＥＣＤのメンバーではない諸国、とりわけアジア諸国が、若干のプレッシャーの下に、「廃棄通告の日以後一五年間は、その日に存在していた〔外国からの〕投資について」適用され続ける(55)というＭＡＩの、加盟国にならねばならなかったとしたら、〔一体〕何が起きるであろうかを、考えるべきである。

(55) OECD, The MAI Negotiation Text (as of April 24, 1998), at 105.

それがゆえに、我々は、かかるストーリーの暗い部分が、何らかの形でリヴァイヴァルし得ることに対して、注意深くウオッチし続けねばならないのである。

4．ＯＥＣＤの「規制改革」と「安全性への関心」――「効率分析」、あるいは更に新古典派経済学の、疑問とすべき諸側面の例として

バランスのとれたサステイナブルなアプローチの採用のための、克服すべき主要なハードルの一つとして、次にここで言及さるべきは、ＯＥＣＤの「規制改革」論議の中における「安全性の問題」の取り扱い方である。この点は、「新古典派経済学」によって支持される単純な「効率分析」の、疑問とすべき諸側面の一つの例として示される(56)。

(56) 理論的・体系的分析は、石黒・前掲〔注(18)〕一―一二六頁を参照せよ。

ＯＥＣＤは一九九七年に、「規制改革に関する報告書(57)」を公表した。規制改革とは、規制緩和をその部分集合とするものと、されている。

(57) OECD, The OECD Report on Regulatory Reform: Synthesis (Council at Ministerial Level, 26–27 May 1997), C/MIN(97) 10/ADD, OLIS: 22 May 1997, Dist.: 23 May 1997.

ここで問題とするのは、規制緩和後のアメリカの「航空の安全性」が、この〔ＯＥＣＤの〕報告書において、「安全性……は、一層競争的な市場において〔も〕保護され得る」、あるいは「烈しい競争は良い安全性の記録〔の達成〕と相容れない訳ではない」、といったその主張を裏付ける三つの「証拠」の一つとして、用いられている点である(58)。

(58) 同前報告書・パラ〔49〕及びパラ〔50〕を見よ。

前記〔ＯＥＣＤ規制改革〕報告書における、いわゆる「証拠」の〔この点についての〕全文を、以下に示しておこう。即ち――

「アメリカにおける航空の安全性は、規制緩和以後、向上した。百万人キロ単位の死亡率は、一九七四―七六年の期間から一九九三―九五年の期間までに、七五％低下した(59)。」

(59) 同前報告書・パラ〔50〕。

同報告書が「技術革新」の側面、即ち、一九七〇年代から一九九〇年代に至る＊コンピューター技術の発展の側面を、完全に視野の外に置いていることは、驚くべきことである。だが、こうしたことは、スティグ

リッツ教授が批判するように、新古典派のアプローチにおける一般的な現象である(60)。日本においても、しばしば、かかる単純な「因果関係」〔の把え方〕が、新古典派的アプローチにおいて、更なる自由化・規制緩和もしくは規制改革のために、支持されている(61)。

＊ＯＥＣＤ規制改革報告書の、間に二〇年程度を置いた各三年間の〝率〟の比較が、どの程度説得的、かつ、合理的かの問題も別にある。「七五％」という大きな数字を出すべく、恣意的に比較の時点がピック・アップされたのではない、ということの「証拠」も必要なはずである。「死亡率」であれ、「価格」であれ、数字の出し方のプロセスが重要なはずである。この点については、石黒・前掲法と経済一九二頁以下の「あるべき価格比較の姿をめぐって」における、オーストラリア消費者・競争委員会（ＡＣＣＣ）の徹底したアプローチに、まずもって注目すべきであるし、他方、同じＯＥＣＤにおける「会計」・「テレコム」に関する各国の障壁の〝数値化〟をめぐるプロセスの、そして方法論の杜撰さ（同・前掲グローバル経済と法二五八―三〇五頁で詳述）にも、十分な注意が払われるべきである。

(60) Stiglitz, supra note 3, at 138. 新古典派的アプローチ自体が、彼のこの著書の全体を通して、批判のターゲットとされており、かかる議論の過程において、彼は「新古典派的な人〔間像〕の狭小さ」についても批判している。彼の見解は、非常にしばしば、石黒・前掲〔注(18)〕（法と経済〔Law vs. Economics〕）において、引用されている。

(61) 石黒・前掲〔注(18)〕二一〇頁以下。この点につき、同前・七九頁注61をも参照せよ。

安全性への関心や、その他の社会的・文化的、そして歴史的な諸問題までもが、新古典派的アプローチの主要な「弱点」をなしている。我々が、単純な規制緩和または規制改革を超えて、人々の、そして我々の社会の「真の」ウェルフェアのために、何かをなさねばならぬということは、本報告書の中で既に再三再四述べて来たように、明らかなことである。

この意味において、アメリカの規制緩和後において、航空サービス提供者〔航空会社〕の戦略的行動、例えばＣＲＳ（コンピュータ予約システム）や彼らのハブ空港での自己の地位の強化、等々がなされ、それらが「コンテスタビリティ」理論のまさに前提とする諸仮定を〔次々と〕覆して行ったこと(62)に、注意が払われるべきである。日本における、航空サービス及び規制の経済学の分野に関する代表的な研究者たる山内弘隆教授は、この点について、アメリカ航空サービスにおける規制緩和へのトレンドの真のリーダーであったアルフレッド・Ｅ・カーン教授の類似する指摘を引用しながら、規制緩和後の産業サイドのこうした展開は、真実、予測していなかったものであり、かつ、驚くべきものである、と述べている(63)。

(62) 山内弘隆「航空輸送」金本良嗣＝山内弘隆編・交通（講座・公的規制と産業４）（一九九五年・ＮＴＴ出版）一七〇―一七一頁。山内教授が述べるように、コンテスタビリティ理論は、かつて、まさしく規制緩和の前提とみなされていた。だが、現在においては、その〔この理論の〕航空産業への適用可能性についてさえ、懐疑的な見解が広がって来ている。山内・同前一六八―一六九頁参照。また、本報告書の前出・注(23)―(30)及びそれに相当する本文を、参照せよ。

(63) 山内・同前一八二―一八三頁参照。

かかる予期せぬ現象に直面し、山内教授は最近の彼の研究の結果として、規制緩和後の競争を通して良いパフォーマンスがもたらされるためには、何らかの適切なルールが必要だ、と述べてはいるのだが、彼は我々に、具体的なルールを示してはいない(64)。

(64) 山内・同前一八六頁参照。この点について、石黒・前掲〔注(18)〕五九―六〇頁参照。

経済分析が、かかる私企業の基本的ビヘイヴィアを予測できなかった、ということは、真に驚くべきことである。戦略的行動は、人間の行動における本質的なもの〔だから〕である。

この点について、真の問題は、〔新古典派の〕経済分析が、殆ど価格のファクターにしか反応しないという、いわゆる「経済的合理人」を、明確に前提としている、との事実の中にある(65)のであり、こうして経済分析が非現実的世界へと迷い込んでゆく、との事実こそが、問題なのである。

(65) 石黒・前掲〔注(18)〕二二〇頁以下。

私は、一九九八年に"Law vs. Economics"(66)という著書を書き、そこで、いまだに日本で支配的な新古典派経済学のアプローチをあまりにも単純に現実世界に適用することを、批判した。かかる〔新古典派の〕アプローチは、とりわけ人々が一九九七年後半の経済危機を認識する前において、日本では殆ど一致してとられていたものである。

(66) 前出・注(18)。

前記の著書の執筆を進める過程で、私は、人々、そして社会の「真の」ウェルフェアのためには、一層深刻で、かつ、一層ベーシックな諸問題のあることを認識した。ポイントは、通常の日本における経済分析が、事実として新古典派的アプローチに支配されつつ、いともた易く、社会的・文化的諸側面、そして当面する問題のセキュリティの諸側面までをも、無視する、ということである。

この点について極めて重要なのは、ジョセフ・Ｅ・スティグリッツ教授もまた、"Whither Socialism?"(67)と題した彼の著書において、新古典派経済学のアプローチを、非常に強く批判していること、である。彼のこの著書における最も核心的なポイントは、「より人道にかなった、そして、より平等な社会の探求(68)」、ということである。

(67) Stiglitz, supra note 3. スティグリッツ教授のこの著書における関心は、普遍的なものであり、それが一定程度、アメリカの「経済諮問委員会年次報告」の一九九七年版にも反映しているように思われる。この点について、石黒・前掲〔注(18)〕三〇頁以下参照。

(68) Stiglitz, supra note 3, at 279 (Conclusions) 参照。

悲しいことに、この点〔こそ〕が、我々が次期ＷＴＯ・ＧＡＴＳ交渉の諸問題について分析して行く上での、最も重要なポイントとなるのであり、そうであるがゆえに、本報告書において既に言及された"eQuality Paper"は、「固い信念」(69)と共に、この点に焦点をあてているのである。

(69) 前出・注(13)に続く本文を見よ。

Ｖ サービス貿易に関するＡＰＥＣでの経済的・技術的協力のための理論的・実践的基礎

かくて、我々が直面する最も基本的な問題は、ＧＡＴＳの枠組の中で、いかにして「より人道にかなった、そして、より平等な社会(70)」を築き上げてゆくのか、である。この点について、我々は再度、ジョセフ・Ｅ・スティグリッツ教授の見解に注意を払わねばならない。

(70) 前出・注(68)及びその本文参照。

彼は、次のように述べている(71)。即ち――

(71) Stiglitz, supra note 2, at 45f.

「政府に対する多くの批判は、市場の頼もしさへの彼ら〔批判者〕の信念にその基礎を置いている。〔即ち〕第一に、市場はそれ自身で効率的な結果をもたらし、第二に、効率は人々の間での、また各世代間での分配よりも、一層重要である〔とされる〕。……厚生経済学の最近の発展は、政府の役割についての、これらの市場に焦点をあてた考え方には、いくつかの欠点があることにハイライトをあてた。市場がパレート効率的でない新たな諸条件を指摘することによって、である。……市場が、最適な社会的または世代間での所得の分配をもたらすという仮定は何ら存在しなかったし、また、現段階において、市場が効率的な結果をもたらすという仮定を置くことのいかなる根拠も、ないように見受けられる。」

そこにおいて、彼は、市場が効率的な結果を達成しないという事実が、政府の干渉が問題を改善し得る、ということを自動的に意味するのではない(72)、との点にも言及してはいるのだが、〔ともかく〕市場志向型アプローチと「社会に基礎を置く」アプローチ――後者は、本報告書で言及された"eQuality Paper"(73)に見られるものである――との間での、バランスが、とられるべきである。

(72) Id. at 46.

(73) 前出・注(12)―(14)及びそれに相当する本文参照。

最適な社会的または世代間での分配を達成するために、ＧＡＴＳの枠組の中においても、各国（政府）には、単純な（更なる）自由化を超えて、何らかのことを行なうための十分な余地が、残されているべきである。とくに、経済的及び技術的なインフラの確立について、そうであるべきであり、なぜならば、それらこそが、「真の」市場競争の前提とみなされるべきだから、である。

かかるインフラを欠く国々に対して、同一の貿易（及び投資）ルールを自動的に適用することは、明らかにアンフェアである。だが、私の見解によれば、以下のようなこともまた、アンフェアである。即ち、若干のマネーを、あたかも同情からの寄付であるかの如く、そして更に、あたかもそれが、数年の猶予期間を与えた上で、強烈な競争をそれらの国々に導入するための補償であるかの如く、バラまいて、単にそれらの国々におけるインフラの確立を待つこと、である。

より人間性に満ちたアプローチが、必要である。この点について、我々にとって今、極めて重要なのは、ＩＮＴＥＬＳＡＴ協定(74)の前文に示された基本的ポリシーを思い出すことである。そこには、次のように規定されている（傍線は私が付したものである）。

(74) Agreement Relating to the International Telecommunications Satellite Organization "INTELSAT".

「本協定の加盟国は――

衛星を用いた通信が、実行し得る出来る限り早期に、グローバルで、かつ非差別的なベースに基づき、世界中の国々に利用可能となるべきだという、国連総会決議一七二一(XVI)に示された原則を考慮し、

……………………

拡充されたテレコム・サービスを世界の全地域に提供し、かつ、世界の平和と〔相互〕理解に貢献するであろうところの、改善されたグ

ローバル・テレコム・ネットワークの一部としての、単一の（a single）、グローバルな商用テレコム衛星システムの完成を目的として、このテレコム衛星システムの発展の継続を希求しつつ、

この目的のため、人類すべてのベネフィットのために、無線周波数スペクトル及び宇宙軌道空間の最善かつ最も衡平な利用に一致する形で、利用可能な最も進んだ技術を通して、〔利用〕可能な最も効率的で経済的な諸設備を提供する旨、決意し、

衛星通信は、グローバル衛星システムにすべての人々がアクセスを許される形で組織化されるべきであり、かつ、かくて、このシステムへの投資を希望するITU加盟諸国が、このシステムのデザイン、開発、設備提供を含む建設、設立、運用、維持及び所有に必然的に参加する形で組織化されるべきものと信じ、

以下のように合意する。……」

この前文中にある国連総会決議一七二一(XVI)は、そして同時にINTELSAT自体は、J・F・ケネディの、「人々及び諸国家の成長と希望、そして彼らの子供達のためのより良き生活の構築を可能とする」ところの「純粋な平和」に関する理想(75)に、大きな影響を受けた上でのものである。疑うべくもなく、かかる〔J・F・Kの〕見解は、アル・ゴアによるもともとのGII構築提案によっても、シェアされていた(76)。

(75) この点については、石黒・前掲〔注(10)〕三五六―三五七頁参照。J・F・ケネディの世界的に有名な演説たる「平和の戦略」（一九六三年六月一〇日）が、そこに引用されている。

(76) 前出・注(10)及びその本文参照。

INTELSATは、世界的な規制緩和・自由化への流れの中に巻き込まれ、まもなく民営化されてしまうけれども、我々は、INTELSAT協定の中に、J・F・ケネディの理想を明確に反映した、極めて重要な規定のあることを、忘れるべきではない。即ち――

「第五条（財政原則）

(d) インテルサット宇宙部分を使用する者は、本協定及び運用協定の規定に従って定められる使用料を支払え(shall)。各タイプの使用のための宇宙部分使用の料率は、その〔同一の〕タイプの使用のために宇宙部分容量を求めるすべての申請者について同一でなければならない（shall be the same for all applicants）。」

この規定の意味するところは、INTELSAT自体が、すべての人々、及びすべての国々の「平等」への、強い基盤の上に構築された、との点にある。換言すれば、INTELSATは、前記の規定〔第五条(d)〕を通して、世界平和の実現とすべての人々のより良き理解のための、先進諸国と途上諸国との間での、グローバルな「内部相互補助」のシステムを〔内部的に！〕有して来ていたのである。

ポイントは、以下の点にある。即ち、我々にとって、GATSのような貿易（及び投資）枠組の内部に、この種の「ビルト・イン・スタビライザー」を維持し、もしくは再構築することが、本当に不必要かつ望ましくない、と言えるのかどうか、との点である。若干の人々は、いわゆる「セーフティ・ネット」で十分であろう、と言うかも知れない。だが、私の見解によれば、それは余りにも消極的なアプローチであろう、と思われる。

先進諸国は、途上諸国に対して単なるリップ・サービスを送る程度のことで済ますべきではない。先進諸国は、INTELSAT創設へのストーリーを良き例として想起し、途上国の経済的・技術的インフラの確立について、もっと多くのことを、なすべきである。

若干の人々は、それでも、市場が、ここで憂慮されている主要な諸問題を解決するであろう、と言うのかも知れない。だが、市場が常にかかる諸問題を解決してくれる訳ではない、ということを我々に示す、もう一つの例がある。以下のような、アメリカの国土の「中心（ハート〔!!〕）」に所在するところのアイオワ州における、ICN（アイオワ・コミュニケーションズ・ネットワーク）構築に関するストーリーは、この点について、若干の可能な道を〔我々に〕示してくれるであろう(77)。

(77) 石黒・前掲〔注(10)〕三五〇―三五七頁参照。〔追記――同・超高速通信ネットワーク――その構築への夢と戦略（一九九四年・NTT出版）五五頁以下をも参照せよ。〕

州財政上の困難にもかかわらず、アイオワ州政府自身が、45メガビット毎秒のスピードで「州全体をカヴァーする」最も進んだ光ファイバー・ネットワーク（ICN）の構築を、決断した。アイオワ州のテリー・E・ブランスタッド知事〔当時*〕自身が、ICN構築上の、リーダーの一人であった。一九九三年一〇月、ICNのパートI・パートIIの建設は完了し、アイオワのすべての郡は、ICNで結ばれた。アイオワ州内のすべての場所は、このネットワーク〔のポイント〕から、平均でわずか一〇マイルの距離にあった。

* 少し位、思い出を語ってもよいであろう。ブランスタッド知事は、前出・注(77)の〔追記〕で示した私の著書に推薦の辞を、アイオワでの調査でお世話になった同州公益事業委員会のS・N・ブラウン氏のそれと共に、贈って下さった〔それらは、同書冒頭に掲げてある〕。その後、ブラウン氏は他州に移り、アイオワ州政府日本事務所の村上俊介氏は、この世を去られた。アイオワ州知事には、一九九九年一月から Thomas J. Vilsack 氏が就任。この秋、本報告書をアイオワ州政府に届けようとして、日本事務所に連絡したところ、村上氏の死と共に、ヴィルサック知事がまさにその日に東京を訪れるとのこと。私のスケジュールが詰まっていて会えなかったが、ともかく滞在先のパレス・ホテルに、本論文（英文のオリジナル）を、手紙と共に届け、某研究会に向かったのは、いつだったか。――いろいろなことを思い出しつつ、邦訳に徹している今の私。何か割り切れないものを感ずるのは、何故なのか……。

何が、アイオワ州をICN構築へと駆り立てたのか。理由は簡単である。アイオワ州は、非常に広汎なルーラル・エリアを有する。事実として、民間企業の、そして競争の論理は、本当にルーラルなエリアにおける問題を、解決できなかった。即ち、かかるルーラル・エリアにおいて、45メガビット毎秒の品質の光ファイバー・ネットワーク（ギガビット・レベルのネットワークへと容易に変更し得るところのそれ）を構築することは、テレコムやその他の諸企業のノーマルな事業判断を、はるかに超えるものであった。

アイオワ州の関心は、アイオワ州全体に広がる主要な各コミュニティーの崩壊の危機を意味するところの、主要な各ルーラル・エリアにおける過疎化問題を、いかにして解決するか、にあった。アイオワ州に住むすべての人々は、ルーラル・アーバンのいずれの地域に居住するかにかかわらず、また貧しき者か富める者かにかかわらず、情報スーパーハイウェイを、直ちに必要としていたのである。かかるネットワーク〔完全双方向のそれ！〕がなければ、人々の生活の質、そして各コミュニティーのアイデンティティ、あるいはアイオワ自体のそれを、保つことが、急速に不可能となるであろう状況に、あったのである。

これらがアイオワの、ICNに寄せる信頼のルーツであり、高い教育レベルを誇るアイオワ州の良き伝統に支えられ、州政府のみならず〔同州の〕人々もまた、ICNの構築と利用について、極めて熱心であった。それがゆえに、ICN〔こそ〕は、"the network of the people, by the people and for the people in IOWA" であると、言い得るであろう。

アイオワの自らに対する信頼（faith）は、我々すべてにとっての、模範となるであろう。経済発展は、人々のクオリティ・オヴ・ライフの改善のための、一つの手段である〔にとどまる〕。最も進んだテレコム・ネットワークであり、GII構築上、グローバル・レヴェルでの大きな支持を得ているところのICNに寄せる、アイオワの確信（その支持と強い信念）は、我々によって深くアプリシエートさるべきである。

〔結論〕

今そこにあるものとしてのGATSの、「単純な」実施は、APECの将来にとって、十分なものではないであろう。かかる「ダウンストリーム」での行動と共に、何らかの「アップストリーム」で「イノヴェイティヴ」な行動が、今、APECにとって必要とされているのである。

例えば、APECのメンバーの大多数をなすアジア諸国には、宗教・文化・倫理・言語・歴史・社会的背景・政治体制、等々について大きな多様性があり、それらが各国固有の法的（規制の）システム、そして更には、基本的な正義の観念の、背景をなしている。いまだに一方的な自由化傾向を支持するサプライ・サイドの声は、かかる諸状況をあまりにも危険だとし、更に、日々のビジネス上の行動に対する貿易（及び投資）上の障壁だとさえ、把握するであろう。

だが、アジア諸国に見られるような、かかる多様性は、長期的には、それらが賢明にマネージされた場合、ある種の「安全弁」として機能し得る（may）。これは、ある意味で、主要先進諸国の憲法における表現の自由〔の果たす役割〕と、類似する現象である。それがゆえに、我々は、APEC諸国の間での現実、即ち、「〔様々な〕差異」を分析せねばならない。つまり、各国の社会的・文化的・歴史的な、そして法的システムの現実の姿を、できる限り深く、我々は直視しなければならないのである。

我々は、一歩一歩、極めて注意深く進むべきである。我々は、我々の世界の現実を見なければならず、そして同時に、我々は、グローバルなレヴェルでの、INTELSAT創設に向けた歴史や、アイオワにおける「フィールド・オブ・ファイバー」の構築に関するストーリーから、何かを学ばねばならない。

換言すれば、我々にとって、更なる自由化や規制改革、またはハーモナイゼーションのために、たった一つの考え方のみを有し、他のもろもろの価値基準を拒否することは、危険なことのように思われる。この点が、APECの更なる諸活動にとっても、最も重要なポイントである。私はそう信ずる。なお、殆ど同じことが、ニュージーランドの「実験」に関して、ジェーン・ケルシー教授によって、次の如く述べられていることを、〔最後に〕示しておこう。即ち、〔ケルシー教授は〕「ニュージーランド・モデルを押しつけられようとしている人々、そして各国政府にとっては、〔ニュージーランドでの出来事について〕ストーリーの〔明暗〕両面にアクセスを有することが、極めて重要である」、との見解(78)である。

(78) J. Kelsey, Economic Fundamentalism (1995 Pluto Press) の、はしがきの最初の頁を見よ。なお、この著書は、前出・注(4)で引用した彼女の著書の最初の版〔のタイトル〕である。

〔了〕

* * *

◎ 以上、平成一二（二〇〇〇）年一二月一五、一六日で、邦訳を終えた。〔結論〕の最後の部分（アジアの多様性云々）は、前年七月末のILPFモントリオール会議で、初日終了後の夜中、ガタピシいう椅子に坐って、あのホテルの暗い部屋で手書きで書き、そのまま総括コメントとしてプレゼンテーションを行なった部分（貿易と関税一九九九年一二月号七二―七三頁）がベースにある。

今、一二月一六日(土)の午後七時七分頃か。これから点検に入る。――点検終了、午後八時九分。実に虚ろで空しい作業であった。そして、その空しさのなかに、苦しいことばかりだった二〇〇〇年（平成一二年）の私の執筆は、（おそらく）終わることとなる。

少し心身を（再度）リフレッシュせねば、と思う。一〇月末から四泊五日の、妻裕美子との初の有給休暇（そんなものが大学にあることなど、知らなかった）も、その後の国内的その他の混乱の中で、思い出は別として、どこかに消えてしまった。

次回のテーマは、これからゆっくりと、考えたい。ともかく、心の中を、完全にからっぽにしなければ、と思う。もとより、仕事との関係において、である。

「二〇〇一年一月号分の訂正」
・四七頁下段四行目　dose→does
・四七頁下段後ろから一三行目　ノーティス→ノーティスで
・四九頁下段＊の二行目　再叙したした→再叙した
・五一頁上段二行目　一言→一語
・五九頁末尾＊の四行目　ようやく→削除

以上